ما قيل في كتاب " تاريخ الشعوب العربية "

باسلوب بليغ جامع، يجيء بتقييم عميق سهل المنال للثقافة والسياسات والدين عند العرب، مخلّفاً القارىء بفهم جديد لأنماط الحياة في الشرق الاوسط..

ميشيكو كاكوتاني. نيويورك تايمس

نحن في حضرة مؤرّخ بارع وكتابه هذا لن يكون المعيار في هذا الحقل فحسب، بل محطّ ترحيب جمهور واسع حديث الاهتمام بهذا الموضوع وبأمَسّ الحاجة الى المعلومات... مؤلَّف غنيّ، ساحر، رائع الاخراج.

رشيد خالدي. شيكاغو تربيون

واضح وانيق... افضل نظرة شاملة للتاريخ العربي يمكن ان تتاح لنا لعدة سنين قادمة.

ستيفن همفريز. نيويورك نيوزداي

اسلوبه الانيق في استعمال الكلمات وموهبته في التوصّل الى لبّ قضيةٍ ما يجعل من نظرته الشاملة هذه متعة للقارىء... احد قلائل الدارسين العلماء القادرين على رسم لوحة تمتد من المغرب الى الخليج، من ايام النبي العربي الى الحرب العراقية الايرانية.

دانيال بايبس. وول ستريت جورنال

متجرِّد، رزين، جميل الصياغة... تأليف شامل رائع لألف سنة من التاريخ العربي كتبه مؤرّخ نزيه ذائع الصيت.

كريستيان سيانس مونيتور

بلغة انكليزية صافية جذّابة يجيء بدراسة تنسخ كل ما جاء قبلها من معالجات... انها منصفة ولكنها لا تخشى قطّ ان تتّخذ موقفاً. تأليف كتاب حصيف كهذا يمتد على مدى اجيال ويشمل مواضيع معقدة هو بذاته انجاز مدهش.

روي متحدي. جامعة هارفرد

ما قيل في كتاب " تاريخ الشعوب العربية "

باعتقادي انه سيظلّ المؤلَّف المتمّم لعدّة سنين قادمة... لقد حقّق ألبرت حوراني كل ذلك بحسّ ادبي انيق هو طابعه وبصمته.

فؤاد عجمي. جامعة "جونز هوبكنز"

الاستاذ حوراني واحد من القلّة من العلماء الدارسين القادرين على كتابة تاريخ للعرب ذي شأن... فهو لا يتناول التاريخ السياسي فحسب بل الثقافة والاقتصاد والفكر؛ وهذا النتاج المقطّر لمدى حياة من الدراسة والبحث هو الميزة الأسمى للكتاب.

ذي ايكونومست

باهر... يشعّ بالانوار النافذة لسعة علم وضخامة معرفة البرت حوراني.

انترناشونال هيرالد تريبيون

هذا الكتاب مدهش حقاً... مواضيع معقّدة ممتدّة من القضايا السياسية الى المسألة الفلسطينية الى دور المرأة في المجتمع، والعديد سواها، تُعالَج بحكمٍ منصف، متوازن ومتجرّد.

إيرا لابيدوس. جامعة كليفورنيا. بركلي

تتويج لحياة من التعليم في اكسفورد... إقرأ تاريخ حوراني لتتعرّف على عظمة وسؤدد الامبراطورية العربية، ولتتأمّل بما يتعلّمه الاطفال العرب من تواريخهم ولتفكّر ملياً بأبّهة الامم العظيمة وكبريائها وافولها.

مينيابولس ستار تريبيون

التاريخ باسلوبه المألوف الجليل، انه عمل ضخم... ينمّ عن بحث عميق شامل والعديد من التفاصيل الدقيقة في كثير من الاحيان.

نيسيد حجري. فويس ليترري سبلمنت

تاريخ الشعوب العربية

ألبرت حوراني

تاريخ الشعوب العربية

نقله الى العربية

كمال خولي

حققه وضبط حواشيه

انطوان ب. نوفل

نوفل

This is a translation of
A History of the Arab Peoples
© Albert Hourani, 1991

٩٩ شارع الصوراتي ● بيروت ● لبنان ● فاكس ٣٥٤٣٩٤ (٠١)
تلفون ٣٥٤٨٩٨ (٠١) ٧٤٦١٣٠ (٠١) ٤٩٩٠٧٤ (٠١)
E-mail: Naufalgroup @ terra. net . lb

كلمة الناشر

كَتَبَ البرت حوراني «تاريخ الشعوب العربية» لطلاّبه في جامعة هارڤرد وفي جامعة اكسفورد حيث كان استاذ امتياز (Emeritus). لذا في الكتاب بعض المعلومات التي قد تبدو بديهية للقارئ العربي، ككلامه عن الحج وعيد الأضحى في الفصل التاسع. ولكن ذلك لا يقلل اطلاقاً من الميزة الفضلى التي يتحلى بها الكتاب من محتوى وتحليل. وتفسيره الدقيق عما هو ثابت وعما هو متحول (الاستمرارية والتغيير) وعن تحالف المصالح (التي كانت تحدد مدى قدرة السلطة الحاكمة تبعاً للزمان والمكان) واحاطته بتفاصيل الشؤون الحياتية العادية لمختلف طبقات السكان والملل جعل كتابه هذا بغنى عن السرد للوقائع والأحداث بالمفهوم التقليدي للتاريخ. وقد وضع المؤلف في آخر الكتاب ملحقات تتيح للقارئ معلومات تاريخية عامة لم يذكرها في متن الكتاب حيث ركّز على التفسير.

وحرصنا في الترجمة على تسهيل فهم الصورة باستعمال الجملة القصيرة بدلاً من الفقرة الطويلة، التي قد تبدو معقّدة، كما استخدمنا الشولة المنقّطة (اي؛) للفواصل، كما وردت في النص الاصلي. وقد يبدو هذا الاسلوب غير مألوف لبعض القرّاء ولكن الامانة في الترجمة كانت رائدنا في كل ما قمنا به.

توطئة

موضوع هذا الكتاب هو تاريخ الأقطار الناطقة بالعربية في العالم الاسلامي، منذ ظهور الاسلام حتى يومنا هذا. غير أنني اضطررت، خلال بعض الفترات، أن أتخطّى هذا الموضوع، كما فعلت عند دراستي العهود المبكّرة للخلافة وتاريخها، أو عندما درست الامبراطورية العثمانية، أو توسّع التجارة الاوروبية، وامتداد نفوذ أوروبا. وقد يرى البعض أن الموضوع واسع جدا أو محدود جدا، أو ان تاريخ المغرب الكبير يختلف عن تاريخ الشرق الأوسط، أو ان البلدان التي تغلب فيها العربية على سواها من اللغات لايمكن النظر إليها بمعزل عن البلدان الاسلامية الاخرى. ولكن كان لابدّ من تحديد إطار معين لموضوعنا هذا، وقد وقع اختياري على هذا الاطار لأسباب من بينها محدوديّة معرفتي الذاتية. وآمل في ان يبين الكتاب أنّ ثمة وحدة كافية في التجارب التاريخية بين الاقطار المختلفة التي تشملها هذه التجارب تمكننا من التفكير فيها والتعبير عنها ضمن إطار واحد.

وهذا الكتاب مُعد للطلاب المبتدئين بدراسة الموضوع، وللقراء الذين يتوخّون أن يعرفوا عنه شيئاً. وسوف يكون واضحاً للمتخصصين أن الكثير مما اقوله في كتاب شامل كهذا مبنيّ على أبحاث الآخرين. فلقد حاولت أن اسرد الوقائع الأساسية وافسرها في ضوء ما كتبه الآخرون. وقد اشرت في ثبت المراجع إلى بعض ما انا مدين به لآثارهم وتآليفهم.

لقد كان لزاماً عليّ إبّان إعدادي كتاباً يشمل حقبة طويلة كهذه أن اتخذ قرارات تتعلق بالاسماء. لقد استخدمت اسماء بلدان عصرية للدلالة على اقاليم جغرافية، مع كون هذه الاسماء لم تكن مستخدمة في الماضي؛ لقد بدا لي انه من الاسهل استخدام الاسماء نفسها في كل مكان من الكتاب، بدلاً من تغييرها من عهد الى عهد. هكذا أُطلق اسم «الجزائر» على منطقة معينة

من شمالي افريقيا، مع كون هذا الاسم لم يصبح قيد التداول إلا في القرون الحديثة. بوجهٍ عام، استخدمت اسماء مألوفة لدى الذين يقرأون بالانكليزية. كلمة «المغرب الكبير» ربما كانت مألوفة اكثر من «افريقيا الشمالية الغربية»، ولكن «المشرق» غير مألوفة، لذلك استعملت «الشرق الأوسط» بدلا منها. وأسميت الاجزاء المسلمة من «شبه جزيرة إيبريا» الاندلس، لانه من الاسهل استخدام كلمة واحدة بدلا من جملة. وعندما أَستعمل اسماً هو الآن لدولة ذات سيادة اثناء كتابتي عن فترة قبل ان اصبحت تلك الدولة في حيز الوجود، فانني استعمله لأشير الى منطقة معينة، محدودة نوعا ما. فقط عندما اكتب عن الحقبة الحديثة اقصد الاشارة الى المساحة التي تقع ضمن حدود الدولة. مثلاً، خلال معظم الكتاب، تشير «سوريا» إلى منطقة معينة ذات معالم مشتركة، طبيعية واجتماعية، وعاشت اختبارا تاريخيا مميزا على العموم، ولكنني استخدم هذه الكلمة حصرياً للاشارة إلى دولة سوريا عندما ظهرت إلى الوجود بعد الحرب العالمية الأولى. ولا اجدني محتاجا إلى القول إن استخدام هذا الاسم لا يتضمن أي حكم سياسي عن أية دول يجب أن توجد وأين تقع حدودها.

شــــكــــر

أود أن اشكر «پتريك سيل» الذي شجعني على كتابة هذا الكتاب ورتب مسألة نشره، والاصدقاء الذين كرّسوا ساعات عديدة لقراءته وتصحيح الاخطاء واقتراح كيفية تحسينها: پتريسيا كْرونْ، پول درشّ، ليلى فوّاز، كورنِلّ فلايشر، المأسوف عليه مارتن هايندس، شارل عيساوي، طريف خالدي، فيليب خوري، إيرا لابيدوس، ولفرد مادلونغ، باسم مسلّم، روبن اوستل، رُدْجِر أُوِن، مايكل رُدْجِرز، وماري ولسون. بين هؤلاء أنا مدين بدين خاص لبول درشّ، الذي تابع خطة تفكيري ببصيرة نافذة خارقة بالاضافة إلى معلومات واسعة.

وزودني اصدقاء وزملاء آخرون بمعلومات احتجت إليها، بينهم جوليان بولدك، كارل بربير، طورخان غاندجاي، ازرايل غرشوني وڤينيشا بورتر.

ملاحظات في التواريخ

حرص المسلمون منذ بدايات الاسلام على تأريخ الاحداث من اليوم الذي هاجر فيه محمد ﷺ من مكة إلى المدينة سنة ٦٢٢ ميلادية، فكانت هذه الهجرة بداية التاريخ الهجري.

ويختلف طول السنة في التقويم الاسلامي عنه في التقويم الميلادي. فالسنة حسب هذا التقويم الاخير تقاس بدورة كاملة للارض حول الشمس تستغرق قرابة ٣٦٥ يوماً، في حين تتألف السنة الهجرية من اثني عشر شهراً، كل شهر منها يوازي دورة كاملة للقمر حول الأرض. وبذا تكون السنة المقيسة على هذا الاساس أقصر من السنة الشمسية بحوالي ١١ يوماً.

يمكن العثور على المعلومات المتعلقة بتحويل التواريخ الهجرية الى

تواريخ ميلادية، أو العكس، في كتاب فريمان ـ غْرِنْفِلّ (The Muslim and Christian Calendars) والتواريخ المعتمدة في كتابنا هي التواريخ الميلادية إلا إذا اقتضى السياق الإشارة إلى التاريخ الهجري.

أمّا الحكّام، فقد أشرنا إلى تواريخ تبوّئهم الحكم وتواريخ وفياتهم (أو اقالتهم). وأمّا الآخرون فقد ذكرنا تواريخ ولاداتهم ووفياتهم فقط. وإذا كان تاريخ الولادة مجهولاً، اقتصر على ذكر تاريخ الوفاة (مثلا: ت. ١٤٥٦). امّا إذا كان الشخص على قيد الحياة فيذكر تاريخ الولادة فقط (مثلا: وُلِدِ ١٩٠٥).

تمهيد

في العام ١٣٨٢ طلب عالم عربي مسلم كان في خدمة حاكم تونس بأن يُؤذنَ له بالحج إلى مكة، وعندما أُذِنَ له بذلك أبحر إلى الاسكندرية في مصر. وهكذا غادر في عامه الخمسين ـ وإلى الأبد كما حدث ـ بلدان 1/ت
المغرب الكبير حيث كان هو واسلافه قد لعبوا دوراً هاماً متعدد الوجوه.

كان عبد الرحمن ابن خلدون (١٣٣٢ ـ ١٤٠٦) ينتمي الى عائلة رحلت من جنوبي جزيرة العرب الى اسبانيا بعد الفتح العربي، واستقرت في 2/ت
اشبيلية. وعندما توسعت الممالك المسيحية في شمالي اسبانيا باتجاه الجنوب غادرت العائلة إلى تونس. ونهج على هذا المنوال العديد من العائلات العربية العريقة في الثقافة وخدمة السلطة، وشكلت في مدن المغرب الكبير طبقة نبلاء كان الحكام المحليون يستفيدون من خدماتهم. لعب أبو جدّ ابن خلدون دوراً في سياسة بلاط تونس، وقُتل هناك بعد أن فقد حظوته. جدّه أيضاً كان موظفاً، ولكن والده تخلى عن السياسة والتوظف لينقطع إلى حياة العلم. وهو ذاته تلقى دروسه بعناية، باسلوب ذلك الزمن، من أبيه وعلماء آخرين كانوا يعلّمون في مساجد تونس ومدارسها أو يزورون المدينة، وأكمل دروسه عندما عاش في مدن اخرى في أول نشأته، وكان التقليد الموروث حينها يقضي بأن يحصّل الإنسان العلم من جميع القادرين على تلقينه. وفي سيرته الذاتية التي رواها عَدَّد اسماء الذين استمع إلى محاضراتهم والمواضيع التي علّموها: القرآن ـ كلمة الله المنزلة باللغة العربية على فم نبيّه محمد ﷺ؛ الحديث، مجموعة الاحاديث تروي ما قاله النبي وما فعله؛ الفقه وعلم الشريعة، والاخلاق الاجتماعية المبنية على القرآن والحديث؛ اللغة العربية، التي بدونها لا يمكن فهم علوم الدين؛ وكذلك العلوم العقلية، الحساب والمنطق والفلسفة. ويعطي ابن خلدون تفاصيل عن شخصيات اساتذته وحياتهم ويخبرنا بأن معظمهم توفوا،

كما توفي والداه، في الوباء الأسود، أي الطاعون العظيم الذي اكتسح العالم في أواسط القرن الرابع عشر.

تَمَلَّكُ ابن خلدون من اللغة والمامه بالتشريع اجتذبه في عمر مبكّر الى خدمة حاكم تونس، أولاً بمثابة امين سر وبعد ذلك بمراكز أكثر مسؤولية
وبالتالي غير مستقرة. ومرّت بعد ذلك عشرون سنة كان له فيها حظوظٌ 3/ت
متفاوتة. وغادر تونس وقدم خدماته لحكام آخرين في المغرب الكبير، فذهب إلى غرناطة، عاصمة آخر مملكة في اسبانيا المسلمة، ونال الحظوة هناك، وأرسل في مهمة إلى الحاكم المسيحي في طليطلة، مدينة اسلافه، ولكنه تعرّض للشكوك وغادرها مسرعاً إلى الجزائر. مرة أخرى عُين في وظيفة، فكان يقوم بمهام وظيفته في الصباح ثم يعلّم في المسجد. ولعب دوراً في تقريب رؤساء العرب والبربر في السهوب والجبال الى طاعة الحكام الذين كان يخدمهم، وما نال من نفوذ لديهم نفعه عندما فقد حظوته مع رئيسه، كما حدث له مرة بعد مرة في حياته. وفي إحدى هذه المرات امضى ٤ سنوات (١٣٧٥ ـ ٩) عائشاً في قصر في ريف الجزائر تحت حماية زعيم عربي. تلك سنوات كان فيها حراً من مشاغل العالم، وقضى وقته يكتب تاريخ سلالات المغرب ضمن إطار عريض.

ما زال الجزء الأول من هذا التاريخ، **المقدمة**، يثير الاهتمام حتى اليوم. حاول فيه ابن خلدون أن يفسر قيام السلالات وسقوطها بطريقة تصلح
لان تكون محكاً لقياس مصداقية السرد التاريخي. فأبسط وأقدم اشكال 4/ت
المجتمع البشري، بحسب اعتقاده، كان مجتمع شعوب السهوب والجبال، الذين كانوا يزرعون ويحصدون ويربون المواشي، ويتبعون زعماء لم يكن لديهم سلطة إكراه منظمة («وازع»). شعوب كهؤلاء كانوا ذوي صلاح وطيبة، ونشاط، ولكن لم يكن باستطاعتهم أن يُنشئوا حكومات مستقرة بأنفسهم، أو مدناً أو حضارة عالية. لكي يصبح ذلك ممكناً، يتوجب وجود حاكم ذي سلطة كلية، وشخص كهذا يستطيع أن يثبت نفسه فقط اذا استطاع ان يجمع ويسيطر على أتباع من ذوي «العصبية»، أي الروح الجماعية

الموجهة نحو الامساك بالسلطة والحفاظ عليها. ومن الافضل أن تنتقى هذه الجماعة من بين رجال السهوب أو الجبال الاشدّاء؛ ويمكن أن يضمهم شعور بالنسب المشترك، حقيقياً كان أم مزيفاً، أو بروابط التبعية، مدعومة بقبولهم المشترك لدين أو عقيدة. والحاكم ذو الاتباع الاقوياء الملتحمين يمكن أن يؤسس سلالة؛ وعندما يصبح حكمها مستقراً تقام فيها مدن حيث تنشط الحرف المختصّة بالصناعات وتزدهر المعيشة واساليب الرخاء والثقافة العالية. إلا ان كل سلالة تحمل في ذاتها بذور انحطاطها: يمكن أن تضعف بسبب الاستبداد أو الاسراف أو فقدان مزايا القيادة. وقد تنتقل السلطة الفعلية من الحاكم إلى افراد من جماعته الخاصة، ولكن أولا وآخرا من الممكن أن تحل محل تلك السلالة سلالة اخرى تشكلت بالطريقة ذاتها. وعندما يحدث ذلك، لا الحاكم وحده بل الشعب بأكمله، الذي استندت إليه سلطته، والحياة التي أقاموها، يمكن أن تزول. وكما قال ابن خلدون في إطار آخر: «وإذا تبدّلت الأحوال جملة فكأنّما الخلق تبدّل من أصله وتحوّل العالم بأسره». [١] حلّ العربُ محلّ الفرس والروم «أهل الدولتين العظيمتين في العالم»، وامتدّت سلطة العرب من الجزيرة العربية الى إسبانيا؛ ولكن بدورهم حلّ محلّهم «التُرك بالمشرق والافرنجة والبربر بالمغرب والقوط بالأندلس»[٢].

كان تغيّر أحوال الحُكّام يجرّ معه تدني أحوال خادميهم. عندما غادر الى الاسكندرية،كان إبن خلدون في مطلع حياة جديدة. لم يؤدِّ الحج هذه المرة، بل أداه فيما بعد، وذهب الى القاهرة التي أدهشته إذ بدت له على مقياس لم يعرفه من قبل: «فرأيتُ حضرة الدنيا، وبستان العالم، ومحشر الامم، ومدرجَ الذّر من البشر، وإيوان الاسلام وكرسيّ المُلك.»[٣] كانت القاهرة، عاصمة سلطنة المماليك، إحدى أعظم الدول الاسلامية في العصر، شاملة سوريا ومصر. وقُدّم إبن خلدون الى الحاكم ونال الحُظوة في عينيه، وعُيّن له معاش في بادىء الامر ثم أولي مركزاً كمعلّم في إحدى المدرستين الملكيّتَين، ثم في الاخرى. وأَرسل يستدعي عائلته من تونس لتنضمّ إليه، ولكنّهم غرقوا جميعاً خلال الرحلة البحرية.

5/ت

وعاش ابن خلدون في القاهرة حتى وفاته. معظم أوقاته قضاها في القراءة والكتابة، ولكن نمط الماضي من حياته عاد يتكرر بالتقلبات فيسطع نجمه حيناً ويأفل حيناً وكان ابن خلدون يعزو ذلك الى أعدائه وربما تعود اسباب التقلبات الى شخصيته بالذات. مرّات عديدة عينه الحاكم قاضياً في ت/6
إحدى المحاكم الرئيسة ولكنه كان يترك الوظيفة أو يخسرها كل مرة. ورافق السلطان إلى سوريا وزار الامكنة المقدسة في القدس والخليل. وذهب مرة اخرى اليها عندما حاصر تيمورلنك الشام، وتيمورلنك أحد اعاظم الغزاة الآسيويين، انشأ امبراطورية امتدت من شمالي الهند إلى سوريا والاناضول. وتبادل ابن خلدون الاحاديث مع تيمورلنك، ورأى فيه مثلاً لتلك القدرة على القيادة القائمة بثبات على قوة جيشه وشعبيته والتي يمكن أن تؤسس سلالة جديدة. ولم يستطع أن يُنجي دمشق من النهب ولكنه ضمن لنفسه العودة سالماً إلى مصر. إلا أنه تعرض إلى السلب في تلال فلسطين أثناء رجوعه.

حياة ابن خلدون، كما وصفها هو، تخبرنا أُموراً عن العالم الذي كان ينتمي اليه. لقد كان عالَماً زاخراً بالدلائل على هشاشة المسعى البشري وتفاهته. وفي اطار عمله اختبر ابن خلدون عدم الثبات والاستقرار ولا سيما ت/7
في ركاكة التحالفات التي تعتمدها السلالات للحفاظ على سيطرتها، وهي تحالفات مصالح؛ اجتماعه بتيمورلنك أمام دمشق اظهر بوضوح كيف ان بروز قوة جديدة على الساحة يمكن ان يؤثّر على حياة المدن والشعوب. اما خارج المدينة، فكان النظام ضعيفاً والامن شبه مفقود: رسول الحاكم قد يُسلب، أو يجد أحد رجال الحاشية نفسه فاقدا لحظوته فيسعى الى ايجاد ملجأ خارج سيطرة المدينة... وفاة والدَي ابن خلدون بالطاعون وغرق أولاده في البحر علمه الدرس عن عجز الانسان في يدَي القدر. ولكن ثمة أمر كان مستقراً، ثابتاً أو بدا كذلك: عالم تستطيع فيه عائلة من جنوبي الجزيرة العربية أن تنتقل إلى اسبانيا، وبعد ستة قرون تعود إلى قرب مكان نشأتها وتجد نفسها فيه في بيئة مألوفة، عالم كهذا فيه وحدة تتخطى انقسامات الوقت والمدى؛ عالم تستطيع اللغة العربية فيه فتح الباب للوظيفة والنفوذ؛ ومجموعة من المعرفة، منقولة على مدى أجيال على يد سلسلة

معروفة من المعلمين حافظت على مجتمع معنوي حتى عندما تغيرت الحكام؛ أماكن الحّج، مكّة والقدس ظلّتا قُطْبي العالم البشري لا تتغيّران ، ، حتى عندما كان النفوذ ينتقل من مدينة الى أخرى؛ والايمان بخالق للعالم ثبّته وباستطاعته ان يُسْبغَ معنى على صروف الدهر!

الجزء الاول

تكوين عالم

(من القرن السابع إلى العاشر)

في اوائل القرن السابع ظهرت حركة دينية على حواشي الامبراطوريتين العظيمتين، البيزنطية والساسانية، وسيطرت على النصف الغربي من العالم. في مكة وهي مدينة في غربي جزيرة العرب، بدأ محمد ﷺ دعوته إلى الرجال والنساء للاصلاح الخلقي والتسليم إلى مشيئة الله في ما انزل عليه جـ/ 1/1
وجُمع فيما بعد في كتاب: **القرآن**. وباسم الدين الجديد، الاسلام، قهرت جيوش مجنّدة من سكان الجزيرة العربية ما حولها من البلدان وأسست دولة عظمى جديدة، الخلافة، ضمّت الكثير من اراضي الامبراطورية البيزنطية وكل أراضي الساسانيين وامتدت من أواسط آسيا إلى اسبانيا. وانتقل مركز السلطة من الجزيرة العربية إلى دمشق في سوريا تحت الخلفاء الأمويين، ثم إلى بغداد تحت العباسيين.

بحلول القرن العاشر الميلادي كانت الخلافة في طور الانحلال، وبرزت خلافات منافسة لها في مصر واسبانيا، ولكن الوحدة الاجتماعية والثقافية التي كانت قد نشأت فيها ظلت مستمرة. واصبح جزء كبير من جـ/ 1/2
السكان مسلمين مع انه بقي هناك مجتمعات اخرى يهودية ومسيحية وغيرها. وكانت اللغة العربية قد انتشرت واصبحت واسطة الثقافة التي تشمل عناصر من تقاليد الشعوب التي امتصها العالم الاسلامي وعِبّر عن نفسه بالأدب وبأنظمة القانون وعلم الدين والروحانيات. وضمن بيئات طبيعية مختلفة طوّرت المجتمعات الاسلامية مؤسسات مميّزة واتّخذت اشكالاً مختلفة؛

الروابط المُقامة بين بلدان حوض المتوسط وبلدان المحيط الهندي كوّنت نظاماً واحداً للتجارة واسفرت عن تغييرات في الزراعة والحرف، مما وفّر الاساس لنمو مدن كبيرة ذات عمران مدني معبّر عنه بأبنية من طراز إسلامي مميّز.

الفصل الأوّل

سلطة جديدة في عالم قديم

العالم الذي جاء إليه العرب

لا شك بان العالم الذي عاش فيه ابن خلدون بدا وكأنّه ابديّ لمعظم
I/1 الذين انتموا اليه، ولكن ابن خلدون ذاته كان يعلم أن ذلك العالم حل محل
عالم كان قبله. سبع مئة سنة قبل زمانه، كان للبلدان التي عرفها وجه آخر مختلف
تحت سيطرة أعظم دولتين في ذلك الوقت.

ظلت بلدان حوض المتوسط على مدى عدة قرون جزءاً من
الامبراطورية الرومانية. وكانت الأرياف المستوطنة تنتج الحبوب والفاكهة
I/2 والخمور والزيت، وكانت التجارة ناشطة على طول طرقات بحرية آمنة؛
في المدن الكبيرة، كانت طبقة غنية متعددة المناشيء تشارك في حضارة الامبراطورية اليونانية واللاتينية. منذ القرن الرابع للتاريخ الميلادي انتقل مركز النفوذ الامبراطوري شرقاً، وحلت القسطنطينية محل روما كعاصمة؛ هناك كان الامبراطور محطّ الولاء ورمز الوحدة. وفي وقت لاحق ظهر ما سُمّي «الانقسام الافقي»، والذي بقي بأشكال اخرى حتى يومنا هذا. ففي المانيا وانكلترا وفرنسا واسبانيا وايطاليا الشمالية حَكَمَ ملوك **أهماج**، مع أن الشعور بالانتماء إلى الامبراطورية الرومانية ظل موجوداً؛ ايطاليا الجنوبية، صقلية، ساحل افريقيا الشمالية، مصر، سوريا والاناضول واليونان ظلّت تحت الحكم الامبراطوري المباشر من القسطنطينية. وفي شكلها المتقلص هذا كانت الامبراطورية اغريقية أكثر مما كانت رومانية (في أطوارها التالية دُعيت باسم الامبراطورية البيزنطية، الاكثر شيوعاً، نسبة إلى اسم القسطنطينية السابق، بيزنطية). وكان الامبراطور يحكم من خلال موظفين مدنيين يتكلمون اليونانية؛ وكانت مدن شرقي المتوسط الكبرى، انطاكية في سوريا والاسكندرية في مصر، مراكز للحضارة اليونانية، وكانت ترسل اعضاء من النخبة المحلية إلى خدمة الامبراطورية.

وجرى تغيير آخر أكثر عمقاً. الامبراطورية أصبحت مسيحية، ليس فقط بمرسوم رسمي من الامبراطور بل بالاعتناق على مستويات متفاوتة. كان معظم السكان مسيحيين، مع أن فلاسفة وثنيين كانوا يعلّمون في مدارس أثينا حتى القرن السادس، وكانت مجموعات يهودية مازالت في المدن، وذكريات الأوثان ماتزال تغشى المعابد التي حُوّلت إلى كنائس. واعطت المسيحية بُعداً آخر للولاء للامبراطور وإطاراً جديداً تتوحد فيه ثقافات رعاياه المحلية. كان يُعَبّر عن الأفكار والمفاهيم المسيحية باللغات الأدبية لمختلف أرجاء الامبراطورية، كما باليونانية المحكية في المدن: الأرمنية في شرقي الاناضول، السريانية في سوريا، القبطية في مصر. فقبور القديسين وغيرها من أماكن الحج يمكن أن تحفظ، بشكل مسيحي، المعتقدات القديمة لمنطقة ما وطقوسها. I/3

وكانت المؤسسات الحاكمة (حكما ذاتيا) في المدن الاغريقية قد زالت بانتشار الدواوينية (البيروقراطية) الامبراطورية، ولكن كان باستطاعة الأساقفة تأمين القيادة المحلية. عندما كان الامبراطور يغادر روما، كان أسقف المدينة، البابا، يمارس السلطة بطريقة تستحيل على بطاركة أو أساقفة المدن الرومانية الشرقية؛ فقد كانوا على صلات وثيقة مع حكومة الامبراطورية، ولكنهم ظلوا قادرين على التعبير عن المشاعر المحلية والدفاع عن المصالح المحلية. وكذلك كان للناسك أو القديس صانع العجائب، الذي كان يعيش في أطراف المدينة أو في الأرض المأهولة في الأناضول أو سوريا الامكانية ان يتصرف كَحَكَم في النزاعات او ان ينطق باسم السكان المحليين، والناسك في صحراء مصر هو مثال على مجتمع يختلف عن مجتمع المدينة الدنيوي. والى جانب الكنيسة الأرثوذكسية الرسمية، ظهرت كنائس أخرى تختلف عنها بالتعاليم والممارسة، تعبر عن ولاءات الذين كانت لغتهم غير اليونانية او عن معارضتهم للسلطة المركزية. I/4

دارت الخلافات العقائدية الرئيسية حول طبيعة المسيح. ففي عام ٤٥١ حدّد المجمع الخلقدوني الشخص الثاني في «الثالوث» بكونه ذا طبيعتين، I/5

إلهية وبشرية. وهذه الصيغة قبلها معظم اعضاء الكنيسة، في الشرق أو الغرب، ودعمتها حكومة الامبراطورية. ولكن حدث فيما بعد، وتدريجياً، أن جرى انقسام في الكنيسة في الاراضي البيزنطية، بين الكنيسة الأرثوذكسية الشرقية ببطاركتها كرؤساء لكهنوتها، وبين أولئك في أوروبا الغربية الذين قبلوا بالسلطة المطلقة للبابا في رومية. غير أنّه ظلّت هناك مجتمعات تعتقد بأن للمسيح طبيعة واحدة مكونة من طبيعتين. العقيدة «الوحديطبيعية» هذه اعتنقتها الكنيسة الأرمنية في الاناضول ومعظم المسيحيين المصريين (المعروفين باسم الأقباط، من الاسم القديم لمصر) وكثيرون من المسيحيين السوريين الناطقين بالسريانية (المعروفين بالسريان الأرثوذكس، أو «اليعاقبة» على اسم اشهر لاهوتييهم). وميّز غيرهم أيضاً بطريقة أكثر قطعاً بين الطبيعتين، لكي يحافظوا على طبيعة يسوع البشرية الكاملة، واعتقدوا أن كلمة الله حلّت بالإنسان يسوع منذ تكوّنه. وكانت هذه عقيدة الذين عُرفوا بالنسطوريين، على اسم مفكّر اقترن اسمه بالعقيدة. وكانت كنيستهم هي الأهمّ بين المسيحيين في العراق، ما وراء الحدود الشرقية للامبراطورية البيزنطية. وظهر في القرن السابع مجموعة أخرى، نتيجة محاولة تسوية بين الأرثوذكس ومواقف «الوحديطبيعيين»: وهم «الوحديراديون»، الذين قالوا بأن للمسيح طبيعتين ولكن إرادة واحدة.

إلى شرقي الامبراطورية البيزنطية، عبر نهر الفرات، كانت هناك
I/6 امبراطورية اخرى عظيمة، امبراطورية الساسانيين الذين سيطروا على العراق وايران وامتد حكمهم إلى اواسط آسيا. والأراضي المسماة اليوم إيران أو بلاد فارس كانت تضم عدداً من المناطق الرفيعة الثقافة والمدن القديمة التي تسكنها فئات عرقية مختلفة يفصل ما بينها سهوب وصحارى، خالية من أنهار عظيمة تسهّل المواصلات بينها. ولكنها من وقت إلى آخر كانت تتّحد تحت سلالات قوية دائمة، آخرها كان الساسانيون الذين تكمن قوتهم الأصلية بين الشعوب الناطقة بالفارسية في ايران الجنوبية. كانت دولتهم عائلية محكومة عبر تدرّج من الموظفين الرسميين، وحاول الساسانيون أن يوفّروا أساساً صلباً من الوحدة والولاء عن طريق اعادة إحياء دين إيران القديم، الذي يمثله

تقليدياً المعلّم زرادشت. لهذا الدين، كان الكون ساحة حرب، تحت الإله المطلق، بين أرواح الخير والشر. الخير سيفوز، ولكن الرجال والنساء من ذوي الفضيلة والطهارة يستطيعون تعجيل ذلك الانتصار.

بعد أن فتح الاسكندر الكبير إيران في عام ٤٤٣ ـ ٣٣ قبل الميلاد
ووطّد علائقها بعالم شرقي المتوسط، انتقلت افكار من العالم الاغريقي شرقاً I/7
بينما توجّهت باتجاه الغرب أفكار معلم من العراق، «ماني»، الذي حاول أن يدمج كل الأنبياء والمعلمين في نظام ديني واحد (معروف بالمانوية). تحت حكم الساسانيين، أعيد إحياء التعاليم المترابطة مع الزرادشتية بطريقة فلسفية، مع تشديد أكثر على تقابل الخير والشر (أثنينية)، بالاضافة الى كهنة وعبادة رسمية. وعرف هذا بالمازدية أو الزرادشتية. وبصفتها كنيسة الدولة، كانت المازدية تدعم سلطة الحاكم الذي كان يُعتبر ملكاً عادلاً يحافظ على الانسجام بين مختلف طبقات المجتمع.

لم تكن عاصمة الساسانيين في هضاب إيران بل في المدائن، في البقعة الخصبة الآهلة بالسكان من أواسط العراق، يرويها نهرا دجلة والفرات.
بالاضافة إلى الزرادشتيين وأتباع ماني، كان في العراق مسيحيون من فئة I/8
النسطوريين الذين كان لهم أهميتهم في خدمة الدولة. وكانت هذه المنطقة ايضاً مركز التعليم الديني اليهودي وملجأ للفلاسفة الوثنيين وعلماء الطب من المدن الاغريقية في عالم المتوسّط. وكان هناك صيغ مختلفة من اللغة الفارسية منتشرة انتشاراً واسعاً؛ والصيغة الكتابية المعروفة في ذلك الزمن كانت البهلوية. وكانت الآرامية منتشرة كذلك وهي لغة سامية قريبة من العبرية والعربية وشائعة في كل الشرق الأوسط في ذلك الزمن. أحد أشكالها معروف بالسريانية.

وضمّت الامبراطوريتان الأرجاء الرئيسية المأهولة ذات الثقافة العالية
في النصف الغربي من العالم، ولكن أبعد من ذلك نحو الجنوب، على جهتي I/9
البحر الأحمر، كان هناك مجتمعان آخران عريقان في تقاليد السلطة المنظمة والثقافة، قائمان على الزراعة والتجارة بين المحيط الهندي والبحر

المتوسط. كان مجتمع الحبشة أحدهما، مُلكٌ قديم دينه الرسمي النصرانية بشكلها القبطي. والمجتمع الآخر كان في اليمن في جنوبي غربي الجزيرة العربية، أرض ذات وديان خصبة بين الجبال، محطة عبور للتجارة البعيدة المدى. وكانت دولها الصغيرة قد اتحدت في مملكة أكبر حجماً في أحد العهود، ثم ضعفت عندما انحطت التجارة في اوائل العصر الميلادي وعادت بعدها إلى الانتعاش. وكان لليمن لغتها الخاصة المختلفة عن العربية المحلية في مناطق أخرى من جزيرة العرب، وكان لها كذلك دينها الخاص: آلهة متعددة يقوم على خدمتها كهنة في معابد كانت مراكز للحج ويُقَدّم لها هبات أثناء إجراء المراسم والطقوس، وصلوات ولكن فردية، غير جماعية، كما كان لها كذلك مراكز لملكيات عظيمة. وفي القرون اللاحقة كانت تأثيرات مسيحية ويهودية قد تسرّبت من سوريا على دروب التجارة أو عبر البحار من الحبشة. وفي القرن السادس دُمّر مركز للمسيحية على يد ملك استمالته اليهودية، إلا أن الغزوات من الحبشة اعادت بعض النفوذ المسيحي. وكان لكلا البيزنطيين والساسانيين يدٌ في هذه الاحداث.

بين الامبراطوريات الكبيرة إلى الشمال وممالك البحر الأحمر كان هناك أراضٍ من نوع مختلف. الجزء الأكبر من شبه الجزيرة العربية كان سهوباً أو صحارى، فيه واحات منعزلة تخزن من الماء ما يكفي لزراعة I/10
عادية. كان السكان يتكلمون بلهجات عربية مختلفة ويعيشون أنماطاً متفاوتة من العيش. بعضهم كانوا رُحّلاً يرعون جمالهم أو خرافهم أو معزهم مستخدمين موارد الماء الضئيلة في الصحراء. هؤلاء عرفوا تقليدياً باسم «البدو». بعضهم كانوا مزارعين مستوطنين يعنون بحبوبهم وبنخيلهم في الواحات، أو تجاراً وصناعاً في مدن صغيرة تقام فيها أسواق. بعضهم كان يجمع بين أكثر من نمط معيشي واحد. كان التوازن بين الرحّالين والحضر سقلقلاً غير مستقر. إلا أنّ البدو رعاة الجمال، الخفيفي الحركة والحاملين للسلاح، بالرغم من أنهم كانوا أقلية بين السكان، هم الذين كانوا مسيطرين مع جماعات من أهل التجارة في المدن على المزارعين والصنّاع. روح الشجاعة فيهم وسخاؤهم واخلاصهم للنسب واعتزازهم باسلافهم كان سائداً

بينهم. ولم يكونوا خاضعين لسلطة إكراه مستقرة، بل كان يقودهم زعماء ينتمون إلى «أسر» كان يلتف حولها أحياناً جماعات موالية يدعمونها ويعبرون عن تضامنهم وولائهم بلغة التحدّر المشترك. وكانت هذه الجماعات تُسمّى قبائل.

كان نفوذ زعماء القبائل يمارس من الواحات حيث كان لهم صلات وثيقة مع تجار كانوا ينظمون التجارة عبر الاقليم الذي تسيطر عليه القبيلة. I/11
في الواحات، من ناحية ثانية، كانت هناك أسر أخرى استطاعت أن تنشىء نفوذاً من نوع آخر بواسطة سيطرة الدين. لم يكن دين الرعويين والمزارعين على ما يبدو ذا شكل واضح. كانوا يعتقدون بأن آلهتهم المحليه مجسدة في حجارة أو أشجار وغير ذلك من الكائنات الطبيعية، وبأن الارواح الحسنة والشريرة تتجول في العالم بشكل حيوانات. وكان هناك عَرّافون يدّعون القدرة على التكلم بألسنة الحكمة الخارقة. وقد قيل، استناداً إلى اختبارات حديثة في جنوبي الجزيرة العربية، بأن الآلهة على ما يُعتقد كانت تسكن في ملجأ، «حرم»، مكان أو مدينة تُفرد بعيدة عن الصراع القبلي، وتصبح مركزا للحج، للتضحية، للاجتماع أو للتحكيم، تحت رعاية اسرة بحماية قبيلة مجاورة.[١] اسرة كهذه قد تستولي على النفوذ أو السلطة إذا أحسنت استخدام مركزها الديني ودورها كحكم في النزاعات القبلية والفرص التي تسنح لها للتجارة.

في القرن السادس واوائل القرن السابع كانت كثير من الأمور تتغير في كل العالم الشرق أوسطي. كانت الامبراطوريتان البيزنطية والساسانية I/12
متورّطتين في حروب طويلة دامت ما بين ٥٤٠ و٦٢٩، تتخلّلها فترات هدوء. وجرت المعارك على الأخص في سوريا والعراق؛ في وقت ما، وصلت جيوش الساسانيين إلى البحر المتوسط، واحتلت مدناً عظيمة كأنطاكية والاسكندرية بالإضافة إلى مدينة القدس الشريف، ولكن في عام ٦٢٠ وبعده رُدّوا إلى الوراء على يد الامبراطور هرقل. ولمدة من الزمن أيضاً امتد حكم الساسانيين إلى جنوبي غربي الجزيرة العربية، حيث كانت مملكة اليمن قد

خسرت الكثير من قوّتها السابقة بسبب غزوات من الحبشة وانحطاط زراعتها. وكانت المجتمعات المستوطنة المحكومة من الامبراطوريات تزخر بالتساؤلات عن معنى الحياة والطريق التي يجدر أن تعيشها بها، كما هو معبّر عنها في مفهوم الأديان الكبرى.

وصل نفوذ الامبراطوريات وتأثيرها إلى مناطق من شبه جزيرة العرب، I/13 وعلى مدى عصور متعددة كان البدو الرحّل العرب من شمالي شبه الجزيرة ومن وسطها ينتقلون إلى أرياف المنطقة التي يطلق عليها غالباً اسم الهلال الخصيب: سوريا الداخلية، الاراضي الواقعة إلى غربي الفرات في العراق التحتي، والمنطقة بين الفرات ودجلة في أعلى العراق (الجزيرة)، وكان معظم سكانها من العرب. هؤلاء جلبوا معهم روحيتهم وطرق تنظيمهم الاجتماعي. كان بعض زعمائهم القبليين يمارسون زعاماتهم من مدن الواحات، واستخدمتهم السلطة الامبراطورية لإبقاء سائر البدو بعيدين عن الأمكنة المأهولة ولتحصيل الضرائب. لذلك استطاعوا تكوين وحدات سياسية، أكثر استقراراً، مثل اللخميين في عاصمتهم الحيرة، وهي في منطقة لم يكنْ الساسانيون يمارسون فيها سلطة مباشرة، ومثل الغساسنة في منطقة مماثلة من الامبراطورية البيزنطية. اكتسب سكان هذه الدول معرفة سياسية وعسكرية، وكانوا منفتحين على افكار ومعتقدات آتية من الاراضي الامبراطورية؛ الحيرة كانت مركزاً مسيحياً. ومن هذه الدول، من اليمن، وكذلك بمرور التجار على دروب التجارة، دخل إلى جزيرة العرب بعض المعلومات عن العالم الخارجي وثقافاته، كما دخل منه بعض المستوطنين. فكان هناك صنّاع مهرة وتجار وزراعون يهود في واحات الحجاز في الجزيرة العربية، ورهبان مسيحيون واتباع جدد لهذا الدين في وسط الجزيرة.

لغة الشعر

ويبدو أيضاً أن شعوراً متنامياً بهويّة ثقافية كان موجوداً بين قبائل الريف I/14 تجلّى بظهور لغة شعرية من بين لهجات العربية. وكانت هذه لغة رسمية مهذبة المفردات والصرف والنحو، تطوّرت تدريجياً، ربما عن طريق تطوير

لهجة معينة، أو بدمج عدة لهجات. واستخدمها شعراء من مختلف الجماعات القبلية أو مدن الواحات. وقد يكون شعرهم نما من استعمال لغة موزونة مهذبة ومقفّاة استعملوها للتعاويذ أو للسحر، إلا أن ما وصلنا منها بعيد عن أن يكون بدائياً. إنه نتاج تقليد طويل تراكمي لعبت فيه دوراً ليس فقط التجمعات القبلية واسواق المدن بل بلاطات السلالات العربية على هوامش الامبراطوريات العظيمة، على الأخص سلالة ملوك الحيرة على نهر الفرات، لكونها منفتحة كما كانت على التأثيرات المسيحية والزرادشتية.

والأعراف الشعرية التي انبثقت عن هذا التقليد كانت كثيرة التفاصيل.
والصيغة الشعرية الأكثر احتراماً وتقديراً كانت القصيدة، التي قد تبلغ ١٠٠ I/15
بيت، مؤلّفة في بحرٍ واحد منتقى من بين عدة بحور، وبوزن واحد فيها. كل بيت مكوّن من شطرين (صدر وعجز)، والوزن سارٍ على الشطرين في البيت الأول، أو المطلع، وعلى البيت الثاني في ما تبقى. بوجه عام، كان كل بيت وحدة في المعنى، ونادراً ما أُكمل المعنى في البيت الذي يلي. ولكن هذا لم يكن يحول دون الاستمرارية في الافكار أو المشاعر من بيت إلى آخر وعلى طول القصيدة.

ولم يكن الشعر مكتوباً، مع انه كان من الممكن أن يكون كذلك لأن
الكتابة كانت معروفة في شبه الجزيرة: النقش بلغات جنوبي الجزيرة العربية I/16
يعود إلى عدة قرون سابقة. وأقدم نقوش عربية، بالأحرف الآرامية، تعود إلى القرن الرابع، وبعد ذلك جرى تطوير كتابة عربية؛ وعدا عن النقوش، فمن الممكن أن تكون الكتابة قد استعملت في التجارة البعيدة المدى. إلا أن القصائد كانت تُؤلف لتُلقى علنا، إما من الشاعر نفسه أو من قبل راوٍ أو منشد. ولكن كان لذلك مفاهيم معينة، فالمعنى يجب أن يُحتوى في بيت، في مجموعة واحدة متكاملة من الكلمات التي يفهم المستمعون معناها، وكل إداء كان وحيداً من نوعه، ومختلفاً عن الآخرين. وكان للشاعر أو للراوي مجال للإرتجال، ضمن إطار من الصيغ الكلامية والأنماط المقبولة عامة ومن خلال استعمال كلمات معينة أو مجموعات منها لكي تعبر عن أفكار أو

مشاعر معينة. لذلك قد لايكون هناك صيغة أصيلة لقصيدة. هذه الصيغ كما وصلت إلينا، أخرجها لغويون أو نقاد أدبيون على ضوء المقاييس الشعرية واللغوية لعهودهم. في سياق ذلك ربّما أدخلوا عناصر جديدة على القصائد، مغيّرين اللغة لتلائم ما يعتقدونه صحيحاً، حتى وتكوين قصائد عن طريق دمج قطع أصغر. وفي حوالي ١٩٢٠ بَنى رَجُلا علمٍ، الواحد بريطاني والآخر مصري، على هذه الوقائع التي لاريب فيها، نظرية بأن هذه القصائد هي بنفسها نتيجة مرحلة لاحقة، ولكن معظم الذين درسوا هذا الموضوع مجمعون الآن على أن هذه القصائد في جوهرها جاءت فعلاً من الزمن الذي عُزيت إليه تقليدياً.

وكان من الشائع بين علماء فترة لاحقة ونقّادها، الاشارة إلى بعض
القصائد، بين مجموعة تلك التي وصلت إلينا، كأمثلة على ارفع الشعر I/17
العربي القديم. وسمّيت هذه القصائد «المعلقات»، وهو اسم غامض الأصل والمعنى. كان الشعراء الذين كتبوا هذه القصائد، لبيد، زهير، امروء القيس وسواهم، يُعتبرون أسياد هذا الفن دون منازع. وكان من المعتاد تسمية الشعر في ذلك الوقت ديوان العرب، وهو السجل لما فعلوا، أو التعبير عن ذاكرتهم المشتركة. ولكن شخصية الشاعر الفرد الفذة كانت ظاهرة أيضاً.

اعتاد النقاد والعلماء فيما بعد أن يميزوا بين ثلاثة عناصر في القصيدة،
ولكن ذلك أعطى شكلاً مقيّدا، ثابتا لممارسة متنوعة وغير مقيدة. كانت I/18
القصيدة تبدأ باستثارة ذكرى مكان ما عرفه الشاعر، أو ربما ذكّره بحبيب رحل أو غاب. ولم يكن مزاج القصيدة غزليا إباحياً بل متّجهاً إلى التذكير بكون الحياة البشرية عابرة:

عفتِ الديارُ محلّها فمقامها ... بمنىً تأبّد غولُها فرجامها
فمدافع الريّان عُرّي رَسمُها ... خلقاً كما ضمن الوُحيّ سِلاَمُها
دِمَنٌ تَجَرَّمَ بَعْدَ عَهْدِ أنيسِهَا ... حِجَجٌ خَلَوْنَ حَلاَلُهَا وَحَرَامُهَا
رُزِقَتْ مَرَابِيعَ ٱلنُّجُومِ وَصَابَهَا ... وَدْقُ ٱلرَّوَاعِدِ جَوْدُهَا فَرِهَامُهَا
مِنْ كُلِّ سَارِيَةٍ وَغَادٍ مُدْجِنٍ ... وَعَشِيَّةٍ مُتَجَاوِبٍ إِرْزَامُهَا(٢)

بعد ذلك، قد تأتي رحلة على ظهر بعير، يتكلم فيها الشاعر عن بعيره او ناقته وعن القفر وصيد الحيوانات، مشيراً الى استرداده لعزمه وثقته بنفسه عند مواجهته لقوات الطبيعة وامتحانه. وقد تُختتم القصيدة بمدح قبيلة الشاعر:

فَبَنَـا لَنَـا بَيْتـاً رَفِيعـاً سَمْكُـهُ فَسَمَـا الَيْـهِ كَهْلُهَـا وَغُـلاَمُهَـا

. . .

وَهُمُ السُّعَاةُ إذَا الْعشيرَةُ أُفْظِعَتْ وَهُـمُ فَـوَارِسُهَـا وَهُـم حُكَّـامُهَـا

وهُـمُ رَبيـعٌ للمُجَـاوِرِ فيهِـمُ والمُـرمِـلاتِ اذَا تَطَـاوَلَ عَـامُهَـا

وَهُمُ الْعَشِيـرَةُ أَنْ يُبَطِّـىءَ حَـاسِـدٌ أَوْ أَنْ يَميلَ مَعَ الْعَدُوِّ لِئَامُهَا(٣)

وتحت المديح والفخار يمكن أحياناً التنصت إلى صوت آخر، صوت حدود الطاقة البشرية بوجه الطبيعة القوية التي لا تُقاوَم.

سئمتُ تكاليفَ الحياةِ ومنْ يَعِشْ ثمـانيـنَ حـولاً لا أبـا لـكَ يَسْـأَمِ

وأَعْلَمُ مافي اليوم والامس قَبلَهُ ولكنني عن علم ما في غدٍ عم

رأيت المنايا خَبْطَ عشواءَ من تُصبْ تُمِتْهُ وَمَنْ تُخطىءْ يُعمَّرْ فيهرَمِ(٤)

محمد ﷺ وظهور الإسلام

في اوائل القرن السابع كان هناك عالمَان متداخلان: عالم مستوطَن خسر شيئاً من قوته وثقته بنفسه، وعالم آخر على حدوده كان على اتصال I/19
اقرب مع جيرانه إلى الشمال ومنفتحاً على ثقافاتهم. والاجتماع الحاسم بينهما حدث في منتصف ذلك القرن. فقد أقيم نظام سياسي جديد شمل كل الجزيرة العربية، وكل أراضي الساسانيين والمقاطعات السورية والمصرية في الامبراطورية البيزنطية. وامحت حدود قديمة وأُقيمت حدود جديدة. وفي وسط هذا النظام الجديد تكونت الجماعة الحاكمة ليس من شعوب الامبراطوريات بل من عرب غربي الجزيرة العربية، ومعظمهم من مكة.

وقبل نهاية القرن السابع كانت هذه المجموعة العربية الحاكمة تنسب
نظامها الجديد إلى ما انزله الله على محمد ﷺ، أحد أهالي مكة، بشكل I/20

كتاب مُنزل، القرآن: وحي أكمل ما أنزل على الانبياء والرسل السابقين، وأكمل ديناً جديداً، الاسلام، منفصلاً عن اليهودية والنصرانية. هناك مجال واسع للجدل العلمي حول كيفية تطوّر هذه المعتقدات. المصادر العربية التي تقص حياة محمد ﷺ وتكوين مجتمع حوله جاءت بعد ذلك؛ وأول راوٍ لسيرته نعرفه لم يكتب عمله إلا بعد وفاة محمد ﷺ بحوالي القرن. والمصادر المكتوبة بلغات أخرى تشهد كلها بالفتح العربي ولكن دراستها بعيدة من ان تنتهي.

الجزء الأكثر غموضاً في حياة محمد ﷺ، كما ترويه السير، هو الجزء
I/21 المبكر. تقول هذه انه ولد في مكة، مدينة في غربي الجزيرة العربية، ربما في العام ٥٧٠ أو حوالي ذلك. كانت عائلته تنتسب إلى قبيلة قريش، ولكن ليس إلى جماعتها الأقوى. وكان اهل القبيلة تجاراً، لهم ترتيباتهم مع القبائل الرعوية حول مكة، وكانت لهم كذلك علائق مع سوريا ومع جنوبي غربي الجزيرة. وعُرِفَ أيضاً انه كانت لهم علاقة مع حرم المدينة، الكعبة، حيث كانت تحفظ صور الآلهة المحليين. وتزوج محمد ﷺ خديجة، أرملة تتعاطى التجارة، وتولى شؤون تجارتها. وهناك عدد من الروايات سجلها هؤلاء الذين كتبوا سيرته فيما بعد تصوّر عالَماً بانتظار مرشد ورجلاً يفتش عن دعوة، ساعٍ نحو الله يعبر عن مشيئته بأن يتعلم: «اللهم لو أني أعلم أيّ الوجوه أحبّ إليك عَبَدتك به، ولكنّي لا أعلمه». وتنبأ معلّمو اليهود ورهبان مسيحيون وعرّافون عرب بمجيء نبي: راهب التقاه محمد ﷺ على أحد دروب التجارة في سوريا الجنوبية «ثم نظر إلى ظَهْره فرأى خاتَم النبوة بين كَتِفَيْه». المخلوقات الطبيعية حيّته، «فلا يَمُرّ رسولُ الله ﷺ بحَجر ولا شَجَر إلا قال: السلام عليك يا رسول الله»(٥).

وراح يهيم بمفرده بين الصخور، وذات يوم، عندما شارف على
I/22 الأربعين، حدث شيء: نوع من الاتصال بما هو فوق الطبيعة، عرفته الأجيال القادمة باسم ليلة القدر. في إحدى الروايات، جاءه ملاك على شكل إنسان في الأفق وناداه ليصبح رسولاً لله. في رواية أخرى، سمع صوت

الملاك يدعوه ليقرأ فسأل، وماذا أقرأ؟ فأجابه الصوت:

I/23 ﴿إقْرَأْ بِاسْمِ رَبِّكَ الَّذِي خَلَقَ * خَلَقَ الإِنسَانَ مِنْ عَلَقٍ * إقْرَأْ وَرَبُّكَ
الأَكْرَمُ * الَّذِي عَلَّمَ بِالْقَلَمِ * عَلَّمَ الإِنسَانَ مَا لَمْ يَعْلَمْ * كَلاَّ إِنَّ الإِنسَانَ
لَيَطْغَىَ * أَن رَءَاهُ اسْتَغْنَىَ * إِنَّ إِلَى رَبِّكَ الرُّجْعَى﴾(٦).

I/24 أما الذين تجاوبوا مع دعوة محمد ﷺ فكانوا قلائل، وكانت بينهم
زوجته خديجة: «أبشر يا بنَ عمّ واثبُت، فوالذي نفسُ خديجةَ بِيَدِه إني
لأرجو أن تكون نبيَّ هذه الأمة».

بالتدريج التأم حول محمد ﷺ مجموعة صغيرة من «المؤمنين»، عدد
من شباب العائلات ذات النفوذ في قريش، بعض افراد العائلات الأقل شأناً،
I/25 وموالون من قبائل اخرى كانوا قد التجأوا إلى حمى قريش، وبعض الحرفيين
والعبيد. وبنموّ التأييد لمحمد ﷺ ساءت علاقته مع العائلات النافذة في
قريش. فهم لم يقبلوا قوله بأنه رسول الله، ورأوا فيه شخصاً يشكل خطراً
على طريقتهم في العيش. «يا أبا طالب، إن إبن أخيك قد سبّ آلهتنا وعاب
ديننا وسفّه أحلامنا وضلّل آباءنا، فإمّا أن تُكفّه عنّا، وإما أنْ تخلّي بيننا
وبينه». وساء وضعه عندما توفيت زوجته خديجة وعمه أبو طالب في السنة
ذاتها.

وباكتمال رسالته بدت الفروقات بينه وبين المعتقدات السائدة أكثر
I/26 وضوحاً، وهوجمت أصنام الآلهة والطقوس المتعلقة بها وفرضت طرق
جديدة للصلاة، على الأخص الصلاة الجماعية المنظّمة، وانواع جديدة من
الاعمال الصالحة، واحتلّ محمد ﷺ وضعه بجلاء أكثر في عداد انبياء اليهود
والنصارى التقليديين.

واخيراً أصبح وضعه من الحراجة بحيث غادر مكة عام ٦٢٢ إلى واحة
تبعد حوالي ٢٠٠ ميل إلى الشمال، يثرب، التي عرفت فيما بعد باسم
I/27 المدينة، وكان الدرب ممهداً على يد جماعة من يثرب كانوا قد قدموا مكة
للتجارة. كان هؤلاء ينتمون إلى قبيلتين مختلفتين وكانوا يحتاجون إلى حَكَم

في خلافاتهم القبلية. وبما انهم عاشوا إلى جانب مستوطنين يهود في الواحة فقد كانوا على استعداد لقبول تعاليم قائمة على نبيّ وكتاب. وهذا الانتقال إلى المدينة، الذي انطلقت منه أجيال تالية لتأريخ بداية العصر الاسلامي، معروف بـ «الهجرة»: الكلمة لاتعني فقط مجرد فعل الخروج السلبي من مكة، ولكن تتضمن الفكرة الايجابية عن السعي إلى ايجاد الحماية بالاستقرار في مكان غير مكانه وأهله. وفي القرون الاسلامية التي تلت، اصبحت تعني التخلي عن مجتمع وثني أو شرير واستبداله بآخر حيث يمكن العيش بحسب التعاليم الاخلاقية الاسلامية. وقد حافظ رواة السيرة الأُوَل على نصوص المعاهدات التي قيل إنها عقدت بين محمد ﷺ وأتباعه والقبيلتين الرئيسيتين من جهة، ومع بعض الجماعات اليهودية من جهة اخرى. وكانت معاهدة مشابهة لتلك التي تعقد في جنوبي الجزيرة العربية في العصر الحديث لدى إقامة «حرم»: كل فريق يحتفظ بقوانينه وعاداته، ولكن منطقة الحرم بأكملها تصبح منطقة سلام، حيث لاتحسم الخلافات بالقوة بل بالاحتكام إلى «الله ومحمد»، والحلف يتضامن ضد الذين يعكرون السلام.

من المدينة بدأ محمد ﷺ بتوسيع نفوذ امتدّ الى الواحات والصحراء المجاورة. وسرعان ما انجرّ إلى صراع مسلح مع قريش، ربما للسيطرة على I/28
الطرق التجارية، وخلال هذا الصراع اتخذت طبيعة المجتمع في المدينة شكلها الاول. فتوصلوا إلى القناعة بأنه من الضروري الكفاح لأجل ما هو حق: «فلما عَتَتْ قريش على الله عز وجل، وردّوا عليه ما أرادهم به من الكرامة، وكذبوا نبيّه ﷺ، وعذّبوا ونَفَوْا من عَبدَه ووحّده وصدّق نبيَّه واعتصم بدينه، أذن الله عزّ وجلّ لرسوله ﷺ في القتال والانتصار ممن ظلمهم وبغى عليهم». واقتنعوا بأن الله وملائكته كانوا يقاتلون إلى جانبهم، وقبلوا بالمصيبة لدى حلولها على كونها تجربة من الله للمؤمنين به.

في هذا العهد من التوسع في النفوذ والكفاح اتخذت تعاليم النبي شكلها النهائي. في أقسام القرآن التي يُعتقد بأنها أُنزلت حينذاك، هناك I/29
اهتمام أكبر بتحديد التقيد بشعائر الدين والفضائل الاخلاقية، وبتحديد قواعد

السلام الاجتماعي، والملكية والزواج والإرث. وكانت تعطى في بعض الحالات فرائض معينة، وفي غيرها مبادىء عامة. وفي هذه الفترة نفسها أصبحت الرسالة أكثر شمولاً، موجهة إلى الجزيرة العربية الوثنية بأسرها وضمنياً إلى العالم اجمع، وبذلك تفصل نفسها عن التعاليم الموجهة إلى اليهود وإلى المسيحيين بطريقة أكثر وضوحاً.

وربما كان تطور تعاليم النبي مرتبطاً بتغييرات في علائقه بيهود
المدينة. مع انهم كانوا قد شكلوا جزءاً من التحالف الاصلي، فإن مركزهم I/30
أصبح أكثر حراجة بانتشار رسالته وبترسخ دعوته. لم يكن باستطاعتهم القبول به كرسول حقيقي بحسب تقاليدهم وهو بدوره قيل انه اتهمهم بمسخ ما أوحي اليهم: «وكَتمتُم منها ما أُمرتم أن تُبيّنوه للنّاس». أخيراً طُردت بعض العشائر اليهودية وقُتل بعضها الآخر.

ربما كان من دلائل سوء العلائق مع اليهود أن الاتجاه الذي كان القوم يتوجهون إليه في الصلاة (القبلة) تغير من القدس إلى الكعبة. وجرى التركيز
مجدداً على التحدّر الذي يربط محمداً ﷺ بابراهيم. فالفكرة أن ابراهيم كان I/31
المؤسس لدين توحيدي سام وللمحجّة في مكة كانت موجودة قبلاً؛ فهو لا يُعتبر يهودياً ولا مسيحياً، بل السلف المشترك للاثنين، وللمسلمين أيضاً. هذا التغيير كان مرتبطاً أيضاً بتغيير في علائق محمد ﷺ بقريش ومكة. حدث هناك نوع من التقاء المصالح. تجار مكة كانوا في خطر فقدان تحالفاتهم مع رؤساء القبائل وسيطرتهم على التجارة، وفي مكّة نفسها كان هناك اعداد متزايدة من اتباع الاسلام؛ فكان الشعور أن الاتفاق مع السلطة الجديدة يزيل اخطاراً أكيدة، بينما جماعة محمد ﷺ من ناحيتها لاتستطيع أن تشعر بالاطمئنان طالما ظلت مكة معادية لها، وكانت بحاجة إلى مهارات أَشراف مكة. ولما كان يُعتقد أن الحرم في مكة قد أسسه ابراهيم، فبالامكان قبوله كمكان يُسمح بالحج إليه، ولكن بمعنى مختلف.

في عام ٦٢٩ توثقت العلائق إلى درجة مكنت من السماح للمسلمين
الأُوَل بالذهاب إلى مكة للحج، وفي السنة التي تلت سلّم وجهاء مكّة المدينة I/32

إلى محمد ﷺ الذي احتلها باجمعها دون مقاومة وأعلن مبادىء نظام جديد: «ألا كل مأْثُرة أو دم أو مال يُدَّعى فهو تحت قَدَمَيَّ هاتين إلاَّ سَدَانَةَ البيت وسِقايةَ الحاج».

إلا أن المدينة المنوّرة ظلت عاصمته. هناك مارس السلطة على اتباعه بالتعامل السياسي والهيمنة الشخصية أكثر منه بالحكم المنظم. الزيجات I/33 المتعددة التي عقدها بعد وفاة خديجة بعضها، وليس كلها، عُقدت لاسباب سياسية. لم يكن هناك ادارة موسّعة أو جيش، بل محمد ﷺ فقط بصفة حَكَمٌ مطلق مع عدد من الاعوان، وسرب محارب من المؤمنين، وخزينة عامة تملؤها الهدايا والتبرعات والجزية المفروضة على القبائل الخاضعة. وانبسط سلام محمد ﷺ أبعد من المدن، على بقعة واسعة. كان زعماء القبائل محتاجين إلى اتفاقات معه لانه كان يسيطر على الواحات والاسواق. وكانت طبيعة هذه الاتفاقات تختلف: في بعض الحالات كانت تُعقد تحالفات تؤدي إلى التخلي عن النزاع، وفي حالات اخرى كانوا يسلّمون بنبوة محمد وفروض الصلاة وتقديم تبرعات مالية بانتظام.

سنة ٦٣٢ قام محمد ﷺ بزيارته الأخيرة إلى مكة، وخطابه هناك سُجل في الكتابات التقليدية كخاتمة رسالته: «أيها الناس، اسمعوا قولي I/34 واعقلوه، تعلمون ان كل مسلم أخ للمسلم، وأن المُسلمين إخوة»؛ عليهم تجنب الاقتتال فيما بينهم، والدم المسفوك في زمن الجاهلية لا يُثْأر به. يُحصر القتال في الحديث: «أُمِرْتُ أَنْ أُقَاتِلَ النَّاسَ حَتَّى يَشْهَدُوا أَنْ لاَ إله إلاَّ الله».

وتوفاه الله في آخر تلك السنة وترك لأمته امورا عديدة: أولا، هناك شخصيته كما كان يراها أقرب اتباعه (الصحابة). شهاداتهم التي نُقل معظمها I/35-6 شفوياً لم تتخذ شكلها النهائي إلا بعد ذلك بزمن طويل، وعند ذاك كانت دون شك قد اغتنت باضافات، إلا انه يبدو من المعقول أنه منذ وقت مبكر حاول هؤلاء الذين عرفوا محمداً ﷺ وتبعوه أن يحذوا حذوه بسلوكهم. وبمرور الزمن تطور نموذج من الشخصية الانسانية الذي يشكل إلى حد ما

انعكاسات لشخصيته هو. ويبدو محمد ﷺ، كما يراه اتباعه، كرجل يبحث عن الحقيقة منذ صباه، واذ يعي معنى القوة التي أنزلت عليه، ترتابه رغبة التبليغ بما أوحي إليه، ويكتسب ثقة برسالته ويزداد احساساً بالقيادة كلما كثُر حوله اتباعه. ويرونه كحكم معني بفرض السلام وتصفية النزاعات على ضوء مبادىء عدالة منزلة. وهو لاعب بارع في مجال توازن القوى السياسية، رجل لا يدير ظهره إلى طرق السلوك البشري المألوفة بل يحاول ان يحتويها في حدود يؤمن بأنها مرسومة بمشيئة الله.

واذا كانت صورة معيّنة عن محمد ﷺ قد طُورت تدريجياً ونُقلت من جيل إلى آخر، كذلك حدث لصورة المجتمع الذي أسسه. وكما بدا في
I/37 العهود التالية، كان مجتمعاً يُجِلُّ النبي ويعتز بذكراه ويسعى إلى السير في دربه ويجاهد في سبيل الاسلام وخدمة الله، تجمعه الشعائر الاساسية للعبادة، وكلها ذات طابع مجتمعي: المسلمون يحجون في الوقت ذاته، ويصومون الشهر ذاته ويجتمعون في صلاة منظمة، وهو العمل الذي يميزهم بوضوح عن سائر العالم.

وأهم ما جاء عبر محمد ﷺ اطلاقا هو القرآن، كتاب يصوّر بلغة فائقة
I/38 البلاغة والجمال تدخّل ربّ العالمين، مصدر كل قوة وصلاح، في العالم البشري الذي خلقه، وتجلّي إرادته عبر سلسلة من الانبياء أُرسلوا لتحذير البشر وارجاعهم إلى حقيقتهم كمخلوقات طائعة، ومحاكمة البشر في آخر الازمان وما يتبع ذلك من عقاب وثواب.

الفصل الثاني

تكوين دولة عُظمى

خلافة محمد ﷺ : الفتوح الاسلامية

بعد وفاة محمد ﷺ كانت هناك فترة بلبلة بين اتباعه. احد زعمائهم،
أبو بكر، أعلن للأمة: «أيها الناس، انه من كان يعبد محمد فإن محمدا قد
مات، ومن كان يعبد الله فإن الله حيٌّ لا يموت». وتحت سلطان الله، كان II/1
هناك دور يجب القيام به، دور الحكم في النزاعات وصانع القرارات في
الأمة. كان هناك ثلاث فئات رئيسية بين اتباع محمد: الرفاق القدامى الذين
هاجروا معه (الصحابة)، وهم فئة يجمع بينهم التزاوج؛ ووجهاء المدينة
الذين التحموا واياه هناك؛ وابناء عائلات مكة الكبيرة، على الأخص الذين
اهتدوا حديثاً. وفي اجتماع ضم المقربين والزعماء، اختير واحد من الفئة
الأولى خليفة للنبي، هو أبو بكر، احد الصحابة الاولين، والذي كانت ابنته
عائشة زوجة للنبي.

لم يكن الخليفة نبياً. كان زعيماً للأمة، ولكن لم يكن رسولاً من الله
بأي معنى، ولم يكن يدعي انه ناطق بوحي مستمر، إلا أن هالة من الطهارة II/2
ظلت تحيط بشخص وبمركز الخلفاء الأولين، لكونهم اختيروا بارادة ربّانية
كما انهم ادّعوا أن لهم نوعاً من السلطة الدينية. وسرعان ما وجد أبو بكر
والذين جاؤوا بعده أنفسهم مدعوين إلى قيادة في مجالات اكثر اتساعاً من
تلك التي كانت للنبي. لقد كانت هناك شمولية ضمنية في رسالة محمد ﷺ
واعماله. فقد نادى بسلطة كونية، والحرم الذي اقامه لم يكن له حدود
طبيعية. ففي سنواته الاخيرة أرسلت حملات عسكرية ضد الاراضي
الحدودية البيزنطية، ويُفترض انه ارسل مبعوثين إلى حكام الدول العظيمة
داعياً إياهم إلى الاعتراف برسالته. عندما توفي، اشرفت التحالفات التي كان

قد عقدها مع زعماء القبائل على الانحلال؛ بعضهم بدأ برفض نبوّته، أو على الاقل سلطته السياسية على المدينة. في مواجهة هذا التحدي، ثبّت المؤمنون تحت إمرة أبي بكر نفوذهم بحملة عسكرية (حروب الردة) وفي هذا السياق تكوّن جيش قوي اوصله زخمه الى داخل حدود الامبراطوريات العظيمة، وعندما تبين أن المقاومة فيها ضعيفة، وصل إلى قلبها. وفي نهاية حكم الخليفة الثاني عمر بن الخطاب (٦٣٤ـ٦٤٤) كان قد تم فتح كل الجزيرة العربية، وجزء من امبراطورية الساسانيين، والولايات السورية والمصرية من الامبراطورية البيزنطية. ومالبثت سائر اراضي الساسانيين ان سقطت بعد ذلك بقليل.

خلال بضع سنوات إذن، تغيّرت الحدود السياسية للشرق الأوسط
II/3 وانتقل مركز الحياة السياسية من بلدان الهلال الخصيب الغنية الآهلة بالسكان إلى مدينة صغيرة على اطراف عالم الثقافة العالية والغنى. وكان التغيير مفاجئاً وغير متوقع إلى درجة انه يحتاج إلى تفسير. هناك أدلة كشف عنها علماء الآثار تشير إلى أن رخاء عالم البحر المتوسط وقوته كانتا في طور انحطاط بسبب الغزوات البربرية وعدم القدرة على صيانة زراعاته في الصفوف المتدرجة الارتفاعات على المنحدرات أو اساليب زراعية أخرى، وتقلّص اسواق المدن. الامبراطوريتان البيزنطية والساسانية انهكتهما أوبئة الطاعون والحروب الطويلة، وسيطرة البيزنطيين على سوريا لم تُستعد إلا بعد اندحار الساسانيين سنة ٦٢٩، وكانت مازالت ضعيفة مقلقلة. العرب الذين اجتاحوا الامبراطوريتين لم يكونوا جماعات قبلية همجية بل جيشاً منظماً اكتسب بعض افراده مهارة عسكرية وخبرة في خدمة الامبراطوريات أو في القتال بعد وفاة النبي. واستخدام الابل للنقل أعطاهم افضلية في المعارك التي احتدمتْ على مساحات واسعة؛ توقّع الاستيلاء على الممتلكات والثروات كوّن تحالف مصالح بينهم، وحرارة الايمان اضفت على البعض منهم نوعاً آخر من القوة.

II/4 إلا أنه ربما كان هناك تفسير من نوع آخر لقبول حكم العرب من قبل

سكان البلدان المقهورة. معظمهم لم يكونوا مهتمين إذا حُكموا من الايرانيين أو اليونان أو العرب. كانت الحكومة على العموم تحتك بسكّان المدن والاراضي المتاخمة لها مباشرة. وباستثناء الموظفين والطبقات التي تتعلق مصالحها بمصالحهم، وعدا عن التسلسل المرتبي لبعض الفئات الدينية، لم يكن أهل المدن يهتمون بمن يحكمهم بشرط أن يكونوا بأمان وبسلام وتكون الضرائب المفروضة عليهم معقولة. كان سكان الارياف والسهوب يعيشون تحت امرة زعمائهم وبحسب عاداتهم، ولم يكن يهمهم من يحكم مدنهم. للبعض، اتاح استبدال اليونان والفرس بالعرب حسنات. الذين كانت معارضتهم لحكم البيزنطيين معبّراً عنها بانشقاق ديني قد يستسهلون العيش تحت حكم لا حيادي تجاه الفئات المسيحية المختلفة، على الاخص أن الدين الجديد، الذي لم يكن له نظام عقائدي أو قانون مطوّر بَعد، قد لا يبدو غريباً لهم. في تلك الارجاء من سوريا والعراق التي كان يقطنها سكان من اصل ولسان عربي، كان من السهل على قادتهم تحويل ولائهم من الاباطرة إلى التحالف العربي الجديد، خصوصاً ان السيطرة عليهم التي كانت سابقاً بيد اللخميين والغساسنة، الدولتين التابعتين للامبراطوريتين العظيمتين، كانت قد زالت.

II/5 وبتوسع المنطقة المفتوحة تغيرت الطريقة التي كانت محكومة بها. الفاتحون مارسوا سلطتهم من معسكرات رابط فيها الجنود العرب. في سوريا، كانت معظم هذه المعسكرات في المدن الموجودة، ولكن في المناطق الاخرى فُتحت مستوطنات جديدة: البصرة والكوفة في العراق، الفسطاط في مصر (التي نمت فيما بعد وتحولت إلى القاهرة)، وغيرها على الحدود الشمالية الشرقية في خراسان. لكونها مراكز سلطة كانت هذه المعسكرات نقاط اقتطاب للمهاجرين من الجزيرة العربية والبلاد المفتوحة، ونمت واصبحت مدناً في وسطها قصر الحاكم ومكان الاجتماع الشعبي، المسجد.

II/6 في المدينة المنوّرة وفي المدن ـ المعسكرات الجديدة، المتصلة بها

بواسطة طرق داخلية، كان النفوذ في ايدي جماعة جديدة حاكمة. بعض اعضائها كانوا من الصحابة، من اتباع النبي الأُوَل المخلصين، ولكن عناصر كثيرة كانوا من عائلات مكة ذات المهارات العسكرية والسياسية، ومن عائلات مماثلة من مدينة الطائف القريبة. واذ استمرت الفتوحات جاء غيرهم أيضاً من أهم عائلات القبائل الريفية، وحتى من تلك التي حاولت التخلص من سلطة المدينة بعد وفاة النبي. كانت هذه الجماعات إلى حد ما تميل إلى التمازج واحدها بالآخر. وابتكر الخليفة عمر نظاماً يمنح راتباً لهؤلاء الذين حاربوا في سبيل الاسلام، منظماً تبعاً لاسبقية اعتناق الاسلام والخدمة، ممّا قوّى من تلاحم النخبة الحاكمة، أو على الأقل انفصالها عن الذين تحكمهم، فبين الاغنياء الجدد من اعضاء الطبقة المدنية الحاكمة والشعب الفقير كانت قد بدأت تظهر علائم توتر منذ أول الأمر.

وبالرغم من تلاحمها النهائي، كانت تفصل الجماعة خلافات شخصية
II/7 وحزبية. كان الصحابة الاولون ينظرون شزراً إلى المهتدين اللاحقين الذين حصلوا على النفوذ؛ الادعاءات بالاعتناق المبكر للدين وبعلائق وثيقة مع محمد ﷺ قد تتصادم وادعاءات الانتساب إلى السلف النبيل. ورأى سكان المدينة المنوّرة أن النفوذ يتحول شمالاً باتجاه الاراضي السورية والعراق الاكثر غنى وسكاناً، حيث يسعى الحكام إلى نيل قسط أكبر من الاستقلال.

ظهرت هذه الصراعات إلى الوجود في المنطقة خلال حكم الخليفة
II/8 الثالث، عثمان بن عفان (٦٤٤ ـ ٥٦). فقد اختير على يد جماعة صغيرة من قريش، بعد أن اغتيل عمر بسبب ثأر شخصي. وبدا كأن الخليفة الجديد يتيح المجال لمصالحة حزبية، فهو ينتمي إلى صميم قريش، كما انه كان بين المهتدين الأوَل. غير انه اتّبع في الواقع سياسة تعيين اعضاء من عشيرته حكاماً للمقاطعات، وأثار هذا المعارضة في المدينة بين ابناء الصحابة ومن زوجة النبي عائشة، وفي الكوفة والفسطاط؛ بعض القبائل امتعضت من سيطرة رجال من مكة. وادت الاضطرابات في المدينة، التي زاد في انتشارها جنود من مصر، إلى اغتيالِ عثمان سنة ٦٥٦.

جرّت هذه الاحداث إلى أول فترة حرب أهلية في الأمة. وكان
II/9 المُطالب بالخلافة، علي بن أبي طالب (٦٥٦ ـ ٦١) من قريش، أحد اوائل المهتدين، ابن عم النبي وزوج ابنته فاطمة. رأى نفسه في مواجهة معارضة مزدوجة. اقرباء عثمان كانوا ضده، كما كان سواهم ممن اعترضوا على شرعية انتخابه. وانتقل الصراع على السلطة من المدينة إلى معسكرات الجنود. ثبّت عليّ نفسه خليفة في الكوفة، والمنشقون في البصرة؛ ولكن بعد أن دحرهم، وجد نفسه في مواجهة تحدّ جديد من سوريا، حيث كان الحاكم معاوية بن أبي سفيان، من اقرباء عثمان. والتقت القوتان في صفّين، في أعالي الفرات، ولكن بعد قتال قصير اتفقا على التحكيم على يد مندوبين مختارين من الفريقين. عندما وافق علي على ذلك، تخلّى عنه بعض أنصاره لأنهم كانوا يرفضون التسوية واخضاع مشيئة الله كما يعتقدون، إلى التحكيم الانساني؛ فقد كان شرف الاهتداء المبكر بالاسلام على المحك. وخلال الاشهر التي تلت من الجدل بين المحكّمين ضعف التحالف المساند لعليّ، وأخيراً اغتيل عليّ في مدينته، الكوفة. واعلن معاوية نفسه خليفة.

الخلافة في الشام

طالما اعتُبِرَ مجيء معاوية إلى السلطة (٦٦١ ـ ٨٠) بمثابة انتهاء مرحلة
II/10 وبدء مرحلة اخرى. ويُعرف الخلفاء الاربعة الأُول من أبي بكر إلى علي بالراشدين. امّا الخلفاء الذين جاؤوا بعدهم فيُنظر إليهم بطريقة مختلفة. قبل كل شيء اصبح هذا المركز وراثياً بالفعل منذ ذاك مع انه ظل هناك فكرة عن الخيار، أو على الاقل عن الاعتراف الرسمي (المبايعة) من زعماء الامة، إلا أنه في الواقع الرسمي اصبح النفوذ في يد عائلة معروفة باسم السلف، أمية، أي الأمويين. عند وفاة معاوية، خلفه ابنه الذي مالبث أن خلفه ابنه بعد فترة وجيزة؛ بعد ذلك كان هناك فترة ثانية من الحرب الاهلية وانتقل العرش إلى فرع آخر من العائلة.

II/11 وشمل التغيير اكثر من مسألة الحاكم. انتقلت عاصمة المملكة إلى

دمشق، مدينة واقعة في منطقة ريفية قادرة على تقديم الفائض الضروري لاقامة بلاط وحكومة وجيش، وفي منطقة يمكن منها ضبط الشواطىء الشرقية للمتوسط والبلاد الواقعة الى شرقها بطريقة أسهل من ضبطها من المدينة. وكان هذا الامر الاكثر اهمية لان حكم الخليفة كان مازال يتوسع. قوات المسلمين كانت تتقدم في المغرب الكبير، وأسست أول قاعدة هامة لها في القيروان، في المستعمرة الرومانية السابقة «افريقيا» (أي تونس اليوم). من هناك تحركت غرباً ووصلت إلى الشاطىء الاطلسي للمغرب في أواخر القرن السابع وعبرت إلى اسبانيا بعد ذلك بقليل. وفي الطرف الآخر، فُتِحَت الاراضي الواقعة ما وراء خراسان والبالغة حتى وادي «اموداريًا» (Oxus) ووصلت طلائع القوة الاسلامية الى شمالي غربي الهند.

II/12 دولة عُظمى كهذه كانت تتطلب طرازاً جديداً من الحكم. وثمة رأي انتشر وذاع في الاجيال التالية، عندما كانت دولة اخرى معادية للامويين قد حلت محلهم، والقائل بأن الامويين اسسوا دولة تهتم بالامور الدنيوية والمصلحة الخاصة بدلا من دولة الخلفاء السابقين الذين كرسوا حياتهم لنشر الدين. إلا انه من العدل القول إِن الامويين وجدوا أنفسهم بمواجهة المشاكل الناتجة عن حكم امبراطورية عظيمة لذلك تورطوا في المساومات التي تستلزمها السلطة. تدريجياً، تطوروا من زعماء قبائل عرب ليسلكوا طريقة حياة تقليدية بين حكام الشرق الأوسط حيث يستقبلون زوارهم أو رعيتهم بأبهة الأباطرة البيزنطيين أو ملوك الفرس. واسُتبدلت الجيوش العربية الاولى بقوات نظامية مأجورة. وتكونت طبقة حاكمة جديدة معظمها من بين قواد الجيش او زعماء القبائل. وفقدت العائلات الكبيرة بمكة والمدينة أهميتها لأنها كانت بعيدة عن مركز السلطة، وحاولت أكثر من مرة أن تثور. كذلك كان ولاء مدن العراق مقلقلاً وكان من الضروري ضبطها وتعيين حكام اقوياء عليها مخلصين للخليفة. الحكام كانوا من سكان المدن، موالين للحضر ومعادين لكل الدعوات الى السلطة التي تستند الى التضامن القبلي؛ «قرّبتم القرابة، وباعدتم الدّين»، هكذا انذرهم أول حاكم اموي على العراق،

وعامَلَ خلفُه الحجّاج بن يوسف وجهاء القبائل واتباعهم بشدّة اكبر.

ومع ان القوة المسلحة كانت في ايدٍ جديدة، الا أن الادارة المالية ظلت كالسابق، مع كتبة وامناء سر مأخوذين من جماعات خدموا حكاماً II/13 سابقين، ومستعملين اليونانية في الغرب واللغة البهلوية في الشرق. ومنذ العام ٦٩٠ وما بعد تغيرت لغة الادارة إلى العربية ولكن قد لايكون أدى ذلك الى تغيير كبير في الموظفين أو الاساليب؛ اعضاء عائلات امناء السر الذين كانوا يعرفون العربية واظبوا على العمل، والكثيرون بينهم اعتنقوا الاسلام، على الاخص في سوريا.

وثبّت الحكام الجدد انفسهم ليس في المدن فحسب بل في الريف السوري ايضا، على املاك الدولة او على ممتلكات هجرها اصحابها، على II/14 الاخص في الاقاليم الداخلية المنفتحة للسهوب الشمالية للجزيرة العربية. والظاهر انهم اعتنوا بصيانة اساليب ووسائل الري التي وجدوها هناك. وكانت القصور والمنازل التي بنوها لتكون مراكز مراقبة وضبط وللضيافة ايضا منظمة ومزينة بزي الحكام الذين حلوا محلهم، مع قاعات استقبال وحمامات وارضية مرصوفة بالفسيفساء وابواب وسقوف منحوتة.

بهذه الامور وبأخرى قد يبدو أن الامويين كانوا مثل الملوك البرابرة غربي الامبراطورية الرومانية، مستوطنين قلقين في عالم غريب يستمد II/15 استمراريته تحت قوة حمايتهم. إلا أنه كان هناك فارق: لم يأتِ الحكام في الغرب بغرضٍ أو إيمان يمكّنهم من الوقوف في وجه قوة المدنية اللاتينية المسيحية التي انجذبوا اليها. اما الجماعة العربية الحاكمة فجلبوا معهم شيئا واحتفظوا به في خضم الثقافة العالية في الشرق الأوسط، وهذا الشيء لدى تحوله وتطوره بتأثير تلك الثقافة، سيوفر لسانا تستطيع بواسطته أن تعبر عن نفسها: الايمان بوحي انزل من الله على النبي العربي باللغة العربية.

أول تأكيد على استمرارية النظام الجديد وتَمَيُّزِه جاء في أوّل العقد ٦٩٠، خلال حكم الخليفة عبد الملك (٦٨٥-٧٠٥). في الوقت نفسه الذي II/16

أدخلت فيه اللغة العربية في أمور الادارة، ابتُكِرَتْ طريقة جديدة لسك العملة، وكان لذلك مغزاه، إذ إن العملة هي رمز النفوذ والهوية. بدلاً من أن تظهر العملة اشكالا بشرية، كما نقل عن الساسانيين أو كالعملة التي سكّها الامويّون في دمشق، فقد ضربت عملة جديدة تحمل كلمات فقط، تعلن بالعربية وحدانية الله وصدق الدين الجديد الذي جاء به رسوله.

واهم من ذلك كان تشييد الابنية والصروح العظيمة إذ كان بناؤها بحد ذاته اعلاما عاما بأن الوحي الجديد المنزل على محمد ﷺ إلى البشرية هو الاخير والاكمل، وان رسالة الله دائمة إلى الابد. II/17

واستعملت ايضاً اول امكنة للصلاة الجماعية، المساجد، بمثابة قاعات اجتماعات للأمة بكاملها لقضاء المعاملات العمومية. ولم يكن لها علامات تميزها عن الانواع الاخرى من الابنية: بعضها كان بالفعل ابنية II/18
قديمة استُعملت لهذا الغرض، بينما كان هناك أبنية جديدة في وسط المستوطنات المسلمة. وكان مازال للامكنة المقدسة التابعة لليهود والمسيحيين تأثيرها على مخيلة الحكام الجدد: عمر بن الخطاب كان قد زار القدس بعد الاستيلاء عليها، ومعاوية بويع خليفة هناك. ثم بُني فيها عام ٦٩٠ أول بناء ضخم يثبت ان الاسلام متميز وسوف يدوم. وكان هذا مسجد قبة الصخرة (المسجد الاقصى)، المشاد على موقع هيكل اليهود في القدس، والذي اصبح الآن حرماً مسلماً. فهو معد ليكون ممشى للحجاج يطوفون حول الصخرة التي دعا الله ابراهيم عندها، حسب التقاليد الربّانية، ليضحّي باسحق. وبناء القبة في هذا المكان يُفَسَّر بشكل مقنع بأنه عمل رمزي يقصد منه تركيز الاسلام في سلالة ابراهيم وفصله عن اليهودية والنصرانية. والنقوش والكتابات في الداخل، أول تجسيد معروف لنصوص من القرآن، تعلن عن عظمة الله القدير، الحكيم، وتعلن «أن الله وملائكته تبارك النبي» و تدعو المسيحيين إلى الاعتراف بالمسيح كنبي لله وككلمته وروحه، ولكن ليس ابنه.(١)

بعد ذلك بقليل بدأ بناء سلسلة من المساجد العظيمة غايتها تلبية II/19

الحاجات الى الصلاة: في دمشق وحلب والمدينة والقدس، وبعد ذلك في قيروان، اول مركز عربي في المغرب الكبير، وفي قرطبة، عاصمة العرب في اسبانيا. جميعها تتجلى فيها الهندسة الاساسية ذاتها: باحة مفتوحة تؤدي إلى مكان مسقوف مبني بشكل تستطيع من خلاله صفوف طويلة من المصلين، تحت قيادة إمام، أن توجه صلاتها نحو مكة. والمحراب يدل على الجدار الذي يواجهونه، وبقربه منبر يُستطاع منه القاء خطبة الجمعة خلال صلاة الظهر. وتتصل بالبناء، أو تقع بالقرب منه المئذنة التي ينادي المؤذن منها على المصلين داعياً اياهم إلى الصلاة في الاوقات المحددة.

ابنية كهذه كانت دلائل ليس على النفوذ الجديد فحسب بل على نشأة مجتمع جديد متميز. ومن كونه دين كتلة حاكمة، أخذ القبول بالرسالة المنزلة على محمد ﷺ ينتشر تدريجياً. ومعرفتنا بكيفية تم ذلك ضئيلة، II/20
وليس بامكاننا سوى التكهن عن السياق الذي اتبعته. العرب الذين كانوا يعيشون في الارياف السورية والعراقية استسهلوا عملية القبول تضامناً مع الحكام الجدد (مع أن قسماً من احدى القبائل، الغساسنة، لم تقبل). وكان بامكان الموظفين العاملين لدى الحكام الجدد قبول دينهم إما بدافع المصلحة الشخصية أو من ميل طبيعي نحو النفوذ. كذلك الاسرى والمساجين نتيجة حروب الفتوح، او الجنود الساسانيون الذين انضموا الى العرب. وقد يعتنق المهاجرون الى المدن الجديدة الدين الجديد لتفادي دفع الضرائب المفروضة على غير المسلمين. اتباع زرادشت، أي أتباع دين الفرس القديم، ربما استسهلوا القبول بالاسلام اكثر من المسيحيين لأن طائفتهم ضعفت وانحلّ تنظيمها عندما انتهى حكم الساسانيين. إلا أن بعض المسيحيين، من الذين أثرت عليهم مسألة التناقضات حول طبيعة الله والنبوات، ربما استمالتهم بساطة الرد الاسلامي على هذه المسائل ضمن الاطار الفكري نفسه وعدم وجود «كنيسة» مسلمة أو شعائر معقدة لاعتناق الدين الجديد، والحاجة فقط إلى استعمال بضع كلمات بسيطة، جعل القبول عملية سهلة. ومهما كانت سهلة، إلا أنها كانت تحمل معنى ضمنياً: قبول العربية لغة للوحي الذي أنزل، وهذا، بالاضافة إلى الحاجة الى التعامل مع الحكام العرب والجنود

واصحاب الاراضي، يمكن أن يؤدي الى قبولها كلُغَةٍ للحياة اليومية. وحيث جاء الاسلام انتشرت اللغة العربية. إلا أن هذا السياق كان ما زال فتياً. خارج الجزيرة العربية ذاتها، حكم الامويون مناطق لم يكن معظم سكانها مسلمين ولا ناطقين بالعربية.

ولم يعمل الحجم المتنامي للمجتمع الاسلامي وقوته المتزايدة في
II/21 صالح الامويين. كانت منطقتهم المركزية، سوريا، حلقة ضعيفة في سلسلة البلدان التي كانت تُضَم إلى المملكة. وخلافاً للمدن الجديدة في ايران والعراق وافريقيا، فقد كانت مدنها موجودة قبل الاسلام وكانت لها حياة مستقلة عن حكامها. تجارتها كانت قد تعطلت بانفصالها عن الاناضول، التي بقيت في ايدي البيزنطيين، واضطرت ان تمرّ عبر حدود جديدة غالبا ما شوشتها الحرب بين العرب والبيزنطيين.

كانت القوة الاساسية للمجتمع الاسلامي ابعد الى الشرق. مدن العراق
II/22 كانت تنمو في الحجم اذ جاءها مهاجرون من ايران ومن شبه جزيرة العرب. وكان بإمكان هؤلاء السكان الجدد الافادة من غنى الاراضي المروية الخصبة في جنوبي العراق حيث كان بعض العرب قد ثبتوا اقدامهم كمالكين للأرض. وكانت المدن الجديدة عربية فعلاً اكثر من مدن سوريا، وحياتهم اصبحت اكثر غنى باجتذاب اعضاء من الطبقة الايرانية الحاكمة ليعملوا كموظفين في الدولة أو جباة ضرائب.

وفي خراسان كانت تجري عملية مماثلة، في الشمال الشرقي البعيد حيث كانت الحاميات كبيرة لكونها تقع على حدود التوسع الاسلامي.
II/23 فكانت مراعي خراسان واراضيها القابلة للزراعة تجتذب المستوطنين العرب. فمنذ وقت مبكر اذن كان فيها عدد كبير من السكان العرب العائشين جنباً إلى جنب مع الايرانيين: بين هؤلاء حافظت طبقة مالكي الاراضي والطبقة الحاكمة على مراكزها. ولكن نوعاً من التعايش التكافلي كان يتنامى تدريجياً لمّا ترك العرب المحاربة واستقروا في الارياف أو في المدن ـ نيسابور وبلخ ومرو ـ وبدأوا ينجرّون الى المجتمع الايراني؛ والايرانيون راحوا يدخلون

المجموعة الحاكمة.

أدى نموّ المجتمعات المسلمة في المدن والمقاطعات الشرقية الى خلق توتّرات. مطامح شخصية، شكاوى محلية، ونزاعات حزبية، تجلت باكثر من مظهر، عرقية وقبلية ودينية، وبعد هذا الزمن يصعب القول كيف رُسمت خطوط التجزئة. II/24

كان هناكِ أولاً بين معتنقي الاسلام، وعند الايرانيين على الاخص، استياء ضد الامتيازات الضريبية وغيرها الممنوحة إلى من هم من اصل عربي، وزاد هذا الامتعاض اذ فترت ذكريات الفتوحات الاولى. والتحق بعض الذين اعتنقوا الاسلام بزعماء القبائل بمثابة «موالي»، ولكن هذا لم يمح الخط الفارق بينهم وبين العرب. II/25

وتجلّت التوتّرات ايضا بمظهر فوارق قبلية ومعارضة. فالجيوش القادمة من جزيرة العرب جلبت معها ولاءاتها القبلية التي اصبحت اقوى في الظروف الجديدة. في المدن وفي أمكنة الهجرة الاخرى، تقاربت الجماعات التي تنتمي إلى سلف مشترك بالعيش بأحياء متلاصقة وبتلاحم اكبر مما كانت عليه في السهوب العربية، وتمكن ذوو الزعامة من مدّعي نبل المحتد من اجتذاب اتباع اكثر. ووجود بنية سياسية موحّدة مكن الزعماء والقبائل من الارتباط واحدهم بالآخر على مسافات واسعة وأحياناً أوجدت لهم مصالح مشتركة. وفي الصراع للسيطرة على الحكومة المركزية كانت تُستخدَم كبار الاسماء القبلية والولاءات التي تعبر عنها. احدى المجموعات المتحدّرة من بني أمية كانوا منتسبين بالزواج إلى بني كلب الذين كانوا قد استقروا في سوريا قبل الفتح. وفي الصراع على الخلافة بعد وفاة معاوية، ساندت مجموعة اخرى من القبائل أحد المطالبين من غير الامويين. وفي بعض الاوقات كانت بعض المصالح المشتركة تظهر فكرة نسب مشترك يضم جميع القبائل التي تدعي أن اصلها يعود الى اواسط الجزيرة العربية أو الى الجنوب. (اسماؤها، القيسية واليمنية، وظلّت ترمز الى نزاعات محلية في بعض الاجزاء من سوريا حتى هذا القرن). II/26

واهم من ذلك كانت الخلافات حول اعتلاء عرش الخلافة وطبيعة
السيطرة في الامة الاسلامية. ضد ادعاءات معاوية وعائلته كانت هناك II/27
مجموعتان، ولكن بما أنّ شكلها لم يكنْ محدداً فمن الافضل ان نصفها بالاتجاهات. أولا كانت هناك جماعات مختلفة تُدعى الخوارج. أولهم في طليعتهم الذين سحبوا تأييدهم لعلي عندما وافق على التحكيم في صِفّين. كانوا قد اندحروا، ولكن جاءت جماعات فيما بعد واستخدمت الاسم نفسه، وعلى الاخص في مناطق تحت نفوذ البصرة. وبالمعارضة لادعاءات رؤساء القبائل، أصرّوا على أن لا سابقة في الاسلام إلا الفضيلة. فقط المسلم التقيّ الورع يجب أن يحكم «كإمام»، واذا شطّ فيجب أن تسحب «الإمامة» منه. عثمان الذي أَعْطَى الافضلية لمطالب عائلته، وعليّ الذي قبل التحكيم والمساومة على مسألة مبدئية، كلاهما كان على خطأ. ولم يتوصل جميع الخوارج الى نفس الخلاصة، فبعضهم رضي ورضخ لوقت ما للحكم الاموي، وبعضهم ثار ضده، والبعض الآخر اصرّ على أن على المؤمنين الحقيقيين أن يحاولوا انشاء مجتمع نقي جديد عن طريق «هجرة» جديدة في مكان بعيد.

الجماعة الثانية كانت تلك التي ساندت مطالب عائلة النبي بالحكم.
وهذه كانت فكرة يمكن أن تتخذ عدة اشكال مختلفة، أهمها على المدى II/28
الطويل تلك التي اعتبرت علياً وسليلته بمثابة رؤساء شرعيين للأمة، أو أئمة. والتفّ حول هذه الفكرة آخرون، منهم ممن أخذوا من الثقافات الدينية في البلدان التي خضعت للإسلام. واعتُبِرَ عليّ وورثته بأنهم أخذوا عن محمد ﷺ ميزة روحية خاصة ومعرفة حميمة للمعنى المكنون للقرآن، ربما وُضعوا بمرتبة أعلى من سائر البشر نوعاً ما، واعتُقِدَ ان واحداً منهم سوف ينهض لتحقيق الحكم العادل. هذا التوقع لقدوم «المهدي» بدأ باكراً في تاريخ الاسلام. سنة ٦٨٠، انتقل الى العراق الابن الثاني لعلي، الحسين (ع) مع جماعة صغيرة من عشيرته واتباعه، آملاً ان يجد دعما له في الكوفة وما حولها. وقتل في معركة في كربلاء، في العراق، وأدى موته إلى إضفاء قوة ذكرى الاستشهاد على اتباع علي، أي شيعته. وبعد ذلك ببضع سنوات قامت

ثورة لمساندة محمد بن الحنفية، الذي كان أيضاً ابناً لعليّ ولكن من أم غير فاطمة.

قام الحكام الامويون خلال العقود الاولى من القرن الثامن بعدة محاولات لمعالجة حركات المعارضة التي تجلت في هذه الطرق المختلفة، مع كل الصعوبات الضمنية الملازمة لحكم امبراطورية واسعة ومتباينة بهذا القدر. واستطاعوا تدعيم الاسس الاميرية والعسكرية لحكمهم ولم يواجههم إلا بضع ثورات فقط خلال مدة من الزمن. ثم في العام ٧٤٠ وما بعد، انهارت سطوتهم فجأة في وجه حرب أهلية اخرى وتحالف حركات مختلفة الاهداف جمعت بينها المعارضة لهم. وكانت هذه الحركات اقوى في المناطق الشرقية من أراضي الخلافة مما هي في المناطق الغربية، وقوية على الاخص في خراسان بين بعض المستوطنين العرب الذين كانوا في طور الانصهار في المجتمع الايراني المحلي، كذلك بين «الموالي» الايرانيين. وكما في سائر الامكنة، كان هناك شعور «شيعي» واسع الانتشار ولكنّه غير منظم. II/29

وثمة مبادرة اكثر فاعلية جاءت من فرع آخر من عائلة النبي، من سليلة عمه عباس، فقد انشاؤا منظمة من مقرهم على حدود الصحراء السورية، II/30 مركزها الكوفة، وادعو ان ابن محمد ابن الحنفية قد تنازل لهم عن حقه في الخلافة. وانتدبوا مبعوثاً لهم الى خراسان، رجلاً مغمور الاصل، ربما من عائلة ايرانية، ابا مسلم. واستطاع ابو مسلم ان يشكل جيشاً وتكتلاً من عناصر منشقة عربية وغيرها، وان يهبّ بثورة تحت العلم الاسود الذي أصبح فيما بعد رمزاً للحركة، وباسم احد اعضاء عائلة النبي، دون ذكر اسم شخص معيّن، وذلك ضمن له دعماً اكثر اتساعاً. من خراسان تحرك الجيش غرباً، ودُحر الامويون في اكثر من معركة سنة ٧٤٩ ـ ٥٠، وآخر خليفة من السلالة الأموية، مروان الثاني لوحق حتى مصر حيث قتل. في هذه الاثناء، بويع زعيم الحركة غير المسمى في الكوفة، وهو ابو العباس، ليس من سلالة علي بل عباس.

ويصف المؤرخ الطبري (٨٣٩ ـ ٩٢٣) كيف تم اعلان ذلك. وقف داوود، اخو ابي العباس، على سلم المنبر في مسجد الكوفة وخاطب المؤمنين: «الحمد لله شكراً شكراً شكراً؛ الذي أهلَك عدوّنا، وأصار إلينا ميراثنا من نبينا محمد ﷺ. أيّها الناس، الآن أقشعت حنادس الدّنيا، وانكشف غطاؤها، وأشرقت أرضها وسماؤها، وطلعت الشمس من مطلعها، وبزغ القمر من مبزغه؛ وأخذ القوس باريها، وعاد السهم إلى منزعه ورجع الحق إلى نصابه؛ في أهل بيت نبيكم، أهل الرأفة والرحمة بكم والعطف عليكم... وأراكم الله ما كنتم تنتظرون، وإليه تتشوّفون، فأظهر فيكم الخليفة من هاشم، وبيّض به وجوهكم، وأدالكم على أهل الشام، ونقل إليكم السلطان، وعزّ الإسلام... ألا وإنه ما صعد منبركم هذا خليفة بعد رسول الله ﷺ إلا أمير المؤمنين علي إبن أبي طالب وأمير المؤمنين عبد الله بن محمد ـ وأشار بيده إلى أبي العباس».(٢) II/31

خلافة بغداد

وخلفت عائلة حاكمة الأخرى، واستُبدلت سوريا كعاصمة للخلافة بالعراق. كانت سيطرة ابي العباس (٧٤٩ ـ ٥٤) وخَلَفه، المعروفون باسم سلفهم بالعباسيين اقل قوة في بلدان المتوسط الشرقية أو في الحجاز، التي كانت بمثابة امتداد لهم، مما كانت عليه في الاراضي الساسانية السابقة: في جنوبي العراق وواحات ايران وهضباتها وخراسان والاراضي الممتدة مابعدها إلى آسيا الوسطى. لقد كان من الاصعب على الخليفة أن يحكم المغرب، ولكن ذلك كان ايضاً اقل أهمية. II/32

لم يختلف حكم العباسيين في بعض الطرق عن حكم الامويين في اواخر عصرهم. فمنذ البدء وجدوا انفسهم معنيين بالمشكلة التي تواجه اي سلالة جديدة: كيفية جعل السيطرة، التي خلقتها تحالفات قلقة لمصالح منفردة، اكثر استقراراً وديمومة. لقد ربح العباسيون عرشهم بفضل تضافر قوى جمعت بينها تيارات معارضة للامويين، واصبح من الضروري الآن تحديد علائق النفوذ داخل الحلف قبل كل شيء آخر. بدأ الخليفة الجديد II/33

بالتخلص من جميع الذين جاء بواسطتهم إلى السلطة؛ ابو مسلم وسواه قتلوا. كما كانت هناك نزاعات داخل العائلة؛ بعض اعضائها عُينوا حكاماً بادىء الامر غير أن شوكة البعض منهم قويت وخلال جيل تكونت نخبة جديدة من الحكام واصحاب الوظائف العالية. بعضهم اختير من عائلات فارسية قديمة العهد في خدمة الدواوين، وغيرهم من بين افراد عائلة الحاكم وآخرون من العبيد المعتقين.

حدث هذا الحصر للنفوذ في ايدي الحاكم في ايام خلفاء ابي العباس،
II/34 خصوصاً المنصور (٧٥٤ـ٧٥) وهارون الرشيد (٧٨٦ـ٨٠٩) وجرى التعبير عنه في انشاء عاصمة جديدة، بغداد. وقد روى الطبري زيارة قام بها المنصور للمركز العتيد للمدينة الجديدة: «أتى ناحية الجِسْر، فعبر في موضع قصر السلام، ثمّ صلى العصر ـ وكان في صَيْف، وكان في موضع القصر بِيعة قَسّ ـ ثم بات ليلةً حتى أصبح، فبات أطيب مبيت في الارض وأرفقَه، وأقام يومه فلم ير إلا ما يحبّ، فقال: هذا موضع أبني فيه؛ فإنه تأتيه المادة من الفرات ودِجْلة وجماعة من الأنهار، ولا يحمل الجندَ والعامّة إلاّ مثلُه، فخطّها وقدّر بناءها، ووضع أوّل لَبِنة بيده، وقال: بسم الله والحمد لله، والأرض لله يورثها من يشاءُ من عباده والعاقبة للمتقين. ثم قال: إبنُوا على بركة الله»[٣].

وكانت بغداد في نقطة يجري فيها دجلة والفرات قريبين الواحد من
II/35 الآخر، وحيث كانت شبكة من الاقنية تكوّن ريفاً غنياً بامكانه أن ينتج غذاء لمدينة كبيرة ومداخيل للحكومة؛ وتقع على طرق استراتيجية تؤدي إلى ايران وما وراءها، والى الجزيرة في شمالي العراق حيث تنتج الحبوب، والى سوريا ومصر حيث كان الولاء للامويين ما زال قوياً. وبما انها كانت مدينة جديدة، كان باستطاعة الحكام أن يظلوا احراراً من الضغط الذي يمارسه سكان الكوفة والبصرة من المسلمين العرب. واتباعا لتقاليد طويلة الامد يعزل بموجبها الحكام في الشرق الأوسط انفسهم عن رعاياهم، فقد صُمّمت المدينة لتعبر عن فخامة الحاكم وتباعده. في الوسط، على الضفة الغربية

لنهر دجلة، تقع «المدينة المستديرة» حيث يوجد القصر والمعسكرات والمكاتب؛ وكانت الأسواق والمساكن خارجها.

في وصفه لاستقبال مبعوث بيزنطي من قبل الخليفة المقتدر سنة ٩١٧،
II/36 يذكّرنا مؤرخ بغداد، الخطيب البغدادي (١٠٠٢-٧١) بفخامة البلاط ومراسم تشريفاته. فبعد أخذ الزوّار إلى حضرة الخليفة، كانوا بعد ذلك، وبأمر منه، يؤخذون لزيارة القصر: القاعات الكبيرة والساحات والحدائق، والجنود والخصيان وموظفي البلاط والحجّاب وكنوز الخزائن والفيلة المجللة بالاقمشة المزركشة بالحرير بألوان الطاووس. ثم يدُخلون دار الشجرة «وفيها شجرة في وسط بركة كبيرة، مدورة فيها ماء صافٍ، وللشجرة ثمانية عشر غُصْنا لكل غُصْن منها شاحنات كثيرة عليها الطيور والعصافير من كل نوع مذهبة ومفضّضة، وأكثر قضبان الشجرة فضة، وبعضها مذهب، وهي تتمايل في أوقات ولها ورق مختلف الالوان يتحرك كما تحرّك الريح ورق الشجر، وكل من هذه الطيور يصفر ويَهْدِرُ.» ثم يرجعون مرة اخرى إلى مجالسة الخليفة وقد «لُبِّسَ بالثياب الديبقية المطرزة بالذهب، على سرير أبنوس قد فُرش بالديبقي المطرز بالذهب... ومن يمنة السرير تسعة عقود مثل السُّبَح معلقة، ومن يسرته تسعة أخرى من أفخر الجواهر وأعظمها قيمة... وبين يديه خمسة من ولده ثلاثة يمنة وإثنان ميسرة».(٤)

ضمن هذه القصور المعزولة كان الخليفة يمارس سلطته طبقاً لقواعد
II/37 موروثة عن حكام سابقين، والتي قلّدتها سلالات لاحقة. وكانت مراسم وتشريفات مكثّفة تزيد من فخامة الخليفة وابهته، يحف به موظفو القصر ويحرسون سبل الاقتراب منه، بينما يقف الجلاد قريباً منه لتنفيذ حكمه المعجل. وخلال العهود الأولى للحكم برزت وظيفة صارت ذات أهمية فيما بعد، وظيفة «الوزير»، الذي كان مستشاراً للخليفة، على درجات متفاوتة من النفوذ، والذي سيصبح فيما بعد رئيساً للادارة والوسيط بينها وبين الحاكم.

وكانت الادارة مقسومة الى عدد من الوظائف أو الدواوين بطريقة
II/38 سوف تتكرّر مرة اخرى تحت حكم سلالات اخرى. فقد كان هناك ديوان

لشؤون الجيش، ومكتب محفوظات يحرر الرسائل والوثائق بشكلها ويحفظها، وخزينة تراقب وتضبط سجلّات الدخل والانفاق وتحفظها. وكان على الحاكم الذي يحكم من خلال تدرج من الموظفين المنتشرين على منطقة واسعة أن يتأكد أنهم لا يصبحون مفرطي النفوذ أو يُسيئوا استعمال السلطة التي يمارسون باسمه. وكان هناك تنظيم من المخبرين يُطلعون الخليفة على كل ما يحدث في الاقاليم، وكان هو وحكامه يعقدون جلسات عامة يستمعون فيها الى الشكاوى ويعالجونها.

الحكم المطلق الذي يتوسط نظاما يضم جماعات من الموظفين يحتاج
II/39 الى دخل والى جيش. وفي ايام العباسيين ظهر نظام الضرائب القانونية المنبثق عن ممارسات ايام الاسلام الاولى، وكانت مرتبطة على قدر الامكان بالمعايير الاسلامية. وكانت الضرائب الاساسية اثنتين: الاولى تجبى على الارض وانتاجها (الخراج)؛ في البدء كان هناك تمييز بين نسبة الضرائب وانواعها التي يدفعها صاحب الارض المسلم وغير المسلم ولكن هذا التمييز اصبح اقل اهمية بالممارسة مع انه ظل مدوناً في كتب القانون. الضريبة الثانية كانت على الرؤوس لغير المسلمين، مدرجة تقريبيا تبعا لثرواتهم (الجزية). بالاضافة الى ذلك، كانت تجبى مستحقات على بضائع تُستورد أو تصدر وعلى المنتوجات الحرفية في المدن. كذلك مستحقات اتفاقية على الثروات المدينية تبعاً للحاجة؛ وكانت هذه الاخيرة تُدان رسمياً من قبل الذين كانوا يتمسكون حرفياً بالتشريع الاسلامي.

كان جنود خراسان الذين تسلم العباسيون السلطة بواسطتهم منقسمين
II/40 إلى فئات تحت قيادة منفصلة الواحدة عن الاخرى. ولم يكن من السهل على الخلفاء الحفاظ على ولائهم، وقلت فاعليتهم كقدرة عسكرية باستيعابهم بين سكان بغداد. بعد موت هارون الرشيد قامت حرب اهلية بين ولديه الأمين والمأمون. فقد بويع الأمين خليفة وحارب جيش بغداد معه إلا أنه اندحر. وفي اوائل القرن التاسع دفعت الحاجة لبناء جيش فعال موالٍ الى شراء ارقّاء وتعبئة جنود من قبائل الرعيان الناطقة بالتركية على حدود اواسط آسيا أو حولها. هؤلاء الاتراك، وغيرهم من الجماعات المماثلة من حدود البلدان

المستوطنة، كانوا غُرباء لا علاقة لهم بالمجتمعات التي كانوا يساعدون في السيطرة عليها، وكانوا ذوي علاقة مع الخليفة كَمَوَالي. ودخول الجنود الاتراك في خدمة العباسيين كان بداية أضْفَى فيما بعد شكلاً خاصاً على الحياة السياسية لعالم الاسلام.

وكان الى حدّ ما بسبب الاحتفاظ بجنده بعيدين عن سكان بغداد، الذين ابدوا عدوانهم لحكم الخليفة، أن قرر المعتصم (٨٣٣ ـ ٤٢) نقلَ
II/41 عاصمته من بغداد إلى مدينة جديدة، سامرّاء، الواقعة ابعد الى الشمال على نهر دجلة. وظل مركز الحكومة فيها لمدة نصف قرن؛ ولكن، بالرغم من كونها تخلصت من ضغط السكان، إلا انها وقعت تحت نفوذ قواد الجنود الاتراك الذين ما عتموا أن سيطروا على حكومة الخليفة. وكانت هذه ايضا فترة اصبح فيها حكام المقاطعات النائية في المملكة مستقلين فعلياً، وفي العراق ذاته تعرضت سلطة الخليفة الى الخطر بسبب ثورة طويلة للعبيد السود المستخدمين في مزارع السكر والمستنقعات المالحة في جنوبي العراق: ثورة الزنج (٨٦٨ـ٨٣). بعد ذلك ببضع سنوات، في العام ٨٩٢، رجع الخليفة المعتضد إلى بغداد.

كلما كان الخليفة قوياً وبعيداً، كلما ازدادت بالنسبة إليه أهمية إعطاء سطوته جذوراً في الشعور الاخلاقي بين رعاياه. وجرب العباسيون أكثر من
II/42 الامويين أن يبرروا حكمهم بالمفهوم الاسلامي. ولجأوا منذ البدء الى استخدام رموز دينية: الخليفة ادّعى انه يحكم بموجب ارادة الهية لكونه يتحدّر من اسرة النبي. وادعى ايضاً انه يحكم بموجب القرآن والسنّة وقواعد السلوك التي كانت تتوضّح منها اكثر واكثر مع الزمن. وتمشياً مع هذا الادعاء استطاع اهل الفقه أن يلعبوا دوراً في حكمه، فأُعطي مركز «القاضي» اهمية اكبر وفُصلت صلاحياته عن صلاحيات الحاكم. ولم يكن للقاضي واجبات سياسية أو مالية؛ دوره كان الفصل في النزاعات واعطاء قرارات في ضوء ما كان يتجلى تدريجياً كنظام قانون اسلامي أو أعراف اجتماعية. ورئيس القضاة كان موظفاً له أهميته في سُلّم وظائف الدولة.

كان على العباسيين الأُوَل، لدى ادعائهم انهم الحكام الشرعيون، ان يجابهوا فرعاً آخر من عائلة النبي، من سلالة علي واتباعهم، الشيعة. ولم يكن كل الشيعة معادين لحكم العباسيين: جعفر الصادق (٧٠٠ ـ ٦٥) الذي كانوا يعتبرونه الامام السادس كان شخصاً مسالماً زاهداً علّم اتباعه المقاومة السلمية الى حين مجيء المهدي، الشخص الذي سيرسله الله ليعيد حكم الدين والعدالة. في الجيلين الأولين لحكم العباسيين، قامت حركات ثورية عديدة استخدمت اسماء اعضاء من عائلة علي، وجواباً على حركة كهذه حاول ابن هارون، المأمون (٨١٣ ـ ٣٣) مرتين ان يمنح نفسه لقباً أكثر ثباتاً يَحْكُمُ به. التجربة الاولى كانت انه عيّن علي الرضا، الذي كان يعتبره كثيرون من الشيعة بمثابة الإمام الثامن، وريثاً له؛ الحجة التي استُعملت كانت انه احق اعضاء عائلة النبي بالخلافة، وهذا يعني ضمنياً انه إذا كانت الخلافة ستنتقل تبعاً للقيمة الاخلاقية والمعنوية في العائلة، فان سلالة بني عباس لها الحق مبدئيا مثل ما لسلالة علي. واعطى المأمون دعمه فيما بعد لافكار فقهاء في الدين عقليين وحاول أن يجعل قبولهم شرطاً للتوظيف الرسمي. محاولته هذه جوبهت بمعارضة جماعة من الفقهاء، وعلى رأسهم أحمد ابن حنبل، الذي نادى بان القرآن وسنة الرسول، مفسرة حرفياً، توفر الهدى الكافي. وبعد فترة من الاضطهاد وُضع حدّ لمحاولة فرض تفسير واحد للايمان يخضع لقوة الحاكم، ولم يعد احد يحاول ذلك فيما بعد. وادّى الاعتقاد بوحدة تشمل اختلاف وجهات النظر القانونية واهمية القرآن والسنة النبوية تدريجاً إلى تكوين سياق فكري عُرف فيما بعد «بالسنّية» بشكل عام، لتمييزها عن «الشيعية». II/43

الفصل الثالث

تكوين مجتمع

نهاية الوحدة السياسية

حتى عندما كانت سطوة الخليفة العباسي في أوجها، كان حكمه الفعلي محدوداً. فكان يحكم إلى حد بعيد في المدن والمناطق المحيطة بها؛ III/1 غير أن مناطق بعيدة من جبال وسهوب كانت غير خاضعة له فعليا. وبمرور الزمن، وقعت سلطته في تناقضات انظمة الحكومة المركزية الروتينية، ولكي يستطيع حكم مقاطعاته البعيدة اضطر الخليفة الى منح حكامه سلطة جباية الضرائب واستخدام جزء من الدخل ليُنفق على قوات محلية. وحاول أن يضبط حكامه بجهاز من الاستخبارات ولكنه لم يتمكن من منع بعضهم من تدعيم مراكزهم الى درجة استطاعوا بعدها تسليم السلطة إلى عائلاتهم بينما ظلوا ـ على الاقل مبدئيا ـ موالين لمصالح سلطانهم. بهذه الطريقة قامت سلالات محلية، مثل الصفاريين في شرقي ايران (٨٦٧ ـ حوالي ١٤٩٥) والسامانيين في خراسان (٨١٩ ـ ١٠٠٥) والطولونيين في مصر (٨٦٨ ـ ٩٠٥) والاغالبة في تونس (٨٠٠ ـ ٩٠٩)؛ من تونس فتح الاغالبة صقلية، التي ظلت محكومة من سلالات عربية الى أن احتلها النورمان في النصف الثاني من القرن الحادي عشر. بحدوث ذلك، قل الريع الداخل الى بغداد في الوقت الذي انحطت فيه انظمة الري والانتاج الزراعي في جنوبي العراق نفسه. فلكي يقوي مركزه في المقاطعات الوسطى اضطر الخليفة الى الاعتماد اكثر على جيشه المحترف، مما اكسب قواده نفوذاً أكبر عليه. وسنة ٩٤٥ تمكنت عائلة من القواد العسكريين، «البويهيّون»، الذين جاؤوا من تخوم بحر قزوين، من وضع اليد على زمام السلطة في بعض المقاطعات، ثم استولوا على السلطة في بغداد ذاتها.

III/2 وانتحل البويهيون القاباً مختلفة بما فيها لقب «شاهنشاه» الايراني (ملك الملوك)، باستثناء لقب «خليفة». دام العباسيون ثلاثة قرون إضافية في هذه الصيغة ولكن كانت تلك مرحلة جديدة في تاريخهم. فمنذ ذلك الوقت اصبحت القوة الفعلية في الارجاء الداخلية للمملكة في ايدي سلالات أخرى تدعمها جماعات عسكرية، ولكنهم داوموا على الاعتراف بخلافة العباسيين، الذين كان باستطاعتهم، من وقت لآخر، أن يثبتوا بقايا سلطة ولكن على منطقة اقل اتساعا من قبل. وكان هناك اجزاء من المملكة السابقة يمارس السلطة فيها حكام محليون يرفضون حتى الاعتراف بالسلطة الرسمية للعباسيين.

III/3 في بعض المناطق كانت هناك حركات معارضة وانفصال باسم جماعة أو اخرى من المسلمين المنشقين. أدت هذه الحركات الى تكوين وحدات سياسية منفصلة، إلا أنها في الوقت نفسه، ساعدت على انتشار الاسلام عن طريق اعطائه شكلاً لايقلق النظام الاجتماعي.

III/4 بعض هذه الحركات كانت باسم الخوارج، أو على الاقل أحد فروعه، الاباضية: الاعتقاد بأن منصب أمير الامة، أو الامام، يجب ان يكون من نصيب الشخص الاكثر جدارة، والذي يجب ان يعزل اذا تبيّن أنه غير جدير، كان ملائما لاحتياجات مجموعات متفرقة من الجماعات القبلية القاطنة في اماكن معزولة، الذين كانوا قد يحتاجون إلى قائد أو حكم من وقت لآخر ولكنهم لم يكونوا يريدونه أن يكون ذا نفوذ أو سلطة دائمة. وهكذا برزت إمامة إباضية في عُمان، في جنوب شرقي جزيرة العرب، منذ منتصف القرن الثامن حتى آخر القرن التاسع، عندما قمعها العباسيون. وفي بعض انحاء المغرب الكبير، قاوم بعض السكان البربر مجيء الحكم الاسلامي، وعندما اسلموا تفشت بينهم الافكار «الخوارجية». ولمدة من الزمن كانت هناك سلالة قوية من الائمة الإباضية، السلالة الرستمية، وعاصمتها «تاهَرْتْ» في الجزائر الغربية (٧٧٧ ـ ٩٠٩)؛ واعترف بها الإباضيون في عُمان.

III/5 واكثر انتشاراً من ذلك كانت حركات التأييد لمطالبة المتحدرين من

عليّ بن أبي طالب بالامامة. قَبِلَ القسم الاكبر من الشيعة في العراق وحولها، بالحكم العباسي أو رضخوا له على الأقل. والأئِمّة الذين اعترفوا بهم عاشوا بهدوء في ظل العباسيين، بالرغم من انهم احياناً كانوا شبه سجناء في العاصمة. البويهيون كانوا شيعة بمعنى غامض، ولكنهم لم يتحدّوا سلطة الخلفاء؛ ويصدق هذا أيضاً على سلالة الحمدانيين المحلية في سوريا الشمالية (٩٠٥ـ ١٠٠٤).

إلا انه كانت هناك حركات شيعية اخرى انتهت بتكوين سلالات
III/6 منفصلة. كان الزيديون يؤمنون بان الامام يجب أن يكون الاكثر جدارة في عائلة النبي والذي كان يرضى أن يقاوم الحكام غير الشرعيين. ولم يعترفوا بمحمد الباقر (توفي ٧٣١)، الذي كان معترفاً به من قبل غالبية الشيعة على انه الإمام الخامس، ولكنهم اعترفوا باخيه زيد، (ومن هنا التسمية)، وانشأوا إمامة في اليمن في القرن التاسع، كما كان هناك امامة زيدية في اقليم بحر قزوين.

وثمة تحدٍ مباشر أكبر للعباسيين جاء من حركات متصلة بفرع آخر
III/7 للشيعة، الاسماعيليين. نشأتهم غير واضحة تماماً، ولكن يبدو أنهم بدأوا كحركة سرية، مركزها الاول في العراق وخوزستان في جنوبي غربي ايران، ثم في سوريا. وكانت تناصر مطالبة اسماعيل بالإمامة، الابن الاكبر لجعفر الصادق الذي يعتبره معظم الشيعة الامام السادس. اسماعيل توفي عام ٧٦٠، خمس سنوات قبل والده، واعترفتْ غالبية الشيعة بالنهاية بأخيه موسى الكاظم (توفي سنة ٧٩٩) إماماً. إلا ان الاسماعيليين كانوا يعتقدون ان اسماعيل كان قد عُين نهائياً خلفاً لأبيه، وان ابنه محمداً اصبح إماماً بعده. وكانوا يعتقدون أن محمدا هذا سيعود يوماً بمثابة «المهدي» المرسل ليكشف عن المعنى الباطني للرؤى القرآنية وليحكم العالم بالعدل.

وأسست الحركة نشاطات لنشر الدعوة على نطاق واسع واقامت احدى
III/8 الجماعات من اتباعها نوعاً من الجمهورية في شرقي الجزيرة العربية، دولة القرامطة، واخرى قامت في المغرب الكبير وجندت برابرة واحتلت

القيروان. سنة ٩١٠ وصل الى تونس عبيد الله، المدعي انه متحدر من علي وفاطمة، واعلن نفسه خليفة، وفي نصف القرن الذي تلا انشأت عائلته سلالة مستقرة أطلق عليها اسم الفاطمية، على اسم فاطمة ابنة الرسول. وانتقلت هذه الحركة شرقاً باتجاه اراضي العباسيين، لأسباب دينية وسياسية، وفي عام ٩٦٩ احتلت مصر، ومن هناك وسعت سيطرتها الى غربي الجزيرة العربية وسوريا، ولكنها سرعان ما خسرت تونس.

III/9 واستخدم الفاطميون لقبي الامام والخليفة. فقد ادعوا، بصفتهم أئمة سلطة شاملة على المسلمين واصبحت دولتهم مركزا تنطلق منه الدعوة. وحتى بعد زوال دولة الفاطميين بزمن طويل استمرت مجتمعات انشأها من كان لهم علائق بها: في اليمن وسوريا وايران وبعد ذلك في غربي الهند.

III/10 ولم يكن الفاطميون أئمة فقط، بل حكاماً لدولة عظيمة مركزها في وادي النيل. القاهرة كانت من صنعهم، مدينة فخمة مبنية الى الشمال من الفسطاط ورمزا لسلطتهم واستقلالهم. كانت حكومتهم تتبع الخطوط التي ترسمها الخلافة في بغداد. وكانت السلطة مجمعة بين يدي الحاكم، ومعبر عنها بشعائر ورسميات بالغة الفخامة والابهة. وكان من عادة الخلفاء الفاطميين أن يظُهروا انفسهم لسكان القاهرة بمواكب مهيبة. فينتظم كبار الضباط والموظفين في قاعة التشريفات في القصر، ثم يأتي الخليفة من وراء ستارٍ وصولجانه في يديه، فيمتطي حصانه ويتقدم إلى بوابة القصر حيث تنطلق اصوات الابواق. ويركب جواده يحف به حاشيته وجنوده، قاطعاً الشوارع التي زينها التجار بالمزركشات والاقمشة الفخمة. وكانت هذه المواكب تعبر عن المظهرين اللذين اتسم بهما الحكم الفاطمي: بعضها كان دينياً، بينما اظهر الآخر تطابق الحاكم مع حياة المدينة والنهر.

III/11 كان الريع من اراضي نهر النيل والدلتا الخصبة اساس قوة الفاطميين، ومن الصناعات الحرفية في المدن والتجارة في حوض المتوسط وفي البحر الاحمر. وكان هذا كافيا للقيام بنفقات جيش مجنّد من خارج مصر: من بربر ومن سود السودان ومن الاتراك. ولم يقم الخليفة بأية محاولة منظمة لفرض

عقائد الاسماعيليين على المسلمين في مصر الذين ظلوا في معظمهم من السنة، مع جماعات كثيرة من اليهود والمسيحيين، عائشين على العموم في سلام ووئام فيما بينهم.

وشكّل الادعاء الفاطمي للخلافة تحديا مباشرا للعباسيين؛ بينما ورد تحدٍ آخر، للعباسيين والفاطميين على السواء، من غربي العالم المسلم. III/12
المناطق التي فتحها العرب، المغرب الكبير والقسم الاكبر من اسبانيا، كانت صعبة الضبط من شرقي المتوسط، ومستحيلة من العراق. وسرعان ما استحوذ الجنود والموظفون العرب هناك على مصالح شخصية لهم، وكان من السهل عليهم التعبير عنها بالاساليب التي تثير ذكريات الحوافز التي دفعتهم الى هذا البعد من جزيرة العرب. حوالي اواخر القرن الثامن، ذهب ادريس، ابن حفيد علي، الى المغرب ولقي دعماً وأسس سلالة كانت مهمة في تاريخ المغرب لأن الادارسة بنوا مدينة فاس وبدأوا تقليداً مازال قائماً حتى اليوم، بتتابع سلالات مستقلة تحكم المغرب وتبرر حكمها عن طريق نسبها الى النبي.

والاهم من ذلك لتاريخ العالم الاسلامي ككل كان الطريق المنفصل الذي سلكته اسبانيا، أو الاندلس، كما اسماها العرب. اول ما نزلوا في III/13
اسبانيا كان في عام ٧١٠، وسرعان ما أنشأوا هناك مقاطعة للخلافة امتدت حتى شمال شبه الجزيرة. وانضم الى فوج العرب والبربر الذين استوطنوا اولاً موجة ثانية من الجنود من سوريا، الذين لعبوا فيما بعد دورا مهما، لان بعد ثورة العباسيين استطاع احد افراد بني أمية أن يلجأ الى اسبانيا وأن يجد مناصرين له هناك. ونشأت سلالة اموية جديدة وحكمت قرابة ثلاثمائة سنة، مع ان الحاكم لم يتخذ لقب خليفة إلا بعد منتصف القرن العاشر.

واجه الامويون في مملكتهم الجديدة مسيرة التغيير ذاته الذي كان يجري في الشرق: في مجتمع حيث حكم المسلمون غالبية غير مسلمة حدث III/14
تغير تدريجي بحيث قبل جزء كبير من السكان بالدين الجديد وبِلُغَة الحاكم، وحيث سيطرت الحكومة أولا بطريقة لامركزية، عن طريق المناورة السياسية

ثم اصبحت مركزية قوية تطبق السيطرة الدواوينية (البيروقراطية).

مرة اخرى انشئت عاصمة جديدة: «قرطبة»، التي تقع على نهر «الوادي الكبير». النهر كان الطريق المائي لنقل المواد الاولية التي تحتاجها الصناعة والتغذية؛ وفي السهول حولها، كانت الحبوب وغيرها من المنتجات التي تحتاجها المدينة تزرع في اراض مروية كما كانت قرطبة ايضا ملتقى طُرُقٍ وسوقا لتبادل المنتجات بين المناطق. مرة اخرى، بازدياد تفرد الحاكم بالسلطة، انسحبت السلالة من حياة المدينة، وانتقل الحاكم من قرطبة الى مدينة ذات عظمة، مدينة «الزهراء»، على مسافة من العاصمة. هناك بسط سلطته بأبهة، يحيط به جماعة من الحكام من عائلات عربية أو مستعربة ـ إذ ان الفاصل بين الحكام والرعية لم يكن كبيراً كبغداد ـ ولكن كان يحيط به ايضاً عناصر مأخوذة من عبيد استوردوا من مناطق البحر الأسود وايطاليا وغيرها. كما كان في الجيش ايضاً لبّ من المرتزقة من الخارج، مع أنه كان يضم عرباً وبرابرة استوطنوا على الأرض لقاء قيامهم بخدمات عسكرية. III/15

وكما في سوريا، قام الامويون، وهم أهل مدن اصلهم من الحجاز، باستخدام قوتهم لتوسيع مصالح المدن والريف المأهول. وعمرت مدنهم، أولاً قرطبة ثم اشبيلية، تدعمها الاراضي المروية التي كان ينتج منها فائض بأساليب متطورة مستوردة من الشرق الاوسط. في هذه المناطق كان للعرب أهمية كمالكي أراضيَ ومزارعين، بالرغم من ان الكثيرين من سكان البلاد الاصليين ظلوا فيها. وأبعد من السهول المزروعة، في الهضاب والمرتفعات، كان المهاجرون البربر من جبال المغرب يعيشون من زراعة محدودة ورعي الاغنام. III/16

واستمر نزوح البربر من المغرب الى اسبانيا اكثر من نزوح العرب من المشرق، ومن المرجح انه كان اضخم. ومع الزمن ايضاً، اعتنق جزء من السكان الاصليين الاسلام. وفي اواخر القرن العاشر ربما اصبح معظم سكان الاندلس من المسلمين؛ ولكن بجانبهم كان يعيش هؤلاء الذين لم يغيّروا دينهم، المسيحيون وعدد كبير من السكان اليهود من حرفيين وتجار. وكانت III/17

هذه المجموعات المختلفة متماسكة معاً بفضل تسامح الأمويين تجاه اليهود والنصارى، كذلك بفضل انتشار اللغة العربية التي كانت قد اصبحت لغة الاكثرية، يهوداً ومسيحيين كالمسلمين لدى حلول القرن الحادي عشر. التسامح، ولغة مشتركة وتقليد طويل العهد في الحكم المنفصل، جميع هذه الميزات ساعدت على انشاء مجتمع اندلسي ووعي اندلسي. وتطوّرت الثقافة الدينية في المجتمع الاندلسي اسلامياً على نحو مختلف عن تطورها في الدول الشرقية، واستقلت ثقافة الاندلس اليهودية ايضا عن ثقافة العراق، المركز الرئيسي للحياة اليهودية الدينية.

لذلك فإن اغتصاب عبد الرحمن الثالث (٩١٢ ـ ٩٦١) لقب «خليفة»
III/18 لم يكن يعبّر عن مصالح سلالته فحسب بل كذلك عن هوية الأندلس المستقلة. ويرمز عهده الى أوج سلطة الامويين المستقلة في اسبانيا. بعد ذلك بقليل، في القرن الحادي عشر، تفسخت مملكتهم الى عدد من الممالك الاصغر حجماً تحكمها سلالات عربية أو بربرية (ملوك الطوائف)، بتطورات مشابهة لتلك التي كانت تجري في الخلافة العباسية.

مجتمع موحّد: الأسس الإقتصادية

III/19 لم يكن زوال البنية الوحدوية للحكومة، في الشرق والغرب، دليل ضعف اجتماعي أو ثقافي. فان عالما اسلاميا كان قد أُنشىء، تربطه معاً صلات متعددة، فيه العديد من مراكز القوة والثقافة العالية.

وأدّى امتصاص منطقة واسعة كهذه في سلطان واحد في الوقت المناسب الى انتشار وحدة اقتصادية مهمة ليس فقط بحجمها بل لانها وصلت
III/20 معا حوضين بحريين عظيمين في العالم المتمدن، حوض المتوسط وحوض المحيط الهندي. فأصبحت حركة تنقل الجيوش والتجار والصناع والعلماء والحجاج في هذه الوحدة اكثر سهولة، كذلك تنقل الافكار والاساليب والتقنيات. وضمن هذا المجال الواسع للتفاعل امكن قيام حكومات قوية ومدن كبرى وتجارة دولية وارياف عامرة مزدهرة، جميعها تتيح ظروف البقاء

واحدها للآخر.

انتشار الدولة الاسلامية، ثم قيام دول ضمن اقاليمها واراضيها السابقة، أدَّيا الى نمو مدن كبيرة حيث تحتاج القصور والحكومات وشعوب المدن الى اغذية ومواد اولية للتصنيع وسلع فخمة تظهر الغنى والقوة، وحيث أدت التغيرات وتنوع سبل الحياة في المدن الى رغبة في التجديد وتقليد ازياء القوي أو اساليب الغريب. هذا الطلب في المدن وسهولة الاتصال اعطى اتجاهات جديدة واساليب تنظيمية للتجارة البعيدة المدى التي كانت دائما موجودة. ولم تكن البضائع الضخمة الحجم مربحة في النقل على مسافة بعيدة، ولتأمين غذائها كانت المدينة مضطرة الى التطلع الى ما حولها مباشرة؛ ولكن مردود بعض انواع البضاعة كان يبرر نقلها على مسافات بعيدة. البهارات وغيرها من التوابل، الحجارة الكريمة، الاقمشة الفخمة والبورسلين كانت تُجلب من الهند والصين، والفراء من البلدان الشمالية؛ المرجان والعاج والمنسوجات كانت تصدر بالمقابل. ولم تكن مدن الشرق الاوسط مستهلكة فحسب بل منتجة لبضائع مصنعة للتصدير كما لاستعمالها الخاص. بعض الانتاج كان على نطاق واسع: الاسلحة الحربية المصنوعة في ترسانات سلاح الدولة، الاقمشة الفخمة للقصر، مصنع تكرير السكر ومعامل صنع الورق، ولكن معظم الانتاج كان يُصنع في مشاغل صغيرة للأقمشة وللأشغال المعدنية. III/21

قبل مجيء سكة الحديد ثم السيارة في العصور الحديثة، كان النقل المائي أرخص واسرع وآمن من البري. ولتغذية سكانها كان من الضروري لمدينة كبيرة أن تكون قرب بحر أو نهر صالح للملاحة، والطرق الرئيسية للتجارة الطويلة المسافة ايضا كانت الطرق البحرية، وفي ذلك الزمن على الاخص طرق المحيط الهندي. في حكم العباسيين كانت أهم مراكز تنظيم التجارة على هذه الطرقات: البصرة في ادنى العراق وسيراف على الشاطىء الايراني من الخليج، كلاهما ضمن السيطرة العباسية بحيث يمكنهما تلبية طلبات العاصمة. وفي القرن العاشر حدث بعض التحول في التجارة من الخليج الى البحر الاحمر بسبب بروز القاهرة كمركز للتجارة والسلطة وبسبب III/22

طلب متزايد من مدن ايطاليا المتاجرة، ولكن هذا لم يكن الا بداية.

كان يقوم بالتجارة مع الشرق من البصرة وسيراف تجار ايرانيون وعرب ويهود على سفن عربية تبحر الى موانىء الهند الغربية وحتى ابعد منها؛ III/23 ووصلت ذات مرة الى الصين، ولكن بعد القرن العاشر لم تذهب أبعد من موانىء آسيا الجنوبية الشرقية. وكانت تبحر جنوباً ايضاً الى جنوبي جزيرة العرب وغربيّها والى افريقيا الشرقية. من البصرة كان من الممكن نقل البضائع بالنهر الى بغداد، ومن ثم عبر طرق بادية الشام سوريا الى سوريا ومصر، او عبر الاناضول الى القسطنطينية أو طرابزون، او عبر الطريق الكبير الذي كان يصل بين بغداد ونيسابور في شمال شرقي ايران ومن هناك الى اواسط آسيا والصين. كانت البضائع تنقل عبر المسافات الطويلة على ظهور الجمال في قوافل ضخمة، جيدة التنظيم، أو لمسافات أقصر على البغال أو الحمير. في معظم ارجاء الشرق الاوسط اختفى استعمال النقل على عجلات بعد قيام الدولة الاسلامية، ولم يستعد مكانته حتى القرن التاسع عشر، وهناك تفسيرات متعددة لهذا الامر: الطرق التي بناها الرومان خُربت، وكان للجماعات العربية الجديدة الحاكمة اهتمام بتربية الابل، والنقل على ظهر الجمال أقل كلفة من النقل على عربة.

كانت التجارة في المتوسط في البدء غير مستقرة، محدودة. لم تكن III/24 اوروبا الغربية قد بلغت درجة من استعادة العافية بحيث تستطيع انتاج الكثير للتصدير او للاستهلاك الوفير، والامبراطورية البيزنطية حاولت لفترة ما الحد من قوة العرب البحرية وتجارتها المنقولة بحراً. اهم تجارة كانت تلك التي كانت ممتدة على طول الشاطىء الجنوبي، والتي تصل اسبانيا والمغرب بمصر وسوريا، وكانت تونس المستودع. على هذا الطريق كان التجار، وكثيرون منهم يهود، ينظمون تجارات بالحرائر الاسبانية والذهب المبتاع من افريقيا الغربية والمعادن وزيت الزيتون. فيما بعد، في القرن العاشر، بدأت التجارة مع البندقية وأمالْفي تصبح ذات أهمية.

III/25 لم تكن الحكومات القوية والمدن الكبيرة قادرة على العيش بدون ريف

منتج، ولكن الريف بحد ذاته لم يكن يستطيع الازدهار بدون حكومة قوية ومدن توظف اموالا في الانتاج. في البلدان التي افتتحها العرب، وعلى الاخص تلك التي كان فيها هجرة عربية كبيرة، نشأت طبقة جديدة مالكة للاراضي. اراضٍ استولي عليها من اصحابها السابقين واصبحت رسميا ملكا للحاكم مُنحت للعرب بشرط دفع الضرائب. وقام نوع من الترتيب فيما بعد، في القرن العاشر، عُهدت فيه جباية الضرائب على الارض الى موظفين في الدولة أو قادة في الجيش، الذين اصبحوا بهذا الترتيب مالكين واقعيين وكان يهمهم الحفاظ على الانتاج. والى حد بعيد ظل المزارعون الذي كانوا هناك سابقاً يهتمون بالعمل في الارض، مع ان الفلاحين والرعاة في بعض الاماكن هاجروا. وتشير ما لدينا من دلائل الى ان العلائق بين اصحاب الارض والزرّاعين كانت علاقة اقتسام للنتاج، بشكل أو بآخر: بعد دفع الضريبة، كانت المحاصيل تُقسم بنسب يُتفق عليها بين الذين كانوا يقدمون الارض، البذار، الحيوانات، والعمل. وكانت هناك ترتيبات اكثر تعقيداً للأرض المروية، أو المشجرة.

كان بامكان مالكي الاراضي الذين جمعوا مالاً بالتجارة أو باساليب اخرى توظيفه في الانتاج الزراعي، وبمساعدة رأسمالهم الجديد ادخلوا
III/26 اساليب وتقنيات جديدة. هناك دلائل على أن توسع الفتوحات الاسلامية جلب زراعات جديدة، أو ادى على الاقل الى توسيع المحصولات المعروفة. وكانت الحركة تتجه غرباً على العموم، من الصين أو الهند عن طريق ايران الى حوض البحر المتوسط. الارز، قصب السكر، القطن، البطيخ، الباذنجان، البرتقال والحامض كانت تزرع في مناطق واسعة. وكانت بعض هذه المحصولات تستلزم توظيفات ضخمة بالري واستصلاح الاراضي. ورُمّمَتْ شبكات الري القديمة، مثلا تلك الموجودة في جنوبي العراق، واستحدثت اخرى جديدة. والحركة المتجهة غرباً يمكن ان تلاحظ في اسبانيا، التي اكتسبت الناعورة من سوريا والقناة من ايران. كذلك وصلت الى اسبانيا طرق جديدة لمناوبة المحاصيل.

III/27 بهذه التحسينات زيد الفائض من المحصولات الزراعية وهذا، مع نمو

الصناعة والتجارة، زاد اهمية المال في اقتصاد الشرق الأوسط وحوض المتوسط، فنشأ نظام نقدي معترف به دولياً. وتدفّق المعادن الثمينة، على الاخص ذهب افريقيا، الى اراضي الخلافة جعل من الممكن انتشار النقود: وظل دينار العباسيين الذهبي عُملة تَبَادُلٍ على مدى قرون، وقد وجدت نقود فضية اسلامية في اسكندنافيا وفي غابة «وِتْشْوُود» شمالي اكسفورد في بريطانيا. ومع تطور النظام النقدي برز هناك نظام للتسليف. كان كبار التجار يقبلون الودائع ويمنحون القروض؛ واصحاب رؤوس اموال ومرابون وجباة الضرائب ايضاً كانوا يستخدمون ما تجمع لديهم من السيولة لمنح قروض. وكان التجار الذين كان لهم عملاء أو مراسلون أو زبائن في مناطق اخرى يسحبون «كمبيالات» او سندات استحقاق عليهم أو يصدرون كتب اعتماد.

ولا يمكن لاقتصاد متشعّب واسع الانتشار ان يستمر دون ترتيب مشترك
III/28 بين هؤلاء الذين كانوا يتعاملون واحدهم مع الآخر دون معرفة شخصية أو احتكاك. كانت الروابط العائلية توفر هذا في بعض الاحيان، مثلا بين التجّار اليهود الذين كانوا يتجولون في كل انحاء المتوسط وما وراءه، قاطعين الحدود بين البلدان الاسلامية والمسيحية. ولو لم تكن هذه الروابط موجودة، فقد كان هناك حاجة لقوانين أو قواعد اخلاقية اجتماعية معترف بها على العموم. وبالطريقة ذاتها، كان مالكو الارض والزراعون بحاجة الى قواعد واضحة مقبولة عن الملكية وتقسيم المحصول والضرائب وحقوق توزيع مياه الري والاشجار والمعادن تحت الارض.

وهكذا، فالعلائق الاقتصادية كانت تستلزم نظاماً مشتركا من السلوك،
III/29 وصار هذا ممكناً إذ ازداد عدد الذين يعتنقون الاسلام في البلدان التي يحكمها مسلمون، واتضحت معالم الحياة الاجتماعية في الوحي الذي أنزل على محمد ﷺ.

وحدة العقيدة واللغة

ليس من السهل اكتشاف الكثير عن المراحل التي مرّت بها شعوب الاراضي المفتوحة في اعتناقها للاسلام، ولكن قد يبدو من المعقول وضع
III/30 دراسة على أساس إثباتات عن تبنّي اسماء اسلامية بحتة[1]. بحسب هذه التقديرات، في نهاية العصر الاموي (أي في وسط القرن الاسلامي الثاني والقرن المسيحي الثامن) كان أقل من ١٠ بالمئة من سكان ايران والعراق وسوريا ومصر وتونس واسبانيا مسلمين مع ان النسبة كانت اكثر بكثير في شبه الجزيرة العربية. عدا عن القبائل العربية التي كانت في سوريا والعراق قبل الفتح الاسلامي ربما جاء معظم معتنقي الاسلام من طبقات الشعب المتدنية ـ مثلا، الجنود أسرى المعارك ـ أو من موظفي حكومة الساسانيين الذين تطوعوا لخدمة الحكام الجدد. ولم يكن هناك ضغط ولا حوافز للآخرين كي يعتنقوا الدين الجديد. وكان المسلمون الجدد يعيشون في معظمهم ضمن المدن الكبرى أو بقربها حيث كان السكان العرب والنفوذ العربي، وحيث كانت بداية المنشآت الاسلامية المميزة ـ الجامع أو دار الشريعة ـ وكانت هذه المدن، في العراق وايران، في القيروان في افريقيا وقرطبة في اسبانيا، مراكز انتشار الاسلام.

في نهاية القرن الرابع للهجرة (القرن العاشر ميلادي) كانت الصورة قد تغيرت، واصبح قسم كبير من السكان مسلمين. ليس سكان المدن فحسب
III/31 بل عدد كبير من اهل الريف اسلموا ايضاً. احد اسباب ذلك ربما كان ان الاسلام اصبح اكثر تحديداً، والخط بين المسلمين وغير المسلمين اكثر وضوحاً. صار المسلمون الآن يعيشون في نظام مطور من الشعائر والعقائد والشريعة يختلف عن ذاك المطبق على غير المسلمين؛ واصبحوا اكثر وعياً لأنفسهم كمسلمين. واصبحت وضعية النصارى واليهود والزرادشتيين موضحة بدقة أكثر، وفي بعض النواحي كانت غير متساوية مع وضعية المسلمين. لقد كانوا يُعتبرون من «أهل الكتاب»، من الذين أنزل عليهم وحي مكتوبٌ، أو من أهل «الذمة» أو «الميثاق»، والذين عُقدت معهم مواثيق

حماية (ما يُسمّى «ميثاق عمر»). على العموم لم يكونوا يُكرهون على الاسلمة ولكنهم كانوا يخضعون لقيود. وكانوا يدفعون ضريبة خاصة، ويُمنعون من ارتداء الوان معينة، وليس بامكانهم التزوج من مسلمات كما ان شهادتهم لم تكن مقبولة ضد مسلم في المحاكم أو دور الشرع. منازلهم واماكن العبادة لديهم يجب أن تكون بسيطة خالية من الفخامة والأبّهة، وكانوا مُبعدين عن مراكز القوة والنفوذ (مع انه في امكنة مختلفة عمل مسيحيون أو يهود في مراكز مالية حساسة لحكام مسلمين). طبعا، الى اية درجة كانت هذه القوانين تطبق كان يتوقف على الاوضاع المحلية، ولكن في احسن الحالات ظلت وضعية الاقلية مقلقلة، والحوافز لاعتناق الاسلام موجودة.

إلا أن عملية الاسلمة لم تكن كاملة. فاليهود أُجلوا عن الجزء الاكبر
III/32 من جزيرة العرب في باكورة العهد الاسلامي، ولكنهم ظلوا موجودين في المدن الكبرى للبلدان الاسلامية الاخرى، كتجار وحرفيين، كذلك كأهل تجارة صغار في بعض الاقاليم: شمالي العراق، اليمن، المغرب. ويعود الفضل في بقائهم وازدهارهم لا لقوة تنظيمهم المجتمعي فحسب بل لقدرتهم على امتلاك مراكز اقتصادية معينة في طيات مجتمع غني باتجاهاته، كذلك لكونهم لم يكتسبوا هوية أي من البلدان التي حاربها الحكام المسلمون من وقت إلى آخر.

وضعية النصارى لم تكن مماثلة. كان لبعضهم صلات دينية
III/32a بالامبراطورية البيزنطية، مما اثار الشكوك في ولائهم ايام الحرب. ولم يكن لديهم الترتيب المجتمعي الحميم الذي كان لليهود. وفي بعض الجهات من الاقاليم ربما لم يكونوا متمسكين بنصرانيتهم بعمق. ففي بعض المناطق اختفت النصرانية تماماً، ولكن ليس لمدة طويلة؛ وفي مناطق اخرى ظلت دين أقلية. في اسبانيا استمر قسم كبير من السكان منتسبا الى الكنيسة الكاثوليكية؛ اما في سائر المناطق فالذين استطاعوا البقاء كانوا ميالين الى الانتساب الى كنائس منشقة كانت قد انفصلت عن الكتلة الرئيسية بسبب المفارقات الكبيرة في القرون الاولى حول طبيعة المسيح: النسطوريين،

الوحدطبيعيين (القائلين بأن للمسيح طبيعة واحدة) والوحديراديين (القائلين بأن للمسيح ارادة واحدة). وكان المسيحيون متواجدين ليس في المدن فحسب بل في اماكن من الريف، على الاخص في الصعيد المصري وجبال لبنان وشمالي العراق.

وانتشرت اللغة العربية مع الاسلام، حتى قبله في بعض المناطق. ففي
سورية الداخلية وغربي العراق كان الكثير من السكان يتكلمون العربية في ايام III/33
الفتح العربي. وعملت المدن الجديدة كمراكز لانتشار اللغة العربية لان سكانها كانوا من المهاجرين وحكوماتها كانت تحت سيطرة العرب. وانتشرت العربية على شكل لغة محكية، بلهجات محلية متأثرة بلغات عامية سابقة، كما انتشرت كلغة مكتوبة بشكلٍ حفظ القرآن له وحدته واستمراريته وهو الكتاب المنزل باللغة العربية.

في ما يتعلق باللغة المحكية، ووجهت العربية بجدار في ايران حيث
استمر استعمال اللغة الفارسية. ولكن كلغة مكتوبة، لم تجابه العربية اية III/34
حدود داخل العالم الاسلامي. فالدين حمل اللغة معه. كان الذين اسلموا من اصل غير عربي، على الأخص الايرانيون، يقرأون القرآن بالعربية ولعبوا دورا كبيرا في توضيح اساليب الفكر والتشريع التي نشأت عنه. هؤلاء الذين لم يعتنقوا الدين الجديد واظبوا على استعمال لغتهم الخاصة لغايات دينية وأدبية: ظلت طقوس بعض الكنائس الشرقية بالسريانية والقبطية؛ العبرية والارامية كانتا لغة العبادة والتعليم الديني عند اليهود؛ الكتب المقدسة الزرادشتية اتخذت شكلها النهائي بالبهلوية، الشكل الفارسي المستعمل قبل الفتح، بعد مجيء الاسلام. حتى هنا ايضا حصل تغيير: اصبحت العربية لغة العبادة والادب الديني في بعض الكنائس الشرقية؛ يهود اسبانيا صاروا يستعملون العربية للفلسفة والعلوم والشعر. واول عائق خَطِر لانتشار العربية برز في القرن التاسع عندما بدأت الفارسية تتجلى بشكل اسلامي كلغة ادب؛ ولكن في ايران ايضا استمرت العربية لغة اساسية للتعليم الديني والشرعي.

وهكذا، عند الكتابة عن هذه الفترة فإن كلمات كالعربي والعربية تتخذ III/35 - 6

معاني أكثر شمولا غطت على المعاني القديمة. فاصبحت ربّما تعني هؤلاء الذين يعود أصلهم إلى شبه الجزيرة العربية، على الأخص هؤلاء المدعين الانتماء الى قبائل الرحل ذات التقاليد الحربية، أو ربما استعملت الكلمات بما يرتبط بكل هؤلاء، من المغرب واسبانيا والى حدود ايران، الذين اقتبسوا العربية كلغة عامية لهم؛ أو بمعنى قد يمتد اكثر ليشمل هؤلاء الذين اصبحت العربية الواسطة الاساسية لهم للتعبير بثقافة ادبية رفيعة.

III/37 واصلت تقاليد النظم الشعري ازدهارها تحت حكم الامويين، وكان اشهر شعراء العهد الاول ما زالوا من اصل بدوي: الاخطل، الفرزدق وجرير. ولكن هناك فارقاً: رعاية البلاط ـ للامويين في دمشق كما لرؤساء القبائل المتنفذين ـ وسّعت المدى الجغرافي للشعر ومالت الى تغيير طبيعته. أصبح مدح الحكام وذوي النفوذ اكثر انتشارا، وفي الوقت نفسه اكتسب الغزل والشعر الغرامي طابعاً اكثر شخصية.

III/38 في أواخر العصر الاموي وفي اوائل فترة حكم العباسيين حدث تغيير جوهري أكثر أهمية. فقد غيّر مجيء الاسلام الطريقة التي كان الناس ينظرون بها الى اللغة العربية. القرآن كان أول كتاب بالعربية وآمن المسلمون أن العربية هي اللغة التي أُنزل بها. وقد جاء باللغة السامية التي كانت القصائد القديمة قد نظمت بها، والتي أتت الآن لغرض آخر. وكان من الضروري للذين قبلوا القرآن على انه كلمة الله ان يفهموا لغته؛ لم يكن الشعر القديم بالنسبة اليهم ديوان العرب فقط بل كان أيضاً معيار اللغة الصحيحة.

III/39 واصبحت العربية الآن واسطة التعبير ليس فقط للذين جاؤوا الى مختلف ارجاء الدولة من شبه جزيرة العرب، ولكن لهؤلاء القادمين من اصول اخرى، الذين قبلوا دين الاسلام، والذين كانوا محتاجين الى استعمال اللغة على الاقل لاغراض العمل والعيش، على الاخص للموظفين الايرانيين وغيرهم ممن هم في خدمة الحكام الجدد. وانتقل مركز النشاط الادبي من مدن الواحات والمعسكرات القبلية الى المدن الجديدة: البصرة والكوفة أولا، ثم عاصمة الدولة الجديدة بغداد. وتَغَيَّرَ المحيط الادبي وتوسع ليشمل

الخلفاء وبلاطاتهم، وكبار الموظفين والنخبة الجديدة في المدن من اصول مختلطة. ومع ان ممارسة النظم الشفهي وانشاء الشعر ربما استمرّا، إلا أن الاعمال الادبية بدأت تُدَوَّن، ومن مطلع القرن التاسع بدأ انتشار الاعمال المكتوبة بمساعدة مجيء الورق. قبل ذلك كان ورق البردي والرق يُستخدمان، ولكن في الجزء الاخير من القرن الثامن وصلت تقنية صنع الورق آتية من الصين. وكان الورق يصنع أولاً في خراسان، ثم انتشر الى اجزاء اخرى من المملكة، وفي اواسط القرن العاشرحل، الى حدّ ما، محل ورق البردي.

وكان من النتائج الطبيعية لانتشار اللغة العربية أن بعضا ممن كانوا III/40
يستخدمونها ارادوا ان يفهموها. علوم اللغة استُنبطت على العموم على يد الذين كانت العربية لغة مكتسبة لهم والذين كان عليهم أن يفكروا بها: صناعة المعاجم، جمع الكلمات وتصنيفها، تلك علوم طورها بحّاثون كانوا يترددون الى الاسواق حيث يتوافد البدو. أول من شرح النحو والصرف وفسّر الطرق التي تعمل بها اللغة العربية كان رجلاً من أصل غير عربي، سيبويه (توفي ٧٩٣) واشتُقت من كتاباته جميع الاعمال فيما بعد. والحوافز نفسها دفعت العلماء والباحثين الى جمع الشعر القديم ودراسته. وفي سياق جمع الاشعار القديمة وتحريرها من الاكيد انهم غيروها، وفي الوقت ذاته طوروا مبادىء نظم الشعر، مما كان له الاثر البعيد على الشعراء فيما بعد. واول صاحب نظريات ادبية ذو اهمية، ابن قتيبة (٨٢٨ ـ ٨٩)، جاء بوصف للقصيدة النموذجية التي اصبحت شبه قدوة للشعراء من بعده: القصيدة، كما قال، يجب أن تبدأ بالوقوف على الاطلال والبكاء على الحب الضائع، وتكمّل بوصف رحلة ثم تُتَوّج بالموضوع الحقيقي، إما المديح أو الرثاء أو الهجاء.

ربما كانت كتابات اصحاب النظريات اقل اهمية في تطوير الشعر مما III/41
كانت عليه ممارسات الشعراء المجددين. كان شعرهم أكثر فردية من قصائد الجاهلية. كان بعضهم من اصل غير عربي، يعيشون في المدن، واعين الاتجاهات الادبية الموروثة، ولكنهم استخدموا هذا التراث بتفنن

ادبي مفرط اليقين بالنفس (فاقد عفويته). وظهر اسلوب جديد، البديع، يتميز باستعمال لغة بليغة منمقة وصور متكلفة: كثُر استعمال حوشي الكلام وتنافست الاضداد وسُكب كل ذلك في إطار مكبّل ببحوره وقوافيه كان قد ميّز الشعر القديم.

III/42 أما مواضيع الشعر فكانت اكثر تنوعاً من ذي قبل. ونظم الشعراء في الحب الاباحي، وليس فقط عن الأسف المألوف للحب الضائع أو الممنوع. بعضهم شارك في مناظرات دينية أو خلقية تعود الى القرون الاسلامية الاولى: فكتب شاعر سوري، ابو العلاء المعري (٩٧٣ ـ ١٠٥٧)، قصائد واعمال نثرية موسّعة القى فيها الشك على افكار كانت مقبولة عموماً عن الوحي وعن الحياة بعد الموت.

III/43 وكان من الطبيعي أن يكون هناك تركيز خاص على المديح لكن الإطراء لم يعد لقبيلة الشاعر بل للمحسن اليه او للحاكم. في المديح، انكمش الجزء الاول مما اعتبره ابن قتيبة نموذجاً للقصيدة حتى اصبح ببساطة مقدمة للموضوع الرئيسي. فالحاكم أو المُحسن يُمدح بلغة رسمية مصقولة، وقد تظهر فيها احيانا شخصية الشاعر ومشاعره.

وكان المتنبي (٩١٥ ـ ٦٨)، كما اعترف به ممن جاء بعده من النقاد الادبيين، سيد هذا النوع من الشعر دون منازع. مولود في الكوفة، من أصل

III/44 عربي، أمضى جزءاً من اعوامه الاولى بين جماعة قبيلة عربية من بني كلب. وقضى بعضاً من شبابه في نشاطات سياسية، وسنيّه الاخيرة شاعراً للبلاط لعدد من الحكام في حلب والقاهرة وبغداد وشيراز. وربّما كانت اكثر اعوامه انتاجا تلك التي قضاها شاعراً للحاكم الحمداني في حلب وسوريا الشمالية، سيف الدولة. ويمدح الحاكم بكثير من الغلوّ. عندما شفي من مرض قال الشاعر:

المَجْدُ عُوفيَ إذْ عُوفيتَ وَالكَرَمُ   وَزَالَ عَنكَ إلى أعدائِكَ الألَمُ
صَحّتْ بصِحّتكَ الغاراتُ وَابتَهَجت   بها المكارِمُ وَانهلّتْ بها الدِّيَمُ
وَرَاجَعَ الشمسَ نُورٌ كانَ فارَقَهَا   كأنّمَا فَقْدُهُ في جِسْمِهَا سَقَمُ

وَلاحَ بَرْقُكَ لي من عارِضَيْ مَلِكٍ ما يَسقُطُ الغَيثُ إلاّ حينَ يَبتَسِمُ
يُسْمى الحُسامَ وليستْ من مُشابَهةٍ وَكيفَ يَشتَبِهُ المَخدومُ وَالخَدَمُ
تَفَرّدَ العُرْبُ في الدّنْيا بمَحْتِدِهِ وَشارَكَ العُرْبَ في إحسانِهِ العَجَمُ
وَأخْلَصَ اللهُ للإسْلامِ نُصْرَتَهُ وَإنْ تَقَلّبَ في آلائِهِ الأمَمُ
وَمَا أخُصّكَ في بُرْءٍ بتَهْنِئَةٍ، إذا سَلِمْتَ فكُلّ النّاسِ قد سَلِموا[٢]

ويختلط مع هذا ضرب من الفخر والاعتزاز بالنفس، كما جاء في قصيدة قالها في سيف الدولة ظاناً أنه فضّل عليه شاعراً آخر:

يا أعدَلَ النّاسِ إلاّ في مُعامَلَتي فيكَ الخِصامُ وَأنتَ الخصْمُ وَالحكَمُ
أُعِيذُها نَظَراتٍ مِنْكَ صادِقَةً أن تحسَبَ الشّحمَ فيمن شحمهُ وَرَمُ
سَيَعْلَمُ الجَمعُ ممّن ضَمّ مَجلِسُنا بأنّني خَيرُ مَنْ تَسْعَى بهِ قَدَمُ
أنَا الذي نَظَرَ الأعْمَى إلى أدَبي وَأسْمَعَتْ كَلِماتي مَنْ بهِ صَمَمُ
أنَامُ مِلْءَ جُفُوني عَنْ شَوَارِدِهَا وَيَسْهَرُ الخَلْقُ جَرّاهَا وَيخْتَصِمُ
بأيّ لَفْظٍ تَقُولُ الشّعْرَ زِعْنِفَةٌ تَجُوزُ عِندَكَ لا عُرْبٌ وَلا عَجَمُ
هَذا عِتابُكَ إلاّ أنّهُ مِقَةٌ قد ضُمّنَ الدُّرَّ إلاّ أنّهُ كَلِمُ[٣]

كان الشعراء يواصلون سلوك عادات وتقاليد عتيقة، الا ان كتابة النثر العربي كان امرا جديداً. كان القرآن أول كتاب نثري باللغة العربية الساميَة (أو III/45
على الأقل أول كتاب بقي لنا) وجاءَ انتاج الكتب الاخرى نوعاً ما بمثابة عاقبة له. ما رُوي عن النبي وانتصارات العرب جُمعت ودُونت، كما تكوّن للوعاظ والمرشدين مواضيع اسلامية كثيرة يتناولونها. وبعد ذلك بزمن، برز نوع جديد من النثر الفني يبحث في مواضيع استمدت من ثقافات اخرى؛ أولها وربما اشهرها كان «كليلة ودمنة»، مجموعة من الخرافات بلسان الحيوانات، مستمدة بالنهاية من السنسكريتية عن طريق البهلوية، وضعها بالعربية نثراً أحد الموظفين العباسيين: الايراني الاصل، ابن المقفع (٧٢٠ ـ ٥٦).

لقد كان مثلاً على «كُتّاب الدواوين» المستعربين والمؤسلمين الذين III/46
كانوا يجلبون الى العربية افكارا وانواعا جديدة من الادب، مستمدة من

تقاليدهم الموروثة؛ ولكن الى جانبهم كان هناك جماعة من الكتاب يستمدون وحيهم من العالم الواسع الذي جاء الى الوجود بانتشار الاسلام ودولته: تعددية الشعوب والبلدان، الاصناف الجديدة من الشخصيات الانسانية، المشاكل الجديدة في الاخلاقيات والسلوك. وحاولوا رؤية هذه الاشياء في ضوء مقاييس الدين الاسلامي الجديد، والتعبير عنها باسلوب ادبي ملذّ. بين ممارسي هذا النوع الجديد من الادب يبرز الجاحظ (٧٧٦/٧ ـ ٨٦٨/٩) ككاتب ذي اهتمامات ادبية واسعة وحيوية استجابة معبّر عنها بلغة مثالية. أصله يعود الى احدى العائلات الافريقية، متحدر من عبيد أرقاء ممن كانوا على صلة بقبائل عربية وتعربوا منذ امد بعيد. ترعرع في البصرة، ولكنه ما لبث ان اصبح برعاية الخليفة المأمون. وكان فضوله العقلي بعيد المدى، واعماله عبارة عن مجموعات من المعلومات النادرة والمفيدة التي تتعلق بالعالم البشري والعلمي: البلدان، الحيوانات وغرابة الكائنات البشرية. تحت ذلك كله نجد عرقاً من النقد الخلقي: عن الصداقة والحب، الحسد والكبرياء، البخل، الرياء والاخلاص: «والنبيل لا يتنبّل كما أنّ الفصيح لايتفصّح... ولم يتزيّد أحدٌ قطُّ إلاّ لنقص يجده في نفسه، ولا تطاول متطاول إلاّ لوهنٍ قد أحسّ به... والكبر من جميع الناس قبيح... والتكّبر شرّ من القسوة، كما أنّ القسوة شرّ المعاصي، والتواضع خيرٌ من الرحمة، كما أنّ الرحمة خير الطاعات».(٤)

وكانت غاية الادب الذي تطور في اوائل العصر العباسي ان يثقف
III/47 ويسلّي. وكَتَبَ التنوخي (٩٤٠ـ٩٤) أحد قضاة بغداد، ثلاثة مجلدات من القصص هي في الوقت ذاته تسلية ادبية وسلسلة من الوثائق الاجتماعية عن عالم الوزراء والقضاة والموظفين الاقل شأناً مِمّن حفل بهم البلاط العباسي. وفي القرن التالي كتب أبو حيان التوحيدي (توفي عام ١٠٢٣) مقالات وبحوثا عن عدد واسع من المواضيع التي كانت على الزي الحديث بين علماء وكتبة ذلك العهد، منظومة باسلوب ادبي جذاب تنم مؤلفاته عن معلومات واسعة وعقل ثاقب. التسلية كانت الغاية الاساسية من المقامات، وهي سلسلة من الروايات، مكتوبة بنثر مقفى، اي السجع، ويحكي فيها الراوية

قصصا عن محتال أو متشرد يصادَف في مختلف الظروف. وهذا النوع من الادب، الذي طوره الهمذاني (٨٦٨ ـ ١١١٠) والحريري (١٠٥٤ ـ ١١٢٢) الى الذروة، ظل شائعاً في الحلقات الادبية العربية حتى القرن العشرين.

III/48 إن سجلّ ما حدث في الماضي هام في كل المجتمعات البشرية، ولكنه يكتسب اهمية خاصة في المجتمعات القائمة على الاعتقاد بأن ثمة احداثاً فريدة وقعت في اوقات معينة وفي اماكن معينة. قبل ظهور الاسلام، كان للقبائل العربية سجلاتها الشفهية عن مآتي أسلافها، وهي مجسدة الى حد ما في القصائد التي وصلت الينا من تلك الفترة. اكتسب التاريخ في العصور الاولى للاسلام نوعاً جديداً من الاهمية وبدأ تسجيله كتابة. ونشأ نوعان من الكتابة التاريخية، مترابطان واحدهما بالآخر. من جهة، قام علماء فقه اللغة وعلماء النسب بجمع وتدوين التاريخ المروي شفهياً عن أهل قبائل العرب؛ ولم يكن ذلك هاماً لدراسة اللغة العربية فحسب، بل وفّر ايضاً دلائل هامة تتعلق بمسائل مثل توزيع الغنائم الناتجة عن فتوحات الاراضي في المستوطنات الجديدة. من جهة اخرى كان من الاكثر اهمية تسجيل احداث حياة النبي والخلفاء الأولين والفتوحات الأولى والقضايا العامة للمجتمع الاسلامي. وبدأت تتكون تدريجيا كتلة عظيمة من الاخبار، نقلها علماء مسؤولون، تغيرت احيانا أو حتى منها ما كان مخترعاً في سياق جدل سياسي أو مناظرة دينية، وزركشها الرواة، ومن خلال هذا ظهرت عدة انواع من الادب: مجموعات «الحديث»؛ سير النبي؛ مجموعات عن حياة الذين نقلوا الحديث؛ واخيراً كتابات تروي التاريخ، مُسَجِّلَةً حرص الله على أمّته ـ وكانت تلك الكتابات تحتوي على نواة صلبة من الحقيقة بالرغم من عنصر المثالية والوعظ اللذين يَسمانِها. وإختراع التقويم الاسلامي، الذي أتاح توقيتاً يبدأ من تاريخ الهجرة، أمّن إطاراً أمكن تسجيل الأحداث ضمنه.

وبلغت صناعة كتابة التاريخ نضوجها في القرن التاسع، بظهور تواريخ
III/49 أبعد مدى وأكبر طاقة على التفهم: تواريخ البلاذُري (توفي عام ٨٩٢)، والطبري (٨٣٩ ـ ٩٢٣) والمسعودي (توفي ٩٢٨). اتخذ هؤلاء المؤرخون التاريخ الاسلامي برّمته موضوعاً لهم، وأحياناً كل ما اعتبروه ذا أهمية في

التاريخ البشري. هكذا يتعامل المسعودي مع احداث الشعوب السبعة التي يعتبر انه كان لها تاريخ حقيقي: الفرس، الكلدانيين، اليونان، المصريين، الاتراك، الهنود والصينيين. وكان من الضروري ترتيب وفرة المعلومات هذه: في ما يتعلق بالتاريخ الاسلامي حسب السنوات، وبالنسبة للآخرين بمقاييس مثل مدّة حكم الملوك. كما اقتضى أيضاً الحكم عليها بمقاييس نقدية. جاء المقياس الأكثر بديهية عن طريق «الإسناد»: ماذا كانت سلسلة الشهود لحدث ما، والى أي حدّ يمكن الثقة بشهاداتهم؟ غير أنه كان هناك مقاييس اخرى: فالخبر المنقول يمكن أن يُعتبر جديراً بالثقة أم لا في ضوء ما كان يُفهم، بشكل عام، من تصرف الحكام وكيف تتغير المجتمعات البشرية.

وفي صف المؤرخين كان البيروني (٩٧٣ ـ حوالي ١٠٥٠) وحيدا من
III/50 نوعه في اهتماماته وفهمه. كتابه الشهير «تحقيق ما للهند» (تاريخ الهند) ربما كان اعظم محاولة طويلة الأمد من كاتب مسلم ليذهب أبعد من عالم الاسلام ويستحوذ على رصيد ثمين خارج التراث الثقافي الاسلامي. وعمله هذا لم يكن مناظرة عدوانية، كما يوضح هو ذاته في مقدمته: «وليس الكتابُ كتابَ حِجاجٍ وجَدَلٍ حتّى أستعمِلَ فيه بِإيرادِ حُجَجِ الخُصومِ ومُناقَضة الزائغ منهم عنِ الحقِّ، وإنّما هو كتابُ حكايةٍ فأُورِدُ كلامَ الهِند على وجهِه وأضيفُ إليه ما لِليونانيّينَ مِن مثلِه لِتعريف المقارَبة بينَهم»[٥]. فالفكر الديني والفلسفة الهندية مصوّران على أفضل وجه: «وإذ نحن في حكاية ما الهند عليه فإنّا نحكي خرافاتهم في هذا الباب بعد أن نخبر أنّ ذلك لعوامّهم فأمّا من أمَّ نهج الخلاص او طالع طُرُق الجدل والكلام ورام التحقيق الذي يسمّونه «سار» فإنّه يتنزه عن عِبادة أحد ممّا دون الله تعالى فضلا عن صورته المعمولة»[٦]. وفي النهاية يشير إلى أن معتقدات الهندوس مشابهة لمعتقدات الاغريق. كان عامة الشعب بينهم أيضاً يعبدون الأصنام في أيام الجاهلية الدينية قبل مجيء المسيحية، ولكن المثقفين كان لهم معتقدات شبيهة بالهندوسية. ولكن بطريقة ما، حتى الطبقة المتميزة من الهندوس كانت تختلف عن المسلمين: «وللهند في أيّامنا من ذلك أوفر الحظوظ حتى أنّ مخالفتنا إيّاهم وتسويتنا بين الكافّة إلاّ بالتقوى أعظم الحوائل بينهم وبين الإِسلام»[٧].

العالم الإسلامي

بحلول القرنين الثالث والرابع للهجرة (أي التاسع والعاشر الميلادي) كان قد برز ما يمكن تعريفه «بعالم اسلامي». كان بامكان الذي يطوف III/51 بالعالم أن يعرف، بما يرى ويسمع، إذا كانت بلاد ما محكومة أو مأهولة من مسلمين. هذه الاشكال الخارجية حملتها ووزعتها تحركات الشعوب: السلالات الحاكمة وجيوشها، التجار المتنقلون عبر دنيا المحيط الهندي والبحر المتوسط، والصناع المجلوبون من مدينة إلى أخرى تحت رعاية الحكام أو الموسرين. كما انها انتقلت بواسطة أشياء مستوردة أو مصدرة وتُعبر عن اسلوب معين: كتب، اشغال معدنية، خزف وعلى الأخص المنسوجات، السلعة الرئيسية للتجارة البعيدة المدى.

وفوق كل شيء كانت الابنية العظيمة هي الرمز الخارجي لهذا «العالم الاسلامي». ففي فترة لاحقة ظهرت اساليب اقليمية لبناء المساجد، ولكن في III/52 القرون الأولى كانت هناك مظاهر مشتركة تُشاهد من قرطبة إلى العراق وأبعد. وبالاضافة الى المساجد الكبيرة كانت هناك ابنية (مساجد) اصغر، للاسواق (البازارات)، لأحياء أو قرى حيث تقام الصلاة ولكن دون أن تُلقى خطبة الجمعة؛ كانت هذه تُشاد على العموم من مواد محلية وتعكس الأذواق والتقاليد المحلية.

بهذه الفترة كان المسجد يبنى في وسط مجمع كامل من الابنية الدينية، المنزل حيث يحكم القاضي بالعدل، والمضافات للمسافرين أو الحجاج، III/53 والمستشفيات للمرضى؛ وكان انشاء هذه المباني وصيانتها من اعمال الاحسان التي يحث عليها القرآن. كما كان هناك نوع آخر من البناء، الذي لعب دوراً خاصا في ضم شمل المجتمع المسلم ابعد من حدود المدينة الواحدة أو المنطقة. وهذا كان المقام أو المزار. كانت بعض المقامات تشير الى اماكن الحج والصلاة، وكانت مأخوذة عن تقاليد دينية سابقة أُعطيت لها معان اسلامية: الكعبة في مكة، قبة الصخرة في القدس، ضريح ابراهيم

الخليل في الخليل. والى جانبها ظهرت امكنة جديدة تُزارُ: قبور هؤلاء الذين شاركوا في التاريخ الأول للاسلام. بالرغم من ان المسلمين اعتبروا محمداً ﷺ كرجل مثل سائر الرجال، فقد عمت الفكرة انه سوف يشفع باتباعه يوم القيامة، واصبح المسلمون يزورون قبره في المدينة خلال الحج إلى مكة. الأئمة الشيعة، وعلى الأخص هؤلاء الذين تعذبوا، اجتذبوا حجاجاً منذ البدء؛ وفي ضريح عليّ في النجف توجد عناصر يعود تاريخها إلى القرن التاسع. تدريجياً تزايدت قبور هؤلاء المعتبرين «أولياء الله» ولهم القدرة على الشفاعة لديه وانتشرت في العالم الاسلامي؛ لاشك أن بعضاً منهم قام في أمكنة كانت تُعتبر مقدسة من قبل أديان سابقة أو عن طريق التقاليد السحيقة القِدَم في الأرياف.

III/54 وثمة نوع آخر من البناء، ذلك الذي كان يعبر عن نفوذ الحاكم. بعض هذه الابنية العظيمة كانت لخدمة العامة، خانات (فنادق) على طرق التجارة، أقنية المياه أو غيرها من أعمال الري؛ في البلدان الحارة والجافّة في الشرق الاوسط أو المغرب الكبير، جرّ الماء الى سكان المدن كان عملا حكيماً، وريّ الاراضي كان ينتشر عملياً بتوسع العرب في المتوسط. إلا أن القصور هي التي عبرت افضل تعبير عن عظمة السلطة: أجنحة للمتعة أنشئت في وسط جنائن ومياه جارية، رمزاً لجنات معزولة، وقصور رسمية، مراكز للحكومات والعدل بالإضافة إلى الترف الذي شهدته فيها حياة الامراء. ونعرف شيئاً عن قصور العباسيين من وصف تركه الكتّاب ومن الاطلال التي لم تزل قائمة في سامراء. فقد كان لها من الواجهة الأمامية ساحات مفتوحة للاستعراضات أو لألعاب الفروسية؛ ضمن اسوار عالية، كانت هناك ممرات عبر جنائن تؤدي إلى بوابات متتالية داخلية، حتى الوسط حيث يُرى سكن الخليفة ومكاتبه والقاعة ذات القبة حيث كان يعقد مجلسه. هذه الابنية، التي ترمز إلى النفوذ والفخامة والاستمتاع، كذلك الانفصال عن العالم الخارجي، كانت تُقلّد عبر العالم الاسلامي ووضعت اسلوباً دولياً دام عصوراً متعددة.

III/55 على انه، من ناحية أخرى، لم يكن في هذه القصور أي شيء

«اسلامي» بشكل خاص. فهنا ايضاً ادى ضمّ هذا القدر من العالم في سلطان واحد الى جمع عناصر مختلفة الاصول معاً في وحدة جديدة. كان الحكام على اتصال واحدهم بالآخر، متجاوزين حدود دنيا الاسلام؛ الهدايا كانت تتبادل، والسفارات تأتي بأعجب القصص، والنخبة الحاكمة دائمة الانفتاح على الرغبة في التجديد. ويعبّر تزيين القصور عن المواضيع التقليدية في حياة الامراء في كل مكان: المعركة والقنص والخمرة والرقص.

كانت هذه المشاهد مواضيع الرسوم الجدارية حيث كانت تبرز صور الحيوانات والكائنات البشرية. لم تكن تظهر في الابنية المخصصة للعبادة III/56
أشكال كائنات حية. مع أن تصوير الاشكال الحية لم يكن ممنوعاً صراحة في القرآن، إلا ان معظم الفقهاء، بالاستناد الى الحديث، بينوا بان هذا مخالَفَة لقدرة الله وحده على خلق أي شيء حي. وفي الجامع الأموي في دمشق تُصوِّر الفسيفساء، المرصوفة في عصر مبكّر، العالم الطبيعي والمنازل بأسلوب واقعي يذكّرنا برسوم الجدران الرومانية، ولكنه يرينا إياها بدون أية كائنات حية. جدران المساجد وغيرها من الابنية العامة لم تكن ساذجه خالية من الزخرف. فسطوحها كانت مغطاة بالزينات: اشكال من النبات والزهور، ميالة الى شكل تجريدي، ورسوم متواصلة من خطوط ودوائر متداخلة بلباقة ومكررة إلى ما لا نهاية له. وفوق كل ذلك، الخط الفني. فن الكتابة الجميل ربما ابتكره كتّاب في دواوين الحكام، ولكنه كان ذا مغزى خاص للمسلمين الذين يؤمنون أن الله بلغ رسالته للعديدين بالكلمة، باللغة العربية. وطُورت كتابة تلك اللغة على يد الخطاطين لتكون صالحة للتزيين المعماري والزركشة. كلمات بأشكال متعددة لا نهاية لها، مكررة أو ضمن جُمل، تمازجت وانسجمت مع اشكال نباتية أو هندسية. وهكذا اصبح الخط أحد اهم الفنون الاسلامية، وزين الخط العربي ليس الابنية فحسب، بل النقود المسكوكة وقطع النحاس والخزف والانسجة، على الأخص تلك التي كانت تُحاك في مشاغل الخليفة وتقدم كهدايا. وكانت الكتابة تستعمل لتعلن عن عظمة الله وخلوده، مثل الكتابات حول قبة الصخرة، أو عن كَرَم مُحسِنٍ وجوده، أو عن مهارة مهندس معمار.

المنازل التي بناها السكان المسلمون في هذا العصر في المدن زالت جميعها، ولكن بقي من آثار براعتهم ما يكفي ليُظهر أن بعضاً منها احتوى اعمالاً فنية مشابهة لتلك التي كانت في القصور. كانت الكتب تُنسخُ وتزين بالرسوم للتجار والعلماء، وكانت تُصنع لهم أوانٍ زجاجية ومعدنية وخزفية؛ الانسجة كانت ذات أهمية ـ ارض المنزل كانت تغطى بالسجاد، وإطارات منخفضة للارائك كانت تُغطى بالنسيج، وتُعَلّق على الجدران بسط أو قماش. على العموم كان يظهر على تلك القطع الزينة ذاتها التي كانت على الابنية الدينية، نباتات وازهار تشكيلية رسوم هندسية وكلمات عربية. لم يكن هناك مواضيع خاصة بالخلفاء أو الحكام، ولكن الشكل البشري لم يكن غائباً عنها، على الأقل ليس لمدة طويلة. تبدو الاشكال البشرية في الخزف المصنوع في مصر، وثمة مخطوطات استعملت فيها صور حيوانات وكائنات بشرية لزخرفة الحكايات والاساطير أو مشاهد عن الحياة اليومية. III/57

III/58 بحلول القرن العاشر إذن، كان رجال ونساء الشرق الأوسط والمغرب الكبير يعيشون في عالم معرّف ومحدّد بلغة الاسلام. وكان العالم مقسوماً إلى دار الاسلام ودار الحرب، والاماكن المقدسة للمسلمين أو المتصلة بتاريخهم الباكر أعطت لدار الاسلام مزيّته المميزة. الزمن كان موسوماً بالصلوات اليومية الخمس، وخطبة الاسبوع في المسجد، والصوم السنوي في شهر رمضان، والحج إلى مكة والتقويم الاسلامي.

III/59 واعطى الاسلام الناس أيضا هوية يعرّفون بها انفسهم بالنسبة إلى الآخرين. فالمسلمون، مثل كل البشر، كانوا يعيشون على مستويات مختلفة. لم يكونوا يفكرون بيوم الدينونة وبالجنّة كل الوقت. أبعد من وجودهم الفردي كانوا يعرّفون أنفسهم إزاء معظم الحاجات اليومية في نطاق القربى العائلية أو بشكل أوسع، القوم أو الوحدة الرعوية أو القبيلة، القرية أو القطاع الريفي، أو الحي أو المدينة. فوق هذه وأبعد كانوا يدركون أنهم ينتمون إلى وحدة أكثر شمولاً: أمة المؤمنين. الشعائر التي كانوا يقيمونها معاً، والقبول الجماعي المشترك لمصير الانسان في هذا العالم والعالم الآتي

كان يربطهم الواحد بالآخر ويفصلهم عن المنتمين إلى الاديان الاخرى العائشين بينهم في دار الاسلام أو ما وراء حدوده.

ضمن «عالم الاسلام» هذا، على مستوى متوسط بينه وبين الوحدات المتلاحمة في الحياة اليومية، كانت هناك هويات من النوع الذي لم يكن III/60
يخلق ولاءات قوية مستديمة على العموم. خدمة العائلة المالكة والطاعة لها، على الأخص إذا طال عهدها، قد تخلق ولاءً كهذا. وجود لغة مشتركة ايضا ربما ولّد شعوراً بالراحة في الاتصال، ونوعاً من الفخر. في القرن الحادي عشر، كان اندماج العرب بالاسلام مازال قوياً إلى درجة أن البيروني الايراني الأصل قال: «دِينُنا والدّولةُ عربيّانِ وتوأمانِ يُرَفرِف على أحدهما القوّة الإلهيّة وعلى الآخر اليد السماويّة، وكم احتشد طوائف من التوابع وخاصّة منهم الجِيل والدّيْلم في لباس الدّولة جلابيب العجمة فلم يتّفق لهم في المراد سوق.»(٨)

مفهوم القومية العصرية الأثنية، القائل ان الذين يتكلمون لغة مشتركة يجب ان يعيشوا في مجتمع سياسي يقتصر عليهم، لم يكن موجوداً بعد، III/61
طبعا، ولا مفهوم وطن قائم على ارض، يضم الذين يعيشون في بقعة يفصلها عن البلدان الاخرى حدود طبيعية. إلا إنه كان هناك نوع من الشعور بخصائص مدينة ما وضواحيها، يمكن أن يعبَّر عنها بمفاهيم اسلامية. وقد بينت دراسة عن مصر كيف ان الوعي لطبيعتها الخاصة قد استمر: هباتها الطبيعية وخصبها، مكانتها في التاريخ الاسلامي، ابطالها، شهداؤها وأولياؤها. وراء كل هذا ظلت هناك ذكرى من الماضي تعود إلى ما قبل الاسلام: العجائب التي خلفّها التاريخ القديم، الاهرامات وأبو الهول، والمقامات القديمة، ومعتقدات وشعائر الريف التي مازال الناس يتطلعون إليها لحمايتهم(٩).

الفصل الرابع

قيام بُنَى الإسلام

مسألة النفوذ

IV/1 انتشار اللغة العربية إلى شعوب اخرى بدّل من طبيعة ما كُتب بها، ولم يظهر هذا في الكتابة الدنيوية فحسب، بل أكثر لفتاً للنظر في نوع أدب جديد شُرحت فيه معاني الوحي الذي أنزل على محمد ﷺ وترابطت مضامينه. وجد الذين قبلوا الاسلام انفسهم بمواجهة اسئلة لا مهرب منها: اسئلة برزت ليس من باب الفضول العقلي فحسب بل من انتقادات تقدم بها نصارى ويهود وزرادشتيون، واكثر من ذلك ربما من الحاجة الى تقييم تأثير الايمان على الحياة في المجتمع. ومن الطبيعي انهم حاولوا الاجابة عن اسئلة كهذه على ضوء مجمل المعلومات المتوفرة لديهم واساليبهم الخاصة في التفكير: تلك التي جاؤوا بها معهم الى مجتمعهم الجديد، أو ما وجدوه بين الذين لم يعتنقوا الدين الجديد، لان الديانات السماوية، اليهودية والنصرانية والاسلام، ظلت في العصور المبكّرة منفتحة واحدها على الاخرى اكثر مما اصبحت عليه فيما بعد. ومن الطبيعي أيضا ان هذه العملية اكثر ما أثمرت في الامكنة حيث كانت التقاليد الفكرية والتراث العلمي اقوى. فكان لانتقال مراكز القوى وللتغيير الذي حصل في البنى السياسية الإسلامية ما يوازيها في ميدان الفكر. لم تفقد المدينة ومكة اهميتها، ولكن سوريا اصبحت اكثر أهمية، والعراق الاهم بين الكل، بارضه الثقافية الخصبة باليهودية والنصرانية النسطورية وأديان ايران.

IV/2 وتجلّي الاسلام كبنية متماسكة تجمع بين علوم الدين والتطبيق حدث في معظمه في العراق في العصر العباسي، وكان الى حد ما استكمالا لحركات فكرية بدأت من فترة طويلة قبل ظهور الاسلام، مع ان قول ذلك لايعني ان الاسلام لم يعطها اتجاهات جديدة.

والمواد التي كان العلماء والمفكرون ينشغلون بها كانت اكثر من نوع واحد. قبل كل شيء، كان هناك القرآن. مهما كان الزمن الذي استكمل فيه شكله النهائي، لاريب ان مادته وجدت منذ زمن النبي: الله القدير؛ الأنبياء الذين اتصل بواسطتهم بابناء البشر؛ الايمان، التسبيح والاقرار بالفضل والصلاة والاحسان الذي طلبه تعالى من الانسان؛ اليوم الاخير، يوم القيامة عندما ستظهر رحمته وعدله. وكان هناك، ثانياً، تقاليد حية عن كيف عاشت الأمة منذ زمن النبي وبعده، نقلتها اجيال تالية ووسعتها، وكان بصلبها نوع من الذاكرة المشتركة عما كان عليه النبي. كما كانت هناك ذكرى اعمال السلف وأئمته، الخلفاء وسياساتهم ونزاعاتهم؛ وعلى الاخص الانشقاقات والنزاعات في خلافة عثمان، حركات المعارضة التي انتهت بها، وخلافات علي وأول الانشقاقات بين اتباع محمد ﷺ. IV/3

ليس فقط تقاليد المثقفين الذين اعتنقوا الاسلام بل طبيعة الاسلام الجوهرية ذاتها ـ وحي الكلمات، وبالتالي وحي الافكار والمعرفة ـ جعلت من الضروري على الذين يتوقون الى الامتثال لإرادة الله ان يطلبوا المعرفة ويفكروا بها. التفتيش عن المعرفة الدينية («العلم»)، بدأ باكراً في تاريخ الاسلام، وبالتدريج نشأت مجموعة من العلماء المسلمين الدارسين والمنهمكين في هذا التفتيش. IV/4

كانت خطوط الفكر والدراسة التي اتبعها الاسلام في ترسيخ بنيته عديدة، ولكنها متعلقة واحدها بالآخر بوضوح. المشكلة التي ظهرت أولاً وبكل إلحاح كانت مسألة النفوذ أو السلطة. ما علّمه محمد ﷺ في سنّته أسفر عن قيام مجتمع متعهد بأن يعيش بموجب مقاييس موجودة في القرآن أو نابعة منه. من يجب ان يكون صاحب القرار في ذلك المجتمع، وما هو نوع القرار الذي يجب أن يكون له؟ هذه المشكلة برزت على اثر الانشقاقات والنزاعات في نصف القرن الاول، والجواب عنها اتى في ضوء التأمل حولها. اتكون خلافة محمد ﷺ، أو الامامة كما كانت تسمّى، مفتوحة امام كل المسلمين، أو للصحابة، أو فقط لعائلته؟ كيف يجري اختيار الخليفة؟ ماهي حدود سلطته القانونية؟ اذا لم يتقيد بالعدالة، هل يتوجّب العصيان أو اقالته؟ IV/5

بالتدريج حدث تبلور لمختلف المواقف من هذه المسائل. موقف IV/6
هؤلاء الذين سُمُّوا فيما بعد «السنة» كان انه من الضروري للمسلمين أن يعيشوا معا بسلام وطمأنينة، وهذا يتضمن أن عليهم بقبول ما حدث. وهكذا انتهوا بقبول شرعية الخلفاء الاربعة الأول بأنهم «الراشدون»؛ والذين جاؤوا بعدهم ربما لم يكونوا قد عدلوا، ولكن يجب القبول بشرعيتهم طالما انهم لم يخالفوا أوامر الله الاساسية. هناك بعض ادلة على أن الخلفاء الامويين تقدموا بطلبات يدّعون فيها ليس فقط انهم خلفاء النبي كقادة للأمة، بل نوّاب (/ حكّام) الله على الارض والمفسّرون المطلقون للشرع الالهي.(1) ولكن السنيّة في شكلها المتطور لم تكن تعتبر الخليفة نبياً ولا مفسراً للايمان غير معصوم، بل بصفته قائدا مهمته اقامة العدل والسلام في المجتمع؛ لهذا يجب أن يكون حائزا على فضائل كافية والمام بالشرع. كما كان من المسَلَّم به انه يجب أن يكون متحدّرا من قبيلة قريش التي كان ينتمي اليها النبي.

هذه الحركات التي تحدت سلطة الخلفاء ما عتمت ان طورت تدريجياً IV/7
نظرياتها الخاصة بها عن السلطة الشرعية. الإباضيون اعتقدوا انه لم يكن ضروريا ان يوجد «إمام» في كل الاوقات، ولكن أي مسلم يمكنه أن يصبح إماما، بقطع النظر عن عائلته أو أصله. يجب أن يكون مختاراً من الامة؛ يجب أن يطبق العدل بموجب القانون المستمد من القرآن والحديث، واذا لم يعدل يجب أن يُعزل. الحركات الشيعية لم تقبل الخلفاء الثلاثة الأوَل، بل اعتقدت ان عليّ بن أبي طالب كان الخليفة الوحيد الشرعي المُعيّن ليخلف النبي كإمام. ولكنهم اختلفوا فيما بينهم على الخلافة بعد علي وعلى سلطة الأئمة. كان الزيديون الاقرب الى السنيين في نظرياتهم، وقالوا ان اي متحدر من علي من نسل زوجته فاطمة يمكن أن يكون «إماماً» بشرط أن تكون لديه المعرفة اللازمة والتقوى وأن يُظهر مقدرة على النهوض ضد الظلم. وهكذا يمكن أن يكون هناك سلالة من الأئمة إلى ماشاء الله. ولم يكونوا يعتقدون بأن للإمام عصمة أو أن له قدرة تفوق البشر.

ذهبت الحركتان الشيعيتان الاساسيتان الاخريان ابعد من ذلك. كلاهما IV/8

تعتقدان بان الامامة كانت تُسَلَّم بالتعيين من قبل الامام الموجود في ذلك الوقت، وان الإمام المعين هكذا هو الفقيه الوحيد الذي لايخطىء عما أنزله الله على النبي. والحركة التي كان لها اكبر عدد من الاتباع اعتقدت بأن الخلافة مرت بين المتحدّرين من سلالة عليّ حتى غياب الإمام الثاني عشر في القرن التاسع (من هنا جاءت تسميتهم بالاثني عشرية). وبما انه لايمكن للعالم ان يظل دون إمام، فهناك اعتقاد بأن الثاني عشر لم يمت بل هو ما زال حياً (في الغيبة)؛ في البدء كان يتصل بالمسلمين عبر وسطاء، ولكنه غاب عن نظر العالم بعد ذلك، وظل العالم في الانتظار حتى مجيء حكم العدل. واقرّ الاسماعيليون من جهتهم بأن الامام هو مؤوّل الحقيقة، ولكنهم يعتقدون بأن سلالة الأئمة المرئيّين انتهت بالامام السابع، محمد ابن اسماعيل. (ولكن بعضهم حوّر اعتقاده عندما ادعى الخلفاء الفاطميون بالخلافة).

IV/9 هذه الآراء المختلفة عن الإمامة والخلافة سوف يكون لها في وقت لاحق تأثيرات مختلفة في طبيعة الحكومة ومركزها في المجتمع. الإباضيون والزيديون مجتمعات انسحبت من الامة الاسلامية الكونية لرفضهم سلطة الحكومات غير العادلة؛ فقد ارادوا ان يعيشوا تحت الشريعة كما يفسرونها انفسهم، وغير قابلين ان يعطوا الامام أو أي حاكم آخر السلطة التي قد تؤدي به الى السيطرة وعدم الاعتدال. من ناحية اخرى، كان السنّة والاثنا عشريون والاسماعيليون يريدون، كل بطريقته الخاصة، سلطة تستطيع أن تحافظ على القانون والنظام في المجتمع. ولدى انقضاء العصر الأول، وبنتيجة ذلك كان الانقسام قد حدث فعلياً بين الذين يحفظون القانون (للسنة العلماء، وللشيعة الإمام الغائب) واهل السلاح الذين كانت لهم القدرة على تنفيذ النظام الزمني.

قدرة الله وعدالته

IV/10 كانت مسألة السلطة البشرية الى حد ما انعكاسا لقضايا أعمق انبثقت من القرآن: قضايا عن طبيعة الله ومعاملته للبشر، وعن وحدته وعدالته.

IV/11 الله في القرآن أحدٌ، متعالٍ فوق الوجود المادي، ولكن القرآن يتكلم

عنه كذي صفات مميزة ـ الارادة والمعرفة والسمع والبصر والنطق؛ وبمعنى من المعاني القرآن هو كلمته. كيف يمكن لامتلاك الصفات المميزة أن تتوافق مع وحدانية الله؟ وكيف، على الاخص، يمكن لهذه الميزات التي يمكن ان تُعزى الى كائنات بشرية ان توصف بتعابير تحافظ على البعد اللامتناهي بين الله والانسان؟ ما علاقة القرآن بالله؟ هل يمكن أن نسمّيه قول الله دون أن نعني ضمنياً أن لله ميزة التكلم الشبيهة بصفة خلقه؟ هذه مشاكل من النوع المتلازم مع أي دين يؤمن بأن هناك إلهاً أسمى يكشف عن نفسه بشكل من الاشكال للكائنات البشرية. للنصارى كان الوحي لشخص، والسؤال اللاهوتي الاساسي في القرون الاولى كان عن علاقة هذا الشخص بالله؛ للإسلام الوحي كان كتابا، ومشكلة مَنْزَلة الكتاب، لهذا السبب، جوهرية.

مسألة طبيعة الله تؤدي بنا منطقياً إلى علاقته مع الناس. هناك انطباعان
IV/12 لا بد بقيا في عقل كل من قرأ القرآن أو سمع تلاوته: ان الله قدير على كل شيء، ولكن بطريقة ما الانسان مسؤول عن اعماله وسوف يحاكم من الله على اعماله. كيف يمكن لهذين التصريحين ان يتوافقا؟ مرة اخرى، هذه مسألة في صلب الدين الموحِّد: ان كان الله قديرا على كل شيء، كيف يسمح بوجود الشر، وكيف يكون عادلا بالحكم على الناس لاعمالهم الشريرة؟ وبمعنى آخر وأوسع: هل الانسان حر ليبادر بافعاله الخاصة، أو هل تأتي كلها من الله؟ اذا لم يكن حراً، هل من العدل لله أن يحاكمه؟ واذا كان حراً، ويمكنه بالتالي أن يُحاكم من الله، هل سيحاكم بموجب مبدأ للعدل يستطيع الانسان أن يميزه؟ اذا كان الامر كذلك، أليس هناك مبدأ للعدالة يحدد اعمال الله، وهل بالامكان بعد ذاك القول بان الله قدير على كل شيء؟ كيف سيحاكم المسلمون: بإيمانهم فقط، أو بإيمانهم بالاضافة الى التعبير الشفهي عنه، أو باعمالهم الحسنة أيضاً؟

هذه مسائل ضمنية في القرآن وجابهت كل من أخذها جدّيا، ولكن
IV/13 التفكير النظامي فيها عنى ليس فقط نصاً يُدرس بل كذلك اسلوباً لاتمام

ذلك: الاعتقاد بان بالامكان بلوغ المعرفة بالعقل البشري العامل بحسب قواعد معينة. هذا الايمان بالعقل الموجّه بالصواب كان قد كون الحياة الفكرية للمناطق التي انتشر فيها الاسلام، بما في ذلك الحجاز؛ هناك آثار للجدل المنطقي في القرآن نفسه. لذلك ليس من المستغرب، لدى حلول آخر القرن الاسلامي الاول او القرن السابع الميلادي، أن تدلّ أوائل الوثائق الموجودة على تطبيق الجدل المنطقي في شروح القرآن في الحجاز وسوريا وايران. وهكذا ظهرت اولى الجماعات التي يمكن أن تسمى «مدارس فكر»: تلك التي تجادل انّ الانسان حر ويخلق افعاله بنفسه، وتلك التي تؤمن ان لا ارادة حرة له، وان الله لا صفات له يشارك بها البشر والتي يمكن ان يوصف بها.

في منتصف القرن الثاني الهجري (القرن الثامن الميلادي) برزت مدرسة، بمعنى أكمل، من المفكرين الذين طوّروا آراء واضحة وثابتة عن مجموعة كاملة من المسائل؛ ولكن من الأكيد أن تسميتهم «مدرسة» لايعني انه كان لجميعهم الافكار ذاتها أو ان افكارهم لم تتطور من جيل الى آخر. كانت هذه فرقة المعتزلة (الذين انعزلوا عن الباقين). كانوا يعتقدون ان بالامكان بلوغ الحقيقة باستعمال العقل على ما جاء في القرآن، وبهذه الطريقة توصلوا الى اجوبة عن اسئلة كانت مطروحة. الله واحد. لا صفات له تنتمي إلى جوهره. على الاخص لاصفات بشرية له؛ والقرآن لايمكن أن يكون من نطقه: لا بد انه خلق بطريقة اخرى. الله عادل، وهكذا فهو محدد بمبدأ عدل؛ الانسان إذن حر، لان ادانة الناس لاعمال لم يكونوا احرارا ليقترفوها لايكون عدلاً. اذا كانت اعمال الناس حرة وعرضة للدينونة، فمن المنطقي ان الايمان وحده لا يكفي بدون أعمالٍ حسنة؛ المسلم المذنب بسبب آثام خطيرة لايمكن ان يسمى كافراً أو تقياً ورعاً بل يكون بين الاثنين. IV/14

في الوقت ذاته كانت تبرز طريقة اخرى للنظر الى هذه المسائل، طريقة اكثر احتراساً واكثر شكاً عن امكانية بلوغ حقيقة مقررة بواسطة العقل، واكثر وعياً للمخاطر التي يتعرض اليها المجتمع اذا تعمق بالجدل المنطقي IV/15

والمناظرة الى درجة بعيدة جداً. هؤلاء الذين يفكرون بهذه الطريقة جعلوا
اهمية الحفاظ على وحدة أمة الله فوق قضية التوصل الى اتفاق على مسائل
العقيدة. بالنسبة اليهم، كلمة القرآن هي الأساس الوحيد الثابت التي يمكن
عليها ارساء الايمان والسلم المجتمعي؛ ويجب تفسير القرآن، بالقدر الذي
يكون ذلك ضروريا، في ضوء الممارسات الاعتيادية للنبي وصحابته، السنّة،
كما انتقلت إلى الاجيال التالية. هذا الموقف ربما وجد منذ زمن مبكر،
ولكن بطبيعته مال إلى اتخاذ شكل مجموعة من العقائد بالأحرى بعد زمن
المدارس الاكثر تأملاً. والشخص الاكثر مسؤولية عن صياغة هذا الموقف
كان أحمد بن حنبل (٧٨٠ ـ ٨٥٥) والذي تعرض بنفسه الى الاضطهاد.
الموقف الوحيد الذي يجدر تبنيه يقوم على القرآن وسنة الرسول، وهما
يبيّنان أن الله قدير على كل شيء، وعدالته ليست كعدالة البشر. فاذا عزا اليه
القرآن صفات، فمن الواجب أن تقبل كصفات إلهية، ليس على قياس
الصفات البشرية، ودون التساؤل عن كيفية تضمنها فيه. وبين هذه الصفات،
القرآن. انه كلامه، لأن القرآن يقول ذلك؛ وهو غير مخلوق، لأن لاشيء في
الله مخلوق، والقرآن نفسه من الله. على الانسان أن ينصاع لإرادة الله
بالاعمال كما بالايمان. هذه الفكرة عن رب يحاكم بطرق غامضة قد تبدو
قاسية، ولكن ضمنها نوع من التأكيد على اهتمام رباني بالعالم في نهاية
الأمر، حتى ولو كانت اساليبه غير اساليب البشر، وما حدث في تاريخهم هو
ضمن ما اراده الله لهم. وبهذه المجموعة من الافكار توضّحت «السنّية».

طال الجدل بين العقلانيين واتباع ابن حنبل مدة طويلة، وتغيرت
IV/16 خطوط المناقشة. في وقت لاحق، تأثر مفكرو المعتزلة تأثّراً عميقاً بالفكر
اليوناني، وبالتدريج، تلاشت أهميتهم داخل المجتمع السنّي الناشىء، ولكن
تأثيرهم استمر قوياً في مدارس الفكر الشيعي إذ تطورت منذ القرن الحادي
عشر. أحد المفكرين الذين ساندوا موقف التقليديين بقوة استخدم اسلوب
«الكلام» العقلاني ليدافع عنه: الأشعري (توفي عام ٩٣٥) نادى بتفسير القرآن
حرفياً، ولكنه أصرّ ان بالامكان تبريره بالمنطق، أو على الاقل الى حد ما،
ولكن ابعد من تلك النقطة يجب ببساطة أن يُقبل. الله واحد؛ صفاته جزء من

جوهره؛ إنها ليست الله، ولكن ليست غير الله. بينها صفات السمع والبصر والكلام، ولكنها ليست مثل صفات سمع وبصر وكلام البشر؛ يجب أن تُقبل «بلا كيف»، أي بدون التساؤل كيف. الله هو السبب المباشر لكل ما يحدث في الكون، وهو غير محدود بشيء خارج ذاته. في ساعة العمل هو يمنح الانسان القدرة على العمل؛ هو يشاء ويخلق ما هو خير وما هو شرّ في العالم. الجواب الصحيح لكلمة الله المنزلة هو الايمان؛ إذا كان عند الانسان إيمان دون أن يعمل الصالحات فهو مؤمن، والرسول سيشفع له في اليوم الأخير.

IV/17 في التفكير الأشعري هناك تركيز على أهمية عدم التنازع في الدين، وعلى ضرورة قبول حكم الإمام أو الخليفة وعدم عصيانه بالسيف. إلا أنه كانت هناك خلافات في الرأي ظلت مستمرة: عن شرعية التفسير التأويلي ضد التفسير الحرفي (التنزيل) للقرآن؛ عن المعنى الدقيق في قولهم القرآن غير «مخلوق» ـ هل يُقصد بذلك النص نفسه، أو فقط انتقال النص إلى البشر؟ ـ وعن ضرورة الاعمال الصالحة بالإضافة الى الإيمان. على كل حال، لم تكن خلافات كهذه تؤدّي عادة الى نزاع ضمن المجتمع السنّي.

الشريعة

IV/18 ماعدا بالتضمين، القرآن لا يحتوي في ذاته نظام عقائد، ولكنه يقول للناس ما يريدهم الله أن يعملوا. إنه فوق كل شيء تبيين منزل لإرادته: ما يجدر بالناس أن يفعلوا لنيل مرضاته، وكيف سيحاكمون في اليوم الأخير. إنه يحتوي على بعض الاوامر المعينة، مثلاً فيما يتعلق بالزواج وبتقسيم تركة المسلم بعد وفاته، ولكن هذه القضايا محدودة، وفي معظم الأحيان يُعبر عن إرادة الله بمبادىء عامة. الأوامر والمبادىء تُعنى بالطرق التي يتوجب بها على البشر عبادة الله، وتلك التي تحدد كيف يجدر بهم أن يسلكوا الواحد تجاه الآخر، ولكن هذا تمييز مصطنع إلى حد ما، لأن أعمال العبادة لها مظهر اجتماعي، واعمال العدالة والاحسان موجهة أيضاً نوعاً ما باتجاه الله.

التفكير بالقرآن وبممارسة المسلمين الأول سرعان ما أسفر عن اتفاق عام حول واجبات المسلم الاساسية، ما يسمى «أركان الاسلام». وهذه IV/19 تشمل الشهادة العلنية أن «لا إله إلا الله ومحمد رسول الله». ثانيا، هناك الصلاة الشعائرية، بكلمات تردد عدداً من المرات بوقفات محددة من الجسم؛ هذه الصلوات يجب أن تقام خمس مرات يومياً. من «الأركان» الأخرى، الزكاة، منح جزء معين من الدخل لأعمال محددة من الاحسان أو المنفعة العامة؛ وصوم ملتزم من الفجر إلى المغيب خلال شهر كامل في السنة، شهر رمضان، الذي ينتهي بعيد؛ والحج إلى مكة في وقت محدد من السنة، الذي يشمل عدداً من الاعمال الشعائرية، والذي ينتهي بعيدٍ أيضاً تشارك فيه كل الأمة. ولكل هذه الاعمال أضيف أيضاً أمرٌ عامٌ للجهاد في سبيل الله، والذي قد يكون له معنى واسع أو معنى أكثر دقة: القتال لتوسيع حدود الاسلام.

إلا أنه منذ البدء كانت هناك حاجة إلى أكثر من اتفاق حول العبادات الاساسية. من ناحية كان هناك الذين اخذوا القرآن بحذافيره وآمنوا أن فيه، IV/20 ضمنياً، قواعد الحياة بأكملها، لأن كل أعمال البشر لها معنى عند الله وسوف تؤخذ بالاعتبار في يوم الدينونة. من ناحية أخرى كان هناك الحاكم ونوابه، المحتاجون إلى اتخاذ قرارات عن مجموعة كاملة من المشاكل: كانت تدفعهم معتقداتهم الشخصية والظروف التي يبرّرون فيها حكمهم إلى اتخاذ قرارات حريصة أن تكون، بأقل تعديل، غير متناقضة مع طريقة فهمهم للقرآن معنىً أو مضموناً.

خلال حقبة الخلفاء الأولين والأمويين حدث أمران. الحاكم، ونوابه IV/21 وممثلوه المنتدبون، القضاة، اقاموا العدالة وحكموا بالنزاعات، آخذين بالاعتبار العادات السائدة والقوانين في مختلف المناطق. في الوقت ذاته، حاول مسلمون جادون وملتزمون وضع كل الاعمال البشرية تحت حكم دينهم لإيجاد نظام مثالي للسلوك البشري. لاتمام ذلك كان عليهم ان يأخذوا بالاعتبار نصّ القرآن وأن يفسّروه، وان يزيدوا الى ذلك ما حفظته الامّة

وتناقلته: سنّة النبي، تصرّفه التقليدي، وكان يتزايد ما سُجّل منه باستمرار (وقد عرف بالحديث)؛ كيف كان الخلفاء الأولون يتّخذون القرارات؛ سنة الامة، أو حكمتها المتراكمة التي يُعتقد بأنها الطريقة الصحيحة للسلوك.

هذان الأمران، أو السياقان، لم يكونا مختلفين واحدهما عن الآخر.
الخليفة أو الحاكم أو القاضي كان يحوّر دون شك الاعراف السائدة على IV/22
ضوء الافكار المتطوّرة ويستخلص منها ما قد يصلح في الاسلام؛ العلماء كانوا يُدخلون إلى نظامهم المثالي بعض الأمور الموروثة عن عادات مجتمعاتهم. خلال الأطوار المبكرة، ظل السياقان منفصلين على العموم. وبالاضافة الى ذلك كانت هناك اتجاهات مختلفة ضمن كل سياق. ونظراً للطريقة التي تطوّرت فيها الدولة الاسلامية وأديرت، كانت العادات والقوانين لشتّى الارجاء لا ريب تختلف كثيراً. كان العلماء متفرقين بمدن متعددة، مكة والمدينة والكوفة والبصرة، عدا عن مدن سوريا، وكل واحدة منها كان لها طريقتها الخاصة في التفكير، عاكسةً ذكرياتها المنقولة كما تعكس احتياجات المنطقة وممارساتها، ومتبلورة في اجماع محلي.

وبمجيء العباسيين في منتصف القرن الثاني (الثامن ميلادي) تغير
الوضع. تكوين دولة مركزية، محكومة «بيروقراطيا» (من موظفين ودواوين) IV/23
جعل من الضرورة التوصل الى اتفاق على اسلوب لفضّ النزاعات ولتنظيم المجتمع؛ وادعاء العباسيين انهم اصحاب تبرير ديني لحكمهم جعل من الجوهري أن يبدو أن كل ما يُتفق عليه قائم على تعاليم الإسلام. وهكذا تقارب السياقان. وأصبح القاضي، على الأقل نظرياً، حكماً مستقلاً عن السلطة التنفيذية، يتخذ قراراته على ضوء تعاليم الدين. وعليه أصبحت الحاجة إلى اتفاق عام حول التعاطي العملي للاسلام أكثر إلحاحاً. القرآن، سنة الرسول المجسدة في «الأحاديث»، آراء جماعات من العلماء، والممارسات المتطورة أو سنّة المجتمعات المحلية: كل هذه كانت لها أهميتها، ولكن حتى ذلك الحين لم يكن هناك اتفاق حول العلائق بينها. كان للعلماء آراء مختلفة: أبو حنيفة (حوالى ٦٩٩ ـ ٧٦٧) ركّز أكثر على الآراء المتوصل إليها بالتعليل الفردي؛ مالك (حوالى ٧١٥ ـ ٩٥) ركّز على ما اتُّبِعَ في

المدينة المنوّرة، مع انه أقر أيضاً بشرعية التفكير والاستنتاج في ضوء مصلحة المجتمع.

IV/24 الخطوة الحاسمة في تحديد العلائق بين الاساسات المختلفة للقرارات الشرعية اتخذها الشافعي (٧٦٧ - ٨٢٠). فقد أكد أن القرآن هو الكلمة الحرفية لله: أنه يعبّر عن إرادة الله في شكل المبادىء العامة والاوامر المحددة فيما يتعلق ببعض الامور (الصلاة، الصدقة، الصوم، الحج، تحريم الزنى وشرب الخمر وأكل لحم الخنزير). بالأهمية ذاتها كانت ممارسة السنّة، سنة النبي كما وردت في الاحاديث؛ فكان لذلك ثقل اكبر من مجموع ممارسات المجتمعات. سنّة النبي هي مظهر واضح لإرادة الله وموضعها ثُبِّت بسُوَرٍ من القرآن: **﴿يَاأَيّها الَّذينَ آمنُواْ أَطِيعُواْ الله وَرَسُولَهُ وَلاَ تَوَلَّوْاْ عَنْهُ وَأَنتُمْ تَسْمَعُونَ * وَلاَ تكُونُواْ كَالَّذِينَ قَالُواْ سَمِعْنَا وَهُمْ لا يَسْمَعُونَ﴾**.(٢) أفعال الرسول واقواله حددت نتائج تشريعات القرآن العامة، ووفرت الارشاد في أمور كان القرآن صامتاً عنها. بحسب الشافعي، القرآن والسنة لا يخطئان. السنة لم تستطع أن تنسخ القرآن، كذلك القرآن لم يبطل السنة. ليس بامكانهما مناقضة واحدهما الآخر؛ التناقضات الظاهرة يمكن تطابقها، أو أن آية قرآنية اخرى تأتي فيما بعد او قولاً من النبي يمكن أن يعتبر إلغاء لقول سابق.(٣)

IV/25 ومهما كان تعبير ارادة الله واضحا في القرآن أو السنة، فلسوف تبقى هناك مسائل التفسير، او تطبيق المبادىء على حالات جديدة. حسب طريقة التفكير التي بلورها الشافعي، الاسلوب الوحيد لتلافي الخطأ كان ان يترك المسلمون العاديون المجال لهؤلاء المتعمّقين في الدين ليستعملوا عقلهم في تفسير ما يحتويه القرآن والحديث، وأن يفعلوا ذلك ضمن حدود صارمة. وعند مواجهة موقف جديد، يجب على المؤهّلين لاستعمال عقلهم أن يتبعوا القياس: أن يحاولوا ايجاد عنصر أو عناصر في الموقف مشابهة - بطريقة دقيقة الصلة بالموضوع - لعنصر أو عناصر في موقف قد صدر فيه حكم. هذه

الطريقة المنظمة في إعمال العقل عرفت «بالاجتهاد»، وتسويغها يمكن ايجاده في الحديث: «العلماء هم ورثة الأنبياء». وعندما يحظى التطبيق العقلي هذا على موافقة عامة، يمكن اعتبار هذا الاجماع بمثابة حقيقة أكيدة لا تشكيك فيها.

الشافعي نفسه صرّح بهذا المبدأ بشكله الأوسع: اذا توصلت الامة IV/26 باجمعها الى اتفاق على امر ما، فالقضية منتهية الى الابد؛ هناك حديث: «ان امتي لا تجتمع على ضلالة»، وينطبق ذلك على ما يتعلق بمعنى القرآن أو بالسنة أو بالقياس. المفكرون الذين اتوا فيما بعد، ومنهم هؤلاء الذين اعتبروا الشافعي معلمهم، صاغوا المبدأ بطريقة مختلفة: الاجماع الوحيد الصحيح هو اجماع العلماء، هؤلاء المؤهلين لممارسة الاجتهاد في فترة معيّنة.

لمبادىء التفسير هذه أُضيف ملحق من قبل الشافعي، وكان مقبولاً IV/27 على العموم: هؤلاء الذين يفسرون القرآن والسنة لايمكنهم أن يفعلوا ذلك بدون إلمام واف باللغة العربية. واستشهد الشافعي بآيات من القرآن تذكر أن القرآن قد أنزل بالعربية: ﴿وَكَذَلِكَ أَنزَلْنَاهُ حُكْماً عَرَبِيّاً﴾ ﴿بِلِسَانٍ عَرَبِيٍ مُبِينٍ﴾[٤]. كل مسلم، برأي الشافعي، يجب أن يتعلم العربية، على الأقل إلى درجة يستطيع بها أن يقوم بلفظ الشهادة ويتلو القرآن ويذكر اسم الله (الله أكبر). أما العالم في الدين فيحتاج الى اكثر من ذلك.

وبعدما وُضعت هذه المبادىء وقُبلت عموماً أصبح بالامكان IV/28 محاولة ربط مجموعة القوانين والمفاهيم الخلقية بها. هذا السياق في التفكير عُرف باسم «الفقه»، وما نتج عنه بالنهاية سُمي «بالشريعة». تدريجياً برز عدد من «المذاهب» التي أخذت أسماءها من العلماء الاوائل الذين تحدرت منهم: الحنفية من أبي حنيفة، المالكية من مالك، الشافعية من الشافعي، والحنبلية من ابن حنبل، وبعض الآخرين الذين لم يدوموا. اختلف الواحد عن الآخر على بعض مواضع في مادة القانون، كذلك على اصول الفقه، وعلى الاخص على موضع الحديث وعلى شرعية الاجتهاد وحدوده وطرقه.

تقع المذاهب الاربعة جميعها ضمن المجتمع السني. اما المجموعات الاسلامية الاخرى فكان لها انظمتها الخاصة القانونية والخلقية. لم تكن انظمة الإباضيين والزيديين تختلف كثيراً عن المذاهب السنية، ولكن بين الشيعة الاثني عشريين كانت اسس القانون تحدد بطرق مختلفة؛ إجماع الأمة لا يصبح ملزماً إلا إذا كان الإمام مشمولاً به. كما كانت هناك بعض النقاط المميزة في القانون الموضوعي الشيعي. IV/29

وبالرغم من طبيعة الشريعة النظرية (جزئياً)، أو ربما بسببها، احتل الذين علّموها وفسّروها وطبّقوها، أي العلماء، مركزاً مهماً في الدول والمجتمعات الاسلامية. بصفتهم امناء على معايير مطورة من السلوك الاجتماعي كان بامكانهم، الى حد ما، وضع حدود لتصرفات الحكام، أو على الاقل اسداء النصح اليهم؛ كما انه كان بإمكانهم التكلم بإسم المجتمع، أو على الاقل الفئة المدينية منها. إلا أنهم على العموم جربوا أن يظلوا بعيدين عن الحكومة والمجتمع، محافظين على الشعور بأن الامة مرشدة من أعلى، ودائمة عبر الزمن غير مرتبطة بمصالح الحكام ولا بنزق الاتجاهات الشعبية. IV/30

الأحاديث النبوية

النزاعات والمناظرات السياسية والفقهية، خلال القرون الثلاثة الاولى استخدمت الحديث، كما كان الحديث هاماً ـ بصفته احد اسس الشرع لمجموعة القوانين اثناء تطورها ايضا. إلا ان علاقة الفقه والشرع بالحديث كانت اكثر تعقيدا من ذلك. فالفقه والشرع لم يستخدما «الحديث» فحسب، بل كوّنا الى درجة بعيدة مجموعة التقاليد كما وصلت الينا، وادى هذا التطور الى ظهور علم ديني آخر، علم نقد الحديث، تطوير واستعمال مقاييس لتمييز الاحاديث الممكن اعتبارها صحيحة، مثبتة، من تلك المشكوك بصحتها أو الباطلة. IV/31

IV/32 منذ البدء، كان للمجتمع الذي نشأ حول محمد ﷺ تصرف مألوف،

أي سنّة، بمعنيَين مختلفين: كمجتمع كوّن لنفسه تدريجياً نموذجه الخاص من السلوك الصالح، يضمنه نوع من الموافقة الجماعية ويتطوّر خلالها، كما كان يحتوي بذاته على اشخاص حاولوا الحفاظ على سنّة النبي، وذكرى ما فعل وما قال. كان صحابة النبي يتذكرونه، ونقلوا كل ما عرفوه عنه الى الجيل التالي. ونُقلت الاحاديث، وهي سجلّ تصرفه وكلماته، ليس شفهياً فحسب بل كتابة منذ وقت مبكر. بالرغم من ان بعض المسلمين الورعين نظروا بارتياب إلى كتابة «الاحاديث» ظانين انها قد تنتقص من المركز الفريد للكتاب، إلا ان سواهم شجعها، وفي نهاية العصر الاموي كان كثير من الاحاديث التي سوف تُدمج في سِيَر النبي فيما بعد، قد اصبح مكتوبا.

ولم ينته ذلك التطوّر هناك، على كل حال. كلا سنّة الأمّة وما سجّل من سنّة الرسول كانتا تختلفان من مكان إلى مكان ومن وقت الى آخر. IV/33
الذاكرة تضعف، والروايات تتغير في النقل، وليس كل الذين سجلوها صادقين. في البدء كانت سنة الأمّة هي الاهم بين الاثنين، ولكن بمرور الزمن اخذ بعض أهل الشرع والفقه يركزون اكثر على سنة النبي. اراد أهل الشرع ان يربطوا الاعراف الاجتماعية والقواعد الادارية التي نشأت، بالمبادىء الدينية، واحدى الطرق لتحقيق ذلك هي بتتبع اثرها رجوعاً الى النبي. هؤلاء المنشغلون بالمناظرات الهامة عن اين يجب ان تكون السلطة، او عن طبيعة الله والقرآن، حاولوا ان يجدوا دعماً لآرائهم في حياة محمد ﷺ واقواله. وهكذا، خلال القرنين الثاني والثالث الهجري (تقريبا الثامن والتاسع ميلادي) اتسع رصيد الاقوال المنسوبة الى الرسول. كان هذا مقبولا الى حد ما كوسيلة ادبية، مبررة بالحديث: «مَا قِيلَ مِنْ قَوْلٍ حَسَنٍ فَأَنَا قُلْتُهُ» (سنن ابن ماجة، ٢١). ولكن منذ وقت مبكر، بدت الاخطار الكامنة في ذلك، وظهرت حركة انتقاد هدفها تمحيص الصحيح من المختلق. ونمت الحركة، الارجح في اواخر القرن الاسلامي الاول ظهر هناك عدد كبير من ذوي الاختصاص الذين قطعوا مسافات شاسعة بحثاً عن شهود وصلهم حديث من قريب لهم أو عن معلم، محاولين تتبع ذلك عبر سلسلة من

الشهود تعود الى النبي أو الى الصحابة. وبهذا العمل جرى توحيد مجموعات الحديث المحلية.

بهذه الطريقة، بعد الاستذكار والمعاناة لاسقاط الاحاديث المختلقة
IV/34 اتخذت الاحاديث شكلها الذي ستحتفظ به. كان لكل حديث شقان: نص يحفظ رواية عن شيء قاله النبي ﷺ أو فعله، وفي بعض الاحوال يحتوي على كلمات قال إنها أُنزلت عليه من الله، وسجل لسلسلة من الشهود تعود الى احد الصحابة الذي رأى هذا الشيء أو سمعه. كلا هذين العنصرين قد يكونان موضع شك. النص قد يكون مختلقاً أو الذكرى مخطئة، كما ان السلسلة قد تكون كذلك. ويبدو ايضا، على الاقل في عدة حالات، ان امتداد السلسلة، رجوعاً الى النبي كانت ايضا حيلة من حيل علماء الشريعة او المناظرين. وعليه كانت هناك حاجة الى علم نقد الحديث، الذي بواسطته يمكن تمييز الصحيح من الزائف بمباديء واضحة.

انصبَّ الاهتمام الرئيسي للعلماء الذين اخذوا على عاتقهم التمعن
IV/35 الناقد في الاحاديث، على سلاسل الشهود المسجلة (الاسناد): ما اذا كانت تواريخ الولادة والوفاة وامكنة الاقامة للشهود في اجيال مختلفة بحيث كان من الممكن ان يلتقوا، وما اذا كانوا اهلاً للثقة. هذا النشاط، لكي يُتمم على الوجه الأكمل، يتطلب نوعاً من الاحساس بما اذا كان النص موثوقاً أو مقنعاً؛ فكان بامكان الاختصاصي ذي الخبرة بالحديث الشريف أن يكتسب القدرة على التمييز.

وباستعمال هذه المقاييس استطاع علماء الحديث ان يصنفوه بحسب
IV/36 درجة موثوقيته. مجموعتا الحديث الكبيرتان، حديث البخاري (٨١٠ ـ ٧٠) ومسلم (حوالى ٨١٧ ـ ٧٥) نبذتا كل الاحاديث ما عدا تلك التي كانت صحتها مثبوتة؛ المجموعات الاخرى التي كانت تعتبر ذات مصداقية، لم تكن على العموم صارمة الى هذا الحد. أما الشيعة فقد كان لهم مجموعاتهم الخاصة من الاحاديث عن الأئمة.

IV/37 ربما كان معظم العلماء الغربيين، كذلك بعض المسلمين العصريين،

اكثر شكاً من البخاري أو مسلم، واعتبروا الكثير من الأحاديث التي قبلوها على انها موثوقة بأنها نتيجة جدل فقهي حول السلطة والعقيدة او حول تطور الشريعة. إلا ان قول هذا ليس لالقاء الريبة على الدور العظيم الذي لعبه الحديث في تاريخ المجتمع الاسلامي. وليس أقل اهمية من قضية منشئه هي مسألة الطريقة التي استُعمل فيها. ففي اوقات الحرج السياسي، عندما كان العدو على الابواب، كان يطلب الحاكم من العلماء ان يقرأوا منتخبات من البخاري في المسجد الكبير، بمثابة تأكيد عما فعله الله لامته. والعلماء الذين كتبوا فيما بعد عن الشرع أو الفقه أو العلوم العقلية وجدوا السند لافكارهم في احاديث مستمدة من المقدار الوافر الذي بقي حتى بعد انتهاء البخاري ومسلم من عملهما.

طريق التصوف

بدأت علوم الدين والشرع والحديث الشريف جميعها بما جاء في
IV/38 القرآن، وانتهت بدعم اتجاهات الاسلام واعلاء الحاجز بينه وبين الاديان التوحيدية الاخرى التي تماثله. الا انه كان هناك روافد فكرية اخرى من التي بدأت بالطريقة ذاتها ولكنها اتجهت نحو تأكيد شيء ما قد يكون مشتركا بين المسلمين والآخرين.

احد هذه الروافد كان طريق التفكير والممارسة المسماة التصوّف،
IV/39 وربما اشتقت الكلمة من «صوف» اللباس الذي يُفترض أن احدى المجموعات الاولى كانت ترتديه. ومن المتفق عليه الآن انها مستوحاة من القرآن. المؤمن المتأمل بمعناه قد يمتلىء باحساس غامر بسمّو الله والاتكال المطلق لجميع الخلائق عليه. الله القدير، الذي لا يكتنه سرّه، الهادي لكل المؤمنين، بكل عظمته موجود الى جانب كل روح بشرية تتكل عليه، «أقرب اليك من الوريد في عنقك». القرآن يحتوي على صور مؤثرة عن قرب الله من الانسان، وعن الطريقة التي يستطيع بها الانسان الاستجابة. قبل ان يخلق العالم، يقال ان الله عقد ميثاقا مع بني البشر: سألهم **﴿أَلَسْتُ بِرَبِّكُمْ قَالُواْ بَلَى**

شَهِدْنَا﴾.[٥] يقال إن محمداً ﷺ قام في حياته برحلة غامضة، أولاً إلى القدس ثم إلى الجنة، حيث أتيح له أن يقترب إلى مسافة معينة من الله وأن يشاهد وجهه.

منذ وقت مبكر في تاريخ الاسلام بدا كأن اتجاهين مترابطين بدءا معا:
IV/40 كان هناك حركة تقوى، وصلاة تسعى إلى صفاء النية ونبذ الدوافع المتعلقة بالذات والملذات الدنيوية، واخرى تأملية عن معنى القرآن. كلا الحركتين جرتا في سوريا والعراق اكثر من الحجاز، وكان من الطبيعي انهما كانتا تستمدان الدعم من طرق التفكير والعمل الاخلاقي الموجود في العالم حيث يعيش المسلمون. هؤلاء المعتنقون للدين الجديد جاؤوا الى الاسلام بطرقهم الخاصة الموروثة؛ كانوا يعيشون في محيط يهودي ومسيحي اكثر منه مسلماً. ذلك كان آخر عصر عظيم للرهبنة المسيحية الشرقية وللفكر التزهّدي والممارسة التقشفية. كان موقف النبي مبدئياً معادياً للرهبنة: «لا رهبنة في الإسلام»، قال حديث شريف مشهور، وما يماثله في الاسلام يقال انه الجهاد. إلا انه في الواقع، يبدو أن تأثير الرهبان المسيحيين كان منتشراً: فكرتهم عن عالم سري من الفضيلة، أبعد من عالم طاعة القانون، والايمان بان ترك هذا العالم وقهر الجسد وتكرار اسم الله في الصلاة يمكن، بمساعدة الله، ان يطهر القلب وينقيه من كل اهتمام دنيوي ليتقدم نحو معرفة حدسية أسمى للخالق.

ويمكن إيجاد بذور افكار كهذه، بالشكل الاسلامي، في بدء القرن
IV/41 الاسلامي الأول، في اقوال الحسن البصري (٦٤٢ ـ ٧٢٨). «إن المؤمن يصبح حزينا ويمسي حزينا ولا يسعه غير ذلك لأنه بين مخافتين؛ بين ذنب قد مضى لا يدري ما الله يصنع فيه، وبين أجل قد بقي لا يدري ما يصيب فيه من المهالك. . . فاحذروا ـ ولا قوة إلا بالله ـ ذلك الموطن»[٦]. لدى اوائل المتصّوفين، الشعور بالمسافة والقرب من الله يُعبر عنه بلغة الحب: الله هو الهدف الاوحد الوافي بالمراد للحب البشري، يُحَبّ لنفسه فقط؛ حياة المؤمن الحقيقي يجب أن تكون طريقاً يقود إلى معرفة ذات الله، واذ يقترب

الانسان من الله فالله يقترب من الانسان ويصبح «نظره وسمعه ويده ولسانه».

في جزء من سيرته الذاتية، بيَّن كاتب يعالج القضايا الروحية، اسمه الترمذي، عاش خلال القرن الثالث (التاسع ميلادي)، كيفية اجتذاب الروح IV/41a
الى طريق الله. عندما كان في الحج، مصلياً في الحرم، شعر بندم مفاجىء على ضلاله؛ وفي سعيه الى الطريق الصحيح للعيش، وقع على كتاب من تأليف الانطاكي ساعده على ضبط الذات. بالتدريج تقدم في هذا الطريق، لاجما اهواءه ومنسحبا من المجتمع. وساعدته احلام عن النبي، وزوجتُه ايضا ابصرت احلاما ورؤى. فاضُطهد وافتُريَ عليه من هؤلاء الذين ادعو انه يجيء ببدع غير شرعية الى الدين، الا ان هذه البلايا ساعدته على تطهير قلبه. ثم ذات مساء، عندما كان عائدا من جلسة تأمل بالله، انفتح قلبه وغمرته السعادة(٧).

في القرن التالي تم قطع شوط ابعد من ناحيتين: استكشاف الطريق الذي يمكن بواسطته للرجل أو المرأة ان يتقرب من الله، والتأمل في نهاية IV/42
هذا الطريق. وربما انه في زمن مبكر، اي في القرن الثامن، برزت ظاهرة مميزة وهي التكرار الجماعي لاسم الله (الذكر)، مشفوعة بحركات مختلفة للجسم، وتمارين في التنفس، أو مرفقة بالموسيقى، ليس بمثابة امور تستحث تلقائياً نشوة مشاهدة العزة الإلهية وجهاً لوجه، بل بمثابة اساليب لتحريرالروح من ملاهي العالم. وأفكار أسياد الصوفية عن طبيعة المعرفة التي تُبلغ في نهاية الطريق حُفظت شفهياً في البدء ثم سُجّلت كتابة فيما بعد على يد الذين جاؤوهم لتعلم الطريق. بهذا الاسلوب تطورت لغة جماعية أمكن فيها التعبير عن طبيعة التحضير الصوفي والتجارب، كذلك شعور بهوّية جماعية بين هؤلاء المشاركين في الطريق.

وفي القرن هذا، الثالث الهجري (حوالي التاسع الميلادي) توضحّت لأول مرة بشكل نظامي الطريق الى معرفة الله وطبيعة تلك المعرفة. ففي IV/43
كتابات المُحاسِبي (توفّي ٨٥٧)، هناك وصف لطريقة العيش لمُريد المعرفة الحقيقية، وفي ما كتبه الجُنيد (توفي ٩١٠) هناك تحليل لطبيعة الاختبار الذي

يوجد في نهاية الطريق. في نهاية الطريق، قد يجد المؤمن الحقيقي نفسه وجهاً لوجه مع الله ـ كما كان الناس زمن الميثاق ـ بحيث أن صفات الله تحل محل صفاته، ويختفي وجوده الخاص، ولكن لهنيهة فقط. بعد ذلك يعود الى وجوده الخاص والى العالم، ولكنه يحمل معه تذكار تلك اللحظة عن قرب الله وأيضاً عن سموه. «فالحب لله في نفسه استنارة القلب بالفرح لقربه من حبيبه، فإذا استنار القلب بالفرح استلذ الخلوة بذكر حبيبه، فالحب هائج غالب والخوف لقلبه لازم لا هائج إلا أنه قد ماتت منه شهوة كل معصية وهدى لاركان شدة الخوف وحل الانس بقلبه لله فعلامة الانس استثقال كل أحد سوى الله، فإذا ألف الخلوة بمناجاته حبيبه استغرقت حلاوة المناجاة العقل كله حتى لا يقدر ان يعقل الدنيا وما فيها».[٨]

المُحاسبي والجُنيد عاشا وكتبا ضمن التقاليد السنية المحافظة؛ كانا
يعرفان الشريعة، وحريصين على أن على المسلم، مهما كان متقدما على IV/44
الطريق الصوفي، ان يراعي أوامرها بكل اخلاص. وشعورهما بعظمة الله الغامرة وجبروته ليس بعيداً عن شعور فقيه مثل الأشعري، الذي يعتقد بان القدرة على العمل تأتي من الله، وان باستطاعة المؤمن ان يتطلع بأمل الى ارشاد منه. لدى كليهما هناك شعور بتدخل إلهي في حياة الانسان، وبعناية إلهية غامضة تكيف حياة الناس بطريقتها الخاصة. الشعور بالامتلاء بحضور الله، ولو لهنيهة، يمكن أن يوازي النشوة، وبعض الصوفيين، الذين قد لاتكون عقائدهم مختلفة كثيراً عن عقائد الجُنيد، حاولوا التعبير عن التجربة غير القابلة للوصف بلغة قوية منمقة يمكن أن تثير الاعتراض. أبو يزيد البِسطامي (توفي حوالي ٨٧٥) حاول ان يصف هنيهة النشوة، عندما يتخلى الصوفي عن وجوده ويمتلىء بوجود الله؛ غير انه ادرك في النهاية ان ذلك وهم في هذا العالم، وان الحياة البشرية، في افضل حالاتها، ممتلئة بتناوب حضور الله وغيابه. وثمة قضية اكثر شهرة هي قضية الحلّاج (حوالي ٨٥٧ ـ ٩٢٢) الذي أُعدم في بغداد لتفوهه بأقوال تجديف. كان احد تلامذة الجُنيد، ونظرياته قد لا تكون مختلفة كثيراً عن نظريات معلمه، ولكنه عبّر عنها بلهجة عشق ووجد. وهتافه «أنا هو الحقيقة (أو الله)» ربما لم يكن اكثر

من محاولة القول ان التجربة الصوفية تُستبدل فيها صفات الانسان بصفات الله، ولكن يمكن أيضا ان تعني اكثر من ذلك؛ كذلك قوله ان الحج الحقيقي ليس إلى مكة، بل هو الرحلة الروحية التي يستطيع الصوفي ان يقوم بها وهو في غرفته، وهذا يمكن ان يعني أن الاداء الحرفي للفرائض الدينية ليس ذا أهمية. وربما كان فيه شيء يرحب بسوء تفاهم كهذا، إذ انه كان متأثراً بمنحى من التفكير الصوفي (الملاماتية) والذي قد يكون مستوحى من الرهبنة المسيحية الشرقية: الرغبة بتحقير النفس باعمال تثير توبيخ العالم، نوع من إماتة احترام الذأت.

طريق العقل

IV/45 التأملات الصوفية التي جاءت فيما بعد عن كيفية خلق الله للانسان وكيف يمكن للانسان الرجوع اليه تأثرت كثيراً بحركة فكرية اخرى بدأت باكرا، وهي محاولة استيعاب تقاليد الفلسفة والعلوم الاغريقية في العربية، او كما يمكن أن يقال، لاستمرار وتطوير تلك التقاليد بواسطة اللغة العربية.

IV/46 ومجيء سلالة عربية الى السلطة لم يكن يسبب تغيرا مفاجئا في الحياة الفكرية لمصر أو سوريا او العراق او ايران. فمدرسة الاسكندرية ظلت مستمرة الى مدة، مع ان علماءها انتقلوا بالنهاية الى سوريا الشمالية. كلية الطب في جنديشابور، جنوب ايران، التي انشأها النسطوريون المسيحيون تحت رعاية الساسانيين، استمرت ايضا. في هذه الامكنة وغيرها كانت هناك تقاليد حية من الفكر اليوناني والعلوم، مع ان بهذا الوقت كانت اهتماماتها اكثر محدودية من ذي قبل، واستمرت عبر اللغة السريانية بدلا من اليونانية. كما كان هناك ايضا درجة عالية من العلم اليهودي في العراق، وكذلك تعاليم ايرانية معبّر عنها بالبهلوية والتي تضم بعض العناصر الهامة التي جاءت من الهند.

IV/47 خلال الجيل الاول من الحكم الاسلامي لم يكن من الضروري الترجمة من اليونانية الى السريانية ثم الى العربية، اذ ان معظم الذين واصلوا

نقل التراث كانوا مازالوا مسيحيين أو يهودا او زرادشتيين، وحتى هؤلاء الذين اعتنقوا الدين الجديد كانوا مازالوا محتفظين بمعرفة لغات الفكر، او على الاقل ظلوا على اتصال بهؤلاء الذين احتفظوا بها. والفئة العربية الحاكمة ربما لم يهتموا بمعرفة ما يدرس رعاياهم، كما انه لم يكن باستطاعتهم ان يفعلوا ذلك، لان اللغة العربية لم تكن قد اكتسبت بعد القدرة على التعبير عن مفاهيم العلوم والفلسفة بطريقة دقيقة.

من اواخر القرن الثاني الهجري حتى الرابع (حوالي الثامن الى العاشر
IV/48 الميلادي) نشطت اعمال الترجمة بكثافة وبتشجيع مباشر من بعض الخلفاء العباسيين ـ وهذه ظاهرة نادرة. وتم العمل في معظمه على يد المسيحيين الذين كانت لغة ثقافتهم الاولى السريانية، والذين ترجموا من السريانية الى العربية، غير ان بعض الآثار ترجمت مباشرة من اليونانية الى العربية. وكان جزء هام من عملهم توسيع موارد اللغة العربية ومفرداتها واصطلاحاتها وجعلها وسيلة كُفُؤا لمجمل الحياة الفكرية لذلك العصر. ولعب اعظم المترجمين، حنين بن اسحاق (٨٠٨ ـ ٨٧٣) دورا هاما في ذلك.

تقريباً مجمل ثقافة الاغريق في ذلك الزمن، كما كانت محفوظة في
IV/49 المدارس، استوعبتها هذه اللغة المتوسعة. وكانت ثقافة متقلصة من بعض النواحي: البيان والشعر والفن المسرحي لم تعد تُدرس أو تُدَرّس الا نادراً. الدروس الشائعة شملت الفلسفة (معظم ارسطو، بعض «حوارات» افلاطون، وبعض الاعمال النيو ـ افلاطونية)؛ الطب؛ العلوم الدقيقة، الرياضيات، والفلك؛ والعلوم الغيبية، السحر والتنجيم، والخيمياء. لم يكن هناك تمييز بين الفلسفة والعلم والعلوم الغيبية كما يُميَّز بينها اليوم. تغيرت حدود ما يُعتبر «علمياً» من زمن إلى آخر، فالاعتقاد بان الطبيعة تنظم الحياة البشرية وان السماء تتحكم بما يحدث في الارض تحت القمر كان مطابقاً مع ما كان معروفاً عن طبيعة الكون، ومن ثم محاولة فهم هذه القوى واستعمالها.

ربما كانت غايات المترجمين واسيادهم، الخلفاء، عملية الى حد ما؛
IV/50 المهارة في التطبيب كانت مطلوبة جداً، والتحكم بالقوى الطبيعية يمكن أن

يجلب القوة والنجاح. الا انه كان هناك حب للاستطلاع وافر، كما عبر عنه
الكندي (حوالي ٨٠١ ـ ٦٦)، المفكر الذي يبدأ معه تاريخ الفلسفة الاسلامية
فعلياً: «وينبغي لنا أن لانستحي من استحسان الحق واقتناء الحق من أين
أتى، وإن أتى من الأجناس القاصية عنا والأمم المباينة (لنا)، فإنه لا شيء
أولى بطالب الحق من الحق، وليس (ينبغي) بخسُ الحق».[٩] هذه الكلمات
لا تعبر فقط عن الحماس الذي يمكن ان يثيره اكتشاف التقاليد العلمية
الاغريقية، بل ايضا الثقة بالنفس لثقافة دولة جبارة تستند الى السلطة
الدنيوية والايمان بالدعم الالهي.

كانت الترجمات نقطة انطلاق تراث علمي معبر عنه بالعربية.
وأكملت حركة الترجمة الى درجة كبيرة آخر ما وصلت اليه التقاليد العلمية **IV/51**
اليونانية وطوّرتها. ومن دلائل هذه الاستمرارية ان مؤرخ الطب العربي،
ابن ابي أُصَيْبِعَة، نسخ القَسَم الابقراطي للأطباء اليونان بكامله: «قال
أبقراط: إني أقسم بالله رب الحياة والموت، وواهب الصحة وخالق الشفاء
وكل علاج، وأقسم باسقليبيوس وأقسم بأولياء الله»[١٠].

إلا انه كانت هناك عناصر جاءت من التعاليم الايرانية والهندية
واختلطت بالعلوم اليونانية الاصل. ففي بدء القرن التاسع كان الرياضي **IV/52**
الخوارزمي (حوالي ٨٠٠ ـ ٤٧) يكتب عن استعمال الارقام الهندية ـ
المسماة عربية ـ في معادلاته الرياضية. هذا الخليط من العناصر ذو مغزى.
فكما ان الخلافة العباسية جمعت بلدان المحيط الهندي والبحر المتوسط
في منطقة تجارية واحدة، كذلك العلوم الاغريقية والايرانية والهندية
جُمعت ايضا، وقيل إن «للمرة الاولى في التاريخ اصبح العلم دولياً على
نطاق واسع»[١١].

مهما كان أصله، فالعلم كان مقبولاً دون صعوبة في الثقافة والمجتمع
الذي كان يعبر عن نفسه بالعربية: صار الفلكيون ضابطي اوقات، يحددون **IV/53**
مواعيد الصلاة واوقات مراعاة الشعائر؛ وكان الاطباء محترمين على العموم
وقد يكون لهم نفوذ على الحكام. إلا أن بعض العلوم سببت تساؤلات عن

حدود المعرفة البشرية. كثير من الاطباء رفضوا ادعاءات علم التنجيم القائلة أن تقارب المزاجات (وتبدّلها) في الجسد كانت تابعة لتقارب النجوم؛ كذلك ادعاءات الخيميائيين لم تكن مقبولة تماما. وفوق كل شيء، الفلسفة هي التي طرحت الاسئلة، ففي طريقة ما كانت اساليب الفلسفة الاغريقية واستنتاجاتها تبدو صعبة التوافق مع التعاليم الاساسية للاسلام كما طورها الفقهاء والمشرّعون.

افتراض الفلسفة كان ان العقل البشري، اذا استعمل بطريقة صحيحة، يمكن ان يتيح للانسان معرفة اكيدة بالكون، ولكن التعليم الاساسي في IV/54
الاسلام هو الاعتقاد ان ثمة معرفة جوهرية للحياة البشرية يجب ان يبلغها الانسان فقط عبر كلمة الله الموحاة الى الانبياء. اذا كان هذا الاعتقاد صحيحاً في الاسلام، فما هي حدود الفلسفة؟ اذا كانت ادعاءات الفلاسفة صحيحة، فما هي الحاجة الى النبوة؟ لقد علم القرآن ان الله خلق العالم بكلمته الخلاقة «كن»؛ كيف يمكن توفيق ذلك مع نظرية ارسطو بان المادة خالدة والشكل فقط هو الذي خلق؟ وافلاطون وصل الى العالم الناطق بالعربية كما ترجمه المفكرون اللاحقون، وحتى ارسطو فسّروه في ضوء قطعة نيو ـ افلاطونية أُطلق عليها خطأ عنوان «علوم الدين لدى ارسطو». بالنسبة لهؤلاء المفكرين الحديثين، خلق الله العالم وحافظ عليه عبر مرتبات متسلسلة من المعلومات الوسيطة الصادرة عنه؛ كيف يمكن لهذه النظرية ان تتوافق مع إله مطلق القدرة إلا انه يتدخل مباشرة في العالم البشري؟ هل الروح خالدة؟ كيف يمكن للنظرية الافلاطونية، المشددة أن أفضل نوع من الحكم هو حكم الفيلسوف ـ الملك، كيف يمكنها التطابق مع النظرية الاسلامية المؤمنة ان حكومة عهد النبي وعهود الخلفاء الاول كانت الافضل والاكثر انسجاما مع ارادة الله للانسان؟

لقد أجاب عن هذه الاسئلة بطريقة جلية كاتب من القرن التاسع، اشتهر في الطب، ابو بكر الرازي (٨٦٥ـ٩٢٥). العقل البشري بمفرده يمكنه ان IV/55
يعطي معرفة اكيدة، وطريق الفلسفة مفتوح امام كل الاستعمالات،

وادعاءات الوحي خاطئة والاديان خطرة.

ربما كان موقف الفارابي (توفي ٩٥٠) اكثر نموذجية عن الفلاسفة الذين ظلوا مسلمين مقتنعين. كان يعتقد ان الفيلسوف يمكنه ان يبلغ الحقيقة IV/56
بعقله ويمكنه العيش بواسطتها، ولكن ليس كل البشر فلاسفة قادرين على ادراك الحقيقة مباشرة. معظمهم لا يمكنهم بلوغها إلا عبر رموز. هناك فلاسفة كانت لهم القدرة على فهم الحقيقة بالخيال كما بالعقل، وصوغها بشكل صور أو بافكار، وهؤلاء هم الانبياء. وهكذا فالدين النبوي كان طريقة لبسط الحقيقة بواسطة رموز مفهومة من كل الناس. انظمة مختلفة من الرموز تشكل الديانات المختلفة، الا ان جميعها حاولت التعبير عن الحقيقة ذاتها؛ وهذا لم يكن يعني بالضرورة ان جميع الاديان ستعبّر عنها بالكفاءة نفسها.

وهكذا فالفلسفة ودين الاسلام لايناقض واحدهما الآخر. انهما يعبران عن الحقيقة ذاتها باشكال مختلفة تتطابق مع المستويات المختلفة التي عليها IV/57
يمكن للكائنات البشرية ان تفهمها. المرء المستنير يمكنه أن يعيش بالفلسفة؛ والذي ادرك الحقيقة بواسطة الرموز ولكنه وصل الى مستوى معين من الفهم يمكن أنْ يُرشَد بعلم الفقه؛ اما الناس العاديون فيجب ان يعيشوا في إطاعة الشريعة.

ومن ضمن افكار الفارابي الاقتراح أن الفلسفة في شكلها المطلق ليست لكل الناس. واصبح ذلك التمييز بين النخبة المثقفة وجموع الشعب IV/58
شائعا فيما بعد في الفكر الاسلامي. الفلسفة استمرت ولكنها ظلت تُمارس كنشاط خاص، لا سيّما بين أهل الطب، وبكل تحفظ وكتمان، وغالبا ما جوبهت بالشكوك. مع ذلك فان بعضا من افكار الفلاسفة تغلغلت في افكار ذلك العصر والعصور التي تلت. زمن الفارابي كان عصر الفاطميين، والافكار النيو ـ افلاطونية عن تدرج مراتب الإنبعاث الإلهي يمكن العثور عليها عند الاسماعليين، في نظام كامل التطوير. وفي وقت لاحق، دخلت هذه الافكار الانظمة النظرية التي حاول بها الصوفيون ان يفسروا سعيهم وما يرجون ان يلقوا في نهايته.

الجزء الثاني

المجتمعات العربية المسلمة

(القرن الحادي عشر ـ الخامس عشر)

كانت القرون الخمسة التي تشكل موضوع هذا الجزء فترة انقسم فيها عالم الاسلام من بعض النواحي ولكنه حافظ على وحدته من نواح اخرى. ج/1/2
تغيرت حدود العالم الاسلامي: اتسعت في الاناضول والهند ولكنها خسرت اسبانيا للممالك المسيحية. ضمن هذه الحدود ظهر انقسام بين المناطق حيث كانت العربية هي اللغة الاساسية للحياة والثقافة وبين تلك التي استمرت فيها العربية اللغة الرئيسية للدين والشرائع المكتوبة ولكن حيث اصبحت اللغة الفارسية، التي استعادت ازدهارها، الواسطة الرئيسية في الثقافة الدنيوية. وبرزت مجموعة عرقية ولغوية ثالثة وعظم شأنها، وهي مجموعة التُّرك، الذين شكلوا النخبة الحاكمة في معظم اجزاء القسم الشرقي من العالم الاسلامي. ضمن المناطق الناطقة بالعربية، استمرت الخلافة العباسية في بغداد حتى القرن الثالث عشر، ولكن ظهر انقسام سياسي واسع بين مناطق ثلاث: العراق، الذي كان مرتبطاً بايران عادة؛ مصر التي كانت تحكم سوريا عادة وغربي جزيرة العرب؛ والمغرب الكبير، بأجزائه المختلفة.

الا انه بالرغم من الانقسامات والتغيرات السياسية، فالاجزاء الناطقة بالعربية من العالم الاسلامي كان لها بنى اجتماعية وثقافية مستقرة نسبياً خلال هذه الفترة، واظهرت تشابهات بين منطقة واخرى. هذا الجزء من الدراسة ج/2/2
يتحرى عوالم اهل المدن والفلاحين والرعاة الرحل والصِّلات بينهم، ويبيّن كيف نما تحالف في المصالح بين العناصر المسيطرة من سكان المدن والحكام، الذين كانوا يبرّرون سطوتهم بعدد من الافكار عن السلطة. وفي صلب الثقافة العالية للمدن كانت تكمن تقاليد من التعليم الديني والشرعي

تتناقلها معاهد خاصة، المدارس. وكانت ترتبط بها تقاليد اخرى من الادب الدنيوي، والفكر الفلسفي والعلمي، والتأملات الباطنية التي تتناقلها الطرق الصوفية، التي لعبت دوراً هاماً في دمج الطبقات المختلفة من المجتمع الاسلامي. وبالرغم من تقلصّ عدد اليهود والمسيحيين، فقد حافظوا على تقاليدهم الدينية الخاصة، ولكن اليهود ساهموا بوجه خاص في ازدهار الفكر والادب، وكانت لهم اهميّتهم في تجارة المدن.

الفصل الخامس

العالم العربي المسلم

الدول والسلالات

بنهاية القرن العاشر كان قد ظهر الى الوجود عالم اسلامي تجمعه ثقافة دينية مشتركة مُعبَّر عنها بالعربية، وبروابط بشرية مكّنتها التجارة والهجرة V/1 والحج. إلا أن هذا العالم لم يعد مجسداً في وحدة سياسية واحدة. فقد كان هناك ثلاثة حكام يدّعون الخلافة، في بغداد والقاهرة وقرطبة، وآخرون كانوا في الواقع حكاماً لدول مستقلة. وليس هذا مستغرباً. فحصرُ هذا العدد الكبير من البلدان المختلفة التقاليد والمصالح ضمن دولة واحدة طيلة هذا الوقت كان بحد ذاته انجازاً رائعاً. ومن الصعب أن يكون قد تحقق لولا قوة الايمان الديني الراسخ الذي كوّن مجموعة حاكمة فعالة في غربي الجزيرة العربية، ثم أقام تحالفاً على المصالح بين تلك المجموعة وقسماً متنامياً من المجتمعات التي حكمتها. ولم تكن الطاقات العسكرية ولا الادارية في الخلافة العباسية كافية لتمكّنها من الحفاظ على هيكلية الوحدة السياسية الى الابد في دولة تمتد من آسيا الوسطى الى المحيط الاطلسي، فمن القرن العاشر وبعده اصبح التاريخ السياسي في البدان حيث الحكام واعداد متزايدة من السكان كانوا مسلمين، سلسلة من التواريخ الاقليمية: ظهور وسقوط سلالات انتشرت سلطتها من عواصمها الى حدود كانت على العموم غير واضحة.

لن نحاول هنا ان نورد بالتفصيل تاريخ كل هذه السلالات، ولكن الشكل العام (المتكرر) للاحداث يجب ان يوضح على الاقل. لهذه الغاية، V/2 يمكن ان نقسم العالم الاسلامي الى ثلاث مناطق عريضة، كل واحدة منها بمراكزها الخاصة للسلطة. الأول منها يشمل ايران، والارجاء ما وراء نهر اموداريا، وجنوبي العراق؛ لفترة من الزمن بعد القرن العاشر ظلت بغداد المركز الرئيسي للسلطة هناك، بفضل كونها في قلب منطقة زراعية غنية

وشبكة واسعة للتجارة، وبتأثير هيبة تراكمت خلال قرون من حكم الخلفاء العباسيين. المنطقة الثانية شملت مصر، سوريا، وغربي جزيرة العرب؛ مركز السلطة كان في القاهرة، المدينة التي بناها الفاطميون في وسط ريف واسع منتج وفي قلب نظام تجاري كان يربط عالم المحيط الهندي بعالم البحر المتوسط. المنطقة الثالثة كانت تشمل المغرب والاجزاء المسلمة من اسبانيا المعروفة بالاندلس؛ في هذه المنطقة لم يكن هناك مركز واحد للسلطة بل عدة مراكز واقعة في مناطق كثيفة الزراعة وفي نقاط امكن منها التحكم بالتجارة بين افريقيا والاجزاء المختلفة من حوض المتوسط.

بطريقة مبسطة نوعاً يمكن تقسيم التاريخ السياسي للمناطق الثلاث الى V/3
عدد من الفترات. أولاها تشمل القرنين الحادي عشر والثاني عشر. في هذه الفترة كان السلجوقيون (أو السلاجقة) يحكمون المنطقة الشرقية وهم سلالة تركية يدعمهم جيش تركي وينتمون الى المسلمين السنّة. ركزوا انفسهم في بغداد سنة ١٠٥٥ كحكام فاعلين تحت سلطان العباسيين، وسيطروا على ايران والعراق ومعظم سوريا وانتزعوا اجزاء من الاناضول من الامبراطور البيزنطي (١٠٣٨ ـ ١١٩٤). ولم يدّعوا الخلافة. ومن بين الاصطلاحات المستعملة لوصف هذه السلالة والسلالات التي تلت، من الاسهل استعمال اسم «سلطان»، أي ما معناه «الممسك بزمام السلطة».

في مصر، استمرالفاطميون في الحكم حتى ١١٧١، ثم حل محلّهم
V/4 صلاح الدين (١١٦٩ ـ ٩٣)، وهو قائد عسكري من اصل كردي. وتغيُّر الحكم جلب معه تغيراً في التحالف الديني. كان الفاطميون ينتمون الى الفرع الاسماعيلي من الشيعة، ولكن صلاح الدين كان سنّياً، واستطاع ان يحشد طاقات الحماسة الدينية في المسلمين المصريين والسوريين ليهزم الصليبيين الأوروبيين الذين كانوا قد أقاموا دولاً مسيحية في فلسطين وعلى الساحل السوري في اواخر القرن الحادي عشر. والسلالة التي اسسها صلاح الدين، الايوبيين، حكمت مصر من ١١٦٩ الى ١٢٥٢، وحكمت سوريا حتى ١٢٦٠ واجزاء من جزيرة العرب حتى ١٢٢٩.

في المنطقة الغربية انتهت الخلافة الاموية في قرطبة في السنين الاولى
من القرن الحادي عشر وتجزأت الى ممالك صغيرة، مما مكن الدول V/5
المسيحية التي بقيت في شمالي اسبانيا من البدء في التوسع باتجاه الجنوب.
إلا أن هذا التوسع امكن ايقافه لبعض الوقت بالظهور المتتالي لسلالتين
استمدتا قوتهما من فكرة من الاصلاح الديني مقرونة بقوة شعوب البربر من
الريف المغربي: أولاً: المرابطون الذين جاؤوا من اطراف صحراء المغرب
الجنوبية (١٠٥٦ ـ ١١٤٧)، ثم الموحدون الذين جاءهم الدعم من بربر
جبال اطلس، والذين امتدت دولتهم في أوجها لتشمل المغرب، الجزائر،
وتونس والاجزاء المسلمة من اسبانيا (١١٣٠ ـ ١٢٦٩).

الفترة الثانية هي التي تشمل تقريباً القرنين الثالث عشر والرابع عشر.
خلال القرن الثالث عشر، قلقت المنطقة الشرقية عندما اقتحمت العالم V/6
الاسلامي سلالة غير مسلمة، مغولية، من شرقي آسيا، مع جيش مؤلف من
رجال قبائل مغولية وتركية من سهوب آسيا الداخلية، وفتحوا ايران والعراق
ووضعوا حداً للخلافة العباسية في بغداد سنة ١٢٥٨. وحكم فرع من هذه
السلالة على ايران والعراق لمدة قرن تقريباً (١٢٥٦ ـ ١٣٣٦) واعتنقوا
الاسلام خلال ذلك. وحاول المغول التحرك باتجاه الغرب ولكنهم أوقفوا
في سوريا بواسطة جيش من مصر، مكوّن من أرقاء عسكريين (المماليك)
كان قد جاء الايوبيون بهم الى مصر. وأقال قوادُ الجيش الايوبيين وألّفوا
نخبة عسكرية مجددة لذاتها، جيء بها من القوقاس ومن آسيا الوسطى،
واستمرت تحكم مصر لأكثر من قرنين (المماليك ١٢٥٠ ـ ١٥١٧)؛
وحكمت سوريا ايضاً من ١٢٦٠ وسيطرت على المدن المقدسة في غربي
جزيرة العرب. في المنقطة الغربية، فتحت سلالة الموحدين الطريق أمام عدد
من الدول المتعاقبة، بما في ذلك دولة بني مرين في المغرب (١١٩٦ ـ
١٤٦٥) ودولة بني حفص، الذين حكموا من عاصمتهم في تونس (١٢٢٨ ـ
١٥٧٤).

في هذه الفترة الثانية تغيرت حدود العالم الاسلامي الى درجة كبيرة: V/7

تقلصت الحدود في بعض الأماكن تحت هجمات من الدول المسيحية لأوروبا الغربية. صقلية سقطت بيد النورمنديين الآتين من شمال أوروبا، ووقعت معظم اسبانيا بيد ممالك الشمال المسيحية؛ ولدى حلول منتصف القرن الرابع عشر كانوا قد اخذوا البلاد كلها باستثناء مملكة غرناطة في الجنوب. وفي كلا البلدين، صقلية واسبانيا، ظل السكان العرب المسلمون موجودين لمدة من الزمن، ولكنهم بالنهاية زالوا من الوجود اما بتغيير دينهم او بالطرد. من جهة اخرى، استطاع المماليك اخيراً ان يبيدوا الدول التي اقامها الصليبيون في سوريا وفلسطين، والتوسع باتجاه الاناضول الذي كان قد بدأه السلاجقة قطع شوطاً أبعد على يد سلالات تركية اخرى. وفي غضون ذلك، تغيرت طبيعة السكان بمجيء قبائل تركية واعتناق الكثيرين من اليونان للاسلام. وكان هناك ايضاً توسع للحكم الاسلامي وللسكان باتجاه الشرق الى شمالي الهند. في افريقيا ايضاً استمر الاسلام في الانتشار على طول طرق التجارة، الى الساحل على الاطراف الجنوبية للصحراء الكبرى، ونزولاً في وادي النيل وعلى طول الشاطىء الافريقي الشرقي.

في الفترة الثالثة، التي تشمل تقريباً القرنين الخامس عشر والسادس عشر، ووجهت الدول الاسلامية بتحدٍّ جديد من دول اوروبا الغربية. V/8
فالانتاج والتجارة للمدن الاوروبية كان قد نما؛ الانسجة التي كان يصدّرها تجار من البندقية وجنوى نافست تلك التي كانت تنتجها مدن العالم الاسلامي. واكتمل الفتح المسيحي لاسبانيا بزوال مملكة غرناطة سنة ١٤٩٢، وأصبحت شبه الجزيرة الايبيرية بكاملها الآن تحت حكم ملوك البرتغال واسبانيا المسيحيين. وهددت قوة اسبانيا سيطرة المسلمين على المغرب، كما فعل القرصان الآتون من جنوبي اوروبا في شرقي البحر المتوسط.

في الوقت ذاته، التغيرات في التقنيات العسكرية والبحرية، على الاخص استعمال البارود، جعلت بالامكان تكوين قوة اكثر كثافة واقامة دول V/9
اشد سلطة واطول ديمومة، انتشرت على الجزء الاعظم من العالم الاسلامي

في هذه الحقبة. في اقصى الغرب، خلفت سلالات جديدة بني مرين وغيرهم: أولاً السعديون (١٥١١ ـ ١٦٢٨) ثم العلويون، الذين حكموا منذ ١٦٣١ حتى يومنا هذا. في الطرف الآخر من المتوسط، برزت سلالة تركية، العثمانيون، في الاناضول، على الحدود المختلف عليها مع الامبراطورية البيزنطية. وتوسعت من هناك الى اوروبا الجنوبية الشرقية، ثم اكتسحت سائر الاناضول، واصبحت عاصمة البيزنطيين، القسطنطينية، عاصمة للعثمانيين والمعروفة الآن باسم اسطنبول (١٤٥٣). في اوائل القرن السادس عشر قهر العثمانيون المماليك واستولوا على سوريا ومصر وغربي الجزيرة العربية وضموها الى امبراطوريتهم (١٥١٦ ـ ١٧). ثم تولوا بعد ذلك الدفاع عن شاطىء المغرب الكبير ضد اسبانيا، وبفعلهم هذا اصبحوا خلفاء لبني حَفْص وحكاماً للمغرب الكبير حتى حدود المغرب الحالي. ودامت امبراطوريتهم هذه، بشكل أو بآخر حتى عام ١٩٢٢.

أبعد من ذلك شرقا، كانت آخر غزوة كبرى لقائد مع جيش مؤلف من
قبائل آسيا الوسطى، غزوة تيمورلنك، وتركت وراءها سلالة في ايران ووادي V/10
اموداريا، ولكن ليس لمدة طويلة (١٣٧٠ـ ١٥٠٦). وفي بدء القرن السادس عشر، كان قد حل محلها سلالة جديدة اكثر ديمومة، سلالة الصفويين، الذين وسعوا حكمهم من مناطق ايران الشمالية الى كامل البلاد وما وراءها (١٥٠١ ـ ١٧٣٢). وفي شمالي الهند أنشأ المُغُل امبراطورية، عاصمتها دلهي (١٥٢٦ ـ ١٨٥٨)، المُغُل سلالة متحدرة من اسياد المغول ومن تيمورلنك.

وما عدا هذه الدول الكبرى الاربع، العلوية والعثمانية والصفوية
والمُغُلية كان هناك دول اخرى اصغر، في القريم (القرم) والارجاء الواقعة V/11
أبعد من وادي اموداريا، وفي اواسط جزيرة العرب وشرقيها، وفي الاراضي الجديدة التي اعتنقت الاسلام حديثاً في افريقيا.

العرب والفرس والأتراك

لم تهدم هذه التغيرات السياسية وحدة العالم الاسلامي الثقافية، بل
V/12 اصبحت هذه الوحدة اكثر عمقاً بازدياد عدد السكان الذين اسلموا وتوضح
الاسلام في مجارٍ فكرية ومؤسسات. إلا انه بمرور الزمن بدأ يظهر بعض الانقسام ضمن هذه الوحدة الثقافية العريضة. ففي القسم الشرقي من العالم الاسلامي لم يحجب مجيء الاسلام الوعي بالماضي الى الدرجة التي أثر بها في الغرب.

في الجزء الغربي من العالم الاسلامي، حلّت اللغة العربية محل
V/13 اللغات العامية تدريجاً. أما في ايران وغيرها من الاقطار الشرقية، فقد ظلّت
الفارسية قيد الاستعمال. والفارق بين العرب والفرس استمر منذ الوقت الذي ابتلع فيه الفاتحون العرب مملكة الساسانيين، واجتذبوا موظفيها الى خدمة الخلفاء العباسيين وطبقتها المثقفة الى الاشتراك ببلورة ثقافة اسلامية. والشعور بالفارق، الذي يحمل في غضونه درجات من العداوة، وجد تعبيره في «الشعوبية»، وهي مناظرة ادبية بالعربية عن المزايا النسبية للشعبين في تكوين الاسلام. واستمرت البهلوية كلغة يستعملها الفرس في الكتابات الدينية الزردشتية، وفي فترة معينة، لادارة الحكومة.

في القرن العاشر بدأ شيء جديد يظهر: ادب رفيع في نوع جديد من
V/14 اللغة الفارسية، لايختلف كثيراً في بنيته النحوية عن البهلوية ولكنه مكتوب
بالاحرف العربية وغنّي بمفردات مأخوذة من العربية. ويبدو ان هذا حدث اولاً في شرقي ايران، في بلاط حكام محليين غير ملمين بالعربية. الى درجة ما، كان الادب الجديد يعكس الانواع من الكتابة بالعربية التي كانت شائعة في بلاطات اخرى: الشعر الغنائي والمديح والتاريخ وبعض الاعمال الدينية الى حد ما. الا انه كان هناك شكل آخر من الكتابة الذي كان فارسيا دون ريب. كانت الملحمة الشعرية المسجّلة لتاريخ ايران التقليدي وحكامها موجودة في زمن ما قبل الاسلام؛ فقد أعيد إحياؤها باللغة الفارسية الجديدة واكتست شكلها النهائي في «الشاهنامة» للفردوسي (حوالي ٩٤٠ ـ ١٠٢٠).

وايران في الواقع كانت الوحيدة بين البلدان المسلمة التي كانت لها صلة قوية واعية بماضيها قبل الاسلام. الا ان هذا لم يؤدِّ الى رفض تراثها الاسلامي؛ من هذا الوقت وبعده، استمر الفرس في استعمال العربية للكتابات الدينية والقانونية، والفارسية للادب الدنيوي، وانتشر تأثير هذه الثقافة المزدوجة شمالاً الى وادي اموداريا وشرقا الى شمالي الهند.

V/15 بهذه الطريقة انقسمت الدول الاسلامية الى قسمين، الواحد حيث العربية هي اللغة المقصورة على الثقافة العالية والآخر حيث تُستعمل العربية والفارسية لغايات مختلفة. ومع هذا الانقسام اللغوي كان هناك تشابك بين مراكز السلطة السياسية. بروز الفاطميين في الغرب ثم السلاجقة في الشرق كوّن حدودا، ولو كانت غير ثابتة، بين سوريا والعراق. وفي القرن الثالث عشر، ادى انقراض الخلافة العباسية وتدمير سلطة بغداد على يد المغول، ثم اندحار هؤلاء على يد المماليك في سوريا، الى جعل هذا الانقسام دائماً. ومن ذاك الوقت فصاعدا، كانت هناك مناطق الى الشرق تحكمها دول مراكزها في ايران، في وادي اموداريا أو في الهند، والى الغرب تلك التي تحكمها القاهرة أو مدن في المغرب الكبير أو اسبانيا؛ العراق الجنوبية، التي كانت القلب، اصبحت منطقة حدودية. واستمر هذا الانقسام، في شكل آخر، عندما استولى الصفويون على السلطة في ايران وابتلع العثمانيون معظم البلدان الناطقة بالعربية وضموها الى مملكتهم؛ وتنازع الفريقان السيطرة على العراق لفترة من الزمن.

V/16 الا ان الانقسام السياسي لايمكن أن يسمى انقساما بين العرب والفرس، لانه انطلاقاً من القرن الحادي عشر لم تعد معظم الجماعات الحاكمة في المنطقتين عربية او فارسية الاصل، او اللغة او التراث السياسي، بل تُركاً متحدّرين من شعوب رُحّل رعاة جاؤوا من أواسط آسيا. كانوا قد بدأوا بالتحرك عبر الحدود الشرقية الشمالية لدار الاسلام خلال العصر العباسي. في البدء، جاؤوا افراداً، ولكن فيما بعد، انتقلت جماعات بكاملها عبر الحدود واعتنقت الاسلام. بعضهم انخرط في جيوش الحكام وفي وقت ما انبثقت منهم سلالات. السلاجقة كانوا من اصل تركي، وإذ توسعوا باتجاه

الغرب الى الاناضول انتقل معهم اتراك. كثيرون من المماليك الذين حكموا مصر جاؤوا من بلاد تركية؛ الجزء الاكبر من جيوش المغول التتر كان مؤلفاً من اتراك، وكان من النتائج الدائمة للغزو التتري توطين اعداد كبيرة من الاتراك في ايران والاناضول. وظلت السلالات العثمانية والصفوية والمغولية التيمورية فيما بعد تستمد قوتها من الجيوش التركية.

واستمرت السلالات التي انشأها الاتراك في استعمال ألسن من اللغة V/17
التركية في الجيش والبلاط، ولكن بمرور الزمن اجتُذبوا الى عالم العربية والثقافة العربية ـ الفارسية، او على الاقل عملوا بمثابة حماة لها وأوصياء عليها. في ايران، كانت التركية لغة الحكام والجيوش، والفارسية لغة الادارة والادب الدنيوي، والعربية لغة الثقافة الدينية والقانونية. الى الغرب، كانت التركية لغة الحكم والعربية لغة الموظفين المدنيين والثقافة العالية؛ وتغير هذا فيما بعد الى حد ما، عندما ادى بروز الامبراطورية العثمانية الى تكوين لغة وثقافة تركية مميزتين كانت لغة الموظفين الكبار كما كانت لغة البلاط والجيش. وفي المغرب الكبير وما تبقى من اسبانيا المسلمة، كانت العربية اللغة المسيطرة في الحكومة كما كانت لغة الثقافة العالية؛ ومع كون البربر من جبال الاطلس ومن اطراف الصحراء الكبرى لعبوا دورا سياسيا في بعض الاحيان، فانهم انجذبوا الى الثقافة العربية بحدود ذلك الدور. ولكن حتى في هذا القطر حيث سادت العربية، جلب الفتح العثماني في القرن السادس عشر شيئا من لغة الاتراك وثقافتهم السياسية الى شواطىء المغرب الكبير.

هذا الكتاب معنيّ بالقسم الغربي من العالم الاسلامي، ذاك الذي كانت V/18
العربية فيه اللغة الرئيسة للثقافة العالية، وبلهجة او بأخرى، لغة العامية المحكية. ومن الخطأ طبعا التفكير ان هذه المنطقة كانت مقطوعة عن العالم حولها. كانت البلدان الناطقة بالعربية مازال لها الكثير من الامور المشتركة مع البلدان الناطقة بالتركية والفارسية؛ وكانت للاراضي الواقعة حول المحيط الهندي أو البحر المتوسط صلات وثيقة الواحدة مع الاخرى، أكان دينهم المسيطر الاسلام أم لا؛ العالم بأسره كان يعيش ضمن القيود التي كانت

تفرضها محدودية الموارد والوسائل البشرية والمعرفة التقنية عن كيفية استعمالها. ومن السهل جدا التفكير خطأ بان هذه المنطقة الشاسعة تؤلف «بلداً» واحدا. من الافضل التفكير بان الامكنة التي كانت العربية فيها اللغة السائدة هي مجموعة ارجاء، يختلف واحدها عن الآخرين بموقعه الجغرافي وطبيعته، وتقطنها شعوب ورثت تقاليد اجتماعية وثقافية مميزة، والتي استمرت في البقاء باساليب معيشية وربما كذلك بعادات في الفكر والشعور، حتى حيث الشعور بأن ماكان موجوداً قبل مجيء الاسلام تلاشى أو أنه امّحى تقريباً. هناك تقاليد اجتماعية متشابهة يمكن ملاحظتها في هذه الارجاء، ولغة مشتركة، والثقافة المعبر عنها بها اتاحت للطبقات المتعلمة من أهل المدن قدراً من السهولة في الاتصال والتعامل واحدهم مع الآخر.

التقسيمات الجغرافية

بالامكان ـ مع قليل من التبسيط ـ تمييز خمس مناطق ضمن البقعة
V/19 حيث كانت العربية سائدة، الاولى هي شبه الجزيرة العربية، حيث نشأ المجتمع المسلم الناطق بالعربية. شبه الجزيرة العربية هي مساحة واسعة من الارض مفصولة عن العالم المحيط بها من ثلاث جهات، بالبحر الاحمر وبالخليج العربي وببحر العرب (وهو جزء من المحيط الهندي)، وهي مقسمة الى عدد من المناطق تختلف عن بعضها بطبيعتها، وفي معظم العهود، بتطورها التاريخي. ويمتد الخط الرئيسي للانقسام استقرابيا من الشمال الى الجنوب، بموازاة البحر الاحمر. على الجهة الغربية من الخط هناك منطقة من الصخر البركاني. السهل الساحلي، تِهامَة، يرتفع الى سلاسل من التلال والهضبات، ثم الى سلاسل جبال اكثر علوّاً ـ الحجاز، عسير، واليمن ـ بقمم قد يبلغ ارتفاعها ٤٠٠٠ م فوق سطح البحر الى الجنوب. وتمتد الجبال الجنوبية باتجاه الجنوب الشرقي، يقطع بينها واد فسيح هو وادي حضرموت.

V/20 تقع جبال اليمن على الطرف الاقصى من المنطقة التي تطالها الرياح الموسمية من المحيط الهندي، حيث كانت الزراعة المنظمة للفاكهة والحبوب ناشطة فيها منذ زمن بعيد. ابعد الى الشمال، معدل هطول المطر

محدود اكثر وغير نظامي، ولا انهار هناك من اي حجم، الا أن مورداً محدوداً من الماء يجيء من الينابيع والآبار والجداول الموسمية؛ طريقة العيش التي احسنت استعمال الموارد الطبيعية على أفضل وجه كانت تلك التي جمعت بين تربية الابل وغيرها من المواشي بحركة تنقل منتظمة، على مدار السنة، مع زراعة اشجار النخيل وغيرها من الاشجار في الواحات حيث يتوافر الماء.

V/21 إلى شرقي الجبال تنحدر الارض شرقاً باتجاه الخليج. وتوجد في الشمال والجنوب صحارى رملية (النَّفود والرُّبع الخالي)، وبينها سهب صخري، نَجْد، وامتداد له على ساحل الخليج، الاحساء. باستثناء بعض المرتفعات الى الشمال، سقوط المطر قليل، ولكن الينابيع والمجاري الموسمية جعلت من الممكن استمرار الاستيطان على اساس الزراعة في الواحات؛ في امكنة اخرى، كانت تُرعى الابل بهجرات موسمية على مسافات بعيدة. في البقعة الجنوبية الشرقية من شبه الجزيرة، هناك منطقة ثالثة، عُمان، غير بعيدة الشَّبَه عن اليمن في الجنوب الغربي. ومن السهل الساحلي ترتفع سلسلة جبال يبلغ علوها اكثر من ٣٠٠٠ م؛ هنا يوجد أنهار وجداول تتوزع مياهها عبر نظام قديم العهد للري، مما جعل الزراعة المنظمة ممكنة. على الساحل تقع سلسلة من المرافىء مازال صيد الاسماك في مياه الخليج والغوص على اللآلىء ناشطاً فيها منذ العصور القديمة.

V/22 كانت الطرق الممتدة من الجنوب الى الشمال في الجزء الغربي من شبه الجزيرة تربط الاراضي الواقعة حول المحيط الهندي ببلدان حوض المتوسط. في الجزء الشرقي، كانت الطرق الرئيسية تلك التي تمر على طول سلسلة من الواحات الى داخل سوريا والعراق. وكانت المرافىء على شاطىء الخليج وعُمان مرتبطة بطرق بحرية مع شواطىء الهند وافريقيا الشرقية. الا ان انتاج الغذاء والمواد الخام كان اقل ممّا يُمكِّن المرافىء والمدن التجارية من ان تنمو وتصبح مدنا كبيرة ومراكز للتصنيع والنفوذ. وكانت المدينتان المقدّستان، مكة والمدينة، تعتمدان لبقائهما على هبات البلدان المجاورة.

الى الشمال، تنضم شبه جزيرة العرب الى منطقة ثانية هي الهلال V/23
الخصيب: الارض المكونة على شكل هلال والممتدة حول طرف الحَمَاد، أو صحراء سوريا، وهي الامتداد الشمالي لصحراء نجد وسهوبها. هذه ارض ذات مدنية قديمة مميزة، تراكمت على النصف الغربي منها مدنيّتا اليونان وروما، وعلى النصف الشرقي مدنيّة ايران؛ وهنا، اكثر منه في شبه الجزيرة، تطور المجتمع النوعي للاسلام وثقافته.

يشكل الجزء الغربي من الهلال الخصيب منطقة معروفة لدى جيل سابق V/24
من العلماء والرحّالين باسم «سوريا». هنا، كما في غربي الجزيرة العربية، تمتد الانقسامات الجغرافية الرئيسية من الغرب الى الشرق. وراء قطعة طويلة من سهل ساحلي هناك سلسلة مرتفعات تعلو في وسطها جبال لبنان وتنخفض في الجنوب الى تلال فلسطين. ووراءها، الى الشرق، يقع غور الاردن وهو جزء من الصدع الكبير الذي يمر عبر البحر الميت والبحر الاحمر وصولا الى افريقيا الشرقية. ووراء هذا ايضا منطقة اخرى من المرتفعات، السهل الكبير او الهضبة في الداخل التي تتغير تدريجيا الى سهب وصحراء الحماد. في بعض الامكنة، كانت بعض انظمة الري القديمة تستعمل مياه العاصي وانهارا اخرى اصغر لابقاء واحات خصبة، على الاخص تلك الواقعة حول مدينة دمشق القديمة؛ الا ان امكانية الزراعة كانت تعتمد الى درجة كبيرة على هطول المطر. على المنحدرات الشرقية للتلال والجبال الساحلية، يكفي معدل سقوط المطر لجعل الزراعة المنظمة ممكنة، بشرط ان تُثبّت التربة عن طريق جعل منحدرات التلال على شكل مصاطب؛ في باقي المناطق، الزراعة اكثر تقلقلاً، متغيرة كثيراً من سنة الى اخرى، كما انها معرضة اكثر للدرجات القصوى للحرارة والبرودة. لذلك، في السهول الداخلية، كانت الفوائد النسبية لزراعة الحبوب ورعاية الابل تتغير كثيراً من وقت الى آخر.

كانت سوريا مرتبطة ارتباطا وثيقا بسائر حوض المتوسط الشرقي، V/25
بواسطة طرق بحرية من موانئها وبالطريق البرية الممتدة على طول الشاطيء الى مصر؛ في الداخل كانت متصلة ايضا بجزيرة العرب الغربية، وبواسطة

طرقات تمر عبر الحماد او حول طرفه الشمالي، مع اراض تقع الى الشرق. الجمع بين التجارة البعيدة المسافة والانتاج من فائض الاغذية والمواد الخام جعل، من الممكن، نمو وتطور المدن الكبيرة الواقعة في السهول الداخلية والمتصلة بالساحل ـ حلب في الشمال ودمشق في الوسط.

وكانت الطرقات التي تمر عبر الحماد او حوله تؤدي الى وديان النهرين
التوأمين، الفرات ودجلة. هذان النهران النابعان في الاناضول يتجهان الى V/26
الجنوب الشرقي نوعا، ويقتربان واحدهما من الآخر ثم يفترقان ويعودان اخيراً الى الالتحام معا ليصبا في الطرف الشمالي من الخليج. وتُقسم الارض التي تقع بينهما وحولهما الى منطقتين. في الشمال، الجزيرة التي عرفها الرحالون القدماء والعلماء باسم «ما بين النهرين» الاعلى، حيث جعل ارتفاع الارض من الصعب استخدام ماء النهر للري وزراعة الحبوب، باستثناء الاراضي المجاورة مباشرة للنهرين أو روافدهما؛ بعيدا عن النهرين، سقوط المطر غير اكيد والتربة قليلة، وبوجه عام من الافضل تربية الغنم او المواشي او الابل. إلا انه الى الشمال الشرقي من النهرين هناك منطقة من نوع آخر، وهي جزء من سلاسل جبال الاناضول: غالبا ما تدعى «كردستان»، على اسم الاكراد الذين يقطنونها. هنا، كما في الوديان الجبلية للساحل السوري، بالامكان استخدام الارض والماء لزراعة الاشجار في المرتفعات والحبوب في الاماكن المنخفضة، وأيضاً لتربية الغنم والماعز عن طريق تنقلها الموسمي من مراعي الشتاء في وديان الانهار الى المراعي في الجبال العالية في الصيف.

أبعد من ذلك جنوبا، في العراق، تختلف طبيعة الارض. فثلوج جبال
الاناضول تذوب في الربيع وتنحدر في كميات ضخمة من المياه في انهار V/27
تغمر السهول حواليها. هذا الطمي الذي خلفته الطوفانات على ممر الاجيال كون سهلاً غرينياً فسيحاً، السّواد، حيث كانت الحبوب والنخيل تُزرع على نطاق واسع. الري كان أسهل هنا منه في الشمال لأن السهل كان خالياً من التضاريس، ومنذ أيام بابل القديمة كانت هناك شبكة عظيمة من الاقنية تنقل

الماء فوق السواد. تسطيح السهل وعنف الفيضانات استوجبا المحافظة الدائمة على الاقنية: فاذا لم تنظف وتُصَن، فمياه الفيضانات قد تفيض على ضفاف الانهر وتغمر الاراضي المجاورة وتكوّن مستنقعات دائمة. وعدم وجود تضاريس جعل من السهل ايضا للرعاة البدو من نجد ان يتنقلوا الى وديان الانهر ويستعملوا الاراضي للرعي بدلاً من الزراعة. كان أمن السواد ورخاؤه يتوقفان على قوة الحكومات، وهي بدورها كانت تستمد غذاءها وموادها وغناها من الريف الذي تحميه. وقامت في وسط السواد على التوالي مدن عظيمة حيث يقترب دجلة والفرات واحدهما من الاخر: بابل، المدائن للساسانيين، وبغداد عاصمة العباسيين.

وما عدا الروابط مع سوريا ونجد كانت هناك طرق تمتد من العراق
V/28 الى مرتفعات ايران باتجاه الشرق، ولكن اسهل في الجنوب مما في الشمال. لم تكن الملاحة سهلة في طول القسم الاكبر من النهرين، ولكن من نقطة التقائهما ليصبا معاً في الخليج، كانت الطرقات البحرية تؤدي الى موانىء الخليج والمحيط الهندي. وكانت البصرة الطرف النهائي الرئيسي لهذه الطرقات، وظلت لمدةٍ اهم مرفأ في الامبراطورية العباسية.

الى غربي شبه جزيرة العرب، عبر البحر الأحمر جسر ضيق من الارض
V/29 الى شماله، هناك صحراء رملية، ووراءها منطقة ثالثة، وادي نهر النيل. ينبع هذا النهر من مرتفعات افريقيا الشرقية ويتحرك شمالاً مستجمعاً قوته وتنضم اليه روافد تنحدر من جبال الحبشة. ويجري عبر حوض غريني مكون من الطمي الذي خلّفه على ممر العصور، وهو في بعضه سهل فسيح، وفي بعضه الآخر بُقعة ضيّقة، وينقسم في اطواره الأخيرة الى روافد ويجري عبر دلتا خصيبة الى ان يصب في البحر المتوسط. في الصيف، بعد ذوبان الثلج في مرتفعات افريقيا الشرقية، ترتفع مياه النهر ويتدفق بفيضان. ومنذ أقدم الازمنة استُخدمت انواع مختلفة من الطرق ـ الرفاص، الناعورة، الدلو على طرف عمود ـ لرفع ماء بكميات صغيرة من النهر. في بعض الامكنة، وعلى الاخص في الشمال، كان هناك نظام قديم من السدود التي كانت تحول المياه

عند فيضان النيل الى احواض ارضية تحيط بها ضفاف، تظل فيها المياه لمدة معينة ثم يعاد تصريفها الى النهر عند هدوء الفيضان، ولكنها تترك وراءها الطمي الذي يُخصب التربة. على تربة مروية بهذه الطريقة، كانت الحبوب وغيرها من المحاصيل تزرع بكثرة. وفي الصحراء الممتدة على طول الجانب الغربي من النهر، كان هناك أيضاً بعض الواحات من المستوطنات المزروعة.

والقسم الشمالي من وادي النيل يكوّن ارض مصر، بلادا ذات تراث
V/30 من المدنية الرفيعة ووحدة اجتماعية شكّلها أو أكّد ديمومتها تاريخ طويل من الانضباط السياسي مارسه حكام من مدينة تقع على النقطة التي يتجزأ فيها النهر الى روافد ويجري عبر الدلتا. القاهرة كانت الاخيرة في تعاقب من المدن يمتد رجوعاً الى ممفس، ثلاثة آلاف سنة قبل الميلاد. كانت تتوسط شبكة من الطرقات المتجهة شمالاً الى موانىء البحر المتوسط، ومن هناك بحراً الى سوريا والاناضول والمغرب وايطاليا، وشرقا الى سوريا عبر الطريق الساحلي، وشرقا ايضا الى البحر الاحمر ومن هناك الى المحيط الهندي، وجنوباً الى وادي النيل الاعلى والى شرقي افريقيا وغربيّها.

في وادي النيل الاعلى، كانت السيادة الاجتماعية للدلتا وللمدينة
V/31 العاصمة أضعف. فالنيل يجري عبر منطقة خالية تقريباً من الامطار. على الشاطىء الشرقي، لم تكن تؤلف المنطقة القابلة للزراعة الا قطعة طويلة ضيقة، ولكن الى الغرب مكّن انبساط الارض من توسيع البقعة القابلة للزراعة بواسطة الري. الى الجنوب من هذه المنطقة الخالية من سقوط المطر توجد منطقة يتساقط فيها المطر بغزارة في الصيف، وذلك قد يدوم من ايار الى ايلول. هنا يمكن زرع الحبوب وتربية الماشية في منطقة تمتد غرباً الى ما وراء وادي النهر حتى تصل الى منطقة رمليّة نصف صحرائية، وجنوبا الى مناطق عريضة دائمة النبات. هذا كان السودان، أرضاً للزراعة والرعي وللقرى ولمخيمات البدو والمدن الاسواق، ولكن ليس للمدن الكبيرة. كان مرتبطاً بمصر بواسطة النيل، أو بطرق بريّة بالحبشة و«الساحل»، اي المنطقة

الواقعة حول الطرف الجنوبي للصحراء الكبرى.

من صحراء مصر الغربية الى شاطىء الاطلسي تمتد منطقة رابعة، «المغرب الكبير»، أرض غروب الشمس أو أرض الغرب؛ وهي تشمل V/32
البلدان المعروفة الآن باسم ليبيا وتونس والجزائر والمغرب. ضمن هذه البقعة يمر الانقسام الطبيعي الاكثر وضوحاً من الشمال الى الجنوب. على امتداد شواطيء البحر المتوسط والمحيط الاطلسي تقع قطعة طويلة من الارض المنخفضة تتوسع في بعض الامكنة الى سهول: ساحل تونس وسهل ساحل المغرب الاطلسي. الى الداخل من هذه القطعة الطويلة، ترتفع سلسلة جبال: الجبل الاخضر في ليبيا، جبال تونس الشمالية، الاطلس التلّي، والريف في المغرب. الى الداخل من هذه ايضا هناك سهول مرتفعة أو سهوب، وراءها سلاسل اخرى من الجبال، الأُوراسي في الجزائر، والاطلس الاوسط والاطلس العالي أبعد الى الغرب. الى الجنوب تقع سهوب تتغير تدريجياً الى صحراء، الصحراء الكبرى، وهي صخرية في امكنة ورملية في اخرى، مع واحات من اشجار النخيل. الى جنوبي الصحراء منطقة معشوشبة ترويها الامطار ونهر النيجر، وهي «الساحل» أو السودان الغربي.

في المغرب انهار قليلة يمكن استخدام مياهها للري، ومقدار المطر
وتوقيت سقوطه هو الذي حدد طبيعة الاستيطان البشري ومداه. في السهول V/33
الساحلية وعلى المنحدرات المواجهة للبحر من الجبال، والتي تحصر الغيوم الممطرة القادمة من المتوسط أو من الاطلسي، كان من المستطاع تنظيم زراعة دائمة من حبوب وزيتون وفاكهة وخضار، وأعالي الجبال كانت مُشَجَّرة جيداً. إلا أن وراء الجبال، في السهول المرتفعة، يختلف سقوط المطر بين سنة واخرى، وحتى خلال السنة، وبالامكان استخدام الارض بطريقة مختلطة: زراعة الحبوب ورعي الأغنام والماعز بواسطة الهجرة الموسمية. أبعد الى الجنوب في السهب والصحراء، كانت الاراضي اكثر ملاءمة للري؛ كان رعاة الغنم يختلطون بمربي الابل، يتنقلون باتجاه الشمال

في الصيف من الصحراء. الصحراء الكبرى في الواقع كانت الجزء الوحيد من المغرب حيث تربى الابل؛ الجمل كان قد جاء الى المنطقة في القرون التي سبقت ظهور الاسلام. قلّ من كان يقطن ارجاء المغرب الرملية، ولكن في الاجزاء الاخرى منها كان مربو المواشي متخالطين مع زرّاع اشجار النخيل وغيرها من اشجار الواحات.

V/34 الطرقات الرئيسية التي كانت تربط المغرب بما حوله من العالم امتدت ايضا من الشمال الى الجنوب. ربطت مرافىء البحر المتوسط المنطقة بشبه جزيرة إيبيريا، بايطاليا ومصر. والطرق امتدت جنوباً منها، عبر أراض مستوطنة وسلسلة من الواحات في الصحراء حتى «الساحل» وما وراءه. في بعض الاماكن، وصلت الطرق الى البحر عبر مناطق واسعة من الارض المزروعة، وهنا امكن لمدن كبيرة ان تنمو وان تستمرّ. منطقتان كهذهكانت لهما أهمية خاصة. الواحدة على الساحل الاطلسي للمغرب؛ هنا قامت مدينة فاس من اوائل عصور الاسلام، بينما أبعد الى الجنوب، وفي وقت متأخر نوعا عنها، قامت مدينة مراكش. الاخرى على سهل الشاطىء التونسي؛ هنا، كانت القيروان المدينة الرئيسة في اوائل العصر الاسلامي، الا ان مكانتها اخذتها تونس فيما بعد، الواقعة على الشاطىء قرب مدينة قرطاجة القديمة. وكانت تشع السطوة الاقتصادية والسياسية والثقافية لهاتين المنطقتين، بمدنهما الكبيرة، على الاراضي المحيطة بهما وبينهما. لم يكن بالجزائر، الواقعة بين الاثنتَين، مستوطنات واسعة ومستقرة كافية تتيح ظهور مراكز نفوذ مماثلة فيها، وكانت عرضة للوقوع تحت تأثير نفوذ جارتيها. كذلك كان نفوذ تونس يشمل ليبيا الغربية (منطقة طرابلس الغرب)، بينما كانت قيرينيا (سيرنيكا) الى الشرق، التي تفصلها عن سائر المغرب صحراء ليبيا الممتدة هنا الى شاطىء البحر، تقع الى درجة اكبر تحت تأثير مصر.

V/35 المنطقة الخامسة هي شبه جزيرة ايبيريا، أو الاندلس، ذلك الجزء منها الذي كان يحكمه ويقطنه اناس اغلبيتهم من المسلمين، (الجزء الاكبر كان في القرن الحادي عشر، ثم تضاءل تدريجاً حتى زال نهائياً حوالي آخر القرن

الخامس عشر). مشابهة لسوريا من بعض النواحي، كانت مؤلفة من مناطق صغيرة مفصولة الى حد ما واحدها عن الآخر. وسط شبه الجزيرة هضبة فسيحة تحيط بها وتقطعها سلاسل من الجبال. من هنا يجري عدد من الانهار عبر اراضٍ منخفضة الى الشاطىء: نهر ايبرو يجري الى البحر المتوسط من الشمال، والتاجو (التاجُه) يصب في الاطلسي عن طريق منخفضات البرتغال، ونهر الوادي الكبير في الاطلسي أبعد الى الجنوب. بين الجبال التي تحيط بالهضبة المتوسطة والبحر المتوسط تقع منطقة قطلونيا الجبلية في الشمال وسهول الى الجنوب. وكانت التبدّلات في المناخ ومعدل سقوط المطر تسبب تغيرات في طبيعة الأرض والطرق التي يمكن استعمالها بها. في طقس الجبال العالية الباردة كان هناك احراج من الفلين والسنديان والصنوبر، وبينها حقول تُزرع فيها الحبوب وتربى فيها الماشية. وكانت الهضبة الوسطى ذات المناخ المتطرف تصلح لأنظمة مختلطة: زراعة الحبوب والزيتون ورعي الغنم والماعز. في الطقس الدافىء في وديان الانهار والسهول الساحلية كانت تُزرع الحمضيات وغيرها من الاشجار المثمرة. وفي هذه المنطقة، في ربوع الزراعة الغنية والتي لها امكانية النقل النهري كانت تقع المدن الكبيرة ـ قرطبة واشبيلية.

V/36 اسبانيا كانت جزءاً من عالم المتوسط، ومرافئها على شاطئها الشرقي كانت تربطها بسائر بلدان الحوض: ايطاليا والمغرب ومصر وسوريا. اكثر اتصالاتها أهمية كانت مع المغرب، جارها الجنوبي؛ لم تكن المضائق التي كانت تفصل بين الكتلتين تقف حائلاً دون التجارة أو المهاجرة أو تنقّل الافكار الغازية ولا الجيوش.

العرب المسلمون والآخرون

V/37 مع حلول القرن الحادي عشر كان الاسلام دين الحكام والجماعات المسيطرة ونسبة متزايدة من السكان، ولكن ليس من المؤكد انه كان دين الاكثرية في مكان آخر خارج جزيرة العرب. بالطريقة ذاتها، في حين كانت

العربية لغة الثقافة العالية والعديد من سكان المدن، كانت هناك لغات اخرى ما زالت باقية من عهد سابق لمجيء الفاتحين العرب. وبحلول القرن الخامس عشر كان مد الاسلام العربي قد غمر المنطقة بكاملها، وفي معظم الاحيان كان الاسلام في شكله السنّي، بالرغم من أنه كان ما يزال هناك أتباع عقائد اخرى تطورت في القرون الاولى. وفي جنوبي شرقي جزيرة العرب وعلى اطراف الصحراء الكبرى كانت هناك مجتمعات من الاباضيين. هؤلاء كانوا يدّعون انهم تحدّروا روحياً من الخوارج الذين رفضوا قيادة علي بعد معركة صفّين وثاروا ضد حكم الخلفاء في العراق والمغرب. في اليمن كثيرون من السكان اتبعوا الشيعة في شكلها الزيدي. والشيعة في شكلها الاثني عشري والاسماعيلي، التي كانت سائدة في كثير من العالم العربي الشرقي في القرن العاشر، كانت قد تراجعت؛ كان الاثنا عشريون مازالوا وافري العدد في لبنان وجنوبي العراق حيث كانت مقاماتهم ومزاراتهم الرئيسة، في الساحل الغربي من الخليج؛ وظلّ الاسماعيليون متمسكين بعقيدتهم في اقسام من اليمن وايران وسوريا، حيث استطاعوا ان ينظّموا مقاومة محليّة ضد الحكام السنّة، الايوبيين في سوريا والسلجوقيين أبعد الى الشرق. (الاخبار عن نشاطاتهم التي وصلت الى اوروبا خلال زمن الصليبيين، سببت بروز اسم «الحشاشين» والقصة التي تُحكى عنهم، وهي غير موجودة في المصادر العربية، انهم كانوا يعيشون تحت حكم «شيخ الجبل» المطلق). اتباع الفروع الاخرى من الشيعة، الدروز والنصيريّون، كانوا ايضا في سوريا. في شمالي العراق كان هناك يزيديون، اتباع دين كانت فيه عناصر مستمدة من المسيحية والاسلام، وفي الجنوب كان للمنديين عقيدة مستمدة من معتقدات وممارسات قديمة.

V/38 بحلول القرن الثاني عشر كانت الكنائس المسيحية في المغرب قد انقرضت في الواقع، ولكن عدداً كبيرا من سكان الممالك الاسلامية في الاندلس كانوا مسيحيين من الكنيسة الرومانية الكاثوليكية. وكان الاقباط المسيحيون ما زالوا عنصرا هاما من سكان مصر في القرن الخامس عشر، بالرغم من ان اعدادهم كانت تتناقص بسبب اعتناقهم للاسلام. ابعد الى

الجنوب، في شمالي السودان، كانت المسيحية قد اختفت بحلول القرن الخامس عشر أو السادس عشر، عندما انتشر الاسلام عبر البحر الاحمر ونزولا في وادي النيل. في كل انحاء سورية وفي شمالي العراق بقيت مجتمعات مسيحية، ولكن بشكل منكمش. وكان البعض، على الاخص في المدن، ينتمون الى الكنيسة الشرقية الارثوذكسية، ولكن البعض الآخر كانوا اعضاء في تلك الكنائس الاخرى التي ظهرت اثر المفارقات عن طبيعة المسيح: السورية الارثوذكسية «المونوفيزية» (الوحديطبيعية)، والنسطورية. في لبنان ومناطق اخرى من سوريا كان هناك كنيسة رابعة، كنيسة الموارنة؛ كانوا يتبعون العقيدة «المونوثيلية» (المشيئة الواحدة)، ولكن في القرن الثاني عشر، عندما حكم الصليبيون سواحل سوريا، اعتنقوا العقيدة الرومانية الكاثوليكية وقبلوا سلطة البابا.

V/39 كان اليهود أوسع انتشاراً في كل انحاء عالم الاسلام العربي. في المغرب كان قسم هام من الفلاحين قد اعتنق اليهودية قبل مجيء الاسلام، وكانت مازالت هناك مجتمعات يهودية في الارياف، كما كان الامر في اليمن واجزاء من الهلال الخصيب. وكان هناك يهود في معظم مدن المنطقة حيث كان لهم دور هام في التجارة والصناعة والتمويل والطب. كان العدد الاكبر منهم ينتمي الى المجموع الرئيسي من اليهود الذين قبلوا الشرائع الشفهية وتفسيراتها التي يحتويها «التلمود» والتي يعتنقها الذين تدرّبوا بالدراسات التلمودية. إلا انه في مصر وفلسطين وسواها كان هناك «قرائيون»، ممن رفضوا التلمود وكان لهم تعاليمهم الخاصة التي استمدّها اساتذتهم من الكتابات المقدسة.

V/40 وكان جزء كبير من المجتمعات اليهودية قد اصبح ناطقا بالعربية في هذا الوقت، مع انهم كانوا يستعملون اشكالا من العربية خاصة بهم، ويستعملون العبرية لطقوسهم الدينية. بين المسيحيين ايضا انتشرت العربية في الهلال الخصيب ومصر واسبانيا؛ الآرامية والسريانية أخذتا تتقلّصان كلغات محكية ومكتوبة مع انهما كانتا تستعملان في الطقوس الدينية، واللغة القبطية في مصر توقفت في الواقع عن الاستعمال الا للطقوس الدينية بحلول

القرن الخامس عشر؛ أتخذ العديد من سكان الاندلس المسيحيين العربية لغة لهم بالرغم من ان اللغات الرومانسية (المشتقة من اللاتينية) التي ورثوها ظلت حية وبدأت تستعيد حيويتها. وعلى هوامش الطوفان العربي، في المقاطع الجبلية والصحراوية، كانت هناك لغات اخرى محكية: الكردية في جبال شمالي العراق، النوبية في شمالي السودان ولغات مختلفة الى الجنوب، ولهجات محلية بربرية في جبال المغرب والصحراء الكبرى. إلا أن الاكراد والبربر كانوا مسلمين، وبالقدر الذي كانوا فيه متعلمين كانوا ينتمون الى عالم اللغة العربية.

الفصل السادس

الأرياف

الأرض ووجوه استعمالها

VI/1 هذه البلدان، الممتدة على طول خط من شواطىء الاطلسي الى شواطىء المحيط الهندي، كانت تتشارك ليس فقط بدين وثقافة مسيطرين بل أيضا، الى حد ما، ببعض المقومات المحددة من مناخ وتضاريس ارض وتربة ونبات. ويُقال احيانا ان هذين العاملين مترابطان ترابطا وثيقا، وان الدين الاسلامي كان ملائما خاصة لنوع معين من البيئة، او انه في الواقع خلقها، وان المجتمعات الاسلامية كانت تحت هيمنة الصحراء أو على الاقل تحت سيطرة علاقة معينة بين الصحراء والمدينة. الا ان نظريات كهذه خطرة؛ هناك بلدان ذات نوع مختلف من المناخ والمجتمعات، مثل بعض اجزاء من جنوبي وجنوبي شرقي آسيا، حيث انتشر الاسلام وترسخ. لذلك من الافضل النظر الى العاملين منفصلين.

VI/2 ثمة ملاحظات عامة يمكن ان تُطبّق على مناخ معظم الاقطار التي كانت، في هذه الفترة، ذات غالبية مسلمة وناطقة بالعربية. على السواحل، حيث الريح القادمة من البحر زاخرة بالرطوبة، الطقس ندي رطب؛ في الداخل، الطقس «قارّي»، فيه اختلاف كبير بين حرارة الليل والنهار، وبين الصيف والشتاء. في كل مكان، شهر كانون الثاني (يناير) هو الاكثر برودة، وحزيران وتموز وآب (يونيو ـ يوليو واوغسطس) الاشد حرارة. في بعض الارجاء معدّل سقوط المطر غزير منتظم. في معظم الاحيان هذه مناطق تقع على الساحل او على منحدرات الجبال المواجهة للبحر. الغيوم الآتية من البحر تتكثّف (وتمطر) عند الجبال: جبال الاطلس على ساحل المغرب الاطلسي؛ الريف، جبال الجزائر الشرقية وشمالي تونس، وسلسلة مرتفعات قيرينيا (سيرنيكا) على الشاطىء الجنوبي للبحر المتوسط؛ وعلى شاطئه

الشرقي، جبال لبنان، وبعيداً الى الداخل، جبال العراق الشمالية الشرقية. في جنوبي غربي جزيرة العرب تحمل المطرَ غيومٌ آتية من المحيط الهندي. هنا، موسم الامطار هو فترة الرياح الموسمية في اشهر الصيف؛ في الامكنة الاخرى، يهطل المطر في معظم الاوقات من ايلول (سبتمبر) الى كانون الثاني (يناير). في هذه الاقطار يفوق معدل سقوط المطر السنوي ٥٠٠ ميلمپتر، واكثر من ذلك بكثير في بعض الامكنة.

VI/3 على الجهة الاخرى من الجبال الساحلية، في الجبال والهضبات، المطر أقل، بمعدل ٢٥٠ ميلميترا في السنة. ولكن المعدلات قد تغشّ؛ في هذه المناطق الداخلية يختلف سقوط المطر من شهر الى شهر ومن سنة الى اخرى. وهذا يمكن ان يؤثر على المحاصيل الزراعية؛ قد يبور المحصول بكامله في بعض السنين بسبب عدم هطول مطر على الاطلاق.

VI/4 ما وراء هذا الحزام الذي يشكّل المناطق التي يتساقط فيها المطر الغزير، ولكن غير المنتظم، هناك مناطق حيث المطر أقل، أو يكاد يكون منقطعاً؛ بعض هذه المناطق تقع قرب الساحل، كما في مصر السفلى حيث لا جبال لتكثيف الغيوم كي تمطر، وغيرها الى الداخل بمسافة بعيدة. سقوط المطر هنا قد يتراوح بين لاشيء و٢٥٠ ميلميترا في السنة. إلا ان معظم هذه المناطق ليست خالية من الماء تماما. حتى في الصحراء العربية والصحراء الكبرى هناك أجزاء فيها ينابيع وآبار تغذيها امطار تهطل من وقت لآخر، أو تسرُّبٍ للماء تحت الارض من سفوح التلال أو من جبال واقعة اقرب الى البحر. في اماكن اخرى، الارض التي لا تهطل فيها اية امطار قد ترويها انهار تجلب مياه الامطار من جبال بعيدة. كثير من الانهار ليست سوى وديان موسمية، جافة صيفا تمتلىء وتطوف في الموسم الممطر، ولكن غيرها تدوم طول السنة: الانهار الجارية من الجبال الى البحر في اسبانيا والمغرب الاطلسي والجزائر وسوريا، وعلى الاخص النظامان النهريان العظيمان ـ نهر النيل ونهرا دجلة والفرات.

VI/5 هاتان الشبكتان تحييان مناطق واسعة من الاراضي المسطحة التي تمر

عبرها، ولكن لكل واحدة منهما وتيرتها الخاصة. يجلب النيل وروافده مياه الامطار التي تهطل في مرتفعات الحبشة وافريقيا الشرقية؛ وهذه الامطار تأتي في الربيع والصيف، وتسبب فيضانات متتالية، أولا في النيل الابيض، ثم في النيل الازرق وروافده. وتصل الفيضات الى مصر في ايار (مايو)، ثم ترتفع لتبلغ ذروتها في سبتمبر (أيلول)، وبعدها تنخفض وتنتهي في شهر تشرين الثاني (نوفمبر). اما في مرتفعات الاناضول التي ينبع منها الفرات ودجلة، فالثلوج تذوب في الربيع. ينحدر نهر دجلة بفيضاناته من آذار الى ايار (مارس الى مايو)، والفرات بعد ذلك بقليل؛ في كليهما تبلغ الفيضانات من العنف بحيث انها تطغى على ضفافها وقد تغير مجاريها احيانا. بسبب انخفاض الارض في جنوبي العراق، تكونت مستنقعات في الفترة التي سبقت قدوم الاسلام بوقت قصير.

VI/6 كانت تغيرات في تضاريس الارض وفي الحرارة ووجود المياه عوامل تشاركت لتكوّن انواعا من التربة. في السهول الساحلية وعلى منحدرات الجبال الساحلية، التربة غنية، ولكن في الجبال تحتاج أن يُحافظ عليها بواسطة مصاطب مُدَعّمة وإلا جرفتها المياه في المواسم الممطرة. في السهول في الداخل التربة اقل كثافة ولكنها خصبة ايضا. وحيث تتمازج السهول الداخلية مع السهوب والصحراء، تتغير طبيعة الارض. فالمساحات الصغيرة من التربة، حيث المياه الجوفية متوفرة، تحيط بها مناطق من الصخر والحصى، وسلاسل جبال بركانية وكثبان رملية، مثل تلك في الربع الخالي او في صحراء النفود في جزيرة العرب، ومناطق إرغ (Erg) في الصحراء الكبرى.

VI/7 منذ قبل التاريخ الجلي، حيثما وجدت تربة ومياه، تُزرع الفاكهة والخضار، ولكن لبعض المحاصيل يجب ان تتوفّر شروط ملائمة. ثلاثة محاصيل رسمت حدوداً لها في مجال الزراعة وكانت ذات اهمية خاصة. الاول، شجرة الزيتون، التي تغل غذاء وزيتا للطهي وحطبا للوقود؛ كانت تُزرع حيث يزيد معدل سقوط المطر على ١٨٠ ميليمترا والتربة رملية. ثانيا، زراعة القمح وحبوب اخرى للاستهلاك البشري ولعلف الحيوانات، تتطلب

اما معدلا لسقوط المطر يفوق ٤٠٠ ميلمتر أو الري من الانهار او الينابيع. الثالث كان شجرة النخيل التي تحتاج الى حرارة لاتقل عن ١٦ درجة مئوية لتُثمر، ولكن يمكن أن تنمو حيث يكون الماء نادرا. عندما كان يتوفر ما يكفي من الماء والمرعى، كان بالامكان استخدام الارض لرعي المواشي كما للزراعة. الماعز والخراف كانت تحتاج الى كلأ ومرعى على مسافات غير طويلة كي تتنقل عبرها؛ الابل تستطيع ان تقطع مسافات طويلة بين المرعى والآخر ولا تحتاج ان تشرب تكراراً.

بسبب هذه التنوعات في الظروف الطبيعية، كان الشرق الأوسط
VI/8 والمغرب الكبير مقسومين، منذ قبل ظهور الاسلام، الى مناطق واسعة ذات انتاج معيّن، تراوح بين طرفين. في الطرف الواحد مناطق كانت الزراعة فيها ممكنة على الدوام: قطع الاراضي الساحلية حيث زُرعت اشجار الزيتون، السهول ووديان الانهار حيث الحبوب، وواحات اشجار النخيل. في كل هذه الامكنة كانت الفواكه والخضار ايضا تُنتج، وساهم تكوين مجتمع بشري يمتد من المحيط الهندي الى البحر المتوسط بادخال انواع جديدة. المواشي الغنم والماعز وجدت مراعي لها هنا، وفي الجبال العالية وفرت ضروب من الاشجار خشباً، عفصا، صمغا او فلينا. في الطرف الآخر وجدت مناطق كان فيها الماء والنبات كافيا فقط لتربية الابل وغيرها من الحيوانات عن طريق الهجرة الموسمية على مسافات بعيدة. منطقتان كهذه كانت لهما اهمية خاصة: الصحراء العربية وامتدادها شمالا الى الصحراء السورية، حيث كان باستطاعة مربي الابل أن يُمضوا الشتاء في النَّفود ويتنقلوا شمالا غربا الى سوريا او شمالا شرقا نحو العراق في الصيف؛ والصحراء الكبرى، حيث يتنقلون من الصحراء الى السهول المرتفعة او الحدود الجنوبية لجبال الاطلس.

بين هذين الطرفين، الواحد لزراعة مستوطِنة مضمونة نوعا والآخر
VI/9 لرعي مكره على البداوة والتنقّل، كانت هناك مناطق حيث الزراعة ممكنة، ولكن اقل استقرارا، وحيث يمكن استخدام الارض والماء ايضا للرعي.

وينطبق هذا خصوصا على المناطق الواقعة على اطراف الصحراء حيث لايسقط المطر بانتظام: سهوب سوريا، ووادي الفرات، والاطراف الخارجية لدلتا النيل وغيرها من المناطق المروية في وادي النيل، وسهول كُردفان ودارفور في السودان، والسهول المرتفعة والاطلس الصحراوي في المغرب. في بعض الظروف بالامكان استغلال أية بقعة تقريبا من الارض المزروعة لأجل الرعي إلا اذا كانت محمية بتضاريسها؛ الرعاة من الصحراء الكبرى مثلا لم ينفذوا الى جبال الاطلس العالية في المغرب.

لذلك فإن التفكير بالارياف بانها مقسمة الى مناطق حيث عَنى الفلاحون الثابتو الاقامة على الارض بمحاصيلهم، ومناطق اخرى حيث كان VI/10 البدو يتنقلون بمواشيهم هو تفكير خاطىء لفرط تبسيطه. فكانت هناك مجالات متوسطة بين حياة مقيمة (مستوطنة ثابتة) تماما وحياة بدوية صرف، وكانت تلك القاعدة الاكثر رواجاً. وكان هناك أوجه متعددة من الاساليب لاستعمال الارض. في بعض الاماكن كان هناك اشخاص مقيمون يتصرفون بارضهم كما يشاؤون ويعهدون بمواشيهم الى أُجراء لهم؛ في اماكن اخرى، كان المزارعون المقيمون ورعاة الغنم مشاركين في استعمال الارض؛ وفي أماكن غيرها أيضاً كان السكان متنقلين، يهاجرون مع قطعانهم من مراع منخفضة الى اخرى مرتفعة، ولكنهم يزرعون الارض في مواسم معينة؛ كذلك كانت هناك مناطق بدوية صرف، ولكن ذات سيطرة على امكنة مستوطنة كواحات او على اطراف الصحراء، حيث يعمل فلاحون لينتفع البدو.

ليس بالامكان تفسير العلائق بين هؤلاء الذين كانوا يحرثون الارض وهؤلاء الذين كانوا يتنقلون مع مواشيهم على ضوء ما كان يقال قديماً عن VI/11 وجود معارضة بين «الصحراء والمزروع». كان المزارعون المقيمون والرعاة المتنقلون يحتاج بعضهم إلى بعض لتبادل السلع والمنتجات التي كان كل منهم يحتاج ان يبيع: الرعاة الصرف لم يكونوا قادرين على انتاج كل الغذاء الذي يحتاجون اليه من حبوب او ثمر؛ والمستوطنون المقيمون كانوا بحاجة الى اللحم والجلود والصوف من الحيوانات التي كان يربيها الرعاة والى ابل وحمير او بغال للنقل. في المناطق التي كان يقيم فيها الفريقان كانوا

يستخدمون الماء ذاته والارض ذاتها بمنتوجها الزراعي، وكانوا بحاجة، اذا امكن، ان يُقيموا ترتيبات مقبولة ودائمة الواحد مع الآخر.

غير أن التعايش والتكافل بين الزرّاعين والرعاة كان غيرَ مستقرٍ، قابلا للتحول الى صالح فئة او اخرى. من جهة، كانت قدرة الرعاة البدو على التنقل وقوة احتمالهم غالبا ما تعطيهم موقفا مسيطرا. وصحّ هذا على الاخص في العلاقة بين الذين كانوا يربون الابل في الصحراء وهؤلاء القاطنين في الواحة. بعض الواحات الكبيرة الواقعة على الطرق التجارية الهامة قد تكون فيها طبقة من التجار القادرين على السيطرة على الاسواق واشجار النخيل، ولكن في بعض الواحات كان الرعاة هم المتحكمون بالارض التي يزرعها لهم فلاحون، او عبيد ارقّاء في بعض الاماكن. على اطراف الصحراء ايضا قد يكون الرعاة اقوياء الى درجة استيفاء جزية، أو «خوّة»، من القرى المستوطنة. هذه العلاقة غير المتكافئة عُبّر عنها في ثقافة الرعاة العرب عن طريق مفهوم «طبقي» لعالم الارياف؛ فقد كانوا ينظرون الى انفسهم بان لديهم حرية ونبلا وشرفا لم يكن مثلها للفلاحين والتجار والصنّاع. من جهة اخرى، قد تكون هناك مؤثرات وعوامل تحد من حرية الرعاة وقدرتهم وتجتذبهم الى حياة مستقرة عندما يصلون الى ارض سهل أو سهب. VI/12

عندما كان يتصدع ذلك التكافل، إذاً لم يكن ذلك بسبب حالة حرب مستديمة بين نوعين من المجتمع، بل لأسباب اخرى. قد تكون قد حدثت تغيرات في المناخ، وكمية المياه المتوافرة، على مَرّ الزمن؛ فالتجفف التدريجي لمنطقة الصحراء الكبرى على مدى زمن طويل مسألة مثبوتة. كانت هناك تغيرات في الطلب على منتجات من الارياف والصحراء: طلب اكثر أو اقل على زيت الزيتون، والحبوب والجلود والصوف واللحم، او على الابل للنقل. في أوقات قد تحدث أزمة بين البدو بسبب تكاثر السكان، وهم الذين كانوا يعيشون حياة صحيّة اكثر من سكان المدن والقرى ولذلك قد يتوسّعون ابعد من موارد عيشهم. من وقت الى آخر كانت هناك تغيرات سياسية؛ عندما كان الحكام اقوياء كانوا يتجهون الى توسيع منطقة الزراعة المستقرة التي منها VI/13

كانوا يستمدون الغذاء لإطعام المدن ويجبون الضرائب ليدعموا الجيوش.

VI/14 لم تكن الفتوحات العربية لما حولها من البلدان في اوائل العهد الاسلامي فيْضا بدويا غمر العالم الآهل وقلب التكافل والتكافؤ. كانت الجيوش العربية مجموعات صغيرة منظمة من الجنود المتعددة الاصل؛ وتبعها، على الاقل في العراق وايران، هجرات واسعة من العرب الرعاة باعداد لايمكن تقديرها. إلا ان اهتمام الحكام الجدد انصبّ على الحفاظ على نظام الزراعة وبالتالي على الضرائب والدخل. ورُحِّل معظم الذين كانوا يملكون الارض قبلاً او استوعبوا في النخبة الجديدة الحاكمة، ولكن الفلاحين الاهليين ظلوا، واستوطن الارض جنود أو مهاجرون، او سكنوا في مدن جديدة. يبين نمو مدن جديدة اكبر من تلك التي كانت موجودة سابقا، من خراسان ووادي اموداريا في الشرق الى الاندلس في الغرب، انه كان هناك ارياف كبيرة ومنتجة ما يكفي لتموين تلك المدن بالغذاء. من جهة ثانية، تطور التجارة البعيدة المدى ضمن المجتمع الاسلامي المترامي الاطراف، والحج السنوي الى مكة، ادى الى ازدياد الطلب على الابل وغيرها من الحيوانات للنقل.

VI/15 جرى التشويش على التعايش والتكافل فيما بعد، من القرن العاشر او الحادي عشر وبعده. فقد حدثت غارات على حواشي العالم الاسلامي من جماعات بدوية غيرت التوازن السكاني. رعاة اتراك انتقلوا الى ايران والى الارجاء المفتوحة حديثا من الاناضول، وتكاثر هذا الدفق خلال الغزو المغولي وبعده؛ في اقصى الغرب، تقدم البربر من جبال الاطلس واطراف الصحراء الكبرى شمالا الى المغرب والاندلس. الا انه في الجزء الاوسط من العالم الاسلامي كان السياق مختلفا، والدراسة الموضوعة عن احدى المناطق تلقي الاضواء على ذلك.[1] المنطقة هي الواقعة حول نهر دياله، احد روافد دجلة، في السهل الكبير المروي جنوبي العراق الذي كان يمّون بغداد بالغذاء والمواد الخام لسكانها العديدين. نظام الري، المطور منذ ايام البابليين وما بعده، كان بحاجة الى حكومة ذات سلطة تحافظ عليه. حكومة كهذه وجدت في اوائل العهد العباسي، عندما رُمم النظام واعيد اصلاحه بعد

ان انحط في آخر عهد الساسانيين. وبمرور القرون تغيرت الاوضاع. فنمو بغداد وتجارتها كانا يعنيان ان جزءاً اكبر من الثروة المستمدة من فائض الارياف كان يستخدم في المدينة بدلا من الحفاظ على الارياف؛ وتسبب الضعف المتزايد للحكومة المركزية في انتقال السيطرة على الارياف الى يد الحكّام المحليين او جباة الضرائب الذين لم يكن لهم ذلك الاهتمام الدائم بالحفاظ على اعمال الري. ربما كان هناك ايضا بعض المتغيرات في البيئة مما ادى الى تكوين مستنقعات ضخمة. في تلك الظروف، فسد نظام الري تدريجا على مَرّ العصور. ولم تكن للزرّاع انفسهم الموارد اللازمة للمحافظة عليه منتظما، فتضاءل مجرى المياه الى القنالات، وأُهملت بالنتيجة مناطق صالحة للزراعة او تحولت الى مراع.

لذلك فقد يكون انتشار الرعي البدوي نتيجة انحطاط الزراعة، لا
VI/16 سبباً لها. إلا ان ما حدث في المغرب الكبير قد يكون عكس هذا. المؤرخون العصريون، في اقتباسهم لفكرة قد يكون ابن خلدون اول من تقدم بها، تعوّدوا ان يعزوا انحطاط الاستيطان المستقر في المغرب الكبير واضمحلاله الى مجيء قبائل عربية معينة، على الاخص قبيلة بني هلال في القرن الحادي عشر. ويُظن ان غاراتهم وممارساتهم للسلب والنهب اثرت تأثيرا عميقا على مجمل تاريخ المغرب فيما بعد، فانهارت الحكومات القوية التي كانت حامية للاستيطان المستقر، وتبدّل استعمال الارض من الزراعة الى الرعي، واغرقت السكان الاصليين في بحر من الهجرة العربية الجديدة. الا ان الابحاث الحديثة اظهرت ان ذلك السياق لم يكن بهذه البساطة. ففي الواقع دخلت عناصر من بني هلال الى تونس قادمة من مصر في النصف الاول من القرن الحادي عشر. وكانوا متورطين في محاولات من قبل سلالة الفاطميين في مصر لاضعاف سلطة بني زيري (الزيريين)، الحكام المحليين للقيروان، الذين كانوا من اتباع الفاطميين الا انهم تخلوا عن ولائهم لهم. ولكن بني زيري كانوا في ذلك الحين يضعفون بسبب انحطاط تجارة القيروان، وكانت دولتهم تتفتت الى امارات صغيرة قائمة على مدن قليلة الاهمية. ربما كان ضعف السلطة وانحطاط التجارة، وبالتالي الطلب،

السبب الذي اتاح للرعاة ان يتوسّعوا. لاشك بان انتشارهم سبَّبَ الدمار واختلال النظام، ولكن لا يظهر ان بني هلال كانوا معادين للاستيطان المستقر بحد ذاته؛ كانوا على علائق جيدة مع سلالات اخرى. واذا حدث تغير في التوازن الريفي في هذا الوقت، فقد يكون قد نتج عن اسباب اخرى، ويبدو انه لم يكن شاملا ولا دائما. فاجزاء من الريف التونسي استعادت نشاطها عندما اعيدت حكومة قوية الى السلطة على يد الموحدين وخلفائهم، بني حفص. لذلك، فانتشار الرعي، بالقدر الذي كان موجودا فيه، ربما كان نتيجة بدلا من السبب الرئيسي لانهيار التعايش والتكامل الريفي. واذا كان قد اعتُبر فيما بعد بانه كان السبب، فذلك كان طريقة رمزية لرؤية سياق معقد. بالاضافة الى ذلك، فليس يبدو ان بني هلال كانوا عديدين بحيث يمكن ان يبدّلوا السكان العرب بالبربر. من ذلك الوقت وبعده كان هناك بالفعل انتشار للّغة العربية، وجاء مع ذلك فكرة صلة بين شعوب المغرب الكبير الريفية وشعوب شبه جزيرة العرب، ولكن سبب توسع العربية لم يكن انتشار القبائل العربية بقدر ما كان ذوبان البربر فيها.(٢)

المجتمعات القبلية

لم يُكتب تاريخ الارياف في هذه القرون، وبالكاد يمكن ان يُكتب لان المصادر الرئيسة غير موجودة. للارياف في العهد العثماني توجد مصادر بين VI/17
السجلات العثمانية التي لم يُباشر بتفحصها الا الآن، وللعهود الاكثر حداثة بالامكان اكمال الوثائق بالمراقبة المباشرة. من الخطر محاولة استقراء ما كان موجوداً قبل عدة قرون عن طريق الجدل استنادا لما كان موجوداً منذ قرنين أو ثلاثة، وما هو موجود اليوم. الا انه قد يساعدنا على فهم احداث تلك الاوقات وتطوراتها اذا استعملنا معرفتنا عن اوقات تالية لنبني «نموذجا مثاليا» لما يمكن ان يبدو بمثابة مجتمع ريفيّ في إطار بيئة جغرافية مشابهة لبيئة الشرق الاوسط والمغرب الكبير.

لو تُرك التطوّر الاقتصادي والاجتماعي على سجيته في مناطق ريفية
كهذه لاتّجه الى تشكيل مجتمع غالبا ما ينطبق عليه اسم «قبلي»، ومن VI/18

الضروري ان نسأل قبل كل شيء ما نعني بالقبلية.

في المجتمعات الرعوية والقروية على السواء، كانت الوحدة الاساسية
VI/19 للعائلة النواة المؤلفة من ثلاثة أجيال: الجدود والآباء والاولاد، عائشين معا في بيوت قروية مبنية من حجارة، او طين وقرميد او اية مواد كانت متوفرة محليا، او في خيم البدو المنسوجة. كان الرجال مسؤولين بالاخص عن العناية بالارض والمواشي، والنساء عن الطهي والتنظيف وتربية الاولاد، ولكنهن كن يساعدن ايضا في اعمال الحقول او رعي القطعان. مسؤولية المعاملات مع العالم الخارجي كانت رسمياً على عاتق الرجال.

من المعقول الافتراض ان القيم المعبر عنها في مفهوم «الشرف»، الذي
VI/20 تَعمّق في دراسته علماء الاجتماع والانسان، كانت سائدة في الارياف منذ اقدم العصور، او على الاقل في تلك الاجزاء من الارياف التي لم تكن متأثرة تأثرا عميقا بالاديان الرسمية للمدن. بناء على هذا الافتراض، من الممكن القول ـ مع كثير من التحويرات في الزمن والمكان ـ ان النساء في القرى والسهوب، مع انهن غير محجّبات او منعزلات رسميا، كن خاضعات للرجال من نواح هامة. بحسب العادات السائدة، مع ان ليس بحسب الشرع الاسلامي، كانت الاراضي ملكا للرجال وكانت تُورَّث الى الاولاد الذكور: «الذكور هم ثروة البيت». وكان لزاماً على شرف الرجل ان يدافع عما له وان يستجيب الى ما يُطلب منه من افراد أسرته، او قبيلته او المجموعة الاكبر التي كان منها؛ يعود الشرف للشخص من خلال انتسابه الى وحدة أكبر. نساء العائلة ـ الام والاخوات والزوجات والبنات ـ كنّ تحت حمايته، ولكن ما كنّ يفعلن يمكن أن يؤثر على شرفه: قلة احتشام، او سلوك قد يثير في الرجال الآخرين مشاعر قوية يمكن ان تتحدى المجتمع وعاداته. وكان احترام الرجل للنساء ربما يعتريه إذن بعض الشك أو حتى الخوف من المرأة كخطر عليه. وهناك دراسة عن النساء البدويات في صحراء مصر الغربية لفتت الانتباه الى الأَشعار والاغنيات التي تتبادلها النساء بين بعضهن، والتي قد يكون فيها اثارة للمشاعر الخاصّة أو «الغراميات» ممّا قد يطغى على الواجبات أو يتعدّى حدودا محظورة، وقد تنمُّ عن شيء من التشكيك

بالعادات الاجتماعية التي يعشنَ بموجبها والتي يبدو انّهنَّ يقبلنَها شكلياً:

طَـالْ ذْراعِكْ عَالمْخَـدَّة

يَنْسَى بُوه ويَنْسَى جَدَّه.[٣]

ولكن كان بامكان المرأة، اذا تقدمت بالعمر، ان تكتسب نفوذا اكثر، كأم لأولاد ذكور او المرأة الاعلى منزلة (اذا كان هناك اكثر من واحدة)، ليس فقط على النساء الاصغر سنا في العائلة بل كذلك على الرجال.

في معظم الظروف، لم تكن العائلة ـ النواة كهذه ذات اكتفاء ذاتي، لا
VI/21 اقتصاديا ولا اجتماعيا. كان بامكانها الاندماج بنوعين من وحدة اكبر. الواحدة مجموعة من القرابة او النسب، من هؤلاء المرتبطين، او المدعين انهم مرتبطون، بالتحدر من سلف مشترك منذ اربعة أو خمسة أجيال. كانت هذه المجموعة هي التي يمكن طلب المساعدة منها وقت العوز والحاجة، والتي تتولى مسؤولية الاخذ بالثأر اذا قتل احد اعضائها او تأذى.

النوع الآخر من الوحدة كان الذي يقوم على مصلحة اقتصادية دائمة.
VI/22 لهؤلاء الذين كانوا يحرثون الارض ولم يكونوا متنقّلين، القرية ـ او «الحي» اذا كانت القرية كبيرة، مثل الذين في السهول ووديان الانهر ـ كانت هي الوحدة. بالرغم من الخلافات بين العائلات، كان من الضروري وضع ترتيبات لزراعة الارض. وكان يتم ذلك في بعض الاماكن عن طريق تقسيم ارض القرية تقسيماً دائماً بين العائلات، بينما تظل ارض المراعي متاحة للجميع؛ في اماكن اخرى عن طريق تقسيم في فترات منتظمة، أو دورياً، بحيث تنال كل عائلة حصة يمكنها ان تزرعها (نظام المُشاع). على الاراضي المروية، كانت تجري ترتيبات ايضا لتقاسم المياه؛ كان يتم ذلك بعدة طرق، مثلا، بتوزيع المياه في جدول او قناة الى عدد من الحصص، كل واحدة منها مخصص، بشكل دائمي او باعادة التوزيع دوريا، الى صاحب قطعة معينة من الارض. وربما كان من الضروري ايضا وضع ترتيبات بالنسبة الى الزراعة؛ المزارع الذي كانت قطعته غير كافية، او لم يكن يمتلك اية ارض، بامكانه ان يعتني بأرض تخص سواه لقاء حصة معينة من المحصول، أو يمكن ان يزرع

اشجارا مثمرة على ارض شخص آخر وان يعتني بها وتعتبر ملكا له. في المجموعات الرعوية، وحدة الرعيان ـ هؤلاء الذين يتنقلون معا من مرعى الى آخر ـ كانت وحدة من نوع مماثل، اذ ليس بالامكان ممارسة الرِّعْي البدوي بدون مقدار من التعاون والانتظام الاجتماعي. الا أن هنا لا تقسيم للأرض؛ ارض الرعي والماء كانت تعتبر ملكاً مشتركاً لجميع الذين يستعملونها.

بين هذين النوعين من الوحدة، الاول قائم على القرابة والآخر على VI/23
مصلحة مشتركة، كان هناك علاقة مركَّبة. في المجتمعات الامية قليلون الذين يتذكرون اسلافهم قبل خمسة اجيال، فادعاء اصل مشترك كان اسلوبا رمزيا للتعبير عن مصلحة مشتركة، واضفاء قوة عليها لم تكن تنالها لولا ذلك. غير ان في بعض الظروف قد يكون هناك تضارب. إذا دُعيَ احد اعضاء مجموعة من ذوي القرابة الى تقديم العون، قد لا يستجيب كلياً لأن ذلك ضد مصلحة اخرى أو علاقة شخصية.

هذه الوحدات التي قد تدوم أو لا تدوم ترتكز على أبسط بنية ممكنة، VI/24
وأبعد منها قد تتكوّن وحدات أكبر. كل قرى منطقة ما، او كل وحدات الرعي في منطقة للرعي، او حتى جماعات منفصلة احداها عن الاخرى، قد يفكرون بأنهم ينتمون الى مجموعة اكبر، الى «عشيرة» أو «قبيلة»، التي يعتبرونها مختلفة عن جماعات اخرى مماثلة او مضادة لها. وجود القبيلة ووحدتها يعبر عنها عادة بالقول بالتحدر من سلف مشترك، ولكن الطريقة الصحيحة التي بها تتحدر شُعبة او عائلة من السلف الذي يتكنّون باسمه لم تكن معروفة عادة، وسلالات النسب التي كانت تُتناقل كانت على العموم خيالية، تُحوَّر وتُنمَّق من وقت إلى آخر لتعبر عن العلائق المتغيرة بين مختلف الوحدات. حتى ولو كانت خيالية، على كل حال، فقد كانت تكتسب قوة ودعماً عن طريق التزاوج ضمن المجموعة.

كانت القبيلة أولا اسما يعيش في أذهان هؤلاء الذين يدّعون الصلة VI/25
واحدهم بالآخر. وكان لها تأثير كامن على اعمالهم؛ مثلا، عندما كان هناك

خطر يتهددهم من الخارج، أو ايام هجرة ضخمة. فقد كانت روح «العصبية» المشتركة تدفع اعضاءها الى مساعدة احدهم الآخر في وقت الحاجة. هؤلاء الذين كانوا يشاركون بالاسم كانوا يشاركون ايضا بالاعتقاد بان الشرف على مراتب. في الصحراء، كان البدو مربو الابل يعتبرون انفسهم الاعلى شرفاً، لان حياتهم هي الاكثر حرية والاقل كبتاً من قبل سلطة خارجية. بنظرهم، كان تجار اسواق المدن الصغيرة، البائعون المتنقلون والحرفيون (كالمشتغلين بالمعادن من اليهود في الصحراء الكبرى، او «الصُلُبَّه» ايضا العاملين بالمعادن في الصحراء العربية)، وعمال الواحات الزراعيين، جميع هؤلاء كانوا خارج النظام القبلي.

أصحابُ اسماء كهذه تمكّنوا، بالولاءات والادعاءات التي كانت تتراكم
VI/26 حولهم، من الاستمرار على مدى قرون، في منطقة واحدة احيانا، أو الانتشار على مناطق واسعة في احيان اخرى. بنو هلال هم المثل على الطريقة التي يمكن فيها لاسم، محفوظ في الادب الشعبي، ان يدوم وان يضفي نوعا من الوحدة على مجموعات من اصل مختلف، عربا وبربرا. شبيه بذلك في جنوبي غربي جزيرة العرب، اسما «حاشد» و «باكل» اللذان استمرا في الوجود في المنطقة ذاتها على الاقل منذ اوائل العصر الاسلامي الى يومنا هذا، وفي اجزاء من فلسطين ظلت الاسماء العربية القبلية القديمة «قيس» و «يمن»، مستخدمة حتى عصرنا الحاضر، بمثابة واسطة تعريف ونداء لطلب المساعدة بين التحالفات في القرى. في مناطق البربر في المغرب، لعب اسما «صنهاجه وزاناتا» دورا مماثلا.

كان النفوذ في وحدة الرعي والقرية (أو الحي) في يد الكبار في السن،
VI/27 او رؤساء العائلات، الذين حافظوا على تذكارات المجموعة، ونظموا الاهتمامات المشتركة الملحة وصالحوا مابين النزاعات التي كانت تهدد بتمزيق وحدة المجموعة. على مستوى أعلى، في المجموعات المقيمة كما في الرعوية، قد تظهر قيادة من نوع آخر. في عدد من القرى في وادي الجبل ذاته أو في مقاطعة من السهل نفسه، أو في عدد من الوحدات الرعوية التي

تحمل الاسم نفسه، قد تبرز عائلة مسيطرة يتولى احد افرادها قيادة المجموعة بكاملها، اما بالاختيار او بمهارته وقدرته. عائلات كهذه قد تكون اتت من الخارج واستولت على مركزها بهيبتها العسكرية، او بشهرتها الدينية او بمهارتها في التحكيم بين المتنازعين، او عن طريق الوساطة للجماعة في تعاملهم مع المدينة وحكومتها. مهما كان اصلهم فانهم يُعتبرون جزءاً من القبيلة، مشاركين بالاصل ذاته الحقيقي او المزيف.

كان نفوذ رؤساء كهؤلاء وعائلات كهذه يتباين إلى درجة كبيرة. في
VI/28 الطرف الواحد كان هناك شيوخ القبائل الرعوية الرُحّل، الذين لم يكن لهم نفوذ فعلي إلا ما حصلوا عليه من صيت في رأي عام المجموعة. وما لم يتمكّنوا من تثبيت انفسهم في مدينة وأن يصبحوا حكّاماً من نوع آخر، لم يكن لديهم قوّة تنفيذ، بل القدرة على الاستمالة فقط، بحيث ان القبائل الرحّل كانت تزيد أو تتناقص تبعاً لنجاح العائلة المتنفّذة أو فشلها؛ فقد يلتحق بها أتباع، أو يغادرونها، ولكن هذه العملية ربما كانت تُموَّه عن طريق اختلاق سلالات نسب، بحيث يبدو الذين التحقوا بالجماعة كأنهم كانوا ينتمون إليها منذ البدء.

على الطرف الآخر من الصورة كانت هناك العائلات المتزعمة في
VI/29 المجتمعات الزراعية المقيمة (المستوطنة)، على الاخص تلك المعزولة الى حد ما في وديان الجبال. ربما انهم كانوا مقيمين هناك منذ زمن طويل، أو انهم دخلاء من الخارج استَحَلّوا مركزهم على اثر غزوة أو نفوذ ديني، او انهم وُضِعوا هناك من قبل حكومة مدينة مجاورة. ربّما تضعف صلات التلاحم القبلي التي تربطهم بالسكان المحليين، ولكن بدلاً منها قد يكون لديهم مقدار من قوة الاكراه مبنية على تحكمهم بامكنة قويّة وامتلاكهم لقوة مسلّحة. بالمقدار الذي تجمّعت فيه القوة في ايديهم استُبدلت عصبية القبيلة بنوع آخر من العلاقة، علاقة السيد بأتباعه.

الفصل السابع

حياة المدن

الأسواق والمدن

كان باستطاعة الفلاحين والبدو ان ينتجوا بانفسهم الكثير من احتياجاتهم. كان الفلاحون يبنون بيوتهم من طين قرميدي، سجادهم وثيابهم VII/1 تحيكها لهم نساؤهم، وادواتهم المعدنية يصلحها لهم حرفيون متجولون. الا انهم كانوا بحاجة الى مبادلة هذا الجزء من منتوجهم الذي كان يفيض عن احتياجاتهم ببضائع من انواع اخرى، اما منتوج جهات اخرى من الارياف، او سلع من انتاج حرفيين مهرة، من خِيَم وأثاث وتجهيزات وعدة للحيوانات واواني مطبخ واسلحة، مما كان ضرورياً لمعيشتهم.

في المواقع التي تلتقي فيها مقاطعات زراعية مختلفة كانت تقام اسواق منتظمة، في مكان ما معروف من العموم، سهل بلوغه ومقبول كمكان VII/2 حيادي للالتقاء؛ وقد تقام هذه الاسواق اسبوعيا ـ فتعرف مثلا باسم «سوق الاربعاء» ـ أو مرة في السنة، في يوم مرتبط بمزار رجل أو امرأة من «اولياء الله». بعض هذه الاسواق أصبح، على مر الايام، مستوطنات دائمة، مدنا حيث كان التجار والحرفيون المتحررون من الحاجة الى انتاج غذائهم او رعاية قطعانهم يمارسون نشاطهم الخاص. معظم المدن ـ الاسواق كهذه كانت صغيرة، اصغر في الواقع من بعض القرى: بضع مئات او آلاف من السكان، مع سوق مركزية، وشارع رئيسي فيه بعض الحوانيت والمشاغل. ولم تكن هذه الاسواق منفصلة بوضوح عن الارياف حولها: ماعدا النواة من اهلها الدائمين، كان سكانها يتنقلون بين المدينة والريف حسبما اقتضت الظروف. في المدن الصغيرة البعيدة من المدن العظيمة او الواقعة في الواحات، قد تكون سيطرة الشيخ او القبيلة المجاورة او الزعيم المحلي مهيمنة. الحزازات والعداءات القبلية او القروية لم تكن تنقل الى الاسواق؛

فالحرفيون والتجار الصغار كانوا يعتبرون خارج النظام القبلي، غير خاضعين لشرائع الشرف والانتقام التي كان يعيش بموجبها اهل القبائل.

غير ان بعض المدن كانت اكثر من مدن اسواق محلية. كانت تلك VII/3 مواقِعَ حيث يلتقي عدد من المناطق الزراعية من انواع مختلفة وحيث كان تبادل المنتجات ضخما ومعقدا. حلب في سوريا الشمالية، مثلا، كانت مكان التقاء هؤلاء الذين يبيعون او يشترون الحبوب من سهول سوريا الداخلية وحاصلات الاشجار المثمرة واحراج المرتفعات الى الشمال، والاغنام التي تربى في التلال والابل في امتدادات صحراء سوريا. فاذا كانت المقاطعات المحيطة تنتج فائضا كبيرا من الاغذية والمواد الخام، الممكن جلبها الى السوق بسهولة، فباستطاعة المدينة ان تصبح مركزا لحرفيين مهرة ينتجون بضائع مصنعة على نطاق واسع. واذا كانت واقعة قرب طريق بحرية او نهرية او صحراوية تصلها بمدن اخرى من هذا النوع فيمكنها ايضا ان تكون مركز تنظيم او مرفأ شحن لتجارة بعيدة المدى تحمل بضائع ثمينة يكون الربح عليها كبيراً مما يجعلها جديرة بتحمل تكاليف النقل ومخاطره.

عندما كانت تتوفر ظروف كهذه، واذا وُجد قدر من الاستقرار الحياتي VII/4 على مدى عقود او قرون، كان باستطاعة المدن الكبيرة ان تنمو وتستمر في البقاء. قيام امبراطورية اسلامية ثم تطور مجتمع اسلامي يربط عالم المحيط الهندي بعالم البحر المتوسط وفّر الشروط اللازمة لظهور سلسلة من المدن العظيمة، منتشرة من طرف العالم الاسلامي الى الطرف الآخر: قرطبة، اشبيلية وغرناطة في الاندلس، فاس ومراكش في المغرب، القيروان وتونس فيما بعد في تونس، الفسطاط ثم القاهرة في مصر، دمشق وحلب في سوريا، مكة والمدينة في غربي جزيرة العرب، بغداد والموصل والبصرة في العراق، وابعد منها مدن ايران ووادي اموداريا وشمالي الهند. بعض هذه المدن كان موجوداً من قبل مجيء الاسلام، وغيرها كان نتيجة الفتوحات الاسلامية او سلطة سلالات جاءت بعدها. معظمها كان في الداخل، ليس على الساحل؛

وسيطرة المسلمين على شاطىء المتوسط كانت مقلقلة، والمرافىء عرضة للهجوم من الاعداء بحرا.

VII/5 بحلول القرن العاشر والحادي عشر كانت المدن الكبرى في البلدان الاسلامية هي الاعظم في النصف الغربي من العالم. الارقام لا يمكن الا ان تكون تقريبية، ولكن يبدو من الممكن، على أساس رقعة المدينة وعدد ابنيتها العامة وحجمها، ان بأوائل القرن الرابع عشر كان عدد سكان القاهرة ربع مليون نسمة؛ وتَقَلَّصَ عدد السكان خلال القرن بسبب اوبئة الطاعون المسمى «الموت الأسود»، ومضى بعض الوقت قبل أن يزيد العدد الى حجمه السابق. والعدد المقدّر لبغداد خلال الفترة التي بلغت فيها سيطرة العباسيين ذروتها، مليون أو اكثر، من الاكيد انه مبالغ فيه، ولكنها كانت مدينة على الاقل مساوية للقاهرة في الحجم؛ وبحلول العام ١٣٠٠ كانت قد انحطت الى درجة كبيرة بسبب خراب نظام الري في الارياف المحيطة بها وغزو المغول لها ونهبهم اياها. قرطبة في اسبانيا ربما كانت ايضا مدينة بهذا الحجم. حلب ودمشق وتونس ربما كان سكانها ما بين ٥٠ و١٠٠ الف في القرن الخامس عشر. في اوروبا الغربية في تلك الفترة لم يكن هناك مدينة بحجم القاهرة: فلورنسا والبندقية وميلان وباريس قد يكون فيها ١٠٠ الف نسمة، بينما كانت مدن انكلترا والبلدان المنخفضة والمانيا واوروبا الوسطى اصغر.

سكان المدن

VII/6 كان قسم غني ومسيطر من اهل المدينة مؤلفا من التجار الكبار، هؤلاء العاملين في جلب الاغذية والمواد الخام من الارياف، او المعنيين بتجارة البضائع الثمينة على مسافات طويلة. وكانت السلع الرئيسية خلال هذه الفترة المنسوجات، والزجاج، والخزف من الصين، وربما الاكثر اهمية اطلاقاً ـ التوابل؛ هذه كانت تجلب من جنوبي وشرقي جنوبي آسيا، في اوائل العصور الاسلامية، الى مرافىء الخليج، سيراف والبصرة وفيما بعد الى البحر الاحمر وموانىء مصر ومن ثم الى القاهرة، ومن هناك توزع على كل عالم البحر

المتوسط بالطرق البرية او بحراً من موانىء دمياط والرشيد والاسكندرية. الذهب كان يُجلب من الحبشة نزولا على النيل وبالقوافل الى القاهرة، ومن مناطق نهر النيجر عبر الصحراء الكبرى الى المغرب الكبير؛ الارقاء كانوا يُجلبون من السودان والحبشة، ومن بلدان الصقالبة (السلافيين).

VII/7 لم تكن كل التجارة في ايدي التجار المسلمين. النقل التجاري في البحر المتوسط كان الى درجة كبيرة خاضعاً لتحكّم المراكب والتجار الاوروبيين، اولاً تجار أمالفي، ثم تجار جنوى والبندقية؛ في القرن الخامس عشر بدأ الفرنسيون والانكليز بالظهور ايضا. كان التجار في المدن الاسلامية الكبرى متحكمين بالطرق البرية الكبرى في المغرب الكبير وفي آسيا الوسطى والغربية وبالطرق الى المحيط الهندي ايضا حتى فتح البرتغاليون الطريق حول رأس الرجاء الصالح في اواخر القرن الخامس عشر. كان معظم هؤلاء التجار مسلمين، مثل مجموعة التجار المعروفين باسم «كارِمِي»، الذين كانوا مسيطرين على تجارة التوابل في مصر لفترة؛ ولكن كان هناك ايضا تجار يهود من بغداد والقاهرة ومدن المغرب الكبير الذين كان لهم اتصالات عائلية ومجتمعية مع مدن ايطاليا وشمالي اوروبا والامبراطورية البيزنطية. بالاضافة الى تجار من المدن الكبرى كانت هناك مجموعات متلاحمة الترابط من امكنة اصغر، وكانت قادرة على التحكم ببعض اصناف التجارة. (استمر هذا التقليد حتى العصور الحديثة؛ في المغرب الكبير، في وقت لاحق، جاءت مجموعات كهذه من جزيرة جربا في عرض الساحل التونسي، ومن واحة مْزاب على طرف الصحراء ومن مقاطعة سوس في جنوبي المغرب).

VII/8 للانطلاقات التجارية كان هناك نوعان من الترتيبات. الواحد كان الشراكة، غالبا بين اعضاء العائلة الواحدة؛ شريكان او اكثر يتقاسمون المخاطر والارباح بالنسبة الى استثماراتهم. الآخر كان المضاربة، حيث يعمد المستثمر الى ائتمان شخص على سلع او رأس مال، يستعملها للتجارة، ثم يعيد للمستثمر رأس ماله بالاضافة الى حصة من الارباح متفق عليها. التجار في مدينة ما قد يكون لهم وكلاء في مدينة اخرى، وبالرغم من

عدم وجود مصارف منظّمة، كانت هناك طرق مختلفة يمكن فيها منح قروض على مسافات بعيدة، مثلا عن طريق سحب سندات. اساس النظام التجاري كان الثقة المتبادلة القائمة على القيم المشتركة وقواعد العرف.

VII/9 كانت المدن الكبيرة ايضا مراكز تصنيع، منتجة السلع الرئيسية لسوق محلية ـ منسوجات، اشغال معدنية، خزف، سلع جلدية، واغذية مجهزة ـ وبضائع ذات جودة نوعية، على الاخص المنسوجات الثمينة، لاجل سوق أوسع. الا انّ هناك دلائل ان الانتاج لاسواق خارج العالم الاسلامي اصبحت اقل اهمية من القرن الحادي عشر وما بعده، وتجارة العبور (ترانزيت) للبضائع المنتجة في امكنة اخرى، كالصين والهند واوروبا الغربية، صارت اكثر اهمية. كان هذا التحول مرتبطاً بعودة النشاط الى حياة المدن في اوروبا، على الاخص نمو صناعات النسيج في ايطاليا.

VII/10 كانت وحدات الانتاج صغيرة على العموم. قد يكون عند المعلم صاحب المشغل بضعة عمال وغلمان ممتهنين في مشغله؛ الصناعات على نطاق اكبر كانت تلك التي تنتج لحاكم او لجيش ـ ترسانات، ومصانع ملكية للمنسوجات ـ ومصانع السكر في مصر وفي امكنة اخرى. ولم يكن التجار الطبقة الوحيدة التي كانت جذورها متأصلة في المدينة. اصحاب الحوانيت والحرفيون المهرة كانوا يشكلون طبقة مدينية ذات استمرارية خاصة بهم. كانت المهارات تتناقل من الاب الى ابنه. وملكية حانوت او مشغل تُورث جيلاً بعد جيل، وكان عدد هذه الحوانيت محدوداً بسبب عدم وجود المكان الكافي، واحيانا بقانون من السلطة. وقد اشار مؤرخ لمدينة فاس العصرية بان مكان الاسواق الرئيسة (البازار) وحجمها ومناطق المشاغل هي تقريباً نفسها في بداية القرن العشرين كما كانت في القرن السادس عشر، بحسب ما قاله كاتب من ذلك العصر، ليون الافريقي (حوالى ١٤٨٥ ـ ١٥٥٤). كان اصحاب الحوانيت أو هؤلاء في هذه الطبقة من المجتمع ذوي مستوى من الدخل أقل من التجار الكبار. فالثروات التي تجنى من الحِرف او تجارة المفرّق لم تكن عظيمة مثل تلك الناتجة عن التجارة البعيدة المدى بالسلع

الثمينة. وكثيرون من الحرفيين لم يكن لديهم مصادر رؤوس اموال كبيرة؛ وقد دلت دراسة عن القاهرة ان نسبة كبيرة من الحوانيت والمشاغل كان يملكها تجار كبار او مؤسسات دينية. ولكن هؤلاء الحرفيين كانوا يتمتعون بالسمعة الطيبة بصفتهم مواطنين مستقرين يمارسون تجارات شريفة بموجب اعراف مقبولة من النزاهة والصناعة المرضية. وكان هناك سُلَّمُ احترام في الحرف، بدءاً من العمل في المعادن الثمينة، وصناعة الورق والعطور، نزولاً الى اعمال «قذرة» كالدباغة والصباغ والجزارة.

VII/11 وحول هذه الكتلة الراسخة من حرفيين واصحاب حوانيت، الذين لهم مساكن مستقرة ودائمة في المدينة، كان هناك عدد اكبر من القاطنين العاملين في اشغال تتطلب مهارة أقل: باعة متجولون، عمال تنظيف الشوارع، والعمال المستَخْدَمون فقط نصف الوقت كما في كل المدن الكبيرة. في معظم الظروف، كان في هذه الفئة نسبة كبيرة من النازحين من الريف. فالخط بين المدينة والارياف لم يكن محدداً؛ والمدينة كانت محاطة ببساتين وجنائن مثلما في الغوطة، المنطقة الفسيحة المروية المنتجة للاثمار حول دمشق، وبامكان الرجال الذين يزرعون البساتين ان يقطنوا في المدينة. وعلى اطراف المدن كان هناك مناطق حيث كانت تتجمع القوافل التي تقطع المسافات الطويلة في التجارة وحيث كانت الحيوانات تُباع وتجهز، وهذه كان تجتذب سكاناً متنقلين من الارياف. كذلك كانت فترات الجفاف او الشغب والاضطراب تجلب الفلاحين الهاربين من قراهم طلباً للّجوء.

الشرع والعلماء

VII/12 كان للحياة في المدن الكبيرة ضرورات تختلف عن تلك التي لقاطني القرى والخيام. التفاعل بين العمال الاختصاصيين وبين تجار المنتوجات، وتلاقي اناس من اصول واديان مختلفة، ومصادفات ومشاكل الحياة في الشوارع وفي السوق، كلها تتطلب توقعات مشتركة عن كيفية سلوك الآخرين في ظروف معينة، ومعياراً عن كيف يجب ان يتصرفوا، ونظاما لقواعد وعادات مقبولة عموما على انها شرعية ومطاعة في معظم الاحيان. العُرف،

الذي حافظ عليه رؤساء المجتمع وشيوخه، لم يعد وافيا بالمراد بحد ذاته. الشريعة في زمن العباسيين وما بعد كانت مقبولة عموماً من سكان المدن المسلمين، ومدعومة من قبل الحكام المسلمين لكونها توفر التوجيه والارشاد الى الطرق التي يتوجب على المسلمين التعامل بها مع بعض. وكانت تنظم اشكال التعاقد التجاري، وحدود الارباح الممكن ان تجنى شرعيا، وعلائق الزوج بزوجته، واقتسام الاملاك.

كان القضاة الذين يطبقون الشريعة يُدربون في مدارس خاصة. ويجلس
VII/13 القاضي بمفرده في منزله أو في محكمة، مع كاتب يسجل القرارات. مبدئيا، لم تكن تُقبل الا الشهادة الشفهية من شهود ذوي السمعة الحسنة، وظهرت مجموعة من الشهود الشرعيين، «عُدول» (مفردها «عدل»)، الذين يكفلون شهادة الآخرين ويُضفون عليها حلّة القبول. في التطبيق، كانت الوثائق المكتوبة تُقبل في الواقع اذا كانت مصدقة من قبل العدول، وهكذا تُحوّل الى أدلة شفهية. بمرور الايام اصبحت بعض السلالات تقبل بالمذاهب الاربعة، او مدارس الشرع، بانها كلها شرعية: ايام المماليك كان هناك قضاة مُعيّنون رسميا من كل المذاهب. كل قاضٍ كان يعطي حكمه بموجب تعاليم مذهبه. ولم يكن هناك نظام استئناف، ولم يكن حكم قاضٍ ما قابلا للنقض من قبل قاضٍ آخر إلا لخطأ بالتشريع.

مبدئياً، كان القاضي يطبق القانون الوحيد المعترف به المستمد من
VII/14 الوحي (القرآن)، ولكن عمليا لم يكن النظام بهذه الشمولية او الجمود كما قد يعني هذا. فالشريعة لم تكن تغطي في الواقع جميع اوجه النشاطات البشرية: كانت اشد دقة في مسائل الوضع الشخصي (الزواج والطلاق والارث)، واقل دقة في الامور التجارية، وحتى أقل دقّة من ذلك في المسائل الجزائية والدستورية. كان للقاضي كفاءة في القضايا الجزائية فيما يتعلق باعمال معينة التي حرّمها القرآن، والتي كان لها عقوبات محددة (العلاقة الجنسية غير الشرعية، السرقة، شرب الخمرة)؛ كما كان مؤهلاً على العموم لمعاقبة الاعمال المنافية للدين. (لكن عملياً، معظم العدالة الجنائية،

على الاخص بالامور المتعلقة بصالح الدولة، كان يطبقها الحاكم او موظفوه، وليس القاضي).

حتى ضمن حقل العدالة الذي كان يُترك للقاضي بوجه عام، لم تكن الشريعة التي كان يطبقها جامدة بقدر ما يظهر من كتب القانون. قد يفسر دوره بانه مُوفّق، مهمته الحفاظ على التآلف الاجتماعي عن طريق التوصل الى حل مرض متّفق عليه في النزاعات، بدلا من تطبيق القانون بحرفيته. بالاضافة الى القاضي كان هناك نوع آخر من الاختصاصي القانوني، المفتي، الذي كان مؤهلا لاصدار فتاوى عن مسائل الشرع. وكانت الفتاوى تُقبل من القاضي وتدخل في الوقت المناسب في الابحاث الشرعية. VII/15

وكان القاضي شخصية رئيسية في حياة المدينة. فلم يكن يقيم العدل فحسب، بل كان مسؤولا عن توزيع الاملاك بحسب قانون الإرث بعد وفاة شخص ما، كما كان له احياناً سلطات رقابة اخرى يمنحها اياه الحاكم. VII/16

هؤلاء الذين كانوا يُعلّمون الشرع ويفسّرونه ويطبّقونه، مع اولئك الذين كانوا يمارسون مهمات دينية اخرى ـ الذين كانوا يؤمّون الصلاة في المساجد أو يُلقون عظة الجمعة ـ توصلوا الى تكوين فئة مميزة في مجتمع المدينة: العلماء، رجال التعليم الديني، والقيّمون على نظام المعتقدات، والقيم والممارسات التي يشارك بها الجميع. وليس بالامكان اعتبارهم طبقة واحدة، لانهم كانوا موزعين على كل المجتمع، يقومون بمهام مختلفة ويحظون بمرتبات مختلفة من الاحترام. الا ان في الذروة بينهم كانت هناك مجموعة من نخبة اهل المدينة، كبار العلماء: القضاة في المحاكم الرئيسية، معلمو المدارس العظيمة، الخطباء في المساجد الكبيرة، والقيمون على المزارات اذا كانوا ايضا معروفين بالعلم والتقوى. كان بعض هؤلاء يقولون بالتحدّر من النبي من ذرية ابنته فاطمة وزوجها علي ابن أبي طالب. وبذلك الوقت وربما قبله كان يُنظر الى افراد سلالة النبي، السيّاد والاشراف، باعتبار خاص، وفي بعض الاماكن كانوا يمارسون الزعامة؛ في المغرب، السلالتان VII/17

اللتان حكمتا من القرن السادس عشر وبعده بَنَتَا ادعاءهما الشرعية على وضعهما كأشراف.

كانت الفئة العالية من العلماء مرتبطة ارتباطا وثيقا بالعناصر الاخرى من نخبة اهل المدينة، التجار وارباب الحرف المحترمة. كانت لهم ثقافة VII/18 مشتركة؛ فالتجار يبعثون باولادهم ليتثقفوا على ايدي علماء دين في المدارس، ليتعلموا العربية والقرآن، وربما الشرع. ولم يكن من المستبعد لرجل ان يعمل كمعلم وعالم وفي التجارة. التجار كانوا يحتاجون العلماء كاختصاصيين قانونيين، لكتابة وثائق رسمية بلغة دقيقة، وتصفية النزاعات على الملكية ومراقبة توزيع تركتهم بعد الوفاة. وكان تجار كبار محترمون يعملون كعدول، من ذوي السيرة الحسنة الذين تُقبل بيّناتهم من القاضي.

وثمة دلائل على التزاوج بين عائلات تجار ومعلّمي حرف وعلماء، وتشابك مصالح اقتصادية قد يكون الزواج تعبيراً لها. جماعيا كانوا يتحكمون VII/19 بالكثير من ثراء المدينة. وكانت الطبيعة الشخصية للعلائق التي كانت التجارة تعتمدها تسبب ارتفاعا او هبوطا سريعا في الثروات المستثمرة في التجارة، ولكن عائلات العلماء كانت على العموم تدوم اكثر؛ فالآباء كانوا يدّربون ابناءهم على خلفتهم؛ اصحاب المراكز العالية كانوا يستخدمون نفوذهم لصالح الاصغر سنا من افراد العائلة.

اكانوا تجارا ام علماء من الفئة العليا، فقد كان من الممكن لذوي الثراء ان يُوَرِّثوه من جيل الى جيل عن طريق نظام من المِنح الدينية التي VII/20 تسمح بها الشريعة، الاوقاف او الحبوس. الوقف كان تخصيصاً مستديماً لدخل من قطعة ملك لغايات خيرية، مثلا، لصيانة المساجد او المدارس او المستشفيات او السبل العمومية او نُزُل للمسافرين او لتحرير السجناء او للعناية بالحيوانات المريضة. الا انه كان بالامكان استعمالها ايضاً لصالح عائلة المؤسس. فقد كان باستطاعة المؤسس ان يشترط ان يكون احد افراد عائلته مديرا ويعين له مرتبا، او ان يشترط بان يعطى فائض الدخل من الوقف الى ورثته طالما هم على قيد الحياة، على ان يصرف في سبل الاحسان عندما

تنقرض سلالته؛ شروط كهذه قد تسبب تجاوزات. وكانت الاوقاف توضع تحت رقابة القاضي، وفي النهاية تحت رقابة الحاكم؛ وهكذا كانت الاوقاف توفّر ضمانات لانتقال الثروة ضد مخاطر التجارة، بذخ الوَرَثة، او نهب الحكام.

العبيد

كان التقسيم العمودي لسكان المدن على اساس الغنى والمركز
الاجتماعي (الاحترام) يتقاطع مع انواع اخرى من التقسيم: بين الارقاء VII/21
والاحرار، المسلمين وغير المسلمين، وبين الرجال والنساء.

بين السكان العاملين كانت هناك مرتبة مختلفة نوعا ما لخدام المنازل.
كانوا بمعزل لأن كثيرين بينهم كانوا من النساء، اذ ان هذا النوع من العمل، VII/22
او اي عمل يمكن القيام به في البيت، كان المهنة الوحيدة تقريباً المتاحة للنساء، وكذلك لان الكثيرات منهن كن إماءً او عبيداً أرقاء. وفكرة العبودية، أو الرقيق، لم يكن لها في المجتمعات الاسلامية المعنى والفكرة نفسها كما في بلدان امريكا الشمالية والجنوبية التي اكتشفتها واستوطنتها دول من اوروبا الغربية من القرن السادس عشر وما بعده. الرقيق كان وضعا اعترف به الشرع الاسلامي. بموجب ذلك الشرع، لم يكن بالامكان استعباد مسلم وُلد حرا: العبيد كانوا من غير المسلمين الذين أسروا في الحرب او جيء بهم بطريقة اخرى، او من اولاد ارقاء ولدوا في العبودية. ولم يكن لديهم جميع الحقوق الشرعية كالأحرار، ولكن الشريعة كانت تقضي بمعاملتهم بالعدالة والحسنى؛ واطلاق اسرهم كان عملاً مشكورا. والعلاقة بين العبد وسيده قد تكون وثيقة، وقد تستمر حتى بعد ان تعطى للعبد حرّيته: وكان باستطاعته ان يتزوج من ابنة سيده او ان يُدير له اعماله.

وطبقة الرقيق بحسب القانون كانت تضم مجموعات مختلفة جداً.
فمن اوائل العهد العباسي حشد الخلفاء في جيوشهم عبيدا جاؤوا من شعوب VII/23
آسيا الوسطى الاتراك، واستمر هذا التقليد. عبيد من عسكريين ومحررين،

مأخوذين على الاخص من آسيا الوسطى والقوقاس، وفي المغرب والاندلس من البلدان السلاقية، كانوا دعامة السلالات، وكانوا من مؤسسيها في بعض الاحيان؛ المماليك الذين حكموا مصر وسوريا من ١٢٥٠ الى ١٥١٧ كانوا جماعة من الجنود توالوا على الحكم، وهم اصلا جيء بهم كعبيد، واعتنقوا الاسلام ثم أُعتقوا.

VII/24 الا ان هؤلاء العبيد العسكريين كانوا يشكلون فئة متميزة بالكاد يمكن اعتبارها ذات وضع مثل معظم الذين كانوا مستعبدين. في بعض المناطق كان هناك عبيد زراعيون. هؤلاء الذين جيء بهم من افريقيا الشرقية كان لهم اهميتهم في جنوبي العراق خلال فترة من عصر العباسيين؛ وكان هناك عبيد يزرعون اراضي وادي النيل الاعلى وواحات الصحراء الكبرى. ولكن في معظم الاحيان كان العبيد خدّاما في المنازل ومحظّيات في المدن. فقد كان يؤتى بهم من افريقيا السوداء، عبر المحيط الهندي والبحر الاحمر، نزولا في النيل، او في الطرقات عبر الصحراء الكبرى. معظمهم كان من النساء، ولكن كان بينهم خصيان للحفاظ على سرّيّة الاسرة.

المسلمون وغير المسلمين في المدينة

VII/25 كانت المدينة مكان الالتقاء والانفصال. خارج جزيرة العرب، كان في جميع المدن تقريبا سكان ينتمون الى احد المجتمعات اليهودية او المسيحية المختلفة. كان لهم دورهم في النشاطات العامة للمدينة، ولكنهم كانوا يؤلفون جزءاً متميزا من مجتمعها. وكانت هناك عدة عوامل تفرّقهم عن المسلمين . كانوا يدفعون جزية الى الحكومة. وبحسب الشرع الاسلامي والعرف كانوا مجبرين على حمل شارات تبين اختلافهم: ارتداء لباس من نوع خاص، تحاشي الوان لها صلة بالرسول والاسلام (الاخضر على الاخص)، عدم حمل السلاح او ركوب الخيل؛ وحُظر عليهم اقامة امكنة عبادة جديدة او ترميم القديم منها دون ترخيص، او بناؤها بحيث تغطي على اماكن المسلمين. الا ان هذه القيود لم تكن تطبق دائما او بانتظام. التشدد كان في تطبيق القوانين عن الزواج والارث. غير المسلم لم يكن يرث

المسلم؛ الرجل غير المسلم لم يكن يُسمح له بالزواج من مسلمة، ولكن الرجل المسلم كان يتزوج امرأة يهودية او مسيحية. تحوّل المسلم عن دينه الى دين آخر كان محظورا بصرامة.

VII/26 وكانت من دلائل الطريقة المعيشية المنعزلة لليهود والمسيحيين انهم كانوا يميلون الى احتلال مراكز هامة في بعض النشاطات الاقتصادية، وان يكونوا مبعدين عن غيرها كليا تقريبا. على مستوى رفيع، كان بعض اليهود والنصارى يحتلّون مراكز هامة في بلاط بعض الحكام او في اداراتهم. في مصر ايام الفاطميين والايوبيين والمماليك، كان الموظفون الاقباط ذوي اهمية في دوائر المالية. الطب كان مهنة برز فيها اليهود، واطباء البلاط اليهود كان لهم نفوذ كبير. وعندما كان اليهودي او المسيحي يعتنق الاسلام، كان باستطاعته ان يبلغ مراكز اعلى؛ بعض هؤلاء اصبحوا رؤساء وزارة وكانوا اصحاب سلطة فعلية.

VII/27 ولعب اليهود أيضا في المدن الاسلامية دورا هاما في التجارة البعيدة المدى في موانىء اوروبا على البحر المتوسط، وحتى ايام المماليك، في مرافىء المحيط الهندي. معظم الصنائع، تلك التي كانت ذات علاقة بالادوية والعقاقير والذهب والفضة كان في ايدي اليهود او النصارى الذين يعملون لانفسهم او لمسلمين.

VII/28 كانت علاقة المسلم بغير المسلم جزءاً فقط من مركّب العلائق الاجتماعية التي كان القاطنون جنباً الى جنب في نفس المدينة يعيشون بموجبها، والظروف كانت تقرر اي قسم من المركّب كان يسيطر في اي زمن او مكان. في القرون الاولى للحكم الاسلامي يبدو انه كان هناك الكثير من التعاطي الاجتماعي والثقافي بين اتباع الاديان الثلاثة. العلائق بين اليهود والمسلمين في اسبانيا الاموية، وبين المسلمين والنصارى النسطوريين في بغداد العباسيين كانت وثيقة وسهلة. الا انه بمرور الزمن، ارتفعت الحواجز. اعتناق المسيحيين، وربما اليهود الى درجة اقل، للاسلام حوّل اكثرية الى اقلية متقلصة. وبتحوّل الاسلام من دين النخبة الحاكمة الى دين الاكثرية

المسيطرة في سكان المدن، طور مؤسساته الاجتماعية الخاصة التي كان باستطاعة المسلمين فيها العيش دون التفاعل مع غير المسلمين.

في القرون الطويلة للحكم الاسلامي كانت هناك فترات من الاضطهاد المتعمّد والمستمر لغير المسلمين من قبل حكام مسلمين: مثلا، حكم الخليفة الفاطمي الحاكم (٩٩٦ ـ ١٠٢١) في مصر، وحكم الموحّدين في المغرب، وحكم بعض الحكام المغول في ايران والعراق بعد ان اعتنقوا الاسلام. غير ان اضطهادا كهذا لم يكن يحرِّض عليه او يبرره الناطقون باسم الاسلام السنّة؛ كان رجال الدين العلماء حريصين على ألاّ يخرق غير المسلمين القوانين التي تحدد اوضاعهم، ولكن ضمن هذه التحديدات كانوا يؤيّدون الحماية التي كانت الشريعة توفّرهالهم. وربّما كانت معظم الضغوط على اليهود والنصارى تأتي من شعوب المدن، على الاخص في ايام الحرب او الضائقة الاقتصادية، عندما كان العداء يوجَّه ضد موظفي الحاكم من غير المسلمين. في اوقات كهذه كان الحاكم يجيب عن طريق تطبيق القوانين بصرامة، او صرف موظفيه غير المسلمين من الخدمة، ولكن ليس لمدة طويلة. ازمات كهذه حدثت عدة مرات خلال حكم المماليك في مصر سوريا. VII/29

وكان التنظيم المجتمعي لليهود والنصارى يوفر نوعا من الحماية ويحافظ على قدر من التضامن والتكاتف في وجه الضغوط العرضية والعائق الدائم لكونهم اقلية. وكانت كلّ من مختلف المجتمعات اليهودية والنصرانية تحافظ على وحدتها بفضل تكاتف الجماعة المحلية، حول الكنيسة او الكنيس، بفضل السلطات العليا. بين اليهود، في ايام الخلفاء العباسيين، كان يُمنح «مركز الشرف» والاولية لرئيس اليهود كرئيس «لمن هم في الاسر» (او العبودية)، وهو مركز يُعطى للذين يقولون بالتحدّر من سلالة الملك داود. الا انه كانت تُمنح زعامة اكثر فاعلية الى رؤساء المجامع الاساسية او الجماعات من رجال العلم، اثنين في العراق وواحد في فلسطين. هم كانوا يعينون القضاة لمختلف طوائفهم. وفي وقت لاحق، عندما انقسمت VII/30

الخلافة، ظهر زعماء محليون: قضاة وعلماء وزعماء «دنيويون»، مثل «رئيس اليهود» (النجيد) في مصر، وهو مركز كان يشغله متحدرون من المفكر العظيم ابن ميمون.

VII/31 وبالمثل، في المجتمعات المسيحية المختلفة كان البطاركة والمطارنة هم اصحاب النفوذ. كان بطريرك النسطوريين في بغداد يشغل مركزا ممتازاً من النفوذ والاعتبار، ايام الخلفاء العباسيين كذلك كان بطريرك الاقباط في القاهرة ايام السلالات المصرية فيما بعد. كان رؤساء المجتمعات مسؤولين عن التأكد من ان شروط «الذمة»، او التعاقد على الحماية بين الحاكم المسلم والرعايا غير المسلمين يُنفّذ: السلام، والطاعة، والنظام. وربما لعبوا دورا في تقرير الجزية، ولكن الظاهر انها كانت تُجبى كالعادة من قبل موظفين في الحكومة. كما كان لهم عملهم داخل المجتمع: كانوا يشرفون على المدارس والخدمات الاجتماعية، وحاولوا منع الانحراف في العقائد او الممارسات الطقوسية. كذلك كانوا يراقبون المحاكم حيث كان القضاة يطبقون القوانين في دعاوى مدنية بين شخصين من اعضاء المجتمع، او يصلحون بين متنازعين. الا انه كان باستطاعة اليهود او النصارى، اذا رغبوا بذلك، عرض قضيتهم لدى القاضي المسلم، ويبدو انهم كثيرا ما كانوا يفعلون ذلك.

النساء في المدينة

VII/32 بموجب ما لدينا من معلومات، كان دور النساء محدوداً في الحياة الاقتصادية للمدينة. كنّ خادمات في البيوت، ومنهن من كانت تساعد زوجها في تجارته او حرفته، وكان هناك نساء مغنّيّات، او راقصات او مضيفات. الا انهن، على العموم، لم تكن تشاركن في النشاطات المركزية في المدن الكبيرة، في انتاج البضائع الثمينة على نطاق واسع للتصدير. اللواتي كنّ عاملات علناً كنّ نساء العائلات الفقيرة. بالقدر الذي كانت فيه العائلة موسرة، قوية ومحترمة، كانت تعزل نساءها في جزء خاص من المنزل، الحريم، وتحت البرقع عندما كنَّ يخرجنَ من المنزل الى الشوارع او الاماكن العامة. وقال مشرع مصري من المدرسة المالكية، ابن الحاج (مولود

١٣٣٦) انه يتوجب على النساء عدم الخروج لشراء اي شيء من السوق، لانهنّ قد ينقدنَ الى اعمال غير لائقة اذا جلسن مع البزّازين (أصحاب الحوانيت): «وقد قال بعض السلف رضي الله عنهم إن للمرأة في عمرها ثلاث خرجات[،] خرجة لبيت زوجها حين تهدى اليه وخرجة لموت أبويها وخرجة لقبرها.»(١)

والعيش في عزلة «الحريم» لم يكن يعني العزلة عن الحياة. فداخل
ارجاء الجناح النسائي في البيوت الكبيرة، في زيارات لبعضهن البعض، وفي VII/33
الحمامات العامة التي كانت محفوظة للنساء في اوقات خاصة، كذلك في الاعراس او الولادات، كانت النساء يلتقين ويحافظن على ثقافتهن الخاصة. بعضهن كان يلعب دورا ناشطا في ادارة املاكهن، عبر وسطاء، وهناك قضايا مسجلة عن نساء ظهرن في المحاكم امام القضاة يطالبن بحقوقهن. كما في الارياف، عندما كانت تتقدم المرأة في السن، واذا كان لها اولاد ذكور، كان باستطاعتها ان تكتسب نفوذا كبيرا في العائلة.

ومع ذلك كان النظام الاجتماعي قائما على النفوذ الاكبر للرجال
وحقوقهم؛ الحجاب والحريم كانت دلائل بيّنة على ذلك. وهناك نظرة الى VII/34
العلائق بين الرجال والنساء، والتي كانت متأصلة بعمق في ثقافة الشرق الأوسط، وكانت موجودة قبل مجيء الاسلام بزمن طويل ومحافظ عليها في الارياف بتقاليد ممعنة في القدم، هذه النظرة قويت ولكنها تغيرت في المدينة بتطور الشريعة.

القرآن أكد بعبارات واضحة المساواة الجوهرية بين الرجال والنساء:
﴿مَنْ عَمِلَ سَيِّئَةً فَلَا يُجْزَىٰ إِلَّا مِثْلَهَا وَمَنْ عَمِلَ صَٰلِحًا مِّن ذَكَرٍ أَوْ أُنثَىٰ VII/35
فَأُوْلَٰٓئِكَ يَدْخُلُونَ ٱلْجَنَّةَ يُرْزَقُونَ فِيهَا بِغَيْرِ حِسَابٍ﴾(٢) كما أمر بالعدالة والرحمة في التعامل بين المسلمين. ومن المرجح ان شروطه فيما يتعلق بالزواج والارث إعطت النساء مكانة افضل مما كان لهن في جزيرة العرب قبل الاسلام (ولكن ليس بالضرورة في البلدان التي فتحها المسلمون)

واعطت الشريعة، مرتكزة على نظام مثالي في التصرف الخلقي في المجتمع، تعبيرا رسميا لحقوق النساء، الا انها وضعت ايضا حدودها.

بحسب الشريعة، كل امرأة يجب ان يكون لها وصي ذكر ـ والدها او VII/36 اخوها او فرد آخر من افراد العائلة. زواج المرأة كان عقدا مدنيا بين العريس وبين وصيّها. والوالد بصفته الوصيّ، يمكنه تزويج ابنته دون موافقتها، اذا لم تكن قد بلغت سن المراهقة. واذا كانت قد بلغت سن المراهقة، فموافقتها ضرورية، ولكن، اذا لم تكن متزوجة قبلا، فالموافقة يمكن ان تكون بالصمت. وعقد الزواج يستلزم مهرا يدفعه العريس الى عروسه؛ وهو ملك لها، واي شيء آخر تملكه او ورثته يظل ايضا ملكا لها. والمرأة مدينة لزوجها بالطاعة، ولكن بالمقابل كان لها الحق بملابس ملائمة وسكن ونفقة، وبالمجامعة مع زوجها. ومع ان الكتّاب الشرعيين قالوا بان وسائل منع الحمل مقبولة في بعض الظروف، لايجوز للزوج ممارسة ذلك بدون موافقة زوجته.

ولكن كان هناك عدة اوجه كانت فيها العلاقة بين الزوج والزوجة علاقة VII/37 غير مساويَين. في حين كان بامكان المرأة ان تطلق زوجها فقط لسبب شرعي (العجز الجنسي، الجنون، او الامتناع عن اعطائها حقوقها) وفقط بعد الرجوع الى القاضي، او بالتراضي، كان يحق للزوج ان يطلّق زوجته بدون اعطاء اي سبب، وعن طريق التلفّظ ببعض الكلمات بحضور شهود. (في الشرع الشيعي كانت شروط الطلاق اكثر صرامة، الا انه من جهة ثانية كان هناك مجال لزواج وقتي، المتعة، لمدة معيّنة). وعقد الزواج كان يوفر بعض الوقاية ضد ذلك، اذ كان ينص على ان يقوم الزوج بدفع المؤجل من المهر الى زوجته فقط اذا طلقها. وكانت الزوجة تتطلع الى المساندة والدفاع الذي يوفره لها اقرباؤها من الذكور؛ فاذا طُلّقت كان بامكانها العودة مع ما تملك الى دار اهلها. ويكون لها حق الوصاية على الاولاد من الزواج وواجب رعايتهم وتربيتهم الى ان يبلغوا عمرا معينا، يحدد بطرق مختلفة في القوانين الشرعية المختلفة: بعد ذلك يعود حق الوصاية للأب او لعائلته.

الشريعة، القائمة على القرآن وسنة النبي، تسمح للرجل بأن يكون له
اكثر من زوجة واحدة، الى حدود اربع، بشرط ان يعاملهن بالعدل ولا يهمل VII/38
واجباته الزوجية لأية واحدة منهن. وبامكانه ايضا ان يمتلك من المحظيات ما اراد، دون أن يكون لهن اية حقوق عليه. ولكن عقد الزواج قد يشترط عليه ان لا يتخذ اية زوجات اضافية او محظيات.

ظهر عدم التساوي ايضا في قوانين الارث، والتي استمدتها الشريعة
من كلام القرآن. كان يُسمح للرجل ان يُوَرِّث لا اكثر من ثلث املاكه كما VII/39
يشاء، الى اشخاص او غايات لم تكن لترث منه بطريقة اخرى. الباقي يقسم بموجب قواعد صارمة. زوجته يمكن ان تحصل على الثلث كحد اقصى. اذا ترك اولادا ذكورا واناثا، فالانثى ترث فقط نصف حصة الذكر؛ واذا خلف اناثا فقط، فيرثن جزءا محددا من الملك، ولكن الباقي يرثه اقر باؤه الذكور. (كان هذا شرع السنة؛ اما في الشرع الشيعي، فالبنات يرثن كل شيء اذا لم يكن هناك اخوة ذكور). والشروط بان البنات يرثن فقط نصف ما يرثه الاولاد الذكور يعكس شرطا آخر في الشريعة: في القضايا القانونية، شهادة المرأة توازي فقط نصف وزن شهادة الرجل.

شكل المدينة

كانت المدينة مكانا حيث يعمل التجار والصناعيون، ويدرس العلماء
ويدرّسون، وحيث يجلس الحكام والولاة في البلاط يحرسهم جنودهم، VII/40
والقضاة يقيمون العدل، وحيث كان يأتي القرويون وسكان الصحراء لبيع منتوجاتهم وشراء ما يحتاجون اليه، والتجار يردون من اماكن بعيدة للبيع والشراء، والتلامذة ليقرأوا على استاذ شهير. وكان على بنى المدينة ان تتسع لجميع احتياجاتهم.

وكان يوجد في المدينة، في وسط كل حاضرة كبيرة (وليس بالضرورة
في وسطها الجغرافي) نوعان من المجمّعات البنيانية. احدهما كان يشمل VII/41

المسجد الكبير، الذي كان مكانا للاجتماع والدرس كما للصلاة، وحيث كان باستطاعة الوعي الجماعي للسكان المسلمين ان يعبر عن ذاته في اوقات الازمة. بالقرب منه كان يوجد بيت رئيس القضاة، او محكمته، ومدارس التعليم العالي، ودكاكين باعة الكتب او الشمع او غير ذلك من رموز التديّن؛ وقد يوجد هناك مزار ولي اندمجت حياته بطريقة خاصة بحياة المدينة. المجمع البنياني الآخر قد يشمل السوق المركزية، النقطة الرئيسة للمبادلات. فيه او بالقرب منه قد تقع حوانيت باعة المنسوجات والمجوهرات والتوابل، وغير ذلك من البضائع الثمينة، ومستودعات السلع المستوردة، ومكاتب الصرافين، الذين كانوا يعملون كمصارف لتموين التجارة الخارجية. قد تكون هذه الدكاكين والمستودعات والمكاتب مصفوفة على خط او على رباعي الاضلاع من الشوارع المتوازية او المتقاطعة، او الى كتلة من الابنية المتلاصقة بحيث لاتقطع طرقات بينها. والمجمع البنياني الثالث كان يُشاهد قرب وسط المدن الحديثة، ولم يكن ظاهراً كثيرا. نفوذ الحكومة كان حاضراً، بحراسها وبمراقبي السوق وبالشرطة، ولكنه لم يكن يتجلى بمبان كبيرة طاغية.

كانت منطقة السوق خاصة للتبادل؛ قسم كبير منها، على الاخص
VII/42 امكنة تخزين البضائع الثمينة، كانت تُغلق وتحرس ليلاً. كانت المشاغل وامكنة المنسوجات والاشغال المعدنية تقع في مناطق على مسافة منها، كذلك بيوت سكن الذين يعملون فيها. وقد يسكن التجار الاكثر غنى والعلماء بالقرب منها، الا ان معظم السكان كانوا يقطنون خارج قلب المدينة، في احياء سكنية، كل حي عبارة عن مجموعة من الطرق الصغيرة والازقة غير النافذة المتفرعة عن شارع رئيسي؛ وفي بعض الفترات، كان للاحياء بوابات تغلق وتحرس ليلا. وقد يحتوي الحي بضع مئات او بضعة آلاف من السكان؛ وكان فيه مسجده، او كنيسته او كنيسه، وسويقته المحلية لتلبية احتياجاته اليومية، وربما حمامه العمومي، وهو مكان التقاء هام. بعض العائلات الغنية وذات النفوذ ربما كان لها منزلها في الحي، حيث

تمارس نفوذها ورعايتها، ولكن غيرها قد يكون منزلهم الرئيسي او الفرعي على اطراف المدينة حيث بالامكان تشييد منازل اوسع تحيط بها حدائق. وكان الحي ملكا لسكانه، وإلى حدٍّ ما امتدادا للبيوت. حرمته كانت مصونة، في وقت الحاجة، على يد شبانه، الذين كانوا ينظمون انفسهم احيانا في مجموعات (زُعَر، عيّارون، فتيان) كان لها استمرارية ومثال اخلاقي يتبعونه. وربما كان مجال مجموعات كهذه اكبر للنشاط في اوقات الاضطرابات والفوضى في المدينة.

VII/43 ابعد من وسط المدينة، قرب الاسوار او حتى خارجها، كانت الاحياء الاكثر فقراً حيث يقطن المهاجرون الآتون من الارياف. هنا كانت القوافل تجهز، وتجمع، وتُرسل، وتُلاقى، وحيوانات النقل تُشرى وتباع، واهل الارياف يأتون بفاكهتهم وخضارهم وماشيتهم للبيع. هناك ايضا كانت تقع المشاغل التي تسبب ضجيجاً مزعجاً او رائحة كريهة كالدباغة، والجزارة. وابعد من هذه الاحياء خارج سور المدينة كانت المدافن، وكانت مكان التقاء هام وليس فقط اوقات الجنازات.

VII/44 وكان هناك اتجاه لسكان حي ما ان يكونوا مرتبطين باصل مشترك او بصلة دينية او عرقية او اقليمية او بالقربى او بالتزواج؛ هذه الروابط كانت تشكل تضامنا يمكن ان يكون قوياً. كان اليهود والنصارى يجنحون الى السكنى في احياء معينة دون اخرى، بسبب روابط قربى او اصل، او لانهم كانوا يريدون ان يكونوا قرب اماكن عبادتهم، او لان عاداتهم التي تختلف في موضوع عزلة المرأة كانت تجعل جيرة العائلات الاسلامية صعبة. في المغرب الكبير، كان اليهود من اصل بربري او شرقي يعيشون منفصلين عن اليهود الذين قدموا من الاندلس. الاحياء التي كانوا يعيشون فيها لم تكن مقصورة على اليهود او المسيحيين. اما الاحياء المعزولة «الغيتو» فلم تكن موجودة في اكثر الامكنة. الا انه بنهاية القرن الخامس عشر كان المغرب قد اصبح «الشواذ»: في فاس وغيرها من المدن انشئت احياء منفصلة لليهود من قبل الحاكم لحماية اليهود من الاضطرابات الشعبية.

وكانت هناك عدة اوجه مختلفة لهذا السياق العام، تبعا لطبيعة الأرض والتقاليد التاريخية واعمال السلالات. حلب، مثلا، كانت مدينة قديمة نمت VII/45 قبل مجيء الاسلام بزمن طويل. ظل قلب المدينة في المكان الذي كان فيه ايام اليونان والبيزنطيين. الشوارع الرئيسة كانت اضيق مما كانت عليه؛ وحيث ان النقل بواسطة الابل والحمير حل محل العربات ذات العجلات فالطرقات لم تعد تحتاج ان تتسع لاكثر من دابتين محملتين تتقاطعان على الطريق. الا ان التخطيط التربيعي للطرقات الرئيسة كان ما زال ممكنا اتباعه في متاهات (شبكات) المعابر المسقوفة بالحجارة في السوق. وكان المسجد الكبير في المكان حيث يتسع الشارع الرئيسي ذو الاعمدة (من عهد الاغريق الهيلينيين) ويصبح في المدينة ساحة عامة، أو مكان الاجتماع الأهم.

القاهرة من ناحية أخرى، كانت حديثة الانشاء. خلال القرون الاولى للحكم الاسلامي في مصر، كان مركز النفوذ والحكومة قد انتقل الى الداخل VII/46 من الاسكندرية الى النقطة التي يدخل فيها النيل الدلتا، وبُنيت سلسلة من المراكز المدنية الى شمالي القلعة البيزنطية المسماة بابل: الفسطاط، والقطائع، واخيرا القاهرة، التي أنشأ وَسَطَها الفاطميون وظلت هي نفسها في مكانها حتى المنتصف الثاني للقرن التاسع عشر. في وسطها يقع الجامع الازهر الذي بناه الفاطميون لتعليم الاسلام في صيغته الاسماعيلية؛ واستمرّ كأحد أعظم مراكز تعليم المذهب السنّي والمسجد الجامع الرئيسي في المدينة. بالقرب منه كان مزار حسين، إبن الخليفة الرابع علي، وزوجته فاطمة، ابنة النبي؛ والمعتقد الشائع هو ان رأس الحسين جيء به الى هذا المكان بعد مقتله في كربلاء. وعلى مسافة قريبة يقع الشارع الرئيسي الذي كان يمتد من البوابة الشمالية للمدينة (باب الفتوح) الى الجنوبية (باب الزويلة) وعلى طول جانبيه، وفي الازقة المتفرعة عنه، كان هناك مساجد ومدارس وحوانيت ومخازن تجار المنسوجات والتوابل والذهب والفضة.

فاس بُنيت بطريقة أخرى، عن طريق دمج مستوطنتين على ضفتي نهر VII/47

صغير. ثُبت وسط المدينة أخيرا في نقطة، في واحدة من المستوطنتين، حيث يقع مزار من يُعتقد بأنه مؤسس المدينة، مولاي إدريس. بالقرب منها كان مسجد التعليم العظيم، مسجد القرويين، بمدارسه المستقلة وشبكة من الاسواق تحرسها في الليل بوابات، حيث كان يُخزن ويُباع ما تميّزت بانتاجه المدينة من التوابل وأشغال الذهب والفضة والمنسوجات المستوردة والاخفاف الجلدية.

كان المسجد الكبير والسوق الرئيسي في مدينة ما النقاط التي تشع منها القوة الثقافية والاقتصادية، ولكن مركز قوة الحاكم كان في مكان آخر. في VII/48
أوائل العصور الاسلامية، ربما كان الملك وحكامه المحليون يعقدون جلسات البلاط في وسط المدينة ولكن في فترة لاحقة تأصل نوع من الانفصال بين «المدينة»، مركز النشاطات المدنية الجوهرية، والقصر الملكي أو البلاط. وهكذا، انتقل العباسيون لفترة من الزمن من المدينة التي أنشأوها، بغداد، الى السامراء، على مسافة منها على نهر دجلة، وحذا حذوهم حكام آخرون فيما بعد. في القاهرة اقام الايوبيون والمماليك بلاطهم فى «القلعة»، التي بناها صلاح الدين على تلّة المقطَّم المشرفة على القاهرة؛ الامويون في إسبانيا بنوا قصرهم في مدينة الزهراء، خارج قرطبة؛ فيما بعد، انشأ الحكام المغربيون مدينة ملكية، فاس الجديدة، على تخوم المدينة القديمة. وليس من الصعب العثور على أسباب هذا الانفصال: العزلة كانت تعبيرا عن القوة والفخامة؛ او ان الحاكم كان يود ان يظل معزولا عن ضغوط الرأي العام، وان يحتفظ بجنوده بعيدين عن الاحتكاك بالمصالح المدينية التي قد تُضعِف ولاءهم لمصلحته هو وحده.

داخل محيط المدينة الملكية أو المجمّع الملكي كان القصر ذاته، VII/49
بخزينته الملكية ومصنع سك العملة ومكاتب امناء سرّه. وكانت تُصرّف الاعمال العامة في الباحات الخارجية للقصر: السفراء يُستقبلون، والجيوش تُستعرض، وينعقد المجلس لإقرار العدل والاستماع الى الشكاوى والمطالب. ويسمح بدخول ذوي العلاقة الى هذا الجزء من القصر، والحاكم

نفسه يظهر هناك في ايام معينة، لغايات محددة. اما الباحات الداخلية فكانت للحاكم نفسه: عائلته، نسائه يحرسهنَّ خصيان، وعبيد القصر الذين كانوا يؤلفون نوعا من الامتداد لشخصيته. الا ان درجات العزلة كانت تختلف من سلالة الى اخرى: كان بنو حفص يعيشون مع الجمهور بقليل من العزلة، اما المماليك فكانت عزلتهم أتم.

VII/50 في المدينة الملكية كان هناك ايضاً ثكنات للحرس الملكي، وقصور او منازل الموظفين الكبار وأسواق خاصة تنتج السلع لاحتياجات البلاط والجيش: مصنع السلاح، اسواق للخيول والاسلحة، مشاغل تحاك فيها المنسوجات الفخمة للقصر. هؤلاء العاملون في صناعات كهذه، ربما كانوا يسكنون قريبا: الحي الذي كان يعيش فيه صاغة الذهب والفضة اليهود كان في مدينة فاس الملكية.

البيوت في المدينة

VII/51 بحلول القرن الخامس عشر كانت الاسواق في المدن تحتوي على ابنية عظيمة مبنية حول فناء، مع مخازن في الطبقة الارضية؛ فوقها قد يكون هناك نُزل للتجار الزوار او غيرهم. تلك الابنية في اشكالها المختلفة كانت تسمى «الخان» في سوريا والعراق، «والوكالة» في مصر، و«الفندق» في المغرب. وثمة نوع آخر من البناء، في المغرب على الاقل، كان «القيصرية»، حيث تُختزن السلع والبضائع الثمينة. كثير من هذه الابنية كان يشيدها حكام المدينة او عظامها وتُجعل في أوقاف بحيث يُستخدم دخلها لاغراض دينية أو خيرية.

VII/52 بحسب ما هو معروف، كانت الابنية المنزلية في المدينة تُصنّف الى ثلاثة اصناف. في بعض المدن كانت بيوت الفقراء مكونة على العموم من فناء مفتوح فيه أكواخ. في وسط القاهرة المزدحم كان الفقراء، كذلك الصناع وتجار المفرق الذين كانوا يحتاجون الى البقاء على مقربة من مكان أعمالهم، يعيشون في بيوت ذات شقق. فالبيت النموذجي كان يُشاد حول فناء، مع

مشاغل على الطابق الارضي، وعدد من السلالم تؤدي الى طبقتين اوثلاث عليا مع شقق منفصلة من عدةٍ غرف منفتحة عليها.

للعائلات الاكثر رخاء، او تلك القاطنة في مناطق أقل ازدحاما، تطورت انواع اخرى من البيوت. في جنوبي غربي الجزيرة العربية كانت هذه VII/53
المنازل من طراز متميز، مبنية من حجارة ومصممة بتناسق وعناية، ترتفع عدة طبقات؛ كانت الحيوانات تُربط في الطبقة الارضية، والحبوب فوقها، ثم كان هناك طبقتان اوثلاث من حجرات الجلوس والنوم، وغرفة الاستقبال الرئيسة في أعلى البناء، حيث أجمل منظر وانقى هواء. في المناطق الاخرى، ربما تطور المنزل العائلي الواسع بأشكال منوعة تبعا للاقليم والعصر، من شكل منازل البحر المتوسط اليونانية ـ الرومانية مع تقاليد من ايران والعراق.

وكان المرء يصل الى المنزل عبر ممشى متفرع من شارع رئيسي. لا
شيء ما عدا حجم الباب يدل على ثراء مالكه، لاثارة حسد الحكام او فضول VII/54
المارة؛ كانت المنازل تُشاد لتُرى من الداخل، وليس من الخارج. الباب كان المعْلَم الرئيس الخارجي: مصنوعا من الحديد او الخشب، محاطا بحجارة منحوتة، وربما له نافذة فوقه يمكن منها رؤية القادم. داخل الباب رواق ينعطف بشكل زاوية كي لا يظهر اي شيء من الشارع، ويؤدي إلى باحة رئيسية تنفتح عليها عدة غرف، منها المجلس او قاعة الاستقبال الكبيرة؛ في المناطق المزدحمة، قد يُستبدل فناء الدار بغرفة مركزية مسقوفة. وغالبا ما تقع غرفة الاستقبال الى جانب الفناء، بمواجهة المدخل، ويكون المدخل اليها من باب او «إيوان» اي القوس العالي المستدير الذي انتشر غربا من ايران. في بعض الاماكن كان للغرفة الرئيسة حجرة انتظار صغيرة امامها. في القاهرة ايام المماليك، تطورت الغرفة لتصبح فناء مسقوفا او مغطى، فيه بقعة منخفضة في وسطها فَسْقِيّة ماء وأمكنة للجلوس على الجانبين. ومفصولة عن قاعة الاستقبال هذه وتوابعها ومكاتبها كانت منطقة العائلة، حيث كان بإستطاعة النساء وأولادهن والخدم ان يحتجبن بقدر ما يُردن او يريد صاحب

البيت. في المنازل الضخمة كان الانفصال بين جناحي الاستقبال والعائلة مجسدا بوجود باحتين، وفي المنازل الاقل حجما، بواسطة فارق في الاستنفاع بين الطابق الارضي والعلوي. في المنازل الكبيرة كانت توجد حجرات للاستحمام (حمام).

كان البناء بالحجر غالياً في اكثر الاماكن، ومعظم المنازل تبنى بالقرميد أو الطوب، مع طوق حجري للباب. كانت سقوف الغرف الرئيسية VII/55 على الطابق الارضي عامة قناطر من القرميد لمنع الرطوبة ولتحمل ثقل الادوار الاعلى؛ السقوف الاخرى كانت من الخشب. وكانت تستخدم وسائل مختلفة في السقوف من أجل التهوية ومجاري الهواء. كانت الجدران والابواب والسقوف منمّقة. وكان يُصبغ الخشب بألوان مختلفة (اللون المميز للمغرب كان الاخضر، ولتونس الازرق). والجدران مكلّسة ومزخرفة بالجص بأشكال ازهار. الحجارة كانت تُنحت بأشكال مزهرة او خطيّة. وكان للنوافذ مصاريع خشبية؛ الاشغال الخشبية المتشابكة المسماة «مَشْرَبِيَة» كانت معروفة في مصر الفاطميين، وانتشرت ايام المماليك.

ولم يكن في المنازل الا القليل من الاثاث الدائم، بإستثناء الصناديق والخزائن ذات الادراج وذات الرفوف للتخزين. ويقول احد مؤرخي القاهرة VII/56 ان الدور الذي يلعبه الاثاث الخشبي في المنازل الاوروبية حلت محلّه المنسوجات. غرف الاستقبال كان فيها ارائك عليها طنافس. الفرشات المحشية والوسائد، مبسوطة على الارض او على قاعدة من خشب او حجر، كانت تحل محل الاسرّة. وكانت الجدران مكسوة بستائر، وارض البيت والاسرّة بالبسط. في الليل كانت تستعمل مصابيح زيت نحاسية؛ وفي الطقس البارد كان يؤتى بكوانين او بمجامر نحاسية فيها فحم حطب او اخشاب ذات اعراف عطرية. وكانت الوجبات تقدم على اطباق وصوان واسعة مستديرة من الفضة او النحاس، مرفوعة على قوائم خشبية. وللاكل كانت تستعمل طاسات وزبديات وكؤوس من الفخار - وللاغنياء أوان من البورسلين؛ كذلك كؤوس من النحاس أو الزجاج او الخزف للشرب. وكانوا

يستعملون قطعة من الخبز الممدد لتناول الاكل من الطبق الذي يتوسط الطعام، ولكن كانت الملاعق والسكاكين ايضا معروفة ينتشر استعمالها بين الاغنياء.

وكان الخبز ذا أهمية جوهرية في حياة الفقراء؛ كانت الحكومات تركّز على الحاجة الى ضمان تموين المدن بالحبوب، وكانت الاضطرابات واعمال الشغب تعم عندما كان القمح يشح او ترتفع اسعاره. وفي معظم الاماكن كان الخبز يُصنَّع من القمح ويُليّن بزيت الزيتون ويؤكل مع الخضار ـ البصل والثوم، او خضار كالباذنجان الذي جُلب الى دنيا البحر المتوسط نتيجة التوسع الاسلامي. معظم الناس نادرا ما كانوا يأكلون اللحم، في الاعياد او المناسبات الكبرى فقط. غذاء الموسرين كان اكثر تنوعا: تشكيلة اوسع من الخضار والفاكهة (تبعا لامكانية توفرها او استيرادها ـ العنب، البرتقال، والدراق والمشمش في بلدان المتوسط، والتمر من العراق ومن حواشي الصحراء والواحات)، واللحوم: الاغنام اكثر من البقر، الطيور الداجنة، الاسماك قرب البحر او الانهار والبحيرات. وكان اللحم يُطهى بالزيت او بزيت السمسم ويتبل بالبهارات. وبالرغم من ان القرآن حرّم شرب الكحول، يبدو ان الخمرة وغيرها من المشروبات القوية التي كان يصنعها النصارى محليا او المستوردة من اوروبا الغربية كانت تستهلك بكميات كبيرة.

VII/57

سلسلة المدن

طالما ظل النظام في المدن والسيطرة على الارياف المحيطة بها سائدا، يصونها تحالف المصالح بين الحاكم والنخبة المدينية المهيمنة، فالثروة والنفوذ كانت تنتقل من جيل الى جيل، وينتقل معها ايضا ثقافة ونظام تعليم وقيم وطرق سلوك ونماذج من الشخصية المثالية. ويقال ايضا ان دستور السلوك المقبول، القاعدة، الذي كان موجودا في فاس في السنين الاولى من القرن العشرين كان مماثلا لذاك الذي وَصَفه ليون الافريقي في القرن السادس عشر[٣]. معايير السلوك الصحيح والفكر والتعليم والمهارات السامية كان يربط بين الاجيال، ولكنها كانت تربط ايضا بين المدن. وكانت

VII/58

هناك شبكة من الطرق التي تمر بالعالم الاسلامي وما وراءه، وعلى طولها لم تكن تمر قوافل الابل والحمير حاملة الحرائر والتوابل والزجاج والمعادن الثمينة فحسب، بل الافكار والاخبار والازياء ونماذج من الافكار والسلوك. عندما كان يلتقي قواد القوافل والتجار في السوق كانت الاخبار تتبادل ويُقيَّم مغزاها. التجار من مدينة ما كانوا ينتقلون ويستقرون في مدن اخرى، ويحفظون روابط وثيقة دائمة فيما بينها. ومن وقت الى آخر كانت تمر تحركات اخرى اكثر عنفا على الطرق، اذ يَعْبُرُ جيش حاملا سطوة حاكم آخر او متحدّ جديد للسلطة الموجودة؛ قد تجلب هذه التحركات معها افكارا جديدة عن كيفية العيش في المجتمع، وعناصر عرقية جديدة تضاف الى السكان.

من بدء التاريخ الاسلامي ايضا انتقل اشخاص في طلب العلم لكي
VII/59 ينشروا الحديث عما فعله النبي وما قاله نقلا عن هؤلاء الذين سمعوه نقلا عن الصحابة. وبمرور الزمن توسعت غايات السفر: لتلقي علوم الدين من معلم شهير، او لتلقي التدريب على يد احد سادة الحياة الدينية. الساعون الى العلم أو الحكمة كانوا يأتون من القرى او المدن الصغيرة الى المدينة الكبيرة: من جنوبي المغرب الى مسجد القرويين في فاس، ومن شرقي الجزائر وتونس الى الزيتونة في تونس؛ الازهر في القاهرة كان يجتذب التلامذة من مجال اوسع، كما تدل على ذلك اسماء نزل التلامذة ـ «الرواق» للمغاربة، والسوريين والاحباش. ومدارس المدن الشيعية المقدسة في العراق ـ النجف، كربلاء وسامراء والكاظمين في ضواحي بغداد ـ كانت تجتذب التلامذة من المجتمعات الشيعية في سوريا وشرقي جزيرة العرب.

وتُصوّر حياة الرحالة الشهير ابن بطوطة (١٣٠٤ ـ حوالي ١٣٧٧)
VII/60 الصلات بين المدن والاراضي الاسلامية. حِجّهُ، الذي قام به عندما كان في الواحد والعشرين من عمره، كان البداية لحياة تجوال اخذته من مسقط رأسه طنجة في المغرب الى مكة، عن طريق سوريا، ثم الى بغداد وجنوبي غربي ايران، والى اليمن وافريقيا الشرقية وعُمان والخليج، وآسيا الصغرى

والقوقاس وروسيا الجنوبية، والى الهند وجزر الملديف والصين، ثم رجوعاً الى المغرب، ومن هناك الى الاندلس والصحراء الكبرى. وحيثما ذهب، كان يزور قبور الاولياء ويعاشر العلماء الذين كانت تصلهم به رابطة الثقافة الواحدة المشتركة المعبر عنها باللغة العربية. وكان يلقى الوفادة في بلاط الامراء، وعُين قاضياً من قبل البعض منهم. هذا الشرف الذي أُسبغَ عليه بعيدا جدا عن موطنه، في دلهي وجزر الملديف، يدل على الاعتبار الذي كان يتمتع به اهل التعليم الديني ومفسروه باللغة العربية[٤].

الفصل الثامن

المدن وحكّامها

تكوّن السلالات

VIII/1 كان الحفاظ على القانون والنظام في المدن يحتاج الى قوة تنفيذ، أيْ الى حاكم يختلف مركزه عن مركز شيخ القبيلة الذي يستمد سلطته غير المستقرة من الاعراف والمبايعة.

VIII/2 مع ما يبدو بانه من تناقضات التاريخ الاسلامي (وربّما غير تواريخ ايضا)، غالبا ما كانت سلالات الحكام تستمد قوتها من الارياف، وحتى بعضها كان اصلها من الارياف، ولكنها لم تكن لتستطيع البقاء الا بتثبيت اقدامها في المدن واستمداد قوة جديدة بتكتل مصالحها مع مصالح سكان المدن.

VIII/3 لكي تستمر وتبقى، كان على السلالة ان تتجذر وتمتد في المدينة: كانت تحتاج الى الثراء المتأتي من التجارة والصناعة، والشرعية التي كان العلماء وحدهم يستطيعون ان يضفوها عليها. كان تكوّن السلالات نهجاً يقوم على فتح المدن. وينتقل الفاتح عبر سلسلة من المدن الواقعة على طريق التجارة. كان قيام المدن ونموها يتوقف بدوره الى درجة كبيرة على نفوذ السلالات وسطوتها. بعض اعظم المدن في عالم الاسلام كانت في الواقع خليقة سلالات: بغداد من العباسيين، القاهرة من الفاطميين، فاس من الادريسيين، قرطبة من الامويين. وضمن حدود معينة كان باستطاعة حاكم قوي ان يحوّل طرق التجارة وان يجتذبها الى عاصمته؛ وقد تنحط المدينة اذا غادرها حاكمها او لم يعد قادرا على حمايتها، كما انحطت القيروان عندما انقطع بنو زيري في الواقع عن العيش فيها.

VIII/4 كانت الغاية الاولى لسلالة ما الحفاظ على ذاتها في السلطة، لذلك

كان الحاكم يعيش منعزلاً نوعا عن السكان، تحيط به حاشية معظمها من اصل عسكري او غريب: عائلته وحريمه او مماليكه الشخصيون ـ سود افريقيون أو نصارى اعتنقوا الاسلام في المغرب الكبير، اتراك او اكراد او شركس ابعد شرقا ـ وكذلك موظّفون كبار مأخوذون في معظمهم من جماعات المماليك هذه. الجيش الممتهن الذي حل محل ذلك الذي استولت بموجبه السلالة على السلطة كان ايضا مجنداً من خارج المدينة. جيش السلجوقيين كان في غالبيته من الاتراك، وجيش الايوبيين اكثر اختلاطاً: في سوريا، جاءت قيادته من ارستقراطية عسكرية متعددة الاصول، أتراك، اكراد، او يونان اعتنقوا الاسلام، وفي مصر تألفت القيادات من اتراك واكراد جاؤوا حديثا. تحت حكم المماليك كان الجيش خليطا ايضا: لبّه كان مجموعة مماليك ملكيين طوعهم الحاكم او أخذهم عن اسلافه وتدربوا في مدارس القصر، ولكن كبار الضباط كان لكل منهم جماعته من العسكريين الاتباع المدربين في بيته. تضامن المجموعة التي تربت في المنزل نفسه كانت تدوم على مَرّ الحياة او اطول. عساكر المماليك لم يكونوا يشكلون مراتب وراثية، واولادهم لم يكن بامكانهم ان يصبحوا اعضاء في القوة العسكرية المركزية. كانت هناك قوة اخرى مكونة من مسلمين مولودين احرارا كان باستطاعة المماليك ان ينخرطوا فيها ويترقوا. وبين بني حفص، كان الجيش الاساسي معبّأ من قبائل الارياف، ولكن عندما ثبّتت السلالة نفسها بقوة اتجهت الى الاعتماد على جنود مرتزقة، عرب من الاندلس ونصارى اوروبيين اعتنقوا الاسلام واتراك.

VIII/5 بالقدر الذي كان باستطاعة السلالة ان تثبت نفسها بقوة كانت تحاول ان تعين حكاما اقليميين من ضمن المجموعة الحاكمة، ولكن بدرجات متفاوتة من النجاح: طبيعة الارياف وتقاليد العائلة الحاكمة ربما كانت تجعل ذلك صعبا. حكم السلجوقيون امبراطورية مترامية الاطراف من مناطق خصبة يفصل بينها جبال وصحارى، وورثوا تقليدا يجعل السلطة تستند الى عائلة بدلا من ان تُعهد الى افراد منها؛ لهذا السبب كانت امبراطوريتهم اقل مركزية

مما كانت عليه مجموعة ممالك نصف مستقلة، تحت حُكم اعضاء مختلفين من العائلة. في سوريا، حَكَمَ الايوبيون بطريقة مماثلة؛ حكمهم كان بمثابة اتحاد دول ممركزة في مدن مختلفة، كل واحدة منها يحكمها احد افراد عائلة الايوبيين، وكان يقدم الولاء رسميا الى رئيس العائلة دون ان يَسمح له بالتدخل كثيرا. غير أن طبيعة الارض في مصر وتقليداً طويلاً من الحكم المركزي مكّنا الايوبيين من الحفاظ على الحكم المباشر. تحت المماليك ايضا كان الحكام الاقليميون في سوريا، بالرغم من كونهم مأخوذين من النخبة الحاكمة، اقل خضوعا لمراقبة القاهرة مما كان هؤلاء في مصر العليا؛ ولكن في مصر السفلى وجد المماليك انه من الصعب الامساك بزمام الامور تماما بسبب ظهور عائلة قوية من شيوخ القبائل، الهوُارة. كذلك لاقى بنو حفص صعوبة في ضبط الارجاء البعيدة من دولتهم: فخرج بعض شيوخ القبائل عن سلطتهم وغاب حكمهم نوعاً ما عن المدن النائية؛ ولكن بمرور الزمن قويت سلطة الحكومة المركزية.

كان التحكم الثابت بامبراطورية كبيرة يحتاج الى جهاز اداري موّسع.
VIII/6 في معظم الدول ظلت الانقسامات بين الموظفين تلك التي كانت موجودة ايام العباسيين. كان هناك ديوان الانشاء حيث كانت تحرر الرسائل والوثائق بلغة مضبوطة دقيقة، وبموجب الشكل المعروف والسوابق، وحيث كانت تحفظ؛ وكان هناك خزينة تراقب تقييم المداخيل وجبايتها ونفقاتها؛ ودائرة خاصة لحفظ حسابات الجيش وسجلاته. تحت حكم السلجوقيين ظل الوزير المراقب الرسمي لمجمل الموظفين المدنيين كما كان ايام العباسيين، ولكن تحت بعض السلالات الاخرى كان نفوذه ودالته اكثر محدودية. في دولة المماليك لم يكن اكثر من مراقب على الخزينة؛ اما في دولة بني حفص فكان هناك وزير لكل من الدوائر الثلاث، وكان باستطاعة الحاجب، وهو الذي كان يشرف على الاستئذان بالدخول على الحاكم، ان يكون اكثر اهمية من اي منهم.

VIII/7 وكان الوزير او غيره من كبار الموظفين يؤخذون من النخبة العسكرية،

ولكن، بشكل عام، كانت الادارة المدنية، من الحكومة، هي القسم الذي يتيح لبعض اهل المدينة المحليين ان يلعبوا دورا. وكانوا هم، وليس العسكر، ذوي العلم والتدريب الضروري للعمل في الديوان او الخزينة. والى حدّ ما كان الموظفون يُنتقون من بين هؤلاء الذين اكملوا دراستهم كعلماء دين، ولكنه كان مألوفاً اكثر لطلاب الوظائف العامة ان ينخرطوا في السلك في عمر مبكر بعد تثقف اساسي في علم اللغات والدين، وان يتعلموا المهارات الخاصة بتحرير الوثائق او مسك الحسابات عن طريق التدرب. وقد يلتحق طالب الوظيفة بموظف حكوميّ كبير ويأمل بان يستفيد ليس فقط باتباع مثاله بل ايضا من رعايته. في هذه الظروف كان من المحتّم لعامل التوارث في الخدمة المدنية ان يلعب دورا، فالابناء يتدربون ويرقيهم آباؤهم، ويبدو من المعقول وجود نوع من الاستمرارية حتى عند تغير السلالات؛ قد يستمرّ الموظفون من السلالة السابقة في خدمة السلالة الجديدة، ولاريب انه كان هناك استمرارية في ممارسة اشغال الديوان والخزينة.

بهذه الطريقة، كان بامكان اعضاء من المجتمع المديني المحكوم من سلالة غريبة او مجموعة خارجية، ان يدخلوا في النخبة المسيطرة، على VIII/8
الاقل على مستوى محدود؛ موظفون فرس خدموا السلجوقيين الاتراك؛ ومصريون وسوريون عملوا لدى المماليك. الا انه كان بامكان الحكام المجيء بموظفين من خارج النخبة المدينية، والذين كانوا بالطبع اكثر اعتمادا عليهم. الايوبيون في سوريا جلبوا موظفين من مصر والعراق وغربي ايران، وبنو حفص استعملوا منفيين من الاندلس، وتحت المماليك في مصر كان هناك موظفون يهود واقباط، معظمهم اعتنقوا الاسلام.

أحد اهم واجبات الحاكم المسلم كانت احقاق العدالة، وهنا ايضا كانت هناك طريقة للمثقفين من سكان المدن لدخول سلك الدولة. فالحاكم VIII/9
كان يعين القضاة من بين المثقفين في مدارس الدين والمنتمين الى المدارس الشرعية التي كان يود دعمها. كان القضاة والمفتون يأتون على العموم،

من السكان المحليين، لكن الحاكم القوي قد يعين اشخاصا من الخارج؛ على وجه المثال نذكر الحفصيين الذين عينوا علماء من الاندلس في الوظائف الكبيرة.

VIII/10 وكان يبرز ايضا تحالف بين المتمسكين بالسلطة العسكرية واعضاء من النخبة المثقفة في المدن عندما كان الامير نفسه او حاكمه في الريف، يتولى العدل. لم تكن تُحال كل القضايا والنزاعات الى القاضي. كان بامكان الامير او الحاكم ان يقرر اية قضايا يحيلها الى القاضي وايا منها ينظر فيها بنفسه: معظم قضايا الجرائم، تلك التي كانت تؤثر على الامن العام او مصالح الدولة، او التي تثير مشاكل قانونية او شرعية عويصة. وكان من الاهمية بمكان للحاكم المطلق ان يستمع الى المظالم ضد الموظفين الذين انتدبهم. وكان عليه ان يترك باب الاتصال مفتوحا للرعية. فقد سبق وكانت هناك جلسات في ايام العباسيين يعقدها موظف خاص للاستماع الى الظلامات. وتحت سلالات لاحقة، ظل هذا الاجراء ساريا. بعض الامور يُبت فيها بالطرق الادارية العادية، ولكن الحاكم نفسه كان يعقد جلسات يتسلم فيها الالتماسات والعرائض ويصدر القرارات. كل اسبوع كان الحاكم زمن المماليك يجلس في القاهرة في مجلس قانوني مهيب، يحيط به قائد الجيش وكبار الموظفين المدنيين وقضاة من المذاهب الاربعة، وقاض عسكري خاص، والمُفتون الرئيسيون؛ وكان يصدر القرارات بعد استشارتهم، ولم يكن مقيداً باية اعراف شرعية. بالطريقة نفسها في تونس ايام الحفصيين كان الحاكم يجتمع كل اسبوع بالقضاة واهل الافتاء الرئيسيين.

تحالف المصالح

VIII/11 كانت العلائق بين قطبي المدينة، القصر والسوق، وثيقة ولكنها معقدة، قائمة على احتياج متبادل ولكن بمصالح متضاربة. كان الحاكم محتاجاً الى النشاطات الاقتصادية في المدينة لتوفر له السلاح والعتاد لجيشه وسفنه، الاثاثات والزينات لنفسه وحاشيته وعائلته، والمال اللازم لذلك، اما بطريقة جباية الضرائب النظامية او بفرض مبالغ على الرعية؛ والتجار كانوا

يزوّدون احتياطه المالي، الذي كان يلجأ اليه كلما احتاج اكثر مما تدّر عليه الضرائب العادية. بالطريقة ذاتها، كانت الطبقة المثقفة تشكل نوعا من الاحتياطي البشري يستطيع منه انتقاء موظفين مدنيين وقضائيين، كذلك شعراء وفنانين يزينون بلاطه ويُضفون عليه مسحة فخامة. من جهتهم، كان سكان المدينة، على الاخص ذوو الثراء والمكانة، بحاجة الى سلطة الحاكم ليؤمنوا توافر الغذاء والمواد الخام من الارياف، ولحراسة الطرق التجارية واقامة العلائق مع حكام آخرين لتمهيد طريق التجارة.

وكانوا يحتاجونه ايضا للحفاظ على الامن وعلى بنية القانون، التي
VIII/12 بدونها لايمكن للحياة ان تستمر في مجتمع متمدن مركّب. كان يجب أن تنظم نشاطات السوق التجارية، والشوارع ان تضاء وتنظف وتحرس من السارقين والمخلّين بالامن، وان تجمع النفايات وان تنظف انابيب المياه وتصان. لهذه الغايات كان الامير يعين حاكماً للمدينة، يُسمى بألقاب مختلفة بحسب المناطق. وكان له بتصرّفه قوة شرطة، منتقاة محليا عادة، كما كان هناك حراس للاحياء وعسس للاسواق التجارية والشوارع. في السوق التجارية كان يوجد مسؤول حكومي خاص، «المحتسب»، الذي كان يراقب الاسعار والاوزان والمقاييس ونوعية البضاعة وطرق ادارة الاعمال؛ سلطته كانت مستمدة من آية من القرآن تأمر المسلمين «بالمعروف» وتنهيهم عن «المنكر»، وفي بعض الظروف كان يعين من بين طبقة رجال الدين، وفي ظروف اخرى من بين العسكريين. في بعض المدن، مثلاً صنعاء في اليمن، كان هناك دستور مكتوب يعبر عن الاتفاق العرفي على الطريقة التي يجب ان تدار بها الاعمال.

وكان حفظ النظام وجباية الضرائب مرتبطين ارتباطا وثيقا. جزء كبير ـ
VIII/13 وربما الجزء الاكبر ـ من دخل الحاكم كان من الضرائب على الانتاج في الارياف، ولكن الضرائب والمكوس المدينية كانت عديدة وهامة. بالاضافة الى الجزية على اليهود والنصارى، كانت هناك مكوس جمركية على البضائع الداخلة الى المدينة او الخارجة منها، ومكوس مختلفة الانواع يدفعها

اصحاب الحوانيت او المشاغل.

VIII/14 ولم يكن بالامكان حكم المدينة بدون مقدار من التعاون بين الحاكم والسكان، او على الاقل هؤلاء الذين كان لهم صالح في نظام مستقر. بالاضافة الى هؤلاء الذين كانوا موظّفي دولة بكل معنى الكلمة، كان هناك ايضا افراد من المجتمع المديني ممّن كان الحاكم يعتبرهم ناطقين باسم مجتمعهم او ممثلين عنه، وبالتالي مسؤولين عن حفظ النظام والطاعة وتوزيع ما يستحق من الضرائب ما بين اعضاء المجتمع. والاكثر اهمية بينهم، لحفظ النظام في المدن، كان زعماء الاحياء الذين كانوا يجبون ما يفرض من ضرائب على الأسر وعلى بيوت السكن. كما كان ايضا رؤساء المجموعات المختلفة، من حرفيين وتجار. هؤلاء الذين كانوا يمارسون الحرفة نفسها لم يكونوا يُعاملون بالضرورة كمجموعة واحدة؛ فقد تكون هناك عدة مجموعات مقسومة اقليميا. وليس هناك من دليل محسوس ان مجموعات كهذه كانت منظمة كنقابات بالمعنى الاوروبي في القرون الوسطى guilds، ولها وجود نقابي مستقل يتجلى بتعاون متبادل او له قواعد محددة عن الانخراط فيه او ممارسته؛ ولكن كون الحاكم كان يعاملهم كأنهم هيئة واحدة خاضعة لدفع ضرائب معينة او تقديم خدمات خاصة، ولانهم كانوا يعملون معاً في القسم ذاته من السوق، كل ذلك لا بد اعطاهم نوعاً من التضامن. ونوع ثالث من المجموعات كان ذاك المؤلَّف من اعضاء مجتمع معين، يهودياً ام نصرانياً: هؤلاء ايضا كان عليهم ان يعينوا ناطقا باسمهم مسؤولا عن جباية الجزية وعن ولائهم الذي قد يكون عرضة للشك في بعض الظروف.

VIII/15 على مستوى اعلى، قد يوجد ناطقون يطالبون بتحقيق مصالح تخدم الشؤون الاكثر عمومية. ايام بني حفص، على وجه المثال، كان هناك «امين الامناء» الذي كان ينطق باسم جميع رؤساء الحرف. وقد يكون هناك «رئيس التجار»، ممثل التجار الكبار الذين يتعاطون تجارة المسافات البعيدة المربحة؛ وقد تكون له اهميته الخاصة عندما كان الحاكم يحتاج الى جباية مبالغ ضخمة من المال وبسرعة. وعلى مستوى اكثر علوّاً، قد يوجد هؤلاء

الذين كانوا، في بعض الظروف، قادرين على التكلم باسم المدينة باجمعها؛ بالرغم من انه لم يكن للمدينة مؤسسات نقابية رسمية، الا انه كان لها «وحدة روح» يمكن ان تجد تعبيرا لها في ساعات الشدة، مثلا عندما كانت سلالة تحل محل اخرى. فرئيس القضاة قد يتصرف بهذه الطريقة: عدا عن كونه موظفا عيّنه الحاكم، فقد كان ايضا رئيس هؤلاء الذين يحفظون الشريعة، التعبير المعياري عما يجب ان تكون عليه الحياة الجماعية، وكان بالتالي يمكنه ان يعبّر عن الوعي الجماعي للمجتمع. في بعض الاماكن ايضا كان هناك احيانا «رئيس» للمدينة بأجمعها، ولكن ليس من الواضح ما كان يفعل.

قليل ما هو معروف عن الطرق التي كان الناطقون باسم المجموعات
VIII/16 أو رؤساؤها يعينون بها، ويبدو انها كانت متعددة. الا انه يظهر من الاكيد انهم ما كانوا يستطيعون القيام بوظائفهم لولا حيازتهم على ثقة الامير او حاكمه وثقة الذين ينطقون باسمهم.

والصِّلات بين الحاكم والمدينة، التي كان يحافظ عليها الموظفون
VIII/17 والناطقون باسم الفئات، كانت متقلقلة وعرضة للتغيير، متحركة في نطاق يراوح بين التحالف والعداء. كان هناك تقارب اساسي للمصالح، يمكن تقويته بالتعاون الاقتصادي. ربّما كان افراد من النخبة الحاكمة يوظفون استثمارات في صفقات تجارية مشتركة. وكانوا يملكون نسبة كبيرة من الابنية العامة والحمامات والاسواق والخانات. الحكّام والموظفون الكبار كانوا يبنون بنايات عامة على نطاق واسع ويهبون «الاوقاف». وبيّنت دراسة للمدن الكبيرة في دولة المماليك انه من ١٧١ بناية لاغراض دينية بُنيت في دمشق أو رُمّمت، عشر منها انفق عليها السلطان بذاته، واثنتان وثمانون من مال كبار الضباط العسكريين، واحدى عشرة من موظفين آخرين، وخمس وعشرون من تجار وثلاث واربعون من علماء[١]. وبطريقة مشابهة، بيّن مسحٌ للابنية في القدس زمن المماليك انه من بين ستة وثمانين وقفاً، على الاقلّ واحد وثلاثون اسّسه ضباط مماليك استقروا في المجتمع المحلي، وعدد اقل على يد جماعات من موظفين رسميين وعلماء وتجار[٢].

وتجلى تحالف المصالح ايضا في الاحتفالات العظيمة التي كانت المدينة باسرها تشارك بها ويظهر الحاكم فيها امام الشعب. وعندما كان الحاكم يتسلم العرش، كانت تقام احتفالات مبايعة، وهو تقليد يعود الى اوائل عهود الاسلام بان الحاكم يختاره الشعب. في تونس بني حفص مثلا، كانت تقام حفلتان كهذه: في الاولى، كان كبار موظفي الحكومة يتعهدون بالطاعة والولاء؛ وفي الثانية كان الحاكم يُقدَّم الى اهالي العاصمة. الى حد ما، كان هذا التقديم والقبول يكرَّر كل نهار جمعة عندما كان يُذكر اسم الحاكم الشرعي في خطبة صلاة الظهيرة. كما كانت هناك ايضا احتفالات سنوية منتظمة، بعضها ولكن ليس كلها ذات دلالة دينية، عندما كان الحاكم يظهر امام الشعب. وفي عرض تاريخي للقاهرة ايام المماليك من إبن إياس، يذكر الاحتفالات التي كانت تقام كل سنة لميلاد النبي، وقطع السد الذي كان يتيح لماء النيل ان تدخل القناة التي تمر عبر القاهرة ايام الفيضان، وبدء رمضان ونهايته، وانطلاق قافلة الحجاج من القاهرة الى مكة وعودتها. كما كانت هناك مناسبات خاصة ايضا: عند استقبال السفراء الاجانب، او عند ولادة ابن للحاكم، كانت تضاء المدينة على نفقة التجار واصحاب الحوانيت، وقد يظهر الحاكم للشعب. VIII/18

الا ان تحالف المصالح الذي كان يتجلى بطرق كهذه كان ينهار احيانا. ضمن المجموعة الحاكمة نفسها، كان توازن القوى بين الحاكم والذين يعتمد عليهم يختل احيانا. في دولة المماليك، مثلا، استولى قواد العسكر المماليك واهل بيتهم على بعض الصلاحيات لكبار موظفي الحاكم. في بعض الظروف، كان الجنود يرفضون الطاعة ويعيثون فسادا في المدينة او يهددون سلطة الحاكم؛ بهذه الطريقة خلف الايوبيون الفاطميين في القاهرة، ثم حل المماليك محل الايوبيين، وبعد ذلك اخذت كل أسرة مماليك تحلّ محلّ اسرة اخرى. من جهة سكان المدن، كان الناطقون الذين كانوا يتوسطون بنقل رغبات الحاكم واوامره الى الشعب قادرين ايضا على التعبير عن ظلامات المجموعات التي يمثلونها ومطالبهم. عندما كانت تُثقل VIII/19

الضرائب كاهل الشعب ويعيث الجنود فساداً ويُغرق الموظفون في استغلال نفوذهم أو عندما يشح الغذاء، كان دور طبقة العلماء العليا يكبر. لذلك كانوا يحاولون الحفاظ على قدر معين من الاستقلال عن الحاكم.

ولم يكن امتعاض الطبقات المالكة في المدينة يتخذ شكل عصيان VIII/20
مفتوح عادة. فقد كانوا معرضين الى خسائر كبيرة اذا عمّت الفوضى. الفرص النادرة لحرية العمل كانت تسنح لهم عندما كان ينحدر الحاكم على يد غريم ومنافس، ويستطيع زعماء المدينة ان يفاوضوا قبل التسليم للحاكم الجديد. اما بين عامة الشعب فالامتعاض كان يعبر عنه بتعكير الامن والنظام احيانا. الحرفيون المهرة واصحاب الحوانيت لم يكونوا يثورون بسهولة ما عدا تحت الضغط او الشدة او جور كبار الموظفين وارتفاع الاسعار او النقص في الغذاء او المواد؛ وضعهم الاعتيادي كان القبول والاستكانة اذ ان مصلحتهم ايضا كانت في النظام والاستقرار. اما الطبقة العاملة ومجموع مِنَ المهاجرين الريفيين والعمال الطارئين غير المهرة والمتسولين والمجرمين اصحاب السوابق على اطراف المدينة، فقد كانوا في حالة عدم استقرار شبه دائمة.

في اوقات الخوف والشدة قد يكون كل اهل المدينة قلقين. فالشعب VIII/21
الذي كان يستثيره الخطباء الشعبيون المنادون بسحق الظلم ويعرضون امامه رؤى عن نظام اسلامي عادل، كان يتحول الى غوغاء يتدفقون على السوق التجارية، فيغلق التجار حوانيتهم، وينقل احد الناطقين باسم الشعب الى الحاكم ظلامات الشعب وتذمره ضد موظفيه، او ضد تجار يظن انهم يتسببون في فقدان الخبز من الاسواق. في مواجهة حركة من هذا النوع كان الحاكم يلجأ الى تدابير بينها تصحيح سياسته لتلبية بعض تلك المطالب، مثل عزل موظفين مسؤولين من مراكزهم او توقيفهم او حتى اعدامهم، وربما أمر بفتح مخازن الحبوب للتجار المختصّين، فيعود السوق الى فتح ابوابه مجدّداً، ويتفرّق شمل القوى الثائرة وتظل جموع الشعب هناك، هادئة نوعاً وتحت السيطرة ولو وقتياً، مع العلم انها تبقى بعيدة كل البعد عن النظام الاسلامي العادل الذي سمعت الخطباء الشعبيين ينادون به في بدء الحركة.

السيطرة على الارياف

كان للحاكم ولسكان المدن (على الاقل للفئة المسيطرة منها) مصلحة VIII/22
مشتركة في التحكم بالارياف والتأكد من ان فائض الانتاج، الزائد عما يحتاجه الزارع لنفسه، يجب ان يجلب الى المدينة بشروط ملائمة بقدر الامكان. الحاكم كان محتاجا الى الانتاج، بحدّ ذاته كإنتاج، او محوّلا الى عملة او نقد، لينفق على بلاطه وموظفيه وجيشه؛ كما كان محتاجا الى السيطرة على الريف نفسه كي يحول دون هجمات من الخارج او لمنع ذلك التطور الذي قد يؤدي الى ظهور سلالة أخرى تتحدى سلطته على عاصمته. وسكان المدينة من ناحيتهم كانوا يحتاجون الفائض من الريف ليسدوا احتياجاتهم من الغذاء وليحصلوا على مواد خام لصناعاتهم وحِرَفهم. والفئات المسيطرة فيها كانت ايضاً تنظر الى الارياف (وسكانها) وكأنها تشكل خطرا رابضا خارج عالم حضارة المدينة والشريعة، ويتهددها. هكذا قام كاتب مصري في القرن السادس عشر، الشعراني (توفي ١٥٦٥) بتقديم الشكر الى الله بالآتي: «ومما أنعم الله تبارك وتعالى به عليّ: ببركة رسول الله ﷺ مهاجرتي من بلاد الريف الى مصر، ونقله تعالى لي من ارض الجفاء والجهل الى بلد اللطف والعلم»[٣].

قبل العصر الحديث لم تكن الحدود مخططة بدقة، ومن الافضل VIII/23
التفكير بنفوذ سلالة ليس كأنه فاعل بانتظام ضمن منطقة محددة ومعترف بها عموما، بل كأنه يشع من عدد من المراكز المدينية بقوة تتقلص مع المسافات وبسبب وجود عقبات طبيعية او بشرية. وضمن منطقة الاشعاع كان هناك عادة ثلاثة اصناف من المناطق، في كل صنف منها تختلف طبيعة النفوذ ومداه. أولا، في السهوب او في البلاد الصحراوية او المناطق الجبلية الفقيرة جدا، البعيدة او التي يصعب بلوغها بحيث يكون الجهد المبذول في اخضاعها غير ذي جدوى، كان الحاكم يكتفي بالحفاظ على الطرق التجارية المفتوحة وبالحيلولة دون الثورات. لم يكن بالامكان إخضاع زعماء القبائل المحلّيين، ولا اكراههم على تسليم الفائض من منتوجهم، اذا كان ثمة

فائض، بشروط لا تناسبهم. وقد تكون لهم علائق اقتصادية بالمدينة، يبيعون منتوجاتهم فيها ليشتروا ما لم يكونوا ينتجونه لانفسهم. في مناطق كهذه كان بإمكان الحاكم ان يحصل على بعض النفوذ عن طريق التحايل السياسي، وتحريض زعيم قبلي على زعيم آخر او تقليد منصب رسمي لاحد افراد العائلة بدلا من غيره. الا انه كان بإمكانه تأمين نوع آخر من النفوذ في بعض الظروف، النفوذ الذي يمنحه إياه المركز الديني الموروث؛ صدق هذا على الائمة الزيديين في اليمن، والائمة الاباضيين في عُمان، وحكام المغرب من القرن السادس عشر وما بعده، الذين قالوا انهم من الاشراف، من سلالة النبي.

VIII/24 وكانت هناك منطقة اخرى من جبال وواحات او سهوب حيث يستطيع الحاكم ممارسة نفوذ اكثر مباشرة لانها تقع اقرب الى المدينة او الطرق التجارية الهامة، وفائضها من الانتاج اكثر ضخامة. في مناطق كهذه لم يكن الحاكم يهيمن مباشرة بل بواسطة زعماء محليين كانت وضعيتهم اكثر غموضا من زعماء الجبال العالية او الصحاري. فقد كانوا يُقلّدون مناصب لقاء دفع جزية سنوية او دورية، تُدعم عند الحاجة بإرسال حملة عسكرية او بالعزل من المنصب وتعيين شخص آخر.

VIII/25 لم يكن الخط الفاصل بين هاتين المنطقتين ثابتا. كان يتوقف على قوة الحاكم وعلى التوازن المتغير بين استعمال الارض للزراعة واستعمالها للرعي. المناطق المستوطنة كانت اسهل ضبطا من تلك المستعملة للرعي المترحل. وهناك بعض الدلائل على أنه، من القرن العاشر او الحادي عشر وما بعده، ازدادت المنطقة الاولى حجما على حساب المنطقة الثانية. في مصر العليا، المجموعات القبلية، التي كان بالامكان التحكم بها من القاهرة (عرب الطاعة)، حل محلّها خلال حكم المماليك قبيلة الهوارة، مجموعة رعي من اصل بربري، الذين ظلوا مسيطرين على معظم المنطقة حتى القرن التاسع عشر. مثل ذلك في المغرب الكبير، السياق الاقتصادي والاجتماعي المركّب الذي كان سيُعطى تعبيرا رمزيا فيما بعد في رواية غزو بني هلال،

ادى الى تقلص في سلطة الحكام في المدن وكان ذلك ليستمر على مدى اجيال.

VIII/26 الا انه كانت هناك منطقة ثالثة: منطقة السهول المفتوحة ووديان الانهار حيث كانت تزرع الحبوب او الأرُزّ او النخيل، وحيث البساتين التي تُجلب منها الفواكه والخضار الى المدينة. هنا كان الحاكم والطبقات المدنية التي كان مرتبطا بها مضطرين الى ممارسة ضبط مباشر أقوى على الاخص في المناطق التي كان يتوقف الانتاج فيها على شبكة ري على نطاق واسع. حاميات عسكرية دائمة او حملات عسكرية منتظمة كانت تحافظ على النظام في هذه المنطقة وتحول دون بروز اي زعماء محليين.

VIII/27 في هذا الريف غير المستقل كانت المبادلات التجارية تتم في صالح المدينة. الطريقة الرئيسية التي كان يُجلب بها فائض المنتوجات الى المدينة بشروط ملائمة كان نظام الضرائب. مبدئياً، كان ذلك النظام شاملاً كل البلدان الاسلامية. فالحاكم كان يستمد موارده من ثلاثة أنواع من الضرائب: الجزية التي يدفعها افراد المجتمعات غير المسلمة المعترف بها، ومختلف الضرائب على التجارات المدينية وحرفها، والضرائب على منتوجات الارض. في المناطق المزروعة، كانت الضرائب تجبى اما على الارض عن طريق تقييم كان يتغير من وقت لآخر في بعض البلدان (مثلا، في مصر، حيث ممارسة اعادة التقييم، أو التخمين، دوريا كانت متوارثة منذ اقدم الايام)، او أن يُتفق على نسبة معينة من الانتاج. الضريبة على الحبوب او سواها من الغلال الممكن تخزينها غالبا ما كانت تُسدد سلعا، والضريبة على السلع القابلة للتلف كالفاكهة كانت تسدد بالمال. بالمقابل، الضريبة على اراضي الرعي ـ في المناطق التي كان نفوذ الحكومة قويا الى درجة تمكّنه من جباية الضريبة ـ كان بالامكان تقدير تلك الضريبة اما بحسب المساحة او تبعا لنسبة معينة من المواشي.

VIII/28 منذ ايام البويهيين في القرن العاشر تطورت في بعض البلدان ممارسة «إقطاع» الدخل من هذه الضرائب الريفية. مهمة كهذه يمكن ان تُعهد الى احد

اعضاء العائلة الحاكمة، او الى موظف كبير عوضا عن مرتّب. قد تعطى الموارد الضريبية لمقاطعة بكاملها الى حاكمها، الذي يتولّى القيام بنفقات الادارة وجباية الضرائب ويقتطع لنفسه نسبة معينة منها بدلاً من مرتب؛ او ان تقتطع الضريبة على قطعة ارض معينة الى ضابط في الجيش لقاء خدمات مع عدد من الجنود يتولى هو حشدهم وتجهيزهم وتحملّ نفقاتهم. هذا النوع الاخير من «الاقتطاع»، قُدّر له ان ينتشر انتشارا واسعا ويكتسب اهمية خاصة. فقد طوره السلجوقيون في ايران والعراق، وانتقل غربا على يد الايوبيين، وتطور اكثر من قِبَل المماليك. في المغرب تطور نظام مماثل. كانت تُطلق يد أحد زعماء القبائل في منطقة ما مقابل خدمات عسكرية: القبائل المحشودة او المجنّدة بهذه الطريقة كانت تسمى «جيشا» او قبائل الجيش.

ولا ريب انه لم يكن بنيّة اي حاكم ان يُبْعِدَ عنه الضرائب نهائياً، او ان يمنح اصحاب «الاقطاع» تحكما ابدياً تاما بالارض. كانت تُستخدم اساليب VIII/29
مختلفة للحد من الاقطاع. في مصر المماليك، والتي لدينا معلومات جمة عنها بشكل خاص، نصف الارض فقط كان مُعبّنا كإقطاع، اما سائر الارض فكانت للحاكم وعائلته. ذلك الجزء الذي كان «معيّنا» كان يُعطى إما لمماليك الحاكم نفسه أو لكبار الضباط، الذين كانوا مخوّلين ان يحتفظوا بنسبة معيّنة منه لانفسهم، على ان يستخدموا الرصيد لدفع نفقات الجنود الخيّالة العشرة او الاربعين او المئة الذين كان عليهم ان يساهموا بهم في الجيش. ولم يكن للمُعيّن له عادة اية علاقة شخصية بمنطقة إقطاعه. فإذا كان قد منح اكثر من اقطاع فالاقطاعان لم يكونا متجاورين؛ ولم يكن يجبي الضرائب بنفسه، بل كان يتركها لموظفي الحاكم، على الاقل حتى اواخر عهد المماليك؛ ولم يكن الاقطاع يُورَّث إلى الاولاد. الا انه في بعض البلدان وفي ازمان اخرى، يبدو ان المُقتطَع له كان يتمتع برقابة اقل قوة واستمرارية، وحقه بالاحتفاظ بدخل الضرائب تحول الى سلطة لجبايتها، ومراقبة الانتاج وممارسة الزعامة على الفلاحين.

VIII/30 واتاحت جباية الضرائب احد السبل الذي تحولت به السيطرة المباشرة

على الاراضي الداخلية الزراعية من يد الحاكم الى سيطرة افراد يعيشون في المدينة، والذين تمكنوا من الاستيلاء على جزء من فائض الريف لانفسهم. من السهل الاشارة اليهم كملاكين للارض، ولكن قد تكون هذه التسمية تضليلا؛ المهم انهم استطاعوا ان يثبتوا مطالب لهم على الفائض الزراعي، وان يجعلوا هذه المطالب واقعية عن طريق استخدام قوة الحاكم العسكرية. هؤلاء الذين كانوا قد مُنحوا «إقطاعات» ربما كانوا ينالون حصة الاسد، ولكن الموظفين الرسميين الذين لعبوا دورا في تحصيل الضرائب، والتجار الذين اقرضوا المال لتمويل الزراعة او لتسديد الضرائب عند استحقاقها، والعلماء الذين كانوا متحكمين بالاوقاف، جميع هؤلاء استفادوا ايضا.

ولعدم وجود وثائق يبدو من المعقول الاعتقاد بأن انواع العقود الزراعية التي تخولها الشريعة وتنظمها كانت واسعة الانتشار. ويظهرانّ احد VIII/31 هذه الانواع على الخصوص كان دائما موجودا: المُزارعة (اي المزارع الذي يستغل الارض لمصلحة المالك لقاء قسم من المحصول). كان هذا اتفاقا بين الزارع وبين صاحب قطعة ارض: يقتسمان المحصول بنسب تتوقف على المساهمة التي يقدمها كل منهما. فإذا قدم المالك البذار او حيوانات الجر والعتاد، فقد يحصل على اربعة اخماس، والمزارع الذي لم يقدم الا اتعابه قد يحصل على الخمس. في القانون، اتفاق كهذا كان يُعقد لفترة محدودة فقط، ولكن في الواقع كان يُمدّد الى ما لا نهاية له. وكانت هناك امكانات تحويرات متعددة، ويبدو من المرجح ان القسمة الدقيقة للمحصول كانت تتوقف على عوامل كتوفر الارض والعمال، والنفوذ النسبي للفريقين. وفي الحالات القصوى كان يظل الزرّاع ملتصقا في الواقع بالارض لانه كان مديونا بإستمرار لمالك الارض، وغير قادر على مقاومة نفوذه ولا على ايجاد أرض أخرى يزرعها.

افكار عن السلطة السياسية

بين الحاكم والارياف البعيدة ـ وديان الجبال والسهوب والصحارى ـ كانت العلائق غير وثيقة وغير مباشرة، فلذلك لم يكن هناك داع ان يُعبَّر عنها VIII/32

باعتبارات معنوية: نفوذ الحاكم كان مقبولا اذا لم يقرب منهم اكثر مما يجب؛ أهل الجبل والسهوب يقدمون ايضاً جنودا لجيشه، ولكنّهم قد يقدمون ايضاً جنودا لمتحدّيه الذي سوف يطيح به. بين الحاكم ورعيته غير المسلمين ايضا لم تكن العلاقة مدعومة بميثاق معنوي. حتى ولو كانت علاقة سلمية مستقرة كان النصارى واليهود خارج المجتمع نوعا ما؛ لم يكن بمقدورهم محض الحاكم الولاء الراسخ والاكيد النابع من تطابق في المعتقدات والغايات. الا ان سكان المدن المسلمين كانوا في وضع مختلف. كان الحاكم وموظفوه يحتكون مباشرة وبإستمرار بحياتهم، يجبون منهم الضرائب، ويحفظون الامن والنظام ويقيمون العدل؛ كانوا يمارسون السلطة التي لا يمكن للصناعة والتجارة ان تزدهر بدونها ولا لتقاليد القانون والتعليم ان تستمر. في ظروف كهذه، كان من الطبيعي ان يتساءل هؤلاء الذين خلقوا وحافظوا على مناقبية عالم الاسلام، العلماء، من هو الحاكم الشرعي وما هي الحدود التي يتوجب اطاعته ضمنها، وكان من الطبيعي للحاكم من جهته أن يطلب الطاعة شرعا وان يفرضها بقوة سلطته.

كانت هناك انواع متعددة من الروابط بين الحاكم وافراد معينين او
VIII/33 جماعات: مواثيق وعهود ولاء معبر عنها بالقسم او بالعهود، عرفان بالجميل لمساعدات، والامل برعاية في المستقبل. ولكن ابعد من هذه كانت هناك مفاهيم عامة عن سلطة شرعية يمكن ان تقبلها جماعات اكبر، او حتى الامة بأسرها.

مسألة من يحق له ان يحكم كانت قد أثيرت بشكل حاد خلال القرن
VIII/34 الاول من التاريخ الاسلامي. من كان الخليفة الشرعي للنبي على رأس الامة، أو من كان الامام؟ كيف يتوجب اختياره؟ ما هي حدود سلطته؟ هل كان له الحق غير المشروط بالطاعة، او هل من المشروع الثورة ضد حاكم، او إقالته اذا كان غير تقي وغير صالح وغير مستقيم؟ الاباضيون والشيعة من مختلف الانواع كانوا قد أجابوا عن هذه الاسئلة. علماء السنّة اقتربوا تدريجيا من الاعتقاد بأن الخليفة هو رئيس الامة ولكنه ليس معصوما عن الخطأ في

تفسير الدين، وان العلماء هم حفظة الدين ولذلك، الى حد ما، هم ورثة النبي. لقد أقروا بأن خليفة ما قد يكون غير صالح، وانه قد يكون من واجب المؤمن رفضه؛ هذه كانت الحجة التي استخدمها مناصرو العباسيين لتبرير ثورتهم على الامويين الذين اتهموا بأنهم حولوا سلطتهم الى مُلك دنيوي.

بحلول القرن الرابع الهجري (العاشر ميلادي) فقط وُضِعَت نظرية VIII/35
الخلافة في صيغتها الاكثر كمالا. تغيير في الظروف، ذلك الامر الذي هدد مركز الخلفاء العباسيين، اثار محاولة الدفاع عن هذا المركز عن طريق تحديده. جاء التهديد من جهتين مختلفتين. قيام الدولة الفاطمية في القاهرة وإحياء الخلافة الاموية في الاندلس طرحا ليس فقط السؤال مَن هو الخليفة الشرعي، بل ايضا سؤالا آخر: هل يمكن أن يكون هناك اكثر من خليفة واحد، ام هل تعني وحدة الامة انه يتوجب ان يكون لها رئيس واحد؟ وضمن المنطقة التي كانت ما تزال تعترف بسلطة العباسيين، صار الحكام المحليون مستقلين نوعا ما. حتى في بغداد، العاصمة، سيطرت سلالة البويهيين العسكرية على ديوان الخليفة واصبح بإمكانها اصدار المراسيم بإسمه. وفي بعض الاوقات بدا كأن البويهيين يدّعون سلطة مستقلة عندما اعادوا احياء اللقب الايراني القديم «شاهنشاه» لاستعمالهم الخاص.

في هذا الجو ظهر اشهر عرض نظري ودفاعي عن الخلافة، كتبه VIII/36
الماوردي (توفي ١٠٥٨). وجود الخلافة بالنسبة للماوردي لم يكن ضرورة طبيعية؛ ولكن سوّغته آية واردة في القرآن: ﴿يَأَيُّهَا ٱلَّذِينَ آمَنُوا أَطِيعُواْ اللهَ وَأَطِيعُواْ ٱلرَّسُولَ وَأُولِي ٱلأَمْرِ مِنكُمْ﴾،[٤] اذن فقد أمر الله بها. غايتها حماية الامة وتدبير شؤونها على اساس الدين الصحيح. على الخليفة ان يكون حائزا على المعرفة الدينية، وعلى الاحساس بالعدل، والشجاعة. ويجب ان ينتمي الى قبيلة قريش التي جاء منها النبي، ويجب ألا يكون هناك اكثر من خليفة واحد في الوقت ذاته. بإمكانه ان يفوض سلطته اما لغاية محددة او بلا حدود، واما في منطقة من امبراطوريته او في كلها؛ ولكن الوزير او الامير

الذي فوضت اليه السلطة فيجب ان يعترف بسلطة الخليفة ويمارس نفوذه ضمن حدود الشريعة. هذه الصيغة جعلت من الممكن التوفيق بين توزيع النفوذ الموجود فعلا وسلطة الخليفة بمفهومها النظري، وأتاحت للخليفة الحق بالحفاظ على ما لديه من نفوذ واسترجاع ما كان قد خسر من نفوذ على يد سلالات أخرى.

وحتى نهاية خلافة بغداد امكن الحفاظ بشكل أو بآخر على توازن كهذا
VIII/37 بين السلطة والنفوذ؛ فقد كان بإستطاعة العلماء أن يسلّموا بأن السلطان، صاحب القوة العسكرية، له الحق بأن يمارس نفوذه بشرط ان يظل مواليا للخليفة وان يحكم بموجب الدين الصحيح. غير ان هذا التوازن لم يكن ثابتا. فقد ظل للخليفة بقية من النفوذ الفعلي في العاصمة وحولها، وكان يحاول زيادته، على الاخص ايام الخليفة الناصر (١١٨٠ ـ ١٢٢٥)؛ كما ان السلطان القوي كان يحاول ان يوسع نفوذه المستقل؛ وكان هناك ايضا سلطة ثالثة، سلطة العلماء، الذين تولّوا تقرير ما هو الدين القويم. ولكي يحددوا الشروط التي يمكن بموجبها ان تكون العلاقة مستقرة وثابتة تقدم الغزالي (١٠٥٨ ـ ١١١١) وغيره ضمن التقليد الديني بالفكرة ان النفوذ يعود للخليفة، ولكن ممارسته يمكن ان توزع على اكثر من شخص واحد. الخلافة (أو الامامة، كما كان يسميها اصحاب النظريات عادة) حائزة على ثلاثة عناصر: عنصر خلافة النبي الشرعية، وعنصر إدارة شؤون الدنيا وعنصر السهر على الدين. وكان الغزالي يعتقد بأن هذه المظاهر الثلاثة يجب، في طريقة مثالية، ان تتحد في شخص واحد، ولكن عند الضرورة يمكن ان تُقسَم، وهذا ما كانت عليه الاحوال في زمنه. الخليفة كان يجسد خلافة النبي (من يتبعه)؛ والسلطان، صاحب النفوذ العسكري، كان يمارس مهام الحكومة؛ والعلماء كانوا يسهرون على المعتقدات الدينية وممارساتها.

بمرور الزمن تحولت العلاقة الثلاثية الى علاقة ذات جانبين. خلافة
VIII/38 بغداد انقرضت عندما احتل المغول بغداد عام ١٢٥٨، والخلفاء العباسيون

الذين ابقاهم السلاطين المماليك في القاهرة لم يكن معترفا بهم عامة. ومع أن ذكرى الخلافة استمرت وكانت محددة في كتب الشرع بكونها الشكل المثالي للسلطة الاسلامية، ومع ان بعض الحكام الاقوياء، مثل بني حفص، استمروا في استعمال اللقب، فإن الغاية الاساسية من الفكر السياسي، بين هؤلاء الذين كتبوا ضمن التقاليد الشرعية، كانت لتقرير العلائق بين الحاكم الذي كان يستخدم السيف والعلماء الذين كانوا يحافظون على الدين القويم وينطقون بإسم «الامة». كان هناك مثل قديم تحدر من ايام الساسانيين وكثيراً ما تردّد، بأن «الدين والملك اخوان، ولا غنى للواحد عن الآخر».[٥] وكان من المسلّم به عادة ان النفوذ يؤخذ بالسيف، وبالطاعة العامة المعبر عنها في حفلة «البيعة»؛ الا انها يمكن ان تصبح سلطة شرعية اذا استخدمت للحفاظ على الشريعة وبالتالي لبنية حياة تقى وورع ومدنية. على الحاكم ان يساند محاكم العدل، ويحترم العلماء ويحكم بالشورى معهم. وضمن حدود الشريعة كان بإمكانه ممارسة الحكم واتخاذ القرارات والترتيبات ووضع قانون العدالة ضد المجرمين موضع التنفيذ بالشؤون التي تخص مصلحة الدولة وامنها. العلماء بدورهم يجب ان يمنحوا السلطان العادل اعترافهم الدائم الذي كان يتجلى بذكر اسم الحاكم اسبوعيا في خطبة الجمعة.

في هذا الموضوع وغيره استخلص إبن تيمية (١٢٦٣ ـ ١٣٢٨)، أحد
VIII/39 أبرز الكتاب الدينيين في عصر المماليك، المضامين المنطقية للوضع في زمانه. بالنسبة اليه، وحدة الامة ـ وحدة الايمان بالله وبرسالة نبيه ـ لم تكن تعني ضمنيا الوحدة السياسية. يجب ان يوجد في الامة سلطة للحفاظ على العدالة وجعل الافراد يلزمون حدودهم، ولكن بالامكان ان يمارسها اكثر من حاكم واحد؛ كيفية حصوله على سلطته اقل اهمية من كيفية استخدامه لها. والممارسة العادلة للسلطة هي نوع من الخدمة الدينية. وعلى الحاكم ممارسة فن ادارة الدولة ضمن حدود الشريعة، وعليه ان يحكم بالتعاون مع العلماء. هذه العلاقة بين الحكام والعلماء كانت تعني ضمنيا بأن الحاكم يجب ان يحترم مصالح نخبة اهل المدن المسلمين. في البلدان شرقي المغرب الكبير،

حيث من القرن العاشر وما بعده كان معظم الحكام من اصل تركي او غريب، كان لتلك العلاقة بين الحكام والعلماء معان ضمنية ابعد: يجب استشارة السكان المحليين الناطقين بالعربية واعطاؤهم حصتهم في نهج الحكم.

VIII/40 حتى ولو كان الحاكم ظالما أو غير تقي، كان من المسلّم به عموما ان من الواجب اطاعته، لان أي نوع من النظام كان افضل من الفوضى؛ وكما قال الغزالي «جور السلطان مائة سنة ولا جور (الرعية بعضها) على بعض سنة واحدة»[٦]. والثورة ضد الحاكم كانت مبررة فقط اذا سلك الحاكم بوضوح ضدّ أمر من الله أو نبيه. ولكن هذا لم يكن يعني ان العلماء يجب ان ينظروا الى حاكم ظالم كما ينظرون الى حاكم عادل. فقد كان هناك تقليد ثابت متين بين العلماء (السنة والشيعة على السواء) بأنه يجب الابتعاد عن حكّام العالم. وقد استشهد الغزالي بحديث: «في جهنم يوجد واد مخصص فقط للعلماء الذين يزورون الملوك». يجب على العالم الفاضل الا يزور الامراء والموظفين الرسميين غير العادلين. بإمكانه ان يزور حاكما عادلا ولكن دون خضوع، ويجب ان يوبخه إذا رآه يفعل عملا يستحق الشجب؛ واذا كان يخاف فعليه بالصمت، ولكن من الافضل الا يزوره على الاطلاق. واذا زاره امير، فيجب ان يرد تحيته ويحضّه على الحسنات. غير انه من الافضل ان يتحاشاه تماما. (كان علماء آخرون يعتقدون بأنه من الضروري مساندة الحاكم بكل ماهو شرعي، حتى ولو كان الحاكم غير عادل).

VIII/41 وكانت تتشابك مع هذه الافكار، التي كان يتقدم بها علماء الدين والمشرعون، افكار اخرى مستمدة من تقاليد وتعاليم فكرية ساعدت على تكوين ثقافة العالم الاسلامي. في القرن العاشر، حدد الفيلسوف الفارابي المقاييس التي يجب الحكم على الدول بها، في كتابه «آراء اهل المدينة الفاضلة». افضل الدول هي تلك التي يحكمها فرد هو فيلسوف ونبي في آنٍ، على اتصال بواسطة عقله ومخيلته مع الذكاء الفعال الذي يصدر عن الله. في حالة عدم وجود حاكم كهذا، يمكن للدولة ان تكون فاضلة إذا حكمتها تركيبة من هؤلاء الذين يمتلكون المزايا الضرورية، او من حكام يحافظون

على القوانين التي وضعها المؤسس ويفسّرونها (هذا ما قد كانت عليه الخلافة الاولى). وفي أقصى الطرف الآخر هناك مجتمعات لا يملك الحاكمون عليها معرفة ما هو صالح؛ هذه المجتمعات ليس فيها مصلحة مشتركة، ولا يربطها معا الا القوة، او ميزة طبيعية كالاصل المشترك او العقلية او اللغة.

وكان للنظريات القادمة من مصدر آخر تأثير عام أكبر، ومصدرها
VIII/42 الفكرة الايرانية القديمة عن المُلك. كان يعبر عن هذه النظريات احيانا بشكل صورة دائرة. العالم هو حديقة؛ سياجها حاكم او سلالة؛ الحاكم مدعوم من جنود؛ الجنود يعيلهم المال؛ والمال يجيء من الرعية؛ الرعية تحميها العدالة؛ والعدالة يقيمها الحاكم. لصياغتها بطريقة مختلفة، العالم البشري مكون من طبقات مختلفة، كل طبقة تسعى وراء نشاطاتها ومصالحها. لكي يعيشوا معا بانسجام ويساهموا بما يتوجب عليهم تقديمه الى المجتمع، يجب ان يكون هناك سلطة منِظّمة، ولهذه الغاية يوجد ملوك؛ انه نظام بشري طبيعي وضعه الله. «في كل زمان وعهد يختار الله عزّ وجلّ أحد افراد الجنس البشري، وبعد إضفاء فضائل الملوك وشيمهم عليه، يوكّله بمصالح العالم وبطمأنينة عباده»[٧]. وللقيام بمهامه يحتاج قبل كل شيء الى الحكمة والعدالة. فإذا لم تكن لديه الحكمة والعدالة أو إذا لم يكن قادراً على ترجيح كفتيهما، «عندها يعم الفساد والفوضى والارتباك... وتزول الملكية تماما وتستلّ السيوف المتضادة، ومن له اليد الاقوى يفعل ما يشاء.»[٨]

لكي يفعل ما اختاره الله ان يفعل، يجب على الحاكم ان يقف خارج
VIII/43 طبقات المجتمع المختلفة. هم لم يختاروه ـ والافتراض العام في هذه الكتابات هو انه ورث مركزه ـ ولا هو مسؤول تجاههم، بل تجاه ضميره فقط، وفي اليوم الاخير، تجاه ربه، حيث عليه ان يؤدي الحساب عما أوكل الله اليه. يجب ان يكون هناك تمييز واضح بين هؤلاء الذين يحكمون وبين المحكومين؛ يجب على الملك وموظّفيه ان يقفوا بعيدا عن المصالح التي يديرون.

خلال التاريخ الاسلامي كانت هناك سلسلة من الكتابات التي عبرت عن افكار كهذه واستنتجت منها معاني ضمنية. وكما ان كتابات المشرعين عبرت عن مصالح العلماء ووجهة نظرهم ونظر الطبقات التي كانوا ينطقون بإسمها، كذلك عبّر هذا النوع الآخر من الكتابات عن مصالح هؤلاء الذين كانوا الى جانب اصحاب النفوذ، واهل الدواوين والمصالح الحكومية الذين كانوا يخدمون سلالة بعد اخرى، محافظين على تقاليدهم الخاصة في الخدمة. اكثر شهرة بين هذه الكتابات كان كتاب «سياسة ـ نامه» لنظام الملك (١٠١٨ ـ ١٠٩٢)، كبير وزراء أول سلطان سلجوقي يحكم بغداد. كتابه، وكتب اخرى مثله تحتوي ليس فقط على مبادىء عامة، بل على نصائح عملية عن فن ادارة الدولة لكي يستعملها الحكام في تدريب وتعليم الامراء؛ من هنا الاسم الذي تعرف به هذه الكتب احيانا: «مرآة الامراء» (إصطلاح يُستعمل لنوع مماثل من الادب في اوروبا). يُنصح فيه الامير كيف يختار الموظفين؛ وكيف يضبطهم عن طريق الحصول على استخبارات ومعلومات عنهم، وكيفية التعامل مع العرائض والظلامات التي يرفعها الرعية، لكي يمنع خدامه من سوء استعمال النفوذ الذي يمارسون بإسمه؛ وكيف يطلب النصيحة من المتقدمين بالسن والحكماء، ويختار رفقاء ساعات استجمامه؛ وكيف يعبىء جنودا من أعراق مختلفة ويحافظ على ولائهم له. والنصيحة موجهة رأسا ضد الخطر الذي يتعرض له الحاكم المطلق: ان يصبح معزولا عن رعيته، وان يسمح لتابعيه بأن يسيئوا استعمال النفوذ الذي يمارسون بإسمه.

VIII/44

الفصل التاسع

طرق الإسلام

أركان الإسلام

بين هذه المجتمعات المنوعة، القاطنة في مستديرة فسيحة من IX/1
الاراضي الممتدة من المحيط الاطلسي الى الخليج، تفصل بينها صحارى، والخاضعة لسلالات تقوم وتسقط وتنافس احداها الاخرى على التحكّم بالموارد المحدودة، كان هناك برغم ذلك رابطة مشتركة: في البدء جماعة مسيطرة، وفيما بعد اكثر اعضائها كانوا مسلمين، يعيشون تحت سيطرة كلمة الله، القرآن المنزل على النبي محمد ﷺ بالعربية. الذين قبلوا الاسلام كوّنوا «أمة». ﴿كُنتُمْ خَيْرَ أُمَّةٍ أُخْرِجَتْ لِلنَّاسِ تَأْمُرُونَ بِالْمَعْرُوفِ وَتَنْهَوْنَ عَنِ الْمُنكَرِ وَتُؤْمِنُونَ بِاللهِ﴾[١]: هذه الكلمات من القرآن تحتوي على شيء هام عن معتنقي الاسلام. عن طريق السعي الى فهم وإطاعة وصايا الله، حافظ الرجال والنساء على علاقة صحيحة مع الله ولكن كذلك مع بعضهم البعض. وكما قال النبي في «حجة الوداع»: «تعلمنَّ أن كل مسلم أخ للمسلم، وأن المسلمين إخوة»[٢].

لعبت بعض الاعمال او الشعائر دورا خاصا في ابقاء الشعور بالانتساب IX/2
الى مجتمع. وهذه كانت ملزمة لجميع المسلمين القادرين على التقيد بها، وكونت صلة ليس فقط بين الذين كانوا يمارسونها معا ولكن بين الاجيال المتعاقبة. وفكرة السلسلة، او حلقة من الشهود تمتد من النبي الى آخر العالم، تسلّم الحقيقة بالانتقال المباشر من جيل الى جيل، كانت ذات اهمية كبرى في الثقافة الاسلامية؛ والى حد ما تؤلف هذه السلسلة تاريخ البشرية الحقيقي، وراء ظهور السلالات والشعوب وزوالها.

هذه الاعمال او الشعائر عُرفت عموماً باسم «اركان الاسلام». اولها
IX/3 الشهادة، شهادة «أن لا إله إلا الله وأن محمداً رسول الله». التفوّه بهذه
الشهادة كان الفعل الأول الذي يصير فيه الشخص مسلماً، ويردد يوميا في
شعائر الصلاة. وهو يضم في جوهره بنود ذلك الايمان الذي يتميز به
المسلمون عن غير المؤمنين والمشركين، كذلك عن اليهود والنصارى من
ذوي التعاليم التوحيدية: ان ليس إلا إله واحد، وانه كشف عن مشيئته الى
الجنس البشري عبر سلسلة من الانبياء، وان محمداً هو خاتمة الانبياء، تنتهي
السلسلة به. والتأكيد النظامي لهذا المعتقد الاساسي يجب ان يُردد يوميا في
الصلاة، ثاني الاركان. في البدء كانت تقام الصلاة مرتين في اليوم، ولكن
اصبح من المسلّم به فيما بعد ان الصلاة يجب ان تقام خمس مرات في
اليوم: عند الفجر، والظهر، والعصر، وبعد الغياب، وفي العشاء. ويُعلن
عن مواعيد الصلاة بنداء عام (آذان) بواسطة مؤذن من مكان مرتفع، يكون
عادة برجاً أو مئذنة ملحقة بمسجد. وللصلاة صيغة ثابتة. بعد الوضوء،
يؤدي المصلي عددا من حركات الجسم ـ الانحناء، الركوع، والسجود حتى
الارض ـ مردّداً عددا من صلوات لا تتغيّر، معلنا عظمة الله وتواضع الانسان
في حضرته. وبعد هذه الصلوات قد يكون هناك استرحام شخصي، او دعاء.

يمكن لهذه الصلوات ان تقام في اي مكان ما عدا امكنة معينة تعتبر
IX/4 نجسة، ولكن من المحبذ الصلاة علنا مع آخرين، في مصلى او مسجد.
وهناك صلاة واحدة على الاخص يجب القيام بها علناً: صلاة الظهر يوم
الجمعة، التي تقام في جامع ذي منبر. فبعد الصلاة الشعائرية يعتلي خطيب
المنبر ويدلي بخطبة، وكانت ايضاً تُصاغ الى حد ما بشكل معلوم: تسبيح
الله، واستمطار البركات على النبي، ووعظة دينية اخلاقية لها علاقة بشؤون
المجتمع ككل، واخيرا التماس بركة الله على الحاكم. والاتيان على ذكر
الحاكم بهذه الطريقة في خطبة الجمعة صار احد دلائل السيادة.

والركن الثالث كان الى حد ما امتداداً لعمل العبادة، وهو الزكاة، اي اهداء مبلغ من دخل الفرد الى غايات معينة: للفقراء، للمحتاجين، لاعانة IX/5
المدين، لتحرير الأرقاء، ولمساعدة عابري السبيل. تقديم الزكاة كان يعتبر واجباً على من كان دخلهم يفوق مبلغا معينا. عليهم ان يعطوا قسما من دخلهم؛ وكان هذا يُجمَع ويوزَّع على يد الحاكم او موظفيه، ولكن قد تُدفع صدقات غيرها الى رجال الدين ليتولوا هم توزيعها، او تعطى الاموال مباشرة للمحتاجين.

وكان هناك فرضان آخران لا يقلان إلزاما على المسلمين، ولكن اقل تكرارا، يجيئان للتذكير بسلطان الله القدير وخضوع الانسان له، في وقت IX/6
معين من السنة. (لأهداف دينية كان التقويم المعتمد هو السنة القمرية، وهي اقل بأحد عشر يوما تقريبا عن السنة الشمسية. وهكذا فان هذه العبادات قد تقام في فصول مختلفة من السنة الشمسية. والتقويم المستخدم لغايات دينية والمقبول عموماً في المدن، لم يكن بالامكان اعتماده من قبل الزرّاعين الذين كانت الاحداث الهامة بالنسبة اليهم هي الامطار، فيضان الانهر، وتقلبات الحرارة والبرد. ففي معظم الاحيان كانوا يعتمدون التقويم الشمسي الاكثر قدما).

هذان الركنان هما الصوم مرة في السنة، في شهر رمضان، والحج الى مكة على الاقل مرة في العمر. خلال شهر رمضان، الشهر الذي ابتدأ ان ينزل IX/7
فيه القرآن، على جميع المسلمين ممن هم فوق العاشرة من عمرهم ان يمتنعوا عن الاكل والشرب، وعن العلائق الجنسية، من الفجر حتى المغرب؛ واستثني من كانوا مرضى او مختلي العقل او القائمين باشغال شاقة او في حرب او من كانوا على سفر. ويُعتبر هذا بمثابة فعل ندامة على الآثام وقهراً للنفس في سبيل الله؛ ويجب على الصائمين ان يبدأوا يومهم باعلان

نيتهم، كما ان الليل يكون عادة مملؤا بصلوات خاصة. وبالتقرب من الله بهذه الطريقة، يتقرب المسلمون واحدهم من الآخر. اختبار الصوم بالاشتراك مع قرية باسرها او مدينة يقوي الشعور بوحدة المجتمع على مر الزمن والمدى؛ والساعات بعد حلول المساء قد تمضي في زيارات ووجبات تُتناول بالاشتراك مع الآخرين؛ ويُحتفل بنهاية شهر رمضان كأحد عيدي السنة الكبيرين، وهي مناسبة لاقامة الولائم والزيارات وتبادل الهدايا (عيد الفطر).

ومرة واحدة في الحياة على الاقل، على كل مسلم يستطيع ذلك ان IX/8
يقوم بالحج الى مكة. بامكانه ان يزورها في اي وقت من السنة (العُمرة)، ولكن ليكون حاجاً بالمعنى الصحيح عليه ان يذهب مع مسلمين آخرين في وقت معين من السنة، شهر ذي الحجة. هؤلاء الذين لم يكونوا احرارا او غير كاملي العقل، او من ليس لديهم الاموال اللازمة لذلك، ومن هم تحت عمر محدد، (وبحسب قول بعض المراجع) النساء اللواتي لا زوج لهن او وصي يرافقهن، جميع هؤلاء غير ملزمين بالذهاب. وهناك اوصاف لمكة وللحج تعود الى القرن الثاني عشر، تبين انه في ذلك الوقت كان هناك اتفاق على الطرق التي يتوجب على الحاج ان يتصرّف بها وما يتوقّع أن يجده في نهاية رحلته.

كان معظم الحجاج يذهبون جماعات كبيرة تتجمع في المدن الكبيرة IX/9
من العالم الاسلامي. بحلول عصر المماليك كانت رحلات الحجيج من القاهرة ودمشق هي الاهم. وكانت الآتية من المغرب تسلك طريق البحر او البر الى القاهرة حيث تلتقي بالحجاج المصريين ثم تقطع شبه جزيرة سيناء برا ثم نزولا عبر غربي الجزيرة الى المدن المقدسة في قافلة منتظمة بحماية وقيادة حاكم مصر وباسمه. كانت الرحلة من القاهرة تستغرق ما بين ثلاثين

واربعين يوما، وفي نهاية القرن الخامس عشر ربما كان يقوم ٣٠ او ٤٠ الف حاج بهذه الرحلة كل سنة. كان القادمون من الاناضول وسوريا وايران والعراق يلتقون في دمشق؛ والرحلة ، ايضا بقافلة ينظمها حاكم دمشق، كانت تستغرق ما بين ٣٠ و٤٠ يوما ايضا، وقيل ان ما بين ٢٠ و٣٠ الف حاج ربما كانوا يذهبون كل سنة. وثمة جماعات اقل عددا كانت تذهب من افريقيا الغربية عبر السودان والبحر الاحمر، ومن جنوبي العراق ومرافىء الخليج عبر وسط جزيرة العرب.

في نقطة معينة على مشارف مكة، يُطهر الحاج نفسه بالوضوء ويرتدي
IX/10 كساء أبيض مصنوعا من قطعة واحدة، «الاحرام»، ويعلن عن نيته بالقيام بالحج بنوع من فعل التكريس: «لَبّيْكَ اللّهُمَّ لَبّيْكَ؛ لَبّيْكَ لا شَرِيكَ لَكَ لَبّيْكَ؛ إنَّ الْحَمْدَ وَالنِّعْمَةَ لَكَ وَالْمُلْكْ؛ لا شَرِيكَ لَكْ»(٣).

ولدى وصوله الى مكة، يدخل الحاج الى الحرم، حيث توجد الامكنة
IX/11 والابنية الحرام. هذه الاماكن اتخذت شكلها الذي كانت ستبقى عليه من حوالي القرن الثاني عشر على الاقل: بئر زمزم، التي يُعتقد بان الملاك جبريل فتحها لكي يُنقذ هاجر وابنها اسماعيل؛ الحجر الذي نُقش عليه اثر قدم ابراهيم؛ بعض الامكنة المتعلقة بأئمة المذاهب الشرعية المختلفة. وفي قلب الحرم تقع الكعبة، البناء المستطيل الذي طهّره محمد ﷺ من الاصنام وجعله مركز عبادة المسلمين، مع الحجر الأسود المثبت في احد جدرانه. ويطوف الحاج حول الكعبة سبع مرات، ويلمس او يقبل الحجر الاسود عندما يمر به. في اليوم الثامن من الشهر يخرجون من المدينة باتجاه الشرق الى جبل عرفه. هناك يقفون بعض الوقت، وهذا فعل اساسي في الحج. وفي طريق العودة الى مكة، في منى، يقوم الحاج بعملين رمزيين اضافيين: رجم عمود يرمز الى ابليس، وتضحية حيوان . كان ذلك اشارة الى انتهاء فترة التكريس

التي بدأت بارتداء «الاحرام»؛ يخلع الحاج كساءه ويعود الى طرق الحياة العادية.

من عدة نواح، كان الحج الحدث الرئيس في السنة، ربما في الحياة
IX/12 كلها، الحدث الذي به تتجسد وحدة المسلمين مع بعض وتتبلور بكل معانيها. من جهة كان خلاصة كل انواع السفر. هؤلاء الذين ذهبوا الى مكة للصلاة ربما بقوا في المدينة المنوّرة ليدرسوا؛ وقد يكونوا قد جلبوا معهم بضائع كي يستطيعوا دفع نفقات الرحلة؛ وقد يرافق القافلة تجار، حاملين بضائع وسلعا ليبيعوها في الطريق أو في المدن المقدسة. كما كان الحج ايضا سوقا لتبادل الاخبار والافكار المجلوبة من كل انحاء العالم الاسلامي.

فقد عبّر الرحالة الشهير ابن بطوطة بعض الشيء عما كان يعني اختبار
IX/13 الحج: «ومن عجائب صنع الله تعالى أنه طبع القلوب على النزوع الى هذه المشاهد المنيفة، والشوق الى المثول بمعاهدها الشريفة، وجعل حبها متمكناً في القلوب، فلا يحلها أحد إلاّ أخذت بمجامع قلبه، ولا يفارقها إلاّ أسفاً لفراقها»[٤].

كان الحج فعل إطاعة لأمر الله كما جاء في القرآن: ﴿ولله على الناس
IX/14 حج البيت من استطاع إليه سبيلا﴾[٥]. ويأتي الحج كإعلان الايمان بالله الواحد، وتعبيرا واضحا عن وحدة الامة. يأتي آلاف الحجاج من كل انحاء العالم الاسلامي للحجّ في الوقت ذاته؛ معا يطوفون حول الكعبة ويقفون على عرفه، ويرجمون ابليس ويضحون الحيوانات. بفعلهم لذلك، كانوا مرتبطين بعالم الاسلام باجمعه. رحيل الحجاج وعودتهم كان يقترن باحتفالات رسمية، مسجلة في التواريخ المحلية، وفي عهود لاحقة كانت تُمثَّل على جدران المنازل. وفي الوقت الذي يضحي فيه الحجاج ذبائحهم في مِنى، كل اسرة مسلمة ايضا تضحي بذبيحة لتبشر بحلول العيد الكبير

الثاني في السنة، عيد الأضحى.

يتجلى الشعور بالانتماء الى مجتمع من المؤمنين بالفكرة القائلة ان من واجب كل مسلم ان يرعى ضمير اخيه المسلم، وان يحمي الامة ويوسع IX/15 مجالها حيث امكن. الجهاد، الحرب ضد من يهدد الامة، أكان من الخارج كأعداء غير مؤمنين او من الداخل اذا تمرّد غير مسلم على ميثاق الحماية، كان يُعتبر عادة واجباً يوازي فعلياً احد الأركان. واجب الجهاد، مثل الواجبات الاخرى، يستند الى قول القرآن: ﴿يَأَيُّهَا الَّذِينَ آمَنُواْ قَاتِلُواْ الَّذِينَ يَلُونَكُم مِنَ الْكُفَّارِ وَلْيَجِدُواْ فِيكُم غِلْظَةً وَاعْلَمُواْ أَنَّ الله مَعَ الْمُتَّقِينَ﴾ (٦). طبيعة هذا الواجب ومداه حدده الكتّاب الشرعيون بدقة. فهو ليس واجباً فردياً على كل المسلمين، بل واجب على الامة ان تقدم عددا كافيا من المحاربين. بعد الانتشار الاسلامي العظيم في القرون الاولى، ومع بداية الهجمات المعاكسة من اوروبا الغربية، اصبح ينظر الى الجهاد من نواحي الدفاع بدلا من التوسع.

طبعا، ليس جميع من كانوا يُسمّون انفسهم مسلمين اخذوا هذه الواجبات بالقدر نفسه من الجدية، او اعطوا المعنى نفسه للقيام بها. كانت IX/16 هناك درجات من القناعة الشخصية واختلافات على العموم بين اسلام المدينة والريف والصحراء. نطاق التقيد بهذه الواجبات كان يراوح بين العالم او التاجر الورع في المدينة، المقيم للصلوات كل يوم والصوم كل سنة، والقادر على دفع الزكاة والقيام بالحج، وبين البدوي العادي الذي لا يصلي بانتظام ولا يصوم رمضان لان حياته كلها عاشها على حدود الحرمان، ولا يحج، ولكنه يظل يشهد ان لا إله إلا الله وان محمداً رسول الله.

أولياء الله

منذ البدء كان هناك اتباع للنبي لم يكن للشعائر والطقوس الخارجية بالنسبة إليهم أية قيمة ما لم تكن تعبر عن اخلاص في النية، ورغبة في اطاعة IX/17 وصايا الله نابعة من شعور بعظمته وبصغر الانسان، وما لم تكن تعتبر

تجسيدات أولية لقاعدة اخلاقية يجب ان تشمل الحياة بكاملها.

IX/18 ومن زمن مبكر اسفرت الرغبة في صفاء النية عن ظهور ممارسات تقشفية، ربما بتأثير من رهبان النصارى الشرقيين. ومن المفاهيم الضمنية فيها كانت الفكرة ان بالامكان ان تكون العلاقة بين الله والانسان غير علاقة أمر وإطاعة: علاقة تجعل الانسان يطيع ارادة الله من محبته له ومن رغبته في التقرب منه، وبفعله ذلك يمكن ان يُحس بمحبة مقابلة تنبعث من الله الى الانسان. افكار كهذه، والممارسات التي انطلقت منها، تطوّرت اكثر خلال هذه القرون. وكان هناك توضيح تدريجي لفكرة وجود طريق يستطيع فيه المؤمن الحقيقي التقرب من الله؛ هؤلاء الذين اعتنقوا هذه الفكرة وحاولوا وضعها موضع التنفيذ عُرفوا عامة بالصوفيين. وبالتدريج ايضاً برز اجماع، مع انه كان غير كامل، على المقامات الرئيسة على الطريق. وكان أولها مقام التوبات، الابتعاد عن آثام الحياة الماضية. يؤدي هذا الى الامتناع، حتى عن الامور التي كانت مشروعة ولكنها قد تلهي الروح عن هدفها الصحيح. والسائر على الطريق يجب ان يتعلم الثقة بالله والاعتماد عليه وانتظار مشيئته بصبر، وبعد ذلك، بعد فترة من الخوف والامل، قد يجيء ايحاء للعزة الالهية: وعي روحي تختفي فيه كل الاشياء ولا يكون هناك إلا الله. وتتلاشى الصفات البشرية للسائر الذي بلغ هذا المركز ويحل محلها صفات إلهية، ويتّحد الله والانسان بالمحبة. هذا الاختبار الخاطف «بالمعرفة» يُخلّف أثره: الروح تكون متحولة عندما ترجع الى دنيا الحياة اليومية.

IX/19 هذه الحركة باتجاه الاتحاد مع الله كانت حركة اثرت على العواطف كما على العقل والروح، وتبعا للمقامات المختلفة قد يكون هناك «احوال»، اوضاع عاطفية او خُبرات حيوية يمكن أن يعبر عنها، اذا امكن ذلك، بالمجاز او بالصورة. بالعربية وبلغات ادبية اخرى في الاسلام تطور تدريجياً نظام من الصور الشعرية حاول بها الشعراء اثارة «الاحوال» التي تأتي على طريق معرفة الله، واختبار «الوحدة» التي كانت هدفها: صور عن المحبة البشرية يعكس فيها العاشق والمعشوق صورة واحدهما الآخر، وعن النشوة،

وعن الروح مثل نقطة ماء في المحيط الالهي، او كعندليب يفتش عن الوردة التي هي تجلّ «لله». الخيال الشعري مبهم، على كل حال، وليس من السهل دائما القول ما اذا كان يحاول الشاعر التعبير عن المحبة البشرية او محبة الله.

IX/20 كان المسلمون المعنيون وذوو الرصانة واعين لمخاطر هذا الطريق؛ السائر قد يضل الطريق، و«الاحوال» قد تخدعه. وكان من المسلّم به عموما ان بعض الارواح البشرية تستطيع ان تسلك الطريق بمفردها، وتُختطف فجأة الى الفرح المطلق، او تُقاد بارشاد مباشر من معلم متوفى او من النبي ذاته. الا ان لمعظم السالكين كان يُعتقد ان من الضروري لهم قبول تعليم او ارشاد احد تقدَّمَهم شوطاً أبعد على الطريق، شيخ أو مرشد. وبحسب قول اصبح شائعا: «من لا شيخ له، فالشيطان شيخه». وعلى التمليذ ان يتبع معلمه بطاعة مطلقة؛ يجب ان يكون مستسلماً «كالجثة بين يدي غسال الموتى».

IX/21 في اواخر القرنين العاشر والحادي عشر، بدأ يظهر تطور اضافي. أخذ أَتْبَاع المعلم ذاته يعرفون انفسهم كأنهم عائلة روحية واحدة، سائرون على «الطريقة» ذاتها. بعض هذه العائلات استمرت على مدى فترة طويلة وادّعت نسبا يعود الى معلم شهير من معلمي الحياة الروحية، سميت الطريقة على اسمه، ومن خلاله الى النبي، عن طريق علي أو ابي بكر. بعض هذه «الطرق» أو المنظمات انتشرت على بقعة واسعة ضمن عالم الاسلام، منقولة على ايدي تلامذة منحهم المعلم «ترخيصاً» لتعليم طريقته. لم يكونوا على العموم منظمين تماماً. تلامذة معلم ما قد يؤسسون «منظماتهم» الخاصة ولكن كانوا عامة يعترفون بصلة روحية مع المعلم الذي منه تعلموا طريقتهم. وبين الطرق الاكثر انتشاراً والاطول بقاءً بدأ بعضها في العراق مثل الرفاعية التي تعود الى القرن الثاني عشر، والسهروردية في القرن الثالث عشر، وتلك التي انتشرت ابعد من الكل، القادرية، التي سميت على اسم ولي من بغداد، عبد القادر الجيلاني ((٨/١٠٧٧ ـ ١١٦٦)، ولكنها لم تبرز بوضوح حتى

القرن الرابع عشر. بين المنظمات التي نشأت في مصر، اصبحت الشاذلية الاكثر انتشارا، على الاخص في المغرب، حيث نظمها الجازولي (توفي ١٤٦٥ تقريباً). في اجزاء اخرى من العالم الاسلامي، كانت هناك طرق او مجموعات من الطرق لها اهميتها: مثلا، المولوية في الاناضول، والنقشبندية في اواسط اسيا. بعض هذه انتشرت فيما بعد في البلدان الناطقة بالعربية ايضا.

اقلية فقط من اتباع منظمات كهذه كرسوا حياتهم كلها للطريقة وعاشوا
IX/22 في «زاوية» او «خانقاه»؛ بعض هذه، في المدن على الاخص، قد تكون ابنية صغيرة، ولكن غيرها قد يكون اكثر اتساعا، وتشتمل على مسجد، مكان للممارسات الروحية، مدارس، نزل للزوار، كلها مجمعة حول قبر المعلم الذي تُسمّى الطريقة باسمه. الا ان معظم اعضاء الطريقة كانوا يعيشون في العالم، وقد يكون بينهم نساء ورجال. للبعض منهم لم يكن الانتساب الى الطريقة اكثر من اسمي، ولكن لغيرهم قد يتضمن ذلك تلقين بعض المعتقدات والممارسات التي يمكن ان تساعدهم على طريقهم الى «النشوة» او «الاتحاد».

كانت هذه المنظمات تختلف في نظرتها الى العلاقة بين سبيلي
IX/23 الاسلام: سبيل الشريعة، اطاعة الشرع المستمد من اوامر الله في القرآن، واسلوب «الطريقة»، التفتيش عن المعرفة الاختبارية المباشرة لله. من جهة وقفت المنظمات الرزينة الهادئة، التي كانت تعلّم بانه، بعد الافناء الشخصي والنشوة من الرؤيا الباطنية، على المؤمن ان يعود الى عالم النشاطات الحياتية اليومية ويعيش ضمن حدود الشريعة، متمما واجباته لله وللناس، ولكن بعد اعطائها معنى جديدا. من جهة اخرى وقف هؤلاء الذين خلفتهم خبرة الوحدة مع الله منتشين بشعور من الحضور الالهي، بحيث ان حياتهم اصبحت منذ ذاك تُعاش في وحدة وانفراد؛ لم يعودوا يهتمون اذا كانوا يستحقون اللوم لاهمالهم لواجباتهم المحددة في الشريعة، وقد يرحبون بهذا اللوم كطريقة تساعدهم على الانصراف عن العالم (الملاماتية). الاتجاه

الاول كان مرتبطاً بالذين يدعون التحدر من جُنَيْد، والثاني مقروناً بالذين كانوا ينظرون الى ابي يزيد البِسْطامي على انه معلمهم.

وكانت هناك شعائر خاصة للدخول في منظمة ما: يمين الطاعة والولاء
للشيخ، او تسلم عباءة خاصة منه، او التلقين منه لصلاة سرية (وِرد أو IX/24
حِزْب). غير انه بالاضافة الى الصلوات الفردية، كان هناك شعيرة بمثابة الفعل الرئيسي في «الطريقة» والعلامة التي تميزها عن سائر الطرق. وأتت هذه في الذِكر، او ترديد اسم الله، بنيّة صرف الروح عن كل ملاهي العالم وتحريرها لكي تحلق نحو الوحدة بالله. وقد يكون الذكر بأكثر من شكل. في بعض الطرق (على الاخص النقشبندية) كان المتّبع هو الترديد الصامت، مع بعض اساليب التنفس، وتركيز انتباه الفكر على اعضاء معينة من الجسم، او على الشيخ، مؤسس الطريقة التي تحمل اسمه، او على النبي (ص). لدى معظم المنظمات، كان الذكر «حضرة» جماعية، يقام بانتظام في ايام معينة من الاسبوع في «زاوية» المنظمة. واقفين صفوفاً، يردد المجتمعون اسم الله؛ قد يصاحبهم الموسيقى او الشعر؛ في بعض الطبقات كانت تمارس رقصات شعائرية، كما في الرقص الدائري الرشيق للمولويين؛ وقد يكون هناك مظاهر طاقات (او نِعم) خاصة، مثل سكاكين تُغرز في الخدود او لهب في الفم. ويتسارع الترديد والاداء اكثر فاكثر الى ان يبلغ المشاركون النشوة حيث يفقدون وعيهم للعالم المحسوس.

وكانت هذه الافعال العلنية محاطة بشبه ظل من العبادات والدعوات
الخاصة، تسبيح الله، والتعبير عن المحبة له، وتضرّعات للنِعم الروحية. IX/25
بعضها كان مقولات قصيرة تسبّح الله او تستمطر البركات على النبي، وغيرها كان اكثر تفصيلاً: «المجد له، تسبّحه الجبال بما عليها؛ المجد له، من تباركه الاشجار إذْ تنبت أوراقها؛ المجد له، تمجّده أشجار النخيل عند ينوع ثمره؛ المجد له، تسبّحه الريح في مسارها الى البحار»(٧). ونُسِبَت مجموعات من هذه الاقوال الى كبار معلمي الحياة الروحية.

وفكرة «طريق» تؤدي الى التقرب من الله تعني ضمناً ان الانسان ليس IX/26

خليقة الله وعبده فحسب، بل بامكانه ايضا ان يصبح ولياً من اوليائه. واعتقاد كهذا له مبرراته في مقاطع من القرآن: ﴿فَاطِرَ السَّمَاوَاتِ وَالأَرْضِ أَنتَ وَلِيِّ فِي الدُّنْيَا وَالآخِرَةِ﴾. [٨] وتدريجياً نشأت نظرية «الولاية». وليّ الله كان ذلك الذي يقف دائماً بقربه، وافكاره متجهة اليه على الدوام، وهو الذي سيطر على الاهواء البشرية التي تبعد الانسان عن الله. بامكان المرأة ان تصبح ولية، مثل الرجل. الاولياء وُجِدوا في العالم باستمرار، ولسوف يظلّون كي يحفظوا العالم على محوره. وبمرور الزمن اكتسبت هذه الفكرة تعبيراً رسمياً: سوف يظل هناك عدد من الاولياء في العالم فاذا توفي واحد خلفه آخر، وهم يكونون النخبة في درجات حكام العالم المجهولين، مع «القطب» الذي يدور عليه العالم في طليعتهم.

بإمكان اولياء الله ان يتشفعوا لديه نيابة عن آخرين، وشفاعتهم يمكن
IX/27 ان يكون لها نتائج منظورة في هذا العالم. فقد تؤدي الى الشفاء من مرض او عقم، او الفرج من البلايا، وعلامات هذه الكرامات كانت ايضا براهين على قدسية الوليّ. واصبح من المسلّم به عموما ان القوة الخارقة التي يمكن بواسطتها للوليّ ان يستنزل الكرامات على العالم، هذه القوة يمكن ان تستمر حتى بعد وفاته او وفاتها، والتضرعات للشفاعة يمكن ان تتلى على المقام (الضريح). زيارات قبور الاولياء، ولمسها او الصلاة عندها، اصبحت ممارسة اضافية للعبادة مع أن بعض المفكرين المسلمين اعتبروا ذلك بدعة خطرة لانها تضع وسيطا بشريا بين الله وبين المؤمن الفرد. قبر الوليّ، مستطيل الشكل، ذو قبة مقنطرة، ومبّيض بالكلس في الداخل، قائم بمفرده او في مسجد، او يشكل نواة حولها قامت «زاوية»: كان هذا مظهرا مألوفا من المناظر الطبيعية في الارياف والمدن الاسلامية.

وكما أن الاسلام لم يرفض الكعبة بل اعطاها معنى جديداً، كذلك
IX/28 ادخل معتنقو الاسلام فيه عباداتهم الخاصة السحيقة القدم. والفكرة الرامية الى ان بعض الامكنة كانت مواطن آلهة او ارواح فوق ـ بشرية كانت واسعة الانتشار منذ ابعد العصور: حجارة من نوع غير مألوف، اشجار قديمة، منابع

المياه المتفجرة عفوياً من الارض، كانت تُعتبر بمثابة دلائل على حضور الله او الروح الذي يمكن تقديم الاسترحامات له والقرابين، عن طريق تعليق خرق نذور او تضحية ذبائح حيوانية. في كل انحاء العالم حيث امتدّ الاسلام، اقترنت امكنة كهذه بأولياء مسلمين وهكذا اكتسبت معنى جديداً.

IX/29 واصبحت بعض قبور الاولياء مراكز ممارسات شعائرية عمومية عظيمة. عيد مولد ولي، او يوم خاص مقترن به، كان يُحتفل به بحفلة شعبية يجتمع خلالها المسلمون من المنطقة المجاورة او من امكنة بعيدة ليلمسوا القبر او للصلاة امامه والمشاركة في الاحتفالات من مختلف الانواع. كانت بعض هذه التجمعات ذات اهمية محلية فقط، ولكن غيرها كان يجتذب الزوار من امكنة بعيدة. وفي تعداد مقامات كهذه، محلية أو شاملة، كانت قبور مولاي ادريس (توفي ٧٩١)، المعروف بانه اسس مدينة فاس؛ أبو مديان (حوالى ١١٢٦ ـ ٩٧) في تِلِمْسان في غربي الجزائر؛ سيدي مَحْرَز، الوليّ شفيع البحّارة في تونس؛ أحمد البدوي (حوالى ١١٩٩ ـ ١٢٧٦)، في طنطا في دلتا مصر، صاحب عبادة شهد فيها العلماء إحياء نوع جديد من عبادة مصر القديمة لبوباسْتيسْ؛ وعبد القادر، الذي سميت طبقة «القادرية» باسمه، في بغداد.

IX/30 بمرور الزمن صار يُنظر الى النبي وعائلته من زاوية الولاية. فقد كان يُعتقد عموما ان شفاعة النبي يوم القيامة تعمل لخلاص الذين قبلوا دعوته. وصار يُعتبر ولياً بالاضافة الى كونه نبياً، وقبره في المدينة كان مقام صلاة وتضرعات، يُزار لذاته او بمثابة استكمال للحج. كذلك «المولد»، يوم ولادة النبي، اصبح مناسبة للاحتفال الشعبي: ويبدو ان هذه الممارسة بدأت تظهر في زمن الخلفاء الفاطميين في القاهرة، واصبحت شائعة في القرنين الثالث عشر والرابع عشر.

IX/31 كان باستطاعة الولي الحي او المتوفي ان يولّد قوة دنيوية، على الاخص في الارياف حيث كان يتيح غياب السلطة البيروقراطية المنظمة مجالا حرا للقوى الاجتماعية. مسكن الولي او مقامه كان مكانا حياديا حيث

يستطيع الناس اللجوء، وافراد من مختلف الجماعات المتباعدة او المتعادية يستطيعون الالتقاء فيه لتسيير الاعمال. عيد الولي كان ايضا معرضا او سوقا ريفيا تباع فيه البضائع وتُشرى، وقبره قد يكون حامياً (شفيعا) لسوق دائم، او مخزن حبوب لقبيلة بدوية رحالة. الولي، او سليلته وحماة قبره، يمكن ان يستفيدوا من صيته كوليّ؛ الهبات من الحجاج قد توفر لهم ثراءً ومهابة، وقد يُستدعون ليتولوا التحكيم في النزاعات.

ويمكن لأهل العلم والتقى، من ذوي السمعة بانهم يجترحون العجائب ويفضّون النزاعات، أن يكونوا النقطة التي قد تجتمع حولها الحركات IX/32
السياسية، في معارضة لحكام يُعتبرون غير عاديين او غير شرعيين. في بعض الظروف، يمكن للاعتبار الذي يتمتع به مرشد ديني كهذا ان يستمد قوة من فكرة شعبية واسعة الانتشار، فكرة المهدي، الرجل الذي يرشده الله والذي ارسله ليعيد حكم العدالة الذي قد يأتي قبل نهاية العالم. يمكن العثور على امثال من هذا السياق خلال التاريخ الاسلامي. الاكثر شهرة ونجاحا بين الذين آمن به اتباعه بانه المهدي ربما كان ابن تومرت (نحو ١٠٧٨ ـ ١١٣٠)، مصلح ديني ولد في المغرب، وبعد ان تلقى العلم في الشرق الاوسط، عاد الى المغرب وبدأ بالدعوة الى إحياء النقاوة الاصيلة للاسلام. هو ومن تجمع حوله أسسوا دولة الموحدين، التي امتدت في أوجها عبر المغرب والارجاء المسلمة من اسبانيا، والتي ادى ذكراها الى اضفاء الشرعية على سلالات لاحقة، على الاخص بني حفص في تونس.

الفصل العاشر

ثقافة العلماء

العلماء والشريعة

X/1 في قلب امة الذين قبلوا رسالة محمد ﷺ وقف علماء الدين، أهل الفقه في القرآن والحديث والشرع، معلنين انهم حُماة الامة، خلفاء النبي.

X/2 وتضمن الصراع على الخلافة السياسية للنبي خلال القرن الاسلامي الاول قضية السلطة الدينية. من له الحق بتفسير الرسالة المنزلة في القرآن وسيرة محمد ﷺ؟ بالنسبة الى الشيعة والطوائف الاخرى المتفرعة عنهم، تنحصر السلطة في سلالة الأئمة، المفسرين المعصومين عن الخطأ للحقيقة التي يتضمنها القرآن. غير أن منذ اوائل العصور الاسلامية، كانت الاكثرية من المسلمين الناطقين بالعربية من السنّة: اي انهم كانوا يرفضون فكرة إمام معصوم يستطيع، الى حد ما، ان يُمدد ارادة الله المنزلة. بالنسبة اليهم، تلك الارادة تجلت نهائيا وبكاملها في القرآن وسنة الرسول، والذين كانت لهم القدرة على تفسيرها، أي العلماء، كانوا حفظة ضمير الأمة المعنوي.

X/3 بحلول القرن الحادي عشر كان هناك تمييز واضح بين مختلف المذاهب او مدارس التفسير المعنوي والشرعي، على الاخص المذاهب الاربعة الاكثر انتشارا وديمومة بينها، الشافعية والمالكية والحنفية والحنبلية. وكانت العلائق بين اتباع المذاهب المختلفة معكرة احيانا؛ في بغداد، خلال العصر العباسي، تنازعت زُمر من اهل المدينة باسم الشافعية والحنفية. اما فيما بعد، فاصبحت الفوارق اقل حدّة. في بعض المناطق، كان احد المذاهب شاملا تقريبا. المالكيون صاروا المدرسة الوحيدة تقريبا في المغرب، والشافعيون كانوا واسعي الانتشار في مصر وسوريا والعراق وايران والحجاز، والحنفيون في اواسط آسيا والهند. وكان الحنبليون عنصرا هاما في بغداد وفي المدن السورية من القرن الثاني عشر وما بعد. وكما توصلت

مدارس التعليم الديني الى قبول واحدها الاخر، كذلك مدارس الشرع. حتى عندما كانت سلالة ما، كما حدث فعلا، تعين اعضاء مدرسة ما في مناصب شرعية، فالآخرون ايضا كان لهم قضاتهم واختصاصيّوهم في التشريع.

X/4 وكانت بعض الاختلافات بين المذاهب تتعلق بالتحديد الدقيق والوزن النسبي لاصول الفقه. فيما يتعلق بالاجماع، كان الحنبليون يقبلون الصحابة فقط، لا العلماء الذين جاؤوا فيما بعد، لذلك كانوا يعطون مجالا اوسع للاجتهاد بشرط ان يمارسه علماء بموجب القواعد الدقيقة للقياس. مدرسة اخرى، الظاهرية، التي كانت قوية في الاندلس لزمن ثم انقرضت فيما بعد، كانت تتمسك فقط بالمعنى الحرفي للقرآن والحديث، كما فسره الصحابة، وترفض الاجتهاد والاجماع الذي جاء فيما بعد. وثمة عقيدة مماثلة علمها ابن تومرت، مؤسس حركة الموحدين وسلالتها، ولكنه ادعى لنفسه مركزاً يجعله المفسر الوحيد المعصوم عن الخطأ للقرآن والحديث. وهناك مدرستان كانت تسمح ببعض الليونة في استعمال الاجتهاد: كان الحنفيون يؤكدون ان لا حاجة لاستعمال القياس الصارم دائما، فباستطاعة العلماء ممارسة قدر محدود من الاستحسان الشخصي في تفسير القرآن والحديث؛ كذلك المالكيون كانوا يعتقدون بان بامكان العالم تخطي القياس الصارم في سبيل مصلحة الانسان، أي الاستصلاح.

X/5 لم تكن هذه المبادىء تُطوَّر وتُبحَث لذاتها، بل لانها كانت تشكل اساس الفقه، المحاولة بواسطة الجهد البشري المسؤول لوصف الشريعة بالتفصيل، وفرضها إذ يتوجب على المسلمين اتباعها ليطيعوا ارادة الله. كل الاعمال البشرية، بالعلاقة المباشرة مع الله او مع البشر الآخرين، يمكن ان تُمتحن في ضوء القرآن والسنّة، كما فسرها هؤلاء المؤهلون لممارسة الاجتهاد، ومصنّفة بموجب خمسة مقاييس: يمكن اعتبارها فرضاً (اما للأمة باجمعها ـ «كفاية»، او لكل فرد منها ـ «عين»)، مستحبّة، جائزة مُباحة، مكروهة، او محرّمة.

X/6 تدريجا، وضع العلماء من مختلف المذاهب قواعد للسلوك البشري

تشمل جميع الافعال البشرية الممكن ان يُستمد لها ارشاد من القرآن والحديث. احدى هذه القواعد (كنموذج)، القاعدة التي وضعها ابن ابي زيد للقيرواني (توفي ٩٩٦)، عالم من مدرسة المالكية، وتبدأ بهذه الحقائق الجوهرية «مما تنطق به الالسنة وتعتقده القلوب»، نوع من المجاهرة بالايمان. ثم تتناول قواعد السلوك تلك الاعمال الموجهة نحو الله مباشرة، العبادات: الصلاة والوضوء الذي يستهلها، الصوم، والزكاة، والقيام بالحج، وواجب القتال في سبيل الاسلام (الجهاد). بعد العبادات، تنتقل الى المعاملات بين البشر: اولا، شؤون العلائق البشرية الحميمة، الزواج والطرق الممكن عقده فيها وانهاؤه؛ ثم العلائق الاكثر شمولا والاقل الفة شخصية، المبيعات وما شابه من العقود، بما في ذلك اتفاقيات السعي الى الربح، الارث والهبات وانشاء الأوقاف؛ ثم الشؤون الاجرامية (العقوبات) وبعض الأفعال المحرّمة، كالزنى وشرب الخمر التي خصص لها القرآن عقوبات معيّنة. بعد ذلك تعطي انظمة للسياق الذي يتوجب على القضاء اتّباعه في اصدار الاحكام في الامور الممنوعة، وتنتهي بقطعة تحض على الاخلاقيات: «وفرض على كل مؤمن أن يريد بكل قول وعمل من البر وجه الله الكريم ومن أراد بذلك غير الله لم يقبل عمله والرياء الشرك الاصغر. والتوبة فريضة من كل ذنب من غير إصرار والإصرار المقام على الذنب وإعتقاد العود اليه... والنية أن لا يعود وليستغفر ربه ويرجو رحمته ويخاف عذابه ويتذكر نعمته لديه... ولا ييأس من رحمة الله»[١].

في المسائل الجوهرية، كما في مبادىء التفسير كانت هناك بعض
X/7 الاختلافات بين شتى المذاهب، ولكن معظمها كان قليل الاهمية. حتى ضمن مذهب معين قد توجد خلافات في الرأي لان ليس بمقدور قاعدة، مهما كانت مفصلة ودقيقة، تغطية كل الاوضاع الممكنة. وهناك مثل سائر طالما رُدِّد يقول بانه من القرن العاشر وما بعد لم يعد هناك مجال لممارسة حكم شخصي: فحيثما يكون اجماع، «يغلق باب الاجتهاد». غير انه لا يبدو ان هناك دليلا واضحا ان هذا المبدأ كان مُصاغاً أبداً او مقبولا عموما، فضمن كل مذهب كان الاجتهاد في الواقع يطبق ليس فقط من القضاة في

اتخاذ قراراتهم بل ايضا من اهل الفتوى. المفتي كان بالاساس عالما معروفا باطلاعه وبقدرته على اصدار احكام على المسائل المتنازع عليها عن طريق ممارسة الاجتهاد. والفتوى التي اصدرها كبار المفتين يمكن ان تدمج بعد مدة في كتب الفقه الموثوقة، ولكن نشاط اصدار الفتاوى كان يجب ان يستمر. والارجح انه من القرن الثالث عشر وما بعده عين الحكام مفتين رسميين، ربما كانوا يتناولون مرتّبات، ولكن العالم غير المعين رسميا، الذي كان يتقاضى اجرا ممن كانوا يأتون اليه طالبين قراراً، والذي لم يكن مديناً بمنّة الى الحاكم، فكان ذا مكانة محترمة جداً في المجتمع.

X/8 جرت العادة أن يُشار الى نتاج الفقه، الشريعة، على انها «القانون الاسلامي»، ولهذا تبريره، لانه منذ زمن العباسيين وما بعد، اعتُبر هذا القانون بمثابة مجموعة الفكر التي اعتمد عليها القضاة المعيّنون من الحاكم لاصدار قراراتهم او فض النزاعات. الا انه في الواقع كان اكثر، كما كان اقل، مما يُعتبر الآن كقانون. كان اكثر لانه كان يشمل افعالا خاصة لاتعني جار الانسان ولا حاكمه: افعالا عن العبادة الخاصة، السلوك الاجتماعي، وما يمكن ان يُسمى التصرفات وآداب السلوك. كان قاعدة قياسية لكل الاعمال البشرية، ومحاولة لتصنيفها، وبذلك، ارشاد المسلمين الى الطريقة التي ارادهم الله ان يعيشوا بها. وكان اقل من قانون، لان البعض من شروطه كانت نظرية فقط، لاتطبق مطلقاً او فيما ندر عملياً، ايضا لانه تجاهل مجالات كاملة من الافعال التي يمكن ان تشملها قواعد شرعية اخرى. كان دقيقاً جداً في مسائل الاحوال الشخصية ـ زواج او طلاق، هبات او ارث؛ اقل دقّة فيما يتعلق بالعقود والموجبات، وكل ما يتعلق بالنشاط الاقتصادي؛ ولم يكن يشمل كل المجال الذي يسمى الآن قانون الجرائم ـ القتل كان يُعتبر مسألة خاصة بين العائلات المعنية بدلا من ان يُعتبر قضية يجب ان يتدخل فيها المجتمع عبر القضاء؛ كما انه لم يأتِ في الواقع على ذكر القانون «الدستوري» او الاداري.

X/9 حتى في الحقول التي كان فيها بالغ الدقة، كانت سلطته قد تتعرّض

للتحدي من قبل نفوذ الحاكم او الممارسات الفعلية للمجتمع. في معظم الانظمة الحكومية، كان الحاكم او موظفوه يعالجون العديد من الاعمال الاجرامية، على الاخص تلك المتعلقة بأمن الدولة؛ سير المحاكمة والعقوبات كان يقررها هو. كذلك في الريف ايضا، كانت الامور تصرف حسب العُرف، اي عادة المجتمع، التي يحفظها ويطبقها المتقدمون في السن في القرية او القبيلة. ويبدو انه كان هناك قواعد مكتوبة للعرف في بعض الامكنة، وفي بعضها الآخر ربما وجدت محاكم نظامية او مجالس، وقد يكون ذلك صحيحاً على الاخص في المجتمعات البربرية في المغرب. الا ان هذه ربما كانت استثنائية.

X/10

وكما كانت الشريعة قد تطورت بعملية بطيئة ومعقدة من التفاعل بين المقاييس التي يحتويها القرآن والحديث وبين الاعراف المحلية وقوانين المجتمعات التي ضُمّت تحت حكم الاسلام، كذلك كانت هناك عملية مستمرة من التكييف المتبادَل بين الشريعة، عندما اتخذت شكلها النهائي، وممارسات المجتمعات المسلمة. وقد بُيّن، مثلا، ان قواعد القانون الحنفي، فيما يتعلق بالممارسات التجارية، يتطابق مع ممارسات التجار المصريين كما هي ظاهرة في وثائق من نوع آخر مختلف كلياً. ما قالته الشريعة عن العقود حُوّر لدى قبول قواعد القانون الحنفي بـ «حِيَل» معيّنة، او طرق قانونية بارعة، بحيث أُدخلت ممارسات مثل اخذ الفوائد ضمن مجال القانون[٢]. وعلى مثال ذلك، كان اصدار انظمة وممارسة التشريع من قبل حكام او موظفيهم يبررها مبدأ «السياسة الشرعية»: بما ان الله وضع الحاكم في المجتمع الانساني لكي يحفظ الدين والاخلاق، وبما ان سلطة الحاكم أقِرّتْ بكونها قُبلت من المجتمع، كان له الحق بان يصدر تلك الانظمة ويتخذ هذه القرارات التي كانت ضرورية للحفاظ على نظام اجتماعي عادل، بشرط أن لا يتعدّى الحدود التي فرضتها الشريعة. وكان يُعتبر بأن للحاكم الحق ان يقرر ما القضايا الواجب احالتها الى القاضي للحكم فيها، وتلك التي ينظر فيها بنفسه ويُصدر قراراته الخاصة بها.

ومع ان العُرف والشريعة غالبا ما كانا يوضعان مضادين واحدهما X/11 للآخر لغايات بيانية، فهما لم يكونا بالضرورة متضاربين. كانت الشريعة تقبل من العرف كل ما لا يناقضها. في جهات من المغرب جرت في الواقع محاولة لتفسير الشريعة على ضوء العرف. ومنذ القرن الخامس عشر على الاقل وما بعده، هناك وثائق في المغرب عن استعمال قضاة لسياق عُرف باسم «العمل»: كان يحق للقاضي ان يختار، من بين آراء المشرعين، الرأي الذي يتطابق على افضل وجه مع العرف المحلي او المصلحة، حتى ولو لم يكن ذلك الرأي يحظى بتأييد اكثرية العلماء.

لا نعرف الا القليل عن قانون الاعراف في الريف خلال هذه الحقبة، X/12 ولكن دراسات عما حدث في العصور الاكثر حداثة تشير الى انه من الممكن ان سياقا معاكسا قد حدث، جارّاً الى تغلغل الشريعة الى حدّ ما في العرف. فقد يُحتفل بالزواج بالمصطلحات الاسلامية ولكن حقوقه وواجباته ومسائل الطلاق والارث الناتجة عنه، كان يقررها العرف؛ في كثير من الاماكن كان توريث البنات أراضيَ مناقضاً للعرف، مع انه يتطابق مع الشريعة. النزاعات حول الملكية او الشراكة قد تؤخذ الى قاضٍ في اقرب مدينة لاصدار قرار او للتوفيق؛ العقود او الاتفاقات التي يود الفرقاء اضفاء صيغة رسمية او ديمومة عليها كانت تؤخذ ايضا الى القاضي لكي يصوغها رسميا بلغة الشريعة، ولكن الوثيقة قد تفسر فيما بعد على ضوء العرف المحلي. وعلى حدّ قول عالم درس وثائق كهذه من وادي الاردن: «العرف على العموم يوفر الجوهر والشريعة تعطي الشكل»[٣].

تناقل العلم

كان علماء الدين والشرع، هؤلاء الذين طوروا وحافظوا على اجماع X/13 الأمة، اقرب ما يمكن من مرجعية تعليمية في الاسلام السّنّي، وكان من الاساسي لهم التأكد من ان فهم الفقه وقواعده انتقل بتمامه من جيل الى آخر.

ويبدو منذ وقت مبكر انه كان هناك سياق منهجي لانتقال التعليم X/14

الديني. في المساجد، على الاخص في المساجد الكبيرة الجامعة كانت تلتئم حلقات من التلامذة حول معلم يجلس مستندا الى عمود، يشرح موضوعا عن طريق قراءة كتاب والتعليق عليه. ومن القرن الحادي عشر على الاقل، تطور نوع من المعاهد مكرس على العموم للتعليم الشرعي، «المدرسة»: غالبا ما يُعزى اصلها الى نظام الملك (١٠١٨ ـ ٩٢)، وزير اول حاكم سلجوقي في بغداد، ولكنها تعود في الواقع الى زمن ابعد. كانت المدرسة مكانا للتعلم متصلة غالبا وليس دائما بمسجد؛ وكانت تضم مكان سكنٍ للطلاب. وكانت تقام بمثابة وقف من قبل متبرّع فردي يكرس لها هبة تضمن استمرارها، حيث ان الدخل من عقار مخصّص للاحسان لم يكن قابلا للتحويل. كانت الهبة تستعمل لصيانة البناء ودفع مرتب استاذ أو اساتذة بشكل دائم، وفي بعض الاحيان لمنح الطلاب او لتوزيع الغذاء عليهم. اوقاف كهذه كان ينشئها اي فرد ذي ثراء، ولكن الاعظم بينها والاطول ديمومة كانت تلك التي اقامها حكام او موظفون كبار، في العراق وايران تحت حكم السلجوقيين، في سوريا ومصر تحت الايوبيين والمماليك، وفي المغرب تحت بني مرين وبني حفص.

كانت تؤسس بعض المعاهد لتعليم القرآن والحديث، ولكن الغاية
X/15 الاساسية من معظمها كانت لدرس الفقه وتعليمه. لنأخذ مثلا: المدرسة التنقيذية في القدس، المنشأة بهبة خلال عصر المماليك، كان لها اربعة ايوانات تتفرع من فناء مفتوح، ايوان لتعليم كل من الحديث، والشرع الحنفي والصوفية، والرابع كان المسجد. وكانت الهبة تقوم بنفقات خمسة عشر طالب شرع، وعشرين طالب حديث، وخمسة عشر للصوفية، ومعلمين لكل موضوع؛ وكان الطلاب ينامون في المدرسة، كما كان هناك تكية لاثنتي عشرة ارملة.[٤] وكانت المدرسة تنال هبة او وقفا لتعليم مذهب واحد من المذاهب احيانا، او اكثر من واحد، او الاربعة؛ كانت «مدرسة» السلطان حسن في القاهرة من هذا النوع، حيث كانت هناك أربع مدارس، واحدة لكل مذهب، تُفتح على باحة متوسطة. وكان المدرس، الذي يشغل كرسيا استاذيا

ممنوحاً، يعطي مادة تدريسية بانتظام الى حد ما، يعاونه مساعدوه الذين كانوا يعلمون مواضيع فرعية. والتلميذ الذي كان يجيء الى «مدرسة» كان عادة قد مر في مدرسة ادنى مرتبة، مثل «مكتب» او «كتّاب»، حيث تعلم العربية وربما حفظ القرآن. وفي «المدرسة» يتابع مواضيع اضافية ـ النحو في العربية وتاريخ العهود الاولى في الاسلام، ولكن موضوعه الرئيسي كان العلوم الدينية: كيف يقرأ ويفسر القرآن، الحديث، اصول الدين، اصول الفقه، والفقه. الطريقة الرئيسية في التعليم كانت ان يقوم المدرس بعرض نص، ويتولى مساعدوه الاسهاب فيه فيما بعد؛ التركيز كان على استظهار ما يُدرس، ولكن ايضا مع فهم ما يُستظهر.

في المرحلة الاولى من الدرس، التي كانت تستغرق عدة سنوات عادة، X/16
كان يتعلم الطالب قواعد الشرع التي كان عليها اجماع من كبار علماء مذهب ما. كثيرون من الطلاب كانوا يكتفون بهذا، والبعض منهم فقط كانوا يتدربون لنيل مراكز في الدوائر الشرعية؛ ابناء التجار وغيرهم ربما كانوا يُمضون بضع سنوات في هذا النوع من الدراسة. على مستوى اعلى، كان هناك العديد من المسائل الشرعية التي تتضارب حولها الآراء حتى ضمن المذهب الواحد، بما ان تنوع الظروف التي كانت تستلزم تطبيق مبادىء شرعية لها كانت متعددة لا تحصى. الطلاب الذين كانوا يتوقون الى ان يصبحوا اساتذة في الشرع، او قضاة على مستوى رفيع او مفتين، كانوا يتابعون دراساتهم لمدة اطول. على هذا المستوى الرفيع، كان التدرب على «الاجتهاد» يتم عن طريق الجدل المنطقي الاساسي: التقدم بفرضية، او رأي علمي، الذي كان يستوجب التقدم برأي علمي مقابل، (أو معاكس)، ويتبع ذلك حوار من الاعتراضات والاجوبة.

عندما كان ينتهي الطالب من قراءة كتاب مع استاذ، كان يطلب منه X/17
«اجازة»، شهادة بان فلاناً قد درس الكتاب مع فلان. على مستوى اعلى، كان يطلب «اجازة» من نوع آخر، تشهد بانه مؤهل ليمارس الاجتهاد، او الافتاء، او ليعلم كتابا معينا او موضوعا ما. على هذا المستوى الرفيع، كان

من المألوف للطالب ان يذهب من استاذ الى آخر، في مدينة او في اخرى، وان يطلب «اجازات» من كل هؤلاء الذين حضر دروسهم؛ هذا العمل له مبرره في الحديث الذي اوصى المسلمين بطلب العلم حيثما وجدوه.

قد تكون الاجازة وثيقة مفصلة تَذكُر سلسلة كاملة تبيّن انتقال العلم من استاذ الى طالب على مدى اجيال، وذلك يضع الطالب في سلسلة طويلة من X/18
الاسلاف المفكرين. كانت الاجازة تعبر ضمنيّاً عن فكرة معينة عما يجب ان تكون عليه حياة المسلم المثقف المهتم. لاريب بانه كانت هناك اساءات استعمال كثيرة لهذا النظام: كان هناك الكثير من التراخي والجهل، وهبات اختُلست او حُولت لمآرب اخرى. بالرغم من ذلك، كان المفكرّ العلاّمة احد النماذج المثالية للرجل المسلم، ودام ذلك على مدى قرون. وهذه هي الطريقة التي يصف فيها احد طلاب الطب والشرع في بغداد، عبد اللطيف (١١٦٢/٣ ـ ١٢٣١)، ما يجب ان يكون عليه طالب العلم: «أوصيك أن لا تأخذ العلوم من الكتب، وإن وثقت من نفسك بقوة الفهم. وعليك بالاستاذين في كل علم تطلب اكتسابه، ولو كان الاستاذ ناقصاً فخذ عنه ما عنده حتى تجد أكمل منه. وعليك بتعظيمه وتوجيبه وان قدرت ان تفيده من دنياك فافعل... وإذا قرأت كتابا فاحرص كل الحرص على أن تستظهره وتملك معناه وتوهم ان الكتاب قد عدم وأنك مستغن عنه، لا تحزن لفقده... وينبغي للانسان أن يقرأ التواريخ، وأن يطلع على السير وتجارب الامم فيصير بذلك كأنه في عمره القصير قد أدرك الامم الخالية، وعاصرهم وعاشرهم وعرف خيرهم وشرهم... وينبغي أن تكون سيرتك سيرة الصدر الاول فاقرأ سيرة النبي ﷺ وتتبع أفعاله وأحواله، واقتف آثاره وتشبه به ما أمكنك وبقدر طاقتك... وينبغي ان تكثر إيهامك لنفسك ولا تحسن الظن بها، وتعرض خواطرك على العلماء وعلى تصانيفهم وتثبت ولاتعجل... ومن لم يعرق جبينه الى ابواب العلماء لم يعرق في الفضيلة... وإذا خلوت من التعلم والتفكر فحرك لسانك بذكر الله وبتسابيحه... ولا تتألم اذا أعرضت عنك الدنيا فلو عَرضت لك لشغلتك عن كسب الفضائل... واعلم

أن للعلم عقبة وعرفاً ينادي على صاحبه، ونوراً وضياء يشرق عليه ويدل عليه. . .»[٥]

وثمة نمط هام ومميز من الكتابة الاسلامية نشأ من حافز مماثل لذاك الذي ادى الى منح «اجازات»: كتب «التراجم» (معاجم السِيَر). يرجع اصلها الى مجموعة من الاحاديث. لكي يتمّ التحقق من حديث ما، كان من الضروري معرفة من نقله، وممن سمعه هو؛ كان من المهم التأكد من ان الانتقال كان متواصلا، ولكن أيضاً ان الذين نقلوه كانوا صادقين، ذوي ثقة. بالتدريج توسع تجميع السِّيَر من رواة الحديث الى جماعات اخرى ـ علماء الشرع، اختصاصيي علوم الدين، معلمي الصوفية وغيرهم. وكان هناك نوع مميز من الآثار الادبية، هو «القاموس المحلي»، المكرس للمرموقين من الرجال، واحيانا النساء، من مدينة او منطقة معينة، مع مقدمة عن موقعها وتاريخها. المثل الاول الهام عن هذا المنحى جمعه في بغداد في القرن الحادي عشر الخطيب البغدادي (١٠٠٢ ـ ٧١). حظيت بعض المدن على اعمال متتالية من هذا النوع؛ لدمشق، لدينا معاجم للاشخاص الهامينَ للقرن التاسع والعاشر والحادي عشر والثاني عشر والثالث عشر هجري (من الخامس عشر الى التاسع عشر ميلادي). اكثر المؤلفين طموحاً كان هؤلاء الذين حاولوا ان يشملوا كل التاريخ الاسلامي، وفي طليعتهم ابن خَلِّكان (١٢١١ ـ ٨٢). X/19

اعمال ابن خَلِّكان شملت حكاما ووزراء، شعراء ونحاة، كما ضمت علماء دين. غير ان في كتب كهذه كان لعلماء المسجد والمدرسة مركزا رئيسيا، كأن المراد هو التشديد ان تاريخ الامة الاسلامية كان في الجوهر انتقال العلم والحقيقة وثقافة الاسلام العالية دون انقطاع. سيرة حياة عالم قد تبدأ باسلافه ومكان وتاريخ ولادته. ثم تعطي التفاصيل عن ثقافته: ما الكتب التي درس ومع مَن، واية «اجازات» نال. وهكذا تضعه في خطين من النسب، الجسماني والعقلي: ولم يكن الاثنان مختلفين واحدهما عن الآخر دائما، اذ ان الولد قد يبدأ دراسته مع والده، وكانت هناك سلالات طويلة من X/20

العلماء. ثم تصف اعماله الادبية ورحلاته، اية كُتُب كَتَب ومَن عَلّم، وقد يكون هناك بعض النوادر الشخصية عنه. وتضم مديحاً لمزاياه غايتها لا لتمييزه عن العلماء الآخرين بل لتضعه ضمن إطار نموذج مثالي.

الكـلام

X/21 كان الذين يدرسون الفقه في «المدرسة» يأخذون ايضا أسس المعتقدات الدينية، مع ان العملية التي تطورت بها هذه المعتقدات والطرق التي يمكن بها الدفاع عنها لا تبدو انها كانت ذات دور مهم في المنهاج الدراسي. وفي حين اكتمل نظام المدارس كان الجدل الكبير الذي حُددت خلاله العقيدة السنّية قد شارف على نهايته.

X/22 حتى بعد الفترة التي كانت خلالها المعتزلة متمتعة بعطف الخلفاء العباسيين، ظلت مدرسة فكر مزدهرة ومعتبرة لمدة قرن تقريبا. آخر مفكريها المهمين النظاميين كان عبد الجبار (حوالى ٩٣٦ ـ ١٠٢٥). ولم تضطهد المعتزلة في بغداد أو في انحاء اخرى إلا ابتداء من القرن الحادي عشر تحت تأثير الخلفاء العباسيين والحكام السلجوقيين. ولكنها استمرت في لعب دور مهم في تكوين الفقه الشيعي، وظلت تعلم في مدارس الشيعة؛ ولكن في العالم السني انخفضت الى تيار فكري مغمور الى ان انبعث قدر من الاهتمام بها في العصر الحديث.

X/23 يُعزى سبب انحطاط المعتزلة جزئيا الى استمرار قوة التعليم التقليدي لابن حنبل، على الاخص في بغداد ودمشق، وكذلك الى تطوّر سياق التفكير الذي بدأ بالاشعري: التفسير والدفاع عما أُعطي في القرآن والحديث بالجدل العقلاني القائم على مبادىء المنطق (علم الكلام). وكان من دلائل انتشار الاشعرية، وحتى من اسبابها، ان اصبح العديد من المختصين بالشرع يسلّمون بأنها توفر أساسا للإيمان يمكن لفقههم ان يستند اليه. وكان هذا ينطبق حقا على علماء الشافعية.

X/24 غير ان هذا الائتلاف بين الفقه وخط الاشعري في علم الكلام لم يكن

مقبولا من الجميع. كان الحنبليون معارضين للكلام، وكذلك كان بعض الشافعيين. في المغرب الكبير كذلك كانت المدرسة المالكية المسيطرة ضد التأملات الفقهية، وتثني الناس عنها، كما ان المرابطين حظروا تعليم الفقه؛ الا ان ابن تومرت والموحدين كانوا يشجعون الكلام، على الاخص بشكله الاشعري، بالرغم من انهم، في ما يتعلق بالفقه، كانوا متمسكين حرفيا بالمدرسة الظاهرية. في الجزء الشمالي الشرقي من العالم الاسلامي كان هناك منحى آخر من الكلام يعود اصله الى الماتُريدي (توفي ٩٤٤)، وكان اكثر قبولا على العموم في مدارس الشرع الحنفية. وكانت تختلف عن الاشعرية بعدد من النقاط، على الاخص مسألة حرية ارادة الانسان وعلاقتها بقدرة الله الكلية وعدالته: كان الماتُريديون يعلّمون ان الاعمال البشرية تحدث بقوة الله، ولكن الاعمال الاثيمة لا تحدث برضاه او محبته. سلاطين السلجوقيين الأوَل، الذين جاؤوا انفسهم من المنطقة حيث كان منتشرا مزيج من الماتريدية (كلام) الفقه الحنفي، قاموا بمحاولة لجلبها معهم في تحركهم باتجاه الغرب. الا انه لم يكن هناك اية عداوة او توتر طويل الامد بين مفكري الاشعرية والماتُريدية، والفروقات بينهم لم تكن ذات اهمية دائمة. وفي المدارس السنية في القرون التالية، عبرت كتب الدراسة التي لخصت عقائد الدين عن اجماع عام للعلماء.

الغزالي

حتى ولو ان الخط العريض في الفكر السنّي قَبِل بنظريات الاشعري في الفقه والاستنتاجات التي ادت اليها، فقد كان هذا القبول مع تحفظات وضمن X/25
حدود. هذه التحفظات عبّر عنها الغزالي بشكل تقليدي، وهو كاتب ذو نفوذ دائم ونظرة شاملة لكل تيارات الفكر الرئيسية في زمنه. وكان هو نفسه من اسياد الاشعرية، وواعيا للدروب الخطرة التي قد تقوده اليها. وحاول ان يعيّن الحدود التي كان الكلام مباحا ضمنها. وكان عمله هذا دفاعيا في جوهره: المنطق الاستطرادي والجدل يجب ان يُستعملا للدفاع عن المعتقد الصحيح المستمد من القرآن والحديث ضد هؤلاء الذين انكروه، وأيضاً ضد

الذين حاولوا ان يعطوه تفسيرات خاطئة تخمينية. غير انه يجب ألا يمارسه هؤلاء الذين قد يتزعزع ايمانهم بسببه ولا ان يُستعمل لاقامة بنية تفكير تتخطى ما جاء في القرآن والحديث. إنها مسألة للاختصاصيين، الذين يعملون مستقلين خارج المدارس.

كان مبدأ تفكير الغزالي يشدّد ان على المسلمين ان يطيعوا القوانين
X/26 المستمدة من ارادة الله المعبر عنها في القرآن والحديث؛ التخلي عنها معناه الضياع في عالم من الارادة البشرية غير الموجهة والتخمين. ان تطيع الكائنات البشرية ارادة الله، ولكن ان تفعل ذلك بطريقة تقودهم الى التقرب منه، ذلك كان موضوع احد اعظم واشهر المؤلفات الدينية الاسلامية التي وضعها الغزالي، «إحياء علوم الدين».

في مؤلفه «المنقذ من الضلال»، الذي يُنعت غالبا ـ دون كثير من
X/27 الدقة ـ بانه سيرة حياته، رسم الغزالي الطريق الذي اوصله الى هذا الاستنتاج. بعد دراسته المبكرة في خراسان، في طوس ونيسابور، اصبح مدرسا في المدرسة الشهيرة التي اسسّها نظام الملك، وزير السلطان السلجوقي، في بغداد. هناك اصبح مقتنعا بان الخضوع الخارجي للشريعة غير كاف، ورأى نفسه غائصاً في التفتيش عن الطريق الصحيح في الحياة: «فصارت شهوات الدنيا تَجَاذَبُني بسلاسلها إلى المُقام، ومنادي الإيمان ينادي: الرحيل! الرحيل!»[٦].

واصبح مقتنعاً بان ليس باستطاعته ايجاد ما يحتاجه عبر استعمال عقله
X/28 بمفرده. اتّباع طريق الفلاسفة وبناء حقيقة الكون من المبادىء الاولية معناه التيه في مستنقع من البدع المحرّمة. طريق الشيعة، اي اتباع تعاليم مفسر للدين معصوم عن الخطأ، كانت خطرة: فقد تؤدي الى التخلي عما أنزل في الوحي، في سبيل حقيقة ضمنية، والى التسليم بان من يعرف تلك الحقيقة الضمنية محرر من قيود الشريعة.

توصل الغزالي الى الاعتقاد، بأنّ المعلم الوحيد المعصوم، هو
X/29 محمد ﷺ، والطريق الصحيح هو قبول ما أنزل عليه بالايمان، و«الايمان نور

يقذفه الله في قلوب عبيده، عطية وهدية من عنده»[٧]، واتباع الطريق الذي يحثّ عليه، ولكن ان يفعل ذلك باخلاص ومن كل القلب، والتخلي عن كل شيء ما عدا خدمة الله.

يُعنى «إحياء علوم الدين» بالعلاقة الحميمة بين الافعال ونزعات الروح، أو، بكلام آخر، بين الفروض الخارجية والروح التي تضفي معنى عليها. فقد كان يعتقد بوجود علاقة متبادلة: الفضائل والخلق الحسن تتكون وتتقوى بالعمل الصحيح: «فكذلك طالب تزكية النفس وتكميلها وتحليتها بالأعمال الحسنة لا ينالها بعبادة يوم ولا يحرم عنها بعصيان يوم. وهو معنى قولنا ان الكبيرة الواحدة لا توجب الشقاء المؤبد ولكن العطلة في يوم واحد تدعو الى مثلها، ثم تتداعى قليلاً قليلاً حتى تأنس النفس بالكسل وتجر التحصيل رأساً فيفوتها فضيلة الفقه»[٨]. الا ان للاعمال قيمتها فقط اذا أُنجِزَت بعقول وارواح موجّهة نحو هدف معرفة الله وخدمته. X/30

إن الرغبة في تنوير هذه العلاقة هي التي تقرر محتويات وترتيبات «إحياء علوم الدين». الاول في اجزائه الاربعة يفحص أركان الاسلام، والواجبات الاساسية للدين، الصلاة، الصوم، الزكاة والحج، وفي ما يتعلق بكل واحدة منها، يذهب أبعد من الاطاعة الخارجية ـ القواعد الدقيقة عن كيفية أداء الفريضة ـ ليفسر معناها، والفوائد الناتجة عنها اذا أُديت بالروحية الصحيحة. للصلاة قيمتها فقط اذا اقيمت بحضور الروح: مع فهم الكلمات المرددة، ومع تطهر داخلي، وانكار لكل الافكار ما عدا الله، ومع خشوع، خوف وأمل. الصوم له قيمته فقط اذا كان لجعل الروح حرة كي تتوجه الى الله. الزكاة يجب ان تؤدى من رغبة في اطاعة الله، واعتبار خيرات هذا العالم تافهة. الحج يجب أن يؤدى بصفاء نيّة وبافكار عن نهاية الحياة وعن الموت ويوم الحساب. X/31

الجزء الثاني من الكتاب يتخطى الشعائر الى افعال اخرى ذات مضامين اخلاقية، على الاخص تلك التي تربط الكائنات البشرية الواحد بالآخر: الاكل والشرب، الزواج، حيازة السلع المادية، الاصغاء الى الموسيقى. في ما X/32

يتعلق بكل منها، السؤال عما اذا كان يحسن فعلها، والى اي حدّ وبأية ظروف، كل ذلك يُعتبر على ضوء الهدف الرئيسي للانسان، وهو ان يتقرب اكثر من الله. الزواج، مثلا، يُنظر اليه على ان فيه توازناً من المزايا والمساوىء. انه يوفّر للرجل ذرّية، ويقيه من اهواء الجسد المحرّمة، وقد يستشف منه لمحة عن الجنة؛ من ناحية اخرى، قد يصرفه ذلك عن السعي الى معرفة الله من خلال اداء واجباته الدينية.

X/33 الجزء الثالث يحتوي على استعراض منتظم للاهواء والشهوات البشرية التي، اذا أُطلق لها العنان بطريقة خاطئة، تمنع الانسان من نيل المكاسب الروحية الناتجة عن افعال الدين الخارجية وتقوده نحو الهلاك. ابليس يدخل القلب البشري عبر الحواس الخمس والخيال وشهوات الجسد. ويستعرض الغزالي «اوثان» البطنة، والشهوات الجنسيّة، واللسان ـ استعماله في المنازعات والبذاءة والكذب والسخرية والافتراء والاطراء؛ الغضب والكراهية والغيرة؛ الرغبة في الثراء والمجد الدنيوي، والسعي الى المجد الروحي الذي يؤدي الى الرياء؛ الفخر في المعرفة او التقى او نبل المحتد او الصحة الجسدية او الجمال.

X/34 دوافع كهذه يمكن أن تُلجم عن طريق التضرع الى الله ـ من الافضل في ايام اقامة الشعائر والصلاة والصوم والحج ـ وترديد اسم الله، والتأمل ومعرفة الذات، وبمساعدة صديق او مرشد روحي. بهذه الطرق يمكن رد النفس عن طريق السوء وتوجيهها الى طريق آخر يؤدي الى معرفة الله.

X/35 والجزء الاخير من الكتاب يعالج هذا الطريق نحو الله، الذي يرمي في النهاية الى «تطهير القلب بالكلية عما سوى الله تعالى... استغراق القلب بالكلية بذكر الله.»(٩) هنا يعكس فكر الغزالى طرق الصوفية. فالطريق نحو الله يتميّز بسلسلة من المقامات. اولها التوبة، انصراف الروح عن اسرها بمغريات الحياة؛ ثم يأتي الصبر والخوف والامل، وانكار حتى الامور التي قد تكون غير آثمة ولكنها قد تشكل عقبات في الطريق، الاتكال على الله والاذعان له. لكل مقام وحي ورؤى تواكبه، وعزاء روحي للساعي؛ فإذا

جاءت كان ذلك نعمة من الله، وهي لا تدوم.

واذ تتقدم الروح على الطريق، يُصبح مجهودها الخاص اقل اعتباراً، وتُقاد اكثر واكثر من الله. واجبها هو «التطهر و التنقية والصقل، ثم الاستعداد والانتظار، لا أكثر». في كل مقام هناك خطر من التوقف عنده وعدم التقدم، او خطر الضياع في الاوهام؛ ولكن قد يحدث أن يتولى الله الامور ويهب للنفس نعمة التأمل فيه. وهذه أسمى نقطة في الارتقاء، ولكنها تجيء فقط ككرامة يمكن أن تُعطى وتؤخذ: تلمع لوامع الحق في قلبه، ويكون في ابتدائه كالبرق الخاطف لا يثبت؛ ثم يعود وقد يتأخر، وإن عاد فقد يثبت وقد يكون مختطفا»[١٠]. X/36

على هذه الذروة، عندما يفقد الانسان وعيه لنفسه في تأمله لله الذي تراءى له من خلال المحبة، يفهم المعنى الحقيقي للفروض التي تفرضها الشريعة ويستطيع ان يؤديها كما يجب. غير انه يمكن ايضا ان يعي حقيقة اخرى. ويشير الغزالي الى نوع آخر من المعرفة ـ معرفة الملائكة والشياطين، وجهنم والسماء، والله نفسه، جوهره وصفاته واسمائه ـ معرفة يكشفها الله للانسان في اعمق روحه. وهو لايكتب عنها في هذا المؤلف مع ان هناك كتباً اخرى تُعزى اليه يتوسع فيها بهذا الموضوع. وهذه الحالة ليست حالة استغراق كامل او اتحاد مع الله؛ هي في ذروتها اقتراب وقتي منه، وتذوّق مسبق لما بعد الحياة عندما يمكن للانسان «رؤية» الله عن قُرب، ولكن مهما كان، عن مسافة. X/37

الفصل الحادي عشر
طرق الفكر المتشعبة

اسلام الفلاسفة

XI/1 في المساجد والمدارس كان الفقه والعلوم المتفرعة عنه هدف الدراسة الرئيسي، ولكن خارجها ظلت تمارس انواع اخرى من الفكر. احد هذه الانواع الدائمة الاهمية كان تفكير الفلاسفة، هؤلاء الذين يعتقدون ان العقل البشري، عاملا بموجب قواعد التفكير المنطقي التي وضعت في علم منطق ارسطو، يمكن ان يؤدي الى بلوغ الحقيقة القابلة للبرهان.

XI/2 هذه الطريقة في التفكير، التي كان الكندي والفارابي من اول الداعين اليها في العالم الاسلامي، بلغت ذروتها في اعمال ابن سينا (٩٨٠ ـ ١٠٣٧)، الذي كان تأثيره في التفكير الاسلامي بمجمله عميقا فيما بعد. في جزء موجز من سيرة حياته وصف تعليمه، ذاك الذي كان قد اصبح تقليديا، بدرس القرآن وعلوم اللغة العربية والتشريع والعلوم المنطقية والمنطق والرياضيات وما وراء الطبيعة: «فلما بلغت ثمان عشرة سنة من عمري، فرغت من هذه العلوم كلها. وكنت اذ ذاك للعلم احفظ، ولكنه اليوم معي انضج، والا فالعلم واحد لم يتجدد لي بعده شيء»[١].

XI/3 وقد استطاع ان يقوم بمساهمات مهمة لاكثر من واحدة من هذه العلوم، ولكن الذي سيكون له اوسع تأثير على الفكر فيما بعد كانت محاولته ربط حقائق الاسلام بموجب مصطلحات مستمدة من المنطق الارسطوي والماورائيات الاغريقية فيما بعد. المشكلة الاساسية التي كان يثيرها الوحي الاسلامي، لهؤلاء الذين كانوا يسعون الى الحقيقة القابلة للبرهان، كان في التناقض الظاهر بين وحدة الله وتعددية الكائنات المخلوقة؛ لاسباب عملية، كانت هذه المعضلة تُبسط بموجب التناقض بين الخير المحض لله والشر الظاهر في العالم. سلسلة العلماء التي بلغت اوجها بابن سينا وجدت

الجواب عن اسئلة كهذه في منحى الافلاطونية الجديدة (Neo - Platonic)في الفلسفة اليونانية، والتي جعلها اكثر قبولا كون احد مؤلفات المدرسة، نص يعيد نوعاً ما سبك جزء من «تاسوعات»(Enneads) أفلوطين، كان معتبرا على العموم من اعمال ارسطو (ما كان يسمى خطأ «آثولوجيا ارسطو». هذه المدرسة فهمت الكون بانه مؤلف من سلسلة من دفقات فيض من الله، وبهذه الطريقة، امكنها التوفيق بين وحدة الله والتعددية. في صيغة ابن سينا، الله كان السبب الاول، او الخالق، الكائن الضروري الذي به الجوهر والوجود واحد. منه انبثقت سلسلة من عشرة عقول تراوح مابين العقل الاول نزولا الى العقل الفعال الذي يحكم عالم الكائنات المجسدة (المحسوسة). ومن هذا العقل الفعال تُنقل الافكار الى الجسم البشري باشعاع من نور إلهي، وهكذا خُلقت الروح البشرية.

رمزية النور التي كانت شائعة في الصوفية كما في غيرها من الافكار الباطنية تستمد مرجعها من القرآن: ﴿الله نُورُ السَّمَاوَاتِ وَالأَرْض مَثَلُ نُورِهِ كَمِشْكَوٰةٍ فِيهَا مِصْبَاحٌ الْمِصْبَاحُ فِي زُجَاجَةٍ ٱلزُّجَاجَةُ كَأَنَّهَا كَوْكَبٌ دُرِّيٌّ يُوقَدُ مِن شَجَرَةٍ مُّبَٰرَكَةٍ زَيْتُونَةٍ لاَّ شَرْقِيَّةٍ وَلاَ غَرْبِيَّةٍ يَكَادُ زَيْتُهَا يُضِيءُ وَلَوْ لَمْ تَمْسَسْهُ نَارٌ نُّورٌ عَلَىٰ نُورٍ يَهْدِي ٱللهُ لِنُورِهِ مَن يَشَآءُ﴾[٢]. كما ان الروح خلقت بطريق التحدر من الكائن الاول، وهو سياق حركة فيضان المحبة الإلهية لتكون الحياة البشرية عملية ارتقاء، وعودة باتجاه الكائن الاول عبر طبقات مختلفة من الوجود عن طريق المحبة والتوق. XI/4

اذا كان النور الالهي يشع الى الروح البشرية، واذا كان باستطاعة الروح، بمجهودها الخاص، ان تعود باتجاه خالقها، فما هي الحاجة الى النبوءة، اي الى الوحي من الله؟ ابن سينا قبل الحاجة الى الانبياء كمعلمين، يكشفون حقائق عن الله والحياة القادمة، وفارضين على الناس تلك الاعمال التي تجعلهم يَعون الله والخلود ـ الصلاة وغيرها من العبادات الشعائرية. الا انه كان يعتقد بان النبوّة لم تكن فقط نعمة من الله؛ كانت نوعا من العقل XI/5

البشري، بالاحرى النوع الاسمى. فالنبي يشارك في حياة مرتبات العقول، وبامكانه ان يرتقي الى مستوى العقل الاول. وهذا لم يكن هبة مقتصرة على الانبياء فقط، فالانسان ذو المواهب الروحية السامية يمكنه ايضا بلوغها عن طريق التقشف وقهر الجسد.

XI/6 منهج فكري كهذا بدا كأنه يسير مضادا لمضمون الوحي الإلهي في القرآن، على الاقل اذا أُخِذ بمعناه الحرفي. وفي اشهر مناظرة في التاريخ الاسلامي، انتقد الغزالي بقوة النقاط الاساسية التي تتعارض فيها فلسفة كفلسفة ابن سينا مع مفهومه للوحي المنزل في القرآن. في كتابه «تهافت الفلاسفة»، ركّز على الاخطاء الثلاثة في طرق تفكير الفلاسفة، كما رآها. هم آمنوا بخلود المادة: الفيض من النور الالهي نفخ في المادة ولكنه لم يخلقها. انهم حددوا معرفة الله بالكليات، بالافكار التي تشكل الاشخاص، وليس بالاشخاص ذاتها؛ هذه النظرة لم تكن تتناسق مع الصورة القرآنية لرب معني بكل خليقة حية بفرديتها. ثالثاً، هم آمنوا بخلود الروح، ولكن ليس بخلود الجسد. الروح ، هم اعتقدوا، كائن منفصل نُفخ في الجسد المادي بعمل «العقل الفعال»، وفي منطقة معينة من عودته الى الله يصبح الجسم الذي اتصلت به عائقاً لها؛ بعد الوفاة، تتحرر الروح من الجسد ولا تعود بحاجة اليه.

XI/7 ما كان يقوله الغزالي هو ان الله للفلاسفة كان غير الله في القرآن، المخاطِب لكل انسان، يحاكمه ويحبه. بنظره، الاستنتاجات التي يمكن للعقل البشري المجادل بلوغها، دون ارشاد من الخارج، تتعارض مع تلك التي اوحيت الى البشر عبر الانبياء. هذا التحدي، تصدى له، بعد قرن، مدافع آخر عن طرق الفلاسفة، هو ابن رشد (١١٢٦ ـ ٩٨). ولد وتثقف في الاندلس، حيث كانت تعاليم الفلاسفة قد وصلت متأخرة ولكنها رسخت اقدامها، وقام ابن رشد بتفنيد ودحض تفسير الغزالي للفلسفة بطريقة مفصلة في مؤلف عنوانه «تهافت التهافت»، بالاشارة الى كتاب الغزالي. في مؤلف آخر، «فصل المقال»، عالج بوضوح ما ظهر للغزالي بانه تناقض بين الوحي

بواسطة الانبياء واستنتاجات الفلاسفة. النشاط الفلسفي، باعتقاده، ليس امراً غير شرعي، بل يمكن تبريره بقول القرآن: ﴿أَوَلَمْ يَنْظُرُواْ فِي مَلَكُوتِ السَّمَٰوَاتِ والأَرضِ وَمَا خَلَقَ اللهُ مِن شَيْءٍ﴾[٣] واضح من كلام الله هذا انه لا يمكن ان يوجد تناقض بين استنتاجات الفلاسفة وقول القرآن: «وإذا كانت هذه الشريعة حقًّا وداعيةً إلى النظر المؤدّى إلى معرفة الحقّ، فإنّا معشر المسلمين نعلم على القطع أنّه لا يؤدّي النظر البرهاني إلى مخالفة ما ورد به الشرع، فإنّ الحقّ لا يضاد الحق بل يوافقه ويشهد له».[٤] كيف نفسر، اذن، انها قد تبدو مناقضة احداها للاخرى؟ جواب ابن رشد كان ان ليس كل كلمات القرآن يجب ان تؤخذ حرفياً. عندما يبدو المعنى الحرفي للآيات القرآنية مناقضاً للحقائق التي توصل اليها الفلاسفة عن طريق العقل، فمن الضروري تقويل تلك الآيات. غير ان معظم الكائنات البشرية كانوا عاجزين عن التفكير العقلي او عن قبول تأويل القرآن. لذلك يجب ألا يبلغ اليهم بل فقط لهؤلاء الذين يستطيعون قبوله: «وأما من كان من غير أهل العلم فواجب عليه حملها على ظاهرها وتأويلها في حقّه كفر لانه يؤدي الى الكفر. ولذلك ما نرى أنّ من كان من الناس فرضه الايمان بالظاهر فالتأويل في حقّه كفر. (فمن أفشاه له من أهل التأويل فقد دعاه الى الكفر)... ولهذا يجب أن لا تثبت التأويلات الا في كتب البراهين، لانها اذا كانت في كتب البراهين لم يصل اليها إلا من هو من أهل البرهان».[٥] الفلسفة كانت للخاصة (للنخبة)، اما للعامة فالمعنى الحرفي كان كافياً. النبوة كانت ضرورية للفريقين: للخاصة لكي يواظبوا على الطريق الخلقي الصحيح، وللعامة ليعبروا عن الحقائق بواسطة صُوَر مقبولة. الجدل المنطقي، «الكلام»، كان للعقول الموجودة في مركز وسطي، اذ كان يستعمل المنطق ليدعم مستوى الحقيقة الملائم للعامة؛ ولكن هذا كان له اخطاره لان مباداه العقلانية لم تكن قد تبرهنت بشكل مرضٍ.

XI/8 ولا يبدو انه كان لمؤلفات ابن رشد تأثير واسع وطويل الامد على الفكر الاسلامي الذي تلاه، مع ان الترجمات اللاتينية لبعض كتبه تركت تأثيراً عميقاً على الفلسفة المسيحية الغربية فيما بعد. الا ان افكار ابن سينا ظلت

ذات اهمية كبيرة في الفكر الديني كما في الفكر الفلسفي. وبحلول القرن الثاني عشر كانت هناك بوادر نوع من التقارب بين «الكلام» والفلسفة، بالرغم من الغزالي. ومن ايام فخر الدين الرازي (١١٤٩ ـ ١٢٠٩) وصاعداً، اخذت المؤلفات عن «الكلام» تبدأ بعرض للمنطق ولطبيعة الوجود، وتنتقل من ثمّ الى بلورةٍ عقلانيةٍ لمفهوم الله؛ بهذه الطريقة كانت تقام بنية منطقية لتدافع عن الوحي القرآني وتشرحه، ولم تكن مؤلفات كهذه تعالِجُ قضايا يجب ان تُقْبَل على أساس الوحي فقط، الا بعد اقامة تلك البنية.

ابن عربي والعرفان

XI/9 في كتابات ابن سينا ترد كلمة «إشراق»، النور الإلهي الذي يمكن بواسطته للبشر بلوغ الاتصال بسلّم المعقولات. وأخذ هذا التعبير («اشراق») عند بعض الكتّاب فيما بعد معنى آخر هو الحكمة المشرقية الباطنية القديمة (بالرجوع الى «شرق» و «مشرق»)، واستخدموه تعبيراً مذهبياً للحقيقة القصوى الكامنة وراء كلمات القرآن والتي تعطي معنى للاختبارات الصوفية.

XI/10 وقد جرت محاولة لوضع فلسفة اشراقية كهذه من قبل السهروردي واثارت فضيحة أدت الى اعدامه على يَد الحاكم الأيوبي في حلب عام ١١٩١ . اما المحاولة الاكثر تفصيلاً والاطول ديمومة، فكانت من ابن عربي (١١٦٥ ـ ١٢٤٠). كان عربيا من الاندلس، ووالده صديقاً لابن رشد، وهو ذاته تعرف على الفيلسوف وحضر مأتمه. بعد الدراسات من النمط المألوف في الاندلس والمغرب، بدأ فترة من الرحلات في البلدان الشرقية. وقام بالحج الى مكة، والظاهر ان هذا كان حاسماً في تكوين فكره؛ ومن خلال رؤيا صار لديه ادراك عن الكعبة بأنها النقطة حيث تصطدم الحقيقة المطلقة بالعالم المرئي، وهنا بدأ بكتابة «الفتوحات المكية»، اكثر مؤلفاته تفصيلا، وبعد ان عاش زمنا تحت سلطة السلجوقيين في الاناضول، اقام في دمشق حيث توفي؛ واصبح قبره على جبل قاسيون المطل على المدينة من الغرب، مزاراً يحجون اليه.

في «الفتوحات» وغيرها من المؤلفات حاول ان يعبر عن رؤية للكون XI/11 كمجرى للوجود لانهاية له، من «الكيان الإلهي» وعودا اليه: مجرى رمزه الاساسي هو النور. هذا النهج يمكن اعتباره، في احد مظاهره، كفيض من المحبة من الله، رغبة «الكائن الضروري» بأن يعرف ذاته عن طريق رؤية كيانه منعكساً على ذاته. وكما جاء في حديث عن النبي، غالبا ما استشهد به الكتاب الصوفيون: «كنت كنزاً مخفياً لا أُعرف.. فأحببت أن أُعرف.. فخلقت خلقاً.. فعرفتهم بي فعرفوني..»(٦)

XI/12 جرت هذه الخليقة بتجلي كيان الله (الذات الالهية) من خلال اسمائه أو صفاته. ويمكن ان تأتي الاسماء بثلاثة مظاهر: بذاتها كجزء من جوهر الكيان الالهي، كأشكال او نماذج اصلية خالدة («اعيان ثابتة»)، وكما هي محققة بكائنات موجودة معينة ومحدودة. هذه الاسماء بشكلها الفاعل، سُميّت بالارباب: يُظهرون انفسهم في صُور تُنتجها مخيلة الله الخلاقة، والكائنات المحسوسة كانت تجسيداً لهذه الصور.

XI/13 كل الاشياء المخلوقة إذن كانت تجليات لاسماء معينة عبر واسطة الصور، ولكن باستطاعة الانسان ان يظهرها كلها. هذه الفكرة عن الوضعية المفضلة للكائنات البشرية كانت مرتبطة بفكرة «الميثاق» الذي عقده الله معهم قبل خلق العالم، كما جاء في القرآن. و «العينة الثابتة» التي خُلق الانسان عبرها اسماها ابن عربي وكتّاب آخرون «النور المحمدي» او «الحقيقة المحمدية». تلك كانت «المرآة الصافية» التي كان باستطاعة «الذات الإلهية» بها ان ترى نفسها منعكسة بكليتها. من ناحية، اذن، يمكن اعتبار جميع الكائنات البشرية كتجليات كاملة لله، ولكن كان هناك ناحية اخرى كان هذا فيها امتيازاً لبعض البشر فقط. فكرة «الانسان الكامل» التي جاء بها ابن عربي طوّرها احد اتباعه، الجيلي (توفي حوالى ١٤٢٨). فالانسان الكامل، عند الجيلي، هو الذي يُظهر طبيعة الله الى الحد الاقصى، وهو مخلوق على صورته بأكمل وجه؛ وهو التجسيد المنظور للنموذج الاصلي الخالد، «النور المحمّدي».

الانبياء هم الكائنات البشرية ذوو الامتياز، الذين يجسدون اسماء الله؛
XI/14 في مؤلف مشهور، «فصوص الحِكَم»، كتب ابن عربي عن سلسلة الانبياء من آدم الى محمد وبيّن أياً من الاسماء كان يتمثل في كل واحد منهم. محمد، خاتم النبيين، كان الاكثر كمالاً بين هذه التجليات النبوية. غير انه كان هناك أولياء، من الذين استطاعوا بواسطة التقشف وامتلاكهم للمعرفة ان يبلغوا المركز الذي به اصبحوا مرآة ينعكس فيها نور الله. الانبياء كانوا أولياء ايضا، ولكن كان هناك.أولياء لم يكونوا انبياء، لانه لم يكن لديهم المهمة المحددة ان يكونوا وسطاء في وحي الحقيقة او في وحي شريعة. كانت هناك مراتب غير مرئية للأولياء الذين يحافظون على النظام في العالم، وعلى رأسهم كان «قطب» لكل زمن. (من الواضح ان ابن عربي كان يعتقد بنفسه بانه «قطب»، وانه في الواقع خاتمتهم، او الاكثر كمالا بينهم).

الحائز على «المعرفة»، مثل البشر العاديين غير المتنورين، يجب ان
XI/15 يعيش ضمن حدود الشريعة الموحى بها الى نبي؛ ابن عربي نفسه كان من اتباع المدرسة الظاهرية القائلة بالتفسير الصارم الحرفي للشريعة المنزلة بالقرآن والواردة بالحديث. الا انه كان يعتقد بأن كل الوحي المنزل عبر الانبياء وحملة الشرائع هو إلهامات للحقيقة ذاتها؛ كل البشر يعبدون الله نفسه ولكن باشكال مختلفة.

والفيض من الله يمكن ايضا ان يأتي في مظاهره الاخرى، بمثابة دفق؛
XI/16 الكائنات مرايا تعكس معرفة الله رجوعا إليه؛ وتحدّر الكائنات من الكائن الواجب الوجود هو ايضا ارتقاء اليه. طريق الارتقاء الذي تنيره «المعرفة»، يؤدي عبر مراحل مختلفة، ترقيات مستمرة في التطور الروحي. هذه هي المراحل في معرفته لذاته: «من يعرف نفسه، يعرف خالقه». على الطريق بامكانه ان يبلغ الصور النموذجية الاصلية، التجليات المحسوسة لاسماء الله في عالم المثال الوسيطي. ما وراء ذلك، قد يُمنح رؤية الله (الفناء)، حيث يُرفع الحجاب لهنيهة ويُظهر الله نفسه للساعي. وهناك هُنيهتان في رؤية كهذه: الهنيهة التي يتوقف عندها الساعي عن وعي شخصيته هو

والشخصيات الاخرى في بهاء رؤية الله (الفناء)، وتلك التي يرى فيه الله في مخلوقاته (البقاء)، يعيش بينهم ويتنقل ولكنه يبقى شاعراً بالرؤية.

في محاولاته لوصف حقيقة الكون كما يتجلى في هنيهات الرؤية، XI/17
استعمل ابن عربي التعبير «وحدة الوجود»، وجرى فيما بعد الكثير من الجدل عن معناها. بالامكان القول بانها تعني بانه لا وجود لأي شيء إلا الله، وكل ما عداه إما غير حقيقي او جزء من الله. كما يمكن أيضاً القول بانها تشير الى التمييز، الشائع بين الفلاسفة، بين الكائن الضروري والكائن الطارىء، او المصادف: الله وحده هو الكائن الضروري، الموجود بحكم طبيعته ذاتها؛ جميع الكائنات الاخرى مدينة بوجودها لفعل خلق او عملية انبثاق او فيض. ويمكن ايضا ان تشير الى تلك الاختبارات المؤقتة من الرؤية عندما يفقد الساعي وعيه بنفسه في ادراكه لتجلي الله: انه موجود في الله او الله موجود فيه، مستبدلا لهنيهة صفاته البشرية بصفات الله.

وعند تفسيرها بهذه الطرق، من الصعب توفيق فكرة «وحدة الوجود» مع XI/18
ذلك الانفصال بين الله ومخلوقاته، المسافة اللامتناهية بينهما، والتي تبدو انها التعليم الواضح في القرآن. وقد دوّن أحد العلماء عددا كبيراً من المؤلفات الانتقادية عن ابن عربي كتبت في العصور التالية؛ وهي منقسمة بالتساوي تقريباً بين هؤلاء الذين عارضوا تصوراته الاساسية على كونها لا تتوافق مع حقيقة الإسلام، وبين المدافعين عنه. وقد صدر العديد من الفتاوى عن اختصاصيين بالدين والشرع، في معظمها ضده، ولكن ليس في كل الحالات [٧]. واكثر تبرئة لافتة للنظر لاستقامة رأيه جاءت من السلطان العثماني سليم الاول (١٥١٢ ـ ٢٠) الذي رمّم قبر ابن عربي في دمشق بعد فتح سوريا عام ١٥١٦؛ في تلك المناسبة صدرت فتوى لصالحه من عالم عثماني مشهور، كمال باشا زاده (٩/١٤٦٨ ـ ١٥٣٤). حتى بين اسياد الصوفية، ظلت مؤلفات ابن عربي موضوع خلاف. بينما قبلها بعض الجماعات الصوفيين كتعبير شرعي للمعرفة التي كانت غاية سعيهم، كان الشاذليون في المغرب الكبير والنقشبنديون في شرقي العالم الاسلامي اكثر شكا بها.

ابن تيمية والتقاليد الحنبلية

XI/19 لم يكن للاسلام السنّي هيئة تعليمية رسمية تساندها سلطة الحاكم، وخلال تاريخه استمر تيار من الفكر المعادي للفلاسفة وللصوفيين الاشراقيين، كما كان مغايراً لمحاولات «الكلام» لتقديم دفاع عقلاني عن جوهر الايمان.

XI/20 ظل التقليد الفكري المستمد من تعاليم ابن حنبل حيا في البلدان الواقعة في وسط العالم الاسلامي، على الاخص في بغداد ودمشق. بالرغم من اتجاهاتهم المختلفة، كان هؤلاء الذين يردّون نسبهم الفكري الى ابن حنبل مجمعين على التأكيد بان ما يعتبرونه تعليماً اسلاميا صحيحا هو الذي يتمسك بصرامة بالوحي الالهي المنزل على النبي محمد ﷺ. بالنسبة اليهم، الله هو إله القرآن والحديث، ويجب ان يُقبَل ويُعبد في حقيقته كما اوحاها هو. المسلم الحقيقي هو من كان له الايمان: ليس فقط قبول الله الموحى، ولكن الفعل بموجب ارادة الله الموحى بها. المسلمون جميعهم يؤلفون أمة يجب أن تظل موحدة؛ لا يجوز ان يُقصى عنها احد الا الذين اقصوا انفسهم عنها برفضهم طاعة فرائض الدين او بنشر عقائد لا تنسجم مع الحقائق التي أنزلت بواسطة الانبياء. داخل الامة، يجب تحاشي المناظرات والتأملات التي قد تؤدي الى نزاع وخلاف.

XI/21 في سوريا القرن الثالث عشر، تحت حكم المماليك، ردد هذه التعاليم مرة اخرى صوت قويّ منفرد، صوت ابن تيمية (١٢٦٣ ـ ١٣٢٨). ولد في شمالي سوريا، وقضى معظم حياته بين دمشق والقاهرة وكان عليه ان يواجه وضعا جديدا. كان سلاطين المماليك وجنودهم سنيّين، ولكنّ كثيرين منهم كانوا ممن اعتنقوا الاسلام حديثا وبشكل سطحي، وكان من الضروري تذكيرهم بمعنى دينهم. في المجتمع على العموم كان ينتشر الكثير من الاخطاء التي اعتبرها ابن تيمية خطرة. بعضها كان يمس امن الدولة وسلامتها، مثل معتقدات الشيعة وغيرها من الجماعات المخالفة؛ بعضها قد

يؤثر على ايمان الامة، مثل افكار ابن سينا وابن عربي.

ضد اخطار كهذه، اخذ ابن تيمية على عاتقه مهمة اعادة توكيد طريق
XI/22 الحنبليين الوسطي: متصلبين في اثباتهم لمبادىء الحقيقة الموحى بها، ولكن متسامحين في التشعب ضمن مجتمع الذين قبلوا هذه الحقيقة: «قال ﷺ المسلم أخو المسلم لا يسلمه ولايظلمه... فكيف يجوز مع هذا لامة محمد ﷺ ان تفترق وتختلف حتى يوالي الرجل طائفة ويعادي طائفة أخرى بالظنّ والهوى بلا برهان من الله تعالى... وإذا تفرّق القوم فسدوا وهلكوا واذا اجتمعوا صلحوا وملكوا فإن الجماعة رحمة والفرقة عذاب»(٨). الله واحد ومتعدد: واحد في جوهره ومتعدد في صفاته، التي يجب أن تُقبل كما وصفها القرآن. الاكثر مغزى بين صفاته لحياة البشر هو ارادته. فقد خلق كل الاشياء من لا شيء بفعل ارادته، وجعل نفسه معروفاً للكائنات البشرية بالتعبير عن ارادته في الكتب التي انزلها على سلسلة الانبياء التي خُتمت بمحمد ﷺ. والله بعيد الى اللانهاية عن خليقته وقريب منهم، عالم بالجزئيات كما بالكلّيات، يرى اسرار القلب الداخلية، ويحب الذين يُطيعونه.

الحياة البشرية يجب ان تُعاش في خدمة الله تحت ارشاد النبي، عن
XI/23 طريق قبول كلمة الله المنزلة، وتطابق صادق بحياة الفرد للمثل الانساني الاعلى الذي تتضمنه هذه الكلمة. كيف يجب تفسير ارادة الله؟ مثل ابن حنبل، التفت ابن تيمية اولا الى القرآن، مأخوذاً بحرفيته وبأشد دقة، ثم الى الحديث، ثم الى صحابة النبي، الذين لاجماعهم الزام موازٍ لالزام الحديث. ابعد من ذلك، الحِفَاظ على الحقيقة يعتمد على نقل المعرفة الدينية بواسطة جماعة المسلمين المعنيين ذوي المعرفة. وكانت هناك حاجة مستمرة الى اجتهاد الأفراد القادرين على ذلك؛ بامكانهم ممارسته بدرجة معينة من المرونة، موافقين على اعمال محددة لا تفرضها الشريعة بصرامة، ولكن أداءها قد تكون له نتائج مفيدة بشرط ألا تكون محظّرة من الشريعة. ولم يكن ابن تيمية ينظر إلى الذين يمارسون «الاجتهاد» على أن يكوّنوا هيئة مشتركة؛

واجماع علماء زمانٍ ما له قيمته، ولكن ليس بالإمكان اعتباره معصوماً عن الخطأ.

كان منحى ابن تيمية في الإسلام ضد بعض الأفكار التي تقدم بها ابن XI/24
سينا: خُلق الكون من لاشيء بفعل من الارادة الإلهية، وليس بالفيض، او الانبثاق؛ الله يعرف بني البشر في خصوصياتهم؛ هم يعرفونه لا بإعمال عقلهم بل بوحيه لهم. ومعارضة ابن تيمية لافكار ابن عربي كانت اقوى بعداً، لانها اثارت مشاكل اكثر خطورة والحاحا للأمة ككل. بالنسبة اليه ولغيره من الحنبليين، وجود اولياء الله لم يكن صعب القبول. هم كانوا هؤلاء الذين أُعطوا الحقائق بواسطة الإلهام، ولكن ليس بواسطة اتصال لمهمة نبوية. بامكانهم ان يُمنحوا نِعما إلهية وقدرات سامية يظهرون بها كأن باستطاعتهم الوصول الى ابعد من حدود طاقات العمل البشري العادي. رجال ونساء كهؤلاء يجب احترامهم، ولكن لا يجوز ان يكونوا موضع تقديس او عبادة: لا زيارات لقبورهم او صلوات تقام عندها. شعائر الذِّكر عند الصوفية، ترديد اسم الله، هو شكل مقبول من اشكال العبادة، ولكنه ادنى في قيمته الروحية من الصلاة الشعائرية وتلاوة القرآن. الفلسفة الاشراقية التأملية، التي فسر ابن عربي وغيره الاختبار الباطني بها، يجب أن تُرفض كلياً: الانسان ليس تجلياً للنور الإلهي، انه كائن مخلوق. ولا يمكنه ان يفنى في كيان الله؛ الطريقة الوحيدة التي يمكن بها التقرب من الله هي اطاعته في ارادته المنزلة.

لعب ابن تيمية دورا هاما في المجتمع الاسلامي في زمنه، وبعد وفاته XI/25
ظلت صياغته لتقاليد الحنبلية عنصرا هاما في الثقافة الدينية للمناطق الاسلامية الوسطى، ولكنها كانت بمجملها عنصرا مغمورا، الى حين برز الوعي لها في القرن الثامن عشر على يد حركة دينية ذات مضامين سياسية، الوهابية، التي ادت الى قيام الدولة السعودية في وسط جزيرة العرب. وبالرغم من التناقض التام بين نظرته الى الاسلام ونظرة ابن عربي، فموهبة المجتمع السني على التسامح الشامل جعل من الممكن لهما ان يعيشا معاً، واستطاع بعض المسلمين في الواقع التوفيق بين الاثنين. وقد سجل احد

العلماء اجتماعه في حلب بمجموعة من الصوفيين النقشبنديين الذين كانوا يدرسون مؤلفات ابن عربي وابن تيمية الواحد الى جانب الآخر. ابن تيمية، كما قالوا، كان اماما للشريعة، وابن عربي كان اماما للحقيقة، الحقيقة التي كان يطمح اليها الساعون على طريق الصوفية؛ وبالنسبة لهم، على المسلم الكامل ان يوحد بنفسه هذين المظهرين لحقيقة الاسلام[٩].

تطور الشيعية

XI/26 كان يعيش بين الاكثرية من المسلمين الناطقين بالعربية من اتباع المذهب السني مجتمعات من الاثني عشريين الشيعة، يختلفون معهم احيانا ويتصافون احيانا اخرى. وتدريجياً طوّر هؤلاء نظرتهم الخاصة الى ما حصل في التاريخ، وما كان يجب ان يحدث. كانوا يؤيدون مطالبة علي وسلالته ويقبحون الخلفاء الثلاثة الأوَل ويعتبرونهم مغتصبين. وكان التاريخ الخارجي للمسلمين، رواية السلطة السياسية، تعتبر منحرفة عن التاريخ الداخلي الصحيح.

XI/27 بالنسبة الى الشيعيين، هذا التاريخ الداخلي كان قضية الحفاظ على الحقيقة الموحى بها وانتقالها بواسطة سلسلة من الأئمة. بموجب نظرية «الإمامة» التي طُوِّرت تدريجيا من القرن العاشر وما بعده، عَيّن الله الامام بمثابة «حجة» له في العالم في كل الاوقات، ليعلّم رسميا حقائق الدين ويحكم البشرية بالعدل. الأئمة تحدروا من النبي من صلب ابنته فاطمة وزوجها علي، الامام الاول؛ كل إمام معيّنٌ من سلفه؛ وكل منهم كان معصوماً عن الخطأ في تفسيره للقرآن وسنة النبي من خلال المعرفة السّريّة التي منحه الله إياها؛ وكل منهم كان بلا إثم.

XI/28 كان الشيعيون من الفرع الرئيسي يعتقدون بان السلسلة المعروفة من الائمة قد انتهت بالامام الثاني عشر، محمد، الذي غُيِّب عام ٨٧٤. هذا الحدث سمي «الغيبة الصغرى»، لانه لعدة سنين كان يُعتقد بان الامام الغائب يواصل الاتصال بالمؤمنين عبر «سفيره». ثم حدثت «الغيبة الكبرى» عندما

انتهى هذا الاتصال، ولم يعد الامام الغائب يُرى إلا بمناسبات، بظهور عابر او في الاحلام او الرؤى. وسوف يعود الى الظهور لدى اكتمال الزمن ليجلب حكم العدالة؛ وبظهوره هذا سيكون «المهدي»، (وكان لهذا التعبير معنى ادق في التفكير الشيعي مما له في التقاليد الشعبية السنّية).

والى حين ظهور الامام، سوف يظل الجنس البشري بحاجة الى ارشاد
XI/29 وهداية. بعض الشيعة اعتقدوا بأن القرآن والحديث، كما نقله وفسره الأئمة، يكفيان للهداية؛ غير ان آخرين اكدوا ان هناك حاجة مستمرة الى التفسير والتوجيه، ومن القرن الثالث عشر تطلعوا الى اهل العلم المؤهلين بعقلهم وخُلقهم وثقافتهم ليفسروا ودائع الايمان بواسطة الجهد الفكري، اي الاجتهاد (ومن هنا عرفوا باسم «المجتهدين»). ولم يكونوا معصومين، ولا كانت لهم هداية مباشرة من الله، ولكنهم كانوا قادرين على تفسير تعاليم الأئمة باحسن ما استطاعوا؛ في كل جيل هناك حاجة الى مجتهدين جدد، وعلى المسلمين العاديين اتباع تعاليم المجتهدين في زمنهم.

وبمرور الوقت نشأت نظرية دينية عقلانية لتفسّر وتسوّغ ايمان
XI/30 المسلمين الشيعة. فالظاهر ان الشيعة الأوّلين كانوا متمسكين بالتقاليد، ولكن في آخر القرن العاشر اكد المفيد (حوالى ٩٤٥ ـ ١٠٢٢) انه يجب ان يُدافع عن حقائق الوحي «بالكلام» او بالجدل الفقهي، وذهب احد اتباعه، المرتضى (٩٦٦ ـ ١٠٤٤)، الى ان بالامكان تثبيت حقائق الدين بالعقل. من ذلك الوقت وبعده اصبحت التعاليم الشيعية الاوسع انتشارا تحتوي على عناصر مستمدة من مدرسة «المعتزلة».

المفكرون الشيعة الذين جاؤوا فيما بعد دمجوا في انظمتهم عناصر
XI/31 مأخوذة من النظريات الافلاطونية الجديدة التي اعطيت صيغة اسلامية على يد ابن سينا وآخرين. محمد ﷺ، فاطمة والأئمة اعتُبروا على انهم تجسيد للعقول التي خُلق ألكون بواسطتها. الائمة اعتُبروا مرشدين روحيين على طريق معرفة الله: بالنسبة للشيعة، صار لهم المركز الذي يحتله «أولياء الله» عند السنيين.

التركيز نفسه على استعمال العقل البشري لتوضيح الدين ادى الى تطوير مدرسة تشريع شيعية. وكانت هذه نتاج مجموعة من العلماء في XI/32 العراق، على الاخص امثال المُحَقِّق (١٢٠٥ ـ ٧٧) والعَلاّمة الحِلِّي (١٢٥٠ ـ ١٣٢٥). وطوّر عملهم محمد ابن مَكّي العامِلي (١٣٣٣/٤ ـ ٨٤)، المعروف باسم «أول شهيد» بسبب طريقة موته في سوريا. كانت مبادىء التشريع الشيعية مأخوذة في معظمها من التشريع السني، ولكن كان فيها بعض الفروقات الهامة الناتجة عن النظرة الشيعية الخاصة الى الدين والعالم. فقط تلك الاحاديث التي نقلها احد افراد عائلة النبي كانت مقبولة؛ الاحاديث عما قاله الائمة او فعلوه كانت تعتبر كأن لها المنزلة ذاتها كتلك التي عن النبي، حتى ولو لم يكن بامكانها نسخ اي حديث نبوي أو آية من القرآن. إجماع الامة لم يكن له الاهمية نفسها كالتي كانت لدى السنة؛ واذا كان ثمة امام معصوم، فالإجماع الوحيد الشرعي هو اجماع الجماعة الملتفّة حول الإمام. العقل المستخدم بطريقة مسؤولة من هؤلاء المؤهلين لاستخدامه، كان له مكانته الخاصة كمصدر للشرع.

XI/33 عمل «المجتهدين» المتتالين على المصادر انتج بمرور الزمن مجموعة من الشرع الشيعي تختلف في بعض نواحيها عن شرع المدارس السنية الأربع. كان نوع من الزواج الموقت مسموحاً به، حقوق الطرفين وواجباتهما فيه لم تكن مثل تلك المشروعة في الزواج الكامل؛ قوانين الارث ايضا كانت تختلف عن تلك التي تنظم الارث في الشرع السني. وظلّت بعض الامور موضع خلاف بين العلماء، على الاخص واجبات الشيعيين تجاه هؤلاء الذين يحكمون العالم بغياب الامام. لم يكن بالامكان الاعتبار بان لهم السلطة الشرعية بالمعنى الذي كان للأئمة، ولكن هل كان مشروعا تأدية الضرائب لهم او الدخول في خدمتهم اذا كانوا يستخدمون سلطتهم في دعم العدالة والقانون؟ وفي غياب الامام، هل كانت صلوات الجمعة والخطب التي تكوّن جزءاً منها مقبولة (صحيحة)؟ هل يمكن الدعوة الى الجهاد، واذا كان الامر هكذا، من الذي يتولى ذلك؟ ذهب علماء الشرع الى انه باستطاعة

المجتهدين اعلان الجهاد وان يقوموا بمهمة جمع الزكاة وتوزيعها؛ هذه المهمة منحتهم دورا اجتماعيا مستقلا وجعلت استقامتهم وامانتهم مسألة تعني الامة بأجمعها.

ومنذ القرن العاشر على الاقل كانت مدافن الائمة قد اصبحت مناطق حج ومزارات. اربعة منهم كانوا مدفونين في المدينة وستة في العراق ـ في النجف (حيث قبر علي)، كربلاء (وكان فيها قبر الحسين)، الكاظمين وسامراء ـ وواحد في مشهد في خراسان. حول مقاماتهم نشأت مدارس ونزل ومدافن يؤتى بالمتوفين من الشيعة ليُدفنوا فيها. قبور ابناء الائمة وصحابة النبي والعلماء المشهورين كانت ايضا موضع اجلال وتكريم. XI/34

الا انه يجب عدم التمييز بين امكنة عبادة السنة والشيعة بكثير من الصرامة. الجميع على السواء كانوا يحجون الى مكة ويزورون قبر النبي في المدينة. الشيعيون يزورون أضرحة الأولياء الصوفيين، وفي بعض الامكنة كان السنيون يقدمون الاحترام للأئمة وعائلاتهم؛ في القاهرة، المقام المفروض ان يكون رأس الامام الحسين قد دُفن فيه كان مركزا للعبادة الشعبية. XI/35

الا انه كان هناك احتفال سنوي ذو مغزى خاص للشيعة، يوم عاشوراء، ذكرى المعركة في كربلاء التي قُتل فيها الحسين في اليوم العاشر من شهر محرم سنة ٦٨٠. للشيعة، كان هذا اهم يوم في التاريخ. سجل هذا اليوم النقطة التي تحول عندها المسار الظاهر (المنظور) للعالم عن ذاك الذي اراده الله. موت الحسين اعتُبر استشهادا، تضحية طوعية لفائدة المجتمع، ووعداً بان الله في النهاية سوف يعيد النظام الصحيح الى الامور. في ذلك اليوم يرتدي الشيعيون علائم الحداد، وتلقى عظات في المساجد تروي تضحية الحسين وتفسر معناها. وبعد فترة معينة تطورت رواية قصة الحسين الى حدّ انّها كانت تُمثّل، فتُعاش من جديد بطريقة دراماتيكية. XI/36

منذ مرحلة مبكرة في تطور الشيعية تسبب تبجيل الائمة في تحويلهم XI/37

الى ابعد من اشخاص بشريين، الى تجليات مرئية لروح الله، وخلف المعاني الخارجية الواضحة للقرآن كان يُعتقد بوجود حقيقة مخفية. وكان لافكار كهذه دعم الفاطميين عندما حكموا مصر وسوريا. الاسماعيليون، فرقة شيعية نشأ الفاطميون منها، أو انهم ادعوا الانتساب اليها، آمنوا بمعتقدات عُمّيت فيما بعد بنظام تفكير طوّره العلماء تحت رعاية الفاطميين ونشروه بسلطتهم ونفوذهم.

المعتقد الذي كان يدعمه الفاطميون كان معتقدا يضفي شرعية على
قولهم بان الامامة انتقلت من جعفر الصادق الى حفيده محمد إماما سابعا، XI/38
والامام الاخير المرئي في سلسلته. ولتبرير هذا المعتقد وتفسيره، حُدّد ما كان عليه الامام تحديداً مبنياً على نظرية معينة للتاريخ. فقد ادعوا انه عبر التاريخ، كان الجنس البشري بحاجة الى معلم مُرشَد من الله، غير خاطىء، وكان هناك سبع دورات او عصور، من هؤلاء المعلمين. كل دورة بدأت بمرسَل او «ناطق»، كشف حقيقةً للعالم، ثم تبعه مفسر او «وصي»، علم النخبة القلائل المعنى الباطني لما كشفه المرسل. هذا المعنى هو المفهوم الباطني الذي كان تحت الاشكال الخارجية لجميع الاديان: الله أحد وغير قابل لان يعرف، منه يصدر العقل الكلي (الشامل) الذي يحتوي كل اشكال الاشياء المخلوقة، وهذه الاشكال اظهرت نفسها عبر عملية «فيض» او انبثاق. كل وصي يتبعه سلسلة من سبعة أئمة، الاخير بينهم هو المرسل الى العهد القادم. الناطق للعصر السابع والاخير يكون هو المهدي المنتظر، الذي سوف يكشف عن الحقيقة الباطنية للجميع؛ وينتهي عندها عصر الشرع الخارجي، ويبدأ عصر معرفة طبيعة الكون الجلية غير المخفية.

ولمدة من الوقت ظل هذا التفسير للشيعية الذي شجّعه الفاطميون
واسع الانتشار، ولكن في سوريا اكثر منه في مصر أو المغرب الكبير. عندما XI/39
تضاءل نفوذ الفاطميين وحل محله أخيراً نفوذ الايوبيين، تقلصت المجتمعات الاسماعيلية، ولكنها استمرت في البقاء في الجبال على طول شاطىء سوريا الشمالي وفي اليمن، كما في ايران. واختلط معهم في جبال

سوريا الساحلية مجموعتان أعتنقتا انواعا اخرى من المعتقد الشيعي. نشأ معتقد الدروز من تعاليم حمزة ابن علي؛ فقد تعمق اكثر في الفكرة الاسماعيلية بان الائمة هم تجسيد العقول التي انبثقت عن الله الواحد، واكد ان الواحد ذاته كان حاضراً للبشر، وانه تجسد في النهاية في الخليفة الفاطمي الحاكم (٩٩٦ ـ ١٠٢١)، الذي احتجب عن نظر البشر ولكنّه سيعود. المجموعة الثانية، النصيريون، أرجعوا نسبهم الى محمد ابن نُصير، الذي علم بأن الله الواحد لا يمكن وصفه، ولكن عنه انبثقت مرتبات من الكائنات، وعلي هو تجسيد للأسمى بينها (من هنا جاءت تسميتهم بالعلويين التي عرفوا بها).

وثمة مجموعتان من منشأ اكثر غموضاً، معظم افرادها في العراق. XI/40
اليزيديون في الشمال كان لهم دين يضم عناصر مستمدة من المسيحية والاسلام. فهم يعتقدون بان العالم قد خلقه الله، ولكن هذا العالم قائم ايضاً عل تدرّج من الكائنات التابعة، والكائنات البشرية يمكن ان ترتقي تدريجياً في العود الى الحياة مرّة بعد مرّة. المنديون في جنوبي العراق حافظوا ايضا على آثار تقاليد دينية قديمة. كانوا يعتقدون ان الروح البشرية ترتقي عن طريق إنارة داخلية لتتحّد مع الكائن الاسمى، وكانت العمادة جزءاً هاما من شعائرهم الدينية، عبارة عن عملية تطهر.

مجتمعات كهذه، لكونها مقطوعة عن مصادر النفوذ والثراء في المدن
الكبيرة، وبما انها كانت تعيش في معظم امكانها تحت ظلال الشك، اذا لم XI/41
يكن العداء من حكام السنة، انكمشت على نفسها وطورّت شعائر وممارسات مختلفة عن الاكثرية. وبينما لم تكن معتقدات الاباضيين والزيديين وشرائعهم تختلف كثيرا عن معتقدات السنيين وشرائعهم، فبين الدروز والنصيريين بلغت الاختلافات درجة اعتبر فيها المشرعون السنة بان هاتين الفرقتين تعيشان على اقصى أطراف الاسلام، وتحت حكم المماليك كانت هناك فترة اضطُهدوا فيها. وكانت لديهم اماكن عبادتهم الخاصة، التي كانت تختلف عن اماكن السنيين والشيعيين: «الخلوات» البسيطة للدروز، المُقامة على

ذروة تلة، فوق مدينة او قرية، حيث كان يعيش اهل المعرفة والتقوى في عزلة، او «المجالس» للاسماعيليين. التعاليم والتقاليد كانت تنتقل على ايدي علماء دين في مدارس او في منازلهم، وفي غياب الائمة هم كانوا اهل السلطة في مجتمعاتهم.

التعليم اليهودي والنصراني

حتى اوائل العصر الحديث كانت المراكز الرئيسية للسكان اليهود
XI/42 وثقافتهم الدينية في بلدان يحكمها المسلمون. كان معظم اليهود ينتمون الى التيار الرئيسي للحياة اليهودية، ممن يخضعون لنصوص التلمود، مجموعة التفسير والابحاث للشرع اليهودي الذي كان قد جُمع في بابل أو العراق، مع انه كان هناك مجتمعات اصغر حجماً: القراؤون، الذين يقولون ان التوراة، تعاليم الله الموحاة والمدونة في الكتاب المقدس، هي المصدر الوحيد للشرع، وعلى كل عالم ان يدرسها لنفسه؛ والسامريون الذين كانوا قد انفصلوا عن مجموعة اليهود الرئيسية في الازمنة القديمة.

خلال الجزء المبكر من الحكم الاسلامي استمر العراق المركز الاهم
XI/43 للتعليم الديني اليهودي. في معهديه العظيمين كان يعمل العلماء المعتبرون حماة التقاليد الشفهية العريقة للدين اليهودي، واليهم كانت توجه اسئلة عن القضايا المتعلقة بالتفسير من كل ارجاء العالم اليهودي. ولكن فيما بعد، عندما اخذت الامبراطورية العباسية بالتفكك، اصبح هناك نوع من السلطة المستقلة تمارسها الكليات (يشيڤوت) التي نشأت في المراكز السكانية الرئيسية لليهود، كالقاهرة والقيروان ومدن اسبانيا الاسلامية.

وفي وقت مبكر من العهد الاسلامي، في البلدان التي اصبحت اللغة
XI/44 العربية فيها لغة الحكومة والسكان المسلمين الرسمية، اقتبس اليهود القاطنون فيها اللغة العربية لحياتهم الدنيوية، مع انهم ظلوا يستعملون العبرية لغاياتهم الدينية وشعائرهم. وتأثير الافكار الدينية والتشريعية اليهودية على تطور الاسلام الى نظام فكري مترابطكانت له انعكاساته في اليهودية، ونشأت

لاهوتية وفلسفة يهودية تأثرت تأثيرا كبيراً «بالكلام» وبالفلسفة الاسلامية. كما ازدهر الشعر العبري، الديني والدنيوي، في الاندلس، تحت التأثير المنشط للاشكال الشعرية العربية ومصطلحاتها. ولكن بمجيء الموحدين في القرن الثاني عشر، انتهى التطور المتكامل للثقافة اليهودية وحياتها في الاندلس. ووجد موسى ابن ميمون (١١٣٥ ـ ١٢٠٤)، اعظم شخصية يهودية في القرون الوسطى، محيطاً اكثر حرية في القاهرة تحت الايوبيين مما كان عليه في الاندلس من حيث اتى. كتابه «دلالة الحائرين»، المكتوب بالعربية، قدم تفسيرا فلسفيا للدين اليهودي، وغير ذلك من المؤلفات بالعربية والعبرية، شرحت الشرع اليهودي. وكان طبيب البلاط لصلاح الدين وابنه، وحياته وافكاره اعطت الدليل على العلائق السهلة بين المسلمين واليهود من ذوي العلم والمكانة في مصر، في زمنه. ولكن في القرون التي تلت، اتسعت الهوة، وبالرغم من ان بعض اليهود استمروا في الرخاء كتجار وذوي نفوذ كموظفين في القاهرة وغيرها من المدن الاسلامية الكبيرة، فالفترة الخلاقة للثقافة اليهودية في العالم الاسلامي بلغت نهايتها.

XI/45 وكما كان الامر مع اليهود، ففي الفترة المبكرة للحكم الاسلامي كانت العلائق بين المسيحيين والمسلمين مثمرة. وكان النصارى ما زالوا يؤلفون الاكثرية من السكان، على الاقل في الجزء من العالم الاسلامي الواقع الى الغرب من ايران.

XI/46 مجيء الاسلام عزز مركز الكنائس النسطورية والوحديطبيعية عن طريق ازالة العوائق الشرعية التي كانت تشكو منها تحت الحكم البيزنطي. وكان البطريرك النسطوري شخصية هامة في بغداد اثناء حكم الخلفاء العباسيين، والكنيسة التي كان يرأسها كانت ممتدة شرقا الى اواسط آسيا وحتى الصين. وتمّت مراحل تطوّر الاسلام ضمن بيئة مسيحية بالاغلبية، ولعب العلماء المسيحيون دورا هاما في نقل الفكر اليوناني العلمي والفلسفي الى العربية. اللغات التي كان المسيحيون يتكلمونها ويكتبونها سابقا ظلت قيد الاستعمال (اليونانية، السريانية والقبطية في الشرق، واللاتينية في الاندلس)، وبعض

الاديرة كانت مراكز هامة للفكر والدراسة: دير «زعفران»، في جنوبي الاناضول، «مار متى» في شمالي العراق ووادي النطرون في صحراء مصر الغربية. الا ان الموقف تغير بمرور الزمن. والاقلية المسلمة الحاكمة تحولت الى اكثرية واكتسبت حياة روحية وفكرية مستقلة، قوية، واثقة من نفسها. في الشرق، انقرضت تقريبا الكنيسة النسطورية العالمية الانتشار بسبب فتوحات تيمورلنك؛ في المغرب الكبير، اختفت النصرانية؛ في الاندلس، ادى توسع الدول المسيحية من الشمال الى ازدياد التوتر بين المسلمين والمسيحيين. في كل من الاندلس والبلدان الشرقية حيث يعيش المسيحيون ـ مصر، سوريا، العراق ـ معظمهم ترك لغته وتعلم العربية؛ ولكن العربية لم يكن لها التأثير المنشط نفسه بينهم كما كان في المجتمعات اليهودية، حتى القرن التاسع عشر.

ومهما كانت العلائق سهلة ووثيقة بين المسلمين واليهود والنصارى، فقد XI/47
ظل هناك واد عميق من الجهل والتغرّض بينهم. فقد كانوا يقومون بعبادتهم منفصلين، وكان لكل منهم اماكن عبادته وحجّه: القدس لليهود، وقدس اخرى للمسيحيين، ومزارات محلية للقديسين. غير انه من الممكن ان هذه الفروقات كانت اكبر في المدن منها في الارياف. المجتمعات القاطنة قريبة واحدها من الآخر، على الاخص في المناطق التي ليس فيها احساس مباشر بالحاكم في المدينة، قد تتعايش في تكافل وثيق قائم على الاحتياج المتبادَل، او الطاعة المشتركة والولاء لزعيم محلي. فالينابيع، الاشجار والحجارة التي كانت تُعتبر امكنة شفاعة او شفاء منذ قبل ظهور الاسلام او حتى قبل ظهور المسيحية، كانت في بعض الاحيان مقدسة لاتباع اديان ومذاهب مختلفة. بعض الامثلة على ذلك سُجّلت في زمننا الحاضر: في سوريا، الخضر، الروح الخفية المتمثّلة بالقديس جورجيوس، كانت تُبجّل في بعض الينابيع وغيرها من الاماكن المقدسة؛ في مصر، الاقباط والمسلمون على السواء كانوا يحتفلون بيوم القديسة داميانا، التي استُشهدت ايام اضطهاد المسيحيين في ايام الامبراطورية الرومانية؛ في المغرب، كان المسلمون واليهود يشتركون معاً في اعياد في مزارات لقديسين يهود وأولياء مسلمين.

الفصل الثاني عشر

ثقافة القصور وثقافة الشعب

الحكام والاسياد

تفتّت الخلافة العباسية وانقراضها النهائي ازال المؤسسة المركزية للسلطة والرعاية، التي جعلت من الممكن نمو ثقافة عربية اسلامية شاملة. XII/1 الشعراء واهل العلم الديني او الدنيوي كانوا يلتقون في بغداد، وكانت تقاليد ثقافية مختلفة قد اختلطت معا لتنتج شيئا جديدا. التقسيم السياسي لمناطق الخلافة سبب في قدر من تبعثر الطاقات والمواهب، ولكنه ادى ايضا الى قيام عدد من البلاطات والمدن العواصم لتصبح مراكز للانتاج الفني والفكري. التقسيم كان اقل من تام: فقد كان هناك في هذا الوقت لغة مشتركة للتعبير الثقافي، وتنقلات اهل العلم بين مدينة واخرى صانها وطورها. الا انه بمرور الوقت، اتسعت تلك الفوارق في الاسلوب والاهتمامات، التي كانت موجودة على الدوام بين الاقطار الرئيسية من العالم العربي الاسلامي. ولتبسيط الصورة، ولو في ذلك مبالغة: بقي العراق ضمن دائرة الاشعاع الايراني؛ سوريا ومصر كوّنتا وحدة ثقافية انتشر تأثيرها حتى في بعض اجزاء جزيرة العرب والمغرب الكبير؛ وفي المغرب الاقصى تطورت مدنيّة اندلسية كانت مختلفة في بعض النواحي عما كان موجودا في الشرق.

كان المجتمع الاندلسي مكوّنا من خليط مُثمر من عناصر مختلفة: XII/2 مسلمين، يهود، ومسيحيين؛ عرب، بربر، اسبانيين اصليين، وجنود مرتزقة من اوروبا الغربية والشرقية (الصقالبة او السلافيين). وكان يضمها معا الخلافة الاموية في قرطبة، وكان يحيط ببلاط الخليفة نخبة اندلسية من العائلات التي تدّعي الانتساب الى اصل عربي، متحدرة من المستوطنين الاوائل ولها الثراء والنفوذ الاجتماعي المستمد من مراكز رسمية ومن السيطرة على الارض. واول ثقافة سامية متميزة ظهرت في بلاط الامويين

اللاحقين وحوله. كان الفقهاء والمشرّعون في معظمهم من المذهب المالكي، ولكن بعضهم حافظ على المذهب الظاهري الذي كان يدعو الى التفسير الحرفي للدين، ولكنه انقرض في وقت لاحق؛ الاطباء واعلى الموظفين كانوا يدرسون الفلسفة والعلوم الطبيعية؛ وسلطة الحكام واهل النخبة عُبّر عنها بالبنايات الفخمة والشعر.

XII/3 واستمرت هذه الثقافة مزدهرة حول بعض بلاطات الممالك الصغيرة التي انقسمت اليها الخلافة الاموية، اي ملوك الطوائف. المرابطون الذين جاؤوا من اطراف الصحراء في المغرب، جلبوا جوّا متقشفا من الالتزام الصارم بالشرع المالكي وشكا بالتأمل العقلاني الحر. وسلطة الذين خلفوهم، الموحدين، تكونت ايضا من دافع إحياء الورع والتقوى، مع التركيز على وحدة الله والتقيد بالشريعة؛ ولكنها استمدت قوتها من الفكر الديني للعالم الاسلامي الشرقي، حيث كان مؤسسها، ابن تومرت، قد درس وبنى تفكيره، والذين حملوها في كل اقطار المغرب والى الاندلس جاؤوا من شعوب البربر المستوطنة في جبال الاطلس. عصرهم هذا كان العصر العظيم الاخير للثقافة الاندلسية، وذروتها من ناحية: فكر ابن رشد كان التعبير الاخير في العربية للروح الفلسفية؛ واثر فكر ابن عربي على التعاليم الصوفية في الغرب والشرق لعدة قرون. وبعد الموحدين، قضت عملية التوسع المسيحي على مراكز الحياة المسلمة الواحد بعد الآخر حتى لم يبق الا مملكة غرناطة. ولكن التقليد الذي كانت قد خلفته الثقافة الاندلسية ظلّ مستمرا، بطرق مختلفة، في مدن المغرب الاقصى، ومدن المغرب (البلد) على الاخص، حيث هاجر الاندلسيون.

XII/4 وطالما عبّرت الابنية، وهي الاكثر دواما بين كل مصنوعات الانسان الفنية، عن ايمان الحكام والوجهاء وثرائهم ونفوذهم. المساجد العظيمة كانت العلائم الدائمة التي خلفها الحكام المسلمون الاولون في البلدان التي فتحوها، وبروز مناطق نفوذ وثراء محلية، اذ ضعف الحكم العباسي ثم زال، سبب بانشاء العديد من الابنية، وكانت تلك مكرّسة، بطرق مختلفة،

للمحافظة على الدين ومعه على العيش المتمدن. وشجع تطور نظام الاوقاف على تشييد ابنية كهذه: مدارس، زوايا، اضرحة فخمة، مستشفيات، فسقيات ماء للشرب، ونزل للتجار. بعض هذه اقامها افراد متمولون متنفذون من الرعية، ولكن اعظمها شيدها الحكام، كما بنوا ايضاً القصور والحصون. ومراكز المدن التي بقيت ملامحها حتى الآن في القاهرة وتونس وحلب ودمشق وفاس، ومراكز الحج مثل القدس، بنيت على العموم في القرون المتأخرة من هذا العصر. القاهرة كانت اعظمها واضخمها، بقلعة المماليك وقصورهم على انف جبل المقطم، ومساجد قبور السلاطين في المدافن الرحبة خارج اسوار المدينة، ومجمعات ابنية مثل مسجد ومدرسة السلطان حسن المشادة على الجهات الاربع لفناء واسع.

بحلول القرن العاشر كان الشكل الاساسي لمعظم الابنية العامة قد
ابتُكِر: المسجد بقبلته ومحرابه ومآذنه، وكان الوصول اليه عبر ساحة مسوّرة XII/5
فيها حوض ماء للوضوء؛ وقصر الحاكم، معزول باسوار او على مسافة من المدينة، له حياته الخاصة في سلسلة من القاعات والاكشاك القائمة في حدائق. في ابنية كهذه من العهود الاولى، لم يكن هناك قيمة للواجهة الخارجية، بل الجدران الداخلية كانت الناحية المعبرة عن النفوذ او الايمان، مزدانة باشكال نباتات او تصاوير هندسية او بكتابات. في الفترة التي تلت، ظلت الابنية في المدن البعيدة الواحدة عن الاخرى تشترك الى حد ما في اسلوب واحد من الزخرفة: من بغداد الى قرطبة، جدران من الجص، قرميد او خشب محفور فيه اشكال أو كتابات باللغة العربية. إلا أن هناك أساليب معمارية مميزة ظهرت الى الوجود. كان هناك تركيز اكثر على المظهر الخارجي ـ الواجهات، ابواب ضخمة، قباب ومآذن ـ وفي ذلك كانت هناك فوارق ذات مغزى. في المدن السورية والمصرية تحت حكم الايوبيين ثم المماليك، كانت الواجهات تلبّس بحجر اطواقا والوانا متعاقبة: كان هذا الاسلوب يسمى «الابلق»، وهو موروث من الرومان وقد استخدموه في سوريا، ثم انتشر ليبلغ مصر، ويمكن العثور عليه ايضا في كنائس في

«اومبريا» و«توسكانا» في ايطاليا. القبة اصبحت اكثر بروزا؛ من الخارج، قد تكون مزدانة بشتى التصاميم، الهندسية أو غيرها؛ وفي الداخل، سبّب الانتقال من القاعة المربعة الى القبة المستديرة مشكلة حُلّت ببناء قوس عبر زاوية لتدعيم ما فوقه، او خاصرة (مثلثة عبر قوسين)، مزينة غالباً بزخارف متدلية.

XII/6 في اقصى الغرب من العالم العربي الاسلامي، أُطلِقَ اسلوب جديد في بناء المساجد لدى تشييد المسجد الكبير في قرطبة، باجزائه المفصولة بصفوف من الاعمدة، وزخرفته من المرمر المنحوت، واعمدته ذات الشكل المتميز، مع دعائم مستقيمة يعلوها قوس على شكل حدوة حصان. سلالتا المرابطين والموحدين تركتا انصابهما التذكارية في مساجد عظيمة في الاندلس، المغرب، الجزائر، وتونس. مسجد القرويين في فاس، من انشاء المرابطين، يمكن اعتباره مثلا على ذلك الاسلوب، بباحته الضيقة الطويلة، والمئذنتان الموضوعتان بتناظر على الاطراف، وقاعة الصلاة بصفوف من الأعمدة الموازية للجدار حيث يقع المحراب، والقرميد الاخضر على السقف. المئذنة في المغرب الكبير كانت مربعة على العموم، ويرتفع مربع اصغر حجما من منصة في اعلاها. بعضها كان عاليا جدا وظاهرا: جيرالدا في اشبيلية والكتبيّة في مراكش.

XII/7 واعظم اثر باق من الاسلوب الاندلسي ليس مسجدا، بل قصر الحمراء في غرناطة. مبني اكثره في القرن الرابع عشر، لم يكن قصرا فحسب بل مدينة ملكية مفصولة عن المدينة الرئيسية الواقعة تحتها. ضمن جدرانها كان مجمّع من الابنية: ثكنات وتحصينات في الخارج، وفي الوسط باحتان ملكيتان، «باحة الآس» و «باحة الأُسوُد»، حيث كانت احواض رحبة من المياه تحيط بها حدائق وابنية، في اطرافها قاعات للاحتفالات. كانت مواد البناء المستعملة القرميد، مزدان بزركشات غنية من الجص او الآجر، عليها كتابات من القرآن ومن قصائد عربية نظمت خصيّصا لِها. ووجود الماء يدل على ميزة مشتركة للاسلوبين الاندلسي والمغربي: اهمية الحديقة. في وسط

الحديقة كان هناك مجرى ماء او حوض، يحيط به مستطيل من الحدائق والاجنحة؛ الازهار والشجيرات كانت تنتقى وتزرع بعناية؛ وكان كل ذلك مسوّرا بجدران عالية من البناء المكسو بالجص.

كانت الزينة الاساسية في داخل الابنية زخرفة الجدران بالآجر او الجص او الخشب. في القصور والحمامات يبدو انه كان هناك رسوم على الجدران، تصور اناسا او حيوانات منهمكة في القنص، في الحرب، او في حفلات انس ومتعة: رسوم لمواضيع من المستحيل تصويرها في المساجد، لان العقيدة الدينية الصارمة تحرم تصوير الكائنات الحية، معتبرة اياها محاولة لمحاكاة قدرة الله الفريدة على الخلق. ولم تكن الجدران تزدان بصور، ولكن قد تكون الكتب غنيّة بالصور. هناك مخطوطات من «كليلة ودمنة» من القرنين الثاني عشر والثالث عشر تحتوي على صور لطيور او حيوانات؛ مخطوطات «مقامات» الحريري تحتوي على مناظر من الحياة ـ المسجد، المكتبة، «البازار» والمنزل؛ غيرها ايضا يصور حِيَلا واجهزة علمية. واستمر هذا التقليد في عهد المماليك، ولكنه لم يكن قويا بقدر ما كان في ايران، الأبعد الى الشرق. XII/8

والاكثر بروزا في تزيين المنازل الخاصة والابنية العامة كانت اشغال من الزجاج والخزف والمعدن، مهمة ليس فقط للاستعمال او لجمال الشكل، بل كاطار لصور قد تكون رموزاً لحقائق الدين او للنفوذ الملكي: الاشجار، الازهار، الكلمات، الحيوانات او الحكام. الخزفيات في العهود الاولى كانت تصنع من الاواني الفخارية المطليّة، ولكن فيما بعد أُنتجت الآنية الخزفية المكسوة بطبقة لماعة. البورسلين الصيني الابيض والازرق استُورد وبدأ تقليده منذ القرن الرابع عشر. كانت مصر مركز الانتاج الرئيسي ولكن بعد تدمير الفسطاط في القرن الثاني عشر هاجر الصناع الى سوريا وما وراءها. ففي الموصل ودمشق والقاهرة وغيرها في الداخل كانت تُصنع آنية نحاسية وبرونزية وصُفرية. كذلك كانت تنتج مصابيح زجاجية متقنة لِتُعلّق في المساجد. XII/9

الشعر والقصة

لعب الشعر دورا هاما في ثقافة الحكام والاغنياء. فحيث وجد ولاة
XII/10 وأسياد يرعون الشعر، كان هناك شعراء يمدحونهم. وغالباً ما كان المديح
بشكل مألوف: القصيدة كما طورها شعراء العصر العباسي. الا انه في
الاندلس، في قصور الأمويين وبلاطاتهم، تطوّرت اشكال جديدة من الشعر،
اهمها الموشح الذي ظهر في اواخر القرن العاشر واستمر بالممارسة لمئات
السنين ليس في الاندلس فحسب بل في المغرب الكبير. وكان ذلك نوعا من
«المقطوعات» الشعرية: اي ما يعني ان كل بيت لم يكن ينتهي بالقافية ذاتها،
بل كان هناك نمط من القوافي لكل مقطوعة او لكل مجموعة ابيات، وكان
يردد ذلك خلال القصيدة. البحور والاوزان واللغة كانت في جوهرها نفسها
كالتي في «القصيدة»، ولكن كل مقطوعة كانت تنتهي «بخرجة»، او مقطع
اخير أثار اصله الكثير من تساؤل الدارسين؛ وكانت تكتب بلغات قريبة من
العامية، واحيانا ليس بالعربية بل بالرومانسية العامية الشائعة في ذلك العصر؛
وغالبا ماكانت تعبر عن مشاعر الحب والعاطفة على فم شخص غير الشاعر.
ومواضيع الموشح شملت كل ما تناوله الشعر العربي: وصف الطبيعة، مدح
الحاكم، العشق، تسبيح الله وطريق المعرفة الباطنية للعزة الالهية. وفي وقت
لاحق ظهر شكل آخر من الشعر، الزجل، ايضا من نوع المقطوعة، ولكنه
مؤلف بالعربية العامية الرائجة في الاندلس.

وفي بعض قصائد الحب الاندلسية تظهر الصفة الشخصية بقوّة، وهي
XII/11 التعبير عن القدر الإفرادي، كما في قصائد ابن زيدون (١٠٠٣ ـ ٧١). ترعرع
في قرطبة في زمن انحطاط الخلافة الاموية، كان ابن زيدون متورطا الى
درجة كبيرة في الحياة السياسية لعصره. وبعد ان سجنته حكومة الخليفة، لجأ
اولا الى حاكم محلي، ثم الى آخر في اشبيلية؛ وعندما احتل حاكم اشبيلية
قرطبة، عاد اليها لوقت. الا أنّه قضى معظم حياته في المنفى بعيدا عن
مدينته، ينوح على مسقط رأسه المفقود، ويأسف على شبابه الفائت، بشِعر
يردّد المواضيع التقليدية للقصيدةِ الكلاسيكية، ولكن باسلوب يكشف عن

شخصيته. وفي قصيدة عن قرطبة يذكر المدينة وصباه:

سَقَى الغَيْثُ أطْلالَ الأحِبّةِ بالحِمَى،
وَحَاكَ عَلَيْهَا ثَوْبَ وَشْيٍ مُنَمْنَمَا،
وَأطْلَعَ فِيهَا، لِلأزَاهِيرِ، أنْجُمَا،
فَكَمْ رَفَلَتْ فيها الخَرَائِدُ كالدُّمَى،
إذِ العَيْشُ غَضٌّ، وَالزّمَانُ غُلامُ

وَأكْرِمْ بأيّامِ العُقابِ السّوالِفِ،
وَلَهْوٍ، أثَرْنَاهُ بتِلْكَ المَعَاطِفِ،
بِسُودِ أثِيثِ الشّعْرِ بِيضِ السّوَالِفِ،
إذا رَفَلُوا في وَشْيِ تِلْكَ المَطارِفِ،
فَلَيْسَ، عَلى خَلْعِ العِذَارِ، مَلامُ

فَقُلْ لِزَمَانٍ قَدْ تَوَلّى نَعِيمُهُ،
ورَثَّتْ، عَلى مَرّ اللّيالي، رُسُومُهُ،
وَكَمْ رَقّ فيهِ، بالعَشِيّ، نَسِيمُهُ،
وَلاحَتْ لِسَارِي اللّيْلِ فِيهِ نُجُومُهُ:
عَلَيْكَ مِنَ الصَّبِّ المَشُوقِ سَلامُ![1]

وتُسمع مشاعره الشخصيّة ذاتها عن الأسف والكرب في قصائده الغزلية XII/12
لولاّدة، الاميرة الاموية التي احبها في صباه وتركته واختارت سواه:

إنّي ذَكَرْتُكِ، بالزّهْرَاء، مُشْتاقا، وَالأفقُ طَلقٌ وَمَرْأى الأرْض قد رَاقَا
وَلِلنّسيمِ اعْتِلالٌ، في أصَائِلِهِ، كأنّهُ رَقّ لي، فاعْتَلّ إشْفَاقَا
وَالرّوْضُ، عن مائِهِ الفِضّيّ، مُبتسِمٌ، كما شَقَقْتَ، عَنِ اللَّبّاتِ، أطْوَاقَا
يَوْمٌ، كأيّامِ لَذّاتٍ لَنا انصرَمَتْ، بِتْنَا لها، حينَ نامَ الدّهرُ، سُرّاقَا
نَلْهُو بما يَسْتَميلُ العَينَ من زَهَرٍ، جَالَ النّدَى فيهِ، حتى مالَ أعناقَا
كَأنّ أعْيُنَهُ، إذْ عايَنَتْ أرَقي، بَكَتْ لِمَا بي، فجالَ الدّمعُ رَقْرَاقَا

وَرْدٌ تَـأَلَّـقَ، فـي ضَـاحـي مَـنـابِـتِـهِ، فازْدادَ منهُ الضّحى، في العينِ، إشرَاقَا
سَـرَى يُنَـافِحُـهُ نَيْلُـوفَـرٌ عَبِـقٌ، وَسْنَـانُ نَبَّـهَ مِنْـهُ الصّبْـحُ أحْـدَاقَـا
يا عِلقيَ الأخطَرَ، الأسنى، الحَبيبَ إلى نَفسي، إذا مـا اقتَنى الأحبابُ أعـلاقَـا
كان التَّجاري بمَحضِ الوُدّ، مذ زَمنٍ، مَيْـدانَ أُنْـسٍ، جَـرَيْنَـا فيـهِ أطْـلاقَـا
فَـالآنَ، أحْمَـدَ مـا كنّـا لِعَهـدِكُـمُ، سَلَـوْتُـمُ، وَبقِينَـا نحـنُ عُشّـاقَـا! (٢)

XII/13 كان هذا آخر ازدهار لشعر غنائي أصيل وشخصي قبل العصور الحديثة. ظل الشعر يُكتب بغزارة بمثابة نشاط يشغل المثقفين، ولكنّ قليلاً من آثاره لفت انتباه العهود التي تلت، باستثناء بعض الشعر المستوحى من الصوفية، مثل شعر عمر إبن الفارض (١١٨١ ـ ١٢٣٥)، بصوره عن المحبة والثمل، القابل لان يفسر بأكثر من معنى.

XII/14 أحد أسباب إزدهار الأندلس ربما كان مزيج الشعوب واللغات والثقافات. خمس لغات على الاقل كانت تستعمل هناك، إثنتان منها عاميتان، العربية الأندلسية المميزة واللغة العامية الرومانسية التي تطوّرت فيما بعد إلى الاسبانية؛ كانت اللغتان تستعملان بدرجات متفاوتة من قبل مسلمين ونصارى ويهود. وكانت هناك ثلاث لغات مكتوبة: العربية الفصحى، اللاتينية، العبرية؛ المسلمون كانوا يستعملون اللغة العربية، والنصارى اللاتينية، واليهود اللغتين العربية والعبرية. اليهود الذين كتبوا عن الفلسفة او العلوم استعملوا العربية عموما، ولكن الشعراء استعملوا العبرية بطريقة جديدة. ربما للمرة الاولى استعملت العبرية لغايات غير الشعائر الدينية؛ تحت رعاية يهود أغنياء ذوي نفوذ لعبوا دورا هاما في حياة البلاطات والمدن، اقتبس الشعراء أنماطا من الشعر العربي كالقصيدة والموشح، واستعملوها لغايات دنيوية وشعائرية أيضا. والشاعر الذي نال أعظم شهرة هو يهودا هاليفي (١٠٧٥ ـ ١١٤١).

XII/15 كان الشعر الرفيع يُكتب بلغة نحوية تماما، وكان يمجد مواضيع معروفة ويرن بأصداء قصائد قديمة، ولكن حوله كان هناك أدب واسع الانتشار قد نسميه «أدبا شعبيا» (بتحفّظ خوفا من المبالغة)، ولكنه ربما كان

رائجا بين طبقات واسعة من المجتمع. معظمه كان سريع الزوال، من تأليف اللحظة، غير مكتوب، متناقل شفهيا ثم منسي بمرور الزمن، ولكن بعضه بقي. الزجل، الذي ظهر في الأندلس في القرن الحادي عشر، انتشر عبر العالم الناطق بالعربية. كما ان هناك تقليدا في أدب المسرح والتمثيل، وبعض التمثيليات بخيال الظل، كتبها مؤلف في القرن الثالث عشر، إبن دانيال، لتُمّثل بواسطة دُمى أو باستعمال الايدي أمام نور وراء شاشة، وهي مازالت تمارس.

XII/16 الفن الادبي الأكثر انتشارا وديمومة كان السيرة البطولية الغرامية: روايات متسلسلة دورية تطورت وزادت خلال العصور. أصولها ضاعت في ضباب الايام، ويمكن ايجاد نُسَخٍ مختلفة في عدة تقاليد ثقافية. وربما كانت تقليدا شفهيا قبل ان تدون كتابة. وهي تشمل قصص «عنترة إبن شداد»، إبن الجارية، والذي أصبح بطلا قبليا شهيرا؛ الاسكندر الكبير؛ بيبرس، الذي انتصر على المغول وأسس سلالة المماليك في مصر؛ وبني هلال، القبيلة العربية التي هاجرت الى بلدان المغرب. مواضيع هذه السلاسل الدورية مختلفة. بعضها قصص مغامرات او رحلات، تروى دون غرض معين؛ وبعضها تذكرنا بعالم القوى الخارقة (فوق الطبيعة) التي تحيط بالحياة البشرية، الارواح، السيوف ذات المزايا السحرية، مدن خيالية؛ جوهر هذه الروايات هو فكرة البطل او البطولات، فردا او مجموعة رجال يقارعون الشر، من بشر او شياطين او اهوائهم الخاصة، ويتغلبون عليها.

XII/17 كانت هذه التآليف تُتلى مع مزيج من الشعر والسجع والنثر العادي. وكان لذلك أسباب: السجع يساعد على الحفظ، كما كان يُبقي القصة منفصلة عن الحياة والحديث العادي؛ ومزيج الاساليب المختلفة كان يمكّن الراوي من الانتقال من سجل إلى آخر تبعا لجمهوره والتأثيرات المراد تركها فيهم ـ فالمستمعون من الأرياف قد ينتظرون توقعات مختلفة عما يتوقع سكان المدن، والمثقفون يرون غير ما يراه الاميّون. على مر الأيام دُونت هذه الروايات، وكان ذلك على يد كتبة من ذوي بعض المهارات الادبية،

والرواة ايضا ربما كانوا مطّلعين على النصوص المكتوبة، ولكن كان هناك دائما مجال للارتجال اوالتكيف مع احتياجات زمن معين او مكان.

تاريخ نمو هذه السير الدورية لم يدرس كثيرا، وربما ليس بالامكان درسه. إلا أنه من الواضح انها نمت تدريجيا على مر العصور واختلفت بين بلد وآخر. وقد دلت دراسة عن سيرة عنترة أن أصولها تعود إلى بعض القصص الفولكلورية الضائعة من قَبل الاسلام في الجزيرة العربية، ولكنها راكمت تدريجيا موادَّ أخرى إذ تنقلت من مكان إلى آخر؛ النص الذي وصل الينا الآن صيغ قبل نهاية القرن الرابع عشر. وقيل ان عملية التطور هذه كان لها اكثر من مغزى أدبي صرف: فقد استهدف منها اضفاء شرعية على الشعوب التي اسلمت حديثا او استعربت عن طريق ترتيب تاريخهم في إطار عربي، فرجال القبائل الرحل في الصحراء الكبرى الذين كانوا يروون قصة عنترة أو بني هلال على طريقتهم، كانوا يدّعون نسباً عربياً لأنفسهم. XII/18

أما مجموعة «ألف ليلة وليلة»، المعروفة في أوروبا ايضاً تحت عنوان «الليالي العربية» Arabian Nights، مع كونها تختلف عن سير البطولة والغرام من نواح كثيرة، فهي تحمل أصداء بعض مواضيعها وتبدو كأنها نمت بطريقة مماثلة. لم تكن قصة حب بُنيت حول حياة فرد او مجموعة ومغامراتهم، بل مجموعة من القصص من جميع الانواع رُبطت معا تدريجيا عن طريق راوية واحدة تقص على زوجها القصص ليلة بعد ليلة. ويُظنّ ان منبت المجموعة يعود الى عدة قصص تُرجمت من البهلوية الى العربية في اوائل العصور الاسلامية. هناك ذكر لها في القرن العاشر، وجزء من مخطوطة قديمة، ولكن تاريخ النسخة الكاملة الاكثر قِدماً فيعود الى القرن الرابع عشر. والظاهر ان مجموعة القصص شُكلت في بغداد بين القرنين العاشر والثاني عشر؛ ثم وُسعت اكثر في القاهرة خلال عهد المماليك، والقصص التي زيدت أو أُلفت عندها عُزيت الى بغداد ايام الخليفة هارون الرشيد. وجاء اضافات حتى بعد ذلك؛ بعض القصص في الترجمات الاولى الى اللغات الاوروبية في القرن الثامن عشر، وفي النسخات العربية الاولى المطبوعة في XII/19

القرن التاسع عشر، لا تظهر مطلقا في المخطوطات القديمة.

XII/20 وفي عصر الموحدين، وهو آخر عصر ذهبي عاشته الثقافة الاندلسية، ظهر عمل روائي يختلف تماماً عن تلك المغامرات: «حي بن يقظان» لابن طفيل (توفّي ٦/ ١١٨٥). عبارة عن اطروحة فلسفية بشكل قصة، هي رواية عن ولد ربي في عزلة على جزيرة. وعن طريق إعمال عقله بمفرده يرتقي عبر المراحل المختلفة لفهم الكون، كل مرحلة تستغرق سبع سنوات ولها شكلها الفكري الخاص بها. اخيرا يبلغ ذروة الفكر البشري عندما يدرك المنهاج الذي ينظم طبيعة الكون المطلقة، الحركة المتواترة السرمدية الانبثاق والعودة، اشراق الواحد القدير، السائر من مستوى الى مستوى نزولا الى النجوم، النقطة التي عندها تتّخذ الروح شكلاً مادياً، والروح الساعية إلى الانتقال صعدا باتجاه الواحد القدير.

XII/21 الا ان ادراكا كهذا هو لعدد ضئيل من الناس فقط. وعندما يلتقي حيّ اخيرا مخلوقا آدميا آخر ويذهبان معا لمدة من الجزيرة الى العالم الآهل، يفهم ان هناك مرتبات من العقل البشري. القلة فقط تستطيع بلوغ الحقيقة باستعمال العقل وحده؛ هناك اقلية أخرى يمكنها ان تبلغها باستعمال عقلها لفك رموز ما أعطيت من وحي ديني؛ غيرهم ايضا يقبلون القوانين القائمة على هذه الرموز ولكنهم غير قادرين على تفسيرها بالعقل. سائر البشر لا يهتمون بالحقيقة العقلية ولا بشرائع الدين، بل فقط بشؤون الدنيا. كل من الفئات الثلاث الاولى لها كمالها وحدودها، ويجب ألا تسعى الى اكثر. وفي كلامه الى افراد الفئة الثالثة، عندما زار اليابسة، «أعلمهم أنه قد رأى مثل رأيهم، واهتدى بمثل هديهم وأوصافهم بملازمة ما هم عليه من التزام حدود الشرع والأعمال الظاهرة، وقلة الخوض في ما لا يعنيهم، والإيمان بالمتشابهات والتسليم لها، والإعراض عن البدع والاهواء، والاقتداء بالسلف الصالح، والترك لمحدثات الامور، وأمرهم بمجانبة ما عليه جمهور العوام من إهمال الشريعة والإقبال على الدنيا... هذه الطائفة المريدة القاصرة، لا نجاة لها إلاّ بهذا الطريق، وأنها إن رفعت عنه الى يفاع

الإستبصار اختل ما هي عليه، ولم يمكنها أن تلحق بدرجة السعداء، وتذبذبت وانتكست وساءت عاقبتها»[٣].

الموسيقى

في معظم العصور والامكنة كانت الموسيقى زينة حياة ذوي النفوذ XII/22 والموسرين، وغالباً ما كانت تُلقى القصائد على إيقاعها. كتبت الموشحات الاندلسية لتنشد غناءً، وكانت امتداداً لتقليد بدأ ينمو منذ أوائل العصور الاسلامية، وكان هذا التقليد ذاته تكملة لتقليد ايراني اقدم. بحلول العصر الاموي كان الموسيقي احد شخصيات البلاط، يعزف للحاكم الذي كان يحافظ على بُعْده عن طريق الاستماع من وراء ستار. وكتاب المقتطفات الشهير، «كتاب الاغاني»، يسجل مناسبة كهذه في البلاط العباسي. المتكلّم هو مؤلف احدى الاغنيات: «صرتُ إلى دارٍ قَوزْاء فيها أسِرّة في وسطها قد أُضيف بعضها الى بعض. فأمرني الرجل بالصعود فصعِدتُ، وإذا رجل جالس عن يمينه ثلاثُ جَوَار في حجرهنّ العيدان، وفي حجر الرجل عود... وخرج الخادم فقال لي: تغَنّ عافاك الله؛ فتغنّيت... فقال: ويحك! لمن هذا الغناء؟ قلت: لي. فرجع ثم خرج فقال: كذبتَ! هذا غناء إبن جامع. فقلت: فأنا إسماعيل بن جامع. فما شَعَرتُ إلا وأَمير المؤمنين وجعفر بن يحيى قد أَقبلا من وراء الستر الذي كان يخرج منه الخادم فقال لي الفضل بن الربيع: هذا أمير المؤمنين قد اقبل اليك»[٤]. وفي وقت ما نقل هذا الفن احد الموسيقيين من بلاط العباسيين الى بلاط الامويين في قرطبة، وهناك تطوّرت تقاليد موسيقية اندلسية ومغربية تختلف عن التقاليد الايرانية في البلاطات الشرقية.

وبما ان الموسيقى كانت تُتَناقل شفهيا بطريقة مباشرة، فليس هناك في XII/23 الواقع اي تدوين لما كان يُعزف او يُنشد حتى قرون لاحقة، ولكن بامكاننا ان نعرف بعض الشيء عنها عبر اعمال مؤلفي النظريات الموسيقية. بالتوافق مع المفكرين الاغريق، اعتبر الفلاسفة المسلمون الموسيقى كأحد العلوم: تنظيم الاصوات يمكن ان يفسر بموجب قواعد رياضية. وكان هذا التفسير ذا اهمية

خاصة لهم لانهم كانوا يعتقدون بان الاصوات هي اصداء لموسيقى الكواكب: هذه الحركات السماوية التي تسبب كل التحركات في العالم تحت القمر. وبالاضافة الى تخميناتهم الفلسفية، تعطي اعمال كهذه عن الموسيقى، مثل مؤلفات ابن سينا، تفاصيل عن اساليب التأليف والاداء وعن الآلات الموسيقية. موسيقى البلاط، على ما يظهر، كانت صوتية قبل كل شيء. كانت القصائد تغنى مع مصاحبة عزف على آلات موسيقية: آلات ذات اوتار للنقر او للعزف بقوس، نايات، وآلات القرع. كانت الاصوات تنظم بموجب عدد من «الانماط»، ولكن ضمن هذه المعايير الشكلية الثابتة كان هناك مجال لارتجال تغييرات وتنميقات. كانت الموسيقى أيضاً مصاحبة للرقص الذي تقوم به راقصات محترفات في القصور او المنازل الخاصة.

XII/24 كان لجميع طبقات المجتمع، في الصحراء، في الارياف او المدينة، موسيقاها للمناسبات الهامة: الحرب والحصاد، العمل والزواج. لكل منطقة تقاليدها الخاصة واغنياتها التي كانت تُنشد بلا مصاحبة موسيقى او مع الطبل او القصب أو الربابة؛ بعض المناسبات كان يحتفل بها ايضا بالرقص، يقوم به راقصون غير محترفين، رجال أو نساء، يقفون صفوفا او مجموعات. هجرة الشعوب وانتشار اللغة العربية وكل ما جرى معها قد يكون حرك هذه التقاليد باتجاه التماثل والاتساق، ولكن الفروقات ظلت، بين قرية او قبيلة واخرى.

XII/25 كانت موسيقى البلاط تقترن بالشؤون الدنيوية لحياة البلاط، وموسيقى الشعب ايضا قد تكون مصاحِبة للاحتفالات الدنيوية. كان رجال الدين يستنكرونها، ولكن لم يكن باستطاعتهم ادانة الموسيقى كليا، اذ سرعان ما اضحى لها دورها في الممارسات الدينية: الآذان كان له ايقاعه الخاص، والقرآن كان يُتلى بطرق منهجية معينة، والذِكر كان مصحوبا بالموسيقى، وحتى بحركات جسمانية، في بعض الطرق الصوفية. لذلك كان من المهم للذين يكتبون ضمن التقاليد الشرعية تحديد الشروط التي يُسمح بموجبها عزف الموسيقى والاصغاء اليها. وفي مقطع مشهور من «إحياء علوم الدين»

اعترف الغزالي بقدرة الموسيقى على القلب البشري: ولا منفذ الى القلوب إلاّ من دهليز الأسماع، فالنغمات الموزونة المستلذة تخرج ما فيها، وتظهر محاسنها أو مساويها، فلا يظهر من القلب عند التحريك الا ما يحويه. كما لا يرشح الإناء إلا بما فيه، فالسماع للقلب محك صادق، فلا يصل نفس السماع إليه، إلا وقد تحرك فيه ما هو الغالب عليه»(٥). من الضروري اذن تنظيم هذه القدرة النافذة. الشعر والموسيقى ليسا محظورين في ذاتهما، ولكن تبعا للظروف. ويسمح بهما عندما يثيران التوق الى الحج، أو يحثّان الناس على الحرب في المواقف التي تكون فيها الحرب مشروعة، أو يثيران الشعور بالحزن الجدير بالاطراء ـ «واما الحزن المحمود فهو حزن الانسان على تقصيره في أمر دينه»(٦) ـ او المحبة اذا كانت المحبة مباحة، او لمحبة الله: «ولا يقرع سمعه قارع إلا سمعه منه أو فيه (أي الله)»(٧). الا انهما محظوران اذا كان المنشد او المغني شخصا يستحث الاغواء، او كانت الاغنية فاحشة او فيها تجديف او تستثير الشهوات؛ بعض الآلات، كالمزمار والآلات ذات الاوتار، محظورة لأنها تُقرن بالسكارى والمخنّثين.

فهم العالم

لم يكن علماء الدين وتلامذة «المدارس» وحدهم يقرأون الكتب، بل XII/26
كذلك افراد العائلات في المدن الذين تعلّموا القراءة. وكان هناك آنذاك مجموعة كبيرة من الاعمال المكتوبة بالعربية يقرأون منها، واخذ نوع من الوعي النفسي ينمو في المضمار الثقافي ـ في دراسة الثقافة المتراكمة الناطقة بالعربية، وفي تأملات حولها.

الشرط المسبق لنشاط كهذا كان سهولة توافر الكتب. انتشار صناعة XII/27
الورق واستعماله من القرن التاسع وما بعده جعلت نسخ الكتب اسهل واقل كلفة. فالمؤلف، او العالم الواسع الشهرة، كان يُملي الكتاب على كتّاب، وبعد ذلك يستمع اليهم يُعيدون القراءة ـ او يقرأها بنفسه ـ ويصدقها «باجازة»، اي شهادة نسخ موثوقة. وبهذه الطريقة كان ينتشر الكتاب، اذ يمنح هؤلاء الذين نسخوا الكتاب الفرصة الرسمية الى آخرين كي ينسخوه.

وكانت النُسخ تباع على يد باعة كتب كانت محلاتهم في اكثر الاحيان تقع قرب الجوامع الرئيسة في المدن، وبعض هذه الكتب كانت تستحوذ عليها المكتبات العامة.

XII/28 اولى المكتبات الكبيرة التي نمتلك سجلات عنها انشأها حكام: «بيت الحكمة» في بغداد، على يد الخليفة المأمون (٨١٣ ـ ٣٣) ثم «دار العلم»، التي أُنشئت في اوائل القرن الحادي عشر في القاهرة ايام الفاطميين. هاتان المكتبتان كانتا اكثر من مستودعات للكتب؛ فقد كانت مراكز للدراسة ايضا ولنشر الافكار التي كان يحبذها الحكام: عن العلوم المنطقية ايام المأمون، والافكار الاسماعيلية في القاهرة. فيما بعد، تكاثرت المكتبات، الى حد ما لانه اصبح من المسلّم به ان الكتب التي تساهم في درس الدين وتعليمه يمكن ان تكوّن وقفا دينيا. كثير من المساجد والمدارس كان لها مكتبات ملحقة بها، ليس فقط لاستعمال الدارسين في دراساتهم الخاصة، بل كمركز لنسخ المخطوطات وبالتالي نشرها اوسع وابعد.

XII/29 كان علماء الشرع يعتبرون الكتب التي تؤدي الى المعرفة الدينية وحدها كتبا صالحة لأن تكوّن وقفاً، ولكن الحكام والاثرياء لم يكونوا بالضرورة يميزون على هذا الشكل. وكان للقصور وللمنازل الكبيرة مكتباتها، بعضها يضم كتباً مخطوطة بخط جميل ومزدانة بصور.

XII/30 كثير من انتاج هؤلاء الذين كانوا يقرأون الكتب وينسخونها كان من النوع الذي اسماه احد العلماء العصريين «ادب الذاكرة»: قواميس، تعليقات وشروح عن الادب، كتيّبات عن ممارسات الادارة، وفوق كل شيء، التأريخ والجغرافيا. كانت كتابة التاريخ سمة من سمات جميع المجتمعات المدينية المسلمة المتعلمة، وما كان مكتوبا يبدو انه كان يُقرأ كثيرا. المؤلفات التاريخية وما شابهها من مواضيع تكوّن الحجم الاكبر من الكتابات باللغات الرئيسية في الاسلام، ما عدا الكتابات الدينية. ومع انها لم تكن جزءاً من المنهاج الرئيسي في «المدرسة»، فكتب التاريخ كانت على ما يظهر تقرأ كثيرا من قبل العلماء والطلاب كما من جمهور اوسع من المتعلمين. ولفئة من

جمهور القراء المتعلمين كانت كتب التاريخ هامة: للحكام ولمن في خدمتهم، كانت توفر ليس فقط سجلا عن امجاد السلالة وانجازاتها، بل كذلك مجموعة امثلة يمكن منها استخلاص امثولات في فن ادارة الدولة وتسييسها.

ولدى تفكّك وحدة الخلافة وظهور سلالات، ببلاطاتها ودواوينها
والطبقة البرجوازية الملتفة حولها، تطورت ايضا في كل ارجاء العالم XII/31
الاسلامي تقاليد تدوين التاريخ محليا. فكان العلماء أو الموظفون او مؤرخو البلاط يسجلون حوليات الاحداث في مدينة ما أو في منطقة. اعمال كهذه قد تكون ملخصا لتاريخ شامل مأخوذ عن كبار مؤرخي العصر العباسي، ولكن تكون دائما ملحقة بتدوين الحوليات المحلية، أو أخبار سلالة ما، مسجلة سنة بعد سنة؛ وقد يضاف اليها سِير (تراجم) الذين تُوفوا تلك السنة. هكذا في سوريا، وضع ابن الاثير (١١٦٣ ـ ١٢٣٣) احداث زمنه ومكانه في إطار تاريخ شامل. في مصر، التواريخ المحلية التي كتبها المقريزي (توفي عام ١٤٤٢) وابن اياس (توفي ١٥٢٤) شملت عهد المماليك. في المغرب الكبير، وضع ابن خلدون في مقدمته المشهورة لتاريخ السلالات العربية والبربرية مبادىء الانتقاء والتفسير التي تتطلبها كتابة التاريخ المسؤولة. «فَقَدْ زَلَّتْ أَقْدَامُ كَثِيرِ مِنَ الاثبَاتِ وَالْمُؤرِّخِينَ الْحُفَّاظِ في مِثْلِ هَذِهِ الأَحَادِيثِ وَالآرَاءِ وَعَلِقَتْ أَفْكَارُهُمْ وَنَقَلَهَا عَنْهُمُ الْكَافَّةُ مِن ضَعَفَةِ النَّظَرِ وَالغَفْلَةِ عَنِ القِيَاسِ وَتَلَقَّوْهَا هُم أَيضا كَذَلِكَ مِن غيرِ بَحثٍ وَلاَ رَوِيَّةٍ وَانْدَرجَتْ فِي مَحفُوظَاتِهِمْ حَتَّى صَارَ فَنُّ التَّارِيخ وَاهِياً مُخْتَلِطًا وَنَاظِرُهُ مُرْتَبِكَا وَعُدَّ مِنْ مَنَاحِي العَامَّةِ فَإذا يَحْتَاجُ صَاحِبُ هَذَا الْفَنِّ إلى الْعِلْمِ بِقَوَاعِدِ السِّيَاسَةِ وَطَبَائِعِ الْمَوْجُودَاتِ وَاخْتِلاَفِ الأُمَمِ وَالْبِقَاعِ وَالأَعْصَارِ فِي السِّيَرِ وَالأَخْلاَقِ وَالْعَوَائِدِ وَالنِحَلِ وَالْمَذَاهِبِ وَسَائِرِ الأَحْوَالِ وَالإِحَاطَةِ بِالْحَاضِرِ مِنْ ذَلِكَ وَمُمَاثَلَةِ مَا بَيْنَهُ وَبَيْنَ الْغَائِبِ مِنَ الْوِفَاقِ أَوْ بَوْنِ مَا بَيْنَهُمَا مِن الخِلاَفِ وَتَعْلِيلِ الْمُتَّفِق مِنهَا وَالْمُخْتَلِفِ وَالْقِيَامِ عَلَى أُصُولِ الدُّوَلِ وَالْمِلَلِ وَمَبَادِىءِ ظُهُورِهَا وَأَسْبَابِ

حُدُوثِهَا وَدَوَاعِي كَوْنِهَا وَأَحْوَالِ الْقَائِمِينَ بِهَا وَأَخْبَارِهِم حَتَّى يَكُونَ مُسْتَوْعِباً كُلِّ خَبَرِهِ وَحِينَئِذٍ يَعْرِضُ خَبَرَ الْمَنْقُولِ عَلَى مَا عِنْدَهُ مِنَ الْقَوَاعِدِ وَالأُصُولِ فَإِنْ وَافَقَهَا وَجَرَى عَلَى مُقْتَضَاهَا كَانَ صَحِيحًا وَإِلاَّ زَيّفَهُ وَاسْتَغْنَى عَنْهُ»(٨).

XII/32 الاهتمام بمختلف الاختبار البشري ظهر ايضا في نوع آخر من الكتابات، الا وهو الجغرافيا والرحلات. هؤلاء الذين كتبوا عن الجغرافيا جمعوا المعرفة المستمدة من كتابات اليونان وايران والهند ومن ملاحظات الجنود والرحالين. بعضهم اهتم فقط برواية قصة رحلاته الشخصية وما لاحظه؛ رحلات ابن بطوطة (توفي ١٣٧٧) كانت الأبعد مسافة، وأعطت تحسساً بمدى اتساع عالم الاسلام وتعدد المجتمعات البشرية ضمنه. وكرّس البعض الآخر انفسهم بانتظام لدراسة بلدان العالم في علائقها الواحدة بالاخرى، وتسجيل تنوعات خصائصها الطبيعية وشعوبها وعاداتها، وايضا لرسم الطرق التي تربط بينها والمسافات التي تفصلها. وهكذا كتب المقدسي (توفي سنة ١٠٠٠) خلاصة وافية عن الجغرافيا الطبيعية والبشرية للعالم المعروف، تستند الى ملاحظاته الخاصة وملاحظات شهود ثقة، وياقوت (توفي ١٢٢٩) ألّف نوعا من معجم جغرافي.

XII/33 اذواق الطبقة المتوسطة (البورجوازية) ربما لم تكن مثل اذواق علماء الدين وطلابها في «المدارس». بوجه خاص، العائلات التي كانت تقدم امناء سر ومحاسبين واطباء للحكام، كانت تستهويها الافكار الناتجة عن الملاحظة والاستنتاج المنطقي من مبادىء عقلانية. تأملات الفلاسفة كان يُنظر اليها بكثير من الحذر من بعض مدارس الشرع الديني وبعض الحكام، ولكن الطرق الاخرى في استعمال العقل لتوضيح طبيعة الاشياء كانت تثير شكوكاً أقل وكان لها استعمالاتها العملية.

XII/34 كان علم الفلك ذا قيمة عملية لأنه كان يُتيح طرقا لحساب التواريخ والاوقات. وكان هذا احد المجالات التي كان فيها استعمال اللغة العربية، عبر منطقة واسعة تمتد من البحر المتوسط الى المحيط الهندي، يجعل من الممكن جَمع التقاليد العلمية الاغريقية مع تعاليم ايران والهند.

XII/35 وهناك علم آخر كان استعماله اكثر شيوعا. فالاطباء كانوا اشخاصا ذوي اهمية كبيرة في المجتمعات المسلمة؛ ومن خلال عنايتهم بصحة الحكام وسائر المتنفذين كان بامكانهم حيازة قسط وافر من النفوذ. لم يكن باستطاعتهم القيام بعملهم لولا مقدار من فهم طبيعة ونشاطات الجسم البشري، والعناصر الطبيعية المكون منها الجسم. أُخذ لب المعرفة الطبية المسلمة من نظرية الاغريق الطبية ونظريتهم في وظائف الاعضاء، على الاخص من مؤلفات جالينوسGalen الشهير الذي استنتج خلاصة الطب الاغريقي. واساس هذه النظرية كان الاعتقاد بان الجسم البشري مكون من العناصر الاربعة التي يتكون منها كل العالم المادي: النار، التربة، الهواء، والماء. هذه العناصر كانت قابلة للخلط باكثر من طريقة، ومختلف هذه الخلائط كانت تسبب حالات نفسية وامزجة مختلفة. والتوازن الصحيح للعناصر يحفظ صحة الجسد، وعدم وجود توازن يؤدي الى مرض يستدعي اللجوء الى فنون الطبيب في الابراء.

XII/36 مبادىء الفن الطبي شُرحت خلال العصر العباسي في مؤلفين عظيمين يوفقان بين نتاج اعمال عدة متفرقة: «الحاوي» لابي بكر محمد الرازي (٨٦٣ ـ ٩٢٥) و«قانون» ابن سينا. وبالرغم من ان هذين العملين كانا مبنيين على مؤلفات كبار العلماء الأغريق، فانهما يبينان، في بعض نواحيهما، تطوير تقليد اسلامي مميز سار بعلم الطب شوطا أبعد؛ كتاب ابن سينا، الذي ترجم الى اللاتينية ولغات اخرى، ظلَّ الكتاب المدرسي الاساسي للطب الاوروبي حتى القرن السادس عشر على الاقل.

XII/37 فن الطب، كما فهمه الاطباء المسلمون، لم يكن يُعلّم في المدارس بل بالتمهّن (او بالتدرب) او في «بيمارستانات»، اي المستشفيات الموهوبة بشكل «اوقاف» والتي كانت موجودة في المدن الرئيسية. واعظم مساهمات الاطباء المسلمين في مجال فن التطبيب كانت في ممارساتهم له. وحققوا تقدما في تقنيات الجراحة. وبرعوا في متابعة سير الامراض وفي وصفها؛ وربما كان ابن الخطيب (١٣١٣ ـ ٧٤) اول من فهم طريقة انتشار الطاعون

بالعدوى. وقد درسوا صنع العقاقير من نباتات طبية وفهموا تأثيرها على الاجسام البشرية، ومجموعة الادوية كانت واسعة؛ وقد قيل ان الصيدلة كمؤسسة هي اختراع إسلامي. وهم فهموا ايضا اهمية تلك العوامل التي تحول دون اختلال توازن العناصر، التي كانوا يعتقدون انها تؤدي الى المرض: نظام التغذية الصحي، الهواء النقي، والرياضة.

XII/38 وفي العصور التي تلت كانت هناك محاولة لخلق نظام بديل لعلم الطب، «الطب النبوي». وكان هذا يمثل ردة فعل ضد التعاليم التي جاءت من جالينوس. نظامه كان قائما على ما سجله الحديث عن ممارسات النبي والصحابة في ما يتعلق بالصحة والمرض. الا ان هذا النظام لم يكن من ابتكار اهل الطب، بل من فقهاء يعتقدون بان القرآن والحديث يحتويان كل ما هو ضروري للحياة البشرية. وكان ذلك نظر الاقلية حتى بين علماء الدين، وعبّر ابن خلدون، بمنطقه القوي وادراكه، عن الرأي الناقد عندما اكد ان هذا الطب يمكن ان يصحّ في بعض الاحيان او بالصدفة، ولكنه لايقوم على مبدأ عقلاني. الأحداث والآراء التي صدف أن سُجّلت بالترابط مع حياة النبي لم تكن جزءاً من الوحي الإلهي: «فَإِنَّهُ ﷺ إِنَّمَا بُعِثَ لِيُعَلِّمَنَا الشَّرَائِعَ وَلَمْ يُبْعَثْ لِتَعْرِيفِ الطِّبِّ وَلاَ غَيْرِهِ مِنَ الْعَادِيَّاتِ وَقَدْ وَقَعَ لَهُ فِي شَأْنِ تَلْقِيحِ النَّخْلِ مَا وَقَعَ فَقَالَ أَنْتُمْ أَعْلَمُ بِأُمُورِ دُنْيَاكُمْ فَلاَ يَنْبَغِي أَنْ يُحْمَلَ شَيْءٌ مِنَ الطِّبِّ الَّذِي وَقَعَ فِي الأَحَادِيث الْمَنْقُولَةِ عَلَى أَنّه مَشْرُوعٌ»[٩].

XII/39 حول التعليم الرسمي للعلوم الدينية وتأملات الفلاسفة كان هناك مضمار واسع متفاوت الغموض من المعتقدات والممارسات التي كان البشر بواسطتها يأملون بان يستطيعوا فهم قوى الكون والتحكم بها. معتقدات كهذه كانت تعكس الخوف والحيرة في وجه ما قد يبدو من قدر غير مفهوم وظالم احياناً، الا انها ربما كانت اكثر من ذلك: الخط الفاصل بين «العلم» و«الوهم الخرافي» (التطيّر) لم يكن واقعا في الموضع ذاته الذي يقع فيه اليوم، وكثيرون من المتعلمين والمتعلمات كانوا يقبلون بمعتقدات وممارسات كهذه لانها كانت مبنية على افكار واسعة الانتشار، والتي كان قليل من الفلاسفة

واهل الدين ينكرونها، لاسباب مختلفة.

كانت ادعاءات علم التنجيم قائمة على فكرة مسلّم بها من الكثيرين، XII/40 ومتأصلة في القدم: بأن العالم السماوي هو الذي يقرر شؤون العالم البشري، الواقع تحت القمر. الحدود بين العالمين كانت تتمثل بالكواكب والسيارات، ودراسة ترتيبها، ووضعها النسبي وتحركات السيارات، لا تفسر فقط ما يحدث في العالم من آتٍ وزائل، بل تلك الدراسة قد تفسح أيضاً إمكانية تغييره. وهذه كانت فكرة شائعة بين الاغريق، واخذها عنهم بعض المفكرين المسلمين وأُعطيت شكلا اسلاميا محدّدا من قبل فلاسفة الاشراق الصوفيين: عناصر العالم السماوي كانت تُرى بمثابة فيض (او انبثاق) من الله. علماء التنجيم المسلمون طوروا تقنيّات عن التكهن بالغيب والتأثيرات: مثلا، عن طريق كتابة وقورة لارقام وحروف بترتيبات خاصة على مواد من انواع مختلفة. حتى بعض المفكرين المرموقين قبلوا بادعاءات المنجمين، واعتقدوا بانه قد يكون للنجوم تأثير على صحة الجسم. الا ان المشرعين الصارمين والفلاسفة المنطقيين دانوها. ابن خلدون اعتقد بانه لا أساس لها بالحقيقة المنزلة، وانها تُنكر دور الله كالقدرة الوحيدة.

كذلك كان معتقد اهل الخيمياء واسع الانتشار، بان من الممكن انتاج XII/41 الذهب والفضة من المعادن الاساسية، اذا ما وجدت الطريقة لتحقيق ذلك. ممارسات الخيميائيين كانت ايضاً تستند الى نظرية علمية مأخوذة عن الاغريق: في ان جميع المعادن تتألف من جنس طبيعي واحد، ولا يميَّز بين الواحد والآخر إلا عَرَضاً، وان حالات هذا العَرَض تتغيّر تدريجياً باتجاه أن تصبح اكثر ثمناً. لذلك فمحاولة تحويلها الى ذهب او فضة لم تكن عملاً ضد قوانين الطبيعة، بل عملية تسريعٍ تطورٍ طبيعيٍ جارٍ، بواسطة التدخل البشري، مرة اخرى كان هناك جدال حول هذا الموضوع بين اهل العلم. كان ابن خلدون يعتقد بانه من الممكن استخراج ذهب وفضة بالسحر او باعجوبة إلهية، ولكن ليس ببراعة الانسان؛ حتى ولو كان ذلك ممكنا فانه غير مرغوب لأنه لو لم يظلّ الذهب والفضة نادرين فلا يعود بالامكان

استخدامهما كمقاييس للقيمة.

والاعتقاد الاكثر انتشارا، والذي كان في الواقع تقريباً شاملا، كان XII/42
الاعتقاد بالارواح والحاجة الى ايجاد طريقة للتحكم بها. كان الجن ارواحا لها اجسام من البخار او اللهب، تستطيع ان تظهر امام الحواس، غالبا بشكل حيوانات، وقادرة على التأثير على حياة البشر؛ وكانوا اشرارا احيانا، او على الاقل من العابثين القادرين على الاذى، لذلك كان من الضروري محاولة السيطرة عليهم. ويمكن ايضا ان يكون هناك بشر لهم قدرة على اعمال آخرين وحياتهم، اما بسبب ميزة لاقدرة لهم على ضبطها - مثل العين التي تصيب بالسوء - او عن طريق ممارسة مدروسة لبعض ضروب المكر، مثلا القيام بطقوس وشعائر خاصة في ظروف معينة، قد تثير قوى فوق الطبيعة. وكانت هذه انعكاسا ممسوخا لتلك الطاقة التي كان بامكان الصالحين، اولياء الله، الحصول عليها بالنعمة الالهية. حتى المشكك ابن خلدون كان يعتقد بان السحر موجود، وان بعض البشر قادرون على ايجاد طرق لممارسة السطوة على الآخرين، ولكنه كان يعتقد بان هذا العمل يستحق الشجب. وكان هناك اعتقاد عام بان بالامكان ضبط هذه القوى او معاكستها بوضع بعض التعاويذ او التمائم على اجزاء معينة من الجسم، «حجابات» من كلمات او ارقام، تلاوة «أوراد» او القيام بشعائر رُقى واستعطاف، مثل «الزار»، طقس الاسترضاء الذي ما زال واسع الانتشار في وادي النيل.

كان من المسلم به، في جميع الحضارات السابقة للعصور الحديثة، XII/43
بان الاحلام والرؤى يمكن ان تفتح بابا الى عالم غير عالم الحواس. فقد تأتي بمراسيل من الله؛ قد تكشف عن ابعاد مستترة من روح شخص ما؛ قد تأتي من الجن او من الابالسة. والرغبة في تفسير الاحلام كانت عامة، وكانت تعتبر على العموم شرعية؛ فالاحلام تطلعنا على اشياء يهمنا ان نعرفها. حتى ابن خلدون اعتبر تفسير الاحلام احد العلوم الدينية: عندما يلغي النوم كل إدراك بواسطة الحواس، يصبح بامكان الروح ان تحظى بلمحة من حقيقتها الخاصة بها؛ وبافلاتها من الجسم، يمكنها ان تتلقى ادراكا من عالمها الخاص، وبعد ان يتم ذلك يمكنها ان تعود الى الجسم حاملة هذا

الادراك؛ يمكن ان تنقل الروح الادراك الى المخيلة التي تكوّن منه الصور الملائمة، فيراها النائم كأنها واضحة عبر الحواس. الكّتاب المسلمون اخذوا علم تفسير الاحلام عن اليونان، ولكنهم زادوا عليه من اجتهاداتهم؛ ويقال ان الكتابات الاسلامية عن الاحلام هي الاكثر غنى في العالم.

الجزء الثالث

عهد العثمانيين

(القرن السادس عشر الى القرن الثامن عشر)

خلال القرنين الخامس عشر والسادس عشر كان الجزء الاكبر من العالم الاسلامي مدمجا في ثلاث امبراطوريات عظيمة، العثمانية والصفوية والمُغَاليَّة (أو المُغُليّة). كل البلدان الناطقة بالعربية كانت من ضمن الامبرَاطورية العثمانية، بعاصمتها اسطنبول، ما عدا اجزاء من جزيرة العرب، السودان، والمغرب؛ كانت الامبراطورية تضم ايضاً الاناضول واوروبا الشرقية الجنوبية. وكانت اللغة التركية لغة العائلة الحاكمة والنخبة العسكرية والادارية، العساكر ونخبة اهل الادارة الذين كانوا يؤخذون في معظمهم من بين معتنقي الاسلام الآتين من البلقان والقوقاز؛ وكانت النخبة واهل الشرع وعلماء الدين من اصول مختلطة، تدربوا في المدارس الملكية العظيمة في اسطنبول ونقلوا مجموعة مكتملة من الكتابات الشرعية المعبر عنها بالعربية. جـ/3/ 1

وكانت الامبراطورية دولة دواوينية (بيروقراطية)، تضم اقطارا مختلفة ضمن ادارة واحدة ونظام ضريبي واحد. غير انها كانت ايضا آخرَ تعبير عظيم لشمولية عالم الاسلام. فقد كانت تحفظ الشرع الديني، وتصون وتوسّع حدود العالم الاسلامي، وتحمي المدن المقدسة في جزيرة العرب وتنظم الحج اليها. كما كانت دولة متعددة الاديان، تمنح المسيحيين واليهود وضعية خاصة معترفاً بها. كان السكان المسلمون في مدن المقاطعات يُجتذبون الى النظام الحكومي، وفي البلدان العربية تطورت ثقافة عربية عثمانية تحفظ التراث وتطوره في اساليب جديدة الى حد ما. ما وراء الحدود، تطور المغرب بطرق مختلفة نوعا تحت حكم سلالاته الخاصة التي كانت هي ايضا تبرّر سلطتها بالاستناد الى حمايتها للدين. جـ/ 2/3

في القرن الثامن عشر تغير التوازن بين الحكومة المركزية العثمانية والحكومات المحلية، وفي بعض اجزاء الامبراطورية كان للعائلات (أو جـ/ 3/3 المجموعات) العثمانية المحلية الحاكمة استقلال نسبي، ولكنها ظلت على ولائها للمصالح الرئيسة للدولة العثمانية. كما كان هناك تغيير ايضا في العلائق بين الامبراطورية وبين دول اوروبا. في حين كانت الامبراطورية قد توسّعت الى داخل اوروبا في القرون السابقة، اصبحت عند حلول القسم الاخير من القرن الثامن عشر تحت تهديد عسكري من الغرب ومن الشمال. كما كان هناك ايضا بدايات تغيير في طبيعة التجارة واتجاهاتها، اذ قويت الحكومات الاوروبية وتجارها في المحيط الهندي والبحر المتوسط. وبنهاية القرن صارت النخبة الحاكمة العثمانية واعية لانحطاط نسبي بالنفوذ والاستقلال، وبدأت تقوم باول محاولة استجابة للوضع الجديد.

الفصل الثالث عشر

الامبراطورية العثمانية

حدود النفوذ السياسي

XIII/1 قبول علماء الدين، وهؤلاء الذين يتكلم العلماء باسمهم، بالحاكم كان سيفاً ذا حدين. فطالما كان الحاكم قادرا على اثبات نفسه والدفاع عن المصالح المدينية المتوافقة مع مصالحه هو، كان بامكانه ان يأمل برضوخ المدن والمناطق المتاخمة لها، وباعتراف علماء الشرع به وبالحصول منهم على قدر من التعاون؛ وبالرغم من الحذر في معاشرة الامراء الذي نادى به الغزالي وغيره، فقد كان هناك علماء مستعدون دائما لخدمة الحاكم كقضاة او موظفين رسميين لتبرير افعاله. ولكن اذا خانته قدرته، فالمدينة قد لا تحرك ساكنا لتنقذه، وقد تحول ولاءها الى حاكم جديد له القدرة الفعلية. والفترة عند سقوط المدينة كانت النقطة التي قد تتصرف فيها المدينة استقلاليا: فالقاضي والزعماء الآخرون قد يخرجون لملاقاة الحاكم الجديد ولتسليمه المدينة.

XIII/2 خلال القرون الخمسة بعد ان بدأت الامبراطورية العباسية بالتفتّت، وقبل استيلاء العثمانيين على معظم العالم الغربي الاسلامي، تتالى ظهور السلالات وسقوطها مرة تلو المرة. وثمة نوعان من التفسيرات لذلك، الواحد بضوء ضعف نفوذ السلالة الموجودة، والآخر بضوء تجميع النفوذ والسطوة من قبل السلالة المنافسة. المراقبون والكتاب المعاصرون كانوا يركزون على الضعف الداخلي للسلالة، ويفسرون ذلك على ضوء الاخلاقيات. بالنسبة الى «نظام الملك»، هناك تواتر لانهاية له في التاريخ الانساني. فقد تفقد السلالة الحكمة والعدالة التي خصها الله بها، وعندها يصاب العالم بالبلبلة والفوضى، الى حين ظهور حاكم جديد من قدر الله، يتحلى بالمزايا المطلوبة.

المحاولة الاكثر تنظيما لتفسير سبب سقوط السلالات فريسة ضعفها

XIII/3 الذاتي جاء بها ابن خلدون. وتفسيره كان مركباً: «عصبية» الفئة الحاكمة، وهي تضامن موجه نحو الامساك بزمام السلطة والحفاظ عليها، كانت تتلاشى تدريجيا تحت تأثير الحياة المدينية، ويبدأ الحاكم بالتطلع الى فئات أخرى تدعمه: «إعْلَمْ أَنَّ صَاحِبَ الدَّوْلَةِ إِنَّمَا يَتِمُّ أَمْرُهُ كَمَا قُلْنَاهُ بِقَوْمِهِ فَهُمْ عِصَابَتُهُ وَظُهَرَاؤُهُ عَلَى شَأْنِهِ وَبِهِمْ يُقَارِعُ الْخَوَارِجَ عَلَى دَوْلَتِهِ وَمِنْهُمْ يُقَلِّدُ أَعْمَالَ مَمْلَكَتِهِ وَوِزَارَةَ دَوْلَتِهِ وَجِبَايَةَ أَمْوَالِهِ لأَنَّهُمْ أعْوَانُهُ عَلَى الْغَلْبِ وَشُرَكَاؤُهُ فِي الأَمْرِ وَمُسَاهِمُوهُ فِي سَائِرِ مُهِمَّاتِهِ هَذَا مَا دَامَ الطَّوْرُ الأَوَّلُ لِلدَّوْلَةِ كَمَا قُلْنَاهُ فَإِذَا جَاءَ الطَّوْرُ الثَّانِي وَظَهَرَ الإِسْتِبْدَادُ عَنْهُمْ الإِنْفِرَادُ بِالمَجْدِ وَدَافَعَهُمْ عَنْهُ بِالْمَرَاحِ صَارُوا فِي حَقِيقَةِ الأَمْرِ مِنْ بَعْضِ أَعْدَائِهِ وَاحْتَاجَ فِي مُدَافَعَتِهِمْ عَنِ الأَمْرِ وَصَدِّهِمْ عَنَ الْمشَارَكَةِ إِلَى أَوْلِيَاءَ آخَرِينَ مَنْ غَيْرِ جِلْدَتِهِمْ يَسْتَظْهِرُ بِهِمْ عَلَيْهِمْ»[١]. ومع الوقت ايضا، يتوقف الحاكم عن الحفاظ على الشريعة، اساس الرفاهية المدينية والتزاماته مع اهل المدينة. هؤلاء المحيطون به يسقطون فريسة نهمهم الى الترف والبذخ الذي يرهق بالضرائب كاهل الشعب وموارده، والشعب بدوره يسقط في ذلك الطور «مِنَ التَّكَاسُلِ إِذَا مَلَكَ أَمْرُهَا (يعني نفوس الشعب) عَلَيْهَا وَصَارَتْ بِالإِسْتِعْبَادِ آلَةً لِسِوَاهَا وَعَالَةً عَلَيْهِمِ»[٢].

وعندما كانت مطالب الحاكم تتعدى قدرة المجتمع على تحقيقها، لم

XIII/4 يكن ذلك بالضرورة بسبب ازدياد اسراف القصر او تبذيره؛ فقد يكون السبب ايضا محدودية القدرة الانتاجية للمجتمع. لكي تكون الدولة مستقرة، كان على الارياف الواقعة تحت سيطرتها ان تنتج ما يكفي من الاغذية لاحتياجاتها ولاحتياجات سكان المدن ايضا، ومواد خام للصناعات؛ مربّو المواشي ومزارعو الارض ومنتجو البضائع كان عليهم ايضا ان ينتجوا فائضا كافيا يقوم بالانفاق على بلاط الحاكم وحكومته والجيش، عن طريق الضرائب. ما اذا كان ذلك ممكنا كان يتوقف على عدة عوامل، بعضها قد يتغير. فقد يكون

هناك تغييرات في تقنيات الانتاج: تحسينات مثلا عن طريق ادخال زراعات جديدة او اساليب ري جديدة ـ وذلك يفسح امكانية زيادة الانتاج والفائض، او فقدان البراعة التقنية وعندها يكون التأثير عكس ذلك. كما ان تغييرات في حجم الفائض يمكن بدورها ان تؤثر على القدرة على التوظيف في الانتاج عن طريق اخذ اراض جديدة للانتاج او زراعتها باساليب جديدة. الطلب على منتجات من الارض او من المدينة، آتٍ من بلدان اخرى، يمكن ان يزيد او ينقص، وتغييرات في اساليب التسعير او النقل، او في وضع الامان في السفر براً أو بحراً، يمكن ان تؤثر على قدرة بلد على تلبية مطالب كهذه. وفي المدى المتوسط او الطويل يمكن لمعدل الولادات او الوفيات ان يزيد او يتناقص بسبب تغييرات في علم الطب او عادات الشعوب واخلاقها.

كل هذه كانت قضايا لا تُرى تأثيراتها الا على مدى فترة طويلة. الا انه
XIII/5 قد تحدث ايضا امور مفاجئة يكون تأثيرها جائحياً عنيفاً: حرب تقطع الطرق التجارية، تهدم المدن وصناعاتها، وتدمر الارياف؛ موسم فاشل، او عدة مواسم سيئة متتابعة بسبب جفاف او قحط في المناطق التي تعتمد على الامطار، او شح في مياه الانهار الكبرى. والاوبئة المعدية يمكن ان تقضي على نسبة كبيرة من السكان. نحن نستطيع في عصرنا هذا ان نحدَّ من انتشار الامراض، ومنها ما قد قُضي عليه نهائيا، لكن من الصعب ان نفهم كم كانت الاوبئة مفاجئة ومدمرة، على الاخص الوباء المخيف القتال في تلك الايام، الطاعون الدّملي. كان هذا الوباء المستوطن في بعض المناطق مثل شمالي العراق وبعض مناطق الهند، ينتقل بواسطة الجرذان السود، اما عن الطرق التجارية او بحراً الى عالم المتوسط، حيث كان ينتشر بسرعة في المدن والقرى، ويقتل نسبة كبيرة من السكان ومواشيهم. (سنة ١٧٣٩ ـ ٤١، وهي فترة لدينا عنها معلومات احصائية اكثر وثوقاً، فَقَدَ مرفأ إزمير على الساحل الشرقي للمتوسط ٢٠ بالمئة من سكانه في هجمة لوباء الطاعون، واكثر من هذه النسبة من السكان في موجة اخرى بعد ذلك بثلاثين سنة.

XIII/6 تطوّرات كهذه تفاعلت احداها مع الاخرى، وبعضها كان تراكميا يعيد

ذاته. وتساعد هذه التطورات على تفسير التغييرات في العلاقة بين مطالب الممسكين بزمام السلطة وبين قدرة المجتمع على تلبيتها، وظهور تحديات من زعماء او فئات كانت تستطيع ان تولد قوة وتستخدمها لتثبيت تحكمها بالموارد. تغير كهذا يمكن ان يحصل داخل نظام حكم موجود: عساكر الحاكم يمكنهم ان يسلبوه السلطة الفعلية، كما يمكن ان تحدث تغييرات ايضا بظهور نفوذ مكثّف خارج المنطقة الخاضعة للنفوذ الفعلي للحاكم. فقد يقوم زعيم ما بتعبئة رجال الجبال أو السهوب بقوة شخصيته او بسبب فكرة دينية. أكان الاستيلاء على السلطة من الداخل ام من الخارج، فالقوة المحركة كانت تُستَمَدُّ من جنود معبّئين من خارج المناطق المركزية للدولة، من الجبال ام من السهوب، او عبر الحدود. هؤلاء كان لديهم القدرة على الاحتمال والمهارة في استعمال الخيول والسلاح الضروري للحرب في ذلك العصر، قبل ان يصبح السلاح الحاسم المدفعية، والمشاة المدرّبون على استعمال الاسلحة النارية. وهناك بعض الدلائل على انه، حتى مجيء العناية الطبية الحديثة، كان اهل الجبال والسهوب اوفر صحة من الآخرين وكان منهم فائض من الشبان القادرين على الانخراط في الجيوش. والزعيم الذي كان يطمح الى الاستيلاء على الحكم كان يفضل ان يعبىء جنودا من خارج المجتمع الذي كان يودّ ان يسيطر عليه، او على الاقل من مناطقة النائية؛ فمصالحهم تكون مرتبطة بمصالحه. وعندما يثبت اقدامه، قد يفقد الجيش تلاحمه او يبدأ باكتساب مصالح تختلف عن مصالح السلالة، وقد يحاول الزعيم ان يستبدلهم بجيش محترف جديد وحاشية من اتباع شخصيين له، ولتأمين هؤلاء قد يتطلع الى الارياف البعيدة او خارج الحدود. والجنود المدربون في اسرته يصبحون مماليكه، او عبيدا له بمعنى لا يُقصد به التحقير بل ذوبان شخصياتهم ومصالحهم في مصلحة سيدهم. وفي الوقت المناسب، قد يبرز حاكم جديد من ضمن الجيش او الاسرة، ويؤسس سلالة جديدة.

XIII/7 هذا هو السياق الذي يمكن من ضمنه فهم ما قد يبدو تتالي سلالات،

خالياً من المعنى، في التاريخ الاسلامي. في العصور الاولى، استطاعت فئة جديدة حاكمة قادمة من مدن غربي الجزيرة ان تكوّن جيشاً وان تحافظ عليه، وبيروقراطية ونظام شرائع مكّن الحياة المتمدنة والمستقرة من الازدهار. وكان الامن والنظام مؤمّنين في الارياف وفي المدن العظيمة من الامبراطورية: شبكات الري رُمّمت أو وُسّعت، وأُدخلت سلع وتقنيات جديدة، وادّى دَمْج الاراضي الواقعة حول المتوسط وتلك الواقعة حول المحيط الهندي في بقعة سياسية وثقافية واحدة الى توليد تجارة دولية مترامية الاطراف. والدلائل القليلة الموجودة تشير الى تزايد عدد السكان. وكان هذا عهد الانظمة المستقرة في مدن مزدهرة وفي الارياف حولها: بغداد في جنوبي العراق، مدن خراسان، دمشق في سوريا، الفسطاط في مصر، القيروان في تونس، وقرطبة في اسبانيا.

الا انه من القرن العاشر أو الحادي عشر فصاعدا، كانت هناك فترة
XIII/8 طويلة من التفكك، ظهرت اعراضها البديهية في تفتت الخلافة العباسية وقيام خلافات منافسة في مصر والاندلس، وظهور سلالات جديدة في العالم الاسلامي تستمد قوتها من عناصر عرقية اخرى، بعضها مدفوعة بالحماسة الدينية: النصارى في اسبانيا، المتوسعون على حساب الدُوَل المسلمة التي تقاسمت الخلافة الاموية الغربية؛ المرابطون والموحدون في المغرب الكبير والاندلس، المنبثقون عن حركات دينية عبأت البربر من جبال المغرب ومن حواشي صحرائها؛ الاتراك والمغول في الشرق. هذه التغيرات قد تكون عوارض اضطراب اكثر عمقا في التوازن بين الحكومة والسكان والانتاج، اضطراب ناتج عن اسباب اخرى: تقلص المناطق للسكان المستوطنين في العراق وتونس بسبب خراب انظمة الري القديمة أو توسّع المناطق التي تنتقل فيها الشعوب الرعوية؛ وربما انحطاط عدد السكان في بعض الامكنة؛ انخفاض الطلب على منتجات المدن الاسلامية، مرتبط باحياء حياة المدن والانتاج في ايطاليا.

XIII/9 وجاءت برهة ابلال في القرن الثالث عشر. فبينما تقلص النفوذ والثراء

في العراق بسبب الدمار الذي احدثته غزوات المغول وزوال الخلافة العباسية، استطاعت بعض السلالات ان تقيم نظاما مستقرا لا تنافسه قوى فعالة من خارج العالم الاسلامي المستوطن: على الاخص بنو حفص في تونس، الدولة التي خلفت مملكة الموحدين، والمماليك في مصر وسوريا، النخبة العسكرية التي صارت تخلف ذاتها، والتي نمت في خدمة السلالة السابقة، الايوبيين. كانت الزراعة ناشطة في منطقة واسعة، وربما متنامية، وكان باستطاعة موظفي الدولة جلب الفائض من الارياف الى المدن، وازدهرت التجارة والانتاج في المدن ضمن اطار شريعة سنّية مقبولة عموماً؛ ظل نوع من التعايش والتكافل التكاملي بين الفئات الحاكمة وسكان الارياف.

غير ان ذلك النظام كان غير ثابت، وبحلول القرن الرابع عشر بدأ يهتز
XIII/10 بسبب عدد من القوى. ربما الاهم بينها كان وباء الطاعون العظيم الذي عُرف في تاريخ اوروبا «بالموت الأسود»، والذي اجتاح معظم البلدان في الجزء الغربي من العالم في منتصف القرن الرابع عشر، ولكنه استمر لحوالي القرن بعد ذلك في ثوران يتكرر دوريا. وفي تقدير تقريبي ان ثلث سكان القاهرة ماتوا في اول موجة من الوباء، وبحلول منتصف القرن الخامس عشر كان عدد سكان المدينة يزيد بقليل عن نصف سكانها قبل مئة عام (١٥٠,٠٠٠ تقريبا بدلا من ٢٥٠,٠٠٠). والسبب في ذلك لم يكن فقط ان الموجة الاولى من الطاعون تبعتها موجات اخرى، بل ان الطاعون اثر ايضا على الارياف كما على المدينة، بحيث لم يعد بمقدور المهاجرين من الارياف ان يغذّوا عدد سكان المدن. وبسبب نقصان اهل الارياف ومواشيهم، تقلص الانتاج الزراعي وبالتالي الموارد المتاحة للحكومة من خلال المكوس والضرائب.

بالاضافة الى التأثيرات المتراكمة للطاعون كان هناك عوامل اخرى.
XIII/11 نمو انتاج الانسجة في ايطاليا وغيرها من بلدان اوروبا، وتوسع الملاحة الاوروبية في البحر المتوسط أثّرا على ميزان التجارة وجعلا من الاصعب على الحكومات المسلمة ان تحصل على الموارد التي تحتاجها. كما كانت

هناك تغييرات في فنون الحرب وبناء السفن والملاحة، والاستعمال الجديد للبارود في المدفعية والاسلحة النارية.

XIII/12 في هذه الظروف المتغيرة، صار النظام السياسي في دولة المماليك ودول المغرب مفتوحا امام تحديات من سلالات جديدة تمكنت من ايجاد الموارد، من رجال ومال، لانشاء جيوش كبيرة فعالة، للسيطرة على الارياف والاستيلاء على فائضها وتعزيز تجارة المدن وصناعاتها. في غربي المتوسط كان التحدي للنظام الديني كما للنظام السياسي، من الممالك المسيحية في اسبانيا التي اتحدت في دولة واحدة قبل زوال آخر سلالة اسلامية سنة ١٤٩٢ بقليل، والتي حصلت فيما بعد على الثروة التي ولدها لها فتح امبراطورية جديدة في اميركا. في شرقي المتوسط، كانت القوة الجديدة الطالعة لسلالة مسلمة سميت على اسم مؤسسها عثمان، ومنها جاء اسمها «الدولة العثمانية».

الحكم العثماني

XIII/13 بالاصل كانت الدولة العثمانية احدى الامارات التركية المنبثقة عن توسع المهاجرين السلجوقيين والاتراك غربا باتجاه الاناضول. على الحدود المتغيرة والمتنازع عليها للدولة البيزنطية ظهر عدد من هذه الامارات التي كانت تقبل بسيادة السلجوقيين بالاسم ولكنها في الواقع كانت مستقلة. تلك التي أسسها عثمان كانت في شمالي غربي الاناضول، على نقطة التماس الرئيسية مع البيزنطيين. وبحكم موقعها اجتذبت اليها مقاتلين للحروب الواقعة على الحدود والبدو الاتراك النازحين غرباً سعياً وراء المراعي، ولكن كان لديها ايضاً، ضمن حدودها، اراضٍ زراعية واسعة وخصبة نسبيا، ومدن ومراكز تجارية، بعضها ذات أهمية على الطرق التجارية الممتدة من إيران وما وراءها الى البحر المتوسط. وبتوسعها نمت مواردها، واستطاعت ان تستخدم الاسلحة الجديدة وتقنيات الحرب وتنشىء جيشا منظما. وعند اواخر القرن الرابع عشر كانت قوتها قد قطعت المضائق الى اوروبا وتوسعت هناك بسرعة. امبراطوريتها الاوروبية الشرقية زادت من قوتها باكثر من

ناحية. فقد توصلت الى الاحتكاك بالدول الاوروبية واقامة علائق دبلوماسية معها، وحصلت على مصادر جديدة للطاقة البشرية: فئات حاكمة سابقة اندمجت في نظامها الحكومي، ومجندون الزاميون من قرى البلقان انضموا الى جيشها. وبقوتها المتزايدة تمكنت بعد ذلك من التوجه شرقا الى الاناضول، وبالرغم من فشلها المؤقت عندما اندحر جيشها امام جيش فاتح آخر من الشرق، تيمورلنك. وعام ١٤٥٣ ابتلعت ما كان باقيا من الامبراطورية البيزنطية واتخذت من اسطنبول عاصمة جديدة لها.

XIII/14 الا ان في الشرق تحداها الصفويون، وهي سلالة اخرى طالعة ذات اصل غير واضح، التف حولها رجال قبائل اتراك. وجرى نضال طويل للسيطرة على المناطق الحدودية الواقعة بين مراكز قواهم الرئيسة، شرقي الاناضول والعراق؛ بغداد كانت قد سقطت امام العثمانيين عام ١٥٣٤، ثم استولى عليها الصفويون عام ١٦٢٣، ولم يسترجعها العثمانيون الا عام ١٦٣٨. وبنتيجة العراك مع الصفويين الى حد ما تحرك العثمانيون جنوباً الى اراضي سلطنة المماليك، وبفضل تفوقهم في الاسلحة النارية والتنظيم العسكري خاصّة، تمكنوا من احتلال سوريا ومصر وغربي الجزيرة العربية سنة ١٥١٦ ـ ١٧.

XIII/15 واصبحت الامبراطورية العثمانية القوة العسكرية والبحرية الرئيسية في شرقي المتوسط، كذلك في البحر الاحمر، وهذا اوصلها الى نزاع محتمل مع البرتغاليين في المحيط الهندي والاسبان في غربي المتوسط. في البحر الاحمر كانت سياستها دفاعية، تهدف الى منع البرتغاليين من التقدم، ولكن في المتوسط استخدمت قوتها البحرية لوقف التوسع الاسباني وانشاء سلسلة من المراكز القوية في الجزائر (حوالى ١٥٢٠) طرابلس الغرب (حوالى ١٥٥٠) وتونس (١٥٧٤)، ولكن ليس ابعد غرباً الى المغرب. واستمرت الحرب البحرية لبعض الوقت بين العثمانيين والاسبان، ولكن في هذا الوقت اتجهت اهتمامات ونشاطات الاسبان الى العالم الجديد في اميركا. وصار هناك نوع من التقاسم المستقر للقوة البحرية في المتوسط (ولو تقلب

احياناً)، ومنذ ١٥٨٠ وما بعد كانت هناك علائق سلمية بين اسبانيا والعثمانيين.

XIII/16 من ناحية، كان قيام الدولة العثمانية مثلا آخر عن السياق الذي جرى مرارا في تاريخ الشعوب الاسلامية، قوة عسكرية مستمدة من شعوب اكثرها رحالة تتحدى السلالات القائمة. كان اصلها مشابها لاصل دولتين عظيمتين ظهرتا في الوقت ذاته تقريبا، الصفويون في ايران والمُغُل في الهند. ثلاثتهم استمدوا قوتهم منذ البداية من مناطق تقطنها قبائل تركية، وكلهم مدينون بنجاحهم العسكري لكونهم اقتبسوا اسلحة تستخدم البارود الذي كان قد بدأ استعماله في القسم الغربي من العالم. كلهم نجحوا في انشاء سياسات ثابتة مستديمة، قوية عسكريا، مركزية ومنظمة اداريا، قادرة على جباية الضرائب والحفاظ على الامن والنظام في منطقة واسعة لوقت طويل. كانت الامبراطورية العثمانية احدى اعظم البنيات السياسية التي شهدها الجزء الغربي من العالم منذ انقرضت الامبراطورية الرومانية: فقد حكمت اوروبا الشرقية وآسيا الغربية ومعظم المغرب، وامسكت معا اراضي ذات تقاليد سياسية مختلفة، والعديد من المجتمعات العرقية ـ يونان، صرب، بلغار، رومانيين، ارمن، اتراك، وعرب ـ ومختلف المجتمعات الدينية ـ مسلمين سنة وشيعة، مسيحيين من جميع الكنائس التاريخية، ويهوداً. وحافظت على سيطرتها على معظمهم قرابة ٤٠٠ سنة، وعلى بعضهم حوالي ٦٠٠ سنة.

XIII/17 وفي ذروة نظام الحكم لهذه الامبراطورية الشاسعة كان هناك الحاكم السلطان وعائلته، «بنو عثمان». وكانت السلطة بيد العائلة اكثر منها بيد فرد معين منها. ولم يكن هناك قانون محدد للخلافة، ولكن كانت هناك اعراف عائلية ادت عموما الى انتقال السلطة بطريقة سلمية والى فترات حكم طويلة الامد. وحتى القرن السابع عشر كان يخلف الحاكم عادة احد ابنائه، ولكن من ذلك الحين وما بعد اصبح من المسلّم به عموما انه عند وفاة الحاكم او تنحيته عن الحكم، يخلفه اكبر اعضاء العائلة الاحياء سناً. وكان الحاكم يقيم

في وسط اسرة ضخمة تضم نساء الحريم وحراسهن والخدم وحراس القصر والبستانيين.

على رأس نظام الحكومة الذي كان يمارس السلطان الحكم بواسطته،
XIII/18 كان «الصدر الاعظم»، الموظف السامي في رتبة الوزير الاعظم. وبعد العهد العثماني الاول كان يعتبر بان له السلطة المطلقة تحت الحاكم. كان هناك تحت امرته عدد من الوزراء الآخرين. كان هؤلاء يديرون الجيش والحكومات الاقليمية ويهتمون كذلك بجهاز الموظفين.

في الطور الاول للتوسع كان الجيش العثماني بمعظمه قوة خيالة
XIII/19 مأخوذة من الاتراك وغيرهم من سكان الاناضول ومن ارياف البلقان. وأُعطي لضباط الخيالة (السِّباهيين) الحق بجباية الضرائب والاحتفاظ بها من بعض المناطق الزراعية لقاء الخدمة في اوقات الحاجة مع عدد معين من الجنود؛ يسمى هذا نظام «التيمار». وبمرور الزمن اضحت هذه القوة اقل فعالية واهمية، بسبب التغيرات التي طرأت في فن الحرب ولأن المتمتع بامتياز التيمار يكون اقل حماسة للتغيب عن ارضه في حملات طويلة في اجزاء بعيدة من الامبراطورية المتنامية. ومنذ وقت مبكر انشىء جيش آخر، جيش مستعد، عالي التدريب والتنظيم، من المشاة (الانكشارية) والخيالة، مكون بواسطة التجنيد الالزامي الدّوْري للشبان من القرى المسيحية في البلقان، وتربيتهم في الدين الاسلامي (عُرف هذا النظام بالدفْشِرْمة).

خلال القرن السادس عشر تطور نوع من البيروقراطية الادارية «الكلامية».
XIII/20 كانت مكوّنة من فئتين: امناء السر الذين كانوا يحررون الوثائق (أوامر، انظمة واجوبة على عرائض والتماسات) بالشكل المطلوب ويحفظونها؛ والذين كانوا يدوّنون السجلات المالية، وتخمينات الموجودات الخاضعة للضريبة وحساب المبالغ التي حُصّلت وكيفية انفاقها. (كانت الوثائق والحسابات تُحفظ بعناية، وهي تكون «ارشيف» سجلات محفوظة لا مثيل لها في عالم الاسلام، وذات اهمية بالغة لتاريخ الكثير من النصف الغربي للعالم؛ والتنقيب المنظم لهذه السجلات لم يبدأ إلا في العقود الحديثة).

XIII/21 وكان كبار موظفي الحكومة والجيش يجتمعون بانتظام في القصر في «ديوان» يُصدر القرارات عن السياسة المتوجب اتباعها، ويستقبل السفراء الاجانب، ويصدر الاوامر، ويحقق في الشكاوى ويجيب على العرائض والالتماسات، وعلى الاخص تلك المتعلقة باساءة استعمال السلطة؛ في العهود الاولى كان الحاكم بذاته يرأس هذه الاجتماعات، ولكن فيما بعد اصبح الصدر الاعظم رئيسها.

XIII/22 نظام الحكم هذا كان مطبّقاً بكل خصائصه في سائر انحاء الامبراطورية. عندما كانت تُضم ممتلكات جديدة، كان يُعين حكام على المدن الهامة والارياف المحيطة بها، وتزوّد بحاميات امبراطورية؛ فيما بعد، كانت الحكومات المحلية المتعددة (سنجق) تُضَم معا في عدد اصغر من المقاطعات الاوسع حجما (إياله) . كانت الحكومة الاقليمية مثل الحكومة المركزية ولكن بشكل مصغر: كان للحاكم بيته واسرته، وامناء سره والمسؤولون عن المحاسبة، ومجلسه المؤلف من كبار موظفيه الذين كانوا يجتمعون بانتظام.

XIII/23 بين اهم واجبات الحكومة كان موضوع جباية الضرائب الذي كانت حيويتها تعتمد عليه. تحتوي السجلات المالية، التي كانت محفوظة بعناية (على الاقل في العهد الاول) في «الارشيف»، على تفاصيل تخمينات عن الضرائب على الأُسر، على الارض القابلة للزرع، كذلك على ميزانيات منظمة عن الدخل والنفقات. وكما كان الامر في الدول الاسلامية السابقة، كانتهناك ثلاثة انواع من الضرائب المنظمة. اولا، كان هناك ضرائب على منتجات الارياف: محاصيل، اسماك ومواشي؛ في بعض الامكنة كانت تجبى ضرائب على الحبوب وغير ذلك من المحاصيل الزراعية بموجب نسبة من المحاصيل (مبدئياً، العشر، مع انه في الواقع كانت اكثر بكثير)، في غيرها كانت تخمن بحسب البقعة القابلة للزراعة؛ بعض الضرائب كانت تجبى اموالاً، وغيرها سلعاً، على الاخص الضرائب على الحبوب، القابلة للتخزين مدة طويلة. ثانيا، كانت هناك ضرائب متعددة ومكوس على

النشاطات المدينية: على محاصيل بيعت في الاسواق، على مخازن، وحمامات وخانات، على النشاطات الصناعية (الحياكة والصباغ والدباغة) وعلى البضائع المستوردة والمصدرة؛ كانت هناك ضرائب تُجبى على الطرقات العامة للقيام بنفقات صيانتها. ثالثاً، كانت هناك الجزية التي يدفعها النصارى واليهود؛ لم يكن المسلمون يدفعون ضرائب شخصية نظامية. بالاضافة الى هذه الضرائب النظامية، كانت هناك ضرائب عَرَضيّة في وقت الحاجة. في العهود الاولى للامبراطورية، كانت هذه الضرائب تخصص بعناية لاغراض مختلفة: لصندوق مال الحاكم الخاص او لبعض افراد عائلته، لمرتبات ونفقات حكام الايالات والسناجق، او لمكافأة اصحاب «التيمار». الا انه بحلول القرن السابع عشر، كان هذا النظام في طريقه الى الزوال لان الاحتياجات المالية للدولة (ولجيشها على الاخص) كانت اكثر بكثير من ان تسمح لواردات الضرائب بان تخصص على هذا الشكل. وعليه استبدل بنظام «الالتزام»، حيث يتعهد اشخاص، من تجار او موظفين، جباية ضريبة معينة وارسال المحصّل منها الى ما تشاء الحكومة بعد اقتطاع نسبة منها كعمولة. وبنهاية القرن السابع عشر، كانت بعض هذه الالتزامات قد اصبحت في الواقع ممتلكات متوارثة.

في العهود المبكرة للامبراطورية، كانت الوظائف المسيطرة في
الحكومة في يد قادة الجيش، واعضاء من الفئات الحاكمة السابقة الذين XIII/24
اندمجوا في حكومة الامبراطورية، والمتعلّمين من سكان المدن. الا انه بحلول القرن السادس عشر اصبحت الوظائف المتسلطة ـ الوزارات، قادة الجيش، وحكام الاقاليم ـ تُعطى على العموم الى اسرة الحاكم. وكان اعضاء هذه الاسرة من بين هؤلاء الذين جُنّدوا الزامياً (الدڤشرمة)، من ارقاء جيء بهم من القوقاز، او من اعضاء العائلات التي كانت حاكمة سابقاً. كما كان بامكان ابناء كبار موظفي الحكومة ان يدخلوا «الاسرة»؛ الا انهم جميعا، مهما كان اصلهم، كانوا يُعتبرون «عبيد» الحاكم. كانوا يُدَرّبون بعناية للخدمة في القصر، ثم يُرقون الى مراكز فيه او في الجيش او الحكومة.

الترقية كانت تتوقف الى درجة ما على الرعاية، او «الانتساب»: الموظف الرسمي القوي يمكنه ان يحصل على وظائف للذين يتصلون به عائلياً او بالزواج او عرقيا او بطرق أخرى. امناء السر وموظفو المالية كانوا على ما يظهر يدربون بنوع من نظام الامتهان، او الممارسة، بعد تعليم اساسي في «مدرسة»، كما كان هناك عنصر وراثة في «الكلامية»؛ كان الآباء يجلبون أولادهم الى الوظيفة.

بهذه الطريقة كان بامكان الحاكم الاحتفاظ بسيطرته على كل نظام الحكومة. الا ان القيام بذلك كان يتوقف على قدرته على ممارسة السلطة. XIII/25 وفي القسم الاول من القرن السابع عشر كانت هناك فترة ضعفت فيها قوته. وتبع ذلك انبعاث في قوة الحكومة، ولكن بشكل مختلف: رئيس الوزراء اصبح اكثر نفوذا، وطريق الترقية لم يعد يسلك عبر «اسرة» السلطان بقدر ما غدا يسلك عبر اسرة رئيس الوزراء وغيره من كبار الموظفين. وكان لذلك عدة اسباب؛ احدها كان التضخم الناتج عن تخفيض العملة واستيراد المعادن الثمينة من المستعمرات الاسبانية في اميركا الى حوض المتوسط. واصبحت الامبراطورية اقل «اوتوقراطية» (اي حكومة الفرد المطلقة)، واكثر «اوليغاركية»، اي حكم القلة من الموظفين المتنفذين الذين تجمعهم «عصبية» معينة لكونهم ترعرعوا في «الاسرة» ذاتها وبتربية مشتركة وغالبا ما تربطهم القربى او التزاوج.

تنظيم نشاط الحكومة وأساليبها كان انعكاساً لفكرة «المُلك» المثالية XIII/26 الفارسية والتي عبّر عنها «نظام الملك» وغيره من الكتاب الذين تناولوا هذا الموضوع. يجب على الحاكم العادل الحكيم ان يظل بعيدا عن مختلف طبقات المجتمع ليتمكن من تنظيم نشاطاتهم ويحافظ على تناسق الكل. مبدئيا، كان المجتمع العثماني مقسوما بوضوح الى حكام («عسكر») و «رعايا». كان العسكر، بالتحديد، يشملون كبار الموظفين، اصحاب «التيمار»، اعضاء مختلف القوات المسلحة، النظامية والاحتياطية. هؤلاء كانوا معفيين من الضرائب الخاصة التي كانت تفرض من وقت الى آخر،

والتي اصبحت نوعا من الضرائب الشخصية، وكان لهم نظامهم القضائي. من ناحية مبدئية، فقط الذين كانوا بهذا الوضع يمكن ان يُعينوا في وظائف الحكومة. الانكشارية، بشكل خاص، كانوا موضوعين تحت نظام منفصل صارم. لم يكن يُسمح لهم بالزواج طالما كانوا بالخدمة الفعلية، ولا القيام بمهنة اخرى؛ واذا تزوجوا بعد تقاعدهم، لم يكن يُتاح لابنائهم الانخراط في الفيلق. هذا الانفصال ظهر ايضا في حياة الحاكم، المنعزل في الاقسام الداخلية من قصره في «توپكاپي» على تلة تشرف على البوسفور، والعائش بين عبيده والحريم. وبعد عهد السلطان سليمان (١٥٢٠ ـ ٦٦) لم يعد يعقد السلطان زواجاً مع عائلات عثمانية اذ قد يؤدي ذلك الى منح تلك العائلات نفوذا كبيرا. وقد انعكس هذا الانفصال ايضاً في ثقافة البلاط: قواعد سلوك مترفة مدروسة، ولغة تركية عثمانية اغتنت باستعارات من الفارسية ومن العربية، وتربية ثقافية ضمت أدب اللغة الفارسية في تهذيب الاخلاق الى آداب العربية في الدين.

الا انه على صعيد معين، لم يكن بالامكان الحفاظ على الامن والنظام
XIII/27 وحماية الضرائب دون تعاون «الرعايا» كان الحاكم وعسكره ينظرون الى الرعية ليس كمجموعة من الاشخاص الذين يمكن التعامل معهم مباشرة، بل كعدد من المجموعات (بالتركية، «طائفة» أو «جماعة». اذا كانت تقتضي الحاجة الى التعامل مع فئة معينة من الرعايا بصفة منفصلة، لغايات ضريبية او خدمات اخرى للدولة، كانت تلك الفئة تعتبر كوحدة، ويعتبر احد افرادها بمثابة وسيط تتعامل الحكومة عبره مع المجموعة كلها. وهذا الوسيط كان عادة شخصاً تقبل به المجموعة والحكومة، ولذلك ربما يكون ذا مركز معنوي مرموق وحتى بعض الاستقلال في التصرف، فيتوسط للجهتين، متقدما للمجموعة بأوامر الحكومة ومتطلباتها، ومن ناحية اخرى ناقلا ظلامات الجماعة والتماسهم الى الحكومة. فيساعد بذلك على حفظ الامن والنظام في الجماعة ويساهم بحل نزاعاتهم بالتحكيم قبل ان تصل الى النقطة التي تستدعي تدخل الحكومة.

XIII/28 تلك الوحدات كانت من انواع مختلفة. لغايات الضرائب، كان يقسم

«السنجق» الى وحدات اصغر حجماً، الى مدينة صغيرة، او قرية او قبيلة من الرعاة. المدن كانت تقسم الى احياء («محلّة»، «حارة») بالرغم من ان استعمال هذا المصطلح تغير كثيراً: الحي قد يضم بضع مئات من السكان او عدة آلاف. لأجل الضريبة وللعمال المهرة، كانت التجارات والصناعات المختلفة تُنظّم منفصلة؛ في بعض المناسبات الخاصة للدولة كانوا يسيرون مواكب مهيبة؛ من الممكن ان جماعات الصناع هؤلاء في عهد العثمانيين كانت تشابه تقريبا ما كان يعرف «بنقابات» العهود الوسطى في اوروبا، اذ كان لها وظيفة ابعد من دفع الضرائب وتقديم العمال المهرة. الا انها لم تكن مكتفية ذاتيا، فكانت مكونة وفقاً لاعتراف العثمانيين بها.

كان للمجتمعات اليهودية والمسيحية المختلفة مركزها الخاص، لانها كانت تدفع الجزية وكان لها نظامها التشريعي الخاص، وايضا لان الحكومة XIII/29 كان عليها التأكد من ولائها. في العاصمة والمقاطعات، كانت الحكومة تعترف بزعيم روحي لكل مجتمع، يكون له سلطة قضائية معينة ويكون مسؤولا عن جباية الجزية والحفاظ على الامن. بهذه الطريقة، كان غير المسلمين يندمجون في الامة. لم يكونوا منتمين اليها كليا، ولكن الفرد فيها قد يرتقي الى مركز قوّة او نفوذ: كان لليهود اهميتهم في الادارات المالية في القرن السادس عشر، وحوالي نهاية القرن السابع عشر اصبح يونانيون تراجمة رئيسيين في مكتب رئيس الوزراء وحكّاما لمقاطعتين في رومانيا، ولاكيا مولداڤيا. الا انه لا يبدو انهم كانوا يعيشون في عزلة او تحت ضغوط: كانوا منتمين الى «جماعات» من التجار او الحرفيين، والعبادة والتعليم كانت حرة ضمن حدود. كان باستطاعتهم ممارسة اكثر النشاطات الاقتصادية؛ لليهود اهميتهم كأصحاب مصارف، واليونان في التجارة البحرية، وبحلول القرن السادس عشر كان الارمن قد بدأوا باكتساب اهمية في تجارة الحرير الايراني.

العثمانيون والتقاليد الاسلامية

كانت القاب الحاكم العثماني، مثل «باديشاه» او سلطان، تدل على XIII/30

صلته بالتقاليد الفارسية في ما يخص «المُلْك»، ولكنه كان ايضا وريث تقليد اسلامي خاص، وباستطاعته ادعاء السلطة بالمفهوم الاسلامي. ويظهر هذا الادعاء المزدوج في الالقاب الرسمية التي كانت تذكر في الوثائق الرسمية: «صاحب الجلالة السلطان المظفّر الذي ينصره الله، الباديشاه المتعالي حتى السماء، ملك الملوك وتاج السلطة، وظل القدير وصفوة الملك وجوهر كتاب السعد، عنوان العدالة وكمال دفق الجلالة، بحر الجود والانسانية ومنبع دُرر الجود ومصدر البسالة وتجلّي أنوار الهناء، ورافع لواء الاسلام ومُخَطّط العدالة على صفحات الزمن، سلطان البرّين وخاقان البحرين، ملك الشرقين والمغربين، وخادم الحرمين الشريفين، وسميّ رسول الإنس والجنّ، السلطان محمد خان».[٣] واستخدم العثمانيون ايضا لقب «خليفة» في بعض المناسبات، الا ان ذلك لم يكن يتضمن اي نوع من التحلي الشامل او الحصري بالسلطة الذي كان يُعترف به للخلفاء السابقين. بل كان يعني ضمنيا ان السلطان العثماني هو اكبر من حاكم محلي، وانه يستخدم سلطته لاغراض حللها الدين. ومن وقت الى آخر، طالب الكتّاب العثمانيون بمركز مميز للسلطان في عالم الاسلام، الا وهو «الخلافة السامية».

دافع العثمانيون عن حدود الاسلام ووسعوها عندما امكن ذلك. كانوا
XIII/31 مهددين من عدة جهات: الى الشرق كان هناك الصفويون من ايران؛ الصراع بين العثمانيين والصفويين للسيطرة على الاناضول والعراق اكتسب تدريجاً طابعا دينياً، فالصفويون اعلنوا الشيعة ديناً رسمياً للسلالة، بينما اصبح العثمانيون اكثر تشدداً للسنّة اذ اتسعت امبراطوريتهم لتشمل المراكز الرئيسية للثقافة المدينية العالية في الاسلام. وكانت الامبراطورية البيزنطية قد زالت بسقوط القسطنطينية سنة ١٤٥٣؛ والدولة الارثوذكسية التي اخذت تنمو في روسيا، والتي ادعت انها وريثة بيزنطية، لم تبدأ بالتقدم جنوباً باتجاه البحر الاسود حتى نهاية القرن السابع عشر. التحدي الرئيسي لم يكن قد جاء بعد من هناك، بل من ثلاث دول كاثوليكية عظيمة من حوض المتوسط الشمالي والغربي: اسبانيا، والامبراطورية الرومانية المقدسة مع امتدادها الجنوبي الى ايطاليا، والبندقية مع مستعمراتها في شرقي المتوسط. خلال القرن السادس

عشر حصل هناك نزاع مع اسبانيا للسيطرة على المتوسط الغربي والمغرب، ومع البندقية على جزر شرقي المتوسط، ومع الامبراطورية الرومانية المقدسة للسيطرة على حوض نهر الدانوب. وبحلول نهاية القرن كانت قد وجدت حدود مستقرة نوعا: اسبانيا تسيطر على غربي المتوسط (ولكن على بضع مراكز فقط على شواطىء المغرب الكبير)؛ العثمانيون يحكمون حوض الدانوب حتى هنغاريا؛ والبندقية كانت قد خسرت قبرص وغيرها من الجزر ولكنها احتفظت بكريت. هذا التوازن تغير جزئيا خلال القرن السابع عشر: العثمانيون فتحوا كريت، آخر قاعدة امامية للبندقية ولكنهم خسروا هنغاريا التي ضمتها الامبراطورية الرومانية المقدسة، وغيرها من ممتلكاتها الاوروبية في حرب انتهت بمعاهدة «كارلوفيتز» (١٦٩٩).

XIII/32 لم يكن السلطان حامي حدود الاسلام فحسب، بل كان ايضا حامي الاماكن المقدسة: مكة والمدينة في الحجاز، القدس والخليل في فلسطين. بصفته حاكم مكة والمدينة كان له شرف حمل لقب «خادم الحرمين». كما كان مسيطرا ايضا على الطرق الرئيسة التي يمر بها الحجاج الى تلك الاماكن. وتنظيم الحج السنوي ورعايته كان احد اهم وظائفه؛ فيقام بالتزام تام بالرسميات لكون الحج احد اعظم المناسبات العامة، ولانه كان تأكيداً سنوياً لسيادة العثمانيين في قلب العالم الاسلامي.

XIII/33 في كل سنة كان يتوافد آلاف الحجاج الى المدن المقدسة من كل ارجاء العالم الاسلامي. وقد قدر احد الرحالة الاوروبيين الذي كان في مكة اثناء الحج سنة ١٨١٤ عدد الحجّاج بحوالي (٧٠,٠٠٠). جماعات من الحجاج كانوا يزورون المدن المقدسة، قادمين من اليمن، من اواسط افريقيا عن طريق مرافىء السودان، ومن العراق عبر اواسط جزيرة العرب، ولكن قوافل الحجاج المنظمة استمرت في الانطلاق من القاهرة ودمشق. من بين الاثنتين، كان لقافلة دمشق اهمية اكبر ايام العثمانيين لانها كانت متصلة باسطنبول بطرق برية رئيسة يمكن مراقبتها والسيطرة عليها تماماً. في كل عام، كان هناك مندوب خاص يعينه السلطان، يغادر اسطنبول الى دمشق،

مصحوبا بموظفين كبار او اعضاء من آل عثمان ممن نووا اداء فريضة الحج، حاملين معهم «الصرة»، المال والمؤن المخصصة لسكان المدينتين المقدستين، والمحصلة جزئياً من ريع الاوقاف الامبراطورية لهذه الغاية. (حتى القرن الثامن عشر، كانت «الصرة» تُرسل بحراً الى مصر، وتُحمل مع حجاج القاهرة). في دمشق، كانوا يلتحقون بقافلة الحجاج التي ينظمها حاكم المدينة، ويقودها مسؤول كبير يُعين «اميراً للحج»؛ منذ اوائل القرن الثامن عشر كان يملأ هذا المركز حاكم دمشق نفسه. بعد ذلك بقرون، في اواخر العهد العثماني، وقبل قليل من الوقت الذي غيّرت فيه وسائل المواصلات الحديثة طرق اداء فريضة الحج، وصف رحالة انكليزي «تشارلز داوطي» مغادرة القافلة لدمشق: «لدى بزوغ الفجر الجديد كنا لم نتحرّك بعد. وعند طلوع النهار قُوِّضت الخيام، وأُنيخت الجِمال قرب أحمالها. وانتظرنا جميعاً لسماع دوي المدفع الذي سيعُلن افتتاح موسم حج تلك السنة. وكانت الساعة قد شارفت على العاشرة عندما سمعنا دوي المدفع، وعلى إثر ذلك، دون فوضى، رُفعت الهوادج على الابل الباركة، وامتطى ألوف الراكبين خيولهم ودوابهم دون ضوضاء، بينما ظل سائقو الجمال على أقدامهم، هؤلاء مع الخدم المولّجين بنصب الخيام ورفعها، سوف يقطعون المسافة على الاقدام، ذهابا وإيابا من الاماكن المقدسة. ولدى دوي المدفع ثانية بعد هنيهات، تقدّم هودج الباشا تتبعه القافلة. وبعد حوالى عشرين دقيقة، نحن الذين كنّا في الانتظار في المؤخرة، اضطررنا الى الوقوف في مكاننا الى حين انتظام الركب الطويل امامنا، وبعد ذلك نضرب الإبل بالسوط وتبدأ قافلة الحج العظيمة بالتحرّك». (٤)

كان الحجاج يخرجون من المدينة بموكب مهيب، حاملين معهم XIII/34
«المحمل»، إطاراً خشبياً مكسواً بقماش مزركش، وعلم النبي، الذي كان يُحتفظ به في قلعة دمشق. فينتقلون على طول خط من اماكن الاستراحة المجهزة بحصون وحاميات ومؤن، الى ان يبلغوا مكة؛ وهناك، كان يعتبر حاكم دمشق ان له الرقابة العامة على كل الحج. وفي الواقع كان تنظيم قافلة الحج وقيادتها احد اهم واجباته، وتوفير المال اللازم لها كان العبء الاكبر

على مداخيل دمشق وسائر المقاطعات السورية. ولم تكن القافلة المنطلقة من القاهرة اقل اهمية: فقد كانت تضم حجاجاً من المغرب، ممن اتوا الى مصر بحراً او براً بالاضافة الى مصريين. وكان يقودها «امير الحج» ايضا، ولها محملها والكسوة، الحجاب الذي تغطى به الكعبة، فتقطع سيناء وغربي الجزيرة العربية الى مكة. وكانت تحمل معها اعانات مالية للقبائل على الطريق. الا انه لم يكن بالامكان دائما منع هجمات اهل القبائل على احدى القوافل اما لانّ الاعانات لم تدفع او بسبب القحط، ما كان يدفع بالبدو الى محاولة غزو القافلة لاجل امدادها المائي.

أهم واجب اساسي للحاكم المسلم، والذي كان يعبر عن تحالفه مع XIII/35 السكان المسلمين ويقويه، كان الحفاظ على الشريعة. خلال العهد العثماني، اقتربت المؤسسات التي كانت تُحفظ الشريعة بواسطتها الى تحالف اكثر وثوقا من ذي قبل مع الحاكم. كانت الحنفية مدرسة الشريعة المؤيَّدة من العثمانيين، وكانت الحكومة تعين القضاة الذين يطبقونها وتدفع لهم مرتباتهم. وانشأ العثمانيون هيئة رسمية من العلماء («العلمية») بالتوازي مع الهيئة السياسية ـ العسكرية والبيروقراطية؛ وكان هناك معادلة في المراتب في مختلف الهيئات. كان لهؤلاء العلماء الرسميين دورهم الهام في ادارة الامبراطورية. على رأسهم كان قاضيان عسكريان، كلاهما اعضاء في ديوان السلطان. تحتهما كان هناك قضاة للمدن الكبرى، وتحت هؤلاء ايضاً قضاة المدن الأصغر او المقاطعات؛ للغايات القضائية كانت المقاطعة تقسم الى أقضية، كل واحد منها له قاضيه المقيم. مسؤولياته كانت اكثر من قضائية: فقد كان يتعاطى في القضايا المدنية، ويحاول ان يصلح بين المتنازعين او يصدر القرارات؛ كما كان يسجل المعاملات المالية ـ بيع، قروض، هبات، اتفاقيات (عقود) ـ بشكل يتناسق مع الشريعة؛ وكان يقضي في امور الارث، ويوزع الاملاك بين الورثة حسب مقتضيات الشريعة. كما كان ايضا الوسيط الذي يصدر السلطان او الحاكم اوامره وبلاغاته عبره. (جميع هذه الوثائق من مختلف الانواع كانت تسجل وتحفظ بعناية في ملفات محاكم القضاة؛ وهي اهم مصادر التاريخ الاداري والاجتماعي عن الاراضي التي كان

يحكمها العثمانيون، وقد بدأ المؤرخون الآن باستعمالها).

XIII/36 كانت الحكومة تعين المفتين الحنفيين لتفسير الشريعة. على رأسهم كان مفتي اسطنبول، «شيخ الاسلام»، الذي كان المستشار الديني للسلطان. كان يعتبر الشخصية الاسمى في كل النظام الديني: من دلائل حريته في اصدار الاحكام وقدرته على توبيخ وكبح جماح اصحاب السلطة انه لم يكن عضوا في ديوان السلطان المؤلف من كبار الموظفين.

XIII/37 كان الذين يعينون في المراكز العالية في السلّم القانوني يُدربون في مدارس امبراطورية، على الاخص مدارس العاصمة: انشأ السلطان محمد الثاني، فاتح اسطنبول في القرن الخامس عشر، مجمّعاً عظيماً من المدارس، كما انشأ السلطان سليمان الكبير مجمعاً آخر في القرن السادس عشر. كان جميع الموظفين الكبار تقريباً من خريجي تلك المدارس. هنا، كما في الدوائر الاخرى، كان هناك نوع من الرعاية والامتيازات الوراثية التي اصبحت اكثر اهمية بمرور الزمن؛ فكان لاولاد كبار الموظفين الرسميين امكانية قفز مراحل كاملة من طريق الترقية. كان من الممكن ايضا للذين تدربوا على الخدمة في «العلمية» ان ينتقلوا الى الدواوين، او حتى الى الدوائر السياسية العسكرية، اما بالرعاية او بطرق اخرى.

XIII/38 من ناحية مبدئية، كان السلطان يستخدم سلطته لتعزيز الشريعة، وكتعبير عن ذلك كان المسؤولون عن تطبيق الشريعة يُعدون «عساكر»، اي اعضاء في النخبة الحاكمة، الحائزين على امتيازات مالية وقانونية؛ كذلك كان «الاسياد» (او السّياد) المعترف بهم انهم من سلالة النبي، الذين كانت اسماؤهم محفوظة في سجل يحتفظ به واحد منهم، يدعى «نقيب الاشراف»، يعينه السلطان في كل مدينة هامة. رئيس جماعة السياد، «النقيب» في اسطنبول، كان شخصية عظيمة من شخصيات الامبراطورية.

XIII/39 في الواقع لم تكن الشريعة القانون الوحيد في الامبراطورية. مثل سائر الحكام قبله، رأى السلطان العثماني ان من الضروري له ان يُصدر اوامره الخاصة وقوانينه كي يصون نفوذه أو يضمن سير العدالة. وكان يدّعي أنه

يفعل ذلك بفضل السلطة التي تمنحها الشريعة نفسها للحكام، ما داموا يمارسونها ضمن حدود الشريعة. جميع الحكام المسلمين اصدروا اوامر واتخذوا قرارات، ولكن ما يبدو ان النظام العثماني تفرد به هو ان العثمانيين جمعوا تقليداً تراكمياً تجسد في مجموعات قوانين («قانون ـ نامه») كانت تقترن عموما باسم محمد الثاني او سليمان، المكنّى بالقانوني. هذه المجموعات كانت مختلفة الانواع. بعضها نظّم اساليب الضرائب التقليدية في المقاطعات المختلفة ابان الفتوحات؛ غيرها تعاطى مع القضايا الاجرامية، وحاول ضم قوانين المقاطعات المحتلة وأعرافها وصهرها كي تتوافق مع مجموعة موحدة شاملة للعدالة العثمانية؛ وسواها كان معنياً بشؤون الترقية في الحكومة، وبرسميات دور المحاكم وشؤون العائلة الحاكمة. كان القضاة يطبقون تلك القوانين، ولكن الشؤون الجنائية الاكثر اهمية، على الاخص تلك المتعلقة بأمن الدولة، كانت تحال الى الديوان السلطاني، او الى الحاكم الاقليمي. وفي الايام الاخيرة أُهمل هذا القانون الجنائي ولفّه النسيان.

الحكم في المقاطعات العربية

كانت الامبراطورية العثمانية قوة اوروبية، آسيوية وافريقية، ذات
مصالح حيوية يتوجب حمايتها واعداء يواجهونها في القارات الثلاث. خلال XIII/40
معظم زمن وجودها، كان جزء كبير من طاقتها ومواردها مكرسا للتوسع باتجاه اوروبا الوسطى والشرقية والسيطرة على مقاطعاتها الاوروبية، التي كانت تضم معظم سكان الامبراطورية وتؤمن لها الكثير من دخلها؛ من القرن السابع عشر وما بعد كانت منشغلة بالمدافعة ضد التوسع النمساوي من الغرب والروسي من الشمال، في المناطق حول البحر الأسود. ويجب ان ينظر الى وضع المقاطعات العربية في إطار هذا الانشغال في البلقان والاناضول. الا ان المقاطعات العربية كان لها اهميتها. الجزائر في الغرب كانت مركزا منيعا ضد التوسع الاسباني، وبغداد الى الشرق ضد الصفويين. سوريا ومصر والحجاز لم تكن معرضة للنوع ذاته من التهديد من قوى

معادية، خاصة بعد أن تخلت البرتغال عن محاولاتها في القرن السادس عشر
لمد سيطرتها البحرية الى البحر الاحمر. غير انها كانت هامة من نواح اخرى
ايضا. كانت المداخيل من سوريا ومصر تشكل جزءاً رئيسياً من الميزانية
العثمانية، وكانتا المكانين اللذين تنطلق منهما قوافلها السنوية الى مكة.
حيازة الاماكن المقدسة اضفى على العثمانيين نوعا من الشرعية وحق
استقطاب التفات العالم الاسلامي لم تكن تمتلكه اية دولة اسلامية اخرى.

لذلك كان من المهم لحكومة السلطان ان تحتفظ بالسيطرة على
XIII/41 المقاطعات العربية، ولكن كان هناك اكثر من طريقة لتحقيق ذلك. في
مقاطعات تقع على مسافة بعيدة عن اسطنبول، أبعد من أن ترسل اليها جيوش
السلطان بانتظام، لايمكن ان تكون طريقة السيطرة عليها مثل تلك المتبعة في
المقاطعات الاقرب مسافة، على الطرقات الكبيرة للمملكة. وبمرور الزمن،
بعد الفتوحات الاولى تطورت انظمة مختلفة من الحكم، بتوازنات مختلفة
بين السيطرة المركزية والنفوذ المحلي.

المقاطعات السورية، حلب ودمشق وطرابلس كانت محكومة مباشرة
XIII/42 بسبب مداخيلها الضرائبية، بفضل مركز حلب في النظام التجاري الدولي،
ودمشق كأحد المراكز التي يتجمع فيها الحجاج للانطلاق الى الحج،
والقدس والخليل كمدينتين مقدستين (القدس هي المكان الذي صعد منه
النبي الى السماء في رحلته الاسرائية، والخليل هي الموقع الذي دُفن فيه
ابراهيم الخليل). حكومة اسطنبول كانت قادرة على الامساك بالسيطرة
مباشرة بواسطة الطرقات عبر الاناضول وبحراً، ولكن هذه السيطرة اقتصرت
على المدن الكبيرة والسهول المحيطة بها، المنتجة للحبوب، ومرافىء
الشاطىء. في الجبال والصحراء، كانت السيطرة اصعب بسبب طبيعة
الارض، واقل اهمية لان وارداتها اضعف. وكان يكفي الدولة العثمانية ان
تمنح اعترافها بالزعماء المحليين وعائلاتهم شرط ان يجمعوا الضرائب
ويرسلوها وألا يهددوا الطرق التي تمر بها التجارة والجيوش. بالطريقة ذاتها
كان رؤساء قبائل الرعاة في الصحراء السورية، والمتواجدون على دروب

الحجاج الى مكة، يُمنحون اعترافا رسميا. سياسة المناورة والتلاعب وحض عائلة او عضو في عائلة ضد آخر تكفي عادة للحفاظ على التوازن بين مصلحة الدولة والمصالح المحلية، ولكن هذا التوازن كان يُهدد احياناً. في اوائل القرن السابع عشر، استطاع حاكم متمرد في حلب وزعيم قوي في جبال الشوف في لبنان، فخر الدين المعني (توفي ١٦٣٥)، بتشجيع حكام ايطاليين، ان يتحديا السلطة العثمانية لفترة. ولكن قُبض على فخر الدين أخيراً وأعدم، وعلى اثر ذلك انشأ العثمانيون ولاية رابعة وعاصمتها صيدا، لمراقبة زعماء لبنان.

XIII/43 كانت اهمية العراق الاساسية كحصن ضد الاجتياح من ايران. اما ثراء اريافها فقلّ كثيراً بسبب انحطاط شبكات الري، واصبحت مساحات واسعة تحت سيطرة قبائل الرعاة وزعمائها، ليس فقط شرقي الفرات ولكن حتى في الاراضي التي تقع بين دجلة والفرات. واقتصرت السيطرة العثمانية المباشرة على بغداد، المركز الذي كان فيه ينظم الدفاع عن الحدود مع ايران، كما سيطر العثمانيون على المدن الرئيسية على الطريق بين اسطنبول وبغداد، على الاخص الموصل في اعالي دجلة. في الشمال الغربي، اعترفت الدولة بعدد من العائلات الكردية بصفة حكام محليين او جباة ضرائب، للحفاظ على الحدود ضد الايرانيين؛ وعُين حاكم عثماني اقليمي في «شهرزور» ليكون هناك بعض السيطرة عليهم. في الجنوب، كان للبصرة اهميتها طالما كان هناك تهديد لمنطقة الخليج من قبل الهولنديين او البرتغاليين، ولكن البحرية العثمانية في الخليج ما عتمت ان اضمحلت فيما بعد. غير انه كان هناك نقطة ضعف في النظام العثماني: المدن الشيعية المقدسة، النجف وكربلاء، التي كانت ذات صلة حميمة بمراكز الشيعة في ايران، والتي كانت نقاطاً تنتشر منها الشيعية على الارياف المجاورة.

XIII/44 مصر، مثل سوريا، كان لها اهميتها لأسباب استراتيجية ومالية ودينية: فقد كانت احد معاقل السيطرة العثمانية على شرقي المتوسط، وبلادا تنتج مداخيل ضرائبية ضخمة، ومركزاً قديما للفقه الاسلامي، ونقطة كانت منها

تُنظمّ قوافل الحج. كانت السيطرة عليها اصعب من سوريا بسبب بعدها عن اسطنبول وطول الطريق البري اليها الذي يمر عبر سوريا، ولانه كان لديها الموارد الكافية لدعم مركز مستقل للنفوذ: ريف غني ينتج فائضا كبيرا للحكومة، ومدينة عظيمة ذات تراث عريق كعاصمة. منذ البدء كانت الحكومة العثمانية ممانعة لاعطاء سلطة كبيرة لحاكمها في القاهرة. فقد كان يُستبدل تكراراً، وكانت سلطته تحصرُ بقيود. وعندما فتح العثمانيون مصر، وضعوا فيها عدداً من الفيالق العسكرية، ولكن بحلول القرن السابع عشر كانت هذه الفيالق قد تداخلت في المجتمع المصري: الجنود تزوجوا من عائلات مصرية وانخرطوا في التجارة والصناعة. المصريون ايضا اكتسبوا حق العضوية في هذه الفيالق. ومع ان قادة الفيالق كانوا يُرسلون من اسطنبول، قد كان هناك قادة آخرون من العثمانيين المحليين، لهم تضامنهم المحلي.

XIII/45 بالطريقة ذاتها، نما التضامن بين بعض مجموعات «المماليك». عندما احتل العثمانيون القاهرة، اجتذبوا بعضاً من النخبة العسكرية السابقة من دولة المماليك الى نظامهم الحكومي. وليس واضحا ما اذا كان هؤلاء المماليك استطاعوا ان يتكاثروا عن طريق استيراد مجندين جدد من القوقاز، او ان القادة العسكريين انشأوا أسراً جديدة باستخدام نظام مماثل من التجنيد والتدريب: مهما كان اصلهم، فبحلول القرن السابع عشر برزت مجموعات من المماليك العسكريين من القوقاز وغيرها تمكّنت من الامساك ببعض المراكز القيادية في الحكومة وتوصّلت الى التحكم بالكثير من ثروة مصر في المدن والريف. ومن حوالي ١٦٣٠ اصبحت أُسر المماليك القوة المسيطرة. وفي العقد ١٦٦٠ تمكن الحكام من استرجاع مركزهم، ولكن هذا الوضع أيضاً تحداه كبار ضباط احد الفيالق، الانكشارية، اواخر القرن.

XIII/46 اذن، عملية انحطاط السلطة بدأت في مصر، وسارت شوطاً أبعد في بعض المناطق الواقعة على اطراف الامبراطورية. في الحجاز، كان يكفي العثمانيين ان يحتفظوا بالسيطرة على مرفأ جدة، حيث كان حاكم عثماني، وان يثبتوا سيطرتهم على المدن المقدسة مرة في السنة عند مجيء الحج،

يقوده موظف كبير حاملاً المؤونة والاعانات لسكان مكة والمدينة وللقبائل على الطريق. فالمقاطعة كانت افقر من ان تستطيع توفير ريع لاسطنبول، وبعيدة يصعب السيطرة المستمرة عليها، لذلك تُرك النفوذ المحلي في المدن المقدسة في ايدي اعضاء عائلة معينة من الاشراف. أبعد إلى الجنوب، في اليمن، حتى هذه الدرجة الضيئلة من السيطرة لم تكن واردة باستمرار. فمن منتصف القرن السابع عشر لم يعد هناك وجود عثماني، حتى في الموانىء حيث كانت تجارة القهوة في اهمية متزايدة. في الجبال، اتاح غياب السلطة العثمانية لسلالة جديدة من الأئمة الزيديين ان يثبتوا اقدامهم.

في المغرب الكبير، كانت المنطقة التابعة للحكم العثماني تحت سيطرة
XIII/47 حاكم الجزائر أول الامر، ولكن من عام ١٥٧٠ كان هناك ثلاث مقاطعات، عواصمها في طرابلس وتونس والجزائر. هنا، أقيم نوع نموذجي للحكم الاقليمي العثماني: حاكم مُرسل من اسطنبول مع أسرته، ادارة موظفوها من العثمانيين المحليين، وفيلق من الانكشارية المحترفين جندوا في الاناضول، وقاضٍ حنفي (بالرغم من ان معظم السكان كانوا مالكيين)، وقوة بحرية مجمعة من عدة مصادر، بما فيها اوروبيين اعتنقوا الدين الاسلامي، يعملون على العموم بموجب تفويض رسمي من اسطنبول (ولكن يتصرفون بصفة خصوصية) ضد الملاحة التجارية للبلدان الاوروبية التي كان السلطان العثماني او الحكام المحليون بحالة حرب معها.

الا انه خلال قرن كان التوازن بين الحكومة المركزية والسلطات
XIII/48 المحلية قد بدأ يتغير لصالح هذه الاخيرة. في طرابلس، استولى الانكشارية على السلطة الفعلية في اوائل القرن السابع عشر، والناطق باسمهم المنتخب، او الداي، شارك الحاكم بالنفوذ. الا انها كانت سلطة متقلقلة. فميزان الحياة في المقاطعة جعل من المستحيل القيام بنفقات ادارة ثابتة بالاضافة الى جيش: المدن كانت صغيرة، والارياف المستوطنة والمزروعة محدودة. وكانت الحكومة بالكاد قادرة على السيطرة على ربابنة سفن «القراصنة» (Privateers يقاتلون بتفويض من السلطان ولكن للغنيمة) الذين كانوا

يهاجمون الاوروبيين مما دفع البحرية الأوروبية إلى ضرب طرابلس الغرب بالمدفعية أكثر من مرة.

XIII/49 في تونس، دام الحكم العثماني المباشر حتى اقصر من ذلك. قبل نهاية القرن السادس عشر ثار صغار ضباط الانكشاريين وشكلوا مجلساً وانتخبوا زعيماً، «الداي»، الذي كان يشاطر الحاكم سلطته. في منتصف القرن السابع عشر قام شخص ثالث، وهو «الباي»، قائد فيلق الانكشارية الذي كان يتولى جباية الضرائب الريفية، واستولى على حصة من السلطة؛ في بداية القرن الثامن عشر، تمكن احدهم من تأسيس سلالة من «البايات»، «الحسينيين». هؤلاء «البايات» وحكوماتهم نجحوا في غرس جذور محلية وخلقوا تحالف مصالح مع سكان تونس، مدينة كبيرة الحجم والثراء والاهمية. كانت معظم المراكز السياسية والعسكرية الرئيسية في يد نخبة من المماليك الشراكسة والجورجيين، مع بعض اليونان والاوروبيين الغربيين الذين اعتنقوا الاسلام وتدربوا في اسرة الباي. الا ان هذه النخبة، التي اخذت تصبح تونسية اكثر فأكثر عن طريق الزواج المختلط او بطرق اخرى، وكذلك اعضاء من العائلات التونسية المحلية، كانوا يحتلون وظائف امناء سر او موظفي ادارة. كان للنخبة التركية ـ التونسية الحاكمة كما لاعضاء العائلات التونسية المرموقة مصلحة مشتركة في السيطرة على الارياف وعلى فائضها من الانتاج. البقعة من الاراضي السهلية المنتجة التي يمكن الوصول اليها بسهولة، او «الساحل»، كانت واسعة، وكان للبايات جيش محلي يجبون بواسطته الضرائب من تلك الارياف. الحكومة والمدينة كان لهما مصلحة في اعمال «القرصنة البحرية». ربابنة السفن والملاحون كانوا في معظمهم من الاوروبيين الذين اعتنقوا الاسلام، او من الولايات الشرقية للمملكة، ولكن السفن كانت تحضر وتجهز الى حد ما على يد الحكومة المحلية وكذلك على يد الأسر الغنية في تونس.

بين مراكز السلطة العثمانية الثلاثة في المغرب الكبير كانت الجزائر XIII/50 اكثرها اهمية. كان من الضروري للسلطان العثماني ان يحتفظ بمركز حدودي

غربي قوي في زمن التوسع الاسباني: حتى عندما كان انشغال اسبانيا متحولاً عن منطقة البحر المتوسط باتجاه المستعمرات في امريكا، كان هناك خطر استيلاء اسبانيا على مرافىء على شاطىء المغرب؛ وهران ظلت تحت الحكم الاسباني لمعظم الفترة ما بين ١٥٠٩ و١٧٩٢. الجزائر كانت قاعدة قوة بحرية عثمانية دافعت عن مصالح العثمانيين في المتوسط الغربي ولجأت الى «القرصنة» ضد السفن التجارية الاوروبية في اوقات الحرب. (كذلك الدول الاوروبية كانت تشترك في اعمال «القراصنة»، وتستخدم الجزائريين الاسرى بمثابة ارقاء لتجذيف السفن). كانت الجزائر ايضاً قاعدة قوة كبيرة من الانكشارية، ربما كانت الاضخم في الامبراطورية خارج اسطنبول. مع هذه القوات الفاعلة كان باستطاعة حاكم الجزائر ان يمارس نفوذه على طول المنطقة الساحلية في المغرب. ولكن هنا ايضا تغير التوازن. حتى منتصف القرن السابع عشر ظلت السلطة رسميا في يد الحاكم المرسل من اسطنبول والذي كان يُستبدل كل بضع سنوات. الا ان ربابنة البحرية بالكاد كانوا تحت سلطته، والانكشارية كانوا يطيعونه فقط الى الحد الذي يمكنه فيه جباية الضرائب ودفع نفقاتهم. بحلول منتصف القرن السابع عشر استطاع مجلس من كبار ضباط الانكشارية تولي جباية الضرائب، واختيار داي للجباية والتأكد من انه يدفع لهم مرتباتهم. وفي اوائل القرن الثامن عشر وصلت الامور الى خاتمتها الطبيعية وتمكن «الداي» من نيل منصب ولقب «حاكم» من الحكومة المركزية.

XIII/51 كما في طرابلس وتونس، جمعت المصالح المشتركة النخبة الحاكمة مع تجار الجزائر؛ تضافروا معاً لتجهيز نشاطات ربابنة السفن في «القرصنة»، واقتسما الارباح من بيع السلع المسلوبة وفدية الاسرى. في القرن السابع عشر، كانت السفن الجزائرية تصل الى الجزر البريطانية وحتى ايسلندا. ولم تكن مدينة الجزائر مركز ثقافة مدينية قديمة مثل تونس والقاهرة ودمشق او حلب، او مقر بَورجوازية محلية. كان يسيطر عليها ثلاث مجموعات: الانكشارية، جيء بهم على العموم من الاناضول واجزاء اخرى شرقية من

المملكة؛ وربابنة السفن، كثير منهم اوروبيون؛ والتجار، العديد بينهم يهود، كانوا يتولّون تصفية البضائع والسلع التي يستولي عليها «القراصنة»، عبر اتصالاتهم في المرفأ الايطالي ليفورنو. كانت مراكز الحياة الجزائرية المدينية في الداخل، في المدن الواقعة على الهضاب الكبيرة. هنا، كان الحكام المعينون من قبل «داي» الجزائر يحتفظون بقواتهم المسلحة الخاصة، المجندين من الجزائريين او من اعضاء عائلات الانكشارية الذين لم يكن يسمح لهم بدخول فيالق الانكشارية في الجزائر؛ هنا ايضا كانت توجد بورجوازية محلية ذات اتصال وثيق بالحكومة. وراء الاراضي المتاخمة لتلك المدن، كان حكم مدينة الجزائر يتم بالوساطة، عن طريق زعماء محليين كانوا يجبون الضرائب ويأتون بالدخل الى الحملة التي كانت تقام كل سنة لجباية الضرائب. الا انه كانّ هناك اقضية حيث لم يكن حتى هذا النوع (الوساطة) من السلطة موجودا وفي احسن الحالات كان نوعا من الاذعان لسلطة الجزائر العثمانية ولاسطنبول؛ هكذا كان الوضع مع امارات الجبال القبيلية، حيث يتواجد مربو الابل البدو في الصحراء الكبرى، وفي مدن واحات المزاب التي يقطنها «إباضيّون» يعيشون تحت حكم مجمع من شيوخهم المتعلمين الاتقياء.

الفصل الرابع عشر

المجتمعات العثمانية

السكان والثروة في الامبراطورية

XIV/1 البلدان العديدة المدمجة بالامبراطورية العثمانية، والتي تعيش ضمن نظام سيطرتها البيروقراطية وتحت سلطة تشريع واحد، كانت تؤلف منطقة متاجرة واسعة، يستطيع ضمنها الاشخاص والبضائع ان تنتقل بأمن نسبي، على طول طرق تجارية تحافظ عليها قوات الدولة ومجهزة «بخانات»، ودون دفع مكوس ورسوم جمركية، مع انه كان هناك عدة رسوم محلية يتوجب دفعها. كانت هذه المنطقة متصلة من ناحية بايران والهند، حيث كان حكم الصفويين والمُغُل يقيم اطارا من الحياة المستقرة ايضاً، وحيث لم يكن قدوم الاوروبيين الى المحيط الهندي من برتغاليين وهولنديين وفرنسيين وانكليز ـ قد عرقل الانماط التقليدية للتجارة والملاحة بعد. والى الغرب كانت الامبراطورية متصلة ببلدان اوروبا الغربية التي كانت في طور توسع اقتصادي بسبب وجود حكومات ملكية ومركزية قوية، ونمو السكان والزراعة، واستيراد المعادن الثمينة من العالم الجديد الاسباني والبرتغالي في امريكا. انواع جديدة من السلع الغالية الثمن، بالاضافة الى السلع التي كانت تشكل عماد التجارة الدولية في السابق، اصبحت تُنقل على طول الطرق التجارية. ظلت تجارة البهارات والتوابل تمر عبر القاهرة، الى ان، في وقت ما في القرن السابع عشر بدأ الهولنديون ينقلون جزءاً كبيراً منها بحراً حول رأس الرجاء الصالح؛ الحرير الايراني كان يؤتى به على طول سلسلة المدن التجارية من مملكة ايران الصفوية، عبر الاناضول، الى اسطنبول، وبورصه أو حلب؛ القهوة، التي جيء بها في القرن السادس عشر لاول مرة استوردت الى القاهرة من اليمن، ومن هناك توزعت على عالم المتوسط؛ في المغرب الكبير، كان يُؤتى بالعبيد الارقاء والذهب والفضة من الاراضي المعشوشبة جنوبي الصحراء الكبرى.

ولم يبق لصناعات المدن العثمانية الاهمية ذاتها في الاسواق العالمية XIV/2
التي كانت لها سابقا، ولكن المنسوجات من سوريا «والشاشية»، غطاء الرأس المميز المصنوع في تونس، كانت رائجة في الامبراطورية نفسها. في بعض النواحي من هذه التجارة اخذ تجار اوروبا الغربية يلعبون دورا اكثر اهمية، ولكن اهم تجارة كانت ما تزال مع بلدان المحيط الهندي، وهنا كان للتجار العثمانيين الدور القيادي.

حكومة قوية، استتباب الامن والنظام وتجارة مزدهرة، كل هذه كانت XIV/3
ذات صلة بظاهرتين أخريين في عهد أوج العثمانيين. احداهما كانت النمو السكاني. وهذا كان عاملاً مشتركاً في كل عالم البحر المتوسط في القرن السادس عشر، اذ بدأ يسترد عافيته بعد التناقص السكاني الذي سببه وباء الطاعون الاسود، كذلك لانه جرى هناك تغيرات اخرى في ذلك الوقت. ويبدو التقدير التقريبي مقبولا على العموم سكان المملكة ربما زادوا بمعدل ٥٠ بالمئة خلال القرن. (في الاناضول، تضاعف عدد السكان الذين يدفعون ضرائب، ولكن قد يفسر ذلك جزئياً ليس بسبب نمو طبيعي بل لان تشديدا اكثر صرامة ودقة جعل بالامكان تسجيل وجباية ضرائب من عدد اكبر من السكان). وبنهاية القرن، كان مجموع السكان قد بلغ ما بين ٢٠ و ٣٠ مليوناً، موزعين بالتساوي تقريبا بين اجزاء الامبراطورية الاوروبية والآسيوية والافريقية؛ في هذا الوقت ربما كان عدد سكان فرنسا ١٦ مليوناً، وسكان الولايات الايطالية ١٣ مليونا، واسبانيا ٨ ملايين. اسطنبول نمت من مدينة صغيرة في الفترة السابقة للفتح العثماني وبعده مباشرة الى حوالي ٧٠٠,٠٠٠ نسمة بحلول القرن السابع عشر؛ كانت اكبر من اعظم المدن الاوروبية، نابولي وباريس ولندن. الا انه لايبدو ان هذه الزيادة استمرت في ايّ من قسمي حوض المتوسط، المسلم او المسيحي، خلال القرن السابع عشر.

والظاهر ان سكان المدن وسكان الارياف ايضا تكاثروا عددا. وتشير
XIV/4 الدلائل الموجودة الى توسع في الزراعة وازدياد في الانتاج الريفي على الاقل في بعض انحاء الامبراطورية؛ كان هذا نتيجة أمن أفضل، ونظام ضرائب أكثر

عدالة، وازدياد في الطلب من سكان المدن، وتكوين رأس المال للتوظيف وهو ناتج عن رخاء المدن وبحبوحتها. الا انه في القرن السابع عشر هناك دلائل عن تشوش في حياة الارياف المستقرة. القلاقل التي جرت في اجزاء من الاناضول خلال السنين الاولى من القرن، المعروفة باسم «ثورة تْشلالي»، ربما كانت دليلاً على فيض سكاني في الريف، كما كانت دليلاً على انحطاط قدرة الحكومة على الحفاظ على الامن في الارياف.

XIV/5 كما يحدث دائماً، المدن كانت المستفيد الاكبر من استتباب الامن والنمو الاقتصادي العثماني، او على الاقل بعض الطبقات في المدن. عندما دخل محمد الثاني اسطنبول، لم يكن باقيا من تلك المدينة العظيمة الا اليسير. هو وخلفاؤه شجعوا، حتى واكرهوا، المسلمين والنصارى واليهود في الاماكن الاخرى على الاستيطان باسطنبول، واغدقوا على اسطنبول الجديدة مجمعات عظيمة من الابنية. على التلة المشرفة على «القرن الذهبي» كان قصر توپكابي. في الباحة الخارجية ظلت المعاملات العامة تُجرى؛ في القاعات الداخلية كان يعيش السلطان واسرته. في الواقع كان القصر مدينة داخلية فيه عدة آلاف من السكان، تحيط به الاسوار. وراءه يقع قلب المدينة المنتج، المجموعة الرئيسة من الاسواق والمؤسسات الملكية، مجمعات المساجد، المدارس، النزل، والمكتبات؛ ومن العلامات المميزة في المدن العثمانية العظيمة كانت «الاوقاف» الملكية التي بواسطتها كانت واردات المحلات والاسواق تكرس لغايات دينية وخيرية. وثمة قطب ثالث للنشاط يقع عبر «القرن الذهبي»، ضاحية پيرا حيث كان يعيش التجار الاغراب، والتي كانت مدينة ايطالية تقريباً.

XIV/6 كان تموين المدينة من اهم امور الحكومة. فسكان المدن كان يلزمهم قمح للخبز، وخراف للحوم، وغير ذلك من ضروريات الحياة، وذلك بأسعار معقولة يستطيعون دفعها. من ناحية مبدئية، كان القمح المنتج في منطقة ما يستهلك فيها، ولكن كانت تُستثنى المناطق التي تموّن مدينة كبيرة. لاطعام اهالي اسطنبول العديدين والمناطق الساحلية الاوروبية من البحر

الاسود، كانت «تراقيا» وشمالي الاناضول ذات اهمية خاصة. بعض التجار كان مرخصاً لهم المتاجرة بالحبوب، يشترونها باسعار محدودة تحت اشراف القاضي، وينقلونها، في معظمها بحراً، ويبيعونها بأسعار تحددها الحكومة؛ السفن والموانىء كانت تُراقَب بصرامة للتأكد من ان الحبوب لا تشحن الى مكان آخر.

كانت الامبراطورية منطقة غنية من انتاج مساحتها الواسعة وتجارتها، وكان هذا الثراء ينصبّ جزئياً بمثابة دخل في ايدي الحكومة، للقيام باعباء الجيش والدواوين، والجزء الباقي الى الايدي الخاصة. والنخبة المسيطرة في المدينة ظلت ذلك الخليط من اعظم التجار وكبار العلماء، سمة مميزة للمدن في دنيا الاسلام. التجار الذين كانوا يتعاطون التجارة البعيدة المدى، وصانعوالمنسوجات الثمينة، والصرافون (أو الصيارفة) الذين كانوا يقرضون الاموال للحكومة او للتجار، كانوا يستفيدون من تعاظم حجم التجارة والسهولة الاكبر التي يمكن التعاطي بها. كان لهم مركز محميّ ومميّز نسبياً لان الحكومة كانت تتطلع اليهم اذا احتاجت ان تجمع اموالا لغايات استثنائية. كبار العلماء كانوا يستفيدون ليس فقط من المرتبات والمكافآت التي كانت تصلهم من السلطان، بل كذلك من الاوقاف التي كانوا يديرونها والتي كانت تزيد من مداخيلهم. الا ان غناهم وغنى التجار كان يفوقه غنى قادة العسكريين وكبار الموظفين الرسميين؛ كان هؤلاء يستفيدون من وحدات الضرائب التي كانت مخصصة لهم. كان ثراؤهم مقلقلاً غير مأمون، عرضة للحجز اذا سقطوا من حظوة السلطان، لانهم كانوا يُعتبرون رسمياً عبيداً له، وبالتالي لا يحق لهم الارث، ولكن اذا حالفهم الحظ وبالمهارة كان باستطاعتهم تمرير ثرواتهم الى عائلاتهم. وعندما أدخل نظام «الالتزام» يبدو انه نبت نوع من التواطؤ بين اصحاب الثراء المديني والريفي ـ موظّفين رسميين، تجار وسواهم ـ للحصول على منحة التزام الضريبة؛ وبحلول القرن الثامن عشر، كان اصحاب «المالكان» ـ اي اصحاب الالتزامات على مدى الحياة، قد اصبحوا طبقة جديدة من مالكي الاراضي، يزرعونها على أساس تجاري. XIV/7

المقاطعات العربية

يبدو، على حدّ ما توصلت اليه دراسة تاريخ المقاطعات الناطقة XIV/8 بالعربية في الامبراطورية، ان لهذه المقاطعات العديد من النواحي نفسها التي تبرز في الاقطار الاوروبية والاناضول. الظاهر ان عدد السكان ازداد في الفترة التي تلت الفتح العثماني مباشرة، بسبب نظام امني افضل وبحبوحة عامة في الامبراطورية، ولكن هذا العدد ظل مستقراً بعد ذلك او ربما تناقص قليلاً. بعد اسطنبول، كانت المدن العربية الاعظم في الامبراطورية. عدد سكان القاهرة ازداد الى حوالي ٢٠٠,٠٠٠ بحلول منتصف القرن السادس عشر و٣٠٠,٠٠٠ في نهاية القرن السابع عشر. بالوقت نفسه كان عدد سكان حلب ١٠٠,٠٠٠، ودمشق وتونس ربما اقلّ بقليل. اما بغداد فلم تسترد مكانتها بعد انحطاط شبكات الري في جنوبي العراق، والغزو المغولي، وانتقال تجارة المحيط الهندي من الخليج الى البحر الاحمر؛ فقد كان سكانها اقل من كبار المدن السورية. الجزائر كانت الى حدّ بعيد من صنع العثمانيين، كمركز حصين في وجه الاسبان؛ كان عدد سكانها مابين ٥٠ و١٠٠ الف نسمة بحلول اواخر القرن السابع عشر.

تكاثر السكان كان مرتبطا بالتغييرات الطبيعية في المدن وبامتدادها. XIV/9 حافظ الحكم العثماني على أمن المدن، بواسطة قوات شرطة للنهار والليل وحراس في مختلف الاحياء، وبمراقبة الخدمات العامة بعناية (التموين بالمياه وتنظيف الشوارع وانارتها، ومكافحة الحرائق)، وضبط الشوارع والاسواق تحت اشراف القاضي. وتشبها بالمثل السلطاني في اسطنبول، انشأ الحكام والقادة العسكريون العثمانيون ابنية عامة ضخمة في قلب المدن، على الاخص في القرن السادس عشر، فبنيت المساجد والمدارس والابنية التجارية التي كان يُستخدم ريعها لصيانتها: مثلا، مؤسسة دُقاكين زاده محمد باشا الخيرية في حلب، حيث كان الدخل من ثلاث «قيصريات» وأربعة «خانات» واربعة «اسواق» يؤمن نفقات مسجد كبير؛ التكية في دمشق، المجمع البنياني من مسجد ومدرسة ونزل للحجاج بناه سليمان القانوني؛ بعد

ذلك بفترة، المجمع الذي اقامه القائد العسكري رضوان بك في القاهرة.

XIV/10 ولم تعد هناك حاجة لمعظم اسوار المدن العظيمة. اولا بسبب استتباب الامن والنظام الذي فرضه العثمانيون في الارياف المجاورة، وكذلك لان تطوير المدفعية جعل الاسوار غير ذات جدوى للدفاع. بعضها هُدم وبعضها أهمل كلياً؛ وتوسعت المدن في ضواح يقطنها السكان المتزايدون. الاغنياء كانوا يعيشون في وسط المدينة، قرب مركز السلطة، او في حي لهم فيه نفوذ، او في الضواحي حيث الهواء نقي والاراضي متسعة. الحرفيون وصغار التجار والعمال كانوا يقطنون احياء شعبية منتشرة على طول خطوط التجارة: في حلب، حي الجُدَيْدَة، باب النَّيْرَب وبَنقوسا؛ في دمشق، سوق ساروجة والميدان، امتدادا على الطريق المتجه جنوبا الذي تجلب عليه الحبوب من حوران، ويمر منه الحجاج الى المدن المقدسة؛ في القاهرة، حي الحسينية الواقع الى شمال وسط المدينة القديم، على الخط الذي تمر عليه القوافل الآتية والذاهبة الى سوريا، وبولاق، الميناء على النهر.

XIV/11 في هذه الاحياء السكنية، هناك بعض الدلائل على ان العائلات كانت تمتلك مساكنها، ما عدا الاكثر فقرا، وعليه فالاستيطان كان مستقرا. ويبدو انه كان هناك اتجاه في العصر العثماني لأن تنقسم الاحياء تبعا لتركيبتها الدينية او العرقية؛ الجُدَيْدَة في حلب كانت مسيحية على العموم، وكان هناك حي للأكراد في دمشق، والمنطقة حول مسجد ابن طولون في القاهرة كانت تضم في اكثريتها اناساً من المغرب الكبير. الحي كان قطب الحياة لسكانه، يتجمعون في المسجد او في سبيل الشرب او سوقه الصغير، توحدهم الاحتفالات، شعبية كانت (رحيل الحجاج وعودتهم، عيد الفصح) او خاصة (ولادة، اعراس، وفيات)، يحرسه في الليل حراس وتحصّنه بوابات. الا انهم في نشاطاتهم الاقتصادية، كان الرجال (على الاقل) يجتازون حدود الحيّ وكل طبقات السكان كانت تلتقي في الاسواق.

XIV/12 ادت سياسة العثمانيين الاميرية المالية ونمو التجارة مع اوروبا الى

ازدياد اهمية المسيحيين واليهود في حياة المدن. اليهود كانوا ذوي نفوذ كمقرضي اموال واصحاب مصارف للحكومة المركزية او لحكام المناطق، وكمديرين لالتزامات الضرائب؛ على مستوى آخر، كصناع وتجار معادن ثمينة. كان التجار اليهود ذوي مكانة في تجارة بغداد، وفي تونس والجزائر كان يهود، كثيرون منهم من اصل اسباني، بارزون في المبادلات مع بلدان المتوسط الشمالية والغربية. العائلات اليونانية التي كانت قاطنة في حي الفنار في اسطنبول كانت تسيطر على الكثير من التجارة مع البحر الاسود، بالحبوب والفراء. ولعب الارمن دوراً هاماً في تجارة الحرير مع ايران. في حلب وغيرها من الاماكن حيث يعيش تجار اوروبيون، كان النصارى وسطاء لهم، يساعدونهم في شراء السلع للتصدير وتوزيع البضائع المشتراة من اوروبا؛ المسيحيون السوريون كانت لهم اهميتهم في التجارة بين دمياط والساحل السوري؛ والمسيحيون الاقباط كانوا يعملون كمحاسبين ومديري اعمال لدى كبار موظفي الدولة ولملتزمي الضرائب في القاهرة.

وبينما كانت الحكومة العثمانية ترسخ جذورها لتدوم في المراكز
XIV/13 الكبيرة في المقاطعات، بدأت جماعات عثمانية محلية تظهر في الحكم. في المقاطعات الواقعة تحت السيطرة العثمانية المباشرة، كان يُعيَّن الحاكم والقاضي من اسطنبول، ويُغيّرا كثيراً. اما موظفو الديوان المحليون، فقد كانوا يؤخذون من عائلات عثمانية محلية مستوطنة في المدن الاقليمية، ومهاراتهم الخاصة متوارثة من الآباء الى الابناء. كذلك القوات الانكشارية المحلية كانوا ينصهرون تدريجياً في المجتمع، ويورثون امتيازاتهم من جيل الى جيل، بالرغم من محاولات السلطة تلافي ذلك عن طريق ارسال فصائل جديدة من اسطنبول. فقد كان باستطاعة الحكام او قادة القوات المسلحة، اذا امضوا زمناً طويلا في المدينة، ان يخلقوا لانفسهم اسرة من المماليك وان يعينوهم في المراكز الهامة.

تلك المجموعات المحلية كانت تتحالف مع التجار وعلماء الدين.
XIV/14 اكبر اصحاب الثروة في المدينة كان الصرافون واصحاب المصارف والتجار

المشتغلون بالتجارة البعيدة المدى. وبالرغم من ازدياد اهمية التجار الاوروبيين الاجانب والمسيحيين واليهود، فان التجارة الاكثر اهمية والاكثر ربحاً، تلك التي بين مناطق الامبراطورية المختلفة او مع بلدان المحيط الهندي، كانت بيد التجار المسلمين: فقد كانوا مسيطرين على تجارة القهوة في القاهرة، والتجارة التي كانت ترافق الحج الى مكة، وعلى طرق القوافل التي تقطع الصحراء السورية والصحراء الكبرى. قليل من الثروات التجارية بقي على مدى عدة اجيال؛ اما العائلات ذات التراث المعني بالتعليم الديني، فقد كانت اكثر استمرارية. كان هؤلاء اكثر اهمية من ناحية عددية: ففي مصر، في القرن الثامن عشر قُدّر عدد المدعوين «علماء» بالمعنى الشامل، بما فيهم ممارسو الوظائف في الشرع، التربية أو العبادة، بحوالي ٤٠٠٠، من بين السكان العاملين المقدرين بسبعين الفا. فقد كان لهم في المدن العربية شخصية مختلفة عن شخصية علماء اسطنبول. كان كبار العلماء في اسطنبول جزءاً هاماً من الجهاز الحاكم، مدربين في مدارس سلطانية، معينين في خدمة الامبراطورية وآملين في الترقية الى مراكز عالية فيها. اما علماء المدن العربية فكانوا من اصل محلي. كثيرون بينهم كانوا من أصل عريق، يعود الى المماليك او حتى الى ما قبل ذلك، وبعضهم قائلون (بلا حق احياناً) انهم «اسياد»، متحدّورن من النبي. كان معظمهم قد درس في مدارس محلية (الازهر في القاهرة، الزيتونة في تونس، ومدارس حلب ودمشق)، وورثوا لغة وتقاليد ثقافية تعود الى ما قبل العثمانيين بزمن طويل. ومع احتفاظهم بنوع من الاستقلال، كانوا على استعداد للانخراط في الخدمة المحلية للسلطان. كان القاضي الحنفي للمدن الكبيرة يُرْسَلُ عادة من اسطنبول، ولكن نوابه، اكثر المفتين، ونقيب الاشراف، ومعلمي «المدارس»، كانوا يعينون على العموم من بين مجموعة العلماء المحليين. في المدن التي كان سكانها المسلمون ينتمون لاكثر من مذهب، كان لكل مذهب قاض ومفتٍ له. في تونس كان جميع السكان المسلمين، باستثناء المتحدرين من اصل تركي، من المذهب المالكي، والقاضي المالكي كان له مركز رسمي مشابه لمركز القاضي الحنفي.

وكانت هناك علائق منوعة بين العثمانيين المقيمين والتجار والعلماء المحليين، لكل من الجماعات ديمومة ومركز لم تكن لتحصل عليه بطريقة اخرى. فقد كان لهم ثقافة مشتركة الى حد ما كان ابناء التجار يرسلون الى «المدرسة». الموظفون الرسميون ورجال الجيش قد يرسلون اولادهم اليها ايضا لاعطائهم فرصة لمستقبل افضل: اسس بَيْرم، وهو ضابط تركي في مقاطعة تونس، سلالة من العلماء المشهورين؛ الجبرتي، المؤرخ لمصر في القرن الثامن عشر، تحدر من عائلة تجار. كانوا يتزاوجون فيما بينهم، وكان بينهم صلات مالية، فيشتركون في صفقات تجارية. وبانتشار نظام التزام الضرائب، كان بإمكان الموظفين الرسميين والتجار ان يتعاونوا في تقديم عروض للحصول على الالتزامات. على العموم، كان القادة العسكريون والموظفون مسيطرين على التزام الضرائب الريفية، لان هذه الضرائب لم تكن لتجبى لولا سلطة الحكام ودعمهم. اما التزام الضرائب المحلية والمكوس، فكان للتجار وعلماء الدين حصة اكبر فيها. التجار والعلماء كان لهم حصة اكبر في الالتزامات المحلية للضرائب والمكوس. العلماء كانوا مديري اوقاف هامة، وهكذا كان بامكانهم الحصول على رأس المال لتوظيفه في مشاريع تجارية او في التزامات. XIV/15

على صعيد آخر، كان هناك تحالف من نوع مختلف. بالرغم من محاولة السلطان الاحتفاظ بجيشه منفصلاً عن السكان المحليين، فإنهم بمرور الزمن بدأوا بالاختلاط. في اواخر القرن السابع عشر كان الانكشارية يتعاطون حرفاً واعمالا تجارية، وعضوية الفيلق صارت نوعاً من الملكية، تَمنح حق امتيازات ومرتبات يمكن توريثها الى الابناء، او حتى شراؤها من قبل افراد من السكان المدنيين. كان تحالف المصالح يعبر عن نفسه احياناً بحركات عنف، حيث كانت المقاهي تستخدم كمراكز منها تتفجر الافعال. أفعال كهذه كانت من نوعين: في بعض الاحيان كانت سياسية. في اسطنبول قامت فئات في القصر او في الدوائر المدنية او العسكرية، من الذين يناضلون للاستيلاء على السلطة، باستخدام الانكشارية لحشد جماعات ريفية. في سنة XIV/16

١٧٠٣ تحول عصيان جماعة من الجيش الى حركة ثورية سياسية شارك فيها موظفون كبار من اعظم الأسَر وانكشارية وعلماء وتجار ـ كل جماعة لها اسبابها ومصالحها الخاصة ولكنهم جميعاً مشاركون في المطالبة بالعدالة ـ وتسببوا في سقوط شيخ الاسلام، لان نفوذه على السلطان مصطفى الثاني كان مكروهاً، ثم خلعوا السلطان نفسه. في المدن الاقليمية قد تحدث حركات مماثلة، وانفجارات فورية ايضا، عندما كان ينقص الغذاء وترتفع الاسعار، وموظفو المحاكم او اصحاب الالتزامات الريفية كانوا يُتّهمون بتسبيب نقص في الغذاء عن طريق احتكار الحبوب او حصرها حتى يرتفع سعرها. وقد يكون لحركات كهذه نجاح فوري في استبدال حاكم او موظف غير مرغوب فيه، ولكن النخبة في المدينة كانوا ينظرون اليها بشعور متفاوت. كبار العلماء، بصفتهم الناطقين باسم اهل المدينة، قد يشاركون في الاحتجاج، ولكن بالنهاية كانت مصالحهم وشعورهم الى جانب الأمن والنظام المستقرين.

ثقافة المقاطعات العربية

خلّف الفتح الاسلامي علامته على مدن المقاطعات الناطقة باللغة
XIV/17 العربية في أبنية هندسية عظيمة، بعضها أقامه السلاطين انفسهم كدلائل على عظمتهم وتُقاهم، واخرى انشأها أسياد محليون دفعتهم رغبة التقليد التي يثيرها الاعجاب بالسُّلطة والنجاح. في عواصم المقاطعات كانت المساجد تبنى في القرنين السادس عشر والسابع عشر على الطراز العثماني: باحة تؤدي الى قاعة صلاة مقببة ترتفع فوقها مئذنة او اثنتان او اربع، طويلة، نحيلة مستدقة. وقد تكون القاعة مزدانة ببلاط ملون على طراز «إزنك» الذي كان محبذاً في البلاط العثماني، مع رسوم زهور بالاخضر والاحمر والازرق. على هذا الطراز كان مسجد الخسْرويّة في حلب، صممه اعظم مهندسي العمار العثمانيين، سِنَان؛ مسجد سليمان باشا في قلعة القاهرة؛ والمسجد فوق مقام «سيدي مَحْرَز» في تونس؛ و«المسجد الجديد» في الجزائر. والاكثر فخامة بين كل المنشآت العثمانية الاقليمية كان التكيّة في

دمشق، مجمّع عظيم من الابنية، ايضاً من تصميم سِنَان، وكان مكرّساً لاحتياجات الحجاج. ففي دمشق كانت تجتمع واحدة من قافلتي الحج العظيمتين، وكانت هي الاكثر اهمية بين الاثنتين من ناحية، لأن إليها كان يأتي رُسُل السلطان واحياناً اعضاء من عائلته. وعلى طول الطريق الممتد من اسطنبول عبر الاناضول وشمالي سوريا كانت هناك نُزل وخانات (جمع خان)، والتكية كانت اكثرها إتقاناً: مسجد ذو قبة مع مئذنتين طويلتين متناسقتين، على كل جانب واحدة، مبني بالحجر مع صفوف متناوبة بالحجر الابيض والاسود، الطراز الذي طالما تميز به فن البناء السوري؛ حول الباحة (او الفناء) هناك غرف، وقاعات طعام ومطابخ للحجاج. وفي مدينة القدس المقدسة ايضاً، ترك السلطان سليمان علامته، في القرميد على الجدران الخارجية لقبة الصخرة، والأسوار العظيمة التي كانت تحيط بالمدينة. بين المدن العثمانية الكبرى، بغداد فقط هي التي بالكاد تأثرت بالطراز الجديد؛ فالطراز الفارسي القديم ظل سائداً. وفي مدن اخرى ايضاً، استمرت المساجد الاصغر والابنية العامة تُشاد بالطراز التقليدي، بالرغم من دخول بعض التأثيرات العثمانية تدريجياً في تصاميم الابنية.

لم تتقلص مكانة اللغة العربية تحت الحكم العثماني بل تدعمت. علوم
XIV/18 الدين والشرع كانت تُعلّم بالعربية في مدارس اسطنبول العظمى كما في مدارس القاهرة ودمشق. كان المؤلفون العثمانيون في تناولهم بعض المواضيع يميلون الى الكتابة بالعربية. وقد تُكتب بعض القصائد او الاعمال الدنيوية باللغة التركية التي تطورت في هذه الفترة كوسيلة للثقافة العالية، ولكن المؤلفات عن الدين والشرع، وحتى التاريخ والسِيَر قد تستخدم العربية. وهكذا حجي خليفة (١٦٠٩ ـ ٥٧)، موظف حكومي في اسطنبول، كتب باللغتين، ولكن أهم مؤلفاته كُتبت بالعربية: تاريخ شامل، وقاموس تراجم المؤلفين العرب، «كشف الظنون».

في المدن العربية الكبيرة استمر التراث الادبي: ليس فقط الشعر
XIV/19 والادب الرفيع بل التاريخ المحلي أيضاً والسير وتآليف في الفقه والحديث.

واستمرت المدارس الكبرى مراكز لدراسة علوم الدين، ولكن بفارق. مع بعض الاستثناءات، لم يكن يمثل اعلى المناصب في دوائر الشرع خريجو الازهر او مدارس دمشق وحلب، بل هؤلاء المتخرجون من المعاهد السلطانية في اسطنبول؛ حتى قضاة المذهب الحنفي الرئيسيون في عواصم المقاطعات كانوا في معظمهم اتراكاً مرسلين من اسطنبول، وارفع المناصب الرسمية التي كان بامكان المتخرجين المحليين التطلع اليها كانت منصب «نائب» قاضي او مفتي. (إلا انه في تونس كانت للمدرسة المحلية المالكية تقاليد راسخة وقوية الى درجة انها فرضت، الى جنب القاضي الحنفي، قاضياً مالكياً، وكانا يتمتعان بالنفوذ ذاته ومقربان من الحاكم المحلي، وكان القاضي المالكي خريج مدرسة تونس العظيمة، مدرسة مسجد «الزيتونة».)

XIV/20 مجيء العثمانيين جلب تشجيعاً لبعض الفئات الصوفية، ولكن ادى ايضاً الى التحكم بهم وضبطهم. احد اوائل افعال السلطان سليم الثاني بعد احتلال سورية كان إقامة ضريح فخم على قبر ابن عربي في دمشق. احدى الطرق التي تأثرت تعاليمها بتعاليم ابن عربي، «الخلوتية»، انتشرت من الاناضول عبر الامبراطورية العثمانية واكتسبت فروعاً في سورية ومصر وسواها. الشاذلية ايضاً كانت منتشرة، على الارجح بسبب نفوذ صوفيين من المغرب؛ احد افراد عائلة العَلَمي من المغرب الذي استوطن القدس كان المندوب الشاذلي هناك، وضريحه على جبل الزيتون اصبح مقاماً يُزار.

XIV/21 في نهاية القرن السابع عشر برز نفوذ جديد آتياً من العالم الاسلامي الشرقي. كانت الطريقة النقشبندية منتشرة في اسطنبول وفي اماكن اخرى منذ عهد قديم، ولكن من حوالي عام ١٦٧٠ جاء معلم صوفي من سمرقند، مراد، ليعيش في اسطنبول، ثم في دمشق، وكان قد درس في الهند، فجلب معه التعاليم النقشبندية الجديدة التي كان احمد السرهندي قد طورها في شمالي الهند في الفترة الاولى من القرن. ولقي حظوة لدى السلطان وأسس عائلة في دمشق. بين الكتّاب الذين تأثروا بهذه التعاليم النقشبندية الجديدة، اشهرهم كان عبد الغني النابلسي (١٦٤١ - ١٧٣١)، دمشقي شملت مؤلفاته

الضخمة تعليقات وملاحظات على تعاليم ابن عربي وعدد من الاعمال التي يصف بها رحلاته الى مقامات ومزارات، وكانت تلك ايضاً بمثابة سجل لارتقاء الروح.

XIV/22 خارج الثقافة السنّية في المدن الكبرى، التي كانت ترعاها السلطات العثمانية، استمرت انواع اخرى من الثقافات الدينية في الوجود. وكلما ازداد تمسك العثمانيين بالسنّة، اصبح وضع الشيعة في سوريا اكثر صعوبة. تراثهم في علوم الدين كان في هذا الوقت قد انحسر وتراجع الى المدن الصغيرة والقرى في جنوبي لبنان، ولكنه ظل متابعاً هناك من قبل عائلات علماء. احد كتّاب اوائل العهد العثماني، زين الدين العاملي (توفي ١٥٣٩)، استُدعي إلى اسطنبول وأُعدم؛ وهو معروف في التراث الشيعي باسم «الشهيد الثاني». الا ان التعاليم الشيعية استمرت في الازدهار خارج مجال النفوذ العثماني المباشر، في مدن العراق المقدسة وفي قضاء الاحساء والبحرين على الشاطىء الغربي للخليج. واعطيت دفعاً جديداً باعلان الشيعية الدين الرسمي للمملكة الصفوية: حكومة الشاه كانت بحاجة الى قضاة ومعلمين، ولم تجدهم في ايران ذاتها؛ لذلك توجه علماء من العراق والبحرين ولبنان الجنوبي الى بلاط الشاه، وبعضهم تقلد مناصب سامية. احدهم، نور الدين علي الكَركي من لبنان (حوالي ١٤٦٦ ـ ١٥٣٤) كتب مؤلفات واسعة قوية التأثير عن المشاكل الناتجة عن تبني الشيعية كدين للدولة: عما اذا يتوجب على المؤمنين دفع الضرائب الى الحاكم، اذا يصحّ للعلماء ان يتوظفوا لديه، وما اذا كان بالامكان اقامة صلاة الجمعة في غياب الامام.

XIV/23 في القرن السابع عشر اصيب عالم الدراسة الشيعية بانقسام، نتيجة نزاع حول مكانة الاجتهاد في تكوين الشرع. فبينما كان الموقف السائد هو رأي «الاصوليين»، الذين كانوا يقبلون بالحاجة الى جدل منطقي في تفسير وتطبيق مفاهيم القرآن والحديث، برزت هناك مدرسة فكر اخرى، مدرسة «الاخباريين» الذين ارادوا تحديد استخدام التفسير العقلاني بواسطة القياس، وركزوا على الحاجة الى قبول المعنى الحرفي لتقاليد الأئمة. وكانت هذه

المدرسة هي السائدة في المدن المقدسة في النصف الثاني من القرن.

كذلك التأثيرات الآتية من الخارج كان لها وقعها في المجتمعات
اليهودية في الدولة العثمانية، ولكنها كانت من نوع آخر. فاسترجاع XIV/24
المسيحيين للاندلس ادى الى القضاء على المجتمعات اليهودية هناك. فغادر
اليهود الأندلس، بعضهم الى ايطاليا وغيرها من الاماكن في اوروبا، ولكن
كثيرون ذهبوا الى اسطنبول وغيرها من مدن الامبراطورية العثمانية، وجلبوا
معهم تعاليمهم المميزة عن اليهودية الشرقية او الاندلسية (السفاردية)، على
الاخص التفسير الباطني والسرّي للايمان («الكبّالة») الذي كان قد طُور
هناك. وفي منتصف القرن السادس عشر وما بعده، كان المركز الاكثر إبداعاً
للفكر الصوفي في صفد في فلسطين. كان المفكر الغزير الابداع، «اسحق
لوريا» (١٥٣٤ ـ ٧٢) قد جاء الى صفد في اواخر حياته وكان له تأثير كبير
على اتباع «الكبّالة» هناك.

احد معالم تعاليمه كان نظرية معينة عن الكون: حياة الكون أصيبت
بتضعضع وبلبلة، ومن واجبات البشر، على الاخص اليهود، ان يساعدوا الله XIV/25
على الاصلاح، عن طريق العيش بموجب ارادة الله. هذه التعاليم ولّدت نوعاً
من التوقعات الرؤيوية، من ان الخلاص قريب، وان الجو ملائم لظهور
مخلّص. في عام ١٦٦٥، بينما كان «سبّاتاي سيفِي» (١٦٢٦ ـ ٧٦) يزور
الارض المقدسة، شاهده احد المتنبئين وتعرف اليه بكونه المسيح المنتظر.
وسباتاي هذا ولد في ازمير، واشتهر بانه كان يقوم باعمال غريبة وهو في
حالة استنارة روحية. وفي الحال ذاع صيته في كل انحاء العالم اليهودي،
وحتى في اوروبا الشمالية والشرقية، حيث كانت المجتمعات اليهودية قلقة
بسبب مذابح جرت في بولونيا وروسيا. وبدا ان عودة اليهود الى الارض
المقدسة بات وشيكاً، ولكن الآمال تقوضت فوراً: فقد استُدعي «سباتاي
سيفي» للحضور امام ديوان السلطان، وهناك أعطي الخيار بين الاعدام
واعتناق الاسلام، فاختار الاسلام، ومع ان بعض اتباعه ظلوا مخلصين له،
الا ان الاكثرية لم تعد تؤمن به.

بين السكان المسيحيين في المقاطعات الناطقة بالعربية، وعلى الاخص في سوريا، حدثت تغييرات في الافكار والمعرفة خلال هذه القرون. وسبب ذلك انتشار الارساليات الكاثوليكية. لقد كانوا في المنطقة على فترات متقطّعة منذ مدة طويلة؛ الفرنسيسكان كانوا هناك منذ القرن الخامس عشر بصفتهم قيمين على المقامات الكاثوليكية في الارض المقدسة؛ اليسوعيون، الكرمليون والدومينيكان وغيرهم جاؤوا فيما بعد. منذ اواخر القرن السادس عشر فُتح عدد من الكليات على يد البابوية في روما لتدريب قسوس الكنائس الشرقية: الكلية المارونية والكلية اليونانية سنة ١٥٨٤، كلية مجمع نشر الايمان سنة ١٦٢٧. في القرن السابع عشر زاد عدد القسوس المبشرين في بلدان الشرق الاوسط. وكان لهذه العملية نتيجتان. زاد عدد الذين قبلوا سلطة البابا من اعضاء الكنيسة الشرقية بينما ظلّوا محتفظين بطقوسهم وشعائرهم وقوانينهم الدينية. والموارنة كانوا بهذا الوضع منذ ايام الصليبيين، وفي اوائل القرن الثامن عشر عقدوا اتفاقية مع البابوية حددوا بموجبها علائقهم. في الكنائس الاخرى، كانت مسألة السيادة البابوية اكثر تسبباً في الانشقاق؛ في حلب، شمالي سوريا، على الاخص، كان هناك نزاعات بين جماعات كاثوليكية واخرى غير كاثوليكية بهدف التحكم بالكنائس. وباوائل القرن الثامن عشر حدث انشقاق فعلي. ومنذ ذلك الوقت صار هناك صفان من البطاركة والاساقفة في بطريركية انطاكية للارثوذكس، الواحد يعترف بسيادة البطريرك المسكوني في القسطنطينية، والآخر «وحدوي» او «روم كاثوليك»، اي بكلام آخر، قابلا لسلطة البابا. وحدثت تطورات مماثلة في اوقات مختلفة في الكنائس النسطورية والسريانية الارثوذكسية والارمنية والقبطية، مع ان السلطان العثماني لم يعترف رسميا بالروم الكاثوليك كملّة لمجتمعات أو طائفة منفصلة الا في بدء القرن التاسع عشر. XIV/26

النتيجة الثانية كانت تطوير ثقافة مسيحية مميّزة معبرَ عنها بالعربية. لقد كانت موجودة منذ زمن طويل، إلا أنها غيّرت طبيعتها الآن. القسوس الذين XIV/27

تعلّموا في كليات روما رجعوا يعرفون اللاتينية والايطالية؛ بعضهم انصرف بجدية إلى دراسة العربية؛ بعضهم أسّس رهبانيات على الطراز الغربي، خاصة في الاجواء الحرّة لجبال لبنان، وهذه اصبحت مراكز لزراعة الارض ولدراسة اللاهوت والتاريخ.

ما وراء الامبراطورية
جزيرة العرب، السودان، المغرب

XIV/28 تقع وراء حدود السلطنة العثمانية في جزيرة العرب مناطق فيها مدن صغيرة تجارية أو مرافىء وأرياف متفرّقة، حيث كانت موارد المدن محدودة والحكم لم يكن ممكناً إلا على مقياس صغير: امارات مدن الواحات في وسط جزيرة العرب وشرقيها، وموانىء الشاطىء الغربي للخليج. أحد هذه الموانىء كان أكثر اهمية من الموانىء الاخرى. في الزاوية الجنوبية الشرقية لشبه الجزيرة، في عمان، كان هناك مجتمع ريفي مستقر ومزدهر نسبيّاً في الوديان الجبلية الخصبة المطلّة على البحر من «الجبل الأخضر». السكان كانوا إباضيين، وإمامتُهم، التي أُعيد احياؤها في أوائل القرن السابع عشر تحت سلالة من قبيلة «يعرب»، أضفت نوعاً من الوحدة ـ ولو قلقة ـ على مجتمع الوديان الجبلية. على الشاطىء، أصبح مرفأ مسقط مركزاً هاماً للتجارة في المحيط الهندي؛ كان العُمانيون قد استولوا عليه من البرتغاليين في منتصف القرن السابع عشر، وثبّت التجار العمانيون انفسهم على طول الساحل الافريقي الشرقي. في هذه المناطق العربية على حواشي الامبراطورية لم يكن للعثمانيين سلطة مباشرة، ولكن احد موانىء الخليج، البحرين، كان تحت الحكم الايراني من ١٦٠٢ الى ١٧٨٣. هنا، وفي امكنة اخرى من الخليج كان معظم السكان من الشيعة؛ منطقة الاحساء، شمالي البحرين، كانت بالفعل مركزاً هاماً للتعليم الشيعي. في جنوبي غربي الجزيرة، لم تعد اليمن تحت السيطرة العثمانية؛ هنا أيضاً كانت للموانىء تجارة مع الهند ومع جنوبي غربي آسيا، على الاخص تجارة القهوة، كما ان المهاجرين من

العرب الجنوبيين انخرطوا في جيوش الحكام الهنود.

جنوبي مصر، كان النفوذ العثماني محدوداً: فقد كان يمتد على وادي النيل صعوداً حتى الشلال الثالث، وعلى البحر الاحمر كانت هناك حاميات XIV/29 في سَوَاكِن ومصوّع، تابعة لحاكم جِدة. ووراءها ظهرت سلطنة ذات قوة نسبية واستقرار، سلطنة الفُنْج، التي انشئت في المنطقة الزراعية المستقرة الواقعة بين النيل الأزرق والنيل الأبيض؛ دامت هذه السلطنة اكثر من ثلاثة قرون (من اوائل القرن السادس عشر الى ١٨٢١).

وراء الحدود الغربية للامبراطورية، الى أقصى الغرب من المغرب الكبير، كان هناك دولة من نوع آخر ـ امبراطورية المغرب القديمة. لم تكن XIV/30 العمليات البحرية العثمانية لتمتد أبعد من المتوسط الى مياه الاطلسي، ولم ترسخ الحكومة العثمانية أقدامها في الاجزاء الساحلية من المغرب، او تفرض سيطرتها على جبال وهضاب «الريف» و«الاطلس». هنا، كانت السلطات المحلية، بعضها بواسطة دافع ديني، تمسك بزمام السلطة؛ في بعض الظروف يمكن لتبلور القوى المحلية حول قيام قيادة تتمتع بامتياز ديني ان تحقق كياناً سياسياً أكبر حجماً. في القرن الخامس عشر برز عنصر جديد غيّر طبيعة حركات كهذه: المدّ المسيحي الذي استردّ اسبانيا والبرتغال هدد بان يفيض ليغمر المغرب وادى الى هجرة المسلمين من الاندلس الى المدن المغربية. لذلك كل حركة بدت قادرة ومستعدة للدفاع عن البلاد ضد الصليبيين الجدد كان لها جاذبيتها الخاصة. صارت حركات كهذه من ذلك الوقت وبعده تسعى الى تثبيت شرعيتها عن طريق دمج ذاتها في نَسَب روحي مركزي من العالم الاسلامي. في عام ١٥١٠ استطاعت عائلة تدعي التحدر من النبي، عائلة السعديين الاشراف، أن تؤسس دولة في القطاع الجنوبي من «سوس» وتسيطر على مراكش، المدينة التجارية، ثم تتحرك شمالاً. وشكل السعديون نظام حكم استطاع ان يحكم معظم البلاد، لكن بطريقة محدودة. وكان البلاط والادارة المركزية، المخزن، على غرار النمط العثماني الى حد ما. فكان للسلطان ركيزتا قوة يعتمد عليها: جيشه الخاص من الجنود السود

المأخوذين من السكان الارقاء في الواحات الجنوبية ووادي نهر النيجر، وبعض الجماعات العربية من السهول التي تؤلف «الجيش» او القبائل العسكرية؛ هؤلاء كانوا معفيين من الضرائب بشرط ان يتولوا جباية الضرائب وحفظ الأمن في الارياف، وفي بعض الأحيان، في المدن. وكان هذا زمن بحبوحة متزايدة: مدن التجارة في الشمال، مرافىء الاطلسي والمدن الداخلية فاس وتطوان انتعشت، جزئياً بسبب مجيء الاندلسيين الذين جلبوا معهم مهارات صناعية واتصالات باجزاء اخرى من عالم البحر المتوسط. وبعد فترة، في منتصف القرن السادس عشر عندما كانت اسبانيا والبرتغال والعثمانيون يتبارون للسيطرة على البلاد، استطاع السعديون ان يحتفظوا بقدر من الاستقلال، وحتى ان يتوسّعوا باتجاه الجنوب. من حصنهم في مراكش تمكن السلاطين من التحكم بتجارة الذهب والعبيد في افريقيا الغربية؛ في نهاية القرن السادس عشر فتحوا المدن على طرق التجارة في الصحراء الكبرى حتى «تمبكتو» وسيطروا عليها لوقت قصير.

الا ان حكومة الاشراف كانت دائما أضعف من حكومة السلاطين
XIV/31 العثمانيين. ثراء المدن ونفوذها كان محدوداً أكثر. أهم المراكز المدينية فيها، فاس، كانت مدينة ذات تراث ضخم من التعليم والمعرفة، ولكن حجمها كان نصف حجم حلب أو دمشق او تونس، واصغر بكثير من اسطنبول او القاهرة. ومن بين المدن الاخرى كانت مرافىء الشاطىء الاطلسي مراكز تجارة خارجية و«قرصنة»؛ ربابنة المرفأين التوأمين، رباط وسلا، كانوا ينافسون ربابنة الجزائر في فترة من الزمن. ولكن لا تجارة المدن ولا انتاج الارياف كان كافياً لتمكين السلطان من القيام بنفقات حكومة بيروقراطية أو جيش كبير دائم. ووراء بعض المناطق المحدودة، كان السلطان يمارس نوعاً من السيطرة بواسطة حملات عسكرية من وقت إلى آخر، وبالمناورات السياسية والتلاعب، وباستغلال هيبة انتسابه الى سلالة النبي. وكان حكم سلطان السعديين هذا «ومخزنه» يشابه نمط ملوك القرون الوسطى المتجولين اكثر منه نمط الحكومات المركزية للدولة العثمانية وبعض الدول الاوروبية في ذلك العهد: كان الحاكم يقوم مع بلاطه ووزرائه والقليل

من أمناء سره وخزينته، بالاضافة الى جيشه الخاص، بجولات منظمة عبر المناطق الريفية غير البعيدة، جابياً ما يكفي من الأموال للإنفاق على جيشه ومحاولا، بمناورات سياسية، الا يضيّع آخر فرصة له للاحتفاظ بالسيادة على اكبر ما امكن من المساحة. حتى في المدن كانت سلطته واهية. ولكي يتمكن من البقاء كان عليه ان يسيطر على فاس ومكناس وغيرها: علماؤها كانوا يُضفون عليه الشرعية وكان بحاجة الى الدخل من المكوس والضرائب على التجارة والصناعة. كان باستطاعته أن يحكمها إلى حد ما بواسطة موظفين معينين، او عن طريق منح امتيازات او حرمانها، ولكنه ظل الى حدّ ما خارجاً عن المدن. ولم يكن أهل المدن يريدون ان يكون نفوذ السلطان غائباً تماماً، لانهم كانوا يحتاجونه ليحمي طرقات التجارة وليدافع عنهم ضد هجمات الأوروبيين على الشواطىء، ولكنهم كانوا يريدون تلك العلائق ان تكون بموجب شروطهم هم: ألا يدفعوا ضرائب، وألا ترهبهم قبائل «الجيش» حولهم، وان يكون لهم حاكم وقاضٍ من اختيارهم او على الاقل مقبولا منهم. وكانوا يتمكنون احياناً من حشد وتعبئة قواهم لهذه الأهداف.

بقيود كهذه على مواردهم وسلطتهم، لم يتمكن الاشراف السعديون XIV/32 من تكوين نظام حكم يدوم ويتعاقب ويجدد نفسه مثل نظام العثمانيين أو «الصفويين». فبعد حوالي القرن، حدث انشقاق في العائلة، ومرة اخرى برزت تكتلات من النفوذ حول قادة يدعون الشرعية على اسس دينية. وبعد فترة من النزاع شاهدت تدخل عثمانيين من الجزائر وتجار أوروبيين من الموانىء، استطاعت عائلة اخرى من الاشراف، الفِلاليون او العلويون من واحة تافيلالت أن يوحّدوا البلاد كلها بمهارتهم السياسية وبمساعدة بعض القبائل العربية: أولاً في الشرق، حيث عملوا بصفة معارضة لانتشار السلطة العثمانية، ثم في فاس والشمال، وبعد ذلك الوسط والجنوب بحلول العام ١٦٧٠. (هذه السلالة استمرت في حكم المغرب وحتى يومنا هذا).

XIV/33 تحت حكم أحد أوائل الحكام من السلالة، مولاي اسماعيل (١٦٧٢ - ١٧٢٧)، اكتسبت الحكومة الشكل الذي احتفظت به الى حد ما حتى بداية

القرن العشرين: أسرة ملكية مؤلفة في اكثرها من عبيد سود أو غيرهم من الجنوب؛ وزراء مأخوذون من كبار عائلات فاس او من قبائل «الجيش»؛ جيش من الأوروبيين الذين أسلموا، من سود عبيد الاصل، ومن قبائل «الجيش» من السهول، ومجندون من المدن في اوقات الحاجة. وكان السلطان يناضل ضد خَطَرَين: الخوف المتربص من اسبانيا او البرتغال، وتوسع السلطة العثمانية من الجزائر. بفضل جيشها وشرعيتها الدينية ودفاعها الناجح ضد اخطار كهذه، استطاعت لوقت محدد ان تؤلف قوة مكنتها من تحريك التوازن بين الحكومة والمدينة لصالحها، وان تمارس السيطرة السياسية على معظم الارياف.

فتح المسيحيين للاندلس أفقر مدنيّة المغرب. الطرد النهائي للمسلمين
XIV/34 من اسبانيا في القرن السابع عشر جلب عددا اكبر من مستوطنين اندلسيين إلى المدن المغربية، ولكن هؤلاء لم يعودوا حاملين معهم ثقافة تُغني المغرب. في الوقت ذاته، كانت الاتصالات مع الاجزاء الشرقية من عالم الاسلام محدودة جداً بسبب بُعْد المسافة وحاجز جبال الاطلس. بعض المغربيين توجهوا فعلاً شرقاً، إما للحج أو للتجارة؛ كانوا يتجمعون في واحة تافيلالت ثم يكملون على طول شاطىء شمالي افريقيا أو بحراً إلى مصر، حيث يلتحقون بقافلة الحجاج التي كانت تتجمع في القاهرة. بعض التجار قد يبقون هناك، وبعض طلاب العلم يظلون للدراسة في مساجد القاهرة ومدارسها، أو في المدينة أو القدس. القليل منهم اصبحوا معلمين هم أيضاً، وأسسوا عائلات علم؛ هكذا كانت عائلة «العلمي» في القدس، التي يقال انها تحدرت من عالم كان ايضا استاذ تصوّف، من جبل عَلَم في شمالي المغرب. إلا أن القلائل من العلماء المشرقيين كانوا يزورون المغرب الأقصى أو يقيمون هناك.

لذلك كانت ثقافة المغرب في هذا الوقت ثقافة مميّزة، محدودة.
XIV/35 الشعراء وأهل الأدب كانوا قلائل، غير مرموقين. إلا أن تقليد كتابة التاريخ والسِيَر استمر. ففي القرن الثامن عشر، كتب الزيّاني (١٧٣٤ - حوالي

١٨٣٣) وهو رجل تولى مناصب هامة وتجول كثيرا، تاريخاً شاملاً، الأول من نوعه يكتبه مغربي، ظهر فيه بعض الإلمام بالتاريخ الأوروبي ومقداراً أكبر بالتاريخ العثماني.

في المدارس كان الموضوع الرئيسي للدراسة الفقه المالكي، والعلوم
XIV/36 المتفرعة عنه. وكان يُدَرَّس في مسجد القرويين الكبير في فاس، في المدارس الملحقة به، كذلك في مراكش وغيرها؛ كان «المختصر» للخليل، وهو خلاصة وافية للقانون المالكي، ذا أهمية خاصة. في تلك المدن، كما في الاماكن الاخرى من عالم الاسلام، كانت هناك عائلات عظيمة من العلماء حافظت على تقاليد التعاليم السامية من جيل الى آخر؛ عائلة كهذه كانت عائلة الفاسي، من اصل اندلسي ولكنها استوطنت فاس منذ القرن السادس عشر.

كان تأثير القانونيين الممارسين في المدن يمتد نوعاً ما إلى الأرياف،
XIV/37 حيث قد يعمل علماء الدين كتّاباً بالعدل، لإضفاء طابع رسمي على التعاقدات والاتفاقات. إلا أن المورد الرئيسي للغذاء العقلي كان يوفره معلمون ومرشدون روحيون ينتمون الى الطرق الصوفية، على الاخص ذوو العلاقة مع «الشاذلية». وكان الشاذلي (توفي ١٢٥٨) قد أسس هذا المنصب وهو مغربي الولادة استوطن مصر. انتشرت الشاذلية انتشاراً واسعاً في مصر، ورجع بها الجازولي الى المغرب في القرن الخامس عشر (توفي حوالي ١٤٦٥)؛ وجلبها إلى فاس أحد أفراد عائلة الفاسي. تأثير الطريقة التي علمتها الشاذلية وغيرها من الطرق وصل الى كل طبقات المجتمع. وأتاحت بين المثقفين، تفسيراً للمعنى المكنون للقرآن وتحليلاً للحالات الروحية التي يمرّ بها المريد على الطريق المؤدي نحو معرفة الله بالاختبار. كان المعلمون وأهل التقى، من المنتمين الى الطرق وغيرهم، يلوّحون بوجود شفاعة عند الله لمساعدة الرجال والنساء في تجارب الحياة على الأرض. في تلك الحالات كما في اخرى، كانت قبور أهل التقوى مراكز للحج؛ وبين الاكثر شهرة كان مركز مولاي «إدريس»، الذي يقال أنه مؤسس فاس، ويقع مزاره

في مدينة تحمل اسمه كما يقع مزار ابنه (واسمه «ادريس» ايضاً) في مدينة فاس نفسها.

هنا، كما في أماكن أخرى ايضاً، حاول أهل العلم والتقوى الحفاظ XIV/38 على فكرة مجتمع اسلامي عادل، مجتمع معادٍ للالتجاء الى الخرافات او الاسراف في الطموحات الدنيوية. وقد كشفت دراسة قام بها عالم فرنسي [جاك بيرك] عن حياة وتعاليم احدهم، الحسن اليوسي (١٦٣١ ـ ٩١). كان اصله من الجنوب واجتذبته طبقة المثقفين وعَلَّم في فاس لمدة، عن طريق المدارس في مراكش وفي أماكن اخرى. كتاباته منوعة، تضم سلسلة «محاضرات» حاول فيها أن يحدد ويحافظ على الطريق الوسط للعلماء المثقفين الاتقياء بين المغريات المتناقضة. من ناحية هناك مغريات السلطة وفسادها. في مقالة مشهورة، عبّر فيها عن رأي العلماء الخاص بدورهم، حذّر السلطان اسماعيل من الظلم الذي يمارسه موظفوه باسمه، مشدداً ان «الأرض وما فيها ملك لله تعالى لا شريك له، والناس عبيد لله سبحانه وإماء له، وسيدنا واحد من العبيد وقد ملكه الله عبيده ابتلاء وامتحانا، فإن قام عليهم بالعدل والرحمة والانصاف والاصلاح فهو خليفة الله في أرضه... ان على السلطان حقوقا كثيرة لا تفي بها البطاقة، ولنقتصر منها على ثلاثة هي أمهاتها، الاول: جمع المال من حق وتفريقه في حق. الثاني: إقامة الجهاد لاعلاء كلمة الله وفي معناه تعمير الثغور بما تحتاج اليه من عدد وعدة. الثالث: الانتصاف من الظالم للمظلوم وفي معناه كف اليد العادية عليهم منهم ومن غيرهم». هذه الامور الثلاثة مهملة في مملكته: جباة الضرائب «جرّوا ذيول الظلم على الرعية» والدفاعات عن البلاد مهملة، «والعمال وخدامهم» يضطهدون الشعب. والامثولة التي يستخدمها مألوفة: عندما تنتهي النبوءة، يظل العلماء حماة للحقيقة؛ فليحتذ السلطان حذو الخلفاء، ويأخذ بنصيحة مفسري الشرع الالهي الصادقين[١].

ومن الجهة الاخرى للطريق المعتدل المستقيم كان هناك الفساد XIV/39 الروحي الذي كان ينشره معلمون صوفيون منافقون جاهلون بين عامة الناس

في الأرياف: «وقد طرق أسماع العوام من قَبل اليوم كلام أهل الصولة كفحول القادرية والشاذلية رضي الله عنهم، وكلام أرباب الاحوال في كل زمان، فتعشقت النفوس ذلك، وأذعن له الجمهور وخاضوا في التشبيه بهم، فما شئت ان تلقى جاهلا مسرفا على نفسه لم يعرف بعد ظاهر الشريعة، فضلا عن أن يعمل، فضلا عن أن يخلص الى الباطن، فضلا عن أن يكون صاحب مقام الا وجدته يصول ويقول وينابذ المنقول والمعقول، وأكثر ذلك في أبناء الفقراء، يريد الواحد منهم ان يتحلى بحلية أبيه، ويستتبع اتباعه بغير حق ولا حقيقة بل لمجرد حطام الدنيا... ولا يقبل ان يحبوا أحدا في الله أو يعرفوه أو يقتدوا به غيره، وإذا رأى من خرج يطلب دينه او من يدله على الله تعالى يغضب عليه ويتوعده بالهلاك في نفسه وماله... ثم يضمن لهم الجنة على مساوىء اعمالهم والشفاعة يوم المحشر... فيكتفي جهال العوام بذلك ويبقون في خدمته ولدا عن والد»[٢].

الفصل الخامس عشر

ميزان القوى المتغير في القرن الثامن عشر

السلطة المركزية والسلطات المحلية

XV/1 في القرن السابع وَضَعَ العرب عالماً جديداً اجتذب اليه شعوباً اخرى. في القرن التاسع عشر والعشرين انجذبوا هم انفسهم الى عالم جديد قام في غربي أوروبا. هذه طبعا طريقة مبسطة جداً لوصف عملية بالغة التعقيد، والتفسيرات لها ممكن ان تكون مفرطة التبسيط أيضاً.

XV/2 احدى التفسيرات التي تُعطى عادة تقوم على هذا الشكل: بحلول القرن الثامن عشر كانت الممالك القديمة للعالم الاسلامي والمجتمعات التي تحكمها في حالة انحطاط، بينما كانت قوة أوروبا في نمو، وهذا أتاح توسعاً في السلع والافكار والنفوذ أدى الى فرض سيطرة أوروبية، ثم إلى انعاش قوة المجتمعات العربية وحيويتها بشكل متجدد.

XV/3 إلا أن فكرة الانحطاط صعبة الاستعمال. بعض الكتبة العثمانيين انفسهم استعملها. منذ أواخر القرن السادس عشر وما بعده، هؤلاء الذين كانوا يقارنون ما يشاهدون حولهم بما كانوا يعتقدون انه كان موجوداً قبلاً، كثيراً ما قالوا ان الأمور لم تعد كما كانت عليه في عهد سابق من العدالة، وان المؤسسات وقواعد السلوك الاجتماعية التي استند اليها النفوذ العثماني كانت في انحطاط. بعضهم قرأ ابن خلدون؛ في القرن السابع عشر عكس المؤرخ «نَيمه» بعض افكاره، وفي الثامن عشر تُرجم جزء من «المقدمة» الى التركية.

XV/4 لكُتَّاب كهؤلاء، كان الدواء في العودة إلى مؤسسات العصر الذهبي الحقيقي أو الخيالي. بالنسبة إلى سري محمد باشا (توفي ١٧١٧)، الذي كان أمين الخزينة (أو الدفتر دار) في وقت ما، فقد كتب في اوائل القرن

الثامن عشر ان المهم هو ان ذلك التمييز القديم بين الحاكم والرعية يجب أن يُعاد، وان على الحكام ان يعدلوا: «يجب تلافي انخراط «الرعية» في الطبقة العسكرية. فاختلال النظام سيكون نتيجة حتمية لمحاولة تشكيل خيّالة (سپاهيين) ممن ليسوا ابناء خيالة ولا أحفادهم... لِنَحُلْ دون ترك المجال امام [الموظفين] كي يضطهدوا الرعية او يرهقوهم بضرائب جديدة بالاضافة الى المكوس السنوية المعروفة التي تعوّدوا ان يدفعوها... يجب حماية اهل المقاطعات وسكّان المدن والحفاظ عليهم عن طريق رفع الظلامات عنهم كما يجب بذل عناية كبيرة لتوفير اسباب الرخاء للأهالي... ولكن يجب عدم اظهار الكثير من اللين مع الرعية»[١]. بدلا من الكلام عن الانحطاط، ربما كان من الأصح القول بان ما حدث كان اعادة تصحيح أساليب الحكم العثمانية وتوازن القوى ضمن الامبراطورية العثمانية بحسب الظروف المتغيرة. بنهاية القرن الثامن عشر كانت سلالة بني عثمان قد دامت لمدة خمس مئة سنة وحكمت معظم البلدان العربية لثلاثمائة؛ لقد كان من المنتظر ان طرقها في الحكم ومجالات سيطرتها سوف تتغير من مكان وزمن إلى آخرين.

XV/5 وكان هناك نوعان من التغير لهما أهميتهما الخاصة في مستهل القرن الثامن عشر. في الحكومة المركزية في اسطنبول، كان النفوذ قد انتقل من أسرة السلطان الى حفنة من كبار الموظفين المدنيين في مكاتب رئيس الوزراء أو حولها. بالرغم من ان هؤلاء الموظفين كانوا يشكلوا فئات مختلفة وكانوا يتنافسون على النفوذ، إلا أنهم كانوا على صلة بأكثر من طريقة واحدهم بالآخرين، كذلك بكبار الوجهاء من الادارات القضائية والدينية. كانت لهم ثقافة مشتركة كان فيها عناصر عربية وفارسية بالاضافة الى التركية. وكان لهم اهتمامٌ مشتركٌ بقوة الامبراطورية وبمصلحتها وبالمجتمع الذي تحميه. ولم يكونوا بمعزل عن المجتمع، كما كان عبيد الاسرة السلطانية في السابق، بل كانوا مرتبطين بحياته الاجتماعية من خلال سيطرتهم على الهبات الدينية والالتزامات، كما كانوا يشاركون التجار في توظيفات في التجارة والارض.

وكان الجيش المحترف ايضا قد انجرّ الى المجتمع: فالانكشارية XV/6
اصبحوا تجاراً وصناعاً، والتجار والصناع اكتسبوا عضوية او انتساباً الى فيلق الانكشارية. وكانت هذه العملية مرتبطة، بمثابة سبب ونتيجة، بالتغيير الثاني الرئيسي: بروز جماعات محلية حاكمة في العواصم الاقليمية استطاعت ان تسيطر على موارد الضرائب في الاقاليم واستعمالها لتشكيل جيشها الخاص. جماعات كهذه كانت موجودة في معظم العواصم الاقليمية، باستثناء تلك التي كان يسهل السيطرة عليها من اسطنبول. وقد تكون هذه الجماعات من انواع مختلفة. في بعض الامكنة كانت هناك أسر حاكمة، مع أهل بيتها والتابعين لها؛ كان بامكان اعضائها الحصول على الاعتراف بها من اسطنبول من جيل إلى آخر. في أماكن اخرى، كان هناك مجموعات من المماليك تجدّد نفسها من ذاتها: هؤلاء كانوا رجالاً من البلقان أو القوقاز قدموا الى المدينة كعبيد عسكريين أو ممتهنين في أسرة حاكم أو قائد جيش، وتمكنوا من تمرير نفوذهم إلى اعضاء آخرين من المجموعة ذاتها. كان باستطاعة حكام محليين كهؤلاء اقامة تحالفات مصالح مع تجار ومالكي اراض وعلماء في المدينة. كانوا يحافظون على الأمن والنظام الضروري لازدهار المدينة، وبالمقابل، كانوا يستفيدون منه.

كان هذا هو الوضع في معظم المقاطعات العثمانية في الاناضول وفي XV/7
اوروبا، باستثناء تلك التي كان يسهل الوصول اليها من اسطنبول، أي في كل المقاطعات العربية تقريباً. حلب في شمالي سوريا، الواقعة على طريق امبراطورية رئيسية، والتي كان يَسْهل الوصول اليها نسبياً من اسطنبول، ظلت تحت سيطرة مباشرة؛ ولكن في بغداد وعكا على شاطىء فلسطين كان اعضاء من جماعات المماليك يشغلون منصب الحاكم؛ في دمشق والموصل، استطاعت عائلات نشأت في خدمة العثمانيين ان تقوم بوظيفة الحاكم لعدة اجيال. في الحجاز قام أشراف مكة، وهم عائلة تتحدّر من النبي، بحكم المدن المقدسة مع انه كان هناك حاكم عثماني في جدة على الشاطىء. أما في اليمن، فلم يبق هناك وجود عثماني، وما كان هناك من سلطة مركزية

كانت في ايدي عائلة من الأئمة يعترف بها السكان الزيديون.

XV/8 الوضع في مصر كان أكثر تعقيداً. كان هناك حاكم مرسل من اسطنبول، ولكنه لم يكن يُسمح له بالبقاء طويلاً لئلا يكتسب نفوذاً كبيراً؛ ولكن معظم الوظائف الكبيرة والسيطرة على التزامات الضرائب كانت قد وقعت في بادىء الامر في ايدي مجموعات متنافسة من المماليك وقواد الجيش، ثم في يد واحد منهم. في المقاطعات العثمانية الثلاث في المغرب، استولى قواد الجيوش المحليون على السلطة بطريقة أو بأخرى. في طرابلس وتونس أسس قواد عسكريون سلالات، اعترفت بها اسطنبول حكاماً، ولكنّها تحمل لقب «باي» المحلي. في الجزائر، كان الفيلق العسكري يعين الحكام الواحد بعد الآخر (الداي)؛ ولكن بمرور الزمن تمكن «الداي» من تشكيل مجموعة من الموظفين السامين استطاعت ان تستمر وتحتفظ بمنصب «الداي» في يديها. في المقاطعات الثلاث، اتحد الموظفون وضباط من الجيش وتجار في البدء في مصلحة مشتركة، لتجهيز سفن المرتزقة البّحارة (يُسَمّون ايضاً قراصنة شطّ البربر)، والاستيلاء على سفن الدول الاوروبية التي كان السلطان العثماني في حالة حرب معها وبيع ما تحمله من سلع؛ ولكن هذه الممارسة كانت تقريباً قد انتهت في اواخر القرن الثامن عشر.

XV/9 ومهما كانت هذه التغيرات كبيرة، فمن الضروري ألا يُبالَغ فيها. في اسطنبول كان مازال للسلطان الكلمة الاخيرة. حتى اعظم الموظفين نفوذاً كان يمكن أن يُخلع من منصبه ويُعدم، وتُصادرُ ممتلكاته؛ موظفو السلطان كانوا ما زالوا يعتبرون عبيداً له. مع بعض الاستثناءات، حتى اكثر الحكام المحليين نفوذاً كانوا يقنعون بالبقاء ضمن النظام العثماني؛ كانوا «عثمانيين محليين»، وليس ملوكاً مستقلين. لم تكن الدولة العثمانية غريبة عنهم، فقد ظلت تجسيداً للامة الاسلامية (او على الاقل لجزء كبير منها). كان باستطاعة الحكام المحليين التعامل مع الدول الاجنبية، ولكنهم كانوا يستخدمون نفوذهم لخدمة المصالح الاساسية والدفاع عن حدود الامبراطورية. بالاضافة

الى ذلك، ظل للحكومة المركزية بقية نفوذ في معظم انحاء الامبراطورية. فقد كان باستطاعتها ان تمنح اعترافها الرسمي أو تحجبه؛ حتى «باي» تونس و«داي» الجزائر كانوا يودون ان يتقلدوا منصبهم رسمياً من السلطان. وكان باستطاعتها أيضاً أن تلجأ الى استخدام التنافس بين مقاطعتين مختلفتين، او بين اعضاء اسرة أو جماعة من المماليك، او بين الحاكم الاقليمي والوجهاء المحليين. وحيث كان بامكانها استعمال الطرق الامبراطورية العظيمة او الطرق البحرية في شرقي المتوسط، كان باستطاعتها ارسال جيش لاعادة ترسيخ نفوذها؛ هذا ما حدث بمصر، لفترة قصيرة، بعد عام ١٧٨٠. والحج، الذي ينظمه حاكم دمشق، حاملاً الهبات من اسطنبول الى سكان المدن المقدسة، والذي تحميه قوة عثمانية، ظل تأكيداً سنوياً على سيادة العثمانيين على طول الطريق من اسطنبول عبر سوريا وغربي جزيرة العرب الى قلب العالم الاسلامي.

XV/10 كان قد برز اذن توازن قوى جديد في الامبراطورية. كان هذا التوازن غير ثابت، كل فريق فيه يحاول ان يزيد من قوته عندما تسنح له الفرصة؛ ولكنه اتاح الحفاظ على تحالف مصالح بين الحكومة المركزية، والعثمانيين المتواجدين في الاقاليم، والطبقات الاجتماعية من ذوي الثراء والنفوذ، التجار والعلماء. هناك دلائل على انه في بعض الاقطار هذا التحالف بين الحكومات المحلية القوية والنخبة الفاعلة من اهل المدن دعم الانتاج الزراعي أو زاده، وهو اساس رخاء المدن وقوة الحكومات. ويبدو ان هذا الامر حدث في المقاطعات الاوروبية؛ فنمو السكان في اوروبا الوسطى زاد من الطلب على الاغذية والمواد الأولية، وتمكنت المقاطعات البلقانية من تلبية ذلك. في تونس والجزائر كانت الحبوب والجلود تنتج للتصدير الى مرسيليا وليفورنو؛ في فلسطين الشمالية والاناضول الغربية زاد انتاج القطن لتلبية الطلب عليه من فرنسا. الا انه في معظم المقاطعات لم تكن السيطرة من قبل الحكومة المحلية وحلفائها من اهل المدن تمتد بعيداً عن المدن. في المغرب الكبير، لم تكن السيطرة العثمانية تصل في الداخل حتى السهل

الجبلي المرتفع. وفي الهلال الخصيب، كانت بعض القبائل من البدو الذين يربون الابل قد انتقلت شمالا من وسط الجزيرة العربية؛ البقعة المستعملة للرعي توسعت على حساب الارض التي كانت تُستخدم للزراعة، وبالتالي اتسّعت المساحة التي اصبح يسيطر فيها زعماء القبائل على الزرّاعين (الباقين) بدلاً من موظفي الحكومة في المدينة.

XV/11 في بلدان وراء حدود الامبراطورية حدثت عمليات من هذا النوع أيضاً. في عُمان جاءت عائلة جديدة، طالبة لنفسها إمامة الإباضيين في أول الأمر، وتركزت في مسقط على الشاطىء، وتمكن تحالف من الحكام والتجار ان يبسط تجارة عُمان حول شواطىء المحيط الهندي. في موانىء اخرى من الخليج، الكويت والبحرين وغيرها من الموانىء الاصغر، برزت عائلات حاكمة مرتبطة ارتباطا وثيقا بمجتمعات تجارية. في السودان، الى الجنوب من مصر، كانت هناك سلطنتان دامتا طويلا: الاولى سلطنة «الفُنج»، الواقعة في الارض الخصبة بين النيل الازرق والنيل الابيض، حيث تتقاطع الطرق التجارية الممتدة من مصر الى الحبشة مع الطرق الذاهبة من افريقيا الغربية إلى البحر الاحمر؛ الاخرى سلطنة دارفور، الواقعة غربي نهر النيل، على الطريق التجارية الممتدة من افريقيا الغربية الى مصر.

XV/12 في المغرب، اقصى الغرب، كان العلويون حاكمين منذ منتصف القرن السابع عشر، ولكن بدون النفوذ الراسخ القائم على الدعم العسكري او البيروقراطي الذي يمكن حتى للحكّام العثمانيين المحليين الاعتماد عليه. ومثل أسلافهم، لم يكن باستطاعتهم ابداً السيطرة كلياً على مدينة فاس بعائلاتها المتاجرة النافذة، وعلمائها المتحلقين حول جامع القرويين، وعائلات الاولياء الذين يحرسون مزارات اجدادهم؛ اما خارج المدن فقد كان باستطاعتهم، في أحسن الاحوال، السيطرة على اجزاء من الارياف عن طريق المناورات السياسية وهيبة نسبهم. وبما أن اساسهم كان مُضعضعاً، لذلك كان نفوذهم متقلبا غير مستقر؛ كان عظيماً في اوائل القرن الثامن عشر، ثم ضعف وتراخى، ولكنه عاد الى الانتعاش في القسم الثاني من القرن.

المجتمع العربي العثماني وثقافته

XV/13 لعلّ تأثير النفوذ العثماني وثقافته أخذ يدخل في المقاطعات العربية بشكل اعمق في القرن الثامن عشر. فقد اتخذت الثقافة جذوراً لها في المدن عن طريق عائلات وجماعات درجت تسميتها بتعبير «العثمانية المحلية». من ناحية، استوطن قادة عسكريون وموظفون مدنيون عواصم المقاطعات وأسسوا أسراً او عائلات استطاعت ان تحتفظ بوظائف في خدمة العثمانيين من جيل إلى آخر؛ لم تكوّن العائلات الحاكمة المحلية وجماعات المماليك إلا المستوى الأعلى لظاهرة كانت موجودة ايضا على مستويات اخرى. بعضهم كانوا يحتلون مراكز في الادارة المحلية، والبعض جمعوا الثروات من خلال حيازة التزام الضرائب، وآخرون ارسلوا اولادهم الى المدارس الدينية المحلية ومن ثم إلى الدوائر القضائية. من ناحية اخرى، كان اعضاء من عائلات محلية حفظت التراث الديني يحاولون اكثر فاكثر الحصول على مراكز في الدوائر الدينية والقضائية، ومن خلال ذلك التوصل الى ادارة الاوقاف، بما فيها الاكثر دخلاً والتي كانت قد أسست لصالح المدن المقدسة او لاعالة معاهد انشأها السلاطين؛ كثير من هذه المؤسسات كانت تُحوَّل عن هدفها الاصلي لأجل الاستعمال الشخصي. وقد قُدر انه، بينما كان هناك خمس وسبعون وظيفة رسمية في النظام الديني ـ القضائي في دمشق في اوائل القرن الثامن عشر، فقد ارتفع ذلك العدد الى اكثر من ثلاثمائة في منتصف القرن. والحالة الملازمة لهذا الوضع كانت ان العديد من العائلات المحلية التي كانت تقليدياً من اتباع المذاهب الشافعية او المالكية، قبلت اخيرا بالقانون الحنفي، المذهب المعترف به رسميا من السلاطين العثمانيين. (وهذا لا يبدو انه حدث في المغرب؛ هناك ظَلَّ معظم السكان مالكيين ما عدا هؤلاء المتحدرين من أصل تركي.).

XV/14 وعليه، في أواخر القرن الثامن عشر كان هناك، على الأقل في بعض المدن العربية العظيمة، عائلات متنفذة دائمة الى حد ما من «الوجهاء» المحليين، بعضها كان يغلب عليها الطابع التركي وغيرها الطابع العربي. احد

اساليب التعبير عن نفوذهم واستقرارهم كان بناء منازل وقصور متقنة في الجزائر، تونس، ودمشق وغيرها. احد افخمها كان قصر العظم في دمشق، مجموعة غرف واجنحة مشادة حول فنائين، احدهما للرجال في البيت وزوارهم، والآخر للنساء وللحياة العائلية. على مقياس اصغر، ولكن ليس أقل فخامة، كانت المنازل في «الجديدة»، حي مسيحي في حلب، بنتها عائلات اغتنت من التجارة المتنامية مع اوروبا. في الجبال في جنوبي لبنان، قصر امير لبنان بشير الشهابي الثاني، بناه صناع من دمشق: قصر غير متوقّع على تلّ بعيد. منازل كهذه كان يبنيها مهندسون معماريون محليون وصناع محليون، والتصاميم الهندسية الطراز كانت تعبيراً عن تراث محلي، ولكن هنا ايضا، كما في المساجد، كان تأثير الزي الزخرفي العثماني ظاهرا، على الاخص في استعمال القرميد؛ وكان يخالط هذا نوع من التقليد للازياء الاوروبية، كصباغ الجدران ، واستعمال الزجاج البوهيمي وغير ذلك من السلع المصنعة في اوروبا لاسواق الشرق الاوسط. في تونس، وجد احد الرحالة الفرنسيون في اوائل القرن ان قصر «الباي» القديم، «الباردو» قد جُهز بأثاث من الطراز الايطالي.

XV/15 كان بقاء عائلات الوجهاء ونفوذها الاجتماعي مرتبطاً بالمدارس المحلية. وبيّنت دراسة للقاهرة ان جزءاً كبيراً جداً من السكان الذكور ـ تقريباً نصفهم ـ ربما كانوا يحسنون القراءة، ولكنّ قليلاً من النساء كن متعلمات. ويعني ذلك ان عدد المدارس الابتدائية، «الكتاتيب»، كان وفيراً. وعلى مستوى أعلى، يذكر أحد مؤرخي العصر حوالي عشرين مدرسة وعدداً مماثلا من المساجد حيث كان يُمارَس التعليم الاعلى. والظاهر ان المعهد الرئيسي، المسجد الازهر، ازدهر على حساب بعض المساجد الاخرى الاصغر والمدارس التي لم تكن لها الهبات او الاوقاف الكافية؛ وكان الازهر يستقطب الطلاب من سوريا وتونس والمغرب واقطار النيل الاعلى. بالطريقة ذاتها، كان مسجد الزيتونة في تونس قد زاد حجماً وأهمية خلال القرن؛ ووُسِّعَت مكتبته، وأُضيفت الى اوقافه ومخصصاته مداخيل من «الجزية»،

الضريبة المفروضة على غير المسلمين.

في مدارس عالية كهذه، كان المنهاج القديم نفسه ما زال متبعا. اهم
XV/16 المواد التي تدرّس كانت التفسيرات القرآنية، الحديث والفقه، الذي كانت تستخدم له مجموعات من الفتاوى بالاضافة الى بحوث ورسائل؛ وكانت تُدرّس المواضيع اللغوية بمثابة مقدمة لذلك المنهاج. العقائد الاساسية للدين كانت تدرس على الاخص في خلاصات وافية، ويظهر ان قراءة مؤلفات ابن عربي وسواه من الصوفيين كانت رائجة. العلوم المنطقية كالرياضيات وعلم الفلك كانت تُدْرَسُ وتُدَرَّس في اكثر الاحيان خارج المنهاج الرسمي، ولكن يبدو انها كانت تحظى بكثير من الاهتمام.

وكان ما زال هناك مجال لانتاج ادبي عالي النوعية ضمن حدود منهاج
XV/17 كهذا، صارم وغير متغيّر. في تونس، ثمة عائلة اسسها جندي تركي جاء الى البلاد مع الحملة العثمانية في القرن السادس عشر، انبتت اربعة افراد في اجيال متتالية، جميعهم حملوا اسم محمد بيرم، واشتهروا كعلماء ومفتين حنفيين. في سوريا، العائلة التي اسسها مراد، وهو نقشبندي من آسيا الوسطى، شغلت منصب المفتي الحنفي لاكثر من جيل. احدهم، محمد خليل المُرَادي (١٧٦٠ ـ ٩١) اكمل تقليداً ازدهر في سوريا وهو جمع سِيَر أهل العلم والشهرة، وقاموس السِّيَر الذي انتجه يشمل القرن الاسلامي الثاني عشر.

وللاستعانة في جمع السِّيَر، لجأ المرادي الى عالم مشهور استوطن
XV/18 مصر، مرتضى الزَّبيدي (١٧٣٢ ـ ٩١) برسالة تعبر عن الوعي الذاتي الذي يشعر به من يدرك انه يقف في نهاية تراث يتوجّب حفظه: «ولما كنت في الروم [الاستانة] قبل ذلك العام جرى ذكر الاستاذ لدى حضرة أحد رؤسائها. . . فأطال بالمدح وأطنب ثم جرى ذكر التاريخ وفقدانه في هذا الوقت وعدم الرغبة اليه من أبناء الدهر مع أنه هو المادة العظمى في الفنون كلها فتأوه تأوه حزين»(٢).

XV/19 هنديّ الاصل، كان الزَّبيدي قد عاش لمدة من الزمن في «زبيد» في اليمن، وهي مركز هام للاستراحة على الطريق من جنوبي آسيا وجنوبي شرقيها الى المدن المقدسة، وكانت مركز علم مرموق في ذلك الزمن؛ وكان قد انتقل الزبيدي الى القاهرة ومنها ذاع نفوذه واسعا بسبب صيته بان له القدرة على الشفاعة، وبفضل كتاباته. بين كتاباته مؤلفات عن الحديث، وشرح عن «احياء علوم الدين» للغزالي، ومعجم عربي عظيم.

XV/20 وبدوره سأل مرتضى الزبيدي احد العلماء الاصغر منه سناً، عبد الرحمن الجبرتي (١٧٥٣ ـ ١٨٢٥)، بأن يساعده في جمع مواد تتعلق بالسِّيَر، وكان هذا الحافز الذي حوّل عقل الجبرتي الى كتابة التاريخ؛ وانتج الجبرتي فيما بعد آخر عرض عظيم للاحداث بالاسلوب التقليدي، شمل ليس فقط الاحداث السياسية بل حياة العلماء والمشهورين ايضا.

XV/21 في عالم الشيعة ايضا استمر تراث التّعلُّم العالي، ولكن العلماء كانوا منقسمين. خلال معظم القرن كانت مدرسة التفكير «الاخبارية» هي المسيطرة بين علماء المدن المقدسة، ولكن في الفترة الاخيرة كان هناك احياء للمدرسة «الأصولية» تحت تأثير عالمين هامين، محمد باقر البهبهاني (توفي ١٧٩١) وجعفر كاشف الغطاء (حوالى ١٧٤١ ـ ١٨١٢)؛ واستعادت المدرسة الاصولية مركزها الطبيعي بمساعدة الحكام المحليين في العراق وايران لان ليونة الاصوليين اتاحت بعض الفوائد لهم. الا أن الاخبارية استمرّت قوية في بعض انحاء الخليج. وحوالى آخر القرن تعرضت المدرستان الاصولية والاخبارية الى تحدّ من حركة جديدة، «الشيخية»، التي انبثقت عن الحركة الباطنية، وهي تدعو الى التفسير الروحي للكتب المقدسة، الذي كان طالما يظهر في الشيعية: وقد استنكرت ذلك المدرستان واعتبرتاه خارج حدود الشيعية الإمامية.

XV/22 وليس هناك من دليل على ان الفكر السني أو الشيعي كانت قد دخلته في هذا الوقت الافكار الجديدة التي اخذت تبرز في اوروبا. بعض الاقسّة

السوريين واللبنانيين الذين تعلموا اللاتينية والايطالية والفرنسية كانوا مطلعين على اللاهوت الكاثوليكي والعلم الاوروبي في عصرهم. بعضهم علّم في اوروبا، واصبحوا علماء ذاع صيتهم في اوروبا: الاكثر شهرة بينهم كان يوسف السمعاني (١٦٨٧ ـ ١٧٦٨)، ماروني من لبنان، باحث في المخطوطات السريانية والعربية الذي اصبح قيّما على مكتبة الفاتيكان.

عالم الإسلام

XV/23 كل الذين قبلوا الاسلام ديناً وعاشوا من خلال بيئة اللغة العربية أكانوا ضمن الامبراطورية العثمانية أم خارج حدودها، كان بينهم أمر مشترك اكثر عمقاً من الولاء السياسي او المصالح المشتركة. فبينهم، وبين الناطقين بالتركية او الفارسية او اللغات الاخرى في العالم الاسلامي، كان هناك شعور مشترك بالانتماء الى عالم ثابت، باقٍ، لا يتزعزع، خلَقَهُ وحي الله المنزل على نبيّه محمد، والمعبر عن نفسه باشكال مختلفة من الفكر والنشاط الاجتماعي: القرآن، الحديث، نظام الشرع او السلوك الاجتماعي الامثل، الجماعات الصوفية المتوجهة الى قبور مؤسسيها، المدارس، رحلات العلماء طلباً للعلم، تداول الكتب، صيام رمضان، الذي يتقيد به المسلمون في كل مكان بالزمن ذاته وبالطريقة ذاتها، والحج الذي كان يجلب الألوف المؤلفة من كل انحاء العالم الاسلامي الى مكة في الوقت ذاته من السنة. كل هذه الاعمال حافظت على الشعور بالانتماء الى عالم يحتوي كل ما هو ضروري للرفاه في هذه الحياة والخلاص في الآخرة.

XV/24 مرة اخرى، البنية التي تدوم على مدى اجيال يُنْتَظَر أن تتغير، ودار الاسلام كما كان موجوداً في القرن الثامن عشر كان مختلفاً من عدة وجوه عما كان عليه سابقاً. احدى موجات التغيير جاءت من اقصى شرقي العالم المسلم، من شمالي الهند، حيث كانت السلالة السنّية الاخرى، المُغُل، تحكم المسلمين والهندوسيين. هنا، كان عدد من المفكرين، الاكثر شهرة بينهم الشاه ولي الله من دلهي (١٧٠٣ ـ ٦٢)، يُعلّمون أن على الحكام أن يحكموا بموجب قواعد الاسلام، وانه يجب تنقية الاسلام من قِبَل معلمين

يستخدمون «الاجتهاد» على اساس القرآن والحديث؛ ويجب ان تُدمج المذاهب المختلفة في نظام اوحد من المبادىء الاخلاقية والشرع، وتعبّدات الصوفيين يجب ان تظل ضمن حدودها. متنقلين من الهند غرباً، تلاقى العلماء بآخرين في المدارس العظيمة وفي المدن المقدسة في وقت الحج، وامتزجت افكارهم وولد هذا التمازج دعماً لنوع معين من التصوف الذي يركز على الطاعة الصارمة للشريعة، مهما كان المسلم مرتقياً على الطريق المؤدي الى اختبار الله. كانت النقشبندية قد انتشرت في وقت سابق من اواسط آسيا والهند الى البلدان العثمانية وكان نفوذها يتعاظم. وانشئت طريقة اخرى، التيجانية، في الجزائر والمغرب على يد معلم عائد من مكة والقاهرة، وامتدت الى افريقيا الغربية.

XV/25 وكانت هناك حركة اخرى ربما بدت ذات اهمية اقل في ذلك الوقت، ولكنها لعبت دورا اهم فيما بعد. فقد برزت في اواسط جزيرة العرب في اوائل القرن الثامن عشر، عندما بدأ مصلح ديني، محمد بن عبد الوهاب (١٧٠٣ـ٩٢)، يعظ بحاجة المسلمين الى الرجوع الى تعاليم الاسلام كما يفهمها اتباع ابن حنبل: الطاعة التامة للقرآن والحديث كما فسّرهما علماء مسؤولون في كل جيل، ونبْذ كل ما يمكن اعتباره بدعاً غير شرعية. بين هذه البدع، التبجيل المخصص للاولياء المتوفين المعتبرين ذوي شفاعة عند الله، والعبادات الخاصة التي تقوم بها الطرق الصوفية. وعقد المُصلح تحالفاً مع محمد بن سعود، حاكم مدينة تجارية صغيرة، الدّرْعِيّة، وادّى هذا الى تكوين دولة حدَّدت انها تعيش تحت هدى الشريعة، وحاولت ان تجلب جميع القبائل الرعائية حولها تحت قيادتها ايضا. وبهذا العمل دافعت عن مصالح مجتمع الواحات، وهو مديني ضعيف البنى، ضد المناطق النائية الرعائية، ولكن في الوقت ذاته رفضت ادعاءات العثمانيين بانهم حماة الاسلام الاصيل. وبحلول القرن التاسع عشر كانت جيوش الدولة الجديدة قد توسعت؛ كانت قد استباحت المقامات الشيعية في جنوبي غربي العراق واحتلت المدن المقدسة في الحجاز.

العلائق المتغيرة مع أوروبا

XV/26 مهما بدا عالم الاسلام حياً، نامياً، ذا اكتفاء ذاتي، وغير قابل للتحدي في نظر معظم الذين كانوا ينتسبون اليه، فعند حلول الربع الاخير من القرن الثامن عشر عرف على الاقل بعض افراد النخبة العثمانيين ان عالم الاسلام مهدد بقوى تتسبب بتغيرات في علائقه مع العالم حوله. فالحكومة العثمانية كانت على الدوام واعية لعالم ابعد من ذاتها: الى الشرق، امبراطورية ايران الشيعية ووراء ذلك امبراطورية المغول؛ إلى الشمال والغرب، الدول المسيحية. ومنذ وقت مبكر كان للحكومة العثمانية احتكاك مع اوروبا الغربية والوسطى؛ فقد كانت تسيطر على الشواطىء الشرقية والجنوبية للمتوسط، وتصل حدودها الغربية الى حوض نهر الدانوب. ولم تكن العلاقة مقتصرة على العداوة. طبعاً كان العداء موجوداً، عندما حارب الاسطول العثماني البنادقة والاسبان للسيطرة على المتوسط، ووصلت جيوشهم الى ابواب فيينا؛ في ذلك النطاق، بالامكان التعبير عن العلاقة بانها كانت حملة صليبية من جهة، ودعوة الى الجهاد من الناحية الاخرى. الا انه كان هناك انواع اخرى من العلاقة. التجارة كانت على العموم مستمرة يقوم بها تجار اوروبيون، من اهل البُنْدُقِيّة وجَنَوى في العصور العثمانية المبكرة، وبريطانيون وفرنسيون في القرن الثامن عشر. كانت هناك تحالفات أحياناً بين السلطان وملوك اوروبيين ضدّ عدوّ مشترك؛ على الاخص مع فرنسا ضدّ آل هبسبورغ اسياد النمسا واسبانيا. مُنحت فرنسا سنة ١٥٦٩ امتيازات Capitulations (امتيازات اجنبية) تنظم نشاطات التجار والمبشرين؛ وقد صيغت هذه على طراز امتيازات سابقة مُنحت الى تجار بعض المدن الايطالية، ثم مُنحت في وقت لاحق الى دول اوروبية اخرى. وكان للدول الرئيسية في اوروبا سفارات وقنصليات دائمة في الدولة العثمانية، التي اصبحت فيما بعد عنصرا من النظام السياسي في اوروبا، مع ان الامبراطورية العثمانية لم ترسل بعثات دائمة الى العواصم الاوروبية الا بعد ذلك بزمن طويل. (بالطريقة ذاتها، كان للمغرب وانكلترا علاقة طيبة عندما كان كلاهما معاديين لاسبانيا).

XV/27 حتى منتصف القرن الثامن عشر، كان بالامكان اعتبار العلاقة من وجهة نظر العثمانيين بانها على العموم علاقة تكافؤ ومساواة بالنفوذ. في اواخر القرن الخامس عشر، كان جيش السلطان النظامي الاحترافي، باستعماله للاسلحة النارية، نداً لأي جيش في اوروبا. في القرن السابع عشر قام العثمانيون بآخر فتح كبير لهم، فاستولوا على جزيرة كريت من ايدي اهل البندقية. في اوائل القرن الثامن عشر، كانوا يتعاملون مع الدول الاوروبية على صعيد المساواة الدبلوماسية، بدلاً من التفوق الذي كان بامكانهم إثباته في وقت سابق، واخذ جيشهم يُعتبر متخلفاً عن جيوش اخرى من ناحية التنظيم والنهج (التكتيك) واستخدام الاسلحة، ولكن ليس متخلفاً الى درجة انه ليس بالامكان بذل الجهد لتقويته ضمن نظام المؤسسات الموجودة. وكانت التجارة ما زالت مستمرة ضمن حدود الامتيازات الاجنبية.

XV/28 الا انه في الربع الاخير من القرن بدأت الوضعية تتغير بسرعة وبطريقة مدهشة؛ اذ بدأ التفاوت بين البراعات التقنية لبعض البلدان الغربية والاوروبية الشمالية وبين سائر العالم يتسع اكثر فاكثر. لم يكن هناك اي تقدم في التكنولوجيا خلال قرون الحكم العثماني، بل انحطاط في مستوى المعرفة العلمية والادراك. باستثناء بعض اليونانيين وغيرهم الذين درسوا في ايطاليا، كان هناك إلمام قليل بلغات اوروبا الغربية، وبالتقدم العلمي والتقني الذي كان يجري هناك. ولم تُذكَر النظريات المقترنة باسم كوبرنيكوس في علم الفلك باللغة التركية إلا في اواخر القرن السابع عشر ـ وبشكل مختصر حتى حينذاك ـ والتقدم في الطب الاوروبي بدأ يعرف ببطء كبير في القرن الثامن عشر.

XV/29 وكانت بعض الدول الاوروبية قد انتقلت عند ذلك الى مستوى أعلى من القوة. فالطاعون كان قد توقف عن اتلاف مدن اوروبا اذ وضعت انظمة الحَجْر الصحي (كَرَنْتِينَا) قيد التنفيذ، وادخال الذرة وتوسع الارض المزروعة وضع حداً لخطر الجوع وجعل بالامكان اطعام سكان أكثر. والتحسينات في بناء السفن وفن الملاحة أوصل الملاحين والتجار الاوروبيين الى جميع

محيطات العالم، وادى الى تأسيس نقاط تجارة ومستعمرات. التجارة واستثمار المعادن والحقول من المستعمرات اسفرت عن تجميع رأس مال اخذ يستعمل لانتاج بضائع مصنعة بطرق جديدة وعلى نطاق اوسع. واصبح بامكان الحكومات، عبر نمو السكان وازدياد الثراء، الانفاق على جيوش اكبر وقِوى بحرية اعظم. وهكذا باشرت بعض بلدان اوروبا الغربية، على الاخص انكلترا وفرنسا وهولندا، بعملية استمرارية لتجميع الموارد، بينما كانت البلدان العثمانية، مثل سائر الاقطار في آسيا وافريقيا، مازالت تعيش في وضع حيث السكان تحت رحمة الطاعون والجوع، وفي بعض الاماكن نقص عددهم، ولم يكن الانتاج كافياً ليولد رأس المال الضروري لتنفيذ التغييرات الاساسية في اساليبه او لزيادة القوة النظامية للحكومة.

والنمو في القوة العسكرية لاوروبا الغربية لم يكن قد بدأ يؤثر مباشرة XV/30
بعد. ففي غربي المتوسط كانت القدرة العسكرية الاسبانية قد ضعفت، واستطاع «داي» الجزائر سنة ١٧٩٢ ان يستولي على وهران التي كانت في ايدي الاسبان؛ في البحر المتوسط الشرقي كانت القدرة لمدينة البندقية في انحطاط، ولم تكن طاقة انكلترا وفرنسا قد اشعرتا بوجودهما. فبدا الخطر وكأنّه آتٍ من الشمال والشرق. روسيا، التي كانت قد اعادت تنظيم جيشها وحكومتها على الطرق الغربية، اخذت تتقدم باتجاه الجنوب. وفي حرب حاسمة مع العثمانيين (١٧٦٨ ـ ٧٤)، أبحر اسطول بقيادة روسية في شرقي البحر المتوسط، واحتل جيش روسي القريم، التي ضُمّت الى الامبراطورية الروسية بعد سنوات قليلة. منذ ذلك الحين لم يعد البحر الاسود بحيرة عثمانية؛ اصبح مرفأ اوديسّا الروسي الجديد مركزاً للتجارة.

ابعد من ذلك الى الشرق، في الهند، بدأ أيضاً شيء ليس أقل انذاراً XV/31
بالشؤم. كانت السفن الاوروبية قد ابحرت حول رأس الرجاء الصالح في اواخر القرن الخامس عشر، وأُسِّسَت مراكز اوروبية للتجارة تدريجياً على شواطىء الهند، في الخليج الفارسي وعلى جزر آسيا الجنوبية الشرقية، ولكن تجارتها ظلت محدودة على مدى القرن التالي أو اكثر. طريق رأس

الرجاء الصالح كانت طويلة، غير مأمونة، والتوابل وغيرها من البضائع الآسيوية كانت ما تزال ترسل عن طريق الخليج أو البحر الاحمر الى مدن الشرق الاوسط، لتباع في الاسواق المحلية او لتوزع ابعد الى الغرب والشمال. وكانت اوروبا تتوق الى شراء التوابل ولكن لم يكن لديها الا القليل تقدمه لقاء ذلك، وسفنها وتجارها في المحيط الهندي كانوا منهكمين على العموم بالبيع والشراء ما بين المرافىء الآسيوية. في اوائل القرن السابع عشر غَيَّر الهولنديون طريق تجارة البهارات الى ما حول رأس الرجاء الصالح؛ ولكن عوّض التجار العثمانيون عن خسارتهم هذه الى حدّ ما بتجارة القهوة الجديدة المزروعة في اليمن والموزعة على كل بلدان العالم الغربي بواسطة تجار في القاهرة. وفي وقت لاحق بدأت شركات تجارة اوروبية بالتوسع خارج موانئها واصبحت عبارة عن جباة ضرائب وحكاما فعليين لمناطق شاسعة. وسعت الشركة الهولندية للهند الشرقية سيطرتها حتى اندونيسيا، ووضعت الشركة البريطانية يدها على ادارة ارجاء واسعة من امبراطورية المغل، البنغال، سنة ١٧٦٠ وما بعد.

XV/32 بحلول السنوات الاخيرة من القرن الثامن عشر، كانت طبيعة التجارة الاوروبية مع الشرق الاوسط والمغرب تتغير بوضوح. كانت بعض المجموعات من التجار العرب والبحارة ما زالت قادرة على الحفاظ على مكانتها في تجارة المحيط الهندي، على الاخص تجار عُمَان، الذين انتشرت نشاطاتهم ونفوذهم على شاطىء افريقيا الشرقي. الا انه، بوجه عام، سقطت التبادلات بين مختلف اقطار العالم في ايدي تجار واصحاب سفن اوروبيين؛ كانت سفن انكليزية تأتي الى «مُخا» Mokha على شاطىء اليمن لتبتاع قهوة؛ التوابل من آسيا كان يأتي بها الى الشرق الاوسط تجار اوروبيون. ليس التجار فقط بل المنتجون ايضا احسوا بهذا التحدي. البضائع المنتجة في اوروبا، او تحت السيطرة الاوروبية في المستعمرات الاوروبية في آسيا والعالم الجديد بدأت تنافس بضائع الشرق الاوسط في اسواق الشرق الاوسط وفي الاسواق الاوروبية. قهوة المارتينيك كانت اقل ثمناً من قهوة اليمن،

والتجار الذين كانوا يتعاملون بها كانوا ذوي تقنيات تجارية افضل من جماعة القاهرة؛ وبالاضافة الى ذلك كانوا محتكرين الاسواق الاوروبية. وبحلول اواخر القرن الثامن عشر كانت قهوة «مُخا» قد خسرت في الواقع اسواق اوروبا، وبدأت تواجه منافسة القهوة الآتية من الانتيل في اسواق القاهرة وتونس واسطنبول. والسكر الآتي من الانتيل، والمكرر في مرسيليا، اخذ يهدد صناعة السكر في مصر. الاقمشة الفرنسية ذات النوعية الجيدة راج مبيعها في كل الاوساط وحتى في البلاطات ايضا. مقابل ذلك أكثر ما كانت تشتريه اوروبا هو المواد الاولية: الحرير من لبنان والقطن من شمالي فلسطين، الحبوب من الجزائر وتونس، الجلود من المغرب.

وفي ما يتعلق بالتجارة مع اوروبا، كانت بلدان الشرق الاوسط والمغرب XV/33
الكبير في طور الانتقال الى وضع موردين للمواد الاولية ومشترين للمنتجات المصنعة. الا ان تأثير ذلك كان مازال محدوداً. كانت التجارة مع اوروبا اقل اهمية لاقتصاد البلدان العربية مما كانت عليه التجارة مع البلدان الابعد الى الشرق، او تلك التي يمر بها النيل او الطرقات الصحراوية بين شواطىء المتوسط وافريقيا؛ فالتأثير الرئيسي ربما كان تخفيف التجارة بين الاجزاء المختلفة للامبراطورية العثمانية بالبضائع التي اصبحت أوروبا منافسة فيها.

ولكن مهما كان ذلك التأثير محدوداً فقد كان دليلاً على انتقال النفوذ. XV/34
فاذا كانت السفن البريطانية تجيء الى «مُخا»، فبامكانها ان تصل الى البحر الاحمر وتهدد سلامة المدن المقدسة وايرادات مصر؛ توسّعُ النفوذ البريطاني في البنغال، وهي منطقة فيها سكان مسلمون كثيرون، كما انها جزء من الامبراطورية المغلية، كان معروفا على الاقل من قبل المجموعة العثمانية الحاكمة. والاحتلال الروسي للقريم، ارض اكثر سكانها مسلمون، تحكمها سلالة ذات صلات وثيقة بالعثمانيين، وتحركات الاسطول الروسي في البحر المتوسط كانت كلها معروفة من العديدين. وفي نهاية القرن كان هناك وعي متزايد للاخطار. وقد وجد هذا تعبيرا في تنبؤات انتشرت بين افراد الشعب العاديين، اما بين النخبة من العثمانيين فقد خلّف هذا الوعي الشعور انه يجب

عمل شيء. كانت السفارات المبعوثة من حين الى آخر الى بلاطات اوروبا، والاجتماعات مع دبلوماسيين اوروبيين ورحّالة، قد جلبت بعض المعلومات عن التغييرات التي تحدث في اوروبا الغربية، واصبح من الواضح لبعض كبار المسؤولين العثمانيين ان دفاعات الامبراطورية يجب ان تدعم. جرت بعض المحاولات لادخال فيالق مدربة تدريباً عصرياً ومجهزة باسلحة جديدة الى الجيش وللبحرية، وفي عام ١٧٩٠ وما بعد، ببادرة من سلطان جديد، سليم الثالث (١٧٨٩ ـ ١٨٠٧)، بُذل جهد متواصل لتكوين جيش من طراز جديد؛ ولكن بالنهاية لم تؤد الى نتيجة، لان تكوين جيش جديد والاصلاحات الضرائبية التي يتطلبها ذلك هددت الكثير من المصالح ذات النفوذ.

الجزء الرابع

عصر الامبراطوريات الاوروبية

(١٨٠٠ ـ ١٩٣٩)

في القرن التاسع عشر كان العصر الذي سيطرت فيه اوروبا على العالم. فأدى نموّ الانتاج الصناعي الواسع النطاق والتغيرات في اساليب جـ/4/ 1 الاتصال ـ بروز السفن البخارية وسكك الحديد والتلغرافات ـ الى توسع التجارة الاوروبية وهيمنتها. وواكب ذلك تزايد القوى المسلحة في الدول الاوروبية الكبرى؛ اول فتح واسع لبلاد ناطقة بالعربية كان احتلال الجزائر على يد فرنسا (١٨٣٠ـ٤٧). ولم يعد بامكان الدول والمجتمعات الاسلامية ان تعيش في نظام مستقر اكتفائي الذات من الحضارة الموروثة؛ فحاجتهم اصبحت الآن استحداث القوة للبقاء في عالم يسيطر عليه آخرون. واقتبست الدول العثمانية اساليب جديدة في التنظيم العسكري والادارة والقوانين على غرار تلك المستخدمة في اوروبا، وحذا حذوها حكام مقاطعتين من الامبراطورية هما في الواقع مستقلتان بالحكم، مصر وتونس.

في عواصم هذه الحكومات الاصلاحية، وفي الموانىء التي نمت نتيجة التجارة المتزايدة مع اوروبا، تشكل تحالف جديد من المصالح بين جـ/4/ 2 الحكومات المصلحة والتجار الاجانب ونخبة من مالكي الاراضي والتجار الذين يتاجرون مع اوروبا. الا ان التوازن لم يكن مستقرا، وما لبثت مصر وتونس ان وقعتا تحت السيطرة الاوروبية، وتبعتها المغرب وليبيا. وخسرت الامبراطورية العثمانية معظم مقاطعاتها الاوروبية، واصبحت عبارة عن دولة تركية ـ عربية.

بينما استمرت حضارة الاسلام الدينية والشرعية محفوظة، برز نوع جديد من التفكير، يحاول تفسير اسباب قوة اوروبا وتبيين ان بامكان البلدان جـ/4/ 3

الاسلامية اقتباس الافكار والاساليب الاوروبية دون خيانة معتقداتهم. هؤلاء الذين طوروا هذا النوع الجديد من التفكير كانوا في معظمهم خريجي مدارس انشأتها حكومات مصلحة او ارساليات اجنبية، وكان باستطاعتهم التعبير عن آرائهم بوسيلة الاعلام الجديدة، الجريدة او المجلة. الآراء والافكار المسيطرة كانت تلك المتعلقة باصلاح القانون الاسلامي؛ تكوين اساس جديد للامبراطورية العثمانية، اي المواطنية المتساوية؛ وفي اواخر القرن التاسع عشر، القومية. باستثناء فترات نادرة من الثَوَران، بالكاد لامست هذه الافكار الجديدة حياة الناس في الارياف والصحراء.

انتهت الحرب العالمية الاولى بزوال الامبراطورية العثمانية نهائياً. ومن بين ركام الامبراطورية برزت دولة جديدة مستقلة لتركيا، ولكن جـ/ 4/4 المقاطعات العربية وُضعت تحت السيطرة البريطانية والفرنسية؛ واصبح الآن كل العالم الناطق بالعربية تحت الحكم الاوروبي باستثناء اجزاء من شبه الجزيرة العربية. وهذه السيطرة الاجنبية جلبت تغيرا اداريا وبعض التقدم في التربية والتعليم، ولكنها شجعت ايضا نمو الوعي القومي، على الاخص بين الطبقات المتعلمة من المجتمع. وفي بعض البلدان تم الاتفاق مع السلطة الحاكمة على توسيع الحكم الذاتي ضمن حدود، ولكنها في غيرها ظلت العلاقة علاقة معارضة. والتشجيع الذي ابدته الحكومة البريطانية لانشاء وطن قومي لليهود في فلسطين خلق حالة كان لها تأثيرها فيما بعد على الرأي العام القومي في كل البلدان الناطقة بالعربية.

الفصل السادس عشر

النفوذ الاوروبي وحكومات الاصلاح

(١٨٠٠ ـ ١٨٦٠)

توسع أوروبا

أولى المحاولات لاسترجاع قوة الحكومة الامبراطورية اكتسبت طابع الالحاح بسبب الحروب بين فرنسا الثورة، ثم نابليون، وبين الدول الاوروبية XVI/1 الاخرى وهي حروب زلزلت اوروبا من عام ١٧٩٢ الى ١٨١٥ واستمرت حيثما استطاعت الجيوش الاوروبية ان تزحف او القوات البحرية ان تبحر. واحتلت جيوش فرنسية وروسية ونمساوية، في اوقات متباينة، اجزاء من مقاطعات السلطان الاوروبية. وللمرة الاولى، ظهرت القدرة البحرية للبريطانيين والفرنسيين في شرقي المتوسط. وفي احد الاوقات حاول اسطول بريطاني الدخول الى المضائق المؤدية الى اسطنبول. وقامت حملة فرنسية بقيادة نابليون عام ١٧٩٨ باحتلال مصر (كخطوةٍ) في حربه مع بريطانيا؛ وحكم الفرنسيون مصر ثلاث سنوات، وحاولوا التحرك منها الى سوريا، ولكنهم أُكرهوا على الانسحاب بتدخل من بريطانيا والعثمانيين، بعد اول تحالف عسكري رسمي بين العثمانيين ودول غير اسلامية.

كانت هذه حقبة وجيزة، وكانت اهميتها موضع خلاف بين بعض المؤرخين؛ غيرهم اعتبرها تفتح عصرا جديدا في الشرق الاوسط. لقد كانت XVI/2 اول غزوة رئيسية من قبل دولة اوروبية لبلد مركزي من العالم الاسلامي، واول تعرض لسكانه لنوع جديد من القوة العسكرية، وللتنافسات بين الدول الاوروبية الكبرى. كان المؤرخ الجبرتي يعيش في القاهرة في ذلك الوقت وسجّل التأثير العميق الذي خلفه الفاتحون، مطولاً وبتفصيل حي، مع شعور بتفاوت القوى بين الفريقين، وعجز حكام مصر عن مواجهة التحدي. فعندما بلغ خبر نزول الفرنسيين في الاسكندرية مسامع قواد المماليك في القاهرة،

كما أخبرنا، لم يعيروا الخبر اي اهتمام: «لم يكترثوا به اعتمادا على قوتهم وزعمهم أنه إذا جاءت جميع الافرنج لا يقفون في مقابلتهم، وأنهم يدوسونهم بخيولهم»[١]. وتلا ذلك هزيمة وذعر ومحاولات القيام بثورة. الا انه مع معارضة الجبرتي للحكّام الجدد كان يمتزج نوع من الاعجاب للعلماء والباحثين الذين جاؤوا مع الفاتحين: «وإذا حضر إليهم بعض المسلمين ممن يريد الفرجة لا يمنعونه الدخول إلى أعز أماكنهم، ويتلقّونه بالبشاشة والضحك، وإظهار السرور بمجيئه اليهم، وخصوصا إذا رأوا فيه قابلية او معرفة أو تطلعاً للنظر في المعارف ـ بذلوا له مودتهم ومحبتهم، ويحضرون له أنواع الكتب المطبوع بها أنواع التصاوير وكرات البلاد، والاقاليم والحيوانات والطيور والنباتات، وتواريخ القدماء وسير الأمم وقصص الانبياء. . ولقد ذهبت إليهم مرارا، وأطلعوني على ذلك»[٢].

احداث كهذه اثارت القلق في حياة اهل الاقطار العثمانية والعربية. XVI/3 الجيوش الفرنسية في البحر المتوسط اشترت القمح من الجزائر، والجيش البريطاني في اسبانيا كان يشتريه من مصر. لم تكن السفن التجارية البريطانية والفرنسية تستطيع التنقل بسهولة في شرقي المتوسط، فكانت تلك فرصة للتجار واصحاب السفن اليونان. وانشاء فرنسا لجمهوريات في اجزاء من البلقان لم يَفتْ انتباه اليونانيين والصرب؛ وبعض اصداء بيان الثورة الفرنسية طرق اسماع المسيحيين من اتباع السلطان، ولكنه لم يترك تأثيراً يُذكر على المسلمين العثمانيين والعرب.

لدى انتهاء الحروب النابليونية، انتشر النفوذ الاوروبي أبعد. فالطاقات XVI/4 التي تفرزها الحروب والاحتياجات التي تولدها كانت دافعاً عظيماً لاقتباس تقنيات جديدة في الانتاج واساليب جديدة في تنظيم الصناعة. والآن، وقد انتهت الحرب واصبح بامكان التجار والبضائع التنقل بحرية، صار العالم مفتوحاً امام القطن الرخيص والثياب الصوفية والسلع المعدنية المنتجة، اولا وعلى الاخص في انكلترا، ولكن كذلك في فرنسا وبلجيكا وسويسرا والمانيا الغربية. في الثلاثينات والاربعينات من القرن التاسع عشر بدأت ثورة في

النقليات بمجيء السفن البخارية وسكك الحديد. قبل ذلك كان النقل، على الاخص براً، غالي الثمن، بطيئاً ومحفوفاً بالمخاطر. أما الآن فقد اصبح سريعاً، يمكن الاعتماد عليه، والنسبة التي كان يمثلها من مجموع ثمن مبيع البضائع اصبحت اقل، فصار بالامكان نقل ليس فقط السلع الفخمة المترفة بل كذلك البضائع الضخمة الحجم الى سوق اكثر اتساعا وعلى مسافات بعيدة. اصبح ايضا بامكان الناس والاخبار ان تنتقل بسرعة، مما أتاح قيام سوق مالية دولية: مصارف، اسواق اسهم واوراق مالية، عملات مرتبطة بالليرة الاسترلينية. أمكن ايضاً توظيف ارباح التجارة لتوليد نشاطات انتاجية جديدة. وراء التاجر والملاح كانت تقف القوة المسلحة لدول اوروبا. فالحروب النابوليونية كانت قد اظهرت تفوق تلك القوات، ليس بالاسلحة في الحقيقة، اذ ان المتغيرات العديدة في التكنولوجيا العسكرية أتت لاحقاً، ولكن بتنظيم الجيوش واستعمالها.

ويرتبط النمو المستمر في السكان بهذه التغييرات. فبين ١٨٠٠
XVI/5 و١٨٥٠ زاد عدد سكان بريطانيا العظمى من ١٦ مليونا الى ٢٧ مليونا، وعدد سكان اوروبا باكملها زاد بحوالي ٥٠ بالمئة. لندن اصبحت اكبر مدينة في العالم، بعدد سكان يبلغ ٢,٥ مليون سنة ١٨٥٠؛ ونمت عواصم اخرى ايضا، وبرز نوع جديد من المدينة الصناعية التي تسيطر عليها المكاتب والمصانع. وفي منتصف القرن كان اكثر من نصف سكان بريطانيا من اهل المدن. هذا التكثيف في المدن وفّر اليد العاملة للصناعة وعَبّأ الجيوش، وكَوّن سوقا اهليا متناميا لمنتوجات المصانع. وكان هذا التضخم السكاني في المدن يحتاج الى حكومات تتدخل بصورة مباشرة في حياة المجتمع كما انه مهد الطريق الى تكوين حكومات تستطيع القيام بذلك. في الوقت ذاته ساعد انتشار معرفة القراءة والكتابة وتوافر الصحف على انتشار الافكار التي ولدتها الثورة الفرنسية وكونت نوعاً جديداً من الوعي السياسي الذي يحاول تعبئة الرأي العام لاجل دعم فعال لحكومة ما او لمعارضتها.

XVI/6 ترددت اصداء هذا التوسع الضخم للطاقة الاوروبية وقواتها في كل انحاء العالم. بين ١٨٣٠ و١٨٦٠ كانت خطوط منتظمة من السفن البخارية

تربط موانىء جنوبي المتوسط وشرقيّه بلندن وليفربول ومرسيليا وتْرِيَسْتا، وكان للمنسوجات والمعادن سوق واسع متنامٍ. الصادرات البريطانية الى بلدان شرقي المتوسط زادت قيمتها ٨٠٠ بالمئة بين ١٨١٥ و١٨٥٠؛ عند ذاك اصبح البدوي في الصحراء السورية يرتدي قمصاناً مصنوعة من قطن لانِكشَرْ (مقاطعة انكليزية). وفي الوقت ذاته شجعت حاجة اوروبا الى المواد الاولية للمصانع والى الاغذية للناس الذين يعملون فيها زراعة المحاصيل المخصصة للبيع والتصدير: استمر تصدير القمح، الا انه تضاءل بالاهمية اذ زادت صادرات روسيا من القمح؛ وكان هناك طلب على زيت الزيتون التونسي لصنع الصابون، والحرير اللبناني لمصانع ليون (فرنسا) وخاصة على القطن المصري لمصانع لانْكِشَر. بحلول العام ١٨٢٠، بدأ مهندس فرنسي اسمه «لويس جوميل» Louis Jumel زراعة قطن طويل التيلة للمنسوجات الرفيعة النوعية، والتي كان قد وجدها في حديقة في مصر. منذ ذلك الحين حُوِّلت الاراضي القابلة للزراعة في مصر اكثر فأكثر الى زراعة القطن، وكان مخصّصاً بكامله تقريباً للتصدير الى انكلترا. وخلال الاربعين سنة بعد مبادرة «جوميل» زادت قيمة صادرات القطن المصري من لاشيء تقريباً الى حوالي ١,٥ مليون ليرة مصرية سنة ١٨٦١. (كانت الليرة المصرية توازي الليرة الاسترلينية تقريباً).

XVI/7 بمواجهة هذا التفجر للطاقة الاوروبية، لم يكن باستطاعة البلدان العربية، مثلها مثل معظم آسيا وافريقيا، ان تولد قوة موازية لها. فعدد السكان لم يتغير كثيراً خلال النصف الاول من القرن التاسع عشر. كان هناك سيطرة تدريجية على الطاعون، على الاقل في المدن الساحلية، إذ أُدخلت انظمة الحَجْر الصحّي تحت اشراف اوروبي، ولكن الكوليرا كانت تجيء من الهند. ولم تكن البلدان العربية قد دخلت عصر السكك الحديدية، ما عدا بدايات محدودة في مصر والجزائر؛ المواصلات الداخلية كانت رديئة ولم يكن خطر الجوع قد زال تماماً. بينما زاد عدد سكان مصر، من ٤ ملايين سنة ١٨٠٠ الى ٥,٥ سنة ١٨٦٠، الا انه بقي على حاله في معظم البلدان

الاخرى، وفي الجزائر، لاسباب خاصة، تدنى كثيرا، من ٣ ملايين سنة ١٨٣٠ الى ٢,٥ سنة ١٨٦٠. بعض المرافىء الساحلية نمت حجماً، على الاخص الاسكندرية، المرفأ الرئيسي لصادرات القطن المصري، التي زادت من حوالي ١٠,٠٠٠ سنة ١٨٠٠ إلى ١٠٠,٠٠٠ بحلول سنة ١٨٥٠. الا ان معظم المدن ظلت تقريباً بالحجم ذاته، ولم تكن قد نمت تلك المدن العصرية بالذات التي تولّد قوة الدول العصرية. باستثناء المناطق التي كانت تنتج محاصيل للتصدير، ظلّ الانتاج الزراعي على مستوى قوام العيش فقط، ولم يكن بامكانه ان يؤدي الى تجميع رأس مال للتوظيف المنتج.

بداية الامبراطوريات الاوروبية

XVI/8 وراء التجار واصحاب سفن اوروبا كان يقف سفراء وقناصل الدول العظمى، تدعمهم كمرجع اخير قوات حكوماتهم المسلحة. خلال النصف الاول للقرن التاسع عشر تمكنوا من العمل بطريقة كانت مستحيلة سابقاً، مستحوذين على نفوذ مع الحكومات والموظفين الرسميين، ومستعمليه لترويج المصالح التجارية لمواطنيهم والمصالح السياسية الرئيسية لبلدانهم، كذلك توفير المساعدة والحماية لمجتمعات لها مع حكوماتهم ارتباطات خاصة. ففرنسا كان لها علاقة خاصة، تعود الى القرن السابع عشر، مع المسيحيين الاحاديين، هؤلاء الجماعات من الكنائس الشرقية الذين قبلوا سلطة البابا، وعلى الاخص الموارنة في لبنان؛ وفي نهاية القرن الثامن عشر، كانت روسيا بصدد تقديم ادعاء مماثل لحماية الكنائس الارثوذكسية الشرقية.

XVI/9 بفضل قوتهم الجديدة، ليس فرنسا وروسيا وحدهما بل كل الدول الاوروبية عموماً بدأت بالتدخل جماعياً بالعلائق بين السلطان واتباعه المسيحيين. سنة ١٨٠٨ ثار الصرب ضد الحكومة العثمانية المحلية، وكانت النتيجة، بعد تقلبات كثيرة، انشاء دولة صربية مستقلة، بمساعدة اوروبية، عام ١٨٣٠. وفي ١٨٢١ حدث شيء ذو أهمية عامة اكبر: ثورة اليونان، الذين ظلوا لمدة طويلة محتفظين بموضع مميز بين الشعوب المغلوبة،

والذين كانت ثرواتهم واتصالاتهم مع اوروبا في طور توسع. من ناحية، كان ذلك الحدث سلسلة ثورات ضد حكام محليين، ومن ناحية اخرى كانت حركة دينية ضد السيطرة الاسلامية، ولكنه كان ايضا مدفوعاً بالروح القومية الجديدة. فالفكرة ان هؤلاء الذين يتكلمون لغة واحدة ويشاركون في الذاكرة الجماعية نفسها، يجب ان يعيشوا معا في مجتمع سياسي مستقل، هذه الفكرة كانت قد نشرتها الثورة الفرنسية، وبين اهل اليونان ارتبطت بالاهتمام المجدد بالتراث الاغريقي. وهنا أيضاً كانت النتيجة تَدَخُّل اوروبا، عسكريا ودبلوماسيا، واقامة مملكة مستقلة عام ١٨٣٣.

في بعض الاماكن، تمكنت الدول الاوروبية من فرض حكمها
XVI/10 المباشر. ولم يحدث ذلك في الاجزاء الداخلية المركزية من العالم العثماني، ولكن على الحواشي حيث كان باستطاعة دولة اوروبية ان تفعل دون مراعاة مصالح الدول الاخرى. ففي القوقاز، توسعت روسيا جنوباً الى اراض معظم سكانها مسلمون وتحكمها سلالات محلية عاشت تحت نطاق النفوذ العثماني. في شبه جزيرة العرب احتل البريطانيون مرفأ عدن قادمين من الهند سنة ١٨٣٩، واصبح هذا المرفأ فيما بعد محطة سفر للراحلين الى الهند بالسفن البخارية؛ في الخليج كان هناك حضور بريطاني متنامٍ قائم على القوة البحرية ومجسد في بعض الاماكن باتفاقات رسمية مع الحكام الصغار للمرافىء، كانوا يتعهدون فيها أن يحافظوا على السلام فيما بينهم بحراً (من هنا جاءت التسمية التي عُرفوا بها «الولايات المتهادنة»، وكانت تشمل ابو ظبي ودبي والشارقة).

ما حدث في المغرب الكبير كان اكثر اهمية من هذا. ففي ١٨٣٠ نزل
XVI/11 جيش فرنسي على الشاطىء الجزائري واحتل الجزائر. وكانت قد أُرسلت عدة حملات اوروبية بحرية لايقاف نشاطات الارتزاق المِلاحي التي عادت الى الظهور خلال الحروب النابوليونية وبعدها، ولكن هذا الانزال للجيش الفرنسي كان حدثاً من نوع آخر. كانت اسبابه تعود جزئيا الى السياسات الداخلية لفرنسا في عهد الملكية المستعادة، وجزئيا ايضاً الى مسألة غامضة تتعلق بديون نابعة من تموين فرنسا بالقمح خلال الحروب، ولكن الاسباب

الاعمق كامنة في الديناميكية التوسعية الجديدة التي خلقها النمو الاقتصادي: تجار مرسيليا كانوا يريدون مركز تجارة قويّاً على شاطىء الجزائر. وعندما استقروا في مدينة الجزائر، وبعد ذلك بقليل في بعض المدن الساحلية الاخرى، لم يدرِ الفرنسيون ما يجب ان يفعلوه في بادىء الامر. فالانسحاب لم يكن وارداً، لان مركزا قويا لايمكن التخلي عنه بسهولة، ولانهم كانوا قد فككوا الادارة المحلية العثمانية. وسرعان ما ادى بهم ذلك اضطرارياً الى التوسع باتجاه الداخل. المسؤولون الحكوميون والتجار رأوا امكانيات الربح من خلال حيازة الاراضي؛ العسكريون ارادوا ان يجعلوا وضعهم اكثر مناعة بحماية طرق الامداد بالاغذية والتجارة مع الداخل؛ ثم إن ازالة الحكومة العثمانية المحلية اضعف نظام العلائق التقليدي بين السلطات المحلية. كانت حكومة الداي حتى ذلك الوقت في ذروة تلك العلائق، تنظم على قدر امكانها المدى الذي يمكن فيه لكل سلطة محلية ان تمد قوتها؛ ولكن عند زوالها، كان على الزعماء المحليين ان يجدوا توازنهم الواحد مع الآخر، مما ادى الى نزاع على السيطرة. واكثر المتنافسين نجاحاً كان عبد القادر (١٨٠٨ ـ ٨٣) في المنطقة الغربية. فقد كان يستمد اعتباره من انتمائه الى عائلة ذات مركز ديني، لها صلة بالطريقة القادرية، واصبح النقطة التي يتجمع حولها قوات محلية. وحكم دولة مستقلة تقريباً لمدة من الزمن، وكان مركزها في الداخل، وامتدّت من الغرب الى القسم الشرقي من البلاد. وقاده ذلك حتماً الى صراع مع السلطة الفرنسية الممتدة من الساحل. كانت رموز مقاومته للفرنسيين تقليدية ـ حربه كانت جهاداً، وبرر سلطته باختيار «العلماء» واحترام الشريعة ـ ولكن كان هناك مظاهر عصرية لتنظيمه للحكومة.

اخيراً دُحر عبد القادر وأُرسل منفياً سنة ١٨٤٧؛ وقضى اواخر عمره
XVI/12 في دمشق، متمتعاً باحترام السكان العظيم وعلى علائق طيبة مع ممثلي فرنسا وغيرها من الدول الاوروبية. وخلال عملية دحره، توسعت السيطرة الفرنسية جنوباً عبر السهل المرتفع الى حافة الصحراء الكبرى، وتغيرت طبيعتها. فقد

بدأ مهاجرون فرنسيون وغيرهم يفدون الى البلاد ويستولون على الاراضي المتاحة اما بالمصادرة، او ببيع ممتلكات الدولة او بطرق اخرى. ومن العام ١٨٤٠ وما بعد، باشرت الحكومة، بطريقة اكثر انتظاماً، بالمساهمة في توطين المهاجرين الفرنسيين (المستعمرين) (colons) في اراض كانت القرى تعتبرها مشتركة بينها. وكانت هذه الاراضي تُمنح في معظمها لمن لديهم رأس المال لزراعتها، مستخدمين اما فلاحين مهاجرين من اسبانيا او ايطاليا او عمالا عرباً. ما تبقى من الاراضي كان يُعتبر كافياً لاحتياجات اهل القرية، ولكن هذا التقسيم بالواقع هدم الصيغ القديمة لاستخدام الارض وادى الى تجريد صغار الزرّاعين من ممتلكاتهم، فاصبحوا مُحاصصين (مزارعين يستغلون الارض لمصلحة المالك لقاء جزء من المحصول)، او عمالا غير مالكين للارض في الممتلكات الجديدة.

بحلول العام ١٨٦٠ كان عدد السكان الاوروبيين في الجزائر يقارب
XVI/13 ٢٠٠,٠٠٠، بين مجموع السكان المسلمين البالغ عددهم ٢,٥ مليون (اقل من السابق بسبب حرب الفتوح، الاوبئة، والجوع في ايام القحط). الجزائر وغيرها من المدن الساحلية اصبحت معظمها من الاوروبيين، والاستيطان الزراعي امتد جنوباً ابعد من السهل الساحلي حتى السهول الواسعة المرتفعة. وسيطر على الحياة الاقتصادية تحالف مصالح بين موظفين رسميين واصحاب الاملاك ممن لديهم رأس المال لممارسة الزراعة التجارية، والتجار الذين يشرفون على المبادلات بين الجزائر وفرنسا، بعضهم اوروبيون، وبعضهم من اليهود المحليين. وكان لهذه العملية الاقتصادية بعد سياسي. فنمو الاستثمار الزراعي («الاستعمار») ابرز بشكل مُلحّ قضية ما على فرنسا ان تفعل في الجزائر. المناطق المخضعة تماماً والمستوطنة بكثافة استُوعبت ضمن النظام الاداري الفرنسي بعد عام ١٨٤٠؛ فكان يحكمها مباشرة موظفون حكوميون، .والحكومة المحلية بيد السكان المهاجرين؛ اما الوجهاء المحليون، ممن عملوا سابقا بمثابة وسطاء بين الحكومة والسكان المسلمين، فقد خُفضوا الى موظفين مرؤوسين. المناطق التي لم يكن

الاستيطان فيها متقدماً بقيت تحت الحكم العسكري، ولكن هذه المناطق صغرت في الحجم بقدر امتداد الاستعمار. المهاجرون ارادوا أن تستمر هذه الحال، وان تصبح البلاد فرنسية تماماً: «لم يعد هناك شعب عربي، بل أناس يتكلمون لغة غير لغتنا». وكان عددهم قد اصبح كافياً، وعلاقتهم مع اهل السياسة الفرنسيين من المتانة بحيث كونوا جماعة ضغط (لوبي) ذات تأثير فعلي.

هذه السياسة اثارت مشكلة، مسألة مستقبل السكان المسلمين، العرب والبربر، XVI/14 وفي اوائل عام ١٨٦٠ بدأ حاكم فرنسا، الامبراطور نابليون الثالث، ينظر باقتناع متزايد الى سياسة اخرى. الجزائر كانت بنظره مملكة عربية، ومستعمرة اوروبية ومعسكراً فرنسياً؛ وكانت هناك ثلاث مصالح يتوجب التوفيق بينها: مصالح الدولة الفرنسية، ومصالح المستعمرين (colons)، ومصالح الاكثرية المسلمين. هذه النظرة، او الفكرة، وجدت تعبيراً لها في مرسوم صدر عام ١٨٦٣ (باسم senatus consultus)، جاء فيه ان سياسة تقسيم اراضي القرى يجب ان تتوقف، وان يُعترف بحقوق مزارعي الارض، وان يقوّى المركز الاجتماعي للزعماء المحليين لاستمالتهم الى دعم السلطة الفرنسية.

الحكومات الاصلاحية

XVI/15 كان النفوذ الاوروبي السياسي والاقتصادي يقترب من وسط العالم الاسلامي من اكثر من جهة، ولكن في تلك المناطق كان ما يزال هناك قسط من حرية رد الفعل، من جهة لان المصالح المتضاربة للدول الاوروبية لم تكن تسمح لاي منها بالتحرك بعيداً جداً. لذلك كان بامكان بعض الحكومات الاهلية ان تحاول تكوين هيكلية عملها الخاصة، بحيث يمكن لاوروبا ضمن هذه الهيكلية ان تلاحق مصالحها، ولكن تدخلها يكون محدوداً، ورعاياهم، من مسلمين وغير مسلمين، يستمرون في القبول بحكمهم.

XVI/16 لم يأت التغيير الا ابتداء من العام ١٨٢٠ على يد السلطان محمود

الثاني (١٨٠٨ ـ ٣٩) وجماعة صغيرة من كبار الموظفين المقتنعين بضرورة التغيير والذين كانت لهم القوة الكافية لأخذ قرار حاسم. تضمنت سياستهم الجديدة حل الجيش القديم وتشكيل جيش جديد قائم على التجنيد الالزامي، يدربه معلمون من أوروبا. بهذا الجيش سيمكن تدريجاً فرض سيطرة مباشرة على بعض المقاطعات في اوروبا والاناضول، في العراق وسوريا، وطرابلس في افريقيا. وذهبت الخطة الاصلاحية ابعد من ذلك. فالنية لم تكن استرجاع قوة الحكومة فحسب بل تنظيمها ايضا بطريقة جديدة. وأُعلنت هذه النية في مرسوم «خطّي شريف»، الذي صدر في عام ١٨٣٩، بعد وفاة محمود بقليل: «كل الدنيا تعرف بأنه منذ بدء الدولة العثمانية كانت مبادىء القرآن السامية وأحكام الشريعة تُحفظ بتمامها على الدوام. وبلغت سلطنتنا الجليلة اعلى درجات القوة والنفوذ، وتمتع جميع رعاياها بالراحة والبحبوحة، ولكن في السنوات المئة والخمسين الاخيرة، ولأسباب صعبة متتالية، لم يكن هناك طاعة كافية للشريعة المقدسة. وكذلك لم تُتّبَع القواعد السمحة، وبنتيجة ذلك، تحوّلت قوّتها ونفوذها السابقان الى ضعف وفقر. ومن البديهي ان البلدان غير المحكومة من الشريعة ليس بإمكانها البقاء... ونحن المملوئين ثقة بعون الله القدير وبمساندة نبيّنا الكريم الاكيدة، نعتبر من الاكيد من الآن وصاعدا ان ندشّن تشريعا جديدا لكي نضمن ادارة فعالة جديدة للحكومة العثمانية وللمقاطعات».[٣] يجب ان يتحرّر موظفو الحكومة من الخوف من الاعدام الكيفي ومصادرة الممتلكات؛ ويجب ان يحكموا بموجب قوانين يضعها مسؤولون كبار يجتمعون في مجالس. وعلى الرعية ان تعيش في ظل قوانين مستمدة من مبادىء العدالة، والتي تتيح لهم متابعة مصالحهم الاقتصادية بحُرّية؛ ويجب ألا تميز القوانين بين المسلمين والنصارى واليهود العثمانيين. والقوانين التجارية الجديدة قد تمكن التجار الاجانب من المتاجرة والسَّفَر بحرية. (التنظيم الجديد الذي اتبع هذا المرسوم عرف باسم «التنظيمات»، من التسمية العربية والتركية).

XVI/17 سيطرة مركزية، بيروقراطية مجلسية، حكم القانون، مساواة: وراء

هذه الافكار الرئيسة هناك فكرة اخرى، فكرة اوروبا كمثال للمدنية الحديثة، والامبراطورية العثمانية كشريك لها. وعندما اصدر المصلحون مرسوم «كُلهانه»، أُرسل الى سفراء الدول الصديقة للاطلاع.

XVI/18 في مقاطعتين عربيتين باشر الحكام العثمانيون المحليون بسياسات مشابهة نوعا. في القاهرة ادى اختلال توازن القوى الذي سببه الغزو الفرنسي الى استيلاء محمد علي (١٨٠٥ ـ ٤٨) على السلطة، وهو تركي من مقدونيا كان قد قدم مع القوات العثمانية التي ارسلت ضد الفرنسيين؛ وحشد محمد علي الدعم من اهل المدينة وفاق منافسيه دهاء وفرض نفسه بالفعل على الحكومة العثمانية كحاكم لمصر. وشكل حوله جماعة حاكمة من العثمانيين المحليين من الاتراك والمماليك، وجيشاً عصرياً ونخبة من الموظفين المتعلمين، واستخدمهم ليفرض سيطرته على الادارة وعلى جباية الضرائب من البلاد بأجمعها، والتوسع أبعد منها باتجاه السودان وسوريا وجزيرة العرب. ولم يستمر الحكم المصري في سوريا والجزيرة العربية طويلاً؛ فقد أُجبر على الانسحاب بواسطة مجهود مشترك من الدول الاوروبية التي لم ترغب في رؤية دولة مستقلة مصرية في الواقع تضعف دولة العثمانيين. غير انه بمقابل الانسحاب، نال الاعتراف بالحق له ولعائلته بحكم مصر تحت سلطنة العثمانيين (اللقب الخاص الذي اقتبسه خلفاؤه كان لقب «خديوي»). الا ان الحكم المصري استمر في السودان التي كانت تؤلف، للمرة الاولى، كيانا سياسياً موّحداً.

XVI/19 من بعض النواحي، ما حاول محمد علي أن يفعله كان أبسط مما رمى اليه رجال الدولة في اسطنبول. لم يكن هناك فكرة واضحة عن المواطنية او عمّا يجب تغييره في القاعدة الاخلاقية للحكومة. الا انه من نواح اخرى سارت التغييرات التي أُدخلت في مصر شوطاً أبعد من تلك التي جرت في اماكن أخرى من الامبراطورية، ومنذ ذاك الحين اتبعت مصر خطا مختلفا من التطور. وكان هناك محاولة مستمرة لتدريب مجموعة ضباط واطباء ومهندسين وموظفين في مدارس جديدة وبارسال بعثات الى اوروبا. ففي

مجتمع اصغر حجماً (مصر) واكثر بساطة من المجتمع الرئيسي للامبراطورية، تمكن الحاكم من وضع كل الارض الزراعية تحت سيطرته عن طريق مصادرة التزام الضرائب والاوقاف الدينية واستعمال سلطته لتوسيع زراعة القطن وشراء المحصول بسعر محدد وبيعه الى مصدّرين في الاسكندرية؛ وتطَلَّب هذا الامر نوعا جديدا من الري وبناء سدود لتحويل مياه النهر الى قنالات تنقلها الى حيث تُوزَّع ساعة يحتاجونها. وحاول في البدء تصنيع المنسوجات وغيرها من السلع في مصانع، ولكن صغر السوق الداخلي وندرة الطاقة وعدم وجود المهارة التقنية جعل هذه المحاولات غير ذات جدوى، بالرغم من انه صدَّر بعض المنسوجات لمدة من الزمن. وفي السنوات الاخيرة من حكمه، اجبره الضغط من اوروبا على التخلي عن احتكاره لبيع القطن وغير ذلك من المنتوجات، وانتقلت مصر الى وضعية اقتصاد زراعي يقدم المواد الاولية ويستورد السلع المصنعة بأسعار محددة في السوق العالمي. بهذا الوقت أيضاً اخذ الحاكم يهب الاراضي الى اعضاء عائلته ومن حوله، او غيرهم ممن يستثمرون الارض بزراعتها ويدفعون ضريبة الارض، وهكذا تكونت طبقة جديدة من مالكي الاراضي.

XVI/20 في تونس كانت هناك بوادر تغييرات في حكم احمد باي (١٨٣٧ ـ ٥٥)، الذي ينتمي الى عائلة حكمت منذ اوائل القرن الثامن عشر. بعض اعضاء الفئة الحاكمة، من الاتراك والمماليك، كانوا قد تلقوا تدريباً عصرياً، وتشكلت نواة جيش عصري، وتوسّعت ادارة مباشرة لنظام الضرائب وأُصدرت بعض القوانين الجديدة، وحاول الحاكم ان يقوم باحتكار بعض السلع. تحت حكم خلفه، سنة ١٨٥٧، صدر اعلان بالاصلاح: الامن، الحرية المدنية، النظام الضريبي المنتظم والتجنيد الالزامي، وحق اليهود والاجانب بامتلاك الارض والقيام بكل انواع النشاطات الاقتصادية. سنة ١٨٦١ وُضع نوع من الدستور، الاول في العالم الاسلامي: كان يدعو لمجلس مؤلف من ستين عضواً تلزم موافقتهم لاقرار القوانين، واخذ «الباي» عهدا على نفسه بان يحكم ضمن هذه التحديدات.

XVI/21 اما وراء حدود الامبراطورية، في وسط الجزيرة العربية، فبالكاد ترك

النفوذ الاوروبي تأثيراً. في وسط الجزيرة، تضعضعت الدولة الوهابية وتلاشت لمدة من الوقت بسبب توسع السلطة المصرية، ولكنها سرعان ما استعادت نشاطها وحيويتها، ولكن على مقياس اصغر؛ في عُمَان، تمكنت العائلة الحاكمة التي ثبتت اقدامها في مسقط ان توسع حكمها الى زنزيبار والشاطىء الافريقي الشرقي. في المغرب حدث توسع في التجارة الاوروبية، وفَتِحَت القنصليات وبدأت الرحلات المنظمة للسفن البخارية. وظلت قوة الحكومة محدودة فلم تتمكن من ضبط هذه التغييرات. وحاول السلطان عبد الرحمن (١٨٢٢ ـ ٥٩) تكوين احتكار للصادرات والواردات، ولكن البلاد فتحت للتجارة الحرّة تحت ضغط أجنبي.

XVI/22 حتى في افضل الاحوال، لم يكن باستطاعة الحكومات المحلية التي حاولت اقتباس اساليب جديدة للحكم والحفاظ على استقلالها، ان تتصرف الا ضمن حدود ضيقة . هذه الحدود كان يفرضها اولا جميع الدول الاوروبية. مهما كان بينهم من منافسة، فقد كانت تجمعهم مصالح مشتركة فيقفون صفاً واحداً لتعزيزها. أول ما كان يهمهم كان توسيع رقعة اعمال تجارهم. جميعهم كانوا يعارضون محاولات الحكام تشكيل احتكارات على التجارة. وبواسطة سلسلة من الاتفاقيات التجارية، حققوا تغييرات في قوانين الجمارك: اول هذه الاتفاقيات في الامبراطورية العثمانية كانت المعاهدة الانكليزية ـ العثمانية لسنة ١٨٣٨؛ في المغرب وُقّعت معاهدة مماثلة عام ١٨٥٦ . ضمنت هذه المعاهدات الحق للتجار الاوروبيين بان يسافروا ويتاجروا بحرية، ويقيموا اتصالات مباشرة مع المنتجين، وان تحل النزاعات التجارية في محاكم خاصة، وليس في محاكم اسلامية بموجب الشرع الاسلامي. وبسبب نفوذ السفراء والقناصل، صارت الامتيازات الاجنبية نظاماً اصبح المقيمون الاجانب بفضله خارج القانون في الواقع

XVI/23 وفوق ذلك، كانت الدول الاوروبية معنية باوضاع رعايا السلطان المسيحيين. ففي السنوات التي تلت مرسوم «كُلهانة»، تدخلت اكثر من مرة مُجتمِعَةً لتضمن تنفيذ ما وعد به السلطان رعاياه من غير المسلمين. الا ان

ضد هذا «التنسيق الاوروبي» كان هناك صراعات بين هذه الدول المختلفة للحصول على اكبر نفوذ. وأدّت هذه الصراعات عام ١٨٥٣ الى حرب القريم، التي حصل فيها العثمانيون على دعم من انكلترا وفرنسا ضد روسيا؛ ولكنها انتهت باعادة تأكيد «التنسيق الاوروبي». فمعاهدة باريس سنة ١٨٥٦ تضمنت تصريحاً آخر من السلطان يؤكد فيه ضماناته لرعاياه. من ناحية إذاً، وُضِعَتْ العلاقة بين الحاكم والمحكوم تحت ملاحظة اوروبا الرسمية. منذ هذا الوقت اصبح السلطان معتبراً رسمياً كعضو في حلقة ملوك أوروبا، ولكن تحت ظلال من الشك: فبينما اعتقدت فرنسا وانكلترا انه قد يكون بامكان الامبراطورية العثمانية ان تغدو دولة عصرية بحسب المقاييس الاوروبية، كانت روسيا تشكك بذلك وتعتقد ان المستقبل هو في منح المقاطعات المسيحية الاوروبية حكماً ذاتياً واسعاً. إلا انه لم يكن هناك بين الدول من يرغب في تشجيع تَفَتُّت الامبراطورية، بما قد يجر ذلك من ذيول على السلام في أوروبا؛ فذكريات الحروب النابليونية كانت ما زالت ماثلة في الأذهان.

حتى ضمن الحدود التي فرضتها اوروبا، لم تلاق الاصلاحات الا
XVI/24 نجاحاً محدوداً. فقد كانت اعمال حكام فرديين مع جماعات صغيرة من المستشارين، يشجعهم بعض السفراء الاجانب والقناصل. أي تغيير في الحكام او تحول في التوازن بين مختلف فئات الموظفين الرسميين، او أي تضارب في المصالح أو الافكار للدول الاوروبية، كانت تسبب تحولاً في اتجاه السياسة. في اسطنبول، كانت النخبة من كبار الموظفين قوية، مستقرة ومخلصة لمصالح الامبراطورية مما يكفل قدراً من الاستمرارية في السياسة، ولكن في القاهرة وتونس والمغرب كان كل شيء يتوقف على الحاكم؛ فعندما توفي محمد علي، نقض خَلَفُه عبّاس الأول (١٨٤٩ ـ ٥٤) بعض أساليب سياسته، ثم جاء الحاكم التالي سعيد (١٨٥٤ ـ ٦٣) الذي اعادها.

بالقدر الذي طُبّقت فيه هذه الاصلاحات، فقد كان لها نتائج غير
XVI/25 متوقعة. بعض التغييرات حدثت في الاساليب التي تعمل بها الحكومات: نُظّمت المكاتب بطرق جديدة، وكان من المفترض ان يتصرف الموظفون

بموجب قواعد جديدة؛ أُصدرت بعض القوانين الجديدة؛ دُرّبت الجيوش باساليب مختلفة، وحشدت بالتجنيد الالزامي؛ فَرض الترتيب الجديد ان تُجبى الضرائب مباشرة. كان القصد من تدابير كهذه الحصول على قوة وعدالة اكبر، ولكنها اتجهت في المرحلة الاولى الى إضعاف العلاقة بين الحكومات والمجتمعات. فالاساليب والسياسات الجديدة التي طبقها موظفون تدربوا بطريقة جديدة كانت اكثر غموضاً وتعقيداً للرعية، ولم يكن لها جذور عميقة في نظام اخلاقي كرّسه طول الممارسة. كما انها أقلقت علاقة قديمة بين الحكومات وعناصر معينة من المجتمع.

XVI/26 من كان الرابح من الطرق الجديدة للحكومة؟ لا شك ان العائلات الحاكمة وموظفيها الكبار ربحوا، لأن الضمانات الاكبر للمعيشة وللأملاك جعلت بالمستطاع جمع الثروات وتوريثها لعائلاتهم. ومكنتهم ايضاً جيوش وادارات أقوى من بسط سلطة الحكومة على الارض. في مصر وتونس ادى هذا الى تشكيل ملكيات واسعة لاعضاء العائلات الحاكمة او المقربين منهم. وفي البلدان العثمانية الداخلية حدثت تطوّرات مشابهة. الادارة الجديدة والجيش بحاجة الى من يُعيلهما، ولكنهما لم يكونا من القوة بحيث يمكنهما جباية الضرائب مباشرة؛ واستمر النظام القديم لالتزام الضرائب، وظل باستطاعة ملتزمي الضرائب نيل حصتهم من فائض الارياف.

XVI/27 أبعد من النخبة الحاكمة، أفادت السياسات الجديدة التجار المتعاملين مع اوروبا. كانت تجارة الصادرات والواردات في نمو، وأخذ التجار الذين يتعاطونها يلعبون دورا يتزايد حجماً ليس فقط في التجارة بل في تنظيم الانتاج وتسليف رأس المال الى اصحاب الاراضي او المزارعين، يقررون ما يجب ان ينتجوا، ويشترون المحصول، ويعالجونه ـ يحلجون القطن ويلفّون الحرير ـ ثم يصدّرونه. اكبر التجار كانوا اوروبيين إذ كان هؤلاء يتمتعون بافضلية معرفتهم للسوق الاوروبي وبامكانية الحصول على قروض من المصارف. آخرون كانوا من المسيحيين المحليين والَيهود: يونان وارمن، مسيحيين سوريين، يهود من بغداد وتونس وفاس. كانوا يعرفون الاسواق

المحلية وفي مراكز تؤهلهم للقيام بدور الوساطة مع التجار الاجانب. وبحلول منتصف القرن التاسع عشر كان بينهم كثيرون يحسنون لغات اجنبية، تعلّموها في مدارس من نوع جديد، وحمل بعضهم ايضا جنسية اجنبية او كانوا تحت حماية اجنبية، امتداداً لحقوق السفارات والقنصليات في تعيين عدد من الرعايا المحليين بصفة وكلاء او تراجمة؛ بعضهم كان قد اسس مكاتبه في مراكز للتجارة الاوروبية، مانشستر ومرسيليا. في بعض الاماكن استطاع تجار مسلمون ذوو مؤسسات عريقة ان يتحولوا الى النوع الجديد من التجارة: عرب من جنوبي جزيرة العرب كانوا نشطين في جنوبي شرقي آسيا وتجار مسلمون من دمشق ومن فاس استقروا في مانشستر حوالي العام ١٨٦٠؛ حتى ان بعض مسلمي المغرب اصبحوا تحت رعاية قنصليات اجنبية.

من جهة اخرى، الجماعات التي كانت الحكومات تعتمد عليها في XVI/28 السابق، والذين كانت مصالحها ترتبط بمصالحهم، وجدوا انفسهم الآن مبعدين اكثر واكثر عن مساهمة في الحكم. علماء الدين، الذين كانوا مسيطرين على نظام الشرع، جوبهوا بانشاء مجموعات قوانين ومحاكم جديدة. اعيان المدن وعائلاتهم، الذين كانوا وسطاء بين الحكومة وسكان المدن، رأوا نفوذهم يتقلص. حتى ولو كان باستطاعة الذين احتفظوا بملكية الاراضي ان يجنوا ارباحا في بعض الاماكن عن طريق زراعة محاصيل مخصّصة للبيع والتصدير، اصبح مركزهم مهددا وضعفت سيطرتهم على المزارعين بسبب توسع الحكم المباشر وتكاثف نشاطات التجار في المرافىء. حتى الصناعات المنشأة منذ زمن، مثل حياكة النسيج في سوريا، وتكرير السكر في مصر، وصنع غطاء الرأس (الشاشية) في تونس، عانت من منافسة البضائع الاوروبية، بالرغم من كونها استطاعت في بعض الحالات تكييف ذاتها للاوضاع الجديدة، وحتى توسّعت. ولا يُعرف الا القليل عن احوال سكان الارياف، ولكن ليس هناك ما يدل على أنها تحسنت، وربما ساءت في بعض الاماكن. ومن المرجح ان انتاج الاغذية زاد على العموم،

ولكن المواسم الرديئة او سوء المواصلات كانت ما تزال قادرة على تسبيب الجوع، ولكن أقل من السابق. وقد تكون احوال سكان الأرياف ساءت بطريقتين: التجنيد الالزامي اخذ نسبة من شبانهم الى الخدمة العسكرية، والضرائب زادت وصارت تُجبى بطريقة اكثر فعالية.

XVI/29 تفكك الاقتصاد وفقدان النفوذ والقدرة والشعور بان عالم الاسلام السياسي مهدد من الخارج: كل ذلك أسفر، في منتصف القرن، عن عدد من حركات العنف الموجهة ضد السياسات الجديدة، وضد النفوذ الاوروبي المتزايد، وفي بعض الامكنة ضد السكان المسيحيين المحليين الذين استفادوا منها. في سوريا وصلت هذه الى ذروتها سنة ١٨٦٠. في وديان جبال لبنان كان هناك تعايش تكافلي قديم بين الطوائف الرئيسية، الموارنة المسيحيين والدروز، وكان العثمانيون قد اعترفوا بأحد افراد عائلة محلية، من آل شهاب، كرئيس لملتزمي الضرائب، واصبح الشهابيون في الواقع امراء متوارثين للجبل، ورؤساء طبقة مرتبية من العائلات المالكة للاراضي من المسيحيين والدروز، ممّن كان لهم مصالح مشتركة وبينهم تحالفات وعلائق رسمية. ولكن من ١٨٣٠ وما بعد، انكسر هذا التعايش التكافلي بسبب تحولات في السكان وفي السلطة المحلية، وامتعاض الفلاحين من اسيادهم، ومحاولات العثمانيين ادخال السيطرة المباشرة، بالاضافة الى تدخل البريطانيين والفرنسيين. واندلعت حرب اهلية في لبنان سنة ١٨٦٠، وسبّب هذا مذبحة للمسيحيين في دمشق، تعبيراً عن المعارضة للاصلاحات العثمانية ولمصالح الاوروبيين المتّصلة بهم، وذلك في وقت كسدت فيه التجارة. وهذا بدوره ادى الى تدخل الدول الاوروبية، وانشاء نظام خاص لجبل لبنان.

وفي تونس، عام ١٨٦٤، في فترة من المواسم الرديئة والاوبئة، هبت
XVI/30 ثورة ضد حكم «الباي» والطبقات التي تستفيد منه، المماليك والتجار الاجانب، وضد زيادة الضرائب التي فُرضت للقيام بنفقات الاصلاحات. وبدأت الثورة بين القبائل، ثم انتشرت الى المدن في السهول الساحلية

(«الساحل») حيث تزرع اشجار الزيتون؛ وطلب الثوار تخفيض الضرائب، وانهاء حكم المماليك، والعدالة بموجب الشريعة. وتعرضت سلطة «الباي» للتهديد في وقت ما، ولكن وحدة المصالح بين الحكومة والمجتمعات الاجنبية صمدت، واستطاع ان يصمد الى حين تفكك تحالف الثوار وعندها قمع ثورتهم.

الفصل السابع عشر

الامبراطوريات الاوروبية والنخبة المسيطرة (١٨٦٠ ـ ١٩١٤)

حدود الاستقلال

خلقت معاهدة باريس (١٨٥٦) نوعاً من التوازن بين المصالح الاوروبية ومصالح الفئات الحاكمة المحلية في الامبراطورية العثمانية، الذين كرّسوا انفسهم للاصلاح. والدول التي وقّعت على المعاهدة، بينما اعترفت «بالمزايا القيمة» لمرسوم السلطان الاصلاحي، تعهدت ان تحترم استقلال الامبراطورية. الا انه في الواقع لم يكن بامكان تلك الدول الامتناع عن التدخل في الامور الداخلية بسبب التفاوت في القوة العسكرية بينها وبين العثمانيين، والطريقة التي كانت بها الفئات المختلفة من موظفين رسميين تتطلع الى السفارات للمساعدة، وعلائق دول عدة مع مختلف الطوائف المسيحية، واهتمامهم المشترك بالسلام الاوروبي. وتدخلهم هو الذي ادى الى تسوية في لبنان بعد الحرب الاهلية عام ١٨٦٠. وبعد ذلك ببضع سنوات، عام ١٨٦٦، توحدت المقاطعتان الرومانيتان، وأصبحتا مستقلتين تقريباً. الا انه في العقد الذي تلا، اظهرت ازمة «شرقية» طويلة الامد كم يكون التدخل الفعلي محدوداً. فالاضطرابات في المقاطعات الاوروبية كان يُجابَه بالقمع الصارم: كانت الدول الاوروبية تحتج واخيراً شهرت روسيا الحرب سنة ١٨٧٧ وتقدم الجيش الروسي باتجاه اسطنبول، فوقّع العثمانيون معاهدة سلام اعطت الاستقلال الذاتي للاجزاء البلغارية من الامبراطورية. وبدا هذا كأنه سيعطي روسيا مركزاً متفوقاً من النفوذ، مما اثار ردة فعل بريطانية قوية. وبدا لفترة من الزمن ان حرباً اوروبية كانت قريبة ولكن الدول الاوروبية تفاوضت وتوصلت الى عقد معاهدة برلين (١٨٧٨)، التي اعطيت بموجبها درجات مختلفة من الاستقلال الذاتي الى مقاطعتين بلغاريتين

منفصلتين ووعدت الحكومة العثمانية بتحسين الاوضاع في المقاطعة ذات النسبة المرتفعة من السكان المسيحيين، وتعهدت الدول مرة اخرى بعدم التدخل في الشؤون الداخلية للامبراطورية.

XVII/2 وكان واضحاً انه ليس من دولة اوروبية تسمح لدولة اخرى باحتلال اسطنبول والمضائق، ولم يكن بينها من تريد أن تخاطر بما قد يحدث من تفجير نتيجة محاولة تفكيك الامبراطورية. ولكن العملية التي كانت فيها المناطق الحدودية تنسلخ عن الامبراطورية استمرت فعلا. المنطقتان البلغاريتان اتحدتا في دولة مستقلة سنة ١٨٨٥؛ جزيرة كريت أُعطيت الحكم الذاتي عام ١٨٩٨ وضُمّت الى اليونان سنة ١٩١٣. في تلك السنة، بعد حرب مع دول البلقان المكونة من رعاياها السابقين، خسرت الامبراطورية معظم ما تبقى لها من الاراضي الاوروبية. من جهة ثانية، اذ اصبحت المنافسات الاوروبية اكثر حدة وزاد تصاعد قوة المانيا عنصراً آخر الى الميزان الاوروبي، اتاح ذلك للحكومة العثمانية حرية أكثر للتصرف في مناطقها المركزية. وتبين ذلك بوضوح من سنة ١٨٩٠ وما بعدها، عندما بدأت احزاب وطنية في مجتمع مسيحي آخر، الأرمن، العمل بنشاط لنيل الاستقلال، فاستطاع العثمانيون سحق الحركة، مسجّلين خسارة فادحة بالارواح، دون اي تدخّل فعلي اوروبي، بالرغم من ان الشعور القومي الارمني استمر بالخفاء.

XVII/3 تغيّرت طبيعة الامبراطورية بخسارة معظم مقاطعاتها الاوروبية. حتى اكثر من السابق، بدت لمواطنيها المسلمين، اتراكاً وعرباً، كآخر ظاهرة من الاستقلال السياسي لعالم مسلم يُطوّقه الاعداء. وكان من الملح، اكثر من أي وقت مضى، متابعة سياسات الاصلاح. فجرى تحديث الادارة والجيش شوطا ابعد: الضباط والموظفون كانوا يتدربون في معاهد عسكرية ومدنية. المواصلات المحسنة اتاحت توسيع السيطرة المباشرة. وبمجيء السفن البخارية، اصبح بالامكان دعم الحاميات العثمانية بسرعة في المناطق قرب البحر المتوسط والبحر الاحمر. والتلغراف، احدى الوسائل الاساسية في

الضبط، انتشر ليشمل كل الامبراطورية في العقدين ١٨٥٠ و١٨٦٠. وبنهاية القرن التاسع عشر كانت قد بُنيت خطوط لسكك الحديد في الاناضول وسوريا. وفي السنين الاولى من القرن العشرين، مُدّ خط الحجاز الحديدي، من دمشق الى المدينة؛ وهذا مكنّ الحجاج من الانتقال الى المدن المقدسة، وسمح للحكومة العثمانية ان تفرض سيطرة اكبر على أشراف مكة. تمكنت ايضاً من استرداد حضورها المباشر في اليمن. وفي وسط الجزيرة العربية، استطاعت سلالة يدعمها العثمانيون، سلالة ابن رشيد، ان تقمع الدولة السعودية لمدة من الزمن، ولكن هذه عادت واستردت حيويتها على يد عضو شاب نشيط من العائلة، عبد العزيز، وبحلول العام ١٩١٤، اخذ يتحدى سلطة ابن رشيد. الا انه في شرقي جزيرة العرب، كان توسعه محدوداً بسبب السياسة البريطانية. لمنع النفوذ المتنامي للدول الاخرى، روسيا وفرنسا والمانيا، كانت الحكومة البريطانية تعطي تعبيراً اكثر رسمية لعلائقها مع حكام الخليج؛ فعُقدت معاهدات وَضَعَ بموجبها حكام البحرين وعُمان و«الولايات المتهادنة» والكويت علائقهم بالعالم الخارجي في ايدي الحكومة البريطانية. وحالت هذه المعاهدات دون التوسع العثماني، مع ان العثمانيين احتفظوا بادعائهم السلطة على الكويت.

XVII/4
حتى ضمن حدودها الاكثر ضيقاً، لم تكن سلطة اسطنبول قوية كما قد يبدو. فائتلاف القوى ضمن النخبة الحاكمة، الذي جعل الاصلاح ممكناً، اخذ يتفتت. وكان هناك انشقاق بين هؤلاء الذين كانوا يؤمنون بحكومة من موظفين في مجلس، ترشدهم ضمائرهم ومبادىء العدالة، وبين الذين يؤمنون بحكومة تمثيلية، مسؤولة امام ارادة الشعب المتجلية عبر انتخابات؛ كثيرون من الموظفين القدماء كانوا يظنون ان هذا خطر في دولة شعبها غير مثقف، حيث يمكن فيها لفئات مختلفة قومية او دينية ان تستخدم حرياتها السياسية لتعمل في سبيل الاستقلال عن الامبراطورية. عام ١٨٧٦، في عزّ «الازمة الشرقية»، مُنح دستور وجرى انتخاب مجلس نيابي واجتمع، ولكنه عُلّق على يد السلطان الجديد، عبد الحميد الثاني (١٨٧٦ ـ ١٩٠٩) حالما

شعر بأنه قوي بما فيه الكفاية. ومنذ ذلك الحين انفتحت هوة اكبر وانتقلت السلطة من نخبة الموظفين الكبار الى السلطان وبطانته، وهذا اضعف الصلة بين السلالة وبين العنصر التركي الذي تعتمد عليه الامبراطورية في النهاية.

XVII/5 وفي عام ١٩٠٨ أعادت الدستور ثورة يدعمها قسم من الجيش. (اغتنمت رومانيا وبلغاريا هذه الفرصة لتعلن استقلالها رسمياً). وبدا اولا للعديدين ان هذه الثورة ستكون بداية عهد جديد من الحرية والتعاون بين شعوب الامبراطورية. فكتب مُرْسَلٌ امريكي مقيم في بيروت منذ مدة طويلة ان الثورة اعتبرت مرحلة انتقالية «من حكم غير مسؤول على يد باشاوات جشعين يتقبّلون الرشاوى، إلى مجلس يضمّ ممثّلين من كل انحاء الامبراطورية، انتخبهم سكان من كل الطوائف، مسلمون ونصارى ويهود! الامبراطورية بأسرها فاضت بالتهليل الذي عمّ الجميع، وكتبت الصحف، ونُظّمت الاجتماعات ولبست المدن والقرى حُلل الزينة، وشوهد المسلمون يتعانقون مع النصارى واليهود»(١). إلا أنه في السنوات القليلة التي تلت، استولى على السلطة مجموعة من الضباط والموظفين الاتراك (جمعية الاتحاد والترقي، او «تركيا الفتاة»)، الذين حاولوا تقوية الامبراطورية عن طريق مضاعفة السيطرة المركزية.

XVII/6 بالرغم من ان الحكومة العثمانية استطاعت ان تحافظ على حريتها بالنسبة للعمل السياسي، فقد اصبح نوع آخر من التدخل الاوروبي اكثر اهمية. منذ ١٨٥٠ وما بعد، كانت الحكومة العثمانية في حاجة متزايدة الى مال لتدفع للجيش وللادارة ولبعض الاشغال العامة، وكانت قد وجدت مورداً جديداً للمال في اوروبا، حيث كان تطور الصناعة ونجاح التجارة قد أدّيا الى تجميع رأس مال جرى تسييله، عبر نوع جديد من المؤسسات، وهي المصارف، الى توظيفات في كل انحاء العالم. بين ١٨٥٤ و١٨٧٩ اقترضت الحكومة العثمانية على نطاق واسع، وبشروط غير ملائمة؛ فمن مبلغ اسمي قدره ٢٥٦ مليون ليرة تركية (كانت الليرة التركية توازي ٠,٩ من الاسترلينية) حصلت على ١٣٩ مليوناً، والباقي حُسم. وبحلول العام

١٨٧٥، لم تعد تستطيع حمل عبء الفائدة والتسديد، وفي عام ١٨٨١ أنشئت «ادارة للديون العامة» تمثل الدائنين الاجانب؛ وأُعطيت هذه الادارة حق الرقابة على جزء كبير من الواردات العثمانية، وبالتالي السيطرة الى حدّ بعيد على اعمال الحكومة المتعلّقة بالشؤون المالية.

تقسيم افريقيا: مصر والمغرب

XVII/7 وجرى تطوّر مماثل في مصر وتونس ولكنه انتهى بطريقة مختلفة: بفرض سيطرة مباشرة من قبل دولة اوروبية؛ في كل من هذين البلدين استطاعت دولة اوروبية، لاسباب مختلفة، ان تتدخل بمفردها بشكل حاسم. في تونس، تعاظم الدين لمصارف اوروبية كان له النتيجة ذاتها التي حصلت في الامبراطورية: تشكيل لجنة مالية دولية سنة ١٨٦٩. تلا ذلك محاولة اخرى لاصلاح الشؤون المالية واعادة تنظيم العدلية وتعميم التعليم الحديث. الا انه كلما انفتحت البلاد على المشاريع الاجنبية، كلما زاد اهتمام الحكومات الاجنبية بها، على الاخص اهتمام فرنسا، التي كانت قد استوطنت عبر الحدود الغربية، في الجزائر. عام ١٨٨١، احتل جيش فرنسي تونس، لأسباب مالية الى حدٍ ما، ولتستبق تعاظم نفوذ دولة منافسة، هي ايطاليا، ومن جهة اخرى لتضمن امن الحدود الجزائرية. بعد ذلك بسنتين عُقد اتفاق مع «الباي» مُنحت فرنسا به الحماية الرسمية وأُعطيت مسؤولية الادارة والمالية.

XVII/8 في مصر ايضاً اتاحت الفرص التي كانت تنفتح امام المساعي والمشاريع الاجنبية دوافعَ اكبر للتدخل. ايام حكم خَلَفِ محمد علي، بوجه خاص حكم اسماعيل (١٨٦٢ ـ ٧٩) استمرت محاولة تشكيل مؤسسات مجتمع عصري. اصبحت مصر مستقلة تقريباً عن الامبراطورية. وازدهر التعليم، وفُتحت بعض المصانع، وفوق كل شيء تقدمت عملية تحويل البلاد الى مزرعة تنتج القطن للسوق الانكليزية شوطاً أبعد. والحرب الأهلية في أمريكا (١٨٦١ ـ ٦٥) التي قطعت موارد التزويد بالقطن لمدة من الزمن، كانت دافعاً على تكثيف الانتاج. واستمر هذا بعد الحرب، واستدعى الانفاق

على الري وعلى المواصلات؛ مصر دخلت عصر سكة الحديد بوقت مبكر، من العقد ١٨٥٠ وما بعده. وجرى ايضاً تنفيذ مشروع عام ضخم: قناة السويس، التي بُنيت برأس مال فرنسي ومصري على العموم وبعمال مصريين، وافتُتحت سنة ١٨٦٩. وكان الافتتاح احد اعظم مناسبات القرن. فقد اغتنم الخديوي اسماعيل هذه المناسبة ليُظهر ان مصر لم تعد جزءاً من افريقيا، بل اصبحت تنتمي الى العالم الاوروبي المتمدن. وكان بين المدعوين امبراطور النمسا، والامبراطورة اوجيني، زوجة الامبراطور نابليون الثالث الفرنسي، وولي عهد بروسيا، وكتّاب فرنسيون وفنانون ـ تيوفيل غوتييه، اميل زولا، اوجين فرومنتان ـ هنريك ابسن، وعلماء مشهورون وموسيقيون. وادار الاحتفالات رجال دين مسلمون ومسيحيون، وكانت الامبراطورة اوجيني في اليخت الامبراطوري في طليعة الموكب الأول من المراكب التي قطعت القناة الجديدة؛ في الوقت ذاته تقريباً دُشنت دار الأوبرا الجديدة في القاهرة بحفلة موسيقية انشدت فيها «كنتاتا» على شرف اسماعيل، ثم قُدمت اوبرا للمؤلف ڤيردي، «ريغوليتّو». وكان من المحتوم ان يَلفت افتتاح القناة في مصر انتباه بريطانيا بسبب تجارتها البحرية مع آسيا وحرصها على الدفاع عن امبراطوريتها الهندية.

كان تصدير القطن ومعالجته مربحاً لرجال المال الاوروبيين، كذلك XVII/9
كانت القناة وغيرها من الأشغال العامة. بين ١٨٦٢ و١٨٧٣ استدانت مصر ٦٨ مليون ليرة استرلينية، ولكنها لم تحصل الا على الثلثين، وكان الباقي محسوماً. وبالرغم من جهودها لزيادة مواردها، بما في ذلك بيع اسهمها في قناة السويس الى الحكومة البريطانية، لم يعد باستطاعتها، بحلول العام ١٨٧٦، تسديد متوجباتها، وبعد ذلك بسنوات قليلة فُرِض عليها سيطرة مالية انكليزية فرنسية. تعاظم النفوذ الاجنبي والعبء المتزايد في الضرائب لتسديد مطالب الدائنين الاجانب وغير ذلك من الاسباب أدى الى نشوء حركة للحد من سلطة الخديوي، وكانت مقرونة بدوافع قومية، ولها ناطق باسمها كان ضابطاً في الجيش، أحمد عرابي (١٨٣٩ ـ ١٩١١)؛ وصدر قانون بتشكيل

مجلس نواب عام ١٨٨١، وعندما اجتمع المجلس حاول ان يثبت استقلاله في التصرف. ولكن احتمال وجود حكومة اقل انصياعاً للمصالح الاجنبية ادى بدوره الى التدخل الاوروبي، الدبلوماسي اولا من قبل بريطانيا وفرنسا مشتركتين، ثم عسكرياً من قبل بريطانيا بمفردها سنة ١٨٨٢. وكان العذر للغزو البريطاني الادعاء ان الحكومة الموجودة قد ثارت على السلطة الشرعية، وان الامن والنظام قد تعطلا؛ معظم الشاهدين المعاصرين يخالفون هذا الادعاء. السبب الحقيقي كان تلك الغريزة للسيطرة التي تحرك الدول في فترات التوسع، يدعمها الناطقون باسم المصالح المالية الاوروبية. ضرب الاسكندرية بالمدافع البريطانية، الذي تبعه انزال جيوش في منطقة القناة أثار المشاعر الدينية اكثر من المشاعر القومية، ولكن الرأي العام المصري كان مُسْتَقْطَباً ما بين الخديوي والحكومة، ولم يكن باستطاعة الجيش المصري تنظيم أي دفاع فعال. فاحتل الجيش البريطاني البلاد، ومن ذاك الحين وما بعد حكمت بريطانيا مصر فعلياً، بالرغم من ان السيطرة البريطانية لم يكن يعبَّر عنها رسمياً بسبب تعقيدات المصالح الاجنبية في مصر، ولم تعترف فرنسا بسيادة بريطانيا عليها حصراً إلا عام ١٩٠٤.

XVII/10 احتلال تونس ومصر كـان خطوات هامة في العملية التي حددت بها الدول الاوروبية مجالات مصالح كلّ منها في افريقيا، كبديل عن التقاتل بينها، وهذا مهد الطريق لخطوات اخرى. امتدت السلطة البريطانية جنوباً على طول وادي النيل الى السودان. كان السبب الصريح لهذا ظهور حركة دينية، حركة محمد أحمد (١٨٤٤ـ٨٥)، الذي كان يعتقد اتباعه انه المهدي، وغايته اعادة حكم العدالة الاسلامية. الحكم المصري على البلاد انتهى عام ١٨٨٤، وتألفت فيها حكومة على شكل اسلامي، ولكن لم يكن الخوف من توسع هذه الحكومة هو الذي ادى الى احتلال بريطاني مصري للبلاد والاطاحة بالحكومة الاسلامية، بل كان التخوف من تدخل حكومات اوروبية اخرى. وفي عام ١٨٩٩ وُضع نظام جديد للحكومة، رسمياً عبارة عن سيادة مشتركة بريطانية ـ مصرية، ولكنه في الواقع كان ادارة بريطانية على العموم.

XVII/11 بعد ذلك بقليل توصل نمو النفوذ الاوروبي في المملكة المغربية الى نهاية مماثلة. محاولات السلطان لابقاء بلاده خالية من التدخل الاجنبي تقريباً انتهت عام ١٨٦٠، عندما اجتاحت اسبانيا البلاد، من ناحية لمد نفوذها أبعد من مرفأي «سيته» و «مليلا» التي كانت في حوزتها لعدة قرون، ومن ناحية اخرى لمقاومة انتشار النفوذ البريطاني. وانتهى الغزو بمعاهدة اضطر المغرب بموجبها الى دفع تعويض مالي يفوق امكاناته. الجهود لدفع التعويض، والاتفاقات التجارية المعقودة مع الدول الاوروبية، ادت الى زيادة سريعة للنشاط الاوروبي. تحت حكم السلطان حسن (١٨٧٣ ـ ٩٤)، حاولت الحكومة اجراء اصلاحات مماثلة لتلك التي جُرّبت في بلدان اخرى، لاجل توفير اطار عمل يمكن ضمنه احتواء التغلغل الاوروبي: جيش جديد، ادارة مُصلَحَة، اساليب اكثر فعالية في زيادة الدخل واستعماله. ولم تلاقِ هذه السياسة الا نجاحاً محدوداً اذ انه لم يكن للحكومة السيطرة الكافية على البلاد لتحقيق ذلك. زعماء الريف، بمواقفهم المتأصلة ضمن تضامنات دينية او قبلية، كانوا تقريباً مستقلين، وفي الجنوب كان نفوذهم يتزايد؛ في المدن، اضعفت التدابير الجديدة للضرائب والادارة سلطة الحاكم المعنوية. واقام الزعماء المحليون علائق مباشرة مع ممثلين اجانب، ووضع التجار الاجانب انفسهم تحت حمايتهم. لكي تستطيع الاستمرار، بدأت الحكومة بأخذ قروضات من المصارف الاوروبية، وزاد هذا من الاهتمام الأجنبي، وحصلت النتيجة المنطقية سنة ١٩٠٤ عندما اعترفت انكلترا واسبانيا، الدولتان من الثلاث المتورطة بالعمق، بالنفوذ الغالب للدولة الثالثة، اي لفرنسا (بريطانيا مقابل اطلاق يدها في مصر، واسبانيا، للحصول على حصة في السيطرة النهائية). سنة ١٩٠٧، اتفقت الدول الاوروبية الرئيسية على السيادة الفعلية الفرنسية الاسبانية على الادارة والمالية. احتلت الدولتان اجزاء من البلاد، اسبانيا في الشمال، وفرنسا على الشاطىء الاطلسي وحدود الجزائر. وقامت ثورة ضد السلطان، الذي وضع نفسه تحت الحماية الفرنسية، ولكن توسع النفوذ الفرنسي استمر، وعام ١٩١٢ وقّع سلطان

جديد على معاهدة اتفاقية قَبِلَ فيها الحماية الفرنسية؛ وقبلها كذلك اهم زعماء القبائل الجنوبية. بالاتفاق الفرنسي الاسباني، وُضِع جزء من الشمال تحت ادارة اسبانيا، وطنجه، مركز المصالح الاجنبية، ظلّت تحت نظام دولي خاص.

XVII/12 في حوالى الوقت ذاته بلغ تقسيم المغرب الكبير نهايته. وعام ١٩١١، ايطاليا التي تأخرت في «التهافت على افريقيا»، اعلنت الحرب على الامبراطورية العثمانية، وانزلت قوة على شاطىء طرابلس الغرب، ورغم المقاومة العثمانية، تمكنت من احتلال المرافىء وانتزاع الاعتراف (الى حدّ ما) بمركزها من الحكومة العثمانية.

تحالف المصالح المسيطرة

XVII/13 عند اندلاع الحرب العالمية الاولى، كانت مضامين السيطرة الايطالية في ليبيا والفرنسية والاسبانية في المغرب بالكاد تظهر، ولكن الحكم الفرنسي كان قد ترك اثره في الجزائر وتونس، كذلك الحكم البريطاني في مصر والسودان. من بعض النواحي ثَبَّتَتْ هذه التطورات انفصالاً عن الماضي وعما يحدث في الامبراطورية العثمانية: المصالح الرئيسية الستراتيجية والاقتصادية لدولة اوروبية مفردة كانت هي الأسمى، ومع ان في مصر وتونس والمغرب كانت الحكومات المركزية موجودة بالاسم، فقد فقدت سلطتها تدريجياً باتساع سيطرة الموظفين الاوروبيين، ولم يكن لديها حتى المجال المحدود للتصرف بحرية، مما مكَّنَ الحكومة في اسطنبول ان تحرض دولة على اخرى وتستمر في ما كانت تعتبره مصلحة وطنية.

XVII/14 من نواح اخرى، يمكن اعتبار السياسات التي كانت تتبعها انكلترا وفرنسا بانها استكمالات، بشكل اكثر فعالية، لتلك التي بدأها المصلحون من اهل البلد. فكانت الحكومة المحلية واجهة فقط وجيء وراءها بموظفين اجانب اضافيين، وبالتدريج اكتسب هؤلاء سيطرة واسعة؛ وتغير التوازن بينهم وبين الموظفين المحليين. (في السودان لم يكن هناك «واجهة» كهذه،

بل حكـــم مباشـــر من الطراز الاستعماري، فيه كل الوظائف العالية تقريباً في ايدي بريطانيين، والوظائف المرؤوسة في ايدي المصريين او غيرهم). كانت الحكومات تعمل بفعالية اكثر، ولكن عن بعد اكثر ايضا. الجنود الاجانب، او المحليون تحت قيادة اجنبية، وشرطة منضبطة مكّنت سيطرة الحكومة من التغلغل ابعد في الارياف. وقرّبت المواصلات المطوّرة المقاطعات من العاصمة: خطوط حديدية في مصر وتونس، الطرقات كذلك في تونس. وأُنشئت محاكم مدنية لتطبيق مجموعات قوانين مصنّفة على الطراز الاوروبي أو وُسِّعت تلك المحاكم في حال وجودها. وأدّت المراقبة المالية الاكثر صرامة وجباية للضرائب اكثر فعالية إلى تخفيض الديون الخارجية الى نُسَب أمكن تدبيرها. كذلك اتاح التمويل المنشط، والقدرة على الاستعانة برؤوس الاموال الاجنبية بشروط افضل، امكانية تحقيق بعض الأشغال العامة: على الاخص، مشاريع ري في وادي النيل، بلغت اوجها في سدّ أسوان، والذي ادخلت بواسطته الزراعة الدائمة طول السنة الى مصر العليا. واقيم عدد من المدارس، او استُبقيت من الفترة السابقة: ما يكفي لتدريب موظفين تقنيين على المستوى المعتبر كافياً لاستخدامهم، ولكن ليس باعداد كافية لأن تكوّن طبقة كبيرة من المفكرين الساخطين.

في المناطق المحكومة من اسطنبول، القاهرة، تونس والجزائر، توسع
XVII/15 تحالف المصالح حول الانواع الجديدة من الحكومات وقوي خلال النصف الثاني من القرن التاسع عشر. بالاضافة الى الموظفين، كانت هناك فئتان لهما حظوة خاصة في سياسة الحكومة. الفئة الاولى كانت تلك المرتبطة بالتجارة والتمويل. نموّ السكان والصناعة في اوروبا، وتحسين المرافىء، وبناء السكك الحديدية والطرقات (في لبنان والجزائر وتونس)، جميعها ادت الى توسيع التجارة مع اوروبا، كذلك بين مختلف البلدان في الشرق الاوسط والمغرب بالرغم من فترات الكساد الاقتصادي. وكانت عموماً على المنوال ذاته كالسابق: تصدير المواد الاولية الى اوروبا (القطن المصري، الحرير اللبناني، الصوف والجلود من المغرب، الفوسفات التونسي) والمواد

الغذائية (البرتقال من فلسطين والخمر من الجزائر وزيت الزيتون من تونس)؛ استيراد المنسوجات، السلع المعدنية، الشاي، القهوة والسكر. على العموم، كان الميزان التجاري مع اوروبا سلبياً، وكان يعوَّض عنه الى حد كبير باستيراد رؤوس اموال للأشغال العامة، وفي بعض الاماكن، بالتحويلات من مهاجرين الى العالم الجديد وخروج الذهب والفضة.

XVII/16 الحصة الاكبر من التجارة كانت بايدي شركات وتجار اوروبيين، معظمهم بريطانيون وفرنسيون، وجزء متزايد للألمان حيث ان سكان المانيا وصناعتها اخذت تتوسع. ولكن جماعات من التجار المحليين كانت تلعب ايضاً دوراً كبيراً في التجارة الدولية، ودوراً مسيطراً في التجارة المحلية: في الشرق الاوسط، المسيحيون السوريون واللبنانيون، واليهود السوريون والعراقيون، والاقباط المصريون في تجارة النيل؛ في المغرب، اليهود المحليون وكذلك بعض الآخرين ذوي التقاليد العريقة في التجارة، مثل تجار من «سوس» في المغرب وواحة «مزاب» في الجزائر وجزيرة «جربا» قرب الشاطىء التونسي.

XVII/17 وامتدت المصالح المالية الاوروبية ابعد من التجارة. أولى التوظيفات الكبيرة كانت في تلك القروض التي استدانتها الحكومات والتي ادت الى اقامة المراقبة المالية الاجنبية؛ بعد ذلك، استدانت الحكومات قروضاً اكبر، ولكن وجود مراقبة اجنبية اتاح الحصول على هذه القروض بشروط اقل إجحافاً من قبل. واتسعت التوظيفات الآن ابعد من القروض الى الحكومات، الى المؤسسات ذات المنفعة العامة والتي أُعطي امتيازها الى شركات اجنبية. بعد شركة قناة السويس، مُنحت امتيازات، في مناطق مختلفة، لمرافىء، خطوط ترامواي، ماء، غاز، كهرباء، وبصورة خاصة لخطوط السكك الحديدية. مقابل ذلك، كان هناك توظيفات قليلة في الزراعة، ما عدا تلك المناطق من مصر والجزائر حيث كان هناك طلب وافر ومنتظم على منتجات معينة، وادارة تحت رقابة اوروبية، مما يكفل مردوداً مضموناً ضخماً. كما كان التوظيف في الصناعة قليلاً ايضا، باستثناء

صناعات استهلاكية على مقياس صغير، وفي بعض الاماكن استخراج المعادن (الفوسفات في تونس والنفط في مصر).

ولم تكن المصارف والشركات الاوروبية وحدها التي ساهمت في التوظيفات ولكن بعض المصارف التي قامت في اسطنبول والقاهرة وسواها، XVII/18
مثل البنك العثماني. الا ان رأس المال في هذه المصارف المحلية كان اوروبيا في معظمه، وجزء كبير من ارباح التوظيفات لم يكن يُحفظ في البلدان المعنية لكي يولد مداخيل اضافية ورأس مال وطني، بل كان يُصدّر الى بلدان المنشأ ليزيد من ثرائها ورؤوس اموالها.

السيطرة على الأرض

الفئات الاخرى التي كانت مصالحها مرتبطة بمصالح الحكومات XVII/19
الجديدة كانت مجموعات اصحاب الاراضي. الاسس الشرعية لملكية الارض، في الجزء الرئيسي من الامبراطورية العثمانية ومن مصر، تغيرت في منتصف سني القرن التاسع عشر. في الامبراطورية، حدد «قانون الارض» لعام ١٨٥٨ الفئات المختلفة للأرض. معظم الارض المزروعة كانت تعتبر، بحسب التقليد المتبع منذ زمن بعيد، ملكاً للدولة، ولكن هؤلاء الذين يزرعونها، او يتعهدون بزرعها، يستطيعون الحصول على سند يمكنهم من التمتع تماماً (دون سواهم) باستعمالها، وبيعها او نقلها الى ورثتهم. والهدف من القانون كما يبدو كان لتشجيع الانتاج ولتدعيم وضعية المزارعين الفعليين. وربما كان لهذا القانون النتيجة التالية في بعض الاماكن: في اجزاء من الاناضول، وفي لبنان، حيث زاد عدد الاراضي الزراعية الصغيرة التي تنتج الحرير، الى حد ما بفضل التحويلات التي كان يرسلها المهاجرون الى عائلاتهم. الا انه في معظم الاماكن كانت النتائج مختلفة. في المناطق القريبة من المدن، والمنهمكة في انتاج الاغذية والمواد الاولية للمدن او للتصدير، كانت الارض تقع في معظم الاحيان في ايدي عائلات من اهل المدن لأنهم كانوا يحسنون استعمال الوسائل الادارية لتسجيل الملكية، كما كانوا في وضع افضل من الفلاحين للحصول على قروض من المصارف

التجارية او شركات الرهونات العقارية، او من مصرف الحكومة الزراعي؛ وكان بامكانهم اقراض الفلاحين المال الذي يمكّنهم من دفع ضرائبهم او تمويل مشاريعهم؛ في المناطق التي كانت تنتج للتصدير، كان باستطاعة تجار المدينة، ذوي الصلات بالاسواق الخارجية، ان يتحكموا بالانتاج، فيقررون ما يجب ان يزرع، ويقرضون الاموال لزراعته، ثم يشترون الانتاج. بعضهم كان في مركز المحتكر: شراء الحرير والتبغ في كل انحاء الامبراطورية كان حكراً على شركات ذات امتياز، برأس مال اجنبي. بهذه الطرق خُلقت طبقة من اصحاب الاملاك الغائبين، عامة من سكان المدن، كان باستطاعتهم الاستنجاد بالحكومة لدعم مطالبتهم بحصة من المنتجات؛ الفلاحون الذين كانوا يزرعون هذه الاراضي كانوا إمّا عمالاً لا أرض لهم أو مُحاصصين، ينالون من المحصول ما يكفيهم للبقاء على قيد الحياة. من هذه الممتلكات الخاصة، وربما الاكبر حجماً وبين الاحسن ادارة، كانت ممتلكات السلطان عبد الحميد ذاته.

في الأرياف الأبعد مسافة، ما وراء السيطرة الفعلية للمدن، ظهر نوع
XVII/20 آخر من الملكية الضخمة. القسم الاكبر من الأرض، على الاخص في المناطق المستخدمة للرعي، كان دائماً يعتبر من قبل الحكومة ومن هؤلاء الذين كانوا يعيشون عليه، بانه ملك جماعي للقبيلة؛ اما الآن فمعظمه تسجل باسم العائلة الاكثر زعامة في القبيلة. إلا أنه اذا كانت المنطقة واسعة، فالسيطرة الفعلية على الأرض قد لا تكون في يدي الزعيم القبلي بل في يد مجموعة من الوسطاء او الوكلاء، اقرب الى هذه الأرض ولعملية زراعتها من ملاّك أراضٍ من المدينة او شيخ قبيلة كبيرة.

كان بين اصحاب الاراضي الجدد هؤلاء تجار ومداينون مسيحيون
XVII/21 ويهود، ولكن قليلون من الاجانب في معظم انحاء الامبراطورية كانوا ما زالوا مسيطرين من اسطنبول. الاستثناء الوحيد لهذا كان في فلسطين حيث منذ ١٨٨٠ بدأ يتكاثر مجتمع يهودي من نوع جديد: ليس من اليهود الشرقيين المقيمين منذ مدة طويلة، بل يهود من اوروبا الوسطى والشرقية،

ولم يجيئوا الى القدس ليدرسوا ويصلوا ويموتوا، بل بموجب رؤيا جديدة لأمة يهودية متأصلة في الأرض. وفي عام ١٨٩٧ عُبّر عن هذا التطلع في القرار الذي اتخذه أول مؤتمر صهيوني، الداعي الى انشاء وطن قومي للشعب اليهودي في فلسطين، يضمنه قانون عام. بالرغم من معارضة الحكومة العثمانية والقلق المتزايد بين قسم من السكان العرب المحليين، كان عدد السكان اليهود في فلسطين في عام ١٩١٤ قد بلغ ٨٥,٠٠٠ نسمة تقريباً، او ١٢ بالمئة من المجموع. ربعهم تقريباً استوطنوا أراضيَ، بعضها اشتروها بمال صندوق قومي، وأعلنت بأنها ملك الشعب اليهودي وغير قابلة للبيع او التحويل، ولا يمكن لغير اليهود ان يُوظّفوا عليها؛ والبعض الآخر من اليهود كانوا يقطنون في مستوطنات من نوع جديد، «الكيبوتْز»، حيث السيطرة جماعية على الانتاج والحياة المجتمعية.

في مصر، عملية تمرير الاراضي من الحاكم الى ايد خاصة، والتي كانت قد بدأت في أواخر سني حكم محمد علي، تضاعفت بين ١٨٥٨ XVII/22
و١٨٨٠، بسلسلة قوانين ومراسيم ادت في النهاية الى ملكية خاصة تامة، دون التحديدات التي كان القانون العثماني قد وضعها. هنا ايضاً، ربما لم تكن النية تشكيل طبقة من كبار الملاكين للأرض، ولكن هذا ما حدث في الواقع، بسبب عدد من العمليات المترابطة. حتى الاحتلال البريطاني عام ١٨٨٢، كان الخديوي قد منح الكثير من الاراضي لاعضاء عائلته أو لكبار المسؤولين في خدمته؛ وبقي الكثير من الاراضي في حوزته بمثابة ملكيات خاصة؛ واستطاعت ايضاً كبار عائلات القرى توسيع اراضيها بازدياد الطلب على القطن. بعد الاحتلال، الاراضي التي كان الخديوي قد سلمها لتسديد الدَّيْن الاجنبي، والاراضي المستصلحة حديثاً للزرع، وقعت في ايدي ملاكين كبار او في يد شركات الاراضي والرهونات. ورزح صغار الملاكين تحت الديون للمرابين من اهل المدن وخسروا أرضهم؛ حتى ولو احتفظوا بها لم يكن بامكانهم الحصول بسهولة على القروض لتمويل الاصلاحات؛ وأدّت قوانين الوراثة إلى تجزئة الممتلكات الى درجة لم يعد بها ممكناً القيام

بأَوَد عائلة. وبحلول الحرب العالمية الاولى، أصبح اكثر من ٤٠ بالمئة من الارض المزروعة بايدي كبار الملاكين (الذين يملكون اكثر من خمسين فداناً)، وتقريباً ٢٠ بالمئة كان يملكها اصحاب مزارع صغيرة لا تتعدى الواحدة منها ٥ فدّانات. (الفدان يوازي تقريباً ٠,٤ هكتار). حوالي خِمس الممتلكات الضخمة أصبح ملكاً لأفراد او شركات اجنبية، على الاخص في الشمال. وأصبح النمط المتّبع وجود مالك لأرض كبيرة، يزرع ارضه فلاحون يقدمون العمل ويُسمح لهم باستئجار قطعة ارض لانفسهم وزرعها؛ يعمل لديهم، عدد متزايد من العمال الذين لا ارض لهم، يؤلفون حوالي خمس السكان العاملين.

XVII/23 في تونس، استيلاء المالكين الاجانب على الارض سار ابعد من ذلك. فقد كان هناك مجتمع فرنسي وايطالي كبير في وقت الاحتلال الفرنسي. في السنوات العشر الاولى للحماية الفرنسية على تونس، كانت التدابير التي اتخذتها الحكومة تراعي المصالح الكبيرة التي ارادت ان تشتري أراضيَ: قضايا الاراضي أُوكِلَ حلها الى محاكم مختلطة مع عنصر أساسي اوروبي؛ هؤلاء الذين كانوا يستأجرون ارض وقف سُمِحَ لهم بابتياعها. من ١٨٩٢ تمّ اقتباس سياسة جديدة، تُشجّع الهجرة نحوها والاستيطان فيها، جزئيا بسبب ضغط من المستعمرين، وايضا لزيادة العنصر الفرنسي بينهم. ووُضعت مساحات كبيرة من الاراضي برسم البيع: اراضٍ من الاوقاف، املاك دولة، اراضٍ مشاع للقبائل حيث تُبُنّيت السياسة ذاتها التي سبق ان اتُّبِعَت في الجزائر ومغزاها حشر السكان في مناطق اصغر. وأُعطي المشترون شروطاً ملائمة: قروضاً زراعية، معدات، طرقات. الشروط الاقتصادية كانت ملائمة أيضاً: فالطلب على القمح استمرّ، وزاد النموّ على طلب الخمر وزيت الزيتون. وهكذا زاد مقدار الأرض في أيدي الأوروبيين، على الأخص في مناطق زراعة القمح في الشمال ومناطق زراعة الزيتون في «الساحل»؛ وبحلول العام ١٩١٥ كان المستعمرون colons يملكون خِمس الأرض المزروعة. قليلون بينهم نسبياً كانوا ملاكين صغاراً؛ والنمط الشائع كان نمط مالك لأراضٍ كثيرة

يزرع أراضيه بمساعدة عمال من صقلية أو جنوبي ايطاليا أو تونس، أو انه يؤجر اراضيه لفلاحين تونسيين. وكان هناك مورد وافر من العمال لأن عملية نزع ملكية الأرض جعلت حالة الفلاحين تسوء؛ كانوا محرومين من الحصول على رأس مال، ومن الحماية التي كان الملاّكون الأهليون يقدمونها لهم. والتحول الاقتصادي جلب معه تغييراً في النفوذ السياسي. فقد بدأ المستعمرون يطالبون بقسط أكبر في تقرير السياسة؛ ارادوا من الحكومة أن تتحرك باتجاه إلحاق البلاد بفرنسا، والسيطرة على السكان المحليين بالقوة ووضعهم ضمن ثقافة تقليدية وطريقة حياة تحول دون اشتراكهم فعلياً في السلطة. ونجحوا في هذا إلى حد ما: فالنسبة الكبيرة من موظفي الحكومة كانوا فرنسيين؛ حلقة المستشارين للشؤون المالية والاقتصادية كانت معظمها من المستعمرين. من ناحية أخرى، كانت الحكومة في باريس، وكبار الموظفين الذين كانوا يُرسلون من هناك، يودون إبقاء الحماية على أساس التعاون بين الفرنسيين والتونسيين.

في العام ١٩١٤ بلغت السياسة الفرنسية في تونس مرحلة شبيهة بتلك
XVII/24 في الجزائر سنة ١٨٦٠ وما بعد، ولكن الأمور في الجزائر تغيّرت في هذه الأثناء. هزيمة فرنسا في الحرب الفرنسية البروسية سنة ١٨٧٠ ـ ٧١ وسقوط نابليون الثالث أضعف نفوذ الحكومة في الجزائر. واستولى المستعمرون على السلطة لفترة، ولكن حدث شيء مختلف في شرقي البلاد ـ ثورة واسعة النطاق بين العرب والبربر، لعدة أسباب: من ناحية النبلاء الرغبة في استعادة مركزهم السياسي والاجتماعي الذي ضعف بتوسّع الادارة المباشرة؛ من ناحية القرويين، المعارضة لفقدان أرضهم ولقوة المستعمرين المتزايدة، والحرمان بعد فترة من الاوبئة والمواسم الرديئة؛ وبين السكان عموماً، الرغبة في الاستقلال، التي لم تكن قد تعبر عنها بتعابير قومية، بل بتعابير دينية، واعطيت قيادة وتوجهاً من احد اعضاء الطرق الصوفية. وقد قُمعت الثورة، وكانت نتائجها خطيرة على الجزائريين المسلمين. ففُرضت غرامات جماعية وصودرت اراضٍ بمثابة قصاص؛ وقُدّر أن تلك المناطق التي تورطت في الثورة خسرت سبعين في المئة من رأس مالها.

XVII/25 أما النتائج على المدى الطويل فكانت اكثر خطورة. تحطيم الزعامة المحلية وتغيير نظام الحكم في باريس ازال العقبات ضد انتشار امتلاك الاوروبيين للاراضي. بواسطة البيع او المِنَح لاراضي الدولة والاملاك المصادرة، وبوضع اليد على الاراضي المشاع وغير ذلك من الذرائع القانونية، انتقلت قطع شاسعة من الاراضي الى ايدي المستعمرين. وبحلول العام ١٩١٤ كان الاوروبيون يملكون ثلث الاراضي المزروعة، وكانت الاكثر خصباً، تنتج القمح كالسابق، أو الكرمة، إذ إنّ الخمر الجزائري وجد له سوقاً رحباً في فرنسا. معظم الزراعة على الاراضي المنتجة للكرمة كان يقوم بها مهاجرون اوروبيون، من اسبانيا وايطاليا وفرنسا، ولكنها كانت على العموم ملكاً لأفراد اغنياء نسبياً يستطيعون الحصول على قروض. اما صغار الملاكين الجزائريين، المقيّدين ضمن قطع أصغر من الارض الفقيرة نوعاً، دون رأس مال، وبموارد متناقصة من المواشي، فكان مصير معظمهم المحاصصة او ان يصبحوا عمالاً في أطيان الاوروبيين، مع انه في بعض الامكنة بدأت طبقة جديدة من أصحاب الاراضي المسلمين في البروز الى حيّز الوجود.

XVII/26 وبسبب الفرص الجديدة على الارض الى حد ما، زاد سكان الجزائر الاوروبيون بسرعة من ٢٠٠,٠٠٠ سنة ١٨٦٠ الى حوالي ٧٥٠,٠٠٠ سنة ١٩١١؛ هذا الرقم الاخير يشمل اليهود الجزائريين الذين منحوا الجنسية الفرنسية بأجمعهم. وبلغ عدد السكان الاصليين في هذا الوقت ٤,٧٤٠,٠٠٠؛ وهكذا شكل الاوروبيون ١٣ بالمئة من السكان. وكانوا عنصراً اكبر في المدن الكبيرة: ففي عام ١٩١٤ كان ثلاثة ارباع سكان الجزائر اوروبيين.

XVII/27 كان هؤلاء السكان الاوروبيون المتزايدون يسيطرون تقريباً على الحكومة المحلية عام ١٩١٤. ففي هذا الوقت كان لهم ممثلون في مجلس النواب الفرنسي واسسوا هيئة ضغط (لوبي) سياسية هامة في باريس. وبالتدريج، إذ كبر وترعرع جيل جديد مولود في الجزائر، ومهاجرون من

بلدان اخرى اكتسبوا الجنسية الفرنسية، طوّروا هوية منفصلة ومصالح منفصلة، التي يمكن لهيئة الضغط (اللوبي) ان تنادي بها: جَعْل الجزائر تُستوعَب ضمن فرنسا بقدر الامكان، ولكن مع بقاء الادارة الفرنسية المحلية تحت سيطرتهم. وقد نجحوا في ذلك على العموم. الاكثرية الساحقة من الموظفين المحليين كانوا فرنسيين، ايضا جميع اهل الرتب العالية تقريباً. توسّعت المناطق التي كانت تديرها مجالس بلدية باكثرية فرنسية وازدهرت، والمسلمون في هذه المناطق لم يكن لهم أي نفوذ فعلي. وكانوا يدفعون ضرائب مباشرة أعلى بكثير من تلك التي يدفعها «المستعمرون»، ولكن العائدات كانت تُصرف في معظمها لمصلحة الاوروبيين؛ كانوا خاضعين لقوانين جزائية خاصة يديرها قضاة فرنسيون؛ لم يكن يُنفق إلا القليل على تعليمهم. وفي نهاية القرن كانت الحكومة في باريس قد اخذت تُدرك «المشكلة العربية»: أهمية التأكد من ان الادارة تظل مستقلة عن ضغوط المستعمرين، وان بامكانها استخدام سلطتها «لضمان كرامة المغلوبين»[٢]. وبدأوا عند ذاك ببعض النشاط لتعليم المسلمين على المستوى الابتدائي، ولكن بحلول العام ١٩١٤ كان عدد الجزائريين الحائزين على تعليم ثانوي أو أعلى يُعدّ بالعشرات او بالمئات فقط، وليس بالآلاف.

حالة الشّعب

في تلك المناطق من الشرق الأوسط والمغرب حيث كانت سيطرة
الحكومة قد أصبحت فعلية أكثر، شيدت الابنية العامة، وضَمِنَت القوانين XVII/28
الجديدة للأرض حقوق الملكية، واتاحت المصارف وشركات تمنح رهونات على الاراضي امكانية الحصول على رأس مال، ووجدت المنتجات اسواقاً لها في العالم الصناعي، وزادت المناطق المزروعة وكذلك المحاصيل في السنوات ما بين ١٨٦٠ و١٩١٤. ومن الواضح، بالرغم من شحّ الاحصاءات، ان هذا ما حدث في الجزائر، وفي تونس حيث تضاعفت مساحة الارض القابلة للزرع. في مصر كانت الظروف مؤاتية بشكل خاص. في هذا الوقت كانت سيطرة الحكومة أكيدة حتى في مصر العليا، وسوق

القطن في توسّع بالرغم من التقلبات التي كانت عرضة لها، ومشاريع الري العظيمة جعلت بالامكان زيادة ريع الارض؛ وزادت الارض المزروعة بحوالي الثلث ما بين ١٨٧٠ و١٩١٤. ولم تكن هذه الزيادة دون خطرها: الارباح الناتجة عن زراعة القطن كانت ضخمة الى درجة ان الاراضي المكرّسة لزراعتها كانت في ازدياد، وحوالي العام ١٩٠٠ اصبحت مصر بلداً مستورداً صرفاً للاغذية كما كانت تستورد السلع المصنعة.

XVII/29 بالنسبة الى سوريا، فلسطين والعراق، فالاحصاءات اكثر تقصيراً، ولكن ما هناك من دلائل يشير الى الاتجاه ذاته. في سوريا وفلسطين استطاع فلّاحو القرى الجبلية من توسيع مناطق زراعتهم حتى السهول وانتاج القمح وغيره من المحاصيل التي كان لها سوق في العالم الخارجي: زيت الزيتون، سمسم، وبرتقال من منطقة يافا. في لبنان انتشرت زراعة الحرير. في العراق، لم يكن العنصر الهام اتساع سيطرة الدولة ولا تحسين الريّ؛ اول مشروع ضخم، سدّ الهندية على الفرات، لم يُدشّن إلا عام ١٩١٣. العنصر الهام كان الطريقة التي كانت تطبّق فيها قوانين الاراضي؛ عندما سجّل زعماء القبائل الارض باسمائهم، اصبح لديهم دافع لتحويل افراد قبائلهم من الرعي الى الزراعة المستقرة، لانتاج القمح أو في الجنوب لانتاج التمر للتصدير.

XVII/30 تغيّر كهذا في التوازن بين الزراعة المستقرة والرعاية البدوية المتنقلة كان يحدث حيثما كان يلتقي عاملان. الاول كان التوسّع في المنطقة الواقعة تحت سيطرة الحكومة، التي كانت تحبّذ دائماً وجود فلاحين مقيمين يمكن فرض الضرائب وجبايتها منهم وتنفيذ التجنيد الإلزامي عليهم بدلاً من بدوٍ رحّالين يعيشون خارج المجتمع السياسي والذين قد يشكلون خطراً على الأمن. وهذا التوسع كان يحدث حيثما كانت الحكومات قوية والمواصلات في تحسن. في الجزائر تحرك الجيش الفرنسي جنوباً من النجد العالي إلى واحات الصحراء الكبرى والاراضي حيث يعيش «الطُوارق». في سوريا، مكّن مدّ سكك الحديد من نقل حدود الزراعة الى السهوب. كل محطة قطار، بموظفيها وحاميتها وسوقها أصبحت مركزاً اتسعت فيه التجارة

والزراعة. واستُخدمت عناصر معيّنة من السكان لحفظ الأمن في الأرياف: افواج كردية جُندت في الشمال؛ شركس ممّن كانوا قد غادروا مساكنهم في القوقاز عندما فتحها الروس أُعْطوا مقرّاً في خط من القرى في جنوبي سوريا.

XVII/31 العامل الثاني كان تناقص الطلب على المنتوجات الرئيسية الآتية من السهوب، أو الارباح المتقلّصة منها بالمقارنة مع المحاصيل المنتجة للبيع او للتصدير. سوق الإبل بدأ يتقلّص بمجيء وسائل المواصلات العصرية (ولكن التغيّر الحاسم، وصول السيارة، بالكاد كان قد بدأ). واستمر الطلب على الغنم، وربما زاد بتزايد السكان، ولكن الارباح من رؤوس الاموال الموظّفة بالزراعة كانت أكبر، وما هناك من دلائل يشير الى ان نسبة عدد المواشي الى السكان انخفضت: في الجزائر كان هناك ٢,٨٥ خروف لكل فرد من السكان عام ١٨٨٥، وبعد ذلك بثلاثين سنة تقّلص العدد الى ١,٦٥.

XVII/32 هذه الفترة كانت بوجه عام فترة ازدياد في السكان، بنُسب تتفاوت كثيراً بين بلد وآخر. البلدان حيث الاحصاءات موثوقة تماماً، وحيث تبدو الزيادة بوضوح هي الجزائر ومصر. في الجزائر، تضاعف عدد السكان المسلمين خلال خمسين سنة، من مليونين سنة ١٨٦١ الى ٤,٥ سنة ١٩١٤. في تونس، كانت الزيادة بالنسبة ذاتها، من مليون الى مليونين. في مصر، ظل التزايد مستمراً خلال القرن التاسع عشر: من ٤ ملايين عام ١٨٠٠ الى ٥,٥ سنة ١٨٦٠، و١٢ مليوناً سنة ١٩١٤. في السودان، يبدو ان عدد السكان زاد باطّراد من بدء الاحتلال البريطاني. في الهلال الخصيب ما زلنا في فترة تخمين. سكان سوريا بالمعنى الأوسع ربما زادوا بحوالي ٤٠ بالمئة بين ١٨٦٠ و١٩١٤، من ٢,٥ الى ٣,٥ مليون؛ من الناحية الاخرى، كان هناك هجرة من لبنان الى امريكا الشمالية والجنوبية وغيرها، وبحلول العام ١٩١٤ يقال ان حوالي ٣٠٠,٠٠٠ لبناني كانوا قد رحلوا. الزيادة في العراق ربما كانت على المقياس ذاته. وبالامكان التقدير تقريبياً بان سكان البلدان العربية ككل زادوا من حوالي ١٨ أو ٢٠ مليوناً سنة ١٨٠٠ الى ما بين ٣٥ او ٤٠ مليوناً بحلول العام ١٩١٤.

XVII/33 وكان السكان على العموم من الريف. بعض المدن نمت بسرعة، على الأخص المرافىء المختصة بالتجارة مع اوروبا: مدن الساحل الجزائري، بيروت والاسكندرية (التي اصبحت في عام ١٩١٤ ثاني أكبر مدن البلدان العربية). غيرها، على الاخص العواصم الوطنية والاقليمية، نمت تقريباً بنسبة نمو مجموع عدد السكان. القاهرة، مثلاً، تضاعف حجمها تقريباً، وظلت اكبر المدن العربية، ولكن عدد سكان مصر كمجموع تزايد ايضاً؛ درجة التحضّر ظلّت تقريباً على ما هي عليه، وتدفّق هجرة الريفيين على المدن بالكاد كانت قد بدأت.

XVII/34 ارتفاع عدد السكان كان نتيجة عدد من العوامل. في مصر ربما كان متصلاً بانتشار زراعة القطن: الاولاد الصغار كانوا يساعدون في الحقول منذ نعومة اظفارهم، لذلك كان هناك حافز للتزوّج في سن مبكرة وانجاب العديد من الاطفال. في معظم البلدان، ارتفع عدد السكان نتيجة الانحطاط في قوة عاملين كانا في الماضي يضعان حدّا لنموّه: الوبأ والمجاعة. ترتيبات محسنة في قضايا الحجر الصحّي، تحت اشراف اطباء اوروبيين وبمساندة حكومات اجنبية كانت قد محت الى حدّ ما الطاعون في بلدان المتوسط في عام ١٩١٤، وحدّت من اصابات الكوليرا. وتضافرت الزيادة في انتاج الاغذية مع مواصلات أفضل لتجعل بالامكان التعويض عن عجز الزراعات المحلية في بعض المواسم والذي كان يسبب مجاعة في الماضي. في بعض البلدان ـ الجزائر وتونس والسودان ـ هذه الزيادة لم ترفع عدد السكان الى مستويات جديدة لم يسبق ان بلغتها، بقدر ما عوّضت عن النقصان الحاد الذي حدث في السابق. في الجزائر، حرب الفتوح والثورات، الاوبئة والمجاعة كانت قد انقصت عدد السكان الى حد كبير في اواسط القرن التاسع عشر؛ في تونس، كان النقص تدريجياً على مدى سنين طويلة؛ في السودان ادت القلاقل التي سببتها حركة المهدي والتي عقبتها سلسلة من المواسم الرديئة الى نقصان خطير في العقد الاخير من القرن التاسع عشر.

XVII/35 والزيادة في عدد السكان لاتعني بالضرورة ان مستوى المعيشة في

تحسّن، بل ربما كانت هذه تعني العكس. ومع ذلك هناك دلائل تدعو الى الاعتقاد بان مستوى المعيشة قد ارتفع فعلاً في بعض الاماكن. يصح هذا بالتأكيد على الطبقة العليا من سكان المدن، هؤلاء المتصلين بالحكومات الجديدة او القطاعات المتنامية من النظام الاقتصادي؛ مداخيلهم كانت اكبر، ومنازلهم أفضل ويتمتعون بعناية طبّية وبمجال أوسع من السِلَع الممكن ابتياعها. في الأرياف، ازدياد الانتاج للاغذية ومواصلات أفضل حسّنت التغذية، في بعض الاماكن على الاقل: ليس في البلدان التي استعمرها الاوروبيون حيث خسر الفلاحون افضل اراضيهم، ولكن في مصر، واجزاء من سوريا، حيث كان هناك توازن بين الانتاج والسكان. (إلا انه في مصر، التحسّن في الصحة العامة بسبب تغذية أفضل قابله تفشي عدوى مرض موهن، البلهارسيا، الذي تحمله المياه، وزاد انتشاره بتوسّع شبكات الري).

XVII/36 غير ان امكانية التحسّن في حياة المزارعين كانت محدودة، حتى في أكثر الظروف ملاءَمَةً، ليس فقط بسبب الزيادة المستمرة في عدد السكان بل لتحوّل في توازن النفوذ الاجتماعي لصالح الذين يملكون الارض او يسيطرون عليها. فقد كان لهؤلاء قوة القانون والحكومة لدعم مطالبهم؛ كان لهم وصول الى رأس المال، الذي لم يكن بالامكان الاستمرار في الانتاج بدونه، ثم توصيل الانتاج الى السوق. في معظم الاحيان، لم يكونوا مضطرين الى العمل ضمن حدود مبدأ معنوي يربط بينهم وبين العاملين لديهم: المستعمر (colon)، والمداين القاطن في المدينة، وشيخ القبيلة الذي اصبح مالكاً للأرض، لم يكن لهم العلاقة ذاتها مع الذين يعملون لديهم كتلك التي كانت لبعض أسلافهم. في ظروف كهذه، لم يكن للفلاحين القدرة على الحصول من انتاج الريف على اكثر من الحدّ الادنى لاحتياجاتهم لأجل البقاء على قيد الحياة، ولا حتى على الحماية التي كان يوّفرها لهم اهل النفوذ في وقت الاضطهاد أو الضيق.

المجتمع الثنائي

XVII/37 بحلول العام ١٩١٤، ظهر في البلاد العربية في الامبراطورية العثمانية

والمغرب، بدرجات متفاوتة، نوع جديد من الطبقات: مجموعات تجارية ومالية اوروبية، ومجتمعات مستوطنة في بعض الاماكن، يحميها نفوذ حكوماتها ويعزز مصالحها؛ تجار محليون وطبقات من ملاّكي الاراضي، الذين كانت مصالحهم الى حدّ ما مشابهة لمصالح الجاليات الاجنبية، ولكنهم قد ينافسونهم في بعض الظروف؛ سكان أرياف تتزايد اعدادهم وسكان فقراء في المدن، نفوذهم محدود جداً، ومعزولون الى حد كبير عن فوائد التغيّر الاداري والقانوني والاقتصادي.

XVII/38 وظهرت العلاقة المتغيرة في القوى الاجتماعية في التغيرات التي بدأت تطرأ على الحياة المدينية في النصف الثاني من القرن التاسع عشر. انتقل النفوذ والنشاط الاقتصادي من المدن الكبيرة الداخلية الى المرافىء البحرية، على الاخص مرافىء البحر المتوسط. فقد اصبحت هذه ليس فقط محطات نقل البضائع من سفينة الى اخرى بل المراكز الرئيسة للتمويل والتجارة، حيث تجمع البضائع من الداخل والواردات توزع عليه، وحيث كانت تنظم وتمول اعمال الاستيراد والتصدير، وكذلك الانتاج الزراعي في معظمه. بعض هذه المرافىء كانت مدناً قديمة اكتسبت حجماً جديداً واهمية جديدة: بيروت التي حلّت محل صيدا وعكّا كميناء رئيسي لسوريا الجنوبية؛ والاسكندرية التي اخذت محل دمياط والرشيد في تجارة مصر البحرية، اذ ازدادت التجارة مع اوروبا وانحطت التجارة مع الاناضول والشاطىء السوري؛ البصرة، المكان الاساسي لتصدير التمر والقمح العراقي؛ جِدَّة مرفأ الحجاز الرئيسي، والذي تزايدت أهميّته اذ بدأت الجزيرة العربية بتلقي السلع الاجنبية بحراً بدلاً من طرق القوافل من سوريا؛ تونس ومرافىء الجزائر. وغيرها كانت منشأة حديثاً في الواقع بمثابة مراكز للتجارة الدولية: بور سعيد في الطرف الشمالي لقناة السويس؛ عدن كمحطة توقّف وتموّن بالفحم الحجري للمراكب على طريق السفن التجارية من اوروبا عبر القناة الى الهند؛ الدار البيضاء على الساحل الاطلسي للمغرب.

XVII/39 كانت تسيطر على محاور هذه المرافىء عنابر ومصارف ومكاتب

لشركات السفن مبنية على الطراز الضخم الشائع في اوروبا الجنوبية؛ وكان فيها احياء سكنية مع دارات (ڤيلات) تحيط بها حدائق؛ وكانت مصممة مع حدائق عامة، ساحات، فنادق، مطاعم ومقاهٍ، مخازن ومسارح. شوارعها الرئيسية كانت عريضة بما يكفي لمرور الحافلات وعربات الخيل والسيارات في بدايتها حوالي العام ١٩١٤. مدن الداخل ايضا اخذت تغير مظاهرها بالطريقة ذاتها تقريباً. كان هناك محاولات في البدء لادخال شوارع وابنية جديدة الى قلب المدن القديمة: شُقّ شارع عريض عبر القاهرة الى سفح القلعة؛ قُوِّمت «البازارات» في دمشق ووُسِّعَت لاتمام سوق الحميدية وسوق مدحت باشا. الا انه في النهاية بدأت الاحياء الجديدة تتوسع خارج الاسوار (اذا كانت باقية) للمدن القديمة، على اراضٍ لا تعيقها الابنية وحقوق الملكية، والقابلة للتطوير بحسب تصميم. فتوسَّعت دمشق الجديدة الى شرقي القديمة، وعلى منحدرات جبل قاسيون؛ القاهرة الجديدة بُنيت أولاً الى شمالي المدينة القديمة، ثم الى الغرب على اراضٍ تمتد حتى النيل الذي كان قد كون مستنقعات ولكنه جُفّف الآن وأُعدّ لأجل البنيان؛ تونس الجديدة نمت جزئياً على ارض مستصلحة من البحيرة الواقعة الى غربيها؛ الخرطوم، عاصمة السودان تحت حكم المصريين ثم الحكم المشترك، كانت انشاءً جديداً، بشوارع مخططة بتناسق، قرب النقطة حيث يلتقي النيل الابيض بالازرق. وفي نهاية الفترة، كانت هناك تغييرات مماثلة في المغرب: كانت عاصمة المحمية، مركز اقامة السلطان الرئيسي، في الجزء الجديد من الرباط على الشاطىء؛ وكانت فاس الجديدة قيد التصميم، خارج أَسوار المدينة القديمة وبكل عناية لتفادي اي اقتحام لها.

تدريجياً استنزفت المدن الجديدة حياة المدن القديمة. فيها أقامت
XVII/40
المصارف والشركات مكاتبها، وشيدت قصور الحكومة ومكاتبها. في القاهرة بُنيت الوزارات الجديدة في الاحياء الغربية، وقناصل الدول الغربية جعلوا اقامتهم فيها، وانتقل الخديوي من القلعة الى قصر جديد بني على الطراز الاوروبي؛ وكان الجيش البريطاني يسيطر على القاهرة من معسكر

قصر النيل على ضفاف النيل.

XVII/41 وكان قسم كبير من سكان المدن الجديدة واحيائها من الاجانب: موظفين رسميين، قناصل، تجار، اصحاب مصارف واهل حرف. في مدينتي الجزائر ووهران، اكبر مدن الجزائر، كانت اكثرية السكان من الاوروبيين؛ في القاهرة ١٦ بالمئة كانوا اجانب، وفي الاسكندرية ٢٥ بالمئة. وكانت حياتهم انعزالية، مميزة، لهم مدارسهم الخاصة وكنائسهم ومستشفياتهم وامكنة استجمامهم، ودعاويهم كانت تنظر فيها محاكم قنصلية اوروبية او مختلطة، ومصالحهم الاقتصادية تحميها القنصليات، وفي البلدان الواقعة تحت السيطرة الاوروبية، الحكومة ذاتها. وجاذب النفوذ والطرق المعيشية الجديدة في المدن الجديدة استمال التجار المحليين ايضا - اكثريتهم من المسيحيين واليهود - العاملين بالتجارة الدولية، وبعضهم متمتعين بالحماية الاجنبية ومنصهرين تقريباً ضمن المجتمعات الاجنبية. وبحلول العام ١٩١٤ بدأت عائلات مسلمة، من موظفي الحكومة او الملاكين، بمغادرة منازل اسلافهم في المدن القديمة للتمتع بوسائل الراحة في الاحياء الحديثة.

XVII/42 في المدن الجديدة تطور نوع جديد من المعيشة، انعكاساً للمعيشة في اوروبا. بدأ الرجال والنساء يرتدون هنداما مختلفا عن ذي قبل. وأحد المظاهر ذات المغزى في اصلاحات التحديث في عهد محمود الثاني كان التغيير في اللباس الرسمي. فقد تخلى السلطان وبطانته عن الكسوات الفضفاضة والعمامات العريضة التي كانت لاسلافهم واستبدلوها بالرداء الرسمي الذي كان شائعاً في اوروبا (سترة طويلة سوداء تصل الى الركبتين) وبغطاء جديد للرأس، الطربوش الاحمر مع شرابته السوداء. جنود الجيوش الجديدة من عثمانيين ومصريين وتونسيين ارتدوا بزات من الطراز الاوروبي. السفر ومنظر المقيمين الاوروبيين والمدارس الجديدة عودّت التجار واصحاب المهن وعائلاتهم على الملابس الجديدة؛ واقتبسها اليهود والمسيحيون بوقت مبكر اكثر من المسلمين. وبنهاية القرن كان بعض

زوجاتهم وبناتهم يرتدين ملابس على الطراز الفرنسي او الايطالي، يخترنها من مجلات مصورة، او من مخازن المدن الجديدة او من السفر او المدارس؛ الا انه في العام ١٩١٤، قليلات من النساء المسلمات كنَّ يخرجن دون نوع من البرقع او الحجاب، على الرأس اذا لم يكن على كل الوجه.

XVII/43 المنازل أيضاً كانت تعبيراً مرئياً عن طرق المعيشة المتغيرة. ابنية الاحياء الجديدة، للاشغال كانت ام للاقامة، كانت من تصميم مهندسين معماريين فرنسيين او ايطاليين، او على طرازهم: مبنية من الحجارة، مزخرفة بالجص ومزدانة بالحديد المكوّر. البنايات العامة كان لها واجهات جليلة فخمة، وبعضها كان يعبر عن رؤى جديدة لحياة المجتمع: في القاهرة، دار الاوبرا، المتحف، والمكتبة الخديوية. المنازل ايضاً عكست رؤية جديدة للحياة العائلية. الفصل بين غرف الاستقبال والطعام في الدور الأول وغرف النوم فوقه كان صعب التوفيق مع التقسيم القديم الصارم بين القاعات (الصالونات) التي كان يستقبل فيها رجال العائلة الزوار و«الحريم» حيث كانت الحياة العائلية تأخذ مجراها. التغيرات في الحياة الاقتصادية وفي العادات الاجتماعية، بالاضافة الى مكافحة تجارة الرقيق من قبل العثمانيين والمصريين والبريطانيين وضعت حداً، الى درجة ما، لاستخدام العبيد في المنازل بحلول العام ١٩١٤، وخارج بعض القصور كان الخصيّ الأسود، حارس حرمة «الحريم» قد زال من الوجود تقريباً. الكراسي والمناضد والموائد، المصنوعة تقليداً للأثاث الفرنسي من القرن الثامن عشر، صارت ذات مفهوم ضمني عن طريقة جديدة في استقبال الزوار وتناول الطعام معاً. المنازل كانت مطوقّة بحدائق، وليست مبنية حول فناء داخلي؛ نوافذها تطلّ الى الخارج، على الشوارع ـ اصبح بالامكان النظر منها الى الخارج، وللآخرين ان ينظروا الى الداخل. في الشوارع العريضة او على اطراف المدن، اصبح بامكان نساء العائلات المحترمة ان تتفسّحن في عربات تجرها الخيول. المسارح أتاحت اساليب جديدة للتفرج دون التعرّض للظهور؛ ابتداء من سنة ١٩١٤ كان بامكان سيدات القاهرة الارستقراطيات حضور

تمثيليات تقدمها فرقة جوّالة لمسرحيات فرنسية كلاسيكية او اوبرا ايطالية، وهنّ مستترات وراء شاشات شفافة في مقصورة من صف المقصورات الفخمة في دار الأوبرا.

الفصل الثامن عشر

ثقافة الامبريالة والإصلاح

ثقافة الامبريالية

XVIII/1 في المدن الجديدة،، خصوصاً في الاراضي الخاضعة للاحتلال الاوروبي، واجه الاوروبيون والعرب واحدهما الآخر بطريقة جديدة الآن، ونظرتهما الى بعضهم البعض تغيرت. في القرن الثامن عشر كان حبّ الاستطلاع في العقل الاوروبي قد توسع تحت تأثير السفر والتجارة، ليشمل كل العالم. وتعمق حب الاستطلاع في القرن التاسع عشر، وزادت اهتماماته إذ جلبت التجارة والاستيطان والحروب اعداداً متزايدة من الاوروبيين والامريكيين الى الشرق الاوسط وافريقيا الشمالية؛ وبدأت السياحة المنظمة في منتصف القرن بالحج الى الاراضي المقدسة ورحلات على النيل.

XVIII/2 وظهر حب الاستطلاع الشامل بنوع جديد من الدرس والعلم، الذي حاول فهم طبيعة مجتمعات آسيا وتاريخها عبر دراسة ما خلّفوه من آثار مكتوبة او مصنوعات يدوية. وأول ترجمة أوروبية للقرآن تعود الى قبل ذلك بكثير، الى القرن الثاني عشر، ولكن هذا المجهود المبكّر كان قليل الأثر، والمحاولة المنتظمة لفهم النصوص الاساسية للمعتقد الاسلامي وتاريخه تبدأ في القرن السابع عشر، بتأسيس كراسي استاذية للغة العربية في جامعات باريس ولايدن واكسفورد وكمبردج، وجمع المخطوطات للمكتبات الكبيرة، واول نشر دقيق وترجمة لها. وعندما كتب «ادوارد غيبون» مؤلفه «انحطاط وسقوط الامبراطورية الرومانية» (١٧٧٦ ـ ٨٨)، كان بتصرفه مجموعة ضخمة من المصادر والاعمال العلمية.

XVIII/3 الدراسة المنظمة للشؤون العربية والاسلامية وتعليمها، وانشاء معاهد يمكن بواسطتها نقل النتائج من جيل الى آخر بدأت في وقت لاحق. في مقاطعة «البنغال» الجديدة تحت الحكم البريطاني، اسس وليم جونز

(١٧٤٦ ـ ٩٤) الجمعية الآسيوية لدراسة الثقافة الاسلامية في الهند وكذلك الثقافة الهندوسية، وكانت تلك اولى العديد من هذه الجمعيات العلمية. وفي باريس، كان البحاثة الفرنسي سيلفستر دو ساسي (١٧٥٨ ـ ١٨٣٨) اول من اعتنى بالشؤون العربية والاسلامية وعقبته اسرة من المعلمين والبحاثين انتشرت بنوع من التسلسل الى اجيال اخرى وبلدان اخرى. ولعب في تطور هذه الثقافة العلماء الناطقون بالالمانية دوراً خاصاً، في المانيا وامبراطورية آل هابسبورغ، ناظرين الى الدين والثقافة الاسلامية بعقول كونتها المواضيع الفكرية العظيمة التي ميزت ذلك الزمن: التاريخ الثقافي (الحضاري)، دراسة استمرارية التطور البشري من حقبة وشعب الى آخر؛ فقه اللغة المقارن، الذي حاول ان يقتفي اثر التاريخ الطبيعي والعلائق العائلية للغات، وللثقافات والشخصيات الجماعية المعبّر عنها من خلالها؛ تطبيق المناهج الانتقادية على النصوص المقدسة لكشف التطوّر الاولي للتقاليد الدينية. تسجيل وتفسير حياة شعوب آسيا وافريقيا وعاداتها ومعتقداتها، التي وقعت الآن ضمن مجال الرحلات الاوروبية وسيطرتها، كان الباعث على ظهور علم الانْثربُولوجيا (اصل الجنس البشري). وفي آخر القرن ظهر نوع آخر من العلم ليلقي الضوء على دراسة النصوص: علم الآثار القديمة، السعي الى اكتشاف آثار المستوطنات البشرية وتحليلها. بهذه الطريقة، امكن الرجوع بمعرفة تاريخ البلدان حيث يعيش العرب، على الاخص مصر والعراق، الى ما قبل الاسلام.

أدّت المخيلة الرومنطيقية، بتعظيمها للماضي السحيق، الغريب،
XVIII/4 ومنقادة بمعرفة واضحة أو شبه واضحة احياناً، مستمدة من الرحلات والدراسات، الى تكوين رؤية للشرق: مكان غامض، جذّاب وخطر، مهد العجائب والاساطير، وهذه الرؤية أخصبت الفنون. واصبحت ترجمات «ألف ليلة وليلة» جزءاً من التراث الغربي. صُور منها ومن كتب اخرى وفّرت مواضيع ثانوية عالجها الادب الاوروبي: كَتَب «غوته» Goethe اشعاراً في مواضيع اسلامية في «ديوانه الغربي الشرقي» The Westöstliche Diwan و «لتر

سكوت» Scott جعل من صلاح الدين مثال الفروسية للقرون الوسطى في روايته «الطِلسم» The Talisman . اما التأثير على الفنون المرئية فكان اعظم. الرسوم والافكار الاسلامية ظهرت في تصاميم وزخارف بعض الابنية. ومارس بعض عظام الرسّامين اسلوباً «شرقياً» معيناً، من أمثال «آنْغرْ» Ingres و«دو لاكروا»، وغيرهم الاقل شهرة. وظهرت بعض الصور تكراراً في لوحاتهم: الفارس العربي بمثابة بطل شرس، وسحر الحسان «في الحريم»، وفتنة «البازار»، والحسرة والشجو في حياة مستمرة بين اطلال العزّ القديم.

XVIII/5 وثمة موضوع آخر كان يخالط الرغبة في المعرفة والجاذبية الغامضة المعبّر عنها بالخيال. الهزيمة تخترق الروح البشرية أعمق من النصر. وأن يكون الانسان خاضعاً لسيطرة شخص آخر هو اختبار حسي يثير الشكوك حول نظام الكون، بينما يستطيع المسيطر ان يتناساه، او ان يفترض انه جزء من النظام الطبيعي للأمور وان يخترع او يقتبس افكاراً تبرر حيازته على السيطرة. وقد وُضِعت انواع متعددة من التبريرات في اوروبا القرن التاسع عشر، خصوصا في بريطانيا وفرنسا، بما ان هذين البلدين كانا الاكثر تسابقاً الى السيطرة على العرب. بعضها كان تعبيراً بلغة دنيوية عن المواقف التي كان المسيحيون الغربيون قد اقتبسوها عن الاسلام والمسلمين عندما ووجهوا بالنفوذ الاسلامي لأول مرة: فكان يُنظر الى الاسلام كخَطر معنوي وعسكري، تجدر مقاومته. وعندما يُنقل هذا ويُوضَع بتعابير دنيوية، فإنه يوفر تبريراً للتسلّط وانذاراً: الخوف من «ثورة الاسلام»، من حركة مفاجئة بين الشعوب المجهولة التي يحكمونها، كان ماثلاً في أذهان الحكام البريطانيين والفرنسيين. بالطريقة ذاتها، كان بالامكان استخدام ذكريات الحملات الصليبية لتبرير التوسّع.

XVIII/6 وثمة أفكار اخرى قُطفت من الجو الفكري لتلك الحقبة. فالعرب، في الرسم المنظوري لفلسفة التاريخ «لـ «هيغل»، ينتمون الى برهة ماضية في تطور الروح البشرية: فقد قاموا بمهمتهم في الحفاظ على الفكر الاغريقي، وسلّموا مشعل المدنية الى آخرين. اما بمنظار فقه اللغة التاريخي والمقارن،

فهؤلاء الذين عاشوا من خلال وسيلة اللغات السامية اعتُبروا غير قادرين على العقلانية والمدنية الرفيعة المتاحة أمام الآريين. وهناك تفسير معين لنظرية «دَارْوِن» في النشوء والارتقاء يمكن استعماله لدعم القول بأن هؤلاء الذين ظلوا أحياء في الصراع التنازعي للبقاء كانوا أرقى، فلهم لذلك الحق في السيطرة. من جهة اخرى، فبالامكان الاعتبار ان السلطة تجلب معها إلتزامات. فإن تعبير «عبء الرجل الأبيض» (the White Man's burden) حمل مثالاً ألْهَمَ، بطريقة او بأخرى، موظفين وأطباء ومبشرين، وحتى هؤلاء الذين قرأوا عن آسيا وافريقيا عن بُعد. الشعور بالمسؤولية العالمية وجد تعبيراً في اول مبادرات لمساعدة ضحايا الكوارث؛ المال الذي قُدم في أوروبا وأمريكا لضحايا الحرب الاهلية اللبنانية عام ١٨٦٠، والذي وزعه القناصل، كان احد اول الامثلة على اعمال الإحسان المنظمة دولياً.

XVIII/7 كانت فكرة الهوية البشرية والمساواة، بالرغم من كل الفروقات، تظهر احيانا. في اوائل القرن التاسع عشر، اعلن «غوتِه» انه «لم يعد بالامكان الفصل بين الشرق والغرب»[١]؛ ولكن في آخر القرن كان الصوت المهيمن هو صوت «كِپْلِنْغْ» Kipling، مؤكداً ان «الشرق هو الشرق والغرب هو الغرب»[٢] (مع انه هونفسه ربما لم يكن قد عنى ما فهمه الآخرون من كلماته).

بروز أهل الفكر

XVIII/8 أبحاث كهذه لم تكن تُجرى دون ان يُسمع لها أصداء. ففي الجزء الاخير من القرن التاسع عشر، انتشر وتعمم وعي مدى القوة الاوروبية، الذي كان متواجداً في النخبة الحاكمة العثمانية. فقد ظهرت طبقة جديدة مثقفة تنظر الى ذاتها والى العالم بعينين شحذتهما الثقافة الغربية، وتُبَلِّغ ما ترى باساليب جديدة.

XVIII/9 ما عدا بعض الاستثناءات المتباعدة، تكونت هذه الطبقة في مدارس من نوع جديد. الاكثر تأثيراً بينها كانت تلك التي انشأتها حكومات مُصلحة

لغاياتها الخاصة. اولاً، كانت هذه معاهد مختصّة تدرب موظفين وضباطاً واطباء ومهندسين، في اسطنبول والقاهرة وتونس. الا انه بنهاية القرن تطورت الانظمة الرسمية. فقد كان هناك مدارس ابتدائية وثانوية في مدن الاقاليم العثمانية، والتحسين في المواصلات مكّن الاولاد الذكور من الذهاب من هذه المدارس الى كليات اعلى في اسطنبول، وبعد ذلك الى خدمة الدولة؛ في اسطنبول كانت كذلك قد تأسست جامعة. في مصر حدثت بعض التطورات خارج الشبكة الرسمية؛ ففي القاهرة كانت هناك مدرسة للحقوق تدرب محامين على العمل في المحاكم المختلطة، وانشئت اول جامعة بمجهود من القطاع الخاص. في السودان كانت هناك كلية حكومية، كلية «غوردون»، تدرب الشبان على الادوار الثانوية في الادارة الحكومية والتي كانوا يحتاجونهم اليها. في تونس، كذلك الامر، كان التشجيع من قبل الحكومة محدوداً: كانت هناك بعض المدارس الابتدائية الفرنسية ـ العربية وبعض المعاهد العليا للمعلمين؛ «الصادقية»، وهي مدرسة ثانوية، تأسست على غرار «الليسيه» Lycée، كانت تحت سيطرة الفرنسيين الذين اصلحوها. في الجزائر بدأت المدارس الابتدائية بالانتشار من العام ١٨٩٠، ولكن ببطء وعلى مستوى منخفض، وضدّ ارادة المستعمرين، الذين لم يكونوا متحمسين الى رؤية الجزائريين المسلمين يتعلمون الفرنسية والافكار المنشورة بالفرنسية؛ وكانت هناك ثلاث مدارس تعلم المواضيع الحديثة والتقليدية على المستوى الثانوي؛ قليل من الجزائريين كانوا يدخلون المدارس الثانوية الفرنسية او كليات الحقوق او الطب او الآداب في جامعة الجزائر، جزئياً لان قليلين منهم كانوا قادرين على بلوغ المستوى المطلوب، وايضاً لان الجزائريين كانوا يعارضون ارسال ابنائهم الى معاهد فرنسية.

XVIII/10 الى جانب المدارس الحكومية كان هناك عدد من المعاهد التي انشأتها هيئات محلية، وعدد اكبر اقامته ارساليات اوروبية وامريكية. في لبنان وسوريا ومصر كان لبعض المجتمعات المسيحية مدارسها الخاصة، خصوصاً الموارنة بتراثهم العريق بالتعليم العالي؛ وانشئت بعض المدارس العصرية على يد مؤسسات بمساعدات تطوعية اسلامية ايضا. وتوسعت مدارس

الارساليات الكاثوليكية، مدعومة بعون مالي من الحكومة الفرنسية وتحت حمايتها. سنة ١٨٧٥، أسس اليسوعيون جامعة القديس يوسف في بيروت، وألحقت بها كلية الطب الفرنسية عام ١٨٨٣.

XVIII/11 وبمبادرة فرنسية أيضاً انشئت «الاليانس إزرائيليت» Alliance Israelite، وهي منظمة يهودية أسست مدارس للمجتمعات اليهودية، ممتدة من المغرب الى العراق. منذ بدء القرن، أُكمل عمل الارساليات الكاثوليكية من ناحية، ووجهوا بالتحدي من ناحية اخرى، من قبل ارساليات بروتستانتية، امريكية على العموم، كونت مجتمعاً بروتستانتياً صغيراً، ولكنها أتاحت فرص التعليم للمسيحيين الآخرين وللمسلمين أيضاً فيما بعد؛ وفي قمة مدارسهم كانت الكلية السورية الانجيلية التي تأسست سنة ١٨٦٦ واصبحت الجامعة الأمريكية في بيروت بعد ذلك. وانشئت كذلك مدارس روسية لأفراد الطائفة الارثوذكسية الشرقية، اقامتها الجمعية الروسية الامبراطورية الارثوذكسية الفلسطينية.

XVIII/12 في جميع هذه الانظمة كانت هناك مدارس للبنات، ليس على المستوى ذاته كالذي للفتيان، ولكنه يعمم معرفة القراءة والكتابة ويخرّج نساء بامكانهن كسب معيشتهن في بعض الحرف: كمعلمات مدارس او ممرضات، وفي حالات نادرة كصحفيات او كاتبات. بعض هذه المدارس كانت حكومية، ولكن معظمها كان مدارس ارساليات؛ مدارس الراهبات الكاثوليكية كانت المفضلّة من الاهل المسلمين حيث تتعلم بناتهم اللغة الفرنسية والعادات الحميدة، في جوّ مطمئن.

XVIII/13 وتطوّر جيل جديد تعّود على القراءة. كثير منهم كانوا يقرأون بلغات اجنبية. وفي حوالي منتصف القرن التاسع عشر كانت الفرنسية قد حلت محل الايطالية كلغة مشتركة للتجارة في المدن؛ الالمام بالانكليزية بالكاد كان موجوداً في بلاد المغرب وكان اقل انتشاراً من الفرنسية أبعد الى الشرق. التكلم باللغتين كان شائعاً، وفي بعض العائلات، خصوصاً في القاهرة والاسكندرية وبيروت اخذت الفرنسية او الانكليزية تحل محل العربية في

العائلة. اما للذين نالوا ثقافة عالية بالعربية، فقد بدأ يظهر نوع جديد من الادب. ولم تكن الطباعة العربية موجودة الا بقدر يسير قبل القرن التاسع عشر، ولكنها انتشرت خلال القرن، خصوصاً في القاهرة وبيروت، اللتين بقيتا المركزين الرئيسيين للنشر: مدارس الحكومة في القاهرة ومدارس الارساليات في بيروت كانت قد خرّجت جمهوراً كبيراً نسبياً من القراء. وعدا عن الكتب المدرسية، كانت الكتب في هذه الفترة اقل اهمية من الصحف والمجلات، التي بدأت تلعب دوراً كبيراً في العقدين ١٨٦٠ و١٨٧٠. وبين المجلات الفكرية، فاتحة نوافذ على الثقافة والعلوم والتكنولوجيا في الغرب، كانت هناك اثنتان يحررها لبنانيان مسيحيان في القاهرة: «المقتطف»، ليعقوب صروف (١٨٥٢ ـ ١٩٢٧) وفارس نمر (١٨٥٥ ـ ١٩٥١)، «والهلال» لجرجي زيدان (١٨٦١ ـ ١٩١٤). ومشروع أدبي مماثل كان الموسوعة التي نُشرت على اجزاء دورية، من تأليف بطرس البستاني (١٨١٩ ـ ٨٣) وعائلته، وهي خلاصة وافية للمعرفة الحديثة وتدلّ على ما كان معروفاً ومفهوماً في بيروت والقاهرة في الربع الاخير من القرن التاسع عشر. مقالاتها عن العلم الحديث والتكنولوجيا دقيقة ومعبّر عنها بوضوح؛ المقالات عن تاريخ اليونان والميثولوجيا والآداب تُقدم معلومات عن العصور الكلاسيكية القديمة تفوق ما عرفته عنها الثقافة الاسلامية لأي عصر سابق. إنها مؤلّف كتبه ونشره مسيحيون عرب في معظمه، فيه يتكلّمون عن مواضيع اسلامية بلهجة لا يشوبها تحفظ أو وجل. اقدم الصحف كانت تلك التي صدرت تحت رقابة رسمية في اسطنبول والقاهرة وتونس، وفيها نصوص وتفسيرات لقوانين ومراسيم. أما الصحف غير الرسمية والتي تعبر عن آراء محرريها، فتطورت فيما بعد، عندما اراد جيل جديد من القراء ان يعرف ما يجري في العالم، والتلغراف جعل بالامكان إشباع فضولهم وحبهم للاستطلاع. عدد القراء والمدى الاوسع للحرية الفكرية جعل من القاهرة مركز الصحافة اليومية، ومرة اخرى كان اول الصحفيين الناجحين مهاجرون من لبنان؛ «الاهرام»، التي اسستها عائلة «تقلا» عام ١٨٧٥، اصبحت فيما بعد اولى الصحف في العالم العربي.

ثقافة الاصلاح

كانت الكتب والمجلات والصحف المجاري التي جاءت منها معارف عالم اوروبا وأميركا الجديد الى العرب. معظم ما نشروه كان مترجماً او مقتبساً من الفرنسية او الانكليزية؛ بدأت حركة الترجمة ايام محمد علي، الذي كان محتاجاً الى كتب ارشادية لموظفيه وضباطه وكتب مدرسية. بعض هؤلاء الذين تدربوا في اوروبا وتعلموا الفرنسية او لغة اخرى كتبوا وصفا لما شهدوا وسمعوا. هكذا كتب رفاعة الطهطاوي (١٨٠١ ـ ٧٣)، الذي كان قد ارسله محمد علي مع بعثة تربوية الى باريس، يصف المدينة وسكانها: «اعلم ان الباريزيين يختصون بين كثير من النصارى بذكاء العقل ودقة الفهم وغوص ذهنهم في الغويصات... وليسوا أسراء التقليد اصلا، بل يحبون دائما معرفة أصل الشيء والاستدلال عليه، حتى أن عامتهم ايضا يعرفون القراءة والكتابة، ويدخلون مع غيرهم في الامور العميقة، كل انسان على قدر حاله... ومن طباع الفرنساوية التطلع والتولع بسائر الاشياء الجديدة، حب التغيير والتبديل في سائر الامور خصوصا في أمر الملبس... ومن طباعهم المهارة والخفة... فينتقل الانسان منهم عن الفرح الى الحزن وبالعكس، ومن الجد الى الهزل وبالعكس حتى ان الانسان قد يرتكب في يوم واحد جملة امور متضادة، وهذا كله في الامور غير المهمة، واما في الامور المهمة فآراؤهم في السياسات لا تتغير كل واحد يدوم على مذهبه ورأيه ويؤيده مدة عمره... وليس عندهم المواساة الا بأقوالهم وأفعالهم لا بأموالهم... وهم في الحقيقة أقرب للبخل من الكرم... وأقول هنا أنهم ينكرون خوارق العادات ويعتقدون انه لا يمكن تخلف الامور الطبيعية اصلا... ومن عقائدهم القبيحة قولهم ان عقول حكمائهم وطبائعهم اعظم من عقول الانبياء وأذكى منها»[٣].

الا انه بمرور الزمن برز نوع جديد من الأدب، فيه حاول الكتاب العرب ان يعبّروا بالعربية عن وعيهم لانفسهم ولمكانهم في العالم العصري. احد مشاغل الادب الجديد كان اللغة العربية ذاتها. هؤلاء الذين تثقفوا ضمن

دائرة اشعاع التعليم الجديد والادب الاوروبي بدأوا ينظرون الى ماضيهم بطريقة جديدة. نصوص المؤلفات العربية الكلاسيكية بدأت تُطبع في مصر كما في أوروبا. أُحِييت الاساليب الادبية القديمة؛ اشهر كتّاب لبنان في عصره، ناصيف اليازجي (١٨٠٠ ـ ٧١) وضع كتاباً باسلوب المقامات، سلسلة قصص ونوادر عن بطل واسع الحيلة، مسرودة بالسجع. غيرهم اقتبسوا اللغة لكي تعبّر عن افكار جديدة واشكال جديدة من المشاعر الفنّية. بطرس البستاني، والذين تعلموا منه، استخدموا نوعاً جديداً من النثر الايضاحي دون الخروج على قواعد النحو، ولكن بطرق تعبيرية اكثر بساطة وكلمات واصطلاحات جديدة، اما مستمدة من موارد اللغة العربية او مقتبسة من الانكليزية او الفرنسية. كما كان هناك ايضاً انبعاث للشعر العربي، على البحور والاوزان القديمة، ولكن مع البدء بالتعبير عن افكار ومشاعر جديدة. بالامكان اعتبار أحمد شوقي (١٨٦٨ ـ ١٩٣٢) شاعراً كلاسيكيا متأخراً، استخدم لغة رفيعة لاحياء ذكرى الاحداث العامة او للتعبير عن افكار قومية، او لمدح الحكام؛ وكان ينتمي الى النخبة التركية ـ المصرية التي كانت تلتئم حول البلاط المصري. الا ان بين معاصريه كان خليل مطران (١٨٧٢ ـ ١٩٤٩) الذي كتب شعراً استعمل فيه اللغة والاشكال التقليدية لا لنفسها فحسب، بل لاعطاء تعبير دقيق عن حقيقة، أكانت في العالم الخارجي أم في مشاعر المؤلف. حافظ ابراهيم (١٨٧١ ـ ١٩١٢) عبر عن الافكار السياسية والاجتماعية للمصريين في عصره باسلوب أقرب الى العامة وكان اكثر انتشاراً بينهم من شوقي. كما بدأت تبرز أيضاً انواع جديدة من الكتابة: المسرحيات، القصة القصيرة، والرواية. أول رواية هامة، «زينب» بقلم حسين هيكل، التي نُشرت عام ١٩١٤، عبّرت عن اسلوب جديد في النظر الى الارياف والحياة البشرية المتأصلة في الطبيعة، وعلائق الرجال والنساء.

الاهتمام الرئيسي الآخر للكتابة الجديدة كان النفوذ الاوروبي XVIII/16 الاجتماعي والفكري المتنامي، الذي اعتُبر ليس كعدو فقط، بل كتحدّ، وتحدٍّ مُغرٍ من بعض النواحي. قوة اوروبا وعظمتها، العلم والتكنولوجيا

الحديثة، والمؤسسات السياسية للدول الاوروبية والمناقبية الاجتماعية للمجتمعات الحديثة كانت جميعها مواضيع مفضلة. كتابات كهذه كانت تثير مشكلة اساسية: كيف يمكن للمسلمين العرب، وللدولة العثمانية المسلمة، الحصول على القوة لمجابهة اوروبا وليصبحوا جزءاً من العالم الحديث؟

XVIII/17 اول محاولات واضحة للاجابة عن هذا السؤال تظهر في كتابات موظفين كبار مرتبطين بالاصلاح الذي حدث في منتصف القرن في اسطنبول والقاهرة وتونس. بعضها كتب بالتركية، ولكن القليل بالعربية، وعلى الاخص كتاب ألفه خير الدين (توفي سنة ١٨٨٩)، الذي كان زعيم آخر محاولة لاصلاح الحكومة التونسية قبل الاحتلال الفرنسي. في مقدمة الكتاب، فسّر خير الدين أغراضه: «أحدهما اغراءُ ذوي الغيرة والحزم من رجال السياسة والعلم بالتماس ما يمكنهم من الوسائل الموصلة الى حسن حال الامة الاسلامية وتنمية اسباب تمدنها بمثل توسيع دوائر العلوم والعرفان وتمهيد طرق الثروة من الزراعة والتجارة وترويج سائر الصناعات ونفي أسباب البطالة وأساس جميع ذلك حسن الامارة.. .ثانيهما تحذير ذوي الغفلات من عوام المسلمين عن تماديهم في الاعراض عما يحمد من سيرة الغير الموافقة لشرعنا بمجرد ما انتقش في عقولهم من ان جميع ما عليه غير المسلم من السير والتراتيب ينبغي ان يهجر.»[٤].

XVIII/18 بنظر مؤلفين كهؤلاء، على الامبراطورية العثمانية ان تكتسب قدرة الدولة الحديثة عن طريق تغييرات في القوانين واساليب الادارة والتنظيم العسكري؛ علاقة السلطان بالرعية يجب أن تتغير إلى علاقة دولة عصرية ومواطن، والولاء للعائلة الحاكمة يجب ان يتحوّل الى شعور بعضوية دولة، الدولة العثمانية، التي تضم مسلمين وغير مسلمين واتراك وغير اتراك. كل ذلك يمكن أن يتم دون الإخلال بالاخلاص نحو الاسلام أو تقاليد الامبراطورية اذا فُهمت بالطريقة الصحيحة.

XVIII/19 وبمرور الزمن، وبروز الطبقة الجديدة المثقفة بعد ١٨٦٠ و١٨٧٠، ظهر انشقاق بين مؤيّدي الاصلاح. وكان انقساماً في الآراء حول أسس

السلطة: ما اذا كان يجب أن تُعهد الى الموظفين المسؤولين أمام شعورهم الخاص بالعدالة ومصالح الامبراطورية، أم الى حكومة تمثيلية تأتي نتيجة انتخابات.

XVIII/20 إلا ان الانقسام بين الاجيال كان اكثر عمقاً. كان الجيل الثاني، في البلدان الثلاثة، واعياً لمشكلة ضمنية في التغييرات التي كانت تحدث. اصلاح المؤسسات قد يشكل خطراً إلا إذا كان متأصلاً في نوع من التضامن الاخلاقي: كيف يجب أن يكون ذلك، وإلى أي درجة يمكن ان يُستمد من تعاليم الاسلام؟ سؤال كهذا اصبح اكثر إلحاحاً عندما بدأت المدارس الجديدة تخرّج جيلاً غير مرسّخ بالتعليم الاسلامي التقليدي، ومعرّضاً لرياح المبادىء التي تهب من الغرب.

XVIII/21 هذه المشكلة، طبعاً، لم تكن موجودة بالنسبة الى المسيحيين الناطقين بالعربية في لبنان وسوريا، الذين لعبوا دوراً كبيراً في الحياة الفكرية في هذه الحقبة. مدنية الغرب لم تكن تبدو غريبة لمعظمهم؛ فقد كان بامكانهم الاقتراب منها دون أي شعور بانهم غير صادقين مع انفسهم. الا انه كان لهم ما يوازي هذه المشكلة: سلطة المراتب الكنسية، التي تعترف بها الدولة وتدعمها قد تكون عقبة امام تفكيرهم وحرية التعبير عن انفسهم كما يشاؤون. بعضهم اتجه نحو الدنيوية (العلمانية)، أو إلى البروتستانتية، التي كانت اقرب ما يمكن الوصول اليه من «الدنيوية» في مجتمع يُعبَّر فيه عن الهوية بحسب الانتساب الى مجتمع ديني.

XVIII/22 الا ان للمسلمين لم يكن هناك هرب من المشكلة. الاسلام كان الأكثر عمقاً فيهم. واذا كان العيش في العالم الحديث يتطلب تغييراً في طريقة تنظيمهم لمجتمعهم، فيجب عليهم اجراء ذلك التغيير مع البقاء صادقين مع انفسهم؛ وهذا ممكن فقط اذا فُسّر القرآن لجعله منسجماً مع البقاء والقوة والتقدم في العالم. هذه كانت نقطة الانطلاق لمن يمكن تسميتهم «المسلمون المجدّدون (أو المُحِدثون)». كانوا يعتقدون ان الاسلام لا ينسجم فقط مع العقل والتطور والتضامن الاجتماعي، أسس المدنية العصرية؛ بل اذا تم

تفسيره بالوجه الصحيح، فهو يأمر بها حتماً. وكان جمال الدين الافغاني (١٨٣٩ ـ ٩٧) قد تقدم بأفكار كهذه، وهو إيراني كانت كتاباته غامضة ولكن تأثيره الشخصي كبير جداً وواسع الانتشار. هذه الافكار طُوّرت بطريقة اوسع واكثر وضوحاً في كتابات مصريّ، محمد عبده (١٨٤٩ ـ ١٩٠٥)، الذي كان لكتاباته تأثير كبير ودائم في كل ارجاء العالم الاسلامي. الغاية من حياته كانت كما قال هو: «تحرير الفكر من قيد التقليد وفهم الدين على طريقة سلف الامة قبل ظهور الخلاف والرجوع في كسب معارفه الى ينابيعها الاولى واعتباره من ضمن موازين العقل البشري التي وضعها الله لترد من شططه، وتقلل من خلطه وخبطه، لتتم حكمة الله في حفظ نظام العالم الانساني، وإنه على هذا الوجه يعد صديقاً للعلم، باعثا على البحث في أسرار الكون، داعيا الى احترام الحقائق الثابتة، مطالبا بالتعويل عليها في أدب النفس وإصلاح العمل».[٥] يبرز في مؤلفاته تمييز بين العقائد الاساسية في الاسلام وبين تعاليمه الاجتماعية وقوانينه. العقائد انتقلت عن طريق صفّ مركزي من المفكرين، هم «السلف الصالح» (من هنا جاءت التسمية لهذا النوع من الفكر: السلفية). وهي بسيطة ـ الايمان بالله، وبالوحي بواسطة سلسلة من الانبياء تنتهي بمحمد، وبالمسؤولية الخلقية وبالدينونة ـ وبالامكان تبيانها بوضوح وتفنيدها بالعقل. من ناحية اخرى، القانون (الشرع) وقواعد الاخلاق الاجتماعية، هي تطبيق لظروف خاصة لمبادىء عامة معينة واردة في القرآن ويقبلها العقل البشري. وعندما تتغير الظروف، يجب عليها هي ايضا ان تتغيّر؛ في العالم الحديث، من واجبات المفكرين المسلمين اقامة علاقات منطقية بين القوانين والعادات المتغيرة وبين المبادىء التي لا تتغير، وعليهم بهذا الفعل وَضْع حدود لها واتجاهات.

XVIII/23 نظرة كهذه الى الاسلام اصبحت فيما بعد جزءاً من الزاد العقلي للعديد من العرب المسلمين المثقفين، ولمسلمين خارج العالم العربي. الا ان بالامكان تطويرها باكثر من نمط. احد اتباع محمد عبده الاكثر شهرة، السوري رشيد رضا (١٨٦٥ ـ ١٩٣٥)، في مجلته «المنار»، حاول ان يظل امينا للناحيتين من تعاليم استاذه. ففي دفاعه عن المبادىء الثابتة للاسلام ضد

كل الهجمات، اقترب من التفسير الحنبلي لها، والى الوهابية فيما بعد؛ في سلسلة من الفتاوى، حاول ان يضع القوانين الملائمة للعالم الحديث ضمن إطار شريعة منقحة.

بروز القومية

محمد عبده ورضا كانا كلاهما علماء ذوي ثقافة تقليدية، معنيان ليس XVIII/24 فقط بتبرير التغيير بل ايضاً بوضع حدود له؛ ولكن للذين تثقفوا في معاهد حديثة كان ما استهواهم في نظرة محمد عبده الى الاسلام انها حررتهم كي يتقبلوا افكار الغرب الحديثة دون الشعور بأنهم يخونون ماضيهم. وبدأت سلسلة من الكتّاب، بعضهم ممن اعلنوا ولاءهم له، بالتقدم بافكار جديدة حول الطريقة التي يجب بها تنظيم المجتمع والدولة. وفي هذا الجيل بدأت فكرة القومية تتوضح بين الاتراك والعرب والمصريين والتونسيين. وكانت قد ظهرت بعض التحركات في الشعور بالوعي القومي قبل ذلك، وكان وراءها شيء اقوى واقدم، رغبة المجتمعات المستقرة منذ زمن طويل بالاستمرار بحياتهم دون انقطاع، ولكن كفكرة واضحة تستحث حركات سياسية، فانها لم تكتسب اهمية الا في العقدين السابقين للحرب العالمية الاولى.

وبرزت الحركات القومية المختلفة استجابة لتحديات شتى. القومية XVIII/25 التركية كانت ردة فعل لضغط مستمر ومتزايد من اوروبا، ولانهيار مثال القومية العثمانية. وبانفصال الشعوب المسيحية عن الامبراطورية واحدا بعد الآخر، اكتسبت القومية العثمانية صبغة اسلامية اكبر، ولكن عندما انهار التحالف بين العرش وبين النخبة الحاكمة ايام عبد الحميد، برزت فكرة قومية تركية: اي الفكرة بان الامبراطورية يمكنها فقط ان تظل حية على اساس تضامن شعب تجمعه لغة مشتركة.

وبما ان الامبراطورية كانت قد اصبحت في هذا الوقت دولة تركية XVIII/26 عربية على العموم، كل محاولة للتركيز على هيمنة العنصر التركي كانت تتسبب في الاخلال بالتوازن بينهم وبين العرب، وكردة فعل اخذت القومية

العربية تتوضح تدريجياً. في الفترة الاولى كانت هذه حركة عواطف بين بعض المسلمين المثقفين في سوريا، بالاخص في دمشق، وبعض الكتاب المسيحيين السوريين واللبنانيين. وكانت جذورها في انبعاث الوعي على ماضي العرب في المدارس الجديدة، والتركيز من قبل المصلحين المسلمين على العهود الاولى من التاريخ الاسلامي، الفترة التي سيطر العرب خلالها. ولم تصبح قوة سياسية هامة الابعد ان اضعفت ثورة عام ١٩٠٨ نفوذ السلطان، القطب التقليدي للولاء، وادت بالنهاية الى استيلاء جماعة «تركيا الفتاة» على السلطة. وبما ان سياستهم كانت تقوم على تقوية السلطة المركزية والتشديد على الوحدة القومية للامبراطورية فقد كان اتجاهها ضمنياً نحو القومية التركية. بعض الضباط والموظفين العرب، بالاخص سوريين من دمشق، ممن كانوا لسبب او لآخر ضد هذه الجماعة (تركيا الفتاة)، بدأوا يتقدمون بمطلب، ليس لدولة عربية مستقلة بعد، بل لمكانة افضل للمقاطعات العربية داخل الامبراطورية، ولامركزية قد تبلغ حد الاستقلال الذاتي. وضمن المنطقة الناطقة بالعربية، بدأ بعض اللبنانيين المسيحيين يعقدون الآمال على قدر أكبر من الاستقلال للبنان تحت حماية دولة اوروبية.

XVIII/27 لم تكن القومية التركية والعربية في هذه المرحلة موجهة مباشرة ضد تعديات الدول الاوروبية بقدر ما كانت ضد مشاكل هوية الامبراطورية وتنظيمها السياسي: ما هي الظروف التي يمكن بها للمجتمع العثماني المسلم ان يستمر في البقاء؟ مبدئياً، يمكن ان تمتد هذه الاسئلة الى ابعد من حدود الامبراطورية، الى جميع الناطقين بالتركية او العربية. القوميات المصرية والتونسية والجزائرية كانت تختلف بهذه الطرق. ثلاثتها كانت تواجه مشاكل معينة من الحكم الاوروبي، وثلاثتها كانت معنيّة بهذه المشاكل ضمن بلد واضح الحدود. كانت كل من مصر وتونس في الواقع كياناً سياسياً منفصلا لزمن طويل، تحت سلالتها الخاصة بها في البدء، ثم تحت الحكم البريطاني أو الفرنسي؛ الجزائر ايضا كانت مقاطعة عثمانية منفصلة واصبحت الآن مدمجة تقريباً مع فرنسا.

XVIII/28 هكذا، عندما نشأت القومية المصرية ظهرت كمحاولة للحدّ من الاحتلال البريطاني أو لانهائه، وكان لها مضمون مصري بدلاً من عربي او اسلامي او عثماني. كان في مقاومة الاحتلال البريطاني لعام ١٨٨٢ عامل قومي، ولكنه لم يكن قد اتضح بعد، ولم يصبح قوة فعالة الا في السنوات الاوائل للقرن الجديد، قوة يمكن ان تستقطب افكارا اخرى عن الطريقة التي يجب بها تنظيم المجتمع. ولم تكن قوة متحدة: كان هناك انقسام بين الذين يطالبون بانسحاب بريطاني والذين كانوا يفكرون، تحت تأثير الآراء عن العصرنة الاسلامية (التحديث والتجديد)، بأن اولى الحاجات هي التطور الفكري والاجتماعي، وان مصر يمكن ان تستفيد بهذه الطريقة من الوجود البريطاني. كذلك في تونس، كان هناك مسحة من الشعور القومي في مقاومة الاحتلال الفرنسي سنة ١٨٨١، ولكن اول مجموعة مميزة قومية، «تونس الفتاة» وهم عدد قليل من الرجال من ذوي الثقافة الفرنسية، ظهرت حوالي عام ١٩٠٧. هنا ايضا لم يكن الشعور الطاغي الانسحاب الفوري لفرنسا بقدر ما كان لإحداث تغيير في السياسة الفرنسية، مما يعطي التونسيين امكانية اكبر للحصول على التعليم الفرنسي وفرصاً اكبر للوظائف الحكومية والزراعة؛ وكان المستعمرون colons يقاومون هذه السياسة. في الجزائر أيضاً، على سطح المقاومة العميقة المستمرة للاستعمار الفرنسي، ظهرت حركة ضئيلة «فتيان الجزائر» على الاساس ذاته من الافكار «العصرية»، والمطالب ذاتها من التدريس الفرنسي، واصلاحات مالية وقضائية، وحقوق سياسية اوسع ضمن الهيكلية الموجودة. إلا انه في المغرب، ظلت المقاومة للحماية الفرنسية، المنتشرة في المدينة والارياف، تجد زعماءها من بين علماء الدين في المدن، ورموزها في المجاري التقليدية للفكر الاسلامي.

استمرارية التقاليد الاسلامية

XVIII/29 «العثمنة»، النظرية الاصلاحية الاسلامية والقومية كانت افكاراً لاقلية مثقفة من سكان المدن، معبّرةً عن علاقة جديدة مع الدولة ومع العالم الخارجي بموجب مفاهيم جديدة. ووراء هذه الاقلية، ربما كان هناك

اختلاجات لافكار ومشاعر قد تنجلي في اجيال قادمة بشكل قومي وتعطي الحركات القومية دفعاً جديداً، ولكن في اكثر النواحي ظل الاسلام بمفهومه التقليدي هو الذي يوفر الدوافع التي تحث الناس على العمل والرموز التي بموجبها يُضفي عليه معنى. الا ان ما يسمى «تقليد» كان قيد التغيير، ولكن بطريقته الخاصة وعلى نمطه وسرعته الخاصة.

وكان النظام القديم للمدارس قد فقد شيئاً من مكانته في المجتمع.
XVIII/30 الدراسة فيها لم تعد تُوصل الى الوظائف العالية في الحكومة؛ وبادخال اساليب جديدة في الادارة اصبح هناك حاجة الى نوع جديد من المهارة، والالمام بلغة أجنبية اصبح لا غنى عنه تقريباً. ولم يعد خريجو تلك المدارس يسيطرون على النظام القضائي. القوانين الجزائية والتجارية الجديدة، المُصاغة على غرار ما لدى اوروبا الغربية، حددت من المجال الفعال للشريعة؛ وأُعيدت صياغة القانون المدني للامبراطورية العثمانية ايضاً، مع الاحتفاظ باساسه في الشريعة. ومع القوانين الجديدة جاءت محاكم جديدة: محاكم مختلطة أو أجنبية للقضايا المتعلقة بالاجانب، محاكم من نوع جديد ـ وفي الجزائر محاكم فرنسية ـ لمعظم القضايا المتعلقة برعايا محليين. محكمة «القاضي» اقتصرت على الاحوال الشخصية. لذلك كان هناك حاجة الى نوع جديد من القضاة والمحامين المدربين باسلوب جديد. وجرت محاولة في مصر والجزائر لاعطاء التلامذة المدرّبين على الطريقة التقليدية ثقافة في مواضيع حديثة: «المدارس» في الجزائر «ودار العلوم» في مصر. إلا أن ابناء العائلات الغنية والوجيهة كانوا يُرسلون الى مدارس من النوع الجديد.

ومع ذلك، استمرت المدارس القديمة، واستمر انتاج مؤلفات علمية
XVIII/31 عن الفقه والشرع ضمن التقاليد المتراكمة للمعرفة الاسلامية. وكان اكثر تلامذتها نباهة قد بدأوا بإظهار خيبيتهم من هذا النوع من التعليم الذي كانوا يتلقونه هناك. وكما كتب احدهم، حياة التلميذ كانت حياة «حيادة مطردة متشابهة لا يجدّ فيها جديدٌ منذ يبدأ العام الدراسي إلى أن ينقضي... وهو في كل هذه الدروس يسمع كلاما معادا وأحاديث لا تمس قلبه ولا ذوقه، ولا

تغذو عقله، ولا تضيف الى علمه علما جديداً».[٦] وجرت بعض المحاولات لاصلاح الوضع، على الاخص في الازهر تحت تأثير محمد عبده، ولكن دون نجاح كبير. إلا انه ظل لهذه المدارس نفوذ قوي في المجتمع، بمثابة أقنية يمكن عبرها للفتيان الاذكياء من عائلات اهل المدن ان يجدوا مستواهم، ولانهم يشكلون نوعاً من الضمير الجماعي ويوضّحونه. لهذا السبب حاولت الحكومات المصلحة أن تُحكّم سيطرتها عليهم. وفي اواخر القرن التاسع عشر، كان عميد الازهر قد مُنح سلطة اكبر من اي وقت مضى على التلامذة والاساتذة هناك، ولكنه بدوره كان قد وُضع تحت رقابة اشد صرامة من قبل الخديوي؛ وكانت السلطات الفرنسية في تونس تحاول اخضاع «الزيتونة» لسيطرتها.

XVIII/32 حتى ذاك لم يكن قد ظهر انحطاط ملموس في نفوذ الطرق الصوفية. معارضة الوهابيين لهم كانت قليلة التأثير عليهم خارج اواسط جزيرة العرب. وانتقد بعض العصريين ما اعتبروه سوء ائتمان من الصوفية ـ السلطة التي يمارسها المعلمون على التلامذة، والايمان بالعجائب التي تحصل نتيجة شفاعة اولياء الله ـ ولكن معظمهم كانوا يعتقدون بان الصوفية النقية شيء يمكن تحقيقه كما انه ضروري للمجتمع. على العموم، ظل قسم من السكان ينتسب الى طريقة صوفية او أخرى. الطرق القديمة مثل الشاذلية والقادرية ظلت تولّد طرقاً أخرى؛ أما الطرق مثل النقشبندية والتيجانية التي كانت تركز على اطاعة الشريعة فظلت تنتشر؛ وظهرت انواع جديدة من النمط ذاته، مثل السنوسية، التي تأسست في «قيرينيا» حوالي عام ١٨٤٠ على يد جزائري كان قد درس في فاس ومكة.

XVIII/33 اساليب جديدة في حفظ الأمن في المدن، بواسطة موظفين وشرطة وحاميات (اجنبية في مصر والمغرب)، حدّت من التأثير الاجتماعي للطرق الصوفية في المدن، وحتى من تأثير أي قوى قد تحرض على الاستياء الشعبي او تعبر عنه. وكانت اواخر القرن التاسع عشر فترة خلت تماماً تقريباً من اي قلاقل في المدن بعد الاضطرابات الكبيرة التي نشبت في العقدين ١٨٦٠ و١٨٧٠ والشغب في زمن الاحتلالات الاجنبية. الا ان في الارياف، كان

مازال باستطاعة المُعَلِّمين اصحاب النفوذ الروحي ان يمارسوا قدرتهم كالماضي. وفي زمن التوسع الاستعماري، كان معظم الناطقين باسم المقاومة الشعبية وزعمائها من رجال الدين. في الجزائر، كانت مكانة عبد القادر الجزائري في الطريقة القادرية المحلية نقطة الانطلاق التي استطاع نفوذه ان يتوسع منها؛ ولاحقاً في ثورة ١٨٧١، لعبت الطريقة الرحمانية دوراً هاماً. كذلك الامر في مصر وتونس والمغرب، كان بالامكان تعبئة المقاومة ضد نمو النفوذ الاوروبي عن طريق استعمال الرموز الاسلامية، والمحاولة الايطالية لفتح ليبيا وجدت المقاومة الرئيسية لها في السنوسية، التي كان لها في ذلك الوقت شبكة من المراكز المحلية في واحات صحراء «قيرينيا». الا ان ليس كل الطرق الصوفية سلكت سبيل المقاومة: في الجزائر، عقدت التيجانية صلحاً مع الفرنسيين؛ وفي مصر، وقفت معظم الطرق الى جانب الخديوي في ازمة ١٨٨٢.

واكثر مثل لافت للنظر عن النفوذ السياسي لقائد ديني حَدَثَ في
XVIII/34 السودان في تلك الحركة التي وضعت حدا للحكم المصري في العقد ١٨٨٠. استمدت بعضاً من قوتها من مقاومتها للحكام الاجانب، ولكن جذورها كانت اعمق بكثير. محمد أحمد، الذي اسسها، استلهم من تعاليمه الصوفية، واعتبره اتباعه «المهدي» الذي أرشده الله ليعيد حكم العدالة في العالم. وانتشرت حركته بسرعة، في بلد كانت فيه السيطرة الحكومية محدودة، المدن صغيرة و«اسلام» العلماء اضعف من أن يشكل ثقلاً مقابلاً لتأثير معلم من الريف. بعد ان انهى الحكم المصري تمكن من انشاء دولة قائمة على تعاليم الاسلام، كما يفسرها، ومُصاغة عمداً على المجتمع المثالي للنبيّ والصحابة. وقد استمر هذا الوضع مع خليفته بعد مماته، الا انه انتهى بالاحتلال الانكليزي ـ المصري في آخر القرن.

حركات كهذه أججت الخوف من «ثورة الاسلام» التي كانت تَشْعُرُ بها
XVIII/35 الحكومات الغربية والمُصلحة، والتي ادت الى محاولات مقاومتها او السيطرة عليها على الاقل. في مصر، منذ وقت محمد علي، كانت هناك

محاولة للسيطرة على الطرق الصوفية بتعيين زعيم عائلة مقرونة مع طريقة منهم، «البكرية»، لكي يكون رئيساً لجميع الطرق؛ وقد حُددت سلطته ومهامه رسمياً في وقت لاحق من القرن. واصبحت زعامة طريقةٍ ما وظيفة معترف بها من الحكومة، وبواسطة الزعماء هؤلاء امكن الحد من بعض الممارسات المتطرفة التي كانت موضع انتقاد متزايد. في الجزائر، بعد ثورة ١٨٧١ اخذ الفرنسيون ينظرون نظرة تشكيك الى الطرق الصوفية، وجرت محاولة لقمع تلك التي كان يبدو انها معادية، واستمالة زعماء الطرق الاخرى بمنحهم امتيازات.

XVIII/36 في الامبراطورية العثمانية كان بامكان السلطان تحويل اتجاه المشاعر الدينية الشعبية لصالحه. ومنذ منتصف القرن التاسع عشر بذلت الحكومة جهداً متواصلاً للتركيز على دور السلطان، كمُدافع عن الدولة التي كانت في الواقع آخر معاقل السلطة السياسية والاستقلال للمسلمين السنّيين. ومطالبة السلطان بان يكون «خليفة» المسلمين لم يسبق لها ان تبرز بهذا الالحاح، الا بالحالات التي كان فيها كلّ حاكم قوي يُسمى خليفة. الا انه منذ منتصف القرن التاسع عشر بدأ التركيز على ذلك بشكل ملحّ منتظم، بمثابة نداء لجمع صفوف المسلمين في الامبراطورية حول العرش العثماني، وانذار للدول الاوروبية التي كان لها ملايين المواطنين المسلمين. واستخدام السلطان عبد الحميد صوفيين من بطانته ومقرّبين للتوكيد على مراكزه الدينية؛ وبناء الخط الحديدي للحجاز برأس مال اسلامي لهدف نقل الحجاج الى المدن المقدسة كان تعبيراً عن السياسة ذاتها. وقد انتقد المسلمون المصلحون «المحدثون» هذه السياسة قائلين ان هذا النوع من الاسلام الذي كان يشجعه لم يكن الاسلام الصحيح؛ كما انهم قاوموه في ادعائه الخلافة على امل ان تعود الخلافة الى العرب. ومع ذلك، فقد اثارت هذه السياسة شعوراً بالولاء في عالم الاسلام العربي والتركي وابعد منه: في الهند، حيث كانت الامبراطورية المُغُلية قد انقرضت بعد «الثورة الهندية» عام ١٨٥٧، وفي القوقاز وآسيا الوسطى حيث كان انتشار النفوذ السياسي الروسي يحطم الملكيات القديمة، كذلك في المناطق الواقعة تحت السيطرة البريطانية والفرنسية في افريقيا الشمالية.

الفصل التاسع عشر

ذروة القوة الاوروبية

(١٩١٤ ـ ١٩٣٩)

تفّوق بريطانيا وفرنسا

XIX/1 بحلول سنة ١٩١٤ اخذت المنافسات بين الدول الاوروبية تطفح فوق الحدود التي كان قد فرضها عليها الشعور بالمصير المشترك ورسّختها ذكريات الحروب النابليونية، وكانت الامبراطورية العثمانية هي النقطة التي كانت المنافسات اكثر حدة حولها، بسبب ضعف الامبراطورية والمصالح المراهَن عليها هناك. في بعض الأماكن، سبّب تخصيصُ امتيازات سكك الحديد نوعاً من التقسيم لمناطق المصالح، ولكن في غيرها ـ اجزاء من البلقان، اسطنبول والمضائق، وفلسطين ـ فمصالح الدول تصادمت الواحدة مع الاخرى مباشرة. وكانت المنافسة بين النمسا وروسيا في البلقان السبب المباشر لاندلاع الحرب العالمية الاولى سنة ١٩١٤، وعندما دخلت الامبراطورية العثمانية الحرب في شهر نوفمبر (تشرين الثاني) الى جهة المانيا والنمسا، ضد انكلترا وفرنسا وروسيا، اصبحت اراضيها ذاتها ساحة حرب. الجيش العثماني ، يدعمه حلفاؤه، اضطر ان يحارب روسيا على حدوده الشمالية الشرقية، وقوة معظمها من القوات البريطانية في المقاطعات العربية. في البدء هدّد الجيش العثماني مركز بريطانيا في مصر، ولكن فيما بعد تقدم الجيش البريطاني وحلفاؤه الى فلسطين، وعند انتهاء الحرب كان قد احتل كل سوريا. في هذه الاثناء كانت قوة اخرى بريطانية وهندية قد نزلت في العراق عند رأس الخليج، وبانتهاء الحرب كانت تسيطر على العراق بأكمله.

XIX/2 في عام ١٩١٨ إذاً، كانت سيطرة بريطانيا وفرنسا العسكرية في الشرق الاوسط والمغرب الكبير اقوى من اي وقت مضى، والاهم من ذلك، انكسفت سلطة الحكومة الامبراطورية العظيمة التي عاشت البلدان العربية

تحت سيطرتها على مدى قرون، والتي كانت تشكل نوعاً من الحماية ضد الحكم الاوروبي، واصبحت في طريق الزوال. وخسرت الدولة العثمانية مقاطعاتها العربية وانكفأت الى الاناضول وجزء صغير من أوروبا؛ واصبح السلطان تحت سلطة القوى البحرية وممثلين للحلفاء في عاصمته، وأُكره على توقيع معاهدة صلح غير مؤاتية (معاهدة سيڤر، سنة ١٩٢٠) التي فرضت وصاية أجنبية فعلية تقريباً على حكومته؛ ولكن حركة رافضة قام بها سكان الاناضول الاتراك، قادها ضباط من الجيش، وقوّاها تشجيع الحلفاء لليونانيين كي يحتلّوا اجزاء من غربي الاناضول، ادّت الى تشكيل جمهورية تركية وإلغاء السلطنة. وقبل الحلفاء هذه التغييرات في معاهدة لوزان (١٩٢٣)، التي يمكن أن تعتبر النهاية الرسمية للامبراطورية العثمانية.

XIX/3 البنية السياسية التي عاش العرب ضمنها لأربعة قرون تفتّت وانهارت؛ واصبحت عاصمة الدولة التركية الجديدة انقرة بدلاً من اسطنبول، وهي مدينة في جبال الاناضول، والمدينة العظيمة (اسطنبول) التي ظلّت مركز السلطة تلك المدة الطويلة فقدت قوة جاذبيتها؛ والسلالة التي كانت تُعتبر حامية لما تبقى من سلطة واستقلال الاسلام السنّي، سواء قُبلت ادّعاءاتها الخلافة ام لم تُقبل، زالت واختفت في التاريخ. وكان لتلك التغييرات تأثير عميق على الطريقة التي كان العرب ذوو الوعي السياسي يفكرون بأنفسهم ويحاولون تحديد هويّتهم السياسية. واخذوا يطرحون اسئلة عن الاسلوب الذي يتوجب عليهم العيش به معاً في مجتمع سياسي. فإن الحروب عوامل حافزة، توقظ الوعي لمشاعر لم تكن ظاهرة ولا واضحة، وتخلق توقعات بالتغيير. والتمسّك بعالم يُعاد ترتيبه على أساس تقرير المصير لوحدات قومية كانت فكرة شجعت عليها تصريحات من «وودرو ولسن»، رئيس الولايات المتحدة، وغيره من قادة الحلفاء، وكانت احداث الحرب قد اثارت رغبة بين بعض طبقات الشعوب العربية في تغيير وضعها السياسي. في المغرب الكبير، كان جنود جزائريون وتونسيون، كثيرون بينهم متطوعون، قد قاتلوا مع الجيش الفرنسي على الجبهة الغربية، وكانوا يتوقعون تغييرات تدل على

الاعتراف بما فعلوا. المصريون، مع انهم لم يكونوا متورطين مباشرة في الحرب بصفة محاربين، تحملوا المشقات: التشغيل القسري، ارتفاع أسعار المواد الغذائية ونقصانها من الاسواق، المذلة الناتجة عن احتلال جيش غريب ضخم. في الاقسام العربية من الامبراطورية العثمانية كان التغيير من نوع آخر. سنة ١٩١٦ قام حسين، شريف مكة من العائلة الهاشمية (١٩٠٨ ـ ٢٤)، بثورة ضد السلطان العثماني، وشاركت قوة عربية مجندة جزئياً من بدو غربي الجزيرة وجزئياً من أسرى او فارين من الجيش العثماني، في القتال الى جانب جيوش الحلفاء في احتلال فلسطين وسوريا. وكانت هذه الحركة قد أتت على أثر مراسلة بين البريطانيين وحسين، الذي عمل ضمن الاتصال مع المجموعات العربية القومية، وشجعت بريطانيا في هذه المراسلة الآمال العربية بالاستقلال (مراسلة ماكماهون ـ حسين، ١٩١٥ ـ ١٦). والخطة التي قد ادت الى هذا العمل البريطاني يفسرها الرجل الذي يقترن اسمه بها دائماً، ت. لورنس: «رأينا أن ثمّة حاجة الى عنصر جديد في الشرق، الى قوة او شعب باستطاعته ان يفوق الاتراك عددا وقدرة ونشاطاً عقليا. ولم يكن في الماضي ما يشجعنا على توقّع ايجاد هذه الميزات جاهزة الصنع من أوروبا. . . ولكن البعض منا رأى أن ثمة طاقات كامنة في الشعوب العربية (التي تؤلف العنصر الاهم في الامبراطورية التركية القديمة) تفي بالمراد وأكثر، وهي تجمّعات ساميّة وافرة النسل، غزيرة الفكر دينيا، نشيطة الى حدّ ما، مُتاجرة، مسايسة، وقادرة على الوفاء بالتزاماتها اكثر مما هي مسيطرة في خُلُقها»[١] وبطريقة ربما بالغ فيها بتصوير دوره، ادّعى قائلاً: «لقد اعتزمت ان اصنع امة جديدة، وان أُرجع نفوذاً قديماً»[٢].

سواء كان هناك وعد في الواقع، واذا كان الامر كذلك، فما هو؟ وهل كانت ثورة الشريف قد لعبت دوراً ذا مغزى في انتصار الحلفاء؟ كل هذه أمور متنازع عليها، ولكن ما يتضح منها هو انه لأول مرة، قبلت، الى حد ما، دولة عظمى، الفكرة الداعية ان الذين ينطقون بالعربية يكوّنون امة ويجب ان تكون لهم دولة.

الآمال، الظلامات والبحث عن الهوية، كلها قامت ضد سطوة انكلترا
XIX/4 وفرنسا وسياساتها في السنوات التي تلت الحرب. في الجزائر قامت الحكومة الفرنسية فعلاً ببعض التغييرات، حيث اصبح المسلمون يدفعون الضرائب ذاتها كالمستوطنين الاوروبيين، واصبح لهم عدد اكبر من الممثلين في المجالس المحلية؛ ولكن قُمعت حركة قادها احد المتحدرين من اسرة عبد القادر، والتي طالبت بان يكون للمسلمين ممثلون في مجلس النواب الفرنسي دون ان يتخلوا عن قانون الاحوال الشخصية الاسلامي. في المغرب، هزم الفرنسيون حركة مسلّحة لمقاومة الحكم الفرنسي والاسباني سنة ١٩٢٦، قام بها عبد الكريم الخَطَّابي، وهو قاضٍ سابق في المنطقة الاسبانية من المغرب (١٨٨٢ ـ ١٩٦٣)، في جبال الريف في الشمال، وتم الفتح الفرنسي للبلاد بكاملها تقريباً بنهاية العشرينات من هذا القرن؛ وعلى المثال ذاته، امتد الحكم الايطالي من الشاطىء الليبي الى الصحراء بحلول عام ١٩٣٤. وفي مصر، اعلن بيان بريطاني نهاية السيادة العثمانية سنة ١٩١٤ ووضع البلاد تحت الحماية البريطانية؛ واتخذ الخديوي لنفسه لقب «سلطان». وفي عام ١٩١٩، تسبب رفض الحكومة البريطانية السماح لحكومة مصرية بتقديم دعواها الى الاستقلال في مؤتمر السلام بقيام ثورة وطنية عارمة، منظَّمة مركزياً ومتمتِّعة بتأييد شعبي. وقُمعت هذه الثورة، ولكنها أدت الى قيام حزب وطني، «الوفد»، يترأسه سعد زغلول (١٨٥٧ ـ ١٩٢٧)، ثم جرّ ذلك الى «اعلان الاستقلال»، الذي اصدره البريطانيون عام ١٩٢٢، والذي ترك توجيه المصالح الاستراتيجية والاقتصادية وضبطها بيد البريطانيين ريثما يتم اتفاق بين البلدين. واتاح هذا الاعلان نشر دستور مصري؛ وغيّر السلطان لقبه مرة اخرى الى ملك. الى الجنوب، في السودان، قمعت حركة مقاومة في الجيش، وطُرد منها الجنود والضباط المصريون الذين كانوا يشاركون البريطانيين في السيطرة على البلاد بموجب اتفاقية السيادة المشتركة.

في المقاطعات العربية الاخرى من الامبراطورية العثمانية كان الوضع
XIX/5 اكثر تعقيداً. فقد عُقدت اتفاقية فرنسية ـ انكليزية عام ١٩١٦ (معاهدة

سايكس ـ بيكو، في أيار (مايو ١٩١٦)، قسمت المنطقة الى مناطق من النفوذ الدائم، على الرغم من القبول بمبدأ الاستقلال للعرب كما ورد في المراسلات مع الشريف حسين؛ واعلنت وثيقة بريطانية سنة ١٩١٧، اعلان بلفور (وعد بلفور) بأن الحكومة البريطانية تنظر بعطف الى إقامة وطن قومي يهودي في فلسطين، بشرط ان لا يُضر ذلك بالحقوق المدنية والدينية لسائر سكان البلد. وبعد انتهاء الحرب، نصت معاهدة فرساي على ان البلدان العربية التي كانت تحت الحكم العثماني سابقاً يمكن الاعتراف بها موقتاً كبلاد مستقلة، خاضعة لتلقي العون والنصائح من دولة تُكلّف «بالانتداب» عليها. كانت هذه الوثائق والمصالح المتمثلة فيها هي التي قررت مصير هذه الدول. وبحسب شروط هذه «الانتدابات» التي منحتها عصبة الامم رسمياً عام ١٩٢٢، اصبحت بريطانيا مسؤولة عن العراق وفلسطين، وفرنسا عن لبنان وسوريا. في سوريا، جرت محاولة من قبل مساندي ثورة الحسين ـ مع بعض العون المؤقت من بريطانيا ـ لاقامة دولة مستقلة تحت حكم فيصل ابن الحسين، لكنها قُمعت من الفرنسيين واقيمت وحدتان مستقلتان: دولة سورية، ودولة لبنان، وهو توسيع للمنطقة ذات الامتيازات التي شُكلت عام ١٨٦١. وسنة ١٩٢٥ تضافرت شكاوى معينة ضد الادارة الفرنسية في المنطقة الدرزية من سوريا مع المقاومة الوطنية لوجود الفرنسيين مما ادى الى ثورة تمّ قمعها بصعوبة. إلى جنوب منطقة الانتداب الفرنسي في فلسطين والاراضي الواقعة الى شرقها، كانت بريطانيا الدولة المنتدبة. وبسبب الإلتزام الوارد في «اعلان بلفور» والمكرر في الانتداب، لتسهيل اقامة وطن قومي يهودي، حكم البريطانيون فلسطين حكماً مباشراً؛ ولكن الى الشرق منها اقيمت امارة شرقي الاردن، تحت حكم ابن آخر للحسين، عبد الله (١٩٢١ ـ ١٩٥١)، تحت الانتداب البريطاني ولكن خارج الالتزام المتعلق بانشاء الوطن القومي اليهودي. في المنطقة الثالثة، العراق، قامت ثورة قبلية عام ١٩٢٠ ضد الاحتلال العسكري البريطاني. وفيها بعض ملامح الوطنية، تبعها محاولة لإنشاء مؤسسات من الحكم الذاتي تحت السيطرة البريطانية. فيصل، الذي كان قد طرده الفرنسيون من سوريا، اصبح ملكاً على العراق

(١٩٢١ ـ ٣٣)، تحت الوصاية البريطانية وضمن إطار العمل للانتداب؛ وأُدمجت شروط الانتداب في معاهدة بريطانية عراقية.

XIX/6 من كل البلدان العربية، ظلت اجزاء من شبه الجزيرة حرة من الحكم الاوروبي. ولدى انتهاء الاحتلال العثماني، اصبحت اليمن دولة مستقلة تحت الإمام يحيى، إمام الزيديين. في الحجاز اعلن الشريف حسين نفسه ملكاً وحكم لبضع سنوات، ولكن في العشرينات (١٩٢٠) انتهى حكمه، العديم الفعالية والمحروم من الدعم البريطاني، بامتداد سلطة الحاكم السعودي عبد العزيز (١٩٠٢ ـ ٥٣)، الآتي من اواسط الجزيرة العربية؛ واصبح الحجاز جزءاً من المملكة العربية السعودية الجديدة الممتدة من الخليج الى البحر الاحمر. إلا أنها هنا أيضاً كانت بمواجهة النفوذ البريطاني الى الشرق والى الجنوب. وظلت الحماية على دول الخليج الصغير مستمرة؛ وامتدت منطقة حماية بريطانية باتجاه الشرق، من عدن؛ كذلك في الزاوية الجنوبية الغربية من شبه الجزيرة اتسع نفوذ سلطان عُمان في مسقط الى الداخل، بفضل المساندة البريطانية، وذلك على حساب إمام الاباضيين.

XIX/7 دون موارد معروفة، وبصلات قليلة مع العالم الخارجي، بالإضافة الى كونها محاطة من كل الجهات بالنفوذ البريطاني، كانت اليمن والعربية السعودية مستقلتين ضمن حدود. في المقاطعات العثمانية السابقة، كانت الدولة الوحيدة المستقلة حقيقة بعد أن خرجت من الحرب هي تركيا. أُنشئت تركيا حول اطار الادارة العثمانية والجيش، وظلت تحت سيطرة قائد بارع حكمها الى حين وفاته، مصطفى كمال (أتاتُرك، ١٨٨١ ـ ١٩٣٨). خَطت تركيا على طريق سار بها بعيداً عن ماضيها وعن البلدان العربية التي كان ماضيها مرتبطاً بها ارتباطاً وثيقاً: طريق اعادة خلق المجتمع على أساس التضامن القومي، وفصل حازم بين الدولة والدين، ومحاولة متأنّية جاهدة للتحوّل عن عالم الشرق الاوسط والاندماج في أوروبا. وانحلت الرابطة القديمة بين الاتراك والعرب، في ظروف تركت شيئاً من المرارة في الجهتين، تفاقمت لبرهة بسبب خلافات على الحدود مع العراق وسوريا. ومع ذلك، فَمَثَل أتاترك الذي تحدى أوروبا بنجاح ووضع أُمته على درب

جديد سوف يكون له تأثير عميق على الحركات القومية في كل بلدان العالم العربي.

سيادة المصالح البريطانية والفرنسية

XIX/8 لما تم ضبط حركات المعارضة في العشرينات، لم يعد يواجه سلطة بريطانيا وفرنسا اي تحد جدي داخلي في الشرق الاوسط والمغرب، ولم يكن هناك اي تحد من الخارج ايضاً لعدة سنوات. فالدول الاوروبية العظمى الاخرى ـ امبراطوريات روسيا والمانيا والنمسا ـ كانت قد انهارت او انكمشت على ذاتها بعد الحرب، وعنى ذلك ان الشرق الاوسط، الذي ظل لمدة طويلة ميدان تنافس لخمس او ست دول اوروبية، اصبح الآن مضماراً خاصاً لبريطانيا وفرنسا، ولكن اكثر لبريطانيا من فرنسا التي خرجت منتصرة رسمياً ولكنها منهوكة من الحرب؛ الا ان فرنسا ظلت السلطة العليا في المغرب.

XIX/9 كانت السيطرة على البلدان العربية هامة جداً لبريطانيا وفرنسا ليس فقط بسبب مصالحها في المنطقة نفسها، بل لأنها قوّت مركزها في العالم. كان لبريطانيا مصالح رئيسية في الشرق الاوسط: انتاج القطن لمصانع «لانكَشِر»، النفط في ايران وبعده في العراق، التوظيفات في مصر واماكن اخرى، اسواق للبضائع المصنّعة، والمصالح المعنوية التي نشأت حول التعهد بمساعدة اقامة وطن قومي لليهود. كما كانت هناك مصالح أبعد: وجود بريطانيا في الشرق الأوسط ساعد على الحفاظ على وضعها كقوة في البحر المتوسط وكدولة عظمى. الطريق البحري الى الهند والى الشرق الاقصى يمر عبر قناة السويس. كما ان الطرقات الجوية عبرالشرق الاوسط كانت قيد التطوير في العشرينات والثلاثينات: احدها كان يمر عبر مصر الى العراق والهند، وآخر عبر مصر جنوباً إلى افريقيا. وكانت هذه المصالح محمية بسلسلة من القواعد تدعم، كما هي مدعومة، قواعد اخرى في حوض المتوسط او المحيط الهندي: مرفأ الاسكندرية، وغيره من المرافىء التي يمكن استعمالها، قواعد عسكرية في مصر وفلسطين، واماكن إنزال في تلك البلدان وفي العراق

والخليج.

وعلى المثال ذاته، كان المغرب الكبير هاماً لفرنسا ليس فقط لنفسه بل لموضعه في النظام الاستعماري الفرنسي. فالمغرب كان يزود الجيش بالرجال، بالمعادن وبمواد أولية للصناعة؛ وكان المجال الرحب للتوظيفات، وموطن اكثر من مليون فرنسي. الطرقات البرية والبحرية والجوية الى الممتلكات الفرنسية في غربي ووسط افريقيا كانت عبره. وكانت هذه المصالح محمية من الجيش الفرنسي المنتشر في كل ارجاء المغرب، كذلك البحرية في بنزرتْ، والدار البيضاء (كازابلانكا)، وفي وقت لاحق، في مرسى الكبير. بالمقارنة مع هذا، كانت المصالح في الشرق الاوسط محدودة، ولكنها هامة: توظيفات في مصر ولبنان؛ النفط من العراق، الذي كان يزود فرنسا بنصف احتياجاتها، ابتداء من ١٩٣٩؛ كذلك قدر من الالتزام المعنوي لمسيحيي البلدان الواقعة تحت الانتداب. بالاضافة الى ذلك، دعم وجود فرنسا العسكري في سوريا ولبنان مركزها كقوة بحر متوسطية وكدولة عظمى، فكان باستطاعة جيشها استعمال ارض هذه البلاد، والبحرية مرافئها، وكانت الطريق العسكرية الجوية تمر بطريق لبنان الى مستعمرات فرنسا في الهند الصينية. XIX/10

واستمرت هذه الاوضاع دون ان يمسّ بها شيء حتى أواخر الثلاثينات. التحدي الجدي الأول ـ وكان من الصعب التكهن بمدى جديته ـ جاء من ايطاليا. بحلول العام ١٩١٨ كانت ايطاليا قد استقرت في جزر الدوديكانيز (التي انتزعتها من الامبراطورية العثمانية عام ١٩١٢) وعلى الشاطىء الليبي، وفي عام ١٩٣٩ احتلت كل ليبيا، وألبانيا في المتوسط، والحبشة في افريقيا الشرقية؛ لذلك اصبح بامكانها تهديد وضع فرنسا في تونس حيث كان العديد من المستوطنين الاوروبيين من اصل ايطالي، كذلك وضع بريطانيا في مصر والسودان وفلسطين. وكان لإيطاليا بعض النفوذ على الحركات العربية المعارضة للحكم البريطاني او الفرنسي، وكذلك كان لألمانيا بحلول العام ١٩٣٩، مع انه لم يكن قد ظهر حتى ذاك اية اشارات واضحة على تحد الماني مباشر للمصالح البريطانية والافرنسية هناك. روسيا XIX/11

ايضاً لم تقم إلا بالقليل لإثبات وجودها منذ ثورة ١٩١٧، مع ان المسؤولين البريطانيين والفرنسيين كانوا ميّالين الى عزو مصاعبهم الى تأثير الشيوعية.

وفي الفترة ١٩١٨ ـ ٣٩ استطاعت بريطانيا وفرنسا، الموطّدتان في مركز القوة، توسيع سيطرتهما على تجارة المنطقة وانتاجها. وكان العالم العربي ما زال هاماً لأوروبا كمورّد للمواد الخام، وكُرست نسبة كبيرة من التوظيفات البريطانية والفرنسية لخلق الظروف لاستخراج تلك المواد وتصديرها. وكانت فترة شح في رؤوس الأموال في البلدين، ولكن رأس المال الفرنسي وُظف في المغرب الكبير لتحسين البنية التحتية للحياة الاقتصادية ـ الري، سكك الحديد، طرقات، توليد الكهرباء (من الماء حيث كان متوفراً، او من الفحم الحجري او النفط المستورد) ـ ولاستثمار الموارد المعدنية، على الاخص الفوسفات والمنغنيز، التي اصبحت بلدان المغرب الكبير بين اعظم مصدّريها. التوظيف البريطاني وسّع زراعة القطن للتصدير في مصر وفي الاجزاء من السودان الواقعة بين النيل الأزرق والأبيض؛ في فلسطين طوّرت بريطانيا مرفأ حيفا، وكان هناك تدفق وافر لرأس المال من قبل مؤسسات يهودية تُعنى بإقامة الوطن القومي اليهودي. XIX/12

بالمقارنة مع توظيف رأس المال الاوروبي في الزراعة والتعدين، كان التوظيف في الصناعة قليلاً، مقتصراً في معظمه على مواد البناء وتعليب الاطعمة والمنسوجات. المستثنى الأهم من هذا كان صناعة النفط. ففي هذا الحين، عام ١٩١٤، كان النفط يُستخرج من ايران، ومن مصر على مقياس صغير. وبحلول العام ١٩٣٩ كان قد بدأ انتاجه بكميات كبيرة من العراق وتصديره الى البلدان الاوروبية ـ معظمه الى فرنسا ـ عبر خط انابيب ذي شعبتين تصب في شاطىء المتوسط في طرابلس في لبنان وحيفا في فلسطين؛ وكان النفط يُنتج على مقياس صغير في السعودية والبحرين أيضاً. كان مالكو الشركات في معظمهم بريطانيين، فرنسيين، وامريكيين، وهولنديين، واتفاقاتهم مع البلدان المنتجة عكست الميزان غير المتكافىء ليس فقط للقوة الاقتصادية بل للسياسية أيضاً، مع النفوذ البريطاني المساند لموقف الشركات في نهاية المطاف؛ الامتيازات التي كانت الشركات تعمل بموجبها اعطاها XIX/13

حق التنقيب والانتاج والتكرير والتصدير، في مناطق شاسعة ولآجال طويلة، رهناً بدفع جُعالات محدودة الى الحكومة المضيفة وتوفير كميات محدودة من النفط لاستعمالها.

XIX/14 مع هذا الاستثناء، ظلت البلاد العربية تعتمد على اوروبا لمعظم البضائع المصنعة: ليس المنسوجات فحسب بل الوقود كذلك والمعادن والآلات. وكانت السفن البريطانية والفرنسية على العموم تتولى نقل الصادرات والواردات. الا ان مصر حصلت على سيطرة اكبر على اسعارها، وفي المغرب (البلد) ارتبطت فرنسا باتفاقية من صنع الدول الاوروبية عام ١٩٠٦ لابقاء «الباب مفتوحاً».

المُهاجرون والأرض

XIX/15 في البلدان التي هاجر اليها الاوروبيون بكثرة، سيطروا ليس على التمويل والصناعة والتجارة الخارجية فحسب، بل، الى مدى بعيد، على الأرض. كان «مستعمرو» الجزائر قد ثبتوا اقدامهم بحلول ١٩١٤، ولكن في السنوات بعد الحرب حاولت الحكومة الفرنسية تشجيع الهجرة اكثر على الاراضي في تونس والمغرب. وإذ كان المغرب يُضمّ تدريجياً تحت السيطرة الفرنسية، في العشرينات، فُتِحَت الأراضي التي تملكها الدولة والمشاع أمام المستوطنين. ونجحت هذه الجهود بمعنى انها أدت الى هجرة كبيرة، وأدت الى توسيع البقاع المزروعة وزيادة المنتجات، ولكنها لم تنجح في ابقاء معظم المهاجرين على الأرض. سنة ١٩٢٩ وما بعد كان المغرب الكبير متورطاً في الازمة الاقتصادية العالمية التي خفضت أسعار الأغذية. وقامت حكومات البلدان الثلاثة والمصارف الفرنسية بتخصيص قروض إلى مالكي الأراضي، ولكن في الواقع لم يكن استخدامها متاحاً سوى لكبار المالكين. في العام ١٩٣٩، أصبح نمطُ المستوطنات نمطَ ملكيات واسعة، التراكتورات والتقنيات المعاصرة، وعمالاً من الاسبان والبربر والعرب، وتنتج الحبوب والخمر لسوق فرنسا. ومع ان «العزبة ذات قرميد السقف الاحمر»[٣] كما وصفها أحد الكتاب ظلت رمزاً يلعب دوراً هاماً في الصورة الذاتية للسكان

الاوروبيين، فالمهاجر النموذجي لم يكن الزّرّاع الصغير بل موظفاً حكومياً أو مستخدماً في احدى الشركات، او صاحب متجر او ميكانيكياً. وكان الاوروبيون يؤلفون اقل من ١٠ بالمئة من مجموع السكان (حوالي ١,٥ من ١٧ مليوناً)، ولكنهم كانوا مسيطرين على المدن الكبيرة: الجزائر ووهران كان فيها اكثرية اوروبية، والاوروبيون كانوا نصف سكان تونس وحوالى نصف سكان الدار البيضاء (كازا بلانكا).

XIX/16 وفي بلدين آخرين جرى استيلاء هام على الارض من قبل مهاجرين في الفترة ما بين ١٩١٨ و١٩٣٩. في سيرينيكا، الجزء الشرقي من ليبيا، كان هناك توطين رسمي على أراضٍ نُزعت ملكيتها من اصحابها لهذا الغرض، وبواسطة اموال قدمتها الحكومة الايطالية. إلا انه هنا ايضا تكررت التجربة التي حدثت في مناطق اخرى من المغرب الكبير، وبحلول عام ١٩٣٩ فقط ١٢ بالمئة من مجموع الايطاليين البالغ عددهم ١١٠,٠٠٠ كانوا مستقرين على الأرض؛ فالايطالي النموذجي في ليبيا كان قاطناً في طرابلس أو في مدينة ساحلية اخرى.

XIX/17 في فلسطين، حيازة الاراضي للمهاجرين اليهود الاوروبيين، التي كانت قد بدأت في أواخر القرن التاسع عشر، استمرت ضمن نظام الادارة الجديد الذي وضعه البريطانيون بصفتهم الحكومة المنتدبة. الهجرة اليهودية كانت تُشجَّع، ضمن حدود تُقرَّر جزئياً بموجب تقديرات الادارة عن عدد المهاجرين الذين يمكن للبلاد استيعابهم في اي وقت، ومن الناحية الاخرى بموجب مدى الضغط الذي كان بامكان الصهيونيين او العرب فرضه على الحكومة في لندن. وتغيرت بنية سكان البلاد بصورة مريعة خلال هذه المدة. في عام ١٩٢٢ كان اليهود يشكلون ١١ بالمئة من مجموع سكان يبلغ ثلاثة أرباع المليون، والباقي على العموم مسلمون ومسيحيون ناطقون بالعربية؛ وفي عام ١٩٤٩ اصبحوا يشكلون اكثر من ٣٠ بالمئة من مجموع سكان تضاعف عددهم. بهذا الحين كان هناك توظيفات ضخمة جداً، من أفراد يهود ومن مؤسسات تشكلت لتساعد في اقامة وطن قومي. معظمها انفق للاحتياجات المباشرة للهجرة، وبعضها لمشاريع صناعية: التزويد بالطاقة

الكهربائية، (التي اعطيت كامتياز حصري لشركة يهودية)، مواد بناء، وتصنيع الاغذية. الكثير أيضاً أنفق لشراء الاراضي وللمشاريع الزراعية. وفي اوائل الاربعينات كان اليهود يملكون ربما ٢٠ بالمائة من الارض القابلة للزراعة، وقسم كبير منها كان يملكه «الصندوق القومي اليهودي»، الذي كان يحتفظ بها كملك لا يباع ولا يُشرى للشعب اليهودي، والذي لا يُسمح فيه باستخدام غير اليهود. وكما في المغرب الكبير، الارض التي كان يزرعها ويملكها مهاجرون شملت نسبة كبيرة من اكثر المناطق انتاجاً؛ ولكن مرة اخرى، كما في المغرب الكبير، اصبح معظم المهاجرين من سكان المدن. بحلول عام ١٩٣٩ كان ١٠ بالمئة من السكان اليهود فقط يعيشون على الارض، لان الهجرة في ذلك الوقت كانت اكبر من ان تمتصها الزراعة. اليهودي الفلسطيني النموذجي كان يقطن مدينة من احدى الثلاث الكبيرة، القدس او حيفا او تل اڤيف؛ ولكن الزرّاع الذي يعيش في مستوطنة جماعية، «الكيبوتز»، كان رمزاً ذا مغزى.

نمو النخبة الأهلية

لمجتمعات المستوطنين، وللحكومات الاوروبية، كان استخدام قوتها للدفاع عن مصالحها أهم ركيزة لديها، ولكن القوة لا تسيطر بسهولة إلا إذا كانت تستطيع تحويل نفسها الى سلطة شرعية، والفكرة بأن هذه المجتمعات والحكومات الاوروبية وُجدت هناك لتتولى مهمة «تمدينية» كانت واسعة الانتشار بين الاوروبيين الذين كانوا يحكمون البلدان العربية او يقومون بأعمالهم فيها، وكانت هذه الفكرة تظهر إمّا كمدنية متفوقة تساعد مدنية أقل مستوى منها على النهوض الى مصافها، أو بخلق نظام عادل ومزدهر فيها او بنشر لغة ما والثقافة المعبّر عنها بها. أفكار كهذه، والتي كانت خاتمتها المنطقية انصهار العرب في عالم جديد موحد على اساس التكافؤ، كانت تعارضها افكار اخرى: شعور بوجود فارق لايمكن تخطيه، او الشعور بتفوق فطري يمنح الحق بالسيطرة، كما كان هناك أمر آخر يظهر بين المستوطنين المستعمرين. ففي المغرب الكبير ظهرت في هذا الحين مجموعة من XIX/18

المستوطنين الاجانب الذين كانوا يشكّلون ما يشابه أمة اخرى مستقلّة تقريباً: النخبة العليا قد تنتسب اجتماعياً وثقافياً إلى فرنسا العاصمة، ولكن عامة الشعب، الذين يسمّونهم «البيض الصغار» Les Petits blancs كانوا مختلفين. من اصل ايطالي أو اسباني او فرنسي، معظمهم مولودون في المغرب الكبير، يتكلمون لغة فرنسية خاصة بهم، لا يشعرون بأنهم في بلدهم في فرنسا، البلد الذي يجتذبهم وفي الوقت ذاته يرفضهم، شاعرون بعالم معاد حولهم، متطلعون الى فرنسا لتحمي لهم مصالحهم التي قد تختلف عن مصالحها الاخرى الاعظم. بشكل مماثل، ظهرت في فلسطين أمّة يهودية جديدة، تختلف بشكل مقصود عن الامم التي هاجرت منها، تعيش بجو اللغة العبرية، التي أُعيد احياؤها كلغة لحياة كل يوم، ومنفصلة عن السكان العرب باختلافات الثقافة والعادات الاجتماعية، وبالتطلع الى اقامة شيء يهودي بكامله، وفي قلق متزايد على مصير يهود اوروبا، ومتطلعة الى بريطانيا لتدافع عن مصالحها إلى الحين الذي تصبح فيه قادرة على البقاء بذاتها.

المصالح الرئيسية، كذلك الضغوط من المستوطنين، قوّت عزم انكلترا XIX/19
وفرنسا على الاحتفاظ بالسيطرة، ولكن من جهة اخرى كان يساور هذا العزم شكّ، إن لم يكن ناجماً عن أخلاقية الحكم الاستعماري، فعن كلفته على الاقل. بين الفرنسيين كانت هناك شكوك منذ البدء بمُربحية الانتداب السوري، ولكن قلائل بينهم من كان يفكر بأي نوع من الانسحاب من المغرب الكبير؛ حتى الشيوعيون الفرنسيون كانوا يفكرون بنوع من الاستيعاب او الامتصاص الاكثر كمالاً للجزائر في «فرنسا» جديدة من نوع مختلف، مع أنهم كانوا يأملون بعلاقة مختلفة مع المسلمين كما كانوا يرمون بثقلهم ضد تصرفات غير عادلة معينة. في انكلترا ظهر اتجاه متزايد الى التساؤل عن عدالة الحكم الاستعماري والى الإصرار ان بالامكان صيانة المصالح البريطانية الجوهرية بطريقة اخرى، عن طريق الاتفاق مع تلك العناصر بين الشعوب المحكومة التي كانت قابلة الى التوصل الى تسوية مع الحاكم المستعمر.

وكان الحافز باتجاه التغيير في العلاقة هو الاقوى لانه بدا انه كان في الجهة المقابلة هؤلاء الذين يستطيعون جعله ممكناً: اعضاء نخبة جديدة ممن كانوا، إما بدافع المصلحة او التكوين العقلي، ملتزمين بنوع التنظيم السياسي والاجتماعي الذي كان يُعتبر ضرورياً للعيش في العالم الحديث، والذين قد يحفظون المصالح الجوهرية للدول المستعمرة. XIX/20

بحلول العشرينات كان هناك في معظم البلدان العربية طبقة من أصحاب الاملاك كانت مصالحهم مترابطة بانتاج المواد الأولية للتصدير، او ببقاء الحكم الاستعماري. بعض زعماء الأرياف استطاعوا تحقيق الانتقال الذي جعل منهم اصحاب أملاك، احياناً بمساعدة الحكام الأجانب الذين كانوا يأملون بدعمهم. في المغرب، الطريقة التي توسعت بها السيطرة الفرنسية نحو الداخل وطبيعة الارياف حتمت التوصل إلى الاتفاق مع بعض زعماء الاطلس العالي، على الأخص مع «ثامي الغلاوي» وهو زعيم بربر كان يسيطر على المنطقة الجبلية الى شرقي مراكش. في العراق، العملية التي تم بها تسجيل الاراضي القبلية ملكاً للعائلات المتزعمة في القبائل، والتي بدأت في القرن التاسع عشر، سارت شوطاً أبعد تحت حكم الانتداب البريطاني؛ في السودان، اتبعت الحكومة على مر عدد من السنين سياسة «الحكم غير المباشر»، السيطرة على الارياف بواسطة زعماء القبائل، الذين تغيّر نفوذهم وازداد بالدعم الرسمي. الا انه في امكنة اخرى، كان اصحاب الاملاك ينتمون في معظمهم الى طبقة جديدة اوجدتها الظروف الجديدة للزراعة التجارية. اصحاب الاملاك المنتجة للقطن في مصر كانوا أول طبقة من هذا النوع، واستمروا بكونهم الأوفر غنى، والاكبر ملكية والاكثر نفوذاً في الحياة الوطنية. وكانت هناك جماعات مماثلة في سوريا والعراق، وحتى في بلدان الاستيطان الاجنبي في المغرب الكبير ظهرت طبقة جديدة من اصحاب الاملاك المحليين: تونسيين يزرعون اشجار الزيتون في «الساحل»، وجزائريين يشترون الاراضي من «المستعمرين» المنتقلين الى المدن، ويطورون تطلّعات اقتصادية مماثلة لتطلعات المستعمرين. XIX/21

وظل معظم التجارة الدولية في ايدي الاوروبيين أو افراد من المجتمعات المسيحية أو اليهودية الذين كانوا على اتصال وثيق بهم، ولكن كانت هناك استثناءات. بعض اصحاب الاملاك المصريين كانوا يعملون بتصدير القطن؛ تجار فاس، بعضهم استقروا الآن في الدار البيضاء، استمروا في استيراد المنسوجات من انكلترا. كانت هناك استثناءات ايضاً للقاعدة العامة بان الصناعة كانت بايدي الاوروبيين. الاهم بينها كانت مصر، حيث انشىء مصرف عام ١٩٢٠ غايته تقديم التمويل للمشاريع الصناعية؛ رأس مال «بنك مصر» جاء في معظمه من كبار الملاكين الذين كانوا يفتشون عن توظيفات مربحة أكثر مما اصبحت الزراعة تجديه، واستُعمل بعد سنوات قلائل في انشاء «مجموعة» من الشركات، على الأخص للشحن البحري، ولصناعة الافلام، ولغزل القطن ونسيجه. وكان مجرّد انشاء هذا المصرف دليلاً على عدة تغييرات: تراكم رأس مال وطني يفتش عن توظيفات، تناقص عائدات التوظيفات في الأرض، والرغبة في النفوذ الوطني والاستقلال. إلا أن الظروف الجديدة كانت متقلقلة، وفي آخر الثلاثينات اصطدمت «مجموعة مصر» بصعوبات، ولم ينقذها إلا تدخل الحكومة. XIX/22

وثمة نوع آخر من النخبة لم يكن أقل أهمية: هؤلاء الذين تثقفوا في اوروبا. التعلم في هذه الفترة كان في معظمه مقصوراً على الذين كانوا يستطيعون تحمل نفقاته، أو على من كانت لهم امتيازات اخرى؛ حتى ضمن هذه المجموعة، كان هناك تردد او ممانعة من المجتمع في ارسال اولاده (وبناته على الأخص) الى مدارس قد تنفرهم من عائلاتهم وتقاليدهم، او ممانعة الحكام الاجانب في تثقيف طبقة ليس بالامكان اجتذابها الى التوظيف في الحكومة وبالتالي قد تنضم الى المعارضة. إلا أن التثقيف انتشر بسرعة متفاوتة ببلدان مختلفة. XIX/23

في المغرب، كانت المدارس الحديثة في بدايتها، بانشاء عدد من المدارس الثانوية الفرنسية ـ الاسلامية، وبعض المعاهد العليا في الرباط. في الجزائر ، كان عدد حاملي الشهادات الثانوية ما زال في المئات في عام XIX/24

١٩٣٩، واقل من ذلك لمتخرجي الجامعات؛ جامعة الجزائر، احدى اهم المدارس الفرنسية، كانت على العموم للاوروبيين، ولكن اعدادا متزايدة من المسلمين كانوا يتوجهون الى باريس وتونس والقاهرة؛ في تونس أيضاً كان عدد الذين يذهبون الى مدارس «الليسيه» من النمط الفرنسي في تزايد مستمر، ومجموعة ممن اصبحوا فيما بعد قادة للأمة كانوا يذهبون إلى فرنسا بمنحات دراسية لمتابعة دروسهم العالية. في مصر، زاد عدد الطلاب في المدارس الثانوية من اقل من ١٠,٠٠٠ طالب سنة ١٩١٣ ـ ١٤ الى أكثر من ٦٠,٠٠٠ بعد ثلاثين سنة؛ الجامعة الخاصة الصغيرة التي أنشئت في بداية القرن انصهرت عام ١٩٢٥ في جامعة اكبر، «الجامعة المصرية»، تمولها الحكومة، فيها كليات علوم وفنون وقانون وطب وهندسة وتجارة. وعندما أتاحت التغييرات السياسية سلطة أكبر للحكومة المصرية على سياسة التعليم والتربية، انتشرت المدارس بسرعة في الحقول كلها . وهكذا حدث في العراق، مع أن العملية بدأت من مستوى أدنى.

XIX/25 كان الكثير من التعليم الثانوي والعالي في مصر بيد ارساليات ثقافية أو دينية أوروبية أو أميركية. وكان الأمر كذلك في سوريا ولبنان وفلسطين. كانت هناك جامعة حكومية صغيرة في دمشق، وكلية لتدريب المعلمين في القدس، ولكن الجامعات الكبرى كانت تملكها جماعات خاصة: في بيروت، جامعة القديس يوسف اليسوعية، المدعومة من الحكومة الفرنسية، والجامعة الأميركية؛ في القدس الجامعة العبرية، التي كانت على العموم مركزاً لإنشاء ثقافة جديدة وطنية معبّر عنها باللغة العبرية، وبالكاد انتسب إليها طالب عربي في ذلك الوقت. التعليم الثانوي أيضاً في تلك البلدان كان في يد الأجانب في معظمه، وكانوا فرنسيين على العموم في لبنان.

XIX/26 وجود هذا العديد من المعاهد العالية الاجنبية كان له مضامينه وانعكاساته. فانتساب أي صبي (أو فتاة) عربي الى واحد منها كان بحد ذاته عملاً من التنحية الاجتماعية والنفسانية؛ فقد كان يتضمن الدراسة بموجب اسلوب ومنهاج غريبين عن تقاليد المجتمع الذي جاء التلميذ منه، والقيام

بذلك بواسطة لغة اجنبية، التي سوف تصبح اللغة الاولى وربما الوحيدة التي يمكنه التفكير بها في مواضيع معينة وممارسة مهمات أو مهن معينة. وثمة تأثير أبعد وهو ان عدد الفتيات اللواتي ينلن ثقافة ثانوية او عليا، كان أكبر مما لو كانت المدارس الوحيدة المتاحة مدارس حكومية. قليلات من الفتيات كُنَّ يذهبن إلى مدارس الحكومة أعلى من المستوى الابتدائي، والعديدات إلى مدارس تديرها راهبات فرنسيات أو معلمات أمريكيات انجيليات. في المغرب الكبير، حيث كانت مدارس الارساليات أقل ومرتبطة أكثر بالسكان المهاجرين، كان تعليم الفتيات الى مستوى اعلى من الابتدائي ما زال في أوله. في المشرق العربي كان عدد الفتيات المسيحيات واليهوديات اللواتي يذهبن الى المدارس الاجنبية اكبر من عدد الفتيات المسلمات؛ فقد هُيِّئن ليكنّ اكثر ميلاً الى الاندماج في الثقافة الاجنبية والنفور من تقاليد مجتمعهنّ.

XIX/27 وجد خريجو المدارس الجديدة ادواراً معينة لهم تنتظرهم في مجتمعاتهم المتغيرة. النساء كن ما زلن بالكاد يجدن دوراً عاماً يملأنه ما عدا دور معلمة مدرسة أو ممرضة، ولكن كان بامكان الرجل أن يصبح محامياً وطبيباً، ولو كان من الصعب ان يصبح مهندساً أو تقنيا؛ التعليم العلمي والتكنولوجي كان مازال متأخراً، كذلك الامر، على مستوى أدنى، تدريب الفلاحين والحرفيين. وكانت اعلى وظيفة يأمل الخريجون الجدد ان ينالوها هي في اطار الحكومة على مستوى يتوقف على الدرجة العلمية والسيطرة الاجنبية على المجتمع: باحتمالات كبيرة في مصر والعراق، وضئيلة في فلسطين والسودان، حيث ظلت الوظائف العليا في ايدي البريطانيين لاسباب مختلفة، وفي المغرب الكبير حيث كان موظفون من فرنسا يحتلون المراكز المسيطرة، والوظائف المتوسطة وكذلك الادنى منها كانت في معظمها للاوروبيين المحليين.

XIX/28 كان اصحاب الاراضي والتجّار المحليون بحاجة الى السيطرة على آلية الحكم لمصالحهم الخاصة؛ الشباب المثقفون كانوا يطمحون إلى أن يصبحوا موظفين مسؤولين في الحكومة. هذه التطلعات اعطت الزخم والتوجيه

لحركات وطنية مناهضة لحكم الاجنبي والتي ميّزت هذه الحقبة، ولكن كان يمتزج معها شيء آخر: الرغبة والحاجة إلى العيش في المجتمع بنمط جديد.

محاولات للتوصل إلى الاتفاق السياسي

كان المثقفون من الرجال والنساء يريدون مجالاً أوسع في الوظائف الحكومية والمِهَن، واصحاب الاملاك والتجار كانوا بحاجة إلى القدرة على ضبط سير آليه الحكم؛ وكان باستطاعتهم احياناً استقطاب المساندة من بين شعب المدن، إذ كانوا يستثيرون شكاويهم ومظالمهم، أو احساسهم بخطر يحيق بالمجتمع. وطنية من هذا النوع كانت أيضاً تتيح للحكام الاجانب امكانية التوصل إلى تسوية، وتستقطب دعماً كافياً لجعلهم يأخذونها بعين الاعتبار. XIX/29

ولم يكن مستوى التنظيم السياسي عالياً في معظم البلدان، اما لأن السلطات المستعمرة لم تكن تسمح بحصول ما يهدد مركزها تهديداً خطيراً، أو لأن أنماط التحرك السياسي التقليدي كانت مستمرة. في المغرب، وضعت مجموعة من الشبان المثقفين، معظمهم من بورجوازية فاس، «خطة اصلاحية» عام ١٩٣٤، وبدأوا يطالبون بتغيير في الحماية الفرنسية. في الجزائر، باشر بعض افراد الطبقة ذوي الثقافة الفرنسية المحترفين بالمطالبة بمراكز في الجزائر الفرنسية للحفاظ على ثقافتهم، إذ إن الاستقلال كان ما زال بعيد المنال؛ والاحتفالات العامة التي نُظمت عام ١٩٣٠ لمناسبة العام المئوي للاحتلال الفرنسي لبلادهم اعطى حركتهم دفعاً جديداً. في سوريا وفلسطين والعراق، تقدم أيضاً الموظفون السامون والضباط السابقون في الحكومة العثمانية، بعضهم ينتمون إلى أعيان العائلات القديمة في المدن، وغيرهم ممن بلغوا مراتب سامية في الجيش العثماني، بمطالب لقسط أكبر من الحكم الذاتي؛ وكان من الاصعب عليهم الرضى بوضعهم لأنهم كانوا منذ فترة قصيرة اعضاء في النخبة الحاكمة. وفي السودان، بدأت مجموعة صغيرة من خريجي المعاهد العالية بالمطالبة بحصّة اكبر في الادارة منذ العام ١٩٣٩. XIX/30

XIX/31 إلا أن الزعماء استطاعوا انشاء احزاب سياسية اكثر تنظيماً في بلدين، تونس ومصر، حيث كان هناك تراث طويل الامد من سيطرة مدينة عظيمة على الأرياف. في تونس، حزب «الدستور»، الذي كان تجمعاً لزعماء طليقين على النمط الذي كان موجوداً في بلدان أخرى، حل محله في الثلاثينات حزب من نوع آخر، «النيو ـ دستور». قاد هذا الحزب الذي أسسه بورقيبة (ولد ١٩٠٢) شباب تونسيون من ذوي الثقافة الفرنسية العالية، واستطاع ايضاً ان يمد جذوره إلى المدن الاقليمية وقرى السهل الساحلي حيث تزدهر زراعة الزيتون. وحدث الأمر ذاته في مصر، حيث استطاع حزب «الوفد»، الذي انشىء خلال الصراع ضد السياسة البريطانية بعد انتهاء الحرب، ان يشكل تنظيماً ثابتاً في كل أجزاء البلاد. وحصل على مساندة النخبة من المحترفين وفئات اخرى من البورجوازية، ومن بعض وليس جميع أقسام طبقة مالكي الاراضي، وفي الازمات، من كل سكان المدن؛ وبقيت جاذبية شخصية زغلول بعد وفاته عام ١٩٢٧ بحيث ظلّ باستطاعة «الوفد» عام ١٩٣٩ أن يدعي النطق باسم الامة بالرغم من الانقسامات في الزعامة.

XIX/32 ومهما كانت الآمال النهائية لهذه المجموعات والاحزاب، فغايتها المباشرة كانت الحصول على قدر اكبر من الحكم الذاتي ضمن أنظمة استعمارية لم يكونوا يأملون إسقاطها. في بريطانيا ربما أكثر من فرنسا، كان الرأي العام السياسي والرسمي يتحرك تدريجياً باتجاه محاولة حماية المصالح البريطانية عن طريق الاتفاق مع مجموعات كهذه، بحيث تظل السيطرة النهائية في أيد بريطانية ولكن مسؤولية الحكم المحلي، مع مقدار محدد من التصرف الدولي المستقل، يُعطى لحكومات تمثل المناحي القومية.

XIX/33 واتُبعت هذه السياسة في العراق ومصر. في العراق، كانت سيطرة الانتداب البريطانية تمارس منذ البداية تقريباً من خلال الملك فيصل وحكومته؛ واتسع نطاق العمل الحكومي سنة ١٩٣٠ بمعاهدة انكليزية ـ عراقية، مُنح فيها العراق استقلالاً رسمياً مقابل الموافقة على تنسيق سياسته الخارجية مع سياسة بريطانيا والسماح لبريطانيا بقاعدتين جويتين واستخدام

مواصلاته عند الحاجة؛ وقبل العراق عضواً في عصبة الأمم، رمزاً للمساواة ولقبوله في الأسرة الدولية. في مصر، وجود حزب وطني حَسَنِ التنظيم، وراءه طبقة قوية النفوذ من الملاكين، وبروجوازية متنامية غير متحمسة إلى تغيير عنيف، من ناحية، ومن ناحية اخرى تخوف البريطانيين من طموحات ايطالية، جعل بالامكان التوصل إلى تسوية مماثلة (للتسوية مع العراق) عن طريق المعاهدة الانكليزية ـ المصرية عام ١٩٣٦. وأُعلن الاحتلال العسكري لمصر منتهياً، وظل باستطاعة بريطانيا الاحتفاظ بقوات مسلحة في منطقة حول قناة السويس؛ وبعد ذلك بقليل، ألغيت «الامتيازات الاجنبية» Capitulations باتفاق دولي وانخرطت مصر في عصبة الأمم. في البلدين، كان هذا التوازن هشاً: كانت بريطانيا مستعدة ان تسّلم الحكم الذاتي ضمن حدود أضيق من تلك التي قد يقبلها الوطنيون في النهاية؛ في العراق كانت المجموعة الحاكمة صغيرة، غير مستقرة، ولم تكن لها قاعدة ثابتة من النفوذ الاجتماعي تستند إليها؛ في مصر، سوف يأتي زمن في الاربعينات لا يعود فيه بإمكان «الوفد» ان يسيطر بشكل دائم على القوى السياسية في البلاد أو أن يقودها.

XIX/34 في البلدان الواقعة تحت الحكم الفرنسي، لم يكن تناسق المصالح المفهومة يمكّن من التوصل حتى إلى توازن هش كهذا. كانت فرنسا اضعف من بريطانيا في العالم: حتى حين خفت السيطرة في العراق ومصر، بقيتا محاطتين من كل جانب بسطوة بريطانيا المالية والعسكرية. وقد تظلّ حياتهما الاقتصادية تحت سيطرة وسط مدينة لندن المالي ومصنّعي القطن في «لانكَشر». اما فرنسا، من الناحية الاخرى، بنقدها غير المستقر واقتصاد راكد وقواتها المسلحة مجمعة على حدودها الشرقية، فلم يكن باستطاعتها التأكد من ابقاء بلدان مستقلة ضمن منطقة نفوذها. كانت مصالحها الحيوية في المغرب تختلف عن مصالح بريطانيا في مصر. فالسكان الاوروبيون كان لهم مطلب عند الحكومة الفرنسية، وكانوا بوضع يمكنهم من جعل مطلبهم مقبولاً: في الجزائر وتونس، كان كبار رجال الأعمال واصحاب الاملاك الاوروبيون يسيطرون على المجالس المحلّيّة التي تشير على الحكومة بشؤون

الميزانيات وغيرها من المسائل المالية؛ في باريس، شكل ممثلو فرنسيّي الجزائر في مجلس النواب، والمصالح المالية الضخمة التي كانت مسيطرة على المصارف والصناعات وشركات التجارة في المغرب الكبير، كتلة ضغط قوية (لوبي) لم يكن باستطاعة الحكومات الفرنسية الضعيفة (في تلك الفترة) الوقوف بوجهها. وظهر ذلك بوضوح عندما حاولت حكومة الجبهة الشعبية عام ١٩٣٦ ان تقدم تنازلات؛ فقد اقترحت ان يكون لجمهور محدود من الجزائريين المسلمين ممثلون في مجلس النواب، وبدأت بالتحدث إلى القادة الوطنيين في تونس والمغرب؛ ولكن المعارضة من الكتلة الوطنية (اللوبي) حالت دون التغيير، وانتهت تلك الحقبة باضطرابات وشغب وقَمْع في كل انحاء المغرب الكبير.

XIX/35 نفوذ التكتلات القوية (اللوبي) المناهضة للتغيير تجلى أيضاً في سورية ولبنان تحت الانتداب الفرنسي. وفاوضت حكومة الجبهة الشعبية عام ١٩٣٦ سوريا ولبنان لعقد معهما معاهدات مماثلة لمعاهدة بريطانيا مع العراق: أي أن يصبحَ البلدان مستقلين، ولكن يظل بإمكان فرنسا استعمال قاعدتين جويتين في سوريا لمدة خمس وشعرين سنة، وتسهيلات عسكرية في لبنان. وقُبل هذا الاقتراح من جانب تحالف القادة الوطنيين المسيطرين في سورية، ومن النخبة السياسية باكثريتها المسيحية في لبنان، ولكن فرنسا لم تصدق عليه أبداً، إذ ان حكومة الجبهة الشعبية انفرطت والتحالفات الضعيفة التي جاءت بعدها خضعت لضغوط من مختلف التكتلات (اللوبي) في باريس.

XIX/36 كذلك الامر كان في فلسطين: غياب توازن للمصالح. منذ وقت مبكر في ادارة الانتداب البريطاني، بدا واضحاً انه سيكون من الصعب تشكيل اي نوع من البنية لحكومة محلية تتوافق بنفس الوقت مع مصالح السكان العرب الاصليين ومصالح الصهيونيين. بالنبسة إلى الصهيونيين، النقطة الاهم كانت ترك الابواب مفتوحة للهجرة، وتضمن هذا استمرار السيطرة البريطانية المباشرة إلى حين تصبح فيه المجتمعات اليهودية كبيرة وتكون قد استولت على ما يكفي من الموارد الاقتصادية في البلاد بحيث تتمكن من العناية

بمصالحها الخاصة. بالنسبة إلى العرب، ما كان يهم حيويا هو منع الهجرة اليهودية على مقياس قد يهدد التطور الاقتصادي والقرار الذاتي في نهاية المطاف، حتى ووجود المجتمع العربي. وسياسة الحكومة البريطانية الواقعة بين هذين الضغطين، كانت الحفاظ على السيطرة المباشرة، والسماح للهجرة ضمن حدود، وتشجيع التطور الاقتصادي للمجتمع اليهودي على العموم، وتطمين العرب من وقت إلى آخر بان ما يحدث لن يؤدي إلى اخضاعهم. وكانت هذه السياسة في صالح الصهيونيين اكثر منها في صالح العرب لانه، مهما أعطوا من تأكيدات ووعود، فنمو المجتمع اليهودي كان يقرب الوقت الذي قد يمكّنه من الاستيلاء على زمام الامور.

XIX/37 وبحلول اواسط الثلاثينات، اخذ يصعب على بريطانيا حفظ التوازن. وتسلُّم النازيين للسلطة في المانيا زاد الضغط من المجتمع اليهودي وانصاره في انكلترا للسماح بهجرة أوسع؛ والهجرة بدورها اخذت تغيّر ميزان السكان والقوة في فلسطين. عام ١٩٣٦ بدأت معارضة العرب تظهر على شكل عصيان مسلح. وكانت القيادة السياسية بيد تضامن من اعيان المدن، على رأسهم امين الحسيني، مفتي القدس، ولكن بدأت تظهر أيضاً قيادة عسكرية شعبية، وصار للحركة اصداء في البلدان العربية المجاورة، في الوقت الذي كان من المرغوب فيه لبريطانيا بان تكون علائقها مع العرب جيدة، اذ كانت تجابه تهديدات لمصالحها من ايطاليا والمانيا. في مواجهة هذه الوضعية، قامت الحكومة البريطانية بمحاولتين لإيجاد حل لها. وُضعت سنة ١٩٣٧ خطة لتقسيم فلسطين إلى دولتين عربية ويهودية بعد تحقيق قامت به لجنة ملكية (لجنة پيل Peel)؛ وكان هذا مقبولاً مبدئياً من الصهيونيين، ولكن ليس من العرب. في ١٩٣٩، وُضعت «وثيقة بيضاء» White paper لاقامة حكومة في النهاية ذات اكثرية عربية، مع تحديدات للهجرة اليهودية ولشراء الاراضي. ربما كان هذا الحل مقبولاً عند العرب مع بعض التعديلات، ولكن المجتمع اليهودي لم يوافق على حل يغلق ابواب فلسطين لمعظم المهاجرين ويحول دون بروز دولة يهودية. وكانت المقاومة اليهودية

المسلحة قد بدأت بالظهور، عندما نشبت حرب اوروبية جديدة ووضعت حداً للنشاط السياسي مؤقتاً.

الفصل العشرون

أساليب الحياة والفكر المتغيرة

(١٩١٤ ـ ١٩٣٩)

السكّان والأرياف

XX/1 حتى في ذروتها وفي اتم نجاحها، لم تكن التفاهمات بين الدول المستعمرة وبين الوطنيين المحليين تعبّر إلا عن إلتقاء محدود للمصالح، وبحلول الثلاثينات كانت هناك تغيرات تتفاعل في المجتمعات العربية والتي سوف تحول فيما بعد طبيعة السياق السياسي.

XX/2 وحيث كان يمكن تقدير عدد السكن، كان هذا يتزايد بسرعة. وربما كان اعظم ازدياد، وهو الاسهل تقديره بثقة، في مصر، حيث ازداد عدد السكان من ١٢,٧ مليون في ١٩١٧ إلى ١٥,٩ في ١٩٣٧: زيادة سنوية تبلغ ١٢ في الالف. وبتقدير تقريبي كان مجموعة سكان البلاد العربية ما بين ٥٥ و٦٠ مليون نسمة عام ١٩٣٩؛ سنة ١٩٠٤ كان بين ٣٥ و٤٠ مليوناً. وتشكل الهجرة جزءاً قليلاً من هذا النمو: اوروبيون في المغرب وليبيا، يهود في فلسطين، لاجئون أرمن من تركيا خلال وبعد الحرب العاليمة الاولى في سوريا ولبنان. ومقابل هذا كانت هناك هجرة من البلدان العربية: سوريون ولبنانيون ذاهبون إلى افريقيا الغربية واميركا اللاتينية (ولكن ليس إلى الولايات المتحدة باعداد كثيرة كما فعلوا قبل ١٩١٤، بسبب قوانين الهجرة الاميركية الجديدة)؛ عمال جزائريون متوجهون موقتاً إلى فرنسا. إلا أن معظم الزيادة كانت طبيعية. معدل الولادات لا يبدو انه نقص، إلا ربما ما بين فئات من البورجوازيين الذين يمارسون تحديد النسل، متوقّعين ارتفاع مستوى المعيشة. بالنسبة إلى معظم الناس، كان إنجاب الاولاد، على الاخص الذكور، أمراً محتوماً ـ إذا ان وسائل تحديد النسل لم تكون معروفة

عموماً ـ ومصدر مفاخرة؛ والمفاخرة هذه كانت تعبر عن مصلحة لأن الاولاد كانوا قادرين على العمل في الحقول منذ نعومة اظفارهم، وكثرة الاولاد كانت ضمانة في مجتمع كانت توقعات الحياة فيه متدنية، وحيث لا يوجد نظام انعاش اجتماعي، بحيث ان بعضاً من الاولاد سوف يبقون للعناية بالاهل في شيخوختهم. السبب الاساسي في ازدياد السكان كان تدني معدل الوفيات بسبب ضبط الاوبئة وطرق افضل من العناية الطبية. وكان هذا الامر ينطبق على كل اقسام المجتمع، وبشكل خاص في المدن، حيث للمرة الاولى لم تستطع الاوبئة ان تلعب دورها التاريخي في مَحْق سكان المدن من وقت إلى آخر.

XX/3 نتيجة لنمو في السكان إلى حد ما، ولأسباب اخرى ايضاً، تغير التوازن بين مختلف قطاعات المجتمع. كانت العشرينات والثلاثينات الزمن الذي اختفت فيه في الواقع مجموعات الرعي المتنقل كعنصر مهم في المجتمع العربي. مجيء سكك الحديد والسيارة هد النشاط الذي كان يقوم عليه الاقتصاد الرعوي على المسافات البعيدة: تربية الابل للنقل. حتى في المناطق حيث كان المرعى ما زال الافضل او كان لا يصلح إلا له بسبب الكلأ القليل والماء الشحيح، اصبحت حرية التنقل للبدو محدودة تحت ضغط قوات مسلحة مجنّدة من بين البدو ذاتهم. ظلّ هناك سوق للاغنام، ولكن في مناطق تربية الاغنام على منحدرات الجبال او على حواشي السهوب كان امتداد سيطرة الحكومة والتغيرات في الطلب من المدن تتسبب في جعل المجتمعات البدوية والرعوية تنتقل الى اماكن اقرب الى المدن، وان تصبح مزارعة مقيمة؛ وهذا ما كان يحدث في منطقة الجزيرة الواقعة ما بين نهري دجلة والفرات.

XX/4 في هذه الفترة وربما للمرة الأخيرة، استُعملت القوة المسلحة للبدو في عملية سياسية. عندما ثار الشريف حسين ضد الاتراك، كان أول جنوده من بين بدو الجزيرة العربية الغربية ولكن اي عمل عسكري في المراحل التالية من الحركة جاء من ضباط أو مجندين كانوا قد خدموا في الجيش العثماني. والقوات التي احتل عبد العزيز ابن سعود بها معظم جزيرة العرب

كانوا من البدو المدفوعين بعقيدة دينية، ولكن الذي قادهم كان ينتمي الى عائلة من سكان المدن، والجزء الجوهري من خطته كان اقناع البدو بأن يتحضروا ويستقروا. وفي العراق، كان ما زال من الممكن في الثلاثينات ان يثير نزاع بين مجموعات من ساسة المدن ثورة بين قبائل وادي الفرات، ولكن الحاكم تمكن من استخدام الاسلوب الجديد في ضربهم بالقنابل من الجو لقمع ثورتهم.

XX/5 في الأرياف المأهولة، لم تكن التغيرات نابعة من ضعف القاعدة الاقتصادية كما كان الحال في المناطق الرعوية. فمناطق الزراعة اتسعت في معظم البلدان؛ في البعض منها ـ المغرب والجزائر ومصر والسودان والعراق ـ اتسع الري. صحيح انه في مصر كانت الارض الاكثر خصباً قيد الزراعة، والتوسع كان إلى اراضٍ على التخوم، ولكن هذا لم يكن ينطبق على البلدان الاخرى، وحيثما وجد رأس المال كان من الممكن زيادة محاصيل الارض. حتى التوسع في مناطق الزراعة لم يعد كافياً للقيام بأَوَد سكان المدن في بعض البلدان. فإضافة الى ان عدد السكان كان يتزايد تزايداً طبيعياً، لم تعد تحتاج الارض الاكثر خصباً الى عدد كبير من العمال، إذ اصبح باستطاعة كبار الملاكين الحصول على قروض تمويل يستعملونها لمكننة مشاريعهم، وهذا يعني تخفيض في اليد العاملة. في بعض الاماكن (المغرب وفلسطين) كان الحصول على رأس المال رهناً بتوطين عمال أجانب على الأرض.

XX/6 وعليه، فقد جرت في عدد من البلدان عملية استقطاب في الأرياف. من ناحية كانت هناك ملكيات واسعة من الارض الخصبة المروية تنتج محاصيل للتصدير (القطن والحبوب والنبيذ وزيت الزيتون والبرتقال والتمر)، تستخدم الجرارات والاسمدة حيث يلزم، ويحرثها عمال أُجَرَاء (المحاصصة اصبحت في هذا الوقت أقل انتشاراً)؛ جزء كبير من هذه الاراضي كانت تملكه شركات اجنبية أو أفراد، وفي فلسطين، والى درجة أقل في المغرب الكبير كانت اليد العاملة أيضاً تؤمَّن من المهاجرين. من الناحية

الاخرى كانت هناك ملكيات صغيرة من الارض المملوكة بالشراكة من قرية، وكانت هذه اقل خصباً على العموم وبإمكانيات ري محدودة أكثر، حيث كان فلاحون محليون صغار، بدون رؤوس اموال ولا امكانية الحصول على قروض، ينتجون الحبوب او الفاكهة او الخضار، بأساليب اقل تقدماً، إما للاستهلاك أو للسوق المحلي، وحيث كان تزايد السكان يسبب في تقليل نسبة الارض المتاحة للعمال وبالتالي انقاص الدخل الفردي. ومما زاد في سوء احوال هؤلاء الفلاحين نظام الارث الذي كان يجزّىء الملكيات الصغيرة الى ملكيات اصغر. وتضررت أيضاً بسبب الازمة الاقتصادية العالمية في الثلاثينات والتي أدت الى هبوط أسعار المحاصيل الزراعية. وأثرّ هذا على جميع الفلاحين، ولكن هؤلاء الذين كانوا في ظروف سيئة من قبل كانوا الاكثر تضرراً؛ وتدخلت الحكومات أو المصارف لانقاذ كبار الملاكين من اصحاب النفوذ السياسي او من كانت منتجاتهم مرتبطة بالاقتصاد الدولي.

ونزح الفائض من سكان الأرياف إلى المدن. وهذا كان يحدث على الدوام، اما الآن فقد تسرعت العملية واتسع نطاقها وكانت نتائجها مختلفة. XX/7
في العهود السابقة، كانت القرى النازحة الى المدن تسد النقص في السكان الذي كانت تسببه الاوبئة. اما الآن فصار المزارعون المهاجرون يتدفقون ويضخمون عدد سكان يتزايد اصلاً بسبب التقدّم في مجال الصحة العامة. المدن، على الأخص تلك التي كانت فرص العمل متوفرة فيها، كبرت بسرعة أكبر من مجموع سائر البلاد؛ نسبة السكان القاطنين في المدن الكبيرة اصبحت اكبر من ذي قبل. السكان العرب في القاهرة زادوا من ٨٠٠,٠٠٠ عام ١٩١٧ إلى أكثر من ١,٣٠٠,٠٠٠ سنة ١٩٣٧. في عام ١٩٠٠ اقل من ١٥ بالمئة من مجموع سكان مصر كانوا يعيشون في مدن فيها أكثر من ٢٠,٠٠٠ نسمة؛ بحلول العام ١٩٣٧ اصبح العدد اكثر من ٢٥ بالمئة. وعلى هذا المثال، تضاعف عدد السكان العرب في المدن الخمس الكبرى في فلسطين خلال عشرين سنة. وفي مدن المغرب الكبير المختلطة أيضاً زاد العنصر العربي بسرعة.

الحياة في المدن الجديدة

XX/8 كانت النتيجة تغيراً في طبيعة المدن وشكلها. بعض التغيرات التي كانت قد بدأت قبل ١٩١٤ دُفعت الى مدى أبعد بعد الحرب. خارج «المدينة» ظهرت احياء «بورجوازية» جديدة، ليس فقط دارات (ڤيلّات) للأثرياء، بل مجموعات شقق للطبقة المتوسطة المتكاثرة، ولموظفي الحكومة واصحاب الحرف واعيان الريف النازحين الى المدن. في بعض المناطق كانت هذه الاحياء الجديدة مدروسة، حسنة التخطيط، في غيرها نبتت كيفما اتفق على حساب تهدم القديم. التخطيط الأكثر دقة وعناية كان في المغرب، حيث قرر المندوب السامي «ليوتي»، بكثير من حسن الذوق، بناء فاس الجديدة على مسافة من المدينة القديمة المسورة. غايته كانت الحفاظ على حياة المدينة القديمة ولكن ما حدث في نهاية الامر لم يكن بحسب ما خططّ له. فقد اخذت العائلات الميسورة والمرموقة تنتقل من منازلها القديمة في «المدينة» الى رفاهية اكثر في الاحياء الجديدة، وحل محلهم مهاجرون من الريف وفقراء، مما سبب انحطاطاً في حياة «المدينة» وتشويهاً لمنظرها.

XX/9 لم يجد كل المهاجرين ملجأ لهم في «المدينة»، فقد كانت هناك احياء جديدة شعبية. معظم الذين استقروا فيها كانوا من العرب، او في المغرب من البربر، كما كان هناك سواهم: petits blancs (البيض الصغار) في الجزائر ممن ابتعدوا عن الارض لأنه لم يكن لديهم رأس المال الكافي لتحسينها وتطويرها، ولاجئون أرمن من تركيا في بيروت وحلب، ومهاجرون يهود في فلسطين. بعض هذه الاحياء نبتت على اطراف المدن حيث كانت فرص العمل متوفرة في المشاغل والمصانع. في القاهرة، تَوازَنَ توسع الاحياء البورجوازية غرباً نحو النيل وعبره بتوسع الاحياء الاكثر فقراً باتجاه الشمال حيث اصبح ثلث السكان قاطنين (في عام ١٩٣٧)؛ في الدار البيضاء، نشأت الاحياء الفقيرة ما حول المدينة، لكن على الأخص في المناطق الصناعية. في هذه المناطق، كما في سواها ايضا، كانت هناك «مدن

الصفيح» bidonvilles، وهي قرى ذات منازل مبنية من القصب او صفائح علب التنك، نبتت حيثما وجدت فراغاً.

XX/10 في المدن التي يكثر سكانها الاجانب كانت الاحياء الاوروبية منفصلة عن الاحياء الاهلية مع أنها قد تكون قريبة واحدها من الآخر. في الدار البيضاء، التي تغيرت في هذه الفترة من مرفأ صغير لتصبح اكبر مدينة في المغرب، كانت مدينة اوروبية حول «المدينة»، و كان وراءها مدينة مسلمة جديدة فيها خصائص «المدينة»: أسواق ومساجد وقصر للحاكم وفيلات للبورجوازيين ومساكن شعبية. أما في مدن الشرق الاوسط فالانقسام كان اقل اكتمالاً، على الاخص في لبنان وسوريا حيث كان معظم الطبقة البورجوازية من أهالي البلاد والسكان الاجانب قلائل؛ ولكن في فلسطين كان هناك خطّ واضح يفصل الاحياء العربية عن اليهودية، وقامت مدينة يهودية بكاملها، تل أبيب، بمحاذاة مدينة يافا العربية.

XX/11 كان النازحون من الارياف يفضلون الاستيطان بين شعبهم، على الاقل في المرحلة الأولى، للحفاظ على طرقهم الاجتماعية. فكانوا يتركون عائلاتهم في القرى في أول الامر واذا توفقوا بما فيه الكفاية، يجلبون عائلاتهم، وتكون حياتهم استمراراً لما كانوا عليه، او شبيهة به. فهم جلبوا حياة دلتا النيل الى القاهرة، وحياة وادي دجلة الى بغداد، وحياة جبال القبيلية الى مدينة الجزائر والشاوية وجبال الاطلس الجنوبي الى الدار البيضاء.

XX/12 إلا أنهم في النهاية يُجرّون إلى طريقة حياة ليست مختلفة عن حياة القرية فحسب بل عن حياة «المدينة». فعادة ابتياع الحاجيات من الدكاكين ليس تماماً مثل الذهاب الى «السوق»، بالرغم من انه ظل هناك تفضيل للدكاكين الصغيرة حيث يمكن إيجاد علاقة شخصية: المطاعم والمقاهي ودور السينما اتاحت نوعاً جديدا من التسلية وأماكن جديدة للالتقاء؛ اصبح باستطاعة النساء الخروج بحرية اكبر، والجيل الجديد المتعلم من الفتيات المسلمات اصبحن يخرجن سافرات، او متحجبات بحجاب رقيق جداً.

وكثُرت تسهيلات الحياة البيتية. وانتشرت تجهيزات جديدة من المياه الجارية والمجاري والكهرباء والهاتف في العشرينات؛ وكان استعمال الغاز قد سبق ذلك. وتغيرت طرق النقل. وكانت شركة بلجيكية قد مدت خطوطاً حديدية للحافلات (التراموي) في بعض المدن الساحلية في آخر القرن التاسع عشر، ثم ظهرت السيارة؛ شوهدت أول سيارة في شوارع القاهرة عام ١٩٠٣، وفيما بعد في معظم المدن الاخرى. في الثلاثينات، اصبحت السيارات الخاصة والباصات والتكسيات شائعة، واختفت عربات الخيل كليا تقريباً ما عدا في المدن الاقليمية الأصغر. حركة السير تطلبت طرقا أفضل وجسوراً، وهذه بدورها جعلت من الممكن توسيع مساحات المدن: بغداد امتدت على اميال على طول ضفتي دجلة؛ القاهرة امتدت الى الجزيرتين على النيل، الروضة والجزيرة، وعبرها الى الضفة الغربية من النهر.

XX/13 وسائل النقل الجديدة هذه جمعت بين السكان بطريقة جديدة. فالرجال والنساء لم يعودوا يعيشون فقط ضمن حي معين. فقد يقطنون على مسافة بعيدة من اعمالهم؛ والعائلة قد تكون منتشرة في كل أرجاء مدينة ما؛ الناس من أصل عرقي أو من مجتمع ديني واحد قد يعيشون في الحي ذاته كهؤلاء من أصل أو مجتمع آخر؛ مجال الخيارات في الزواج قد يكون أوسع. إلا أن خطوطاً غير منظورة من الانقسام ظلت موجودة؛ التزاوج بين المجتمعات الدينية المختلفة بقي صعباً ونادراً؛ في المدن تحت السيطرة الاجنبية أقيمت حواجز ليس فقط باختلافات دينية وقومية، بل بالشعور بالقوة أو بالعجز. الحواجز كانت أعلى من ذي قبل في بعض النواحي: بتنامي المجتمعات الاوروبية، زادت الامكانية لهم بان يعيشوا حياة منفصلة مشابهة لتلك التي يحيونها في بلادهم؛ وإذ زاد عدد العرب الذين يتقنون الانكليزية أو الفرنسية، فقليلون الاوروبيون الذين كانوا يعرفون العربية او كانوا يبدون اي اهتمام بالثقافة الاسلامية. واصطحب العديد من الطلاب العرب العائدين من الخارج معهم زوجات اجنبيات، لم يكنَّ مقبولات تماماً لا في مجتمعهن القديم ولا الجديد.

وكما ان ابن الطبقة المتوسطة لم يكن مضطراً الى العيش في حيّه، XX/14 كذلك لم يعد مقيداً بمدينته كما كان في السابق. تطور وسائل النقل ربط المدن الواحدة بالاخرى، والبلد بالبلدان الاخرى، وذلك بأساليب جديدة. شبكة السكك الحديدية التي كانت موجودة عام ١٩١٤ مُددت أكثر في بعض البلدان وفي معظم البلدان، رُبطت المدن الرئيسة ببعضها لأول مرّة بطرق جيدة للسيارات. والتغيير الاكثر إثارة كان قهر الصحراء بالسيارة. ففي العشرينات قام أخوان من استراليا ساقتهما ظروف الحرب إلى الشرق الاوسط بتأسيس خط نظامي بالتاكسي في أول الأمر، ثم بالناقلة (الأوتوبوس)، من ساحل المتوسط عن طريق دمشق أو القدس إلى بغداد؛ والرحلة من العراق إلى سوريا، التي كانت تستغرق شهراً قبل الحرب، اصبحت تتم الآن في اقل من يوم. التلميذ القادم من شمالي العراق، الذي كان قد سافر في اوائل العشرينات الى الجامعة الاميركية في بيروت عن طريق الهند، اصبح قادراً الآن على الذهاب الى هناك براً. بالطريقة ذاتها، صارت الشاحنات والباصات تقطع الصحراء الكبرى (شمالي افريقيا) قادمة من ساحل المتوسط.

الاتصالات لم تُصبح اوسع مجالاً من قبل فحسب، بل أصبحت أكثر XX/15 عمقاً. اساليب وسائط التعبير الحديثة اخذت تخلق عالماً جديداً من المحادثة وحّد بين المثقفين العرب بطريقة أغنى من الحج، ومما كانت تتيحه الرحلات في طلب العلم في القرون الماضية. وكثر عدد الصحف، واصبحت صحف القاهرة تُقرأ خارج مصر؛ واستمرت المجلات الثقافية الاكثر قدماً في مصر، وظهرت اخرى جديدة، على الاخص مجلات أدبية «كالرسالة» و«الثقافة» التي نشرت نتاج الشعراء والنقّاد. واصدرت دور النشر في القاهرة وبيروت كتباً مدرسية لاعداد الطلاب المتزايدين وكذلك دواوين شعر وروايات وكتباً في العلوم الشعبية والتاريخ، راجت وانتشرت في كل مكان تُقرأ فيه العربية.

XX/16 وفي العام ١٩١٤ كانت هناك دور سينما في القاهرة وغيرها من

المدن، وأُخرج أول شريط (فيلم) مصري اصلي، عام ١٩٢٥، وكان، كما كان ذلك لائقاً، مبنياً على أول رواية مصرية أصيلة، «زينب». وأُنتج أول شريط «ناطق» في مصر عام ١٩٣٢، وبحلول العام ١٩٣٩ كانت الافلام المصرية تُعرض في كل انحاء العالم العربي. كما كان في هذا الوقت أيضاً محطات راديو محلية تبث الاحاديث والموسيقى والاخبار، وكانت بعض البلدان الاوروبية توجه بثها الى العالم العربي، بالتنافس احداها مع الاخرى.

XX/17 السفر والثقافة ووسائل الاعلام الجديدة ساعدت جميعها في تكوين عالم مشترك من الذوق والافكار. الإلمام بلغتين كان ظاهرة شائعة، على الأقل في البلدان الواقعة على شواطىء المتوسط؛ الفرنسية والانكليزية كانتا تستعملان في الاعمال وفي المنازل؛ بين النساء اللواتي تثقفن في مدارس الراهبات الفرنسيات، كانت اللغة الفرنسية تحل احياناً محل العربية كلغة أم. اخبار العالم كانت تجمع من الصحف أو الاذاعات الاجنبية؛ كان أهل الفكر والعلماء يحتاجون الى القراءة بالانكليزية أو الفرنسية اكثر من العربية؛ وانتشرت عادة السفر الى اوروبا لقضاء عطلة الصيف، على الاخص بين اغنياء المصريين الذين كانوا يصرفون عدة اشهر هناك؛ واعتاد الجزائريون والمصريون والفلسطينيون على رؤية سياح اوروبيين أو اميركيين والتعرف إليهم. تحركات واتصالات كهذه أدت إلى تغييرات في الاذواق والمواقف ليس من السهل تحديدها دائماً: طرق مختلفة في تأثيث غرفة ما، تعليق الصور على الجدران، تناول الأكل على المائدة، طريقة استقبال الاصدقاء؛ اساليب اخرى في اللباس، على الاخص للنساء اللواتي عكست ازياؤهن ما تبتكره باريس. واصبح هناك مختلف انواع الاستجمام والتسلية: في المدن الكبيرة ميادين سباق للخيل، وكان هذا نمط جديد للاستمتاع برياضة قديمة العهد إلى حد ما، ولكن كرة المضرب (التنس)، وهي لعبة البورجوازية، وكرة القدم التي تعجب الجميع ويمارسها العديدون، كانت من الرياضات الجديدة.

XX/18 مَثَل أوروبا ووسائل الاعلام الجديدة سببت أيضاً تغييراً في التعبير

الفني. الفنون المرئية كانت على العموم في طور متوسط بين القديم والجديد. كان هناك انحطاط في مقاييس الصناعة الاحترافية، بسبب منافسة البضائع الأجنبية المنتجة جُملياً على نطاق واسع، ولأسباب داخلية أيضاً: استعمال مواد أولية مستوردة والحاجة إلى التكيف مع أذواق وميول جديدة، بما في ذلك أذواق السياح. وبدأ بعض الرسامين والنحاتين يعملون على الطراز الغربي، ولكن دون أن ينتجوا اعمالاً ذات أهمية للعالم الخارجي؛ ولم يكن هناك في الواقع صالات عرض للفن حيث يمكن تهذيب الاذواق والميول للفن، والكتب المصورة لم تكن قد انتشرت بالقدر الذي سوف تصبح عليه فيما بعد. التفويض بالتصميم الهندسي المعماري للابنية الحكومية الكبيرة كان يُمنح بمُعظمه إلى مهندسين بريطانيين أو فرنسيين، بعضهم (على الأخص الفرنسيون في المغرب) كانوا يأتون بتصاميم هي خليط من الطراز «الشرقي» الذي كان قد بدأ ينال الاعجاب. وبدأ أيضاً بعض المهندسين المعماريين العرب الذين تدربوا في الخارج ببناء دارات (ڤيلّات) على الطراز المتوسطي، قصور من «الفن الجديد»، في «غاردن ستي» في القاهرة، والابنية الاولى لما كان «المدرسة الحديثة» حينذاك.

XX/19 أول اسطوانات غراموفون للموسيقى العربية صُنعت في مصر في اوائل القرن، وسببت متطلبات محطات الاذاعة والافلام الموسيقية تغيراً تدريجياً في الأعراف الموسيقية: من الاداء المرتجل الى الاداء المكتوب والمتدرب عليه، ومن العازف الذي يستلهم من جمهور مستمعين يصفقون له مشجعين، إلى الصمت المخيم في الاستوديو. أخذ المغنون يؤدون أدوارهم بمصاحبة فرق موسيقية تستخدم خليطاً من الآلات الموسيقية الغربية والتقليدية؛ بعض المؤلفات الموسيقية التي غنوها صارت، في الثلاثينات، أقرب إلى نمط اغنيات المقاهي الايطالية أو الافرنسية مما هي للموسيقى التقليدية. إلا أن الانماط القديمة استمرت: كانت هناك محاولات لدرسها في القاهرة وتونس وبغداد؛ أم كلثوم، وهي مغنية عظيمة من النمط التقليدي، رتلت القرآن وانشدت قصائد من شوقي وغيره من الشعراء، وشهرتها وسائل الاعلام الجديدة في كل اطراف العالم العربي.

ثقافة الشعور القومي

الانصهار الاكثر نجاحاً بين عناصر غربية وأهلية تم في الادب. XX/20 فالصحف والراديو والأفلام نشرت نمطاً جديداً مبسطاً من اللغة العربية الادبية؛ في كل ارجاء العالم العربي، وبفضل هذه الوسائل اصبحت الاصوات واللهجة المصرية مألوفة في كل مكان. وتأسست ثلاثة مجامع في بغداد ودمشق والقاهرة للاشراف والحفاظ على التراث اللغوي. باستثناء بعض الشواذات، لم يكن هناك جدال على أولوية اللغة الفصحى، ولكن الكتّاب اخذوا يستعملونها بأساليب جديدة. وهناك مدرسة من الشعراء المصريين الذين ولدوا في اواخر القرن التاسع عشر، جماعة «أپولو»، استعملوا البحور والاوزان واللغة التقليدية، ولكنهم حاولوا التعبير عن المشاعر الشخصية بطريقة تعطي وحدة للقصيدة بكاملها؛ ومن بين الاكثر شهرة فيهم كان زكي أبو شادي (١٨٩٢ ـ ١٩٥٥). ويمكن استشفاف تأثير الشعر الانكليزي والافرنسي على اشعارهم وعلى اشعار جماعة في الجيل التالي: رومانطيقيين، يعتقدون بأن الشعر يجب ان يكون التعبير الصادق عن العاطفة، ويمنحون العالم الطبيعي اهمية لم تكن متبعة تقليديا في الشعر العربي، والتي أصبحت حنيناً إلى عالم مفقود في أعمال شعراء لبنانيين كانوا قد هاجروا إلى أميركا الشمالية والجنوبية. وكانوا رومانطيقيين أيضاً في نظرتهم إلى الشاعر كعرّاف ينطق بحقائق تهبط عليه بالوحي من الخارج. وقد تذهب بهم الثورة على الماضي الى الرفض التام الذي عبر عنه احد اكثر هؤلاء الشعراء ابتكاراً، التونسي أبو القاسم الشابي (١٩٠٩ ـ ٣٤): «إن كل ما أنتجه الذهن العربي في مختلف عصوره، قد كان على وتيرة واحدة، ليس له من الخيال الشعري حظ ولا نصيب»[1].

وظهرت القطيعة مع الماضي أيضاً في تطور بعض الاساليب الأدبية XX/21 التي كانت تقريباً غير معروفة في الادب التقليدي. فقد كُتِبَت تمثيليات في القرن التاسع عشر، وكُتِبَت اخرى في هذا العهد، ولكن المسارح لتمثيل هذه الروايات كانت نادرة، الى ان ظهر مسرح نجيب الريحاني في مصر مستجيبا

لهذا النقص نوعاً ما وكان منهجه النقد الاجتماعي الفكاهي وخاصة بابتكاره «كشكش بك». والاهم شأناً من ذلك كان تطوير الرواية والقصة القصيرة، في مصر بشكل رئيسي، حيث ابتكر عدد من الكتاب المولودين في العقد الأخير من القرن التاسع عشر والاول من القرن العشرين وسيلة جديدة لتحليل المجتمع والفرد وانتقادهم؛ في قصصهم صوروا الفقراء والضيق والضيم الذي يتعرض له الفقير في القرية والمدينة، وصراع الفرد ليكون وفيا لذاته في مجتمع يحاول كبته، وصراع الاجيال، والتأثيرات المشوشة لأساليب الحياة الغربية وقيمها. بين هؤلاء كان محمود تيمور (١٨٩٤ ـ ١٩٧٣) ويحيى حقي (ولد عام ١٩٠٥).

XX/22 والكاتب الذي عبر عن آمال جيله ومشاكلهم بأفضل طريقة كان المصري طه حسين (١٨٨٩ ـ ١٩٧٣). ولم يكن النموذج فحسب، بل ربما كان الاكثر ابتكاراً بينهم، وله كتاب اصبح جزءاً من الادب العالمي: سيرته «الأيام»، قصة صبي اعمى وكيف أصبح واعياً لذاته وللعالم. وتضم كتاباته روايات ومقالات ومؤلفات تاريخية ونقد ادبي ومؤلف هام، «مستقبل الثقافة في مصر». تُظهر كتاباته، في هذه الفترة، محاولة مستمرة لموازنة العناصر الجوهرية الثلاثة، كما يراها هو، للثقافة المصرية المميزة: العنصر العربي، وفوق كل شيء اللغة العربية الكلاسيكية؛ العناصر المجلوبة من الخارج في عهود مختلفة، وفوق كل شيء المذهب العقلاني الاغريقي؛ والعنصر المصري الاساسي، الدائم عبر التاريخ: «عناصر ثلاثة تكوَّن منها الروح الادبي المصري منذ استعربت مصر: أولها العنصر المصري الخالص الذي ورثناه عن المصريين القدماء على اتصال الازمان بهم وعلى تأثرهم بالمؤثرات المختلفة التي خضعت لها حياتهم، والذي نستمده دائما من أرض مصر وسمائها ومن نيل مصر وصحرائها. . . والعنصر الثاني هو العنصر العربي الذي يأتينا من اللغة ومن الدين ومن الحضارة، والذي مهما نفعل فلن نستطيع ان نخلص منه، ولا أن نضعفه ولا أن نخفف تأثيره في حياتنا، لانه قد امتزج بهذه الحياة امتزاجا مكوِّنا لها مقوِّما لشخصيتها. . . ولا تقلَ انه

عنصر أجنبي فليس اجنبيا هذا العنصر الذي تمصّر منذ قرون وقرون. . . فليست اللغة العربية فينا لغة اجنبية، وانما هي لغتنا، وهي أقرب الينا ألف مرة ومرة من لغة المصريين القدماء. . . اما العنصر الثالث فهو هذا العنصر الاجنبي الذي أثّر في الحياة المصرية دائما والذي سيؤثر فيها دائما. . . وهو هذا الذي يأتيها من إتصالها بالامم المتحضرة في الشرق والغرب. جاءها من اليونان والرومان واليهود والفينيقيين في العصر القديم، وجاءها من العرب والترك والفرنجة في القرون الوسطى، ويجيئها من أوروبا وأميركا في العصر الحديث. . . فإني احب ان يقوم التعليم المصري على شيء واضح من الملاءمة بين هذه العناصر الثلاثة»[٢]. وتأكيده ان مصر كانت جزءاً من عالم الثقافة الذي كوّنه الفكر اليوناني أثار قدر كبير من الاهتمام في ذلك الوقت، ولكن ربما كانت مساهمته الاكبر في عنايته باللغة العربية، وإثباته ان بالامكان استخدامها للتعبير عن كل الظلال والفوارق الصغيرة التي تميز العقل الحديث وحساسيته.

وكتب أيضاً عن الاسلام، ولكن على الأقل في العشرينات والثلاثينات، ما كتبه كان يشكل سيرة خيالية لحياة النبي، من نوع يمكن أن يُرضي مشاعر عامة الناس. وفي وقت لاحق كتب بأسلوب مختلف، ولكن في هذه الفترة المبدأ الموحد لفكره لم يكن الاسلام بقدر ما كان الهويّة الجماعية للشعب المصري. وبشكل أو بآخر، كان هذا الطابع المميز للمثقفين العرب لابناء جيله. الموضوع المركزي كان الامة؛ ليس فقط كيف تستطيع أن تستقل، ولكن كيف يمكنها ان تنال القوة والعافية لتزدهر في العالم الحديث. فتحديد الامة قد يختلف: حيث ان كل بلد عربي كان يواجه مشكلة مختلفة في علاقته مع حكامه الاوروبيين، كان هناك اتجاه، على الاقل بين القادة السياسيين، لتطوير حركة قومية منفصلة في كل بلد، ونظريات (ايديولوجية) لتبريرها. وكان هذا صحيحاً في مصر على الاخص، التي كان لها مصيرها السياسي الخاص بها منذ ايام محمد علي. في بعض الحالات أُعطي واقع الوجود المنفصل شرعية عن طريق نظرية تاريخية. XX/23

الحركات القومية كانت ثورات ضد الحاضر والماضي القريب، وكانت تستلهم ذكريات ماضٍ أكثر قدماً، ماضٍ من قبل الاسلام، والتي اسبغت عليه الاكتشافات الاثرية وافتتاح المتاحف حقيقة ملموسة. اكتشاف قبر توت عنخ آمون سنة ١٩٢٢ أثار الكثير من الاهتمام، وشجع المصريين على التركيز على استمرارية الحياة المصرية منذ ايام الفراعنة.

XX/24 أحمد شوقي، الذي كان شاعر البلاط، برز في العشرينات كناطق باسم القومية المصرية التي كانت تستلهم من نُصُب ماضي مصر الغابر وتبني آمالها عليه. في احدى قصائده التي كتبت لمناسبة ازالة الستار عن مبنى في حديقة عامة في القاهرة، صوّر أبا الهول بأنه ينظر من علٍ على مجمل تاريخ مصر:

فَحدِّث فَقَد يُهتَدى بالحديـ ـثِ، وخبِّر فقد يؤتَسَى بالخبَر
ألم تَبْلُ فرعونَ في عزِّه إلى الشمس مُعتَزِياً والقمر
ظليلَ الحضارة في الأوَّليـ ـنَ، رَفيعَ البناء، جليلَ الأثر
وَشاهدتَ قيصرَ كَيفَ استَبدّ وكيف أذلَّ بمصرَ القَصَرْ
وَكيف تَجبَّرَ أعوانُه وساقوا الخلائقَ سَوْقَ الحُمُر
وَكيف ابتُلُوا بقليل العديـ ـد من الفاتحين كرِيم النَّفَر

[يجيب ابو الهول]:

خبأتُ لقومِك ما يستقو نَ، ولا يَخبأ العذبَ مثلُ الحجر
فعندي الملوكُ بأعيانِها وعندَ التوابيتِ منها الأثَر
محا ظلمةَ اليأس صبحُ الرجا ءِ وهذا هوالفَلَقُ المنتظَر[٣]

XX/25 وكان هناك عنصر عربي متأصل في حركات كهذه، واضحاً أو مستتراً. وبما أن هدف الحركات القومية كان تكوين مجتمع حديث مستقل مزدهر، فانعاش اللغة العربية وانبعاثها كواسطة للتعبير الحديث وكرابطة اتحاد كان الموضوع الاساسي.

XX/26 للسبب ذاته، كان هناك عنصر اسلامي حتمي في القومية. وكان ضمنياً على العموم، غير ظاهر، ومغموراً بين الطبقات المثقفة في هذا العهد، لأن

فصل الدين عن الدولة بدا شرطاً لحياة قومية ناجحة في العالم الحديث، ولانه في بعض بلدان الشرق العربية ـ سوريا، فلسطين، مصر ـ كان المسلمون والمسيحيون يعيشون معاً، وكان لذلك التركيز على الروابط المشتركة بينهم. (لبنان كان الشواذ الجزئي لهذا. لبنان الكبير الذي خلقه الفرنسيون شمل عدداً من المسلمين اكبر مما كان في المنطقة العثمانية ذات الامتيازات. وهكذا كان معظم المسلمين المنضمين اليه يعتقدون بانه يجب أن يدمج لبنان في وحدة أكبر، عربية أو سورية؛ أما بالنسبة الى معظم المسيحيين، فقد كان دولة مسيحية جوهرياً. لم يكتسب التفكير بدولة تقوم على التوافق بين مختلف المجتمعات المسيحية والمسلمة قوة الا في أواخر الثلاثينات).

XX/27 الفكرة القائلة أن مجموعة من الناس تؤلف أمة، أو شعباً، وان الامة يجب ان تكون مستقلة، هي فكرة بسيطة، ابسط من ان تستطيع بمفردها ان توفر ارشاداً للطريق التي يتوجب بها تنظيم الحياة الاجتماعية. إلا أنها في هذه الفترة استُخدمت بمثابة نقطة استقطاب لمجموعة من الافكار الاخرى. كانت قومية هذه الفترة على العموم علمانية، تؤمن بميثاق يستطيع ان يضم أناساً من مدارس وعقائد مختلفة، وسياسة مبنية على مصالح الدولة والمجتمع، وكانت دستورية، تقول بوجوب التعبير عن ارادة الامة بواسطة حكومة منتخبة مسؤولة أمام مجالس منتخبة. وكانت تؤكد على الحاجة إلى التعليم الشعبي الذي يمكّن الامة من المساهمة بطريقة أكمل في حياتها الجماعية. وكانت تنادي بتطوير الصناعات الوطنية، إذ ان التصنيع بدا كمصدر من مصادر القوة.

XX/28 وفكرة أوروبا كمثل يقتفى للمدنية الحديثة، التي كانت قد حركت حكومات الاصلاح في القرن السابق، كانت قوية في هذه الحركات القومية. الاستقلال معناه أن تقبل الدول على مستوى من المساواة مع الدول الاوروبية، ومعناه أيضاً إلغاء الامتيازات الاجنبية، والانخراط في عصبة الأمم. العصرنة معناها أن تكون الحياة السياسية والاجتماعية في هذه البلدان

مماثلة للحياة السياسية والاجتماعية في بلدان أوروبا الغربية.

XX/29 وثمة أحد مقومات هذه المجموعة من الافكار يستحق اكثر من ذكر عابر. القومية اعطت دفعاً لحركة تحرير المرأة. انشاء مدارس للبنات، من قبل حكومات محلية أو ارساليات اجنبية، كان قد اعطى حركة تحرير المرأة دفعاً خلال النصف الثاني من القرن التاسع عشر؛ السفر، والصحافة الاوروبية ومثل النساء الاوروبيات، كل ذلك شجعها؛ ووجدت ايضاً تبريراً نظرياً في كتابات بعض الكتّاب المرتبطين بحركة الاصلاح الاسلامية (ولكن حتماً ليس جميعهم).

XX/30 السيرة الذاتية التي كتبتها احدى افراد عائلة سنّية مرموقة من بيروت تنقل فكرة عن أهمية ذلك التغيير. فقد ولدت عنبرة سلام في السنين الاخيرة من القرن التاسع عشر، وترعرعت في كنف عائلة تتمسك بتقاليد الحياة العائلية، وارتدت الحجاب بين الناس حتى سن العشرينات، كما نالت تعليماً حديثاً كاملاً. كانت أمها وجدّتها من قبلها متعلّمتين تقرآن كتب الدين والتاريخ، وأُرسلت هي إلى المدرسة: إلى مدرسة كاثوليكية لفترة، تركت في نفسها فكرة لا تزول عن اتّضاع الراهبات ووداعتهن، ثم إلى مدرسة اسستها جمعية مسلمة للإحسان. وتلقت دروساً في العربية من أحد أشهر علماء ذلك الزمن. وكشفت لها زيارة إلى مصر عام ١٩١٢ عن عجائب المدنية الحديثة: أنوار كهربائية، مصاعد، سيارات، السينما، المسارح ذات المقصورات الخاصة للسيدات. وقبل أن تبلغ العشرين كانت قد بدأت تكتب في الصحف وتتكلم في اجتماعات السيدات وأن تكوّنَ لنفسها فكرة جديدة عن الاستقلال الذاتي: رفضت أن يزوّجوها من أحد أقربائها في عمر مبكر، وقررت انه ليس باستطاعتها أن تتزوج أحداً لم تتعرف إليه. وعندما تزوجت، كان ذلك من أحد أفراد عائلة من أعيان القدس، أحمد سامح الخالدي، رائد في حركة تعزيز التعليم العربي، ساهمت واياه في حياة الفلسطينيين العرب وعانت معهم في نكباتهم، بينما استمرت في القيام بدورها الخاص في تحرير المرأة العربية[٤].

XX/31 وأعطت الرغبة في تعبئة جميع طاقات الأمة معنى جديداً لحركة تحرير المرأة: فكيف يمكن لأمة أن تزدهر إذا كان نصف طاقاتها مهملاً ؟ كيف يمكنها أن تصبح مجتمعاً حراً طالما كان هناك عدم تكافؤ في الحقوق والواجبات؟ وأتاح حماس التحرك القومي نوعاً جديداً من الشجاعة. فلدى وصول رائدة الحركة النسائية المصرية في عصرها، هدى شعراوي (١٨٧٨ ـ ١٩٤٧) إلى محطة السكك الحديدية الرئيسية في القاهرة، عائدة من مؤتمر للنساء في روما عام ١٩٢٣، ترجلت من القطار إلى عتبة السلم وازاحت الحجاب عن وجهها؛ ويقال ان النساء الحاضرات صفقن لها وبعضهنّ حذا حذوها. اتبع مَثَلَها بعض افراد جيلها، بينما فتيات الجيل التالي ربما لم يرتدين الحجاب أبداً.

XX/32 إلا أنه بحلول العام ١٩٣٩، لم تكن هذه التغيرات قد تعمّقت. كان هناك فتيات اكثر في المدارس، وبعضهن في الجامعات، وحرية اكبر في التعاطي الاجتماعي، ولكن دون اي تغيير شرعي ملموس في وضع المرأة؛ شارك بعض النسوة في نشاطات سياسية، في حركة الوفد في مصر وفي مقاومة السياسة البريطانية في فلسطين، ولكن قليلة كانت الوظائف المتاحة لهن. وكانت امور المرأة في مصر ولبنان وفلسطين قد خطت أكبر مسافة على هذا الطريق، ولكن في بعض البلدان الاخرى كالمغرب والسودان وبلدان شبه جزيرة العرب، فبالكاد ظهر أي تغيير.

إسلام النخبة وإسلام جموع الشعب

XX/33 اكتسب السكان المقيمون في المدن منذ مدة طويلة، مهما كان مستوى دخلهم، خبرة العيش معاً في بيئة مدينية. وكانت تجمعهم معاً العادات والاعراف ورصيد مشترك من المسلمات التي لا تمسّ؛ أعيان وبورجوازيون (افراد الطبقة المتوسطة)، يعيشون بين صنّاع واصحاب حوانيت، كانوا يسيطرون على انتاجهم ويتصرفون كحماة لهم. الدين في المدينة، بالرغم من اختلافه عن الدين في الارياف، كان مرتبطاً معه بالمشاركة بمواعيد الصلاة

ورمضان والحج، واحترام امكنة العبادة المشتركة. معظم علماء المدن كانوا من اتباع الطرق الصوفية المختلفة التي كانت تشعباتها منتشرة في الأرياف؛ حتى ولو كان القريون يعيشون حسب العرف، إلا أنهم كانوا يحترمون الشريعة مبدئياً وربما استعاروا صِيَغاً منها لوضع اتفاقات هامة ومشاريع عامة. إلا أن عالمي الفكر والممارسة باتا الآن يبتعدان واحدهما عن الاخر. في المدن التي تطوّرت على النمط الجديد كان الانفصال المادي (الجغرافي) علامة افتراق اكثر عمقاً في المواقف والاذواق والعادات والايمان.

XX/34 في الثلاثينات تخلّى قسم كبير من النخبة عن العيش ضمن الشريعة. في الجمهورية التركية، أُلغيت الشريعة رسمياً واستبدلت بقوانين «وضعيّة» مستمدة من الأنماط الاوروبية. ولم يذهب أي بلد عربي، ولا دولة أوروبية حاكمة بلداً عربياً، الى هذا الحد، ولكن في البلدان التي تأثرت باصلاحات القرن التاسع عشر، أكانت قد أُدخلت بواسطة الحاكم المطلق أم على يد حكام أجانب، أصبح هناك ازدواجية راسخة القدم في أنظمة العدل. القضايا الاجرامية والمدنية والتجارية كانت تقرر بموجب قوانين واجراءات اوروبية، وسلطة الشريعة والقضاة الذين يصرفونها اقتصرت على الاحوال الشخصية. الاستثناء الرئيسي لهذا كان شبه الجزيرة العربية: في العربية السعودية كان الوجه الحنبلي للشريعة القانون الوحيد في الدولة، والفروض الدينية من صلاة وصوم كانت تنفذ بصرامة من قبل موظفي الدولة. في البلدان حيث كانت التغيرات الاسرع، حتى توصيات الشريعة بالنسبة للعبادات اصبحت أقل اتباعاً من قبل. صحيح أنها ظلت تحكم الفترات الهامة من حياة البشر ـ الولادة والختان، عقد الزواج والوفاة والارث ـ ولكن في الأحياء الجديدة للطبقة المتوسطة اصبح النداء الذي يطلقه المؤذن داعياً إلى الصلاة خمس مرات في اليوم أقل أهمية كقياس للزمن وللحياة؛ وربما لم يعد رمضان أيضاً يُراعى كما في الماضي، عندما كانت الحياة محررة من ضغوط «المدينة» الاجتماعية حيث يراقب كل فرد جاره؛ واصبح استهلاك المشروبات الروحية

أكثر انتشاراً. وازداد عدد الذين كان الاسلام لهم ثقافة موروثة أكثر منه قوانين للعيش.

XX/35 هؤلاء بين النخبة المثقفة الذين ظل الاسلام لهم إيماناً حياً كانوا ميّالين لتفسيره بطريقة جديدة. ومركز العلماء في المجتمع المديني العالي كان قد تغير. لم يعودوا يمثلون مراكز هامة في نظام الحكومة؛ لم يعودوا هم يتكلمون عن تطلعات وأماني الطبقة المتوسطة، بل اخذ هذا الدور قادة الاحزاب السياسية. التعليم الذي كانوا يتولونه لم يعد يجتذب الشباب وذوي الطموح ممن كان لهم الخيار؛ فإنه لم يعد يؤدي إلى التقدم في دوائر الحكومة، ولم يظهر بأنه يساعد على تفهم العالم الحديث والسيطرة عليه. في سوريا وفلسطين ولبنان ومصر وتونس اصبح الشاب (والفتاة أيضاً إلى حد ما) المتحدر من عائلة جيدة يذهب إلى مدرسة ثانوية حديثة، حكومية أو أجنبية، وإلى جامعات في القاهرة وبيروت، أو إلى فرنسا أو انكلترا أو الولايات المتحدة. حتى في المغرب، التي كانت ابطأ في التغيير، اخذت المدرسة الجديدة التي اقامها الفرنسيون في فاس، كلية «مولاي ادريس»، تجتذب الطلاب اكثر من «القرويين».

XX/36 إسلام هؤلاء الذين تثقفوا على النمط الحديث لم يعد مثل اسلام الأزهر أو الزيتونة، ولكن تبعاً للمصلحين من مدرسة محمد عبده. هؤلاء الذين فسّروا فكر محمد عبده باتجاه فصل واقعي بين مجالات الدين والحياة الاجتماعية وجدوا موضوعاً جديداً للمناقشة في العشرينات: إلغاء الخلافة العثمانية من قِبَل الجمهورية التركية الجديدة تَسَبب في ظهور افكار عن طبيعة السلطة السياسية، وكَتَبَ أحد اتباع محمد عبده، علي عبد الرزاق (١٨٨٨ ـ ١٩٦٦) كتاباً شهيراً، «الاسلام وأصول الحكم»، جادَلَ فيه أن الخلافة ليست من أصل إلهي، وان النبي لم يُرسل ليؤسس دولة، وهو في الواقع لم يفعل ذلك: «والحق أن الدين الاسلامي بريء من تلك الخلافة التي يتعارفها المسلمون، وبريء من كل ما هيأوا حولها من رغبة ورهبة، ومن عز وقوة. والخلافة ليست في شيء من الخطط الدينية، كلا ولا القضاء

ولا غيرها من وظائف الحكم ومراكز الدولة. وانما تلك كلها خطط سياسية صرف، لا شأن للدين بها، فهو لم يعرفها ولم ينكرها، ولا أمر بها ولا نهى عنها، وانما تركها لنا، لنرجع فيها إلى أحكام العقل، وتجارب الامم، وقواعد السياسة»[٥]. ولم ترق آراؤه للمحافظين من اهل الدين، ولكن ما تضمنته، عن عدم وجوب اعادة الخلافة كان مقبولاً على العموم.

والاتجاه الآخر في التفكير المستمد من محمد عبده كان القائل XX/37
بوجوب التركيز على العودة إلى أصول الدين للاستيحاء منها، بالاستنتاج المسؤول، خُلُقية اجتماعية تكون مقبولة في العصر الحديث. هذا النوع من الاصلاح بدأ يكتسب نفوذاً واسعاً في المغرب العربي ثم اتخذ شكلاً سياسياً في النهاية. في الجزائر، ظهرت «جمعية علماء الجزائر» سنة ١٩٣١، اسسها «محمد بن باديس»، غايتها إعادة الاخلاقية للاسلام كأعلى مرجعية، ومعها للغة العربية، بين شعب اقتلعه من جذوره الحكم الفرنسي خلال قرن كامل. وحاولت هذه الجمعية أن تفعل ذلك عن طريق التقدم بتفسير للاسلام قائم على القرآن والحديث، وداع إلى تحطيم الحواجز بين مختلف المذاهب ومدارس الشرع، بإقامة مدارس غير حكومية تعلم بالعربية، وعن طريق العمل على تحرير المعاهد الاسلامية من سيطرة الدولة. وجر عملها عليها عداوة المرشدين الصوفيين وظنون الحكومة الفرنسية، واصبحت الجمعية بحلول عام ١٩٣٩ أكثر تورطاً في الحياة السياسية وتطابقت مع المطلب الوطني بأنه يجب أن يكون للمسلمين حقوق متساوية ضمن النظام الفرنسي دون الاضطرار إلى التخلي عن شرائعهم المميزة واخلاقيتهم الاجتماعية.

في المغرب ايضاً اتخذت التعاليم الاصلاحية جذوراً لها في XX/38
العشرينات، مع نتائج مماثلة. محاولة تطهير الاسلام المغربي من فساد الازمان التي تبلت كان معناه، ضمنياً، مهاجمة المركز الذي كان مرشدو الطرق الصوفية يحتلونه في المجتمع المغربي؛ والدعوة الى مجتمع ودولة قائمة على شريعة مُصلَحَة كان موقفاً يعارض حكم المحتلين الاجانب للبلاد. تعاليم كهذه كانت توجّه نحو العمل السياسي، وعندما ظهرت حركة

قومية كان يقودها احد تلامذة المصلحين، علاّل الفاسي (١٩١٠ ـ ٧٤). وحان وقت العمل عام ١٩٣٠، عندما وقع الظن بأن هناك محاولة من الفرنسيين لاستبدال الشريعة بقانون العرف في مناطق البربر، واعتبرها القوميون بأنها محاولة للايقاع بين العرب والبربر والفصل بينهما، واعطتهم هذه المخاوف قضية يستطيعون بواسطتها استقطاب الرأي العام في المدن.

كانت هذه الحركات بين النخبة المثقفة، ولكن بين اكثرية الشعب في
XX/39 المدن وبين سكان الارياف الذين كانوا يهاجرون إلى المدن وينفخون صفوفه، استمرت الطرق التقليدية في المعتقدات والايمان والتصرف. الصلاة والصيام والحج ظلت توجه مجرى الايام والسنين؛ الواعظ في المسجد يوم الجمعة والمعلم الصوفي الذي يحرس قبر الولي كانا الموجهين للرأي العام عن القضايا المعاصرة والمعبرين عنه. وكانت الطبقات الصوفية ما زالت منتشرة بين جموع السكان في المدينة وفي خارجها، ولكن طبيعتها ودورها اخذ يتغير. تحت تأثير الاصلاح والوهابية، قلّ عدد علماء الدين والطبقات المثقفة الذين انضموا إليهم، والافكار والممارسات الصوفية لم تعد تخضع لضغوط الثقافة المدينية العالية. عندما كانت الحكومة مسيطرة على الارياف بطريقة أقوى، كان دور المرشد الصوفي منحصراً ومقيدا اكثر مما كان عليه، ولكن حيث كانت سيطرة كهذه ضعيفة أو مفقودة كان مازال باستطاعته أن يتزعم حركة سياسية. خلال الاحتلال الايطالي لليبيا، كانت المقاومة في الارجاء الشرقية، في قورينيا (سيرانايكا)، تحت قيادة رؤساء الطريقة السنوسية.

حتى ضمن عالم الاسلام الشعبي اخذت الاتجاهات الناشطة،
XX/40 السياسية، بالانتشار. وانتشرت حركة شعبية بين العمال الجزائريين، في فرنسا كما في الجزائر ذاتها، سنة ١٩٣٠: «نجمة شمال افريقيا»، بقيادة مصلي الحاج، وكانت اتجاهاتها وطنية واضحة اكثر مما كانت عليه حركات النخبة الفرنسية الثقافة، كما كانت تتوجّه بعلنية اكبر نحو المشاعر الاسلامية. وفي مصر كانت هناك حركة ذات مغزى أوسع والتي اصبحت فيما بعد

نموذجاً لحركات مماثلة في بلدان اسلامية اخرى: «جمعية الاخوان المسلمين». أسسها عام ١٩٢٨ معلم مدرسة ابتدائية، حسن البنا، (١٩٠٦ ـ ٤٩)، ولم تكن سياسية حصرياً ولا بشكل خاص: «أنتم لستم جمعية خيرية ولا حزبا سياسيا ولاهيئة موضعية لاغراض محدودة المقاصد. ولكنكم روح جديد يسري في قلب هذه الامة فيحييه بالقرآن... إذا قيل لكم إلام تدعون؟ فقولوا ندعو الى الاسلام الذي جاء به محمد ﷺ والحكومة جزء منه والحرية فريضة من فرائضه، فإن قيل لكم هذه سياسة! فقولوا هذا هو الاسلام ونحن لا نعرف هذه الاقسام، وإن قيل لكم أنتم دعاة ثورة! فقولوا نحن دعاة حق وسلام نعتقده ونعتزّ به، فإن ثرتم علينا ووقفتم في طريق دعوتنا فقد أذن الله ان ندفع عن انفسنا وكنتم الثائرين الظالمين»[٦].

XX/41 بدأت جمعية الأخوان المسلمين كحركة لاصلاح اخلاقية الفرد والمجتمع، قائمة على تحليل ما كان من اخطاء في المجتمعات المسلمة، وهي حركة مشابهة للسلفية ومستمدة منها إلى حد ما. تقول بأن الاسلام انحطّ بسبب تفشي روح تقليد أعمى ومجيء الاسراف في الصوفية؛ إلى هذه زيد تأثير الغرب، الذي، بالرغم من قيمه الاجتماعية الجيدة، جلب معه قيماً غريبة، فساد اخلاق، نشاطات المرسلين والسيطرة الاستعمارية. بداية المعالجة هو رجوع المسلمين الى الاسلام الصحيح، اسلام القرآن كما يفسر بالاجتهاد الاصيل، ومحاولة اتباع تعاليمه في كل مجالات الحياة؛ مصر يجب أن تصبح دولة اسلامية قائمة على شريعة مصححة. وهذا سوف يكون له مضامين في كل مظهر من حياتها. النساء سوف يثقفن ويُسمح لهن بالعمل، ولكن يجب حفظ مسافة معينة بينهن وبين الرجال؛ يجب أن يقوم التعليم على الدين؛ كذلك الاقتصاد يجب أن يصحح على ضوء مبادىء مستخلصة من القرآن.

XX/42 وكان لهذا التعليم مضامين سياسية أيضاً. مع أن «الاخوان» لم يقولوا في بادىء الأمر انهم يجب أن يحكموا، فانهم لا يعترفون بشرعية حكام إلا إذا كانوا يعملون بحسب الشريعة ولا بشرعية الحكام الذين لا يقاومون حكم

اجنبي يهدد الشريعة وأمة المؤمنين. وكان اهتمامهم الأولي بمصر، ولكن نظرتهم شملت العالم الاسلامي بأسره، وأول تدخل لهم بالسياسة ظهر مع ثورة الفلسطينيين العرب في اواخر الثلاثينات. وفي نهاية العقد كانوا قد اصبحوا قوة يُعتد بها، واخذوا ينتشرون بين سكان المدن ـ بين من هم غير فقراء ولا متعلمين كثيراً، بل بين من هم في الوسط: صنّاع، صغار التجار، معلمين وذوي حرف الذين كانوا خارج دائرة النخبة المسيطرة، وممن تثقفوا بالعربية بدلا من الانكليزية أو الفرنسية، ولكنهم يقرأون كُتبهم الدينية بطريقة بسيطة، حَرْفِيَّة.

إيمان حركات كحركة الاخوان المسلمين، بأن مبادىء الاسلام وشرعه
XX/43 يمكن أن تكون أساساً للمجتمع في عالم عصري لقي تشجيعاً كبيراً ببروز دولة على أساس كهذا: المملكة العربية السعودية. فمحاولات الملك عبد العزيز وانصاره من الوهابيين للحفاظ على سيطرة الشريعة في شكلها الحنبلي، ضد العرف القبلي من جهة والبدع الغربية من جهة أخرى، أصبح له تأثير كبير في وقت لاحق عندما احتلت المملكة مركزاً أكثر أهمية في العالم، ولكن حتى في عهد مبكر كان لها وقع معين؛ فمهما كانت فقيرة ومتأخرة، فالسعودية تحتوي على مدن الاسلام المقدسة.

الجزء الخامس

عصر الأمم ـ الدول

(منذ ١٩٣٩)

غيرت الحرب العالمية الثانية بنية القوة في العالم. هزيمة فرنسا، والاعباء المالية للحرب، وبروز الولايات المتحدة والاتحاد السوفياتي جـ/5/ 1
كقوتين عُظميين، وتغيير معين في مُناخ الرأي سوف يؤدي، خلال العقدين التاليين، إلى انهاء الحكم البريطاني والفرنسي في البلدان العربية. أزمة قناة السويس عام ١٩٥٦ والحرب الجزائرية بين ١٩٥٤ و٦٢ سجّلتا آخر محاولات جدية من الدولتين لاعادة تثبيت مراكزهما. في فلسطين، أدى انسحاب البريطانيين الى اندحار العرب عندما أُنشئت دولة اسرائيل. في امكنة اخرى، استُبدل الحكام السابقون بأنظمة من نوع أو آخر ملتزمة بمجموعة الافكار التي تمحورت حول القومية: تطوير الموارد الوطنية، التربية والتعليم الشعبي وتحرير المرأة. واضطروا إلى تحقيق سياساتهم ضمن مجتمعات قيد تطور متسارع: كان السكان يتزايدون بسرعة؛ المدن تتسع، على الاخص العواصم؛ المجتمع يترصّف في طبقات بمختلف الطرق؛ ووسائل الاعلام الجديدة ـ السينما، الراديو، التلفزيون واشرطة الكاسيت ـ أتاحت نوعاً جديداً من التعبئة.

كانت الفكرة السائدة في الخمسينات والستينات فكرة القومية العربية، الطامحة الى اتحاد وثيق للدول العربية، والاستقلال من الدول العظمى، جـ/5/ 2
وتحقيق اصلاحات اجتماعية من اجل التوصل الى مساواة على نطاق أوسع. وتجسدت هذه الفكرة لفترة من الزمن بشخصية جمال عبد الناصر، رئيس مصر. إلا أن اندحار مصر وسوريا والاردن في حرب ١٩٦٧ مع اسرائيل أوقف تقدم هذه الفكرة وفتح عهداً من التفرقة والاعتماد المتزايد على واحدة

أو أخرى من القوى العظمى، مع الولايات المتحدة في الطليعة. على مستويات اخرى، كانت الاتصالات بين الشعوب العربية تتقارب وتتوثق: وسائل الاعلام، القديمة منها والجديدة، نقلت الافكار والصور من بلد عربي إلى آخر؛ في بعض البلدان العربية اتاح استثمار النفط نمواً اقتصادياً سريعاً، وهذا اجتذب العديد من المهاجرين من بلدان اخرى.

وفي الثمانينات تضافر عدد من العوامل ليضيف فكرة ثالثة إلى فكرتي القومية والعدالة الاجتماعية كقوى تُضفي شرعية على نظام ما، كما أنها قد تُثير حركات معارضة له. حاجة سكان المدن المستأصلين من جذورهم لأن يجدوا أساساً متيناً لحياتهم، والشعور بالماضي الذي تتضمنه فكرة القومية، وبغض شديد للافكار والعادات الجديدة الآتية من العالم الغربي، ومَثَل الثورة الايرانية عام ١٩٧٩، جميعها أدت إلى نمو سريع لمشاعر وولاءات اسلامية. جـ/5/ 3

الفصل الحادي والعشرون

نهاية الامبراطوريات (١٩٣٩-١٩٦٢)

الحرب العالمية الثانية

XXI/1 جاءت الحرب العالمية الثانية على عالم عربي بدا وكأنه محتجز ضمن إطار الانظمة الاستعمارية البريطانية والفرنسية. قد يأمل الوطنيون بتحسين أوضاعهم مع الدولتين، ولكن الهيمنة العسكرية والاقتصادية والثقافية لبريطانيا وفرنسا بدت غير قابلة للزحزحة. ولم يكن للولايات المتحدة وللاتحاد السوفياتي أكثر من اهتمام محدود جداً في الشرق الاوسط وفي المغرب الكبير. قوة الالمان والايطاليين ودعايتهم كان لها بعض التأثير على بعض فتيان العصر الطالع، ولكن إلى حين نشوب الحرب بدا أن بنية ذات أساس قوي كهذه كانت قادرة على صد التحدي. إلا أنه مرة اخرى كانت الحرب عاملاً حافزاً، مسببا تغييرات سريعة في السلطة وفي الحياة الاجتماعية، وفي أفكار الذين تأثروا بها وآمالهم.

XXI/2 خلال الاشهر القليلة الأولى من الحرب انحصر القتال في شمالي أوروبا، وكانت جيوش فرنسا في المغرب الكبير وجيوش بريطانيا وفرنسا في الشرق الأوسط بحالة احتراس وتيقظ ولكن غير متورطة في قتال. وتغيرت الاوضاع عام ١٩٤٠ عندما اندحرت فرنسا وانسحبت من الحرب ودخلتها ايطاليا. وهدد الايطاليون مركز بريطانيا في صحراء مصر الغربية، وفي الحبشة على الحدود الجنوبية للسودان. في الاشهر الاولى من ١٩٤١ اثار احتلال المانيا ليوغوسلافيا واليونان المخاوف بأن تتحرك المانيا أبعد إلى الشرق، الى منطقتي سوريا ولبنان اللتين كانتا تحت حكم ادارة فرنسية تتلقى أمرها من فرنسا، والى العراق، حيث وقعت السلطة بين يدي مجموعة من ضباط الجيش والسياسيين على رأسهم رشيد عالي الكيلاني (١٨٩٢ ـ ١٩٦٥) ولهم بعض العلائق مع المانيا. في أيار ١٩٤١ قامت قوة

بريطانية باحتلال العراق وشكلت حكومة مؤيدة لبريطانيا، وفي حزيران اجتاحت سوريا قوات بريطانية (ومن الامبراطورية) مع قوة فرنسية مؤلفة من الذين استجابوا لنداء الجنرال ديغول بأن فرنسا لم تخسر الحرب وان على الفرنسيين ان يواصلوا المشاركة بها.

XXI/3 منذ اواسط العام ١٩٤١ اصبحت الحرب بين الدول الأوروبية حرباً عالمية. الاجتياح الالماني لروسيا أتاح امكانية وصول المانيا إلى الشرق الأوسط عبر القوقاز وتركيا، والرغبة في ارسال الامدادات البريطانية والأميركية إلى روسيا أدت الى احتلال مشترك لايران بجيوش بريطانية سوفياتية. وفي آخر السنة، ادت مهاجمة اليابان للبحرية الأميركية إلى دخول الولايات المتحدة الحرب ضد المانيا وايطاليا وضد اليابان. وكانت السنوات ١٩٤٢ ـ ٤٣ نقطة التحول في الشرق الأوسط. كان جيش الماني قد ساند الايطاليين في ليبيا، وفي تموز ١٩٤٢ تقدموا إلى داخل مصر ووقفوا غير بعيد من الاسكندرية؛ ولكن الحرب في الصحراء كانت سريعة التحرك، وقبل نهاية العام قامت القوات البريطانية بهجوم معاكس اوصلها غرباً شوطا بعيدا في ليبيا. وفي الوقت ذاته تقريباً، في تشرين الثاني (نوفمبر)، نزلت جيوش بريطانية اميركية في المغرب الكبير وسرعان ما احتلت المغرب والجزائر. وتراجع الالمان إلى معقلهم في تونس، ولكنهم اضطروا أخيراً إلى الانسحاب تحت وطأة هجوم من الشرق والغرب في ايار ١٩٤٣.

XXI/4 الحرب الفعلية كانت قد انتهت في ذلك الحين فيما يتعلق بالبلدان العربية، وقد يظهر انها انتهت باعادة تثبيت الهيمنة البريطانية والفرنسية. كل البلدان التي كانت سابقاً تحت السيطرة البريطانية ظلت كذلك، وكانت هناك جيوش بريطانية في ليبيا، كما في سوريا ولبنان. واستمرّ الحكم الفرنسي رسميا في سوريا ولبنان والمغرب الكبير، حيث كان الجيش الفرنسي في طور اعادة التأهيل لكي يلعب دوراً فعلياً في المراحل الأخيرة من الحرب في اوروبا.

XXI/5 إلا أنه في الواقع كانت أسس السلطة البريطانية والفرنسية قد تزعزعت.

انهيار فرنسا عام ١٩٤٠ كان قد اضعف مركزها في عيون الذين كانت تحكمهم، وبالرغم من كونها خرجت في عداد المنتصرين، واعتُبرت رسميا قوة عظمى، فإن المشاكل الناتجة عن اعادة تشكيل حياة وطنية مستقرة واصلاح الاقتصاد المتهدم سببت صعوبة لها في الحفاظ على امبراطورية تمتد من المغرب إلى الهند الصينية. في بريطانيا، ادى المجهود الحربي إلى أزمة اقتصادية لن يمكن التغلب عليها إلا تدريجياً وبمساعدة من الولايات المتحدة؛ الارهاق والشعور بالتبعية قوّيا الشكوك بما اذا كان من الممكن أو المستحب السيطرة على امبراطورية بهذا الحجم وبالطريقة ذاتها كالسابق. وسطوة بريطانيا وفرنسا كسفتها قوّتان بيّنت الحرب فعليا طاقاتهمــــا الكامنة. فالولايات المتحدة والاتحاد السوفياتي لديهما موارد اقتصادية وقوة بشرية أكثر من أي دولة اخرى، وأثبتا اثناء الحرب وجوداً في انحاء متعددة من العالم. ومن ذلك الحين وصاعداً، مكنهما وضعهما المرموق من الطلب ان تؤخذ مصالحهما بالاعتبار في كل مكان، واعتماد اوروبا اقتصادياً على المساعدة الأميركية اعطى الولايات المتحدة أداة ضغط قوية على حلفائها الاوروبيين.

XXI/6 احداث الحرب أثارت بين الشعوب العربية آمالاً بحياة متجددة. تحركات الجيوش (على الأخص سريعة ومتسعة في الصحراء)، مخاوف وآمال الاحتلال والتحرير، والامكانيات التي كانت تلوح بها الاجهزة الدعائية المتنافسة، ومنظر أوروبا تمزق نفسها قِطَعاً، وتأثير المبادىء السامية التي اعلنها التحالف الانكلو ـ أميركي المنتصر، وبروز روسيا الشيوعية بمثابة قوة عالمية: كل هذه الأمور شجعت الاعتقاد بأن الحياة قد تكون مختلفة.

XXI/7 بين التغيرات الكثيرة الاخرى، قوّت ظروف الحرب فكرة اتحاد اكثر وثوقاً بين البلدان العربية. كانت القاهرة المركز الرئيسي الذي نظم منه البريطانيون الكفاح لأجل الشرق الأوسط، وكذلك حياته الاقتصادية؛ الحاجة إلى الحفاظ على الشحن البحري أدى الى تشكيل «مركز التموين للشرق الأوسط» (بريطانياً في البدء، ثم اصبح انكلو ـ اميركياً)، الذي ذهب أبعد من

تنظيم عمليات الاستيراد فشجّع التغييرات في الزراعة والصناعة كي يصبح الشرق الاوسط ذا اكتفاء ذاتي اكبر. وكون القاهرة مركز اتخاذ القرار العسكري والاقتصادي اتاح الفرصة للحكومة المصرية (بتشجيع مبهم من بريطانيا) باتخاذ المبادرة لعقد صلات أوثق بين البلدان العربية. في اوائل ١٩٤٢ اضطر ملك مصر تحت انذار بريطاني بان يكلف «الوفد» تشكيل حكومة؛ في هذه الفترة الحرجة من الحرب بدا من المستحب لبريطانيا بأن يكون هناك حكومة مصرية قادرة على السيطرة على البلاد واكثر استعداداً للتعاون مع البريطانيين مما كان عليه الملك ومن كان حوله. النفوذ الذي اعطاه هذا الأمر لحكومة الوفد مكّنها من المباشرة بمباحثات مع دول عربية اخرى عن امكانية اتحاد اكثر وثوقاً ورسمية بينهم. كانت هناك مشاعر ومصالح مختلفة: في سوريا والعراق، كان مازال لدى الحكام ذكريات عن الاتحاد المفقود بزوال الامبراطورية العثمانية، وكانوا يتمنون روابط اكثر وثوقاً؛ لبنان كان في وضع توازن مقلقل بين من كانوا يفكرون بأنفسهم كعرب وبين هؤلاء، على الأخص من المسيحيين، الذين كانوا يرون لبنان دولة منفصلة مرتبطة ارتباطاً حميماً باوروبا الغربية؛ كان لحكومات مصر والسعودية واليمن إحساسٌ بنوع من التضامن العربي، مع مفهوم قوي لمصلحتهم الوطنية؛ جميعهم ارادوا ان يشكلوا دعماً فعلياً لعرب فلسطين. وادى مؤتمران عقدا في الاسكندرية عام ١٩٤٤ وفي القاهرة عام ١٩٤٥ إلى تشكيل جامعة للدول العربية. وضمت هذه سبع دول كان لها شيء من حرية العمل (مصر، سوريا، لبنان، شرقي الاردن، العراق، العربية السعودية، اليمن)، مع ممثل للفلسطينيين العرب، وتُرك الباب مفتوحاً امام البلدان العربية الاخرى لينضموا إذا استقلوا. وكانت الجامعة تمنع أي تدخل في سيادة الدول الاعضاء، ولكن كان يؤمل بأن يعملوا معاً في القضايا ذات الاهتمام المشترك ـ على الأخص ـ الدفاع عن العرب في فلسطين والمغرب الكبير ـ وفي أي منظمة دولية قد تنشأ من الحرب. وعندما تكونت الامم المتحدة عام ١٩٤٥، اصبحت الدول العربية المستقلة اعضاء فيها.

الاستقلال الوطني (١٩٤٥ ـ ١٩٥٦)

XXI/8 عند انتهاء الحرب، اصبح الشرق الأوسط والمغرب الكبير، اللذان كانا على مدى أجيال منطقة نفوذ حصري تقريباً لدولتين اوروبيتين، منطقة يمارس النفوذ فيها اربع دول أو أكثر، وحيث لم تكن العلائق بين هذه الدول مستقرة ثابتة كما كانت في فترة «التنسيق الاوروبي». وفي هذا الوضع، امكن للاحزاب الوطنية وللمصالح المحلية التي تمثلها ان تطالب بتغييرات في اوضاع بلدانها.

XXI/9 كانت فرنسا في وضع اضعف من بريطانيا والضغط عليها كان أشد. استطاعت في نهاية الحرب ان تستعيد مكانتها في الهند الصينية وفي المغرب الكبير بعد قمع صارم لاضطرابات في شرقي الجزائر عام ١٩٤٥، ولكنها اضطرت الى الجلاء عن سوريا ولبنان. عندما احتلت قوات فرنسا الحرة وبريطانيا سوريا ولبنان عام ١٩٤١، كان هناك ترتيب يترك السلطة الادارية بيد الفرنسيين ولكن السيطرة الاستراتيجية لبريطانيا؛ واعترفت بريطانيا بفرنسا كقوة اوروبية عليا بشرط منح البلدين استقلالهما. وكانت امكانيات تضارب المصالح كبيرة، ففرنسا الحرة لم تكن تريد منح الحكم الذاتي فوراً؛ فتأكيدات فرنسا الحرّة بأنها هي فرنسا الحقيقية لا تعود جديرة بالتصديق في أعين الفرنسيين اذا تخلت عن منطقة فرنسية ليس إلى أهلها، كما اعتقد قادة فرنسا الحرّة، بل كي تُضم إلى مجال النفوذ البريطاني. بالنسبة إلى البريطانيين، من ناحية اخرى، فالوفاء بتعهدهم بمنح الاستقلال سوف يكون في صالحهم بين القوميين العرب المعادين لسياستهم في فلسطين. وتمكّن أهل السياسة في بيروت ودمشق من استخدام هذا الاختلاف لينالوا الاستقلال قبل انتهاء الحرب وقبل أن يُتركوا تحت حكم الفرنسيين الطليق. وحدثت أزمتان، الواحدة عام ١٩٤٣ عندما حاولت الحكومة اللبنانية الحد من السلطة الفرنسية، والثانية عام ١٩٤٥ عندما أدت محاولة مماثلة قام بها السوريون إلى اثارة فرنسا على ضرب دمشق بالقنابل، وإلى تدخل بريطاني،

ثم إلى مفاوضات انتهت إلى اتفاق يقضي بانسحاب الفرنسيين والبريطانيين انسحاباً متزامناً وتاماً بنهاية عام ١٩٤٥. وهكذا نال كلّ من سوريا ولبنان استقلالاً تاماً دون التحديدات التي كانت المعاهدات مع بريطانيا قد فرضتها على مصر والعراق. واصبح بعد هذا من العسير على أي حزب وطني أن يقبل بأقل من ذلك.

XXI/10 وبدا مركز بريطانيا في الشرق الأوسط غير مزعزع، بل أقوى في بعض النواحي لدى انتهاء الحرب. فالحملات العسكرية في الصحراء جلبت بلداً عربياً آخر، ليبيا، تحت الحكم البريطاني. في الاجزاء العربية من الشرق الأوسط، ظهر انه لم يكن للولايات المتحدة أية رغبة في الحلول محل بريطانيا كسلطة عليا، مع انه كان هناك ملامح منافَسَة على الاسواق وعلى السيطرة على انتاج النفط. إلا أن بدء «الحرب الباردة» أدى إلى تورط أميركي أكبر. ففي عام ١٩٤٧ اتخذت الولايات المتحدة على نفسها مسؤولية حماية اليونان وتركيا من أي تهديد روسي لهما، وكان من مضمون ذلك أن في المناطق الواقعة ابعد إلى الجنوب، في البلدان العربية، بريطانيا سوف تكون المسؤولة عن حماية المصالح الغربية السياسية والستراتيجية في العصر الجديد «للحرب الباردة».

XXI/11 استمر هذا التفاهم الضمني حوالى عشر سنوات، وخلال الجزء المبكر من هذه الفترة بذلت حكومة العمال في بريطانيا مجهوداً متواصلاً لوضع علائقها مع البلدان العربية على أساس جديد. فالانسحاب البريطاني من الهند عام ١٩٤٧ ربما بدا وكأن أهمية بقاء بريطانيا في الشرق الأوسط اصبحت أقل من ذي قبل، ولكن هذا لم يكن رأي الحكومة البريطانية؛ فالتوظيفات، والنفط، والاسواق التجارية، والمواصلات، والمصالح الاستراتيجية للحلف الغربي، والشعور بأن الشرق الأوسط وافريقيا هي المناطق الوحيدة في العالم التي يمكن لبريطانيا فيها من أخذ المبادرة، كل هذه جعلت من الهام لبريطانيا أن تحتفظ بمكانتها، ولكن على أساس جديد.

XXI/12 كان الخط العام للسياسة البريطانية دعم الاستقلال للعرب ومقداراً أكبر

من الوحدة، مع الحفاظ على المصالح الستراتيجية الاساسية عن طريق اتفاقات صداقة، والمساعدة على التطوير الاقتصادي وحيازة المهارات التقنية إلى الحد الذي تتمكن فيه الحكومات العربية من تولي مسؤولية الدفاع عن أنفسها. وكانت هذه السياسة مرتكزة على افتراضين: ان الحكومات العربية سوف تعتبر مصالحها الاساسية متطابقة مع مصالح بريطانيا والتحالف الغربي؛ وان المصالح البريطانية والاميركية تتوافق إلى درجة بحيث أن الفريق الأقوى يرضى بأن يترك الدفاع عن مصالحه إلى الفريق الأضعف. إلا انه في السنوات العشر التالية، تبين ان هذين الافتراضين باطلان.

XXI/13 أول بلد كان يتوجب فيه اتخاذ قرار كان ليبيا. ففي نهاية الحرب كانت هناك ادارة بريطانية عسكرية في منطقتين من ثلاث في البلاد، في طرابلس وقورينيا (سيرانايكا)، وادارة فرنسية في المنطقة الثالثة، الفزان. في المنطقة الشرقية، سيرانايكا، كانت قوات موالية لزعيم الطريقة السنوسية قد ساعدت في فتح البلد وأعطيت وعوداً بخصوص المستقبل. في محادثات بين الدول الكبرى وغيرها من اصحاب المصالح وفي الامم المتحدة، وُضعت الفكرة بأن ليبيا قد تكون البلد الذي يمكن أن يطبق فيه مفهوم جديد بمثابة «وصاية» من قبل الدول الأكثر تقدماً. وفي احد أوائل اساليب التعبير عن العداء للحكم الاستعماري والتي سوف تصبح احدى علائم الامم المتحدة، كانت الاكثرية ضد السماح لبريطانيا أو فرنسا بالبقاء في ليبيا، أو السماح لايطاليا بالعودة إلى وصايتها. وطالبت عدة جماعات محلية بالاستقلال، مع كونهم اختلفوا على العلائق المستقبلية بين المناطق الثلاث، وفي عام ١٩٤٩ اتخذت الامم المتحدة قراراً بتأييد الاستقلال وعينت لجنة دولية للاشراف على انتقال السلطة. وفي عام ١٩٥١ اصبحت البلاد مستقلة، وزعيم الطريقة السنوسية ملكاً باسم ادريس، ولكن بريطانيا والولايات المتحدة احتفظت بقواعد عسكرية لها هناك لعدة سنوات.

XXI/14 في بلد آخر، فلسطين، تبين ان من المستحيل ايجاد حل للمصالح المتضاربة، وسبب هذا في الاضرار المزمن بالعلائق بين الشعوب العربية

والدول الغربية. خلال الحرب، كانت الهجرة اليهودية إلى فلسطين شبه مستحيلة، والنشاطات السياسية معلقة معظم الوقت. ولكن عند اقتراب الحرب من نهايتها، اصبح من الواضح ان علائق النفوذ قد تبدلت. فالعرب في فلسطين اصبحوا أقل قدرة على البقاء صفاً واحداً بسبب نفي أو سجن بعض الزعماء خلال ثورة ١٩٣٦ـ ٣٩ وبعدها، وبسبب التوترات والعداوات التي ولدتها حركات العنف؛ وقيام الجامعة العربية بالتزاماتها لدعم الفلسطينيين ظهرت وكأنها تقدم لهم قوة تَبَيَّنَ في النهاية أنها وهمية. أما اليهود الفلسطينيون من جهتهم، فقد كانت توحدهم مؤسسات اجتماعية قوية؛ كثيرون منهم كانوا قد حصلوا على تدريب وخبرة في الجيوش البريطانية اثناء الحرب؛ وكان لديهم دعم واسع مثابر من اليهود في بلدان أخرى، وقد استثارتهم المذابح التي تعرض لها اليهود في اوروبا وصمّموا على انشاء ليس فقط ملجأ لمن نجا منهم بل مركز قوة يجعل من المستحيل تكرار هذا الحدث في المستقبل. وبيد أنّ الحكومة البريطانية كانت واعية للحجج التي تُقدَّم من اجل انتشار سريع وواسع الامد للهجرة اليهودية، كانت تعرف ايضا انه سيؤدي إلى طلب انشاء دولة يهودية، وأن ذلك سوف يثير معارضة قوية من العرب، الذين كانوا يخشون أن يُصبحوا مرؤوسين أو مطرودين، وكذلك معارضة من الدول العربية. ولم يعد من الممكن التصرف بحرية كما كان الامر قبل ١٩٣٩ بسبب العلائق الوثيقة مع الولايات المتحدة واعتمادها الاقتصادي عليها؛ والحكومة الأميركية، التي كانت مصالحها الخاصة في حينه أقل في الشرق الأوسط، والتي كانت تحت ضغط من المجتمع اليهودي الكبير والفعّال، كانت ميالة إلى استعمال نفوذها لصالح المطالب الصهيونية للهجرة ولانشاء دولة. واصبحت فلسطين قضية هامة في العلائق الانكلو ـ أميركية. والمحاولات للتوصل إلى سياسة مشتركة عن طريق لجنة استقصاء انكليزية ـ أميركية (١٩٤٥ ـ ٤٦) ومحادثات ثنائية بعدها، لم تصل إلى نتيجة، إذ لم تنل أية سياسة مقترحة رضى الفريقين، اليهود والعرب، ولم ترض الحكومة البريطانية بتنفيذ سياسة لم تحظ بتلك الموافقة. وازداد الضغط الأميركي على بريطانيا، واخذت هجمات اليهود

على الموظفين والمنشآت البريطانية في فلسطين تقترب من نقطة الثورة المعلنة.

XXI/15 وقررت بريطانيا في عام ١٩٤٧ أن تسلّم القضية إلى الامم المتحدة. ووضعت لجنة خاصة من الامم المتحدة انتُدبت لدرس المشكلة خطة تقسيم بشروط في صالح الصهيونيين أكثر من خطة ١٩٣٧. وقبلت الجمعية العامة للأمم المتحدة هذه الخطة في تشرين الثاني (نوفمبر) ١٩٤٧، مع تأييد فعلي جداً من الولايات المتحدة ومن روسيا، التي كانت تريد ان ينسحب البريطانيون من فلسطين. ولكن العرب الاعضاء في الامم المتحدة والفلسطينيون العرب رفضوها، وبريطانيا، التي ووجهت مرة اخرى باستحالة ايجاد حل يرضي العرب واليهود في آن واحد، قررت الانسحاب من فلسطين في موعد محدد، هو ١٤ أيار ١٩٤٨. وكان هذا على غرار سابقة وضعها البريطانيون بانسحابهم من الهند، وربما كان هناك أمل انه كما حدث في الهند فقد يحث اقتراب موعد الانسحاب الفريقين الى التوصّل الى نوع من الاتفاق. ولكن باقتراب الموعد، كان من المحتم ان تضعف سلطة بريطانيا ويتفجر النزاع، وسرعان ما رجحت كفة اليهود. هذا بدوره ادى الى قرار اتخذته الدول العربية بالتدخل، وهكذا انقلبت سلسلة من النزاعات المحلية إلى حرب. وفي ١٤ أيار (مايو) اعلنت الجالية اليهودية استقلالها كدولة اسرائيل، واعترفت بها الولايات المتحدة وروسيا على الفور، وتحركت جيوش اردنية وعراقية وسورية ولبنانية الى الاجزاء العربية من البلاد. في موقف لم تكن فيه حدود معينة أو تقسيم واضح للسكان، التحم القتال بين الجيش الاسرائيلي الجديد وبين جيوش الدول العربية، وفي أربع حملات تخللتها وقفات لاطلاق النار تمكنت اسرائيل من احتلال الجزء الاكبر من البلاد. وبسبب الحذر في بادىء الأمر، ثم بدافع الذعر والهلع وسياسة الرعب المدروسة التي انتهجها الجيش الاسرائيلي، غادر حوالى ثلثي السكان العرب بيوتهم واصبحوا لاجئين. وفي اوائل ١٩٤٩ عُقدت سلسلة من الهدن بين اسرائيل وجيرانها العرب تحت اشراف الامم المتحدة، ووُضعت حدود

ثابتة. وضُمت حوالي ٧٥ بالمئة من فلسطين ضمن حدود اسرائيل؛ ووُضعت قطعة من الارض على الشاطىء الجنوبي ممتدة من غزة إلى الحدود المصرية تحت الادارة المصرية؛ والباقي ضمته المملكة الاردنية الهاشمية (الاسم الذي اتخذه شرقي الاردن سنة ١٩٤٦ بعد أن أعادت معاهدة مع بريطانيا تحديد العلائق بين البلدين). وقسمت القدس بين اسرائيل والاردن بالرغم من أن عدداً من البلدان لم يعترف بهذه القسمة رسمياً.

XXI/16 وتأثر الرأي العام العربي الى درجة كبيرة بهذه الاحداث. فقد اعتبرت بمثابة هزيمة للحكومات العربية، وهذا سوف يؤدي الى عدد من الاضطرابات في السنوات القليلة المقبلة. كما انها اعتُبرت هزيمة لبريطانيا على العموم، التي كانت قد نجحت في سحب موظفيها وجنودها من البلاد دون خسائر، ولكن في ظروف أثارت الشكوك والعدواة من الجهتين. في البلدان العربية كان الرأي السائد ان السياسة البريطانية ساعدت الصهيونيين في الواقع: كونها شجعت الهجرة اليهودية، فالحكومة لم تنظر الى ما ستسببه الهجرة للعرب، فإما ان توقفها قبل أن تؤدي الى اخضاع العرب أو تهجيرهم، أو على الاقل تحاول أن تحد من الضرر الذي سوف تحدثه. أما الولايات المتحدة فاعتُبِرت انها كانت تدعم الصهيونيين على طول الخط.

XXI/17 ومع ذلك ظل الموقفان الاميركي والبريطاني قويين. الحكومة الاسرائيلية، التي كان دافيد بن غوريون (١٨٨٦ ـ ١٩٧٣) شخصيتها المسيطرة، رفضت اعادة عدد كبير من اللاجئين العرب؛ ولكن كان من المسلم به على العموم من الحكومات البريطانية والاميركية والاسرائيلية ان هؤلاء اللاجئين سوف ينصهرون في وقت لاحق في سكان البلدان التي وجدوا فيها ملجأ لهم، وانه قد يكون هناك نوع من صيغة التعايش ـ إذا لم يكن صلحاً ـ بين اسرائيل وجيرانها. في هذا الوقت انصبت جهود حكومة اسرائيل على استيعاب اعداد ضخمة من المهاجرين اليهود، ليس من أوروبا الشرقية فحسب بل من البلدان العربية كذلك. وغيّر هذا البنية السكانية؛ ففي عام ١٩٥٦، من مجموع سكان عدده ١,٦ مليون، كان عدد المسلمين

والمسيحيين العرب ۲۰۰,۰۰۰، او حوالي ١٢,٥ بالمئة. الكثير من الارض التي كانت ملكاً للعرب استُملكت بمختلف الطرق القانونية، لأجل التوطين اليهودي. ومع انه كان للمواطنين العرب في اسرائيل حقوق قانونية وسياسية، إلا أنهم لم يكونوا ينتمون الى المجتمع القومي الذي كان قيد التكوين. وكان للحركة السكانية في اسرائيل تأثير على الدول العربية أيضاً. ففي الجيل بعد ١٩٤٨ انقرضت في الواقع الجاليات اليهودية القديمة في البلدان العربية؛ يهود اليمن والعراق نزحوا بمعظمهم الى اسرائيل؛ يهود سوريا ومصر والمغرب الكبير انتقلوا الى أوروبا واميركا الشمالية كما الى اسرائيل؛ فقط جالية المغرب اليهودية استمرت ذات حجم هام.

XXI/18 وفي السنوات القليلة التالية لم تعد نقطة النزاع السياسي في الصراع العربي - الاسرائيلي بل في بلدان اخرى حيث كان ما زال لبريطانيا مركز خاص: وراء الحدود الشرقية للعالم العربي، في ايران، حيث سبب تأميم شركة النفط التي تملكها بريطانيا أزمة دولية، وفي مصر. هنا كان مازال لبريطانيا حرية التصرف. فالولايات المتحدة التي كانت قد اختلفت مع السياسة البريطانية في فلسطين، لم تكن مستعدة لاضعاف مركز بريطانيا كحامية للمصالح الغربية في مناطق اخرى من العالم العربي، مع ان التوظيف الضخم لرأس المال الأميركي في حقول النفط في السعودية ادى الى استبدال النفوذ البريطاني بالاميركي هناك. اما بالنسبة للاتحاد السوفياتي فقد كانت شدّة انشغاله بمناطق اخرى تحول دون متابعته سياسة نشطة في البلدان العربية. والدول العربية، مع انها كانت ملتزمة مبدئياً الدفاع عن مصالح الفلسطينيين، كانت منهمكة على الغموم بمشاكلها الخاصة.

XXI/19 اساس القوة البريطانية في الشرق الأوسط كان دوما حضورها العسكري في مصر، وهنا وجدت مصر نفسها بمواجهة مشكلتها الاكثر إلحاحاً. بعد انتهاء الحرب، راحت الحكومة المصرية تطالب بتغيير المعاهدة التي عُقدت عام ١٩٣٦. وبدأت المفاوضات بين الحكومتين من ١٩٤٦ وبعدها، ولكنها فشلت على مسألتين: الاولى، ادعاء مصر السيادة على السودان، وهو ادعاء

لم تقبله الحكومة البريطانية اعتقاداً منها أن معظم السودانيين لم يقبلوا بها، وان على بريطانيا واجبات تجاههم؛ والثانية، قضية مركز بريطانيا الستراتيجي في البلاد. وبموجب معاهدة ١٩٣٦ انسحبت القوات البريطانية من القاهرة والدلتا، ولكن كان هناك اختلاف متأزّم بالنسبة الى منطقة القناة؛ رجال السياسة والستراتيجية البريطانيون اعتبروا ان عليهم البقاء فيها بقوة، للدفاع عن المصالح الغربية في الشرق الاوسط وايضاً لحماية المصالح البريطانية في شرقي المتوسط وفي افريقيا. ووقعت مناوشات خطيرة عام ١٩٥١ بين القوات البريطانية ومغاوير مصريين، وفي كانون الثاني (يناير) ١٩٥٢ فجرت هذه حركة شعبية في القاهرة حُطمت خلالها منشآت متعلقة بالوجود البريطاني؛ اضطراب الامن أتاح بدوره المجال للاستيلاء على السلطة في تموز (يوليو) ١٩٥٢ من قبل مجموعة سرية من الضباط المصريين من ذوي الرتب المتوسطة، أولاً تحت قيادة مشتركة ثم تحت سيطرة جمال عبد الناصر (١٩١٨ ـ ٧٠). والقطيعة مع الماضي، التي سوف تتجلى في عدة مجالات، تجسدت بخلع الملك واعلان مصر جمهورية.

وبما انه كانت للحكام العسكريين سيطرة أقوى على البلاد من
XXI/20 الحكومات السابقة، فقد استطاعوا ان يستأنفوا المفاوضات مع البريطانيين. بالنسبة الى القضيتين الرئيسيتين، حُلت المسألة السودانية عندما توصلت الحكومة المصرية إلى اتفاق مباشر مع الاحزاب السودانية الرئيسية سنة ١٩٥٣. فقد اصبح بامكان الحركات السياسية السودانية أن تعبر عن ذاتها بحرية اكبر بعد انتخاب مجلس تشريعي عام ١٩٤٧، فبرزت ثلاث قوى اساسية: المنادون بالاستقلال والحفاظ على صلات مع بريطانيا، هؤلاء الراغبون بالاستقلال وعلاقات وثيقة مع مصر، وهؤلاء الناطقون باسم غير المسلمين، وغير العرب من الشعوب في الجنوب. الاتفاقية المعقودة مع مصر شملت الفئتين الأولين، وقبلتها بريطانيا ولكن بتردُّد. فقد اتُّفق على ان السلطة يجب ان تنتقل من الحكم الانكليزي المصري المشترك الى يد السودانيين تحت الرقابة الدولية. واجريت الانتخابات في السنة ذاتها،

وتمت العملية بحلول العام ١٩٥٥؛ اصبحت الادارة في ايد سودانية وانسحبت القوات البريطانية والمصرية المسلحة. وخيم اكبر ظل على المستقبل ببدء الثورة وحرب العصابات في المقاطعات الجنوبية، حيث كان السكان، وهم ليسوا عرباً ولا مسلمين، يتخوفون من نتائج الانتقال من الحكم البريطاني الى الحكم العربي.

XXI/21 بعد حل القضية السودانية تقدّمت المفاوضات عن الموضوع الآخر، موضوع المركز الاستراتيجي لبريطانيا، وتوصلا الى الاتفاق سنة ١٩٥٤. وكان ينص ذلك على جلاء القوات البريطانية من منطقة القناة وتنتهي هكذا فترة سبعين سنة من الاحتلال البريطاني؛ ولكن تضمن الاتفاق امكانية اعادة تشغيل القاعدة اذا حصل اعتداء على مصر او على بلد عربي آخر، أو على تركيا. ذكر تركيا في هذا المجال كان تعبيراً عن اهتمام بريطانيا واميركا في الدفاع عن المصالح الغربية في الشرق الأوسط ضد تهديد ممكن من روسيا؛ كما أن خططاً متعددة للدفاع عن الشرق الادنى كانت قيد البحث، وقبول مصر باضافة ذكر تركيا الى المعاهدة ظهر وكأنه يدل على انها قد تقبل الاشتراك بهذه الخطط.

XXI/22 نهاية الاحتلال الاجنبي في سورية ولبنان ومصر والسودان جعلت من العسير على العراق والاردن قبول اقل مما حصلت عليه تلك البلاد. في العراق كان النظام الذي ارجعه الى الحكم التدخل البريطاني عام ١٩٤١ تواقاً الى الاحتفاظ بروابط استراتيجية بالدول الغربية؛ كان يشعر بمجاورته لروسيا اكثر من سائر البلدان العربية. ومن هذا المنطلق حصلت عام ١٩٤٨ محاولة لاعادة المفاوضة على معاهدة ١٩٣٠ البريطانية - العراقية، ولكنها فشلت بسبب معارضة الجهات التي تريد التزاماً اقل مع التحالفات الغربية. ثم في عام ١٩٥٥ عقدت الحكومة مع تركيا اتفاقية دفاع مشترك وحلف اقتصادي (حلف بغداد)؛ وانضم الى هذه الاتفاقية الباكستان وايران وبريطانيا، وبدأت الولايات المتحدة بعد ذلك المشاركة في اعماله. في نص هذا الحلف، عقد اتفاق مع بريطانيا سُلمت بموجبه القاعدتان الجويتان البريطانيتان الى العراق،

ولكن بريطانيا وافقت على تقديم العون اذا هوجم العراق، او اذا كان ثمة تهديد بهجوم، او اذا طلب العراق المساعدة.

وكان الوضع مماثلاً في الاردن: نظام يتوق الى مساعدة ضد أخطار XXI/23 من الخارج ـ من جيرانه العرب وكذلك من اسرائيل ـ ولكنه تحت الضغط من رأي عام وطني. بعد ١٩٤٨ اصبحت اكثرية السكان فلسطينيين، الذين كانوا يعتبرون اسرائيل عدوهم الاساسي، ويرصدون الحكم لأية تنازلات تُقدّم للعدو. واغتيل الملك عبد الله عام ١٩٥١، وكان ذلك دليلاً على ريبة الوطنيين من أن الملك كان اكثر مجاملة للاسرائيليين وعرّابيهم الغربيين مما يجيزه العقل والصواب. ولفترة من الزمن مال الميزان المتقلقل الى الاستقلال التام. في ١٩٥٧ أُلغيت المعاهدة مع بريطانيا بالتوافق وانسحبت القوات البريطانية من القواعد التي كانت تحتلها؛ ولكن من دلائل ضعف الوضع الاردني والنظام الهاشمي انه في السنة ذاتها اعلنت الحكومتان البريطانية والاميركية ان استقلال الاردن ووحدة أراضيه يشكلان امرا ذا أهمية حيوية لهما.

في المغرب الكبير، كان من الاصعب على فرنسا ان تتوصل الى تفاهم XXI/24 مع تيار المطالبة بالاستقلال. فالوجود الفرنسي هناك لم يكن مجرّد قضية جيوش أو السيطرة على المصالح الاقتصادية للحواضر، بل قضية الجاليات الفرنسية الضخمة التي كانت تعيش هناك وتسيطر على القطاعات المُربحة من الاقتصاد وتحتل اكبر عدد من مراكز الحكومة على كل المستويات ما عدا المنخفضة والحقيرة. فأيّ تغيير في العلاقة بين الفرنسيين والعرب كان يتطلب جهداً كبيراً ويلقى معارضة اقوى. وبدأت الجهود في تونس والمغرب حالما انتهت الحرب. في تونس، كان الحزب النيو ـ دستوري في وضع مميز لان زعيمه بورقيبة كان قد قدّم الدعم المطلق لفرنسا الحرة وحلفائها عندما كان في المنفى أو مسجوناً أثناء الحرب، والقوة المادية المستمدة من تآلف الحزب و«اتحاد نقابة العمال» الذي تأسس بعد الحرب عندما سُمح للتونسيين بالانتساب الى النقابات للمرة الأولى. في المغرب، جاءت القوة

من تركيبة مكونة من عناصر متعددة. كانت المجموعات الصغيرة من الوطنيين، التي ظهرت في الثلاثينات ، قد انتظمت في حزب «الاستقلال» واقامت علائق مع السلطان محمد الخامس (١٩٢٧ ـ ٦٢)، الذي باشر يطالب بحذر بإنهاء الحماية الفرنسية. وبدأت فكرة الاستقلال تراود طبقات اوسع من المجتمع: وتألف اتحاد لنقابة العمال وتمكن حزب الاستقلال من السيطرة عليه؛ هجرة الارياف الى الدار البيضاء وغيرها من المدن خلقت روابط اقوى بين المدينة والريف وشجعت على انتشار الأفكار القومية. وجود مصالح تجارية اجنبية تحميها معاهدة دولية منذ بدء القرن، وكذلك اهتمام جديد اميركي استراتيجي، كل ذلك أعطى الوطنيين بعض الأمل بمقدار من التعاطف من الخارج.

حكومات فرنسا الضعيفة لسنيّ ما بعد الحرب، القائمة على تحالفات XXI/25 غير ثابتة ومُصغية إلى رأي عام لم يكن قد تعافى من عار الهزيمة، لم تكن قادرة على توفير أكثر من القمع أو «سيادة مشتركة»، ما معناه ان المجتمعات الاوروبية يكون لها الوزن ذاته كالسكان الاصليين في المؤسسات المحلية، وان الصوت الحاسم يظل صوت الحكومة الفرنسية. وفي عام ١٩٥٢ أوقف بورقيبة وعدد من الآخرين في تونس، وبدأت حركة مقاومة فعلية أثارت حركة مماثلة من العنف بين المستوطنين الاوروبيين. في السنة التي تلت وصلت الامور الى ازمة في المغرب. فالاتصالات بين القصر وحزب الاستقلال توثّقت، وطالب السلطان بالسيادة الكاملة. واجابت السلطات الفرنسية، ربما للمرة الأخيرة، باسلوب عمل سياسي تقليدي. فأدخلت الى جانبها زعماء الأرياف الذين كان الفرنسيون قد ساندوهم، والذين كانت مكانتهم مهددة بسيطرة مركزية أقوى كانت ضمنية في نظرة الوطنيين الى المستقبل. وفي عام ١٩٦٣ خُلع السلطان ونُفي؛ ولكن هذا العمل جعل منه رمزاً موحداً لمعظم المغربيين، وحوّل الاحتجاج الى عصيان مسلح.

XXI/26 إلا أن السياسة الفرنسية تغيرت عام ١٩٥٤. فالوضع الفرنسي في الهند الصينية وجد نفسه مهددا جدّيا من نوع جديد من الحركة الوطنية الشعبية

المسلحة، وفي الجزائر كذلك اخذت تتكوّن حركة مماثلة. وباشرت حكومة جديدة فرنسية اكثر حزماً بمفاوضات مع النيو - دستور ومع سلطان المغرب، الذي أُعيد من المنفى. وأُعطي البَلَدان الاستقلال سنة ١٩٥٦. في المغرب، دُمجت المنطقة الاسبانية ومدينة طنجة الدولية كلياً في الدولة المستقلة. وقوّى الاستقلال يد السلطان (الذي اصبح ملكاً عام ١٩٥٧)، ولكن في تونس خُلع «الباي»، الذي كان قد لعب دوراً يكاد لا يُذكر في العملية السياسية، واصبح بورقيبة رئيساً. إلا أن في البلدين، وعلى مدى سنوات قليلة تلت، لم يكن الاستقلال ثابتاً تماماً واستمرت العلائق مع فرنسا مقلقلة، إذ إن الجزائر في هذا الوقت كانت منهمكة في حرب الاستقلال: أطلقت الطلقات الاولى في تشرين الثاني ١٩٥٤، وسرعان ما ترددت اصداؤها في كل أرجاء المغرب الكبير.

أزمة السويس

في منتصف الخمسينات، اصبحت معظم البلدان العربية التي كانت
XXI/27 تحت حكم أوروبي مستقلة رسمياً؛ ظل في بعضها قواعد عسكرية اجنبية، ولكن سرعان ما أُخليت. ظل الحكم الفرنسي في الجزائر فقط، إلا أنه كان تحت تحد فعلي من قِبل ثورة وطنية شعبية. واستمر الحكم البريطاني أو الحماية في الاطراف الشرقية والجنوبية لشبه الجزيرة العربية. الدولة الرئيسية في الجزيرة العربية، المملكة العربية السعودية، لم تخضع قط لحكم أجنبي، ولكن النفوذ البريطاني كان كبيراً فيها. اكتشاف النفط واستثماره كانا قد ادّيا الى استبدال النفوذ البريطاني بالأميركي، ولكنه جعل من الممكن أيضاً للحكم السعودي العائلي أن يبدأ بعملية تحويل ذاته إلى نظام حكومي اكثر تطوراً؛ وعند وفاة الملك عبد العزيز عام ١٩٥٣، كانت الدولة التي أسسها تزداد مركزية وتكتسب أهمية في الحياة السياسية للمنطقة. أما اليمن، من ناحيتها، فبقيت معزولة عن البلدان الأخرى، تحت حكم إمامها، بالرغم من كونها صارت عضواً في جامعة الدول العربية.

XXI/28 إلا أن التباسات السياسة في العراق والاردن - الرغبة في انهاء وجود

القوات البريطانية، ولكن في الوقت ذاته الاحتفاظ ببعض العلائق العسكرية بالدول الاجنبية ـ اظهرت ان الانسحاب الرسمي للقوات العسكرية الاجنبية لا يخلق بنفسه بالضرورة علاقة مختلفة مع الحكام المستعمرين السابقين، ولكنه يعيد طرح مشكلة الاستقلال بشكل آخر. فقد وجد العرب أنفسهم بمواجهة القوة المتنامية والنفوذ، في كل مظاهر الحياة الاقتصادية والسياسية، لدولة غربية اخرى، هي الولايات المتحدة، التي اخذت تعتقد، في فترة الحرب الباردة والتوسع الاقتصادي، بأن مصالحها في الشرق الأوسط يمكن ان تُصان فقط عبر علائق وثيقة مع حكومات محلية مستعدة ان تربط سياستها بسياسة التحالف الغربي. إلا أن كثيرين من السياسيين والمجموعات السياسية جادلوا بأن الضمانة الوحيدة للاستقلال في عالم ما بعد الاستعمار سيكون الحفاظ على الحياد بين المعسكرين المسلحين. وبما أن المعسكر الغربي كان مرتبطاً بذكريات الحكم الاستعماري، وجروح فلسطين والجزائر ما زالت تنزف، وحيث ان معظم الضغط لعقد معاهدات دفاع جاء من هذه الجهة، فالرغبة في الحياد كانت تحمل معها ميلاً في الاتجاه نحو المعسكر الآخر.

XXI/29 استقطاب الكتلتين الغربية والشرقية، وتصارع السياسات بين الحياد والتحالف الغربي، اعطى حجماً جديداً للعلائق بين الدول العربية. الرغبة في اتحاد اكثر توثيقاً بينها كانت قد اصبحت لغة مألوفة في السياسات العربية؛ واصبحت الآن قضية خلاف عما اذا كان هذا الاتحاد يجب أن يتم ضمن إطار اتفاق حميم مع الدول الغربية أو بمعزل عنها.

XXI/30 مستقبل العلاقة بين الدول العربية واسرائيل اصبح أيضاً مرتبطاً بمسألة الانحياز عامة. في الخمسينات ناقشت الحكومات البريطانية والاميركية خططاً لحل هذه المشكلة: يجب ان يكون ثمة نوع من التعديل لحدود ١٩٤٩ لصالح العرب، وعودة بعض اللاجئين الى منازلهم واستيعاب العدد الاكبر منهم في البلدان العربية المجاورة؛ إذا كان للدول العربية صلات وثيقة بالدول الغربية، فيعني ذلك قبول حل كهذا ونوع من الاعتراف بوجود اسرائيل. من جهة اخرى، فتشكيل مجموعة حيادية من الدول العربية ذات

العلائق الايجابية مع الكتلتين الشرقية والغربية يمكن أن يُستخدم لزيادة الثقل السياسي للدول العربية وتدعيم قواتها المسلحة، مما يُحدث تغييراً جذرياً في الموقف الذي نشأ عن اتفاقات الهدنة عام ١٩٤٩.

وبازدياد حدة الاختلافات هذه في طريقة مواجهة الوضع وسياسته،
XXI/31 فقد ارتبطت بشخصية جمال عبد الناصر، قائد المجموعة العسكرية التي اصبحت تحكم مصر. توقيع الاتفاقية التي جلت القوات البريطانية عن منطقة القناة بموجبها لم تؤد في الواقع الى دخول مصر في نظام الدفاع الغربي. على عكس ذلك، فقد اعطت مصر الحرية في اتّباع سياسة عدم انحياز، وتألّبت حولها كتلة من الدول العربية غير المنحازة المماثلة لها، والتي يجدر بالعالم الخارجي التعامل معها ككلّ. احدى وسائل التعبير عن هذه السياسة كانت العلاقة الحميمة التي نشأت مع زعماء فكرة عدم الانحياز، الهند ويوغسلافيا؛ وتعبير آخر اكثر إثارة كان اتفاقية عُقدت عام ١٩٥٥ تتعلق بمد مصر بالاسلحة من الاتحاد السوفياتي وحلفائه، وهي اتفاقية خرقت الرقابة على امدادات السلاح إلى اسرائيل وجيرانها العرب والتي حاولت الولايات المتحدة وبريطانيا وفرنسا ان تفرضها.

كان من المحتم أن تؤدي سياسة الحياد هذه الى وضع مصر في موقف
XXI/32 العداء من الذين ستتأثر مصالحهم منها. فأقل ما أصبحت تنتظره القوى الغربية هو وجود عراقيل وحدود امام متابعتها لمصالحها السياسية والاقتصادية؛ فلم يعد بامكانها السيطرة على تطور مشكلة اسرائيل أو غيرها من المشاكل بالقدر الذي كانت تأمل. بالنسبة الى الولايات المتحدة في زمن الحرب الباردة، رفض الانضمام إلى تحالف دفاع غربي في الشرق الأوسط كان يعني في الواقع الانحياز إلى المعسكر الشرقي. النداء الى الحياد والى وحدة اكثر وثوقاً تحت القيادة المصرية، والذي وجهه عبد الناصر إلى الشعوب العربية فوق رؤوس قادتهم، شكّل تهديداً للأنظمة العربية التي كانت تتبع سياسة مختلفة: على الأخص العراق، الذي اصبح بعد حلف بغداد أول مناصر للتحالف الغربي؛ حياة العراق السياسية في هذا الوقت كانت بيد نوري السعيد (١٨٨٨ـ١٩٥٨)، الذي كان قد لعب دوراً هاماً في السياسات

القومية العربية منذ الثورة العربية خلال الحرب العالمية الأولى. واعتبرت اسرائيل قيام حكومة مصرية قويّة لها مواردها الخاصة من السلاح وتحظى باعجاب الفلسطينيين وغيرهم من العرب تهديداً لوضعها. وعمّقت هذه الخصومات المحلية بدورها عداوة الدول الغربية: الولايات المتحدة بسبب صلتها مع اسرائيل، وبريطانيا بسبب اشتراكها في حلف بغداد، وفرنسا بسبب التشجيع والعون التي اعتقدت أن مصر، بتصورها لعالم عربي مستقل وغير منحاز، تقدمه الى الثورة الجزائرية.

XXI/33 بين ١٩٥٥ و١٩٦١ حدثت عدة أزمات كانت فيها جميع هذه العوامل متداخلة. في ١٩٥٦، الولايات المتحدة، التي كانت قد عرضت منح مصر مساعدة مالية لتنفيذ مشروع ري ضخم (السد العالي)، قامت بسحب عرضها فجأة. وبمقابل ذلك، وبطريقة مفاجئة أيضاً، اعلنت الحكومة المصرية تأميم قناة السويس ووضعت يدها على ادارتها. فسبب هذا ذعراً لمستعملي القناة الذين خافوا ان تصبح حرية استعماله خاضعة لاعتبارات سياسية. بالنسبة الى الحكومتين البريطانية والفرنسية بدا هذا بشكل عمل عدائي، وسَبَب ذلك ان للحكومتين حصة في الشركة التي بنت القناة وكانت تمتلكها، وايضا لان هذا العمل زاد من مكانة عبد الناصر في البلدان العربية. ورأى الاسرائيليون فيه فرصة لاضعاف دولة مجاورة قوية ومعادية، كانت الحدود معها مشوشة لمدة من الزمن. وكانت النتيجة اتفاقاً سرياً بين فرنسا وبريطانيا واسرائيل لمهاجمة مصر واسقاط حكم عبد الناصر.

XXI/34 في تشرين الاول اجتاحت قوات اسرائيلية مصر وتحركت باتجاه قناة السويس. وبموجب الاتفاق السابق ارسلت فرنسا وبريطانيا إنذاراً الى اسرائيل ومصر على السواء للإنسحاب من قناة السويس، واعطى رفض عبد الناصر الانسحاب عذراً للقوات البريطانية والفرنسية أن تهاجم القناة وتحتل جزءاً منها. ولكن هذه العملية كانت تهديداً ليس فقط لمصر وللبلدان العربية المتعاطفة معها، ولكن للولايات المتحدة وللاتحاد السوفياتي، اللتين كقوتين عظميين، لا يمكنهما القبول بأن تُتّخذ خطوات حاسمة كهذه في منطقة لهما فيها مصالح، دون أخذ مصالحهما بعين الاعتبار. وتحت الضغط

الاميركي والسوفياتي، وبوجه معاداة من كل انحاء العالم وخطر الانهيار المالي، اضطرت القوات الثلاث الى الانسحاب. وكان هذا احد الاحداث النادرة التي تجلت فيها بنية السيطرة على العالم سافرة: عداوة قوات محلية جرّت قوات دولية من الطبقة الثانية كانت تلاحق مصالحها الخاصة، ولكن سرعان ما توصلت تلك الى حدود طاقاتها عندما تحدّت مصالح القوى العظمى.

XXI/35 وكان من نتائج هذه الازمة زيادة مكانة عبد الناصر في البلدان العربية المجاورة، إذ كان الاعتقاد السائد انه خرج من الازمة منتصراً سياسياً، كما ادت هذه الازمة الى تعميق الهوة بين الذين يؤيدونه وبين من كانوا يعتبرون سياسته خطرة. ودخل هذا الانقسام الآن كعامل جديد في الشؤون الداخلية لبلاد عربية اخرى. وتضافر هذا العامل عام ١٩٥٨ مع منافسات محلية ليتسبب في نشوء حرب أهلية في لبنان. في السنة ذاتها ادى صراع على السلطة بين المجموعات السياسية في سوريا الى اتخاذ إحداها المبادرة في الدعوة الى الوحدة مع مصر؛ وتمت الوحدة، وفي شباط (فبراير) اندمجت الدولتان في الجمهورية العربية المتحدة. وانشأت المملكتان الهاشميتان، العراق والاردن، اتحاداً منافساً، ولكن في وقت لاحق خلال السنة، في تموز (يونيو)، أدّى الاستياء من الوضع الداخلي والآمال التي اثارتها القيادة المصرية بعالم عربي جديد إلى استيلاء مجموعة من ضباط الجيش على الحكم في العراق. وقُتل الملك ومعظم افراد عائلته، كذلك نوري السعيد. واصبح العراق جمهورية، ولم يعد باستطاعة السلالة الهاشمية أن تأمل بلعب دور رائد في السياسة العربية (مع أن الفرع الآخر منها استمر حاكماً في الاردن). اخبار الثورة هذه أدت الى ارسال جيوش أميركية إلى لبنان وبريطانية إلى الاردن لاعادة الاستقرار لوضع مقلقل، ولكنها سرعان ما انسحبت، وبالنسبة الى بريطانيا، كانت هذه نهاية دورها كلاعبة فاعلة واساسية في السياسات العربية.

XXI/36 في البدء ظهر كأن الثورة فتحت الباب أمام امكانية انضمام العراق الى الوحدة مع مصر وسوريا، ولكن انشقاق المصالح بين بغداد والقاهرة ما لبث

أن بدا. وداخل الجمهورية العربية المتحدة ذاتها، أدّت المصالح المختلفة ايضاً بين دمشق والقاهرة، سنة ١٩٦١، الى انقلاب عسكري في سوريا وحل الوحدة. إلا أن بالرغم من هذه النكسات، ظل عبد الناصر، على الاقل في نظر معظم العرب والكثيرين من العالم الخارجي، كرمز لتحرك الشعوب العربية باتجاه وحدة اعظم واستقلال حقيقي.

الحرب الجزائرية

XXI/37 سنوات الازمات في الشرق الاوسط كانت ايضاً سنوات الازمة الاخيرة للحكم الاستعماري في المغرب الكبير، حيث خاض عرب الجزائر حرباً طويلة نجحوا في نهايتها بالحصول على الاستقلال من فرنسا.

XXI/38 وواجه الجزائريون صعوبات اكبر من الشعوب العربية الاخرى في نضالها لاجل الاستقلال. رسمياً، لم تكن بلادهم مستعمرة بل جزءاً كاملا أصلياً من فرنسا الأُم، وطلب انفصالها عن فرنسا التقى مع مقاومة الذين كانوا يؤمنون بان ارض فرنسا لا يمكن أن تقسم. بالاضافة الى ذلك، فالمستوطنون الاوروبيون كانوا قد اصبحوا شعباً بحد ذاته تقريباً، متجذرين في الجزائر، حيث كان قد وُلد ٨٠ بالمئة منهم. فهم لا يتنازلون برضاهم عن معقلهم هذا: فقد كانوا يسيطرون على الاراضي الاكثر خصباً والاكثر إنتاجاً، المُحَسَّنة بالمكننة، والمتزايدة باستمرار؛ اهم المدن، الجزائر ووهران، كانت فرنسية اكثر مما هي جزائرية مسلمة؛ وكانت بيدهم الاكثرية الساحقة من المراكز الحكومية ومن المهن؛ نفوذهم القوي والقديم على الادارة المحلية والحكومة في باريس كان يستطيع الحؤول دون اية تغييرات لم تكن في صالحهم. واصدرت مجموعة من الجزائريين المثقفين عام ١٩٤٣ بياناً يدعون فيه الى انشاء جمهورية ذات استقلال ذاتي، مرتبطة بفرنسا، ولم يلاق اي رد ما عدا إلغاء بعض العقبات القانونية؛ وقامت حركة اكثر عنفاً عام ١٩٤٥ إلا أنها قُمعت بقساوة. عندها أجريت بعض التغييرات: يكون هناك ممثلون جزائريون مسلمون في البرلمان الفرنسي، ويكون لهم العدد ذاته من الاعضاء كعدد الاوروبيين في المجلس الجزائري؛ ولكن الانتخابات

للمجلس كانت تجرى من قبل الادارة بحيث تنتج عنها اكثرية طَيِّعَة سهلة الانقياد.

XXI/39 إلا انه تحت سطح السيطرة الفرنسية الشديدة كان المجتمع الجزائري قيد التغير. عدد السكان المسلمين كان يتنامى بمعدل مرتفع؛ ففي ١٩٥٤ كان قد وصل الى ٩ ملايين، اكثر من نصفهم كانوا بعمر اقل من عشرين سنة؛ السكان الاوروبيون كانوا حوالي المليون. القسم الاكبر من السكان المسلمين كانوا مزدحمين في الاجزاء الاقل انتاجاً من الارض، دون أن يكون لديهم رأس المال لتطويرها، وبتسهيلات محدودة لنيل القروض، بالرغم من محاولات صغيرة ولكن متأخرة من الحكومة لتقديم تلك القروض. نتيجة لذلك، كان مستوى الحياة متدنياً ومعدل البطالة الريفية عالياً. وكانت هناك هجرة متزايدة للفلاحين من الأرياف الكاسدة المزدحمة بالسكان الى السهول للشغل كعمال في مزارع الاوروبيين، والى المدن على الشاطىء حيث شكلوا طبقة عمال غير مهرة، تتفشى البطالة فيهم؛ وبحلول العام ١٩٥٤ كان حوالي خمس المسلمين من سكان المدن في الجزائر، وحوالي ٣٠٠,٠٠٠ قد رحلوا الى فرنسا. فرص التعليم كانت اكبر من ذي قبل، الا انها بقيت صغيرة؛ ٩٠ بالمئة من السكان كانوا أُمِّيين. آلاف معدودة فقط كانوا ينتقلون من المدارس الابتدائية إلى الثانوية، وبضع عشرات يكملون في التعليم العالي؛ وبعام ١٩٥٤ كان هناك اقل من ٢٠٠ طبيب مسلم وصيدلي، وعدد أقل من المهندسين.

XXI/40 بين المهاجرين القاطنين بعيداً عن عائلاتهم في مدن غريبة، جنود في الجيش الفرنسي، تلامذة بفرص عمل محدودة، كان هناك وعي للتغيرات العظيمة التي يشهدها العالم: الهزائم الفرنسية في الحرب وفي الهند الصينية، استقلال البلدان الآسيوية والافريقية، التغييرات في الافكار عن الحكم الاستعماري. وبدأ الاستقلال يظهر كأنه امر قابل للتحقيق، ولكن لقاء ثمن: قمع التحركات عام ١٩٤٥ برهن انه لن يُعطى بسهولة. وفي السنوات بعد ١٩٤٥، حزب الذين كانوا مستعدين لتصفية القضية عن طريق القبول بمكانة افضل ضمن النظام الفرنسي خسر الكثير من نفوذه، وضمن الحزب الوطني

بدأت تتشكل تدريجياً مجموعة ثورية: رجال معظمهم من ذوي الثقافة المحدودة ولكن اصحاب خبرة في الجيش الفرنسي، مع انهم استقطبوا افراداً من النخبة المثقفة فيما بعد. وفي عام ١٩٥٤ ألفوا جبهة التحرير الوطني(FLN)، وفي تشرين الثاني (نوفمبر) من تلك السنة اطلقوا الرصاصات الاولى في الثورة.

XXI/41 كانت بادىء ذي بدء حركة محدودة، وحظها بالنجاح كان مشكوكاً فيه. إلا أن الزخم الثوري وافعال الحكومة الفرنسية حولتها تدريجياً الى حركة وطنية ذات دعم واسع في العالم. أول ردة فعل للحكومة كانت القمع بقوة السلاح؛ وعندما جاءت حكومة تجنح اكثر نحو اليسار بدا وكأنها مستعدة لتقديم تنازلات، ولكنها عادت فانصاعت لمعارضة الجيش وللاوروبيين في الجزائر. في نهاية ١٩٥٦ باءت محاولة التفاوض حول حل بمساعدة المغرب وتونس بالفشل، عندما حُولت إلى الجزائر طائرة كانت تحمل بعض الزعماء الجزائريين من الرباط الى تونس، وأُلقي القبض عليهم؛ وقبلت الحكومة الفرنسية بعمل يبدو انه كان بمبادرة محلية.

XXI/42 في هذا الوقت كانت السلطة الفعلية قد انتقلت من الحكومة في باريس الى الجيش واوروبيي الجزائر؛ من جهة ثانية، انضم معظم سكان الجزائر المسلمين الى جبهة التحرير الوطني. وقد علق عالم فرنسي حسن الاطلاع ومتعاطف مع الحركة انه، بعد سنتين من الحرب، «معظم المجتمع الاسلامي وجد نفسه مدعوماً بثبات وفاعلية ببنية سرية... الذين كانوا في القيادة لم يأتوا فقط من بين صفوف الثوار... بل انهم كانوا يمثلون جميع طبقات النخبة من الجزائريين»[١]. وبدأت تظهر معالم دولة جزائرية مستقبلية مستقلة، والحماس الذي ولدته الثورة انكبّ باتجاه المساواة الاجتماعية واعادة توزيع الارض. وبلغت الحرب اوجها العسكري في ١٩٥٧، عندما كان هناك عراك حاد طويل للسيطرة على مدينة الجزائر ذاتها. استعاد الجيش سلطته على العاصمة، وفي الارياف اتّبع سياسة التهجير على نطاق واسع واحلال سكان محل آخرين. وبالتدريج تغيرت طبيعة الصراع: جبهة التحرير الوطني العاملة من المغرب وتونس والقاهرة اعلنت نفسها «الحكومة المؤقتة

للجمهورية الجزائرية» سنة ١٩٥٨، ولاقت الدعم واخذت تقوم بالمفاوضات في كل انحاء العالم، مع تشجيع كذلك من بعض العناصر الراديكالية في فرنسا نفسها. وجرت محاولة فرنسية لتوسيع الحرب الى تونس ولكنها اوقفت باعتراض من اميركا وسواها، وبسبب الخوف من ان الضغط الدولي سوف يسحق حكومة ما بعد الحرب الضعيفة في فرنسا، فرض الجيش والاوروبيون ومناصروهم في فرنسا تغييراً في نظام الحكم؛ فقد انتهت الجمهورية الرابعة عام ١٩٥٨ وعاد ديغول الى السلطة مع دستور جديد يمنح رئيس الجمهورية صلاحيات أوسع.

وكان امل الذين جاؤوا بديغول الى الحكم بانه سوف يستخدم مكانته
لتقوية السيطرة الفرنسية على الجزائر. إلا أنه سرعان ما اصبح من الواضح انه XXI/43
كان يتحرك بطرق خفية غير مباشرة، باتجاه ايجاد تسوية مع الجزائريين، مع انه ليس من الاكيد انه فكّر منذ البدء منحهم الاستقلال التام. في المرحلة الاولى كانت سياسته استمراراً للتدابير العسكرية لقمع الثورة، ولكن مع التصرف بمعزل عن الجيش والاوروبيين في الجزائر لتحسين اوضاع المسلمين. وأعلن عن خطة للتطوير الاقتصادي: الصناعة سوف تُشجّع، والارض ستوزع. وستقام انتخابات لمجلس نواب الجزائر، وكان مؤملاً انهم سيأتون الى الحكم بقيادة بديل يمكن لفرنسا ان تتفاوض معه دون الحاجة إلى التوصل الى تفاهم مع جبهة التحرير الوطني. إلا ان هذا الامل كان وهمياً، ولم يكن هناك من بديل للتفاوض مع الجبهة. المحادثات الاولى عام ١٩٦٠ وصلت الى طريق مسدود. في السنة التي تلت كان لديغول حرية اكبر في التصرف: فقد بيّنَ استفتاء أجري في فرنسا انه كان هناك اكثرية تحبذ منح حق تقرير المصير الى الجزائر. وقام الجيش بمحاولة انقلابية ضد ديغول في الجزائر، إلا أنها قُمعت. واستؤنفت المفاوضات، وكانت النقطتان الأصعب حلاً هما: مشكلة الجالية الاوروبية، ومشكلة الصحراء الكبرى الحزائرية، التي ارادت فرنسا الاحتفاظ بها لأن موارد هامة من النفط والغاز الطبيعي كانت قد اكتُشَفت فيها وكانت شركة فرنسية تستثمرها. بالنهاية سلمت فرنسا بالنقطتين: الأوروبيون أحرار بأن يظلوا أو يرحلوا بما

يملكون؛ الجزائر بكاملها، بما فيها الصحراء، تصبح دولة مستقلة، وتحصل على مساعدات فرنسية. ووقعت اتفاقية في آذار ١٩٦٢. نالت الجزائر الاستقلال، ولكن بثمن باهظ من الخسائر البشرية لكل المعنيين. فجزء كبير من السكان المسلمين تهجروا، وربما قُتل ٣٠٠,٠٠٠ أو اكثر، وعدة آلاف ممن كانوا الى جانب فرنسا قُتلوا أو اضطروا الى الهجرة بعد الاستقلال. خسر الفرنسيون حوالي ٢٠,٠٠٠ قتيل. وبالرغم من الضمانات فقد غادرت الاكثرية العظمى من المستوطنين البلاد؛ فقد سالت دماء كثيرة، والنسيان لم يكن سهلاً، وكانت مجموعة من بين المستوطنين تؤمن بالعنف قد ارتكبت اعمالاً وحشية كثيرة في المراحل الأخيرة من الحرب، مما جعل وضع الاوروبيين غير مأمون.

الفصل الثاني والعشرون

المجتمعات المتغيرة (الاربعينات والخمسينات)

السكان والنمو الاقتصادي

XXII/1 كانت سنوات الشدّة السياسية هذه ايضاً فترة كانت المجتمعات فيها تتغير بسرعة. قبل كل شيء، تكاثر السكان والضغط الذي سببه على وسائط العيش اصبح الآن ظاهراً في كل مكان، واصبح من المعروف انه أساس مشاكل عديدة منوعة.

XXII/2 في مصر كان النموّ مستمراً منذ اكثر من قرن، بزخم متزايد. بينما كان معدل التكاثر في الثلاثينات اكثر بقليل من ١ بالمئة في السنة؛ اصبح في سنة ١٩٦٠ ما بين ٢,٥ و٣ بالمئة؛ مجموع السكان زاد من ١٦ مليوناً عام ١٩٣٧ الى ٢٦ عام ١٩٦٠. هذا التغير سببه الرئيسي نقص في معدل الوفيات، من ٢٧ بالألف عام ١٩٣٩ الى ١٨ بالالف عام ١٩٦٠؛ وفيات الاطفال على الاخص نقصت في ذلك الوقت من ١٦٠ الى ١٠٩ بالالف. بالمقارنة مع هذا لم يكن هناك تغيير في معدل الولادات. وكانت هناك معدلات نموّ مماثلة في بلدان اخرى في هذا الوقت، مع ان مصر كانت قد ابتدأت قبلها. في المغرب، يبدو انه لم يكن هناك إلا زيادة قليلة طبيعية قبل ١٩٤٠، ولكن في العشرين سنة بعدها زاد عدد السكان من ٧ الى ١١,٥ مليون نسمة. في تونس، كانت الزيادة في هذه السنوات من ٢,٦ الى ٣,٨ مليون؛ في سوريا، من ٢,٥ الى ٤,٥ مليون؛ في العراق من ٣,٥ الى ٧ ملايين.

XXII/3 كانت نتيجة هذا التكاثر السريع تغيراً في توزيع الاعمار للسكان؛ في عام ١٩٦٠، كان اكثر من نصف السكان في معظم البلدان تحت عمر العشرين. وكانت هناك تغييرات اخرى ايضاً في البنية السكانية. العنصر الاجنبي، الذي كان قد لعب دوراً كبيراً في القطاع الحديث من الاقتصاد، تقلص بتغيير الظروف السياسية وباضمحلال الامتيازات الاقتصادية. عدد

الاجانب المقيمين في مصر تضاءل من ٢٥٠,٠٠٠ عام ١٩٣٧ إلى ١٤٣,٠٠٠ سنة ١٩٦٠؛ في ليبيا، من ١٠٠,٠٠٠ الى نصف العدد في الفترة ذاتها؛ في تونس من ٢٠٠,٠٠٠ إلى اقل من ١٠٠,٠٠٠؛ في المغرب من ٣٥٠,٠٠٠ الى ١٠٠,٠٠٠؛ في الجزائر من مليون تقريباً الى أقل من ١٠٠,٠٠٠. مقابل ذلك كانت هناك حركة انتقال كبيرة لليهود من أوروبا وبلدان الشرق الاوسط والمغرب الى دولة اسرائيل الجديدة، التي ازداد عدد سكانها اليهود من ٧٥٠,٠٠٠ عام ١٩٤٨ إلى ١,٩ مليون سنة ١٩٦٠؛ وتضاءلت الجاليات اليهودية القديمة في البلدان العربية بنسبة مطابقة بسبب الهجرة الى اسرائيل وأوروبا واميركا.

XXII/4 وثمة تغيير ذو مغزى عام أكبر كان حركة نزوح السكان عن الارض. وحدث هذا على الاخص نتيجة لازدياد عدد سكان الارياف اكثر من قدرة الارض على إعالتها، ولكن في بعض الاماكن كان سببها ايضا التغيير في اساليب الزراعة: ادخال التراكتورات (الجرارات والاوائل) الى الاراضي المنتجة للحبوب معناه الحاجة الى عدد عمال اقل؛ اصحاب الاراضي المزروعة بكثافة لأغراض تجارية قد يفضلون عمالاً مهرة بدلاً من الشركاء المحاصصين. وفي احد البلدان، فلسطين، كان نزوح السكان نتيجة مباشرة لتغييرات سياسية. والفائض السكاني الريفي كان ظاهراً في القرى العربية منذ عام ١٩٤٨، ولكن احداث تلك السنة ادت الى نزوح اكثر من نصف القرويين، ومعظمهم اصبحوا لاجئين دون ارض لهم في معسكرات أو في احياء فقيرة في الاردن وسوريا ولبنان.

XXII/5 للفلاحين الذين لم يكونوا قادرين على البقاء في القرى، كان لمراكز النفوذ والتجارة جاذبية حقيقية: فقد كانوا يأملون بالعمل في قطاعات الصناعة والخدمات المتنامية، وبمستوى معيشة افضل وفُرص اكثر لتعليم ابنائهم. ألوف عديدة من فلاحي «القبيلة» في الجزائر ومن المغرب وتونس هاجروا من بلدانهم الى مدن فرنسا الكبرى، والى مدن المانيا بدرجة أقل؛ بحلول العام ١٩٦٠ كان هناك ما يقارب نصف مليون شمالي - افريقي في فرنسا. إلا أن معظم المهاجرين من الارياف ذهبوا الى المدن في بلدانهم أو

البلدان القريبة. في المغرب، نمت الدار البيضاء (كازابلانكا) بسرعة اكثر من سائر المدن: من مدينة فيها ربع مليون نسمة عام ١٩٣٦ اصبح عدد سكانها مليوناً عام ١٩٦٠. كان عدد سكان القاهرة ١,٣ مليون سنة ١٩٣٧؛ سنة ١٩٦٠ اصبح ٣,٣ مليون، نصفهم مولودون خارج المدينة. زاد عدد سكان بغداد من نصف مليون في الاربعينات الى ١,٥ مليون في الستينات. الزيادة الاكثر إثارة للعجب كانت في عَمّان، من ٣٠,٠٠٠ سنة ١٩٤٨ الى ربع مليون بحلول ١٩٦٠؛ معظم النمو كان نتيجة نزوح اللاجئين من فلسطين.

XXII/6 بسبب هذه الهجرات الداخلية، اخذت معظم البلدان العربية بالتغير من مجتمعات ريفية بالاكثرية الى مجتمعات يتكثف فيها جزء كبير متزايد من السكان في بضع مدن كبيرة. في مصر ٤٠ بالمئة من السكان تقريباً كانوا يعيشون في المدن عام ١٩٦٠؛ ١٣ بالمئة تقريباً كانوا في القاهرة (واكثر من ذلك اذا اعتبرنا مدينة الجيزة منها، والتي اصبحت الآن مندمجة فيها بالفعل). الدار البيضاء احتوت ١٠ بالمئة من كل المغربيين، وبغداد ٢٠ بالمئة من مجموع العراقيين.

XXII/7 لأجل إطعام السكان المتزايدين وتحسين مستوى المعيشة كانت هناك حاجة الى انتاج اكبر في الارياف وفي المدينة. وهذه الحاجة اعطت إلحاحاً جديداً لفكرة النموّ الاقتصادي، التي اجتذبت الحكومات لأسباب أخرى أيضاً. ففي الأطوار الأخيرة من الحكم الاستعماري، بدأت بريطانيا وفرنسا بالتطلع الى النمو الاقتصادي السريع كطريقة ممكنة لتكوين مصلحة مشتركة بين الحاكم والمحكوم، وعندما تسلمت حكومات وطنية الحكم نظرت هي أيضاً الى التطور الاقتصادي كالطريقة الوحيدة لتحقيق القوة والاكتفاء الذاتي الذي بدونه لا تستطيع الامم أن تكون مستقلة حقيقة.

XXII/8 وعليه كانت هذه حقبة تدخلت فيها الحكومات بشكل أقوى في العملية الاقتصادية لكي تشجّع النموّ. في الأرياف، كان هذا عهد اعمال ريّ واسعة النطاق في عدد من البلدان: المغرب، الجزائر، تونس، سوريا، وبخاصة مصر والعراق. في مصر، اكثر من قرن من التغييرات في نظام الري بلغ

خاتمته في اواخر الخمسينات، عندما بدأ العمل بالسد العالي في أسوان، المُنشأ بمساعدة مالية وفنية من الاتحاد السوفياتي، الذي تدخل عندما انسحبت الولايات المتحدة. كانت مشاريع الري السابقة في وادي النيل قد هدفت الى احتواء الفيضان السنوي وتوزيع المياه بشكل يمكن فيه ري منطقة اكبر من الارض على مدار السنة، وبالتالي التمكين من انتاج اكثر من موسم واحد في السنة. ولكن السد العالي كان ليحقق اكثر من ذلك. الغاية من بنائه كانت لتخزين الفيضانات المتتالية في بحيرة ضخمة واستعمال الماء في المكان المناسب في الوقت المناسب. بهذه الطريقة، يمكن تجاهل التقلبات في كمية المياه من سنة إلى سنة، وللمرة الاولى في حياة الاستيطان في وادي النيل لا يكون الفيضان فيه الحدث الاهم في السنة. وكان من المؤمل بهذه الطريقة زيادة المساحة المزروعة بحوالي مليون فدان، وزيادة منطقة المحصول حتى اكثر من ذلك، بسبب تمديد الري على طول السنة إلى أراض هي حالياً قيد الزرع. وقد يستعمل السد ايضا في توليد الطاقة الكهربائية، وكانت هناك امكانية تطوير المسامك (جمع مسمكة) في البحيرة. الا ان من جهة المآخذ، سيكون معدل تبخر الماء عالياً، وقد يحدث ذلك تغييراً في المناخ؛ فتجميع المياه في البحيرة يعني أن الطمي (الغرين) سوف يترسب فيها وليس في الاقسام الشمالية من مصر.

XXII/9 في العراق، الزيادة في دخل الحكومة من إنتاج اكبر للنفط جعل بالامكان لأول مرة انجاز مشاريع ري وضبط للفيضانات على نطاق واسع وبموجب خطة. وتَشَكّل مجلس تطويرٍ عام ١٩٥٠، له السيطرة على الجزء الاكبر من عائدات النفط، وخطط ونفذ مشاريع ضخمة للتحكم بالفيضانات على نهري دجلة والفرات، وبناء سدود على روافد دجلة في الشمال.

XXII/10 وكانت هذه أيضاً فترة أدخلت فيها الجرارات على نطاق واسع. كانت الجرارات قيد الاستعمال منذ ١٩٣٩ على اراض يمتلكها اوروبيون في المغرب الكبير وفي اراض لليهود في فلسطين، ولكنها كانت نادرة في الاماكن الاخرى. أما الآن فقد استوردت الى العراق وسوريا والاردن ومصر، حيث كان اكثر من ١٠,٠٠٠ منها قيد الاستعمال بحلول عام

١٩٥٩. اما استعمال السماد فلم يكن شائعاً كثيراً ما عدا في مصر ولبنان وسوريا كما لم يكن هناك بذار مُحَسَّن ولا تحسين لنسل المواشي.

XXII/11 نتيجة هذه التغييرات توسّعت البقعة المزروعة في بعض البلدان، وكذلك مساحات المحاصيل في كل مكان، والتحول في معظم الاماكن من انتاج الحبوب للاستهلاك المحلي الى المنتوجات التي تباع نقداً للتسويق في المدن أو للتصدير. في المغرب، بذل الفرنسيون في المراحل الاخيرة من حكمهم جهداً منتظماً في «تحديث اوضاع الفلاحين»: مزارعون محليون يُجمعون في وَحَدات كبيرة ليتلقنوا الاساليب الجديدة في الزراعة وانتاج المحاصيل التي تباع نقداً، وتقدم اليهم تسهيلات التعاونيات للقروض والتسويق. في سوريا وشمالي العراق، حصلت التغييرات بفضل المبادرات الخاصة. في المناطق الواقعة بين نهري دجلة والفرات، بدأ تجار من اصحاب الرساميل استئجار الاراضي من شيوخ القبائل وزراعة القمح بواسطة جرارات؛ للمرة الاولى، في هذه المنطقة القليلة المطر، امكن ان تزرع الارض على هذا المقياس وبهذا التوفير في اليد العاملة بحيث تكون الزراعة مُربحة. وكانت النتيجة تحولاً اكبر في الميزان بين الزراعة المستقرة وبين تربية المواشي ـ التي كانت قبل ذلك الاكثر ضمانة والأوفر ربحاً في استخدام الارض ـ وتوسيع الزراعة: في سوريا، تضاعفت المساحة المزروعة حبوباً في عشرين سنة من ٧٤٨,٠٠٠ هكتار سنة ١٩٣٤ الى ١,٨٩٠,٠٠٠ سنة ١٩٥٤. في وادي الفرات وغير اماكن من سوريا نشطت زراعة القطن أيضاً.

XXII/12 ومع اهميته، لم يكن التوسع التجاري الاهتمام الاول لمعظم الحكومات التي لها موارد للتوظيف. فالتطور السريع للصناعة بدا ملحاً. معظم الحكومات ركزت اهتمامها على انشاء البنية التحتية التي لا يمكن للصناعة ان تتطور بدونها: طرقات، سكك حديد، مرافىء، اتصالات لاسلكية وسلكية عن بعد، وطاقة كهربائية مائية. في بلدان المغرب الكبير الثلاثة بذل الفرنسيون جهوداً منتظمة لتحسين النقل والمواصلات وتوليد الكهرباء واعمال الري.

XXII/13 التوظيفات الحكومية، والى درجة اقل، من قبل افراد (اوروبيين على

العموم في المغرب الكبير وأبعد الى الشرق اصحاب اراضٍ مع فائض من الاموال) أدت الى بعض التوسع في الصناعة. إلا انها كانت صناعة للمستهلك في معظمها: تعليب الاطعمة، مواد بناء، ومنسوجات، على الاخص في مصر وسوريا اللتين كان لهما ما يسد حاجاتهما من القطن. في البلدان ذات الموارد المعدنية اصبح استثمار المعادن ذا اهمية، على الاخص الفوسفات في الاردن والمغرب وتونس.

XXII/14 من بعض النواحي، زاد النموّ الاقتصادي اعتماد معظم الدول العربية على البلدان الصناعية. تراكم رأس المال القومي للتوظيف لم يكن كافياً لحاجاتهم، والنمو اعتمد على التوظيف وعلى المساعدة من الخارج. ففي السنوات التي تلت الحرب العالمية الثانية استطاعت بعض البلدان ان تسحب من أرصدة بالاسترليني تجمعت من مصاريف الجيوش اثناء الحرب، وبلدان المغرب الكبير كانت تمولها الحكومة الفرنسية، من المساعدة التي كانت تعطى لفرنسا في إطار مشروع «مارشال». ولم يكن هناك إلا القليل من التوظيف الاجنبي، ما عدا في المغرب، التي كانت تجتذب اصحاب الاموال الفرنسيين خلال سني ما بعد الحرب بسبب الخشية مما قد يحدث في فرنسا. وفي وقت لاحق، مُنِحَت قروض اميركية لبلدان تنسجم سياستها مع سياسة الولايات المتحدة، وفي نهاية الخمسينات كانت هناك قروض تُمنح لمصر ولسوريا.

XXII/15 مُنحت المساعدة الخارجية، الى حدّ ما على الاقل، لاسباب سياسية، وعندما لم تكن تُستعمل لتوسيع القوات المسلحة في البلدان الحديثة الاستقلال التي وجدت نفسها متورطة في علائق معقدة واحياناً عدائية الواحدة مع الاخرى، فقد كانت تستعمل على الاخص لتمويل استيراد بضائع انتاجية أو معدات ضرورية لتحسين البنية التحتية أو لتطوير الصناعة. وكانت النتيجة عموماً أن الاعتماد على البلدان التي جاء منها العون كان يتزايد. البلدان التي تلقت المساعدة ظلت مدينة الى البلدان التي منحتها إياها، واستمرت علائقها التجارية الرئيسية مع الدول الصناعَية الاوروبية، والى درجة متنامية مع الولايات المتحدة؛ الشواذ على هذا المسار كانت مصر،

التي كانت في نهاية الخمسينات ترسل أكثر من ٥٠ بالمئة من صادراتها الى بلدان الكتلة الشرقية وتشتري حوالي ٣٠ بالمئة من وارداتها منها. ظل نمط التبادلات كما كان سابقاً: المواد الاولية تُصَدَّر والسلع المصنعة تُستورد. الا انه كان هناك تغييران بارزان: تناقص استيراد المنسوجات إذ أُنشئت معامل للنسيج محلية؛ زاد استيراد القمح بما ان الانتاج المحلي لم يعد كافياً لإطعام سكان المدن المتزايدين.

وهناك صنف للتصدير زادت اهميته بسرعة في تلك السنوات، وهو
XXII/16 النفط، وهو يعطينا المثل الاكثر وضوحاً عن الاتكال الاقتصادي المتبادل بين البلدان التي تمتلك النفط والعالم الصناعي. فبعد بداية بسيطة قبل الحرب العالمية الثانية، تبين ان موارد النفط في بلدان الشرق الأوسط والمغرب الكبير هي بين الاوفر في العالم. وفي الستينات كانت هذه البلدان تنتج حوالي ٢٥ بالمئة من نفط العالم الخام، وبسبب صغر حجم السوق المحلية، كانت بمجموعتها اكبر مصدّرة للنفط في العالم. الانتاج الاكبر كان في ايران، وبين البلدان العربية، في العراق والكويت والسعودية، ولكن كان هناك انتاج ايضاً في بلدان اخرى من الخليج وفي مصر، وفي الستينات أُكتِشفَت حقول واسعة في ليبيا والجزائر. وبدا أن نفط الشرق الاوسط سيكون ذا أهمية اكبر في المستقبل: ففي الستينات قُدّر احتياطي النفط بحوالي ٦٠ بالمئة من مجموع الاحتياطي المعروف في العالم.

كانت امتيازات التنقيب عن النفط واستخراجه واستثماره في كل مكان
XXII/17 بيد شركات غربية، يسيطر عليها في معظمها العدد الصغير من شركات النفط الضخمة التي كانت تحتكر تقريباً هذه الصناعة. في العراق كان الاستثمار في ايدي شركة تملكها بالشراكة مصالح بريطانية وفرنسية وهولندية واميركية، وفي السعودية في ايدٍ اميركية؛ في الكويت بريطانية واميركية؛ في ليبيا في ايدي عدد كبير من الشركات؛ في الجزائر في ايدي شركة فرنسية باموال حكومية موظفة فيها. ورأس المال جاء في معظمه من موظّفي اموال غربيين خاصين، وكان هذا في الواقع اعظم مثل على توظيف غربي خاص في البلدان العربية في تلك الفترة. وكانت التقنية العالية ايضاً على العموم من

موظفين اوروبيين أو اميركيين. معظم شحنات النفط كانت تُصدّر الى البلدان الغربية. ومساهمة البلدان المصدرة كانت تنحصر في معظمها، عدا عن النفط ذاته، في توفير الطبقات المتدنية من العمال، المهرة وغير المهرة، وباعداد محدودة، لأن استخراج الزيت وتكريره لم يكن يتطلب عمالاً كثيرين.

XXII/18 إلا أنه في بداية الستينات اخذت الوضعية تتغير. كثر عدد الموظفين المحليين في الوظائف التي تتطلب مهارة عالية، ومع ان مجموع العمال المحليين لم يكن كبيراً، فالذين تدربوا في هذه الصناعة بدأوا ينتقلون الى قطاعات اخرى من الاقتصاد. والاهم أيضاً، أَخَذَ تقاسم الارباح بين الشركات والبلدان المنتجة للنفط يتغير. في عام ١٩٤٨، كان ٦٥ بالمئة من الدخل الاجمالي من استخراج النفط يعود للشركات، وحصة البلدان كانت محددة بجُعالة، نسبة مئوية صغيرة على ثمن كانت تحدده الشركات نفسها. ولكن منذ ١٩٥٠، حقق الضغط الذي مارسته البلدان المنتجة تغييرا في الاتفاقيات، حتى بلغت حصّتها ٥٠ بالمئة من الدخل الصافي للشركات. وفي عام ١٩٦٠، انضمت اهم البلدان المنتجة للنفط (ليس في الشرق الأوسط فحسب) وألفوا منظمة الدول المصدرة للنفط OPEC(اوپيك)، عبارة عن تحالف هدفه تأليف جبهة مشتركة في المفاوضات مع الشركات الكبرى للنفط، التي كانت هي ايضاً تعمل متضافرة معاً. عند ذلك انفتحت الطريق أمام عملية جديدة سوف تنتهي بتولي البلدان وظائف الشركات، على الاقل في الانتاج.

أرباح النمو: التجار وأصحاب الاراضي

XXII/19 بمجيء الاستقلال، استطاع التجار واصحاب الاراضي المحليون أن يحصلوا على حصة كبيرة من ارباح النموّ الاقتصادي. اصبح بامكان التجار استعمال تقربهم من الحكومات المستقلة ليحصلوا على حصة اكبر من تجارة التصدير والاستيراد؛ حتى في تجارة القطن المصري، التي ظلت لمدة طويلة في أيدي شركات ومصارف اجنبية، استطاعت شركات كبرى مصرية، عاملة بالتعاون الوثيق مع سياسيين، ان تلعب دوراً هاماً. في العراق، القسم الاكبر

من البورجوازية اليهودية، التي كانت بارزة في حقل التجارة مع انكلترا والهند، غادرت البلاد عندما اصبحت وضعيتها صعبة بعد انشاء دولة اسرائيل، واحتل محلهم في معظم الاحيان تجار عراقيون من الشيعة. كانت معظم الصناعات الجديدة ايضاً في أيد محلية، بسبب تكدس معيّن لرؤوس الاموال من تجار وملاّكي الاراضي، لكن كذلك بسبب الحاجة لبعض الصناعات الناشئة ان يكون لها وصول الى الحكومة. إلا أن في بعض البلدان ظل هناك تعاون بين أصحاب رأس المال المحليين والاجانب. وصح هذا في المغرب حيث استمرت شركات مختلطة فرنسية ـ مغربية في اهميتها بعد الاستقلال، وفي مصر كذلك الى عهد معين. المصارف المحلية او المختلطة اخذت تكتسب اهمية ايضاً؛ ايداع الفوائد والارباح الخاصة من صناعة النفط وتوظيفها كانت في معظمها في أيدي مصارف يديرها لبنانيون وفلسطينيون في بيروت.

XXII/20 في معظم الاماكن ايضاً، كان التوسع في الزراعة خلال سني ما بعد الحرب في صالح مالكي الأرض أو المتحكمين فيها بالدرجة الأولى، على الأخص كبار الملاكين ممن كانوا يستطيعون الحصول على قروض من المصارف ومن شركات الرهونات وبامكانهم جمع رأس مال للتوظيف. في المغرب وتونس، اشترى الاراضي التي كانت في ايدي ملاكين أجانب، بعد أن استقلت البلاد، إما اصحاب اموال محليون او الحكومة. في مصر، ظلت مكانة كبار الملاكين قوية حتى عام ١٩٥٢. اعضاء العائلة المالكة، حوالى ٤٠٠ فرد، كانوا اكبر الملاكين مُجْتَمِعين؛ حولهم كان قرابة ٢٥٠٠ عائلة وشركة مصرية، وحوالي ٢٠٠ اجنبية، تمتلك كل واحدة منها اكثر من ١٠٠ فدان؛ فيما بينهم، كان هؤلاء الملاكون يسيطرون على ٢٧ بالمئة من الارض المزروعة. وكانوا يسيطرون تقريباً على الحكومة؛ فنصف الوزراء واعضاء مجلس الشيوخ والنواب كانوا على العموم من هذه الطبقة. لذلك كان بامكانهم الحصول على امتيازات في الري وإبقاء نظام الضرائب مؤاتياً لهم. وبسبب رؤوس الاموال المجمعة لديهم وقدرتهم على نيل القروض كان باستطاعتهم شراء الاراضي متى عُرضت، وسيطرتهم على افضل الاراضي

مكّنهم من فرض إيجارات مرتفعة على المستأجرين الذين كانوا يزرعون معظم أرضهم. بعض خبراء الاقتصاد كانوا يلحّون في طلب اصلاح نظام ملكية الارض، والشعور بالاجحاف كان قوياً بين الفلاحين، ولكن قبل ١٩٥٢ نادراً ما ارتفع صوت ينادي بالاصلاح في المجالس العامة في الدولة.

XXII/21 كما ازداد أيضاً نفوذ اصحاب الاراضي في سوريا والعراق إبان هذه الفترة. في سوريا كانت السهول الكبرى في الداخل حيث تزرع الحبوب منذ زمن بعيد من املاك العائلات الكبيرة القاطنة في المدن، ولكن في هذا العهد ازدادت طبقة كبار الملاكين عندما انضمّ لها هؤلاء الذين كانوا يزرعون القطن على اراضٍ مروية في وادي الفرات والذين يزرعون الحبوب في الجزيرة (أكانوا اصحاب الارض أم المستثمرين). في العراق، تكوّنت طبقة كبار الملاكين إلى درجة كبيرة بسبب تغييرات حدثت منذ أواخر القرن التاسع عشر: توسيع الزراعة بواسطة جرارات، ومضخات واعمال ري، والانتقال من الرعاية الى الزراعة المستقرة، وتسجيل ملكية الاراضي. وكانت سياسة الحكومة المنتدبة، والحكومة المستقلة بعدها، تعمل لصالح اصحاب الارض، على الاخص ممن كان شيوخ القبائل منهم، اذ كان يمكنهم استخدام نفوذهم لخدمة البريطانيين والمَلَكِية. في العام ١٩٥٨، أكثر من ٦٠ بالمئة من الأرض المملوكة بصورة شخصية كانت في ايدي من يملكون اكثر من ١٠٠٠ دُنُم، وكان هناك ٤٩ عائلة تمتلك الواحدة منها اكثر من ٣٠,٠٠٠ دُنُم. وكانت الممتلكات في العراق اكبر منها في مصر، لان الزراعة كانت في مساحات واسعة والارض وافرة، والملوحة الزائدة كانت تُنهك الارض بسرعة. وباستثناء شيوخ القبائل، كانت طبقة ملاكي الاراضي تضم عائلات من اعيان المدن الذين حصلوا على الارض من خلال عملهم بالحكومة أو لمركز ديني، كما كانت تضم كذلك تجاراً مسلمين جمعوا رأس مال للتوظيف. وكما في مصر، كان لأصحاب الاراضي مركز سياسي قوي من خلال العضوية في الوزارات ومجلس النواب، ولأن الملكية والجماعة الحاكمة كانوا بحاجة اليهم.

سلطة الدولة

XXII/22 ربما بدا انتصار القومية في أول الأمر وكأنه انتصار طبقات الملاّكين المحليين، ولكن في معظم البلدان لم يدم ذلك إلا قليلاً، والمنتصر كان الدولة ذاتها، أي هؤلاء الذين يمسكون زمام أمور الحكومة والعاملون في الدوائر العسكرية والمدنية ممن كانت السلطة تمارس عبرهم. والعملية الاجتماعية الاساسية التي كانت الحكومة تحقق بواسطتها السيطرة المباشرة على كل أراضيها كانت قد اكتملت في الوقت الذي غادر فيه الحكّام الاجانب البلاد، حتى في بلدان مثل المغرب حيث كانت سلطة الحكومات المدينية ضعيفة حتى ذاك؛ فالحكومات المستقلة ورثت اساليب السيطرة، والجيوش وقوى الشرطة واجهزة الموظفين. في العربية السعودية أيضاً كانت الحكومة الأقوى والافضل تنظيماً التي أورثها الملك عبد العزيز الى ابنائه تضم عدة مناطق مختلفة في مجتمع سياسي موحد. فقط على الحواشي الجنوبية من شبه الجزيرة العربية ظلت العملية غير مكتملة. في اليمن، بالكاد كانت سلطة الامام تمتد على كل البلاد. فالادارة البريطانية في عدن كانت قد شكلت تجمعاً طليقاً من صغار الزعماء تحت الحماية البريطانية في الارياف المحيطة، ولكنها لم تكن تحكمهم مباشرة. في عُمان أيضاً، لم يكن نفوذ الحاكم، الذي يدعمه البريطانيون، يصل الى جميع انحاء داخل البلاد من عاصمته في مسقط على الشاطىء.

XXII/23 وبدأت الآن نشاطات الحكومات تتسع ابعد من حفظ الامن والنظام وجباية الضرائب وتوفير بعض الخدمات الاساسية. في كل مكان تقريباً، اتخذت الدولة على عاتقها ادارة المصالح العامة: مصارف الاصدار، السكك الحديدية، الهاتف، شركات المياه والغاز والكهرباء. وكان هذا تماشياً مع ما كان يحدث في كل انحاء العالم، ولكن هنا كان له سبب خاص: في معظم البلدان كانت تملك تلك المصالح شركات اجنبية، والتأميم عنى تغييراً من الملكية الخاصة الى الملكية العامة ومن الملكية الاجنبية الى الوطنية.

XXII/24 وكان لحركة التأميم زخمها الخاص. فقد كانت الحكومات الجديدة تخشى استمرار أو نمو مراكز مستقلة من النفوذ الاقتصادي، والتي قد تولد نفوذاً سياسياً أو ترتبط مع الحكام السابقين. بالاضافة الى ذلك، قد يكون التصنيع السريع عسيراً وبطيئاً اذا تُرك للمبادرات الخاصة: تجميع رؤوس الاموال الخاصة لأجل التوظيف كان محدوداً تحت الحكم الاجنبي وكان مازال غير واف؛ توجيهه الى توظيف مُنتج كان صعباً طالما لم يكن هناك سوق مالية منظمة؛ مستثمرو الاموال قد يترددون في وضع اموالهم في صناعات جديدة غير مجرّبة بدلاً من أبنية في مدينة أو في الاراضي؛ وحتى لو فعلوا ذلك، فالمصانع التي ينشئونها قد لاتكون من النوع الذي يُعطى الافضلية في خطة وطنية.

XXII/25 تلك كانت الحجج لتدخل الحكومة في العملية الاقتصادية، وتدخل كهذا أصبح الآن ممكناً بسبب تَجَمُّع الموارد في يدها. وبانسحاب الحكّام الاجانب اصبحت عائدات الضرائب كليا بتصرف الحكومات المحلية، واخذت تلك العائدات حجما اعظم اذ خُفّضت الامتيازات التي كانت تتمتع بها الشركات الاجنبية وتقلّصت. في بعض البلدان، أصبحت الموارد للتوظيف متوفرة الآن بفضلِ تزايد عائدات النفط؛ حتى الحكومات التي لم يكن عندها نفط قد تستفيد من دفعات تقدمها الشركات لحقوق نقل النفط، أو من قروض أو مِنح تقدمها لها البلدان الأكثر غنى. في عام ١٩٦٠، ٦١ بالمئة من دخل الحكومة في العراق كان من النفط، ٨١ بالمئة في السعودية، و١٠٠ بالمئة تقريباً في دول الخليج الصغيرة؛ في سوريا، ٢٥ بالمئة من الدخل جاء من أنابيب النفط التي كانت تنقل نفط العراق والجزيرة العربية إلى ساحل المتوسط، وفي الاردن ١٥ بالمئة. وجاءت أيضاً قروض للتطوير من البلدان المصنعة ومن الوكالات الدولية.

XXII/26 حتى قبل الاستقلال كانت بعض النشاطات الاقتصادية قد وُضعت تحت رقابة الدولة. استخراج الفوسفات في المغرب كان تحت رقابة وكالة حكومية منذ اصبح له شأن؛ في السودان، انتهى في عام ١٩٥١ الامتياز الذي

كان قد أعطي لشركات بريطانية لزرع القطن في منطقة الجزيرة. بعد الاستقلال اخذ يُسرع هذا التطوّر. تونس وضعت يدها على صناعة الفوسفات، وفي الاردن أيضاً كان للحكومة حصة كبيرة في شركة الفوسفات. واتجهت سياسة الحكومة العسكرية التي استولت على السلطة في مصر عام ١٩٥٢ اتجاهاً متزايداً نحو تأميم المصانع، الى أن بلغت ذروتها عام ١٩٦١ عندما وضعت الدولة يدها على جميع المصارف وشركات التأمين وجميع الشركات الصناعية الكبيرة تقريباً. في السنة التي سبقت كانت قد صدرت أول خطة لخمس سنوات (خماسية)، غايتها النمو الصناعي والزراعي السريع تحت رقابة الحكومة. الاستثناء الوحيد لهذا الاتجاه كان المغرب، حيث ظهر سنة ١٩٦٠ خيار واضح بين اقتصاد موجه، مع تصنيع سريع وقيود على الاستهلاك، وبين اقتصاد قائم على المبادرة الفردية والاستثمار. وتمحور هذا الخيار في صراع على السلطة بين حزب وطني ينادي بتغيير سريع وبين القوات الاكثر محافظة، المجتمعة حول الملك؛ وانتهت بتولي الملك السلطة المباشرة، وخيار لصالح المبادرة الحرة.

XXII/27 والمثل الاكثر اثارة عن تدخل الدولة في العمليات الاقتصادية جاء ليس من الصناعة بل من اصلاح نظام ملكية الأرض. فكان لذلك الاصلاح أكبر أهمية سياسية واجتماعية، لأن معظم سكان البلدان العربية كانوا ما زالوا يعيشون في الأرياف وايضاً لأن اصحاب الاملاك، في كل مكان تقريباً، كانوا يؤلفون أقوى طبقة، وهي الطبقة التي كان لها اعظم نفوذ على الحكومات كما كان لها أوفر رأس مال؛ ضربها في ممتلكاتها كان معناه تحطيم قوة بامكانها التحكم بالسلطة، واطلاق رأسمال لأجل التوظيف في مكان آخر.

XXII/28 أول خطة للاصلاح الزراعي واوسعها مجالاً هي التي اعلنتها الحكومة العسكرية الجديدة في مصر بعد استيلائها على الحكم سنة ١٩٥٢. اما الاقدام بخطة مفصلة بهذه السرعة بعد الاستيلاء على الحكم، مع العلم أن هذا الموضوع بالكاد ذكرته الحكومات السابقة أو البرلمان، فهو دليل على النفوذ المستقل الذي تتمتع به الحكومة كما يُشير الى بروز مجموعة حاكمة

جديدة بأفكار مختلفة جداً عن افكار هؤلاء الذين حلّت محلهم. الجزء الأبرز من الخطة كان تحديد الحجم الأقصى للملكية بمئتي فدان للفرد، مع مئة فدان اضافية لأولاده؛ وأُنقص الحد الأقصى الى ١٠٠ فدان سنة ١٩٦١، وثم إلى ٥٠ عام ١٩٦٩. الأرض الزائدة عن الحد الأقصى تشتريها الحكومة بسعر محدد بواسطة سندات حكومية، وتُوَزّع على صغار المزارعين؛ بالاضافة الى ذلك، صودرت الاراضي الخاصة للعائلة المالكة دون تعويض. وحُدد مبلغ الايجار الذي يمكن لصاحب الأرض أن يتقاضاه، واتفاقيات الايجار تكون لمدة ثلاث سنوات على الاقل. وتُقَدَّم المساعدة للمستأجرين ولصغار المزراعين للحصول على قروض ولتسويق منتجاتهم عن طريق تعاونيات تؤسسها الحكومة. في العقد الذي تلا، اشترت الحكومة بطريقة اجبارية حوالي نصف مليون فدان، ووزع قسم منها. وكان تأثير هذه الخطة واسع الانتشار، ولكن ليس دائماً كما كان متوقعاً: سياسياً، حُطم نفوذ أصحاب الاراضي والعائلة المالكة؛ اقتصادياً، أعيد توزيع الدخل من كبار الملاكين الى صغار الملاكين والمزارعين المستأجرين، بينما المجموعة الوسيطية من أصحاب الاملاك المتوسطة الحجم فبالكاد مسّهم ذلك.

XXII/29 واتخِذَ تدبير مماثل في سورية سنة ١٩٥٨: حُدّد الحجم الاقصى للمتلكات، واعيد تحديد الاتفاقيات الزراعية لصالح المستأجر أو المحاصص، وحُدد راتب ادنى للعمال الزراعيين. ولم يكن بالامكان تطبيقه في السنوات الاولى بالفعالية التي طبقت في مصر، لأن الجهاز الحكومي لم يكن كافياً لأداء المهمة، ولم يكن هناك مسح كامل لسندات الملكية للأراضي، ولم يكن النفوذ السياسي لأصحاب الاراضي قد تحطم بعد. في العراق أيضاً طُبق تدبير مماثل بعد انقلاب ١٩٥٨ العسكري، ولكن قبل أن تبرز من غبار الثورة مجموعة حاكمة ذات افكار واضحة متفق عليها عن كيفية تنظيم المجتمع؛ وساد خلال السنين القليلة الاولى خلاف بين الحاكمين حول ما يجب فعله بالارض التي وضعت الدولة يدها عليها: اما ان تتولى هي تطويرها واستثمارها، أو أن توزعها بمثابة ملكيات فردية صغيرة.

الاغنياء والفقراء في المدينة

XXII/30 حجم السكان المتزايد، الهجرة من الأرياف الى المدينة وتنامي اعداد ونفوذ البورجوازية الوطنية ـ اصحاب الاراضي، التجار، اصحاب المصانع ومديروها، موظفو الدولة وضباط الجيش- ما أثّر على طبيعة حياة المدن بطرق عديدة. بمجيء الاستقلال، انتقل ابناء الطبقة الوسطى إلى احياء كان معظم قاطنيها السابقين من الأوروبيين، وانتقل مهاجرون من الارياف الى الاحياء التي اخلتها الطبقة الوسطى أو إلى احياء جديدة. في كل من الحالتين، حدثت تغييرات في العادات وطرق العيش: اقتبست الطبقة المتوسطة العيش بطريقة كان المقيمون الاجانب يتبعونها، والمهاجرون من الارياف اقتبسوا طرق اهل المدينة الفقراء.

XXII/31 في المغرب الكبير، العملية التي استعادت بها الطبقات ذات الثقافة العصرية وسط مدنها من الاجانب كانت قد بدأت قبل الاستقلال، في الاربعينات وبدء الخمسينات. فصل العرب من الاجانب في المدن، وهي السياسة التي كانت تتبعها الحماية الفرنسية في المغرب، والتي كانت موجودة أيضاً في الجزائر، والى حد ادنى في تونس، كانت قد بدأت بالانهيار، وسَرَّعَ مجيء الاستقلال ذلك. الاوروبيون رحلوا برؤوس أموالهم، واحتل محلهم الحكام الجدد وطبقات التجار واصحاب الاراضي المشتركين معهم. في القاهرة والاسكندرية لم يكن الفصل صارماً وكلياً، ولكن كانت هنالك احياء اوروبية اكثر منها مصرية، وطبيعة هذه الاحياء تغيرت. ففَتْح نادي الجزيرة الرياضي بطريقة اوسع أمام المصريين، وحَرْق بعض الابنية المقرونة بالاجانب في اضطرابات القاهرة سنة ١٩٥٢، كانت دلائل على تغيير اجتماعي. في لبنان وسورية والعراق لم تكن الجاليات الاجنبية كبيرة أو منعزلة الى هذا الحد، ولكن في فلسطين أدّى خلع ممتلكات معظم السكان العرب سنة ١٩٤٨ الى تحويل ما كان في السابق مدناً مختلطة، الى مدنٍ يقطنها في غالبيتها يهود من أصل أوروبي؛ المهاجروَن اليهود من البلدان العربية استقروا في معظمهم في قرى أو مدن جديدة. في القدس، المقسومة

الآن بين اسرائيل والاردن، كان القسم الاردني، الذي يضم القدس القديمة، عربياً تماماً بغالبيته، ولكن جزءاً كبيراً من الطبقة المتوسطة العربية في القدس، كما في حيفا ويافا، استقرت في مدن خارج فلسطين، وكان نشاطهم ورأس مالهم السبب الرئيسي في نمو عَمّان السريع وتطورها.

XXII/32 في احيائهم الجديدة عاش أهل الطبقة المتوسطة كما فعل الأوروبيون، في منازل من النوع ذاته، يرتدون النوع نفسه من الثياب، مع انه كانت هناك بعض التسوية أحياناً بين الاساليب القديمة والحديثة؛ قد يرتدي المغربي في الدار البيضاء ثياباً غربية في المكتب أو العمل، ولكنه يرتدي «الجلابة» يوم الجمعة إلى المسجد؛ والمنزل الحديث قد يكون فيه غرفة مؤثثة على الطراز الشرقي، مع مقاعد منخفضة واطباق من النحاس وزينة على الجدران. وفي بعض الاحياء الجديدة، قد يختلط افراد من مجتمعات دينية مختلفة اكثر مما قد يختلطون في «المدينة»؛ كانوا يعيشون في البنايات ذات الشقق أو الشارع ذاته، وأولادهم يذهبون الى المدرسة ذاتها؛ التزاوج بين المسلمين والمسيحيين واليهود ظل نادراً، إلا انه ربما أصبح أقل ندرة من ذي قبل.

XXII/33 بسبب انفتاح الاحياء الجديدة، صارت مظاهر الثراء والغنى مكشوفة بحرية اكثر مما كانت عليه في المدن القديمة، حيث كان الخوف من الحكم أو من الجيران يجعل الناس تخفي دلائل بحبوحتها. فواجهات المنازل المطلة على الشارع اصبحت أكثر مهابة، والغرف افخم أثاثاً، والتزين بالحلي والمجوهرات اكثر ظهوراً. وبرز في هذه الفترة رمز يشير الى المكانة والوجاهة، ألا وهو السيارة الخاصة. فالسيارات التي كانت نادرة نسبياً قبل الحرب العالمية الثانية اصبحت الآن اكثر شيوعاً؛ في القاهرة، تضاعف العدد تقريباً بين ١٩٤٥ و١٩٦٠. الزيادة في عدد السيارات، كذلك الشاحنات والباصات، ألزم بناء طرقات جديدة واكثر اتساعاً في المدينة والأرياف. وشق جادة عريضة عبر حي في المدينة القديمة اصبح بمثابة فعل تحديث واستقلال. فقد حدث ذلك للمرة الأولى في عام ١٨٧٠ عندما شق الخديوي اسماعيل شارع محمد علي في القاهرة، وأخذ الامر يتكرر في امكنة اخرى

من الشرق الاوسط، ولكن ليس في المغرب الكبير. السيارات الخاصة، والطرقات التي شُقت لأجلها، غيرت اساليب العيش للطبقات الاكثر غنى. فحياتهم لم تعد مقصورة على احيائهم، واصبحوا قادرين على التجول اينما شاؤوا في المدينة وضواحيها، وبامكانهم السكن بعيداً عن مراكز عملهم.

XXII/34 الأحياء التي كانت الطبقة الوسطى تغادرها كان ينتقل إليها المهاجرون من الأرياف. بعضهم كان يقصد «المدينة»، يجتذبه مقام لولي شهير أو مسجد، أو لتوافر المساكن: في المدن المختلطة، استقر البعض في الاحياء التي كانت في السابق للطبقة المتوسطة الدنيا من الاوروبيين، مثل شُبرا في القاهرة. في بعض المدن، توسعت احياء الفقراء المبنية من ألواح الخشب والصفيح bidonville القديمة وتكاثرت في كل أرض خالية؛ ولكن هذا لم يحدث في القاهرة، حيث قامت «مدينة الأموات»، المدافن الواسعة خارج المدينة القديمة، التي استُخدمت لايواء فائض السكان. «مدن الصفيح» bidonvilles نُقلت من مكان إلى آخر بأوامر السلطات، ولكن بعضها اكتسبت بمرور الزمن ثبات أبنية المدينة وتسهيلاتها؛ مخيمات اللاجئين الفلسطينيين في بيروت ودمشق وعمان اصبحت تقريباً احياء من المدينة. وفي بعض البلدان باشرت الحكومة برامج تشييد مساكن منخفضة الكلفة في ضواحي المدينة أو قرب المناطق الصناعية الجديدة. في العقد الاخير من الحكم الفرنسي في المغرب، حاول مخطِط مدن موهوب تحقيق برنامج من هذا النوع؛ في مصر، أُعلن عن مشروع من خمس سنوات لتشييد مساكن، وذلك سنة ١٩٦٠، بما في ذلك مدينة جديدة ثانوية سموها «مدينة نصر». في هذا الوقت كان هناك مهندس معماري مصري، حسن فتحي (١٩٠٠ ـ ٨٩) يوجه اسئلة هامة عن الطريقة التي تُصمم فيها هذه المشاريع وتُنفذ. فبدلاً من اقتباس الاساليب والاشكال الشائعة في الهندسة الغربية، اقترح أن بالامكان الاستعانة الى درجة كبيرة بتقاليد تخطيط المدن والبناء الاسلامية.

XXII/35 في القاهرة وبيروت وبعض المدن الاخرى، طريقة الحياة التي تتسم بالعصرنة وما تتطلبه من دخل لم تعد محصورة بطبقة صغيرة، وبين الاحياء

الغنية والفقيرة اصبح هناك «حزام انتقالي» حاولت ان تعيش فيه الطبقة المتوسطة الدنيا من اصحاب الحوانيت الصغيرة والموظفين الصغار والصناع المهرة على مستوى الطبقة المتوسطة. إلا أنه في معظم المدن كانت هناك هوة بين الاغنياء والفقراء. كان المهاجرون من الارياف يميلون الى اقتباس عادات جموع سكان المدن في الوقت الذي قد يكون هؤلاء بدأوا يتخلون عنها؛ وهكذا، كان هناك استمرارية لطريقة حياة تقليدية. النساء اللواتي كن قد عملن في الحقول سافرات أو استقين الماء من الآبار اصبحن الآن محجبات عائشات في عزلة. إلا انه كان هناك تغييرات حتى في هذا المستوى من المجتمع. تعدد الزوجات الذي كان شائعاً الى درجة ما في طبقات معينة، اصبح أكثر ندرة، بسبب صعوبة الحياة في الشقق الصغيرة، أو مفهوم مختلف عن الحياة العائلية. كان معدل الطلاق عالياً، وربما تناقص نوعاً. معدل المواليد، مع انه كان مرتفعاً بالمقارنة مع البلدان الصناعية، كان ادنى في المدينة منه في الارياف، لأن الفتيات اللواتي كن يذهبن الى المدارس كن يتزوجن بسنٍ أكبر، والرجال يحاولون الحصول على عمل مستقر وادخار بعض المال قبل الزواج، وأيضاً بسبب انتشار تحديد النسل؛ في مصر في اواخر الخمسينات اصبح اكثر من ٥٠ بالمئة من المتعلمين يمارسون وسائل تحديد النسل، وحوالي ١٠ بالمئة من سكان المدن الفقراء، ولكن لم يكن يمارسها احد من الارياف في الواقع. وفي هذا الوقت كانت مشاكل «الانفجار السكاني» قد اصبحت معروفة في مصر، واعلن بعض علماء الدين ان تحديد النسل شرعي.

XXII/36 وظلّت الحياة صعبة لفقراء المدن. كانت نسبة كبيرة منهم عاطلين عن العمل. من سكان القاهرة، قُدر عام ١٩٦٠ بأن ٧,٥ بالمئة كانوا يعملون بالصناعة، و٢٣ بالمئة في الخدمات، و٦٦ بالمئة كانوا بدون عمل ثابت أو منتظم. في اجنحة السكن والخشّابيات المكتظة التي كان معظمهم يعيش فيها كانت الاوبئة منتشرة: الاوبئة القتالة من طاعون وكوليرا التي محت مدناً بكاملها في الماضي كانت الآن قد زالت من الوجود إلى حد ما، ولكن السل والتيفوئيد والملاريا وامراض العيون كانت شائعة. معدل وفيات الاطفال كان

مرتفعاً؛ في «مدن الصفيح» bidonvilles في بغداد قُدر معدل وفيات الاطفال عام ١٩٥٦ بـ ٣٤١ في كل ألف حَمْل.

XXII/37 إلا أن هناك بعض الدلائل على أن ظروف العيش كانت في تحسن بين بعض الفقراء على الاقل. الشاي والسكر، اللذان كانا فوق طاقات الفقراء، اصبحا في هذا الوقت قوام العيش في المغرب والعراق؛ استهلاك الغذاء في مصر ارتفع من ٢٣٠٠ وحدة حرارية (كالوري) في اليوم في اوائل الخمسينات الى ٢٥٠٠ بعد حوالي عشر سنوات. واخذت الخدمات الاجتماعية تنتشر، والمستوصفات تقدم الخدمات الصحية، وخفّض تحسين موارد المياه من مدى تأثير بعض الامراض، كذلك تحسنت وسائل النقل العام في بعض المدن، واصبحت نسبة كبيرة من الاولاد يذهبون الى المدارس الابتدائية، ونُظمت حملات لمكافحة الأُمّيّة. وتزايد عدد النساء العاملات، بمثابة خادمات في المنازل أو عاملات في المصانع؛ معظمهن كن فتيات غير متزوجات يعشن في منازل أهلهن، وكونهن يعملن خارج منازلهن ويحصّلن بعض الاموال لم يكن قد أثر على بنية الحياة العائلية؛ لقد زاد دخل العائلة، ولكنه لم يحسن بالضرورة وضع النساء العاملات ويجعلهن أكثر بحبوحة أو استقلالاً.

XXII/38 اثرت تغييرات كهذه على بعض طبقات السكان اكثر من سواها. الهوة بين عمال المصانع والعمال غير المهرة وغير المنظمين ربما اصبحت اكثر اتساعاً. وبدأت الحكومات تتدخّل فعلياً أكثر في الصناعة وتحسين ظروف العمل؛ في مصر، حُددت ساعات العمل اليومي والاسبوعي بموجب قانون. في معظم البلدان اصبحت نقابات العمال مرخّصاً لها؛ تحقق هذا التغير في معظمه في أواخر الاربعينات تحت تأثير الحرب، ثم بفوز حزب العمال في بريطانيا والجناح اليساري في التحالف الحكومي الفرنسي. وازداد عدد العمال المسجلين في الاتحادات العمالية بتوسع الصناعة. في الغرب وتونس كانت الاتحادات جزءاً اصلياً من الحركة الوطنية، وفي مصر ايضاً كانت المنظمات العمالية فاعلة في معارضة السيطرة البريطانية بعد ١٩٤٥. وعندما حصلت على الاستقلال، حاولت الحكومات الحد من نشاطات الاتحادات،

ولكن تلك الاخيرة استطاعت في بعض الأماكن ان تنال ظروفاً أفضل للعمل بشكل فعلي.

XXII/39 التفاوت في المساواة بين المدينة والارياف كانت اكثر مما كانت عليه ضمن المدينة. جميع طبقات سكان المدينة استفادوا إلى حد ما من تغير احوال العيش في المدينة، ولكن تلك التحسينات بالكاد أثرت على الحياة في القرى. ظلّ معظم القرويين في أكثر ارجاء البلدان العربية يعيشون كما كانت ابداً طريقتهم في العيش، يُنجبون عدداً كبيراً من الاولاد معظمهم يموتون في الطفولة أو في صباهم، يعيشون دون عناية طبية وبتعليم بدائي فقط، دون كهرباء، وفي شرك نظام زراعة يستولي فيه مالك الارض أو جابي الضرائب على فائض الانتاج الزراعي، وبظروف عيش وسط مناطق مزدحمة بالسكان تحرمهم من القدرة على تحسين اوضاعهم. وقد جربت بعض الحكومات في الاربعينات أن تحسن أوضاعهم بدون تغيير نمط علائقهم الاجتماعية: على الاخص «الوحدات الريفية المشتركة» في مصر، التي قدمت خدمات صحية وما شابه لمجموعات من القرى. المحاولة الجدية الاولى لتغيير علائق الطبقات الريفية، ولاعادة توزيع الدخل من الزراعة لم تجرِ إلا بعد اتخاذ تدابير الاصلاح الزراعي في بعض البلدان في الخمسينات. إلا انه كانت هناك اشياء تتغير: المهاجرون الى المدن كانوا يرسلون الاموال الى عائلاتهم في القرى، واخذت آفاق حياة القرى تتسع بسبب الحركة الى المدن وامتداد الطرقات للسيارات والشاحنات، وتداول الصحف، وانتشار الراديو والمدارس الابتدائية.

الفصل الثالث والعشرون

الثقافة القومية (١٩٤٠ ـ ١٩٥٠)

مشاكل التعليم

XXIII/1 التغييرات في المجتمع ومجيء نخبة من اهل البلاد الى الحكم ادت فيما بينها إلى انتشار سريع للتربية. متطلبات الحياة في المدن جعلت الالمام بالقراءة والكتابة وبحيازة المهارات ضرورة ملحّة؛ فالحكومات الوطنية كانت ملتزمة باقامة أمم قوية، وهذا يتضمن استخدام جميع الامكانات البشرية؛ وكان على هذه الحكومات المركزية العصرية ان تكون على اتصال أكمل برعاياها مما كانت عليه في السابق.

XXIII/2 وتكوين نخبة مثقفة عن طريق التعليم العالي كانت بالطبع عملية بوشر فيها قبل ذلك بزمن طويل في بعض البلدان العربية، ولكن هذه الخطوات ازدادت سرعة بعد نيل الاستقلال. في عام ١٩٣٩ كان هناك حوالي ستّ جامعات، معظمها صغير ويسيطر عليها الاجانب؛ بحلول العام ١٩٦٠ اصبح هناك ٢٠ جامعة كاملة، ثلاثة ارباعها وطنية، وعدة معاهد اخرى للتعليم العالي. عدد طلاب الجامعات كان حوالي ١٠٠,٠٠٠، باستثناء هؤلاء الذين يتلقون العلم في أوروبا أو اميركا. العدد الاكبر منهم كان في مصر، يتلوها سوريا ولبنان والعراق، إلا أن ازدياد عدد الطلاب كان اقل سرعة في المغرب الكبير. عندما غادر الفرنسيون تونس، لم يكن فيها إلا ١٤٣ طبيباً من اهل البلد و٤١ مهندساً؛ في المغرب، لم يكن هناك إلا ١٩ طبيباً مسلماً و١٧ طبيباً يهودياً مغربياً، ١٥ مهندساً مسلماً ويهودياً، ولكن كان هناك عدد اكبر من محامين واساتذة وموظفين رسميين، لذلك كان من الواجب البدء بتدريب وتثقيف النخبة من مستوى أدنى.

XXIII/3 وادى منطق القومية إلى أبعد من تكوين النخبة، الى تثقيف شعب بكامله. وكان التعليم الشعبي الشامل احدى اولى المهمات التي وضعتها

الحكومات الجديدة لنفسها، والتي كرست لها نسبة عالية من دخلها. اخذت المدارس تفتح في كل مكان تقريباً على نطاق واسع، في الاحياء الفقيرة من المدن وفي بعض القرى. في مصر سنة ١٩٦٠، كان هناك ٦٥ بالمئة من الاولاد في العمر الابتدائي في المدارس وكان عدد طلاب المدارس ٣ ملايين، ٢٠٠,٠٠٠ منهم في المدارس الثانوية. في المغرب، ١٢ بالمئة فقط من الأولاد المسلمين كانوا في المدارس سنة ١٩٥٤، بالرغم من الجهد الذي بذله الفرنسيون في أواخر سني الحماية، ولكن في عام ١٩٦٣ ارتفع العدد الى ٦٠ بالمئة، والى ١٠٠ بالمئة تقريباً للأولاد بعمر سبع سنوات. في تونس كانت الزيادة في الفترة ذاتها من ١١ الى ٦٥ بالمئة. هذه الزيادة في عدد طلاب المدارس، مع الجهود لتعليم البالغين، قربت بعض البلدان الى هدفها من محو الامية تماماً، مع أنها ظلت بعيدة عنه. في مصر، كان ٧٥ بالمئة من الرجال أميين سنة ١٩٣٧، وفي سنة ١٩٦٠ تناقص العدد الى ٥٦ بالمئة. إلا أن في بلدان شبه جزيرة العرب كان التغيير اكثر بطءاً. الانظمة المحافظة ذات الرقابة الدينية في العربية السعودية وفي اليمن كانت اكثر حذراً في فتح المدارس من النوع الجديد وتعريض الطلاب الى رياح الافكار الجديدة؛ باستثناء مكة المكرّمة والمدينة المنوّرة، لم يكن لديها مراكز عظيمة يمكن منها للثقافة المدينية ان تنتشر على الأرياف. في الدول التي تسيطر عليها بريطانيا أو تحت حمايتها، على اطراف الجزيرة، كانت الموارد قليلة، ولا البريطانيون ولا الحكام الذين كانوا يحمونها كانت لها الرغبة الاكيدة في احداث تغييرات سريعة بكل المشاكل التي قد يجرها ذلك؛ الشواذ كانت الكويت، حيث كان الدخل المتزايد من النفط يُستخدم لانشاء مجتمع عصري.

XXIII/4 نسبة النساء الاميات وغير المتعلمات كان اعلى بكثير من نسبة الرجال؛ في مصر، كانت نسبة الاميات ٩٤ بالمئة سنة ١٩٣٧ و٨٣ بالمئة سنة ١٩٦٠، وفي معظم البلدان كانت النسبة أعلى من ذلك. كان هدف الحكومات الوطنية تثقيف الفتيات مثل الذكور، والا فان نصف طاقة الامة المكنونة تكون غير مستخدمة في اقتصاد الاجور. في مصر، كان ٥٠ بالمئة

من الفتيات في سن الدراسة منخرطات في المدارس (الابتدائية) عام ١٩٦٠؛ في تونس، حوالي ٣٠ بالمئة. نسبة الفتيات في المدارس الثانوية أو في معاهد أعلى كانت اقل، ولكنها تتزايد: في جامعة بغداد، ٢٢ بالمئة من الطلاب كانوا من الفتيات بعام ١٩٦٠/٦١، وفي جامعة الرباط ١٤ بالمئة، وفي جامعة تونس ٢٣ بالمئة؛ في السودان، حيث كان تعليم الاناث قد بدأ متأخراً، أُنشئت كلية خاصة، وكانت هناك بضع فتيات تدرسن في جامعة الخرطوم في ١٩٥٩/ ٦٠.

XXIII/5 بعض المشاكل الناشئة عن الانتشار السريع للتعليم كانت شائعة في كل البلدان في هذه المرحلة من التغيير والنمو. التزايد السريع في السكان كان معناه انه لو زادت نسبة التلامذة بعمر الدراسة الذين كانوا في المدارس، فمجموع الاولاد الذين لم يكونوا في المدارس لم يكن ينقص بالضرورة. ولاستيعاب اكبر عدد ممكن من الاولاد كانت تُفتح مدارس بسرعة، وكان عدد التلامذة في كل صف اكثر مما ينبغي للتعليم الفعلي، ومعظم المعلمين غير مدرّبين كما يلزم على عملهم. وهكذا كانت النتائج تظهر على كل المستويات؛ بشكل خاص، كان التعليم العربي غير واف على المستوى الثانوي، والطلاب الذين كانوا يتوجهون الى الجامعات كانوا على العموم غير مدربين جيداً للتعليم العالي. وكان هناك اتجاه للتركيز على التعليم النظري (الاكاديمي) الذي يمكّن من إيجاد وظيفة حكومية أو مهنة حرة، بدلاً من التدرب التقني أو المهني؛ استعمال اليدين بالاضافة الى العقل كان غريباً عن مفهوم التعليم في الثقافة الاسلامية ومعظم الثقافات السابقة للعصر الحديث. ولكن تعاظم صناعة النفط اخذ يُحدث تأثيراً؛ فاكتسب العمال العرب العاملون فيها مهارة ومعرفة يمكنهم استخدامها في قطاعات اخرى من الاقتصاد.

XXIII/6 إلا أنه كانت هناك بعض المشاكل المعبرة عن الخبرات التاريخية المعينة للمجتمعات العربية. فعندما نالوا الاستقلال ورثوا انواعاً مختلفة من المدارس: بعضها حكومية، واخرى خاصة؛ بعضها عصرية، وبعضها الآخر اسلامية تقليدية؛ منها من تعلم بالعربية، وغيرها بلغة أوروبية، انكليزية عادة

أو فرنسية. كانت الحكومات المستقلّة تميل الى توحيد الانظمة وجعلها جميعها تحت رقابة الدولة. المدارس الاسلامية التقليدية إما أُغلقت أو انضوت تحت لواء نظام الدولة، فأصبح مسجد الازهر التعليمي القديم في القاهرة جزءاً من جامعة من نوع جديد، و«الزيتونة» في تونس اصبح كلية الشريعة في جامعة تونس، و«القرويين» في فاس توقف تقريباً كلياً كمعهد للتدريس، ولكن المدارس في المدينة المنوّرة وفي مدن المزارات في العراق استمرت دون تغيير كبير.

XXIII/7 في بعض البلدن وُضعت المدارس الاجنبية تحت رقابة الدولة وأصبحت تدرس بموجب برنامج التعليم الوطني، ولكن كانت هناك استثناءات: في لبنان ظلت الجامعتان، الاميركية والفرنسية، مزدهرتين، مع أنه أُنشِئتْ الى جانبهما جامعة حكومية، وفي مصر تمكنت الجامعة الاميركية في القاهرة، ومدارس البعثات الكاثوليكية التي كانت تتمتع بحماية الڤاتيكان الديبلوماسية، من الحفاظ على استقلاليتها. وكان الاتجاه على العموم نحو تعريب المدارس: تلك المدارس الاجنبية التي كانت تعلّم بلغة اجنبية اصبحت الآن تستعمل العربية الى درجة أكبر. فذلك أصبح القاعدة العامة على المستوى الابتدائي. في سوريا، طُبّق هذا النهج بحيث لم تكن تُدرّس أية لغة اجنبية قبل سن الحادية عشرة، وما كان لذلك من أثر على التعليم الثانوي والعالي. إلا أن في المغرب الكبير، حيث كان وجود جالية اجنبية كبيرة تدير الحكومة والاقتصاد قد أدى إلى انتشار الالمام بالفرنسية الى مستوى ادنى في طبقات المجتمع مما وصلت اليه في الشرق العربي، فالحكومات المستقلة اعتبرت الالمام بلغتين جزءاً من تراثها الثقافي، مع التركيز على أهمية اللغة العربية. وقد بُذلت جهود في بعض الجامعات لتعليم جميع المواد بالعربية، بما في ذلك العلوم الطبيعية، ولكن هذا أثار صعوبات: بالامكان اصدار كتب مدرسية بالعربية، ولكن الطالب الذي لا يستطيع مطالعة مؤلّفات الجامعيين العلمية باللغات الاساسية للدراسات العليا يجد نفسه محروماً. فقد كان آلاف الطُلاّب يُرسلون في بعثات للدراسة على نفقة الحكومات، وكانوا بحاجة الى التزوّد بلغة اجنبية يتقنونها تماماً.

وكما هو الحال في جميع المجتمعات، لم يكن المتموّلون وأصحاب النفوذ العائلي أو ذوو التراث العلمي يواجهون هذه المشاكل. ففي كل بلد كانت هناك مدارس أفضل من سائر المعاهد، تحت سيطرة اجنبية أو مؤسّسة خاصة، عدد الطلاب في صفوفها أقلّ، واساتذتها اكثر قدرة، مثل مدارس «الليسيه» في المغرب الكبير ومصر ولبنان التي كانت حكومة فرنسا تزوّدها بالمعلمين. كان بامكان الطلاب من هذه المدارس أن يُكملوا دراساتهم في الخارج بنجاح على نفقة العائلة أو الحكومة، وكانت النتيجة ترسيخ الهوة بين ثقافتيَن، ولكن بشكل مختلف نوعاً عن الهوة التي كانت تفصلهما سابقاً. النخبة المستمرّة الوجود التي كانت تعيش سابقاً في جوّ ثقافي انكليزي أو فرنسي أو أميركي أصبحت تعيش في جو انكلو ـ عربي أو فرنسي ـ عربي، وتُلمّ بلغتين أو ثلاث إلماماً جيدّاً، تتقن العربية، ولكنها تكتسب ثقافتها العالية ومعرفتها بالعالم عبر الانكليزية أو الفرنسية (وبالانكليزية بنسبة متزايدة ما عدا في المغرب الكبير). ولكن ظلت هناك طبقة، اكثر عدداً بكثير، ممن لا يتكلمون إلا العربية، ويطّلعون على اخبار العالم وسياسته وعلى الأفكار الجديدة والعلوم من خلال الكتب والصحف والاذاعات العربية. XXIII/8

اللغة والتعبير عن الذات

بهذا الوقت كانت هناك مقادير متزايدة من المواد لتغذية عقول الذين كانوا ينظرون الى العالم عبر اللغة العربية، ومعظم تلك المواد كان مشتركاً في كل البلدان العربية. XXIII/9

ذاك كان عصر السينما الذهبي. ففي اوائل الستينات كان التلفزيون في بدء ظهوره في البلدان العربية، ولكن دور السينما كانت كثيرة: كانت هناك ١٩٤ داراً للسينما في مصر عام ١٩٤٩، وبحلول عام ١٩٦١ اصبح هناك ٣٧٥؛ وكانت الزيادة في معظم البلدان الأخرى بالنسبة ذاتها. الأفلام الاميركية كانت رائجة، كما كانت في سائر انحاء العالم، والأفلام الفرنسية في المغرب الكبير، ولكن الأفلام المنتجة في مصر كانت تعرض بنجاح في أماكن متعددة. وفي عام ١٩٥٩ أُنتج ستون فيلماً طويلاً في القاهرة؛ معظمها XXIII/10

من النمط الرومانطيقي الموسيقي الذي كانوا قد درجوا على انتاجه منذ البداية، ولكن كان هناك ايضاً بضعة أفلام أكثر جدّية، عن الواقع الاجتماعي. وساهمت الافلام في زيادة الوعي المشترك للعرب، ناشرةً مجموعة من الصور، وعممّت إلفة واعتياداً على الاصوات المصرية واللهجة المصرية العامية والموسيقى المصرية الشعبية، التي أخذت تحلّ محل الموسيقى الاندلسية في المغرب الكبير.

XXIII/11 وكان هذا عصر الراديو أيضاً. فقد استوردت كميات ضخمة من أجهزة الراديو في الاربعينات والخمسينات. في عام ١٩٥٩ كان هناك قرابة ٨٥٠,٠٠٠ جهاز في مصر ونصف مليون في المغرب، وكل جهاز ربما كان يستمع اليه عشرات الأشخاص، في المقاهي أو ساحات القرى؛ احداث الحرب وفترة ما بعد الحرب، الانتصارات والهزائم، الوعود والآمال والمخاوف، أصبحت كلها معروفة أكثر وبسرعة أكبر من أي وقت مضى. كل دولة كان لها محطة اذاعتها، كذلك اسّست الدول الكبرى التي لها مصالح في البلدان العربية محطّات للبثّ بالموجة القصيرة بالعربية. نسبة كبيرة من البرامج التي كانت تبثّها المحطات ـ احاديث، موسيقى، تمثيليات ـ أُنتجت في القاهرة، وهذه بدورها عمّمت معرفة مصر ولهجاتها واصطلاحاتها. أكثر المحطات تأثيراً في هذه الفترة كانت «صوت العرب»، المذاعة من مصر على البلدان المجاورة، والمعبّرة بنبرات حادة عن تطلّعات العرب كما كانت تراها مصر. بعض الأصوات المصرية اصبحت مألوفة في كل مكان ـ صوت الرئيس، جمال عبد الناصر، وصوت أشهر مغنيّات مصر، أم كلثوم؛ عندما كانت تغنّي، كان كل العالم العربي يُصغي.

XXIII/12 بانتشار معرفة القراءة والكتابة والاهتمام بالشؤون العامة، زادت مبيعات الصحف وانتشارها وأصبحت أكثر تأثيراً في تكوين الرأي العام. مرّة أخرى كانت الصحف القاهرية الأوسع انتشاراً والأكبر تأثيراً. واستمرت الاهرام كالأكثر شهرة بينها، تبيع مئات الالوف من النسخ. وظلت الصحافة المصرية حرة نسبياً إلى حين مجيء السياسيين العسكريين الى السلطة عام ١٩٥٢، ولكن بعد ذلك وُضعت تحت رقابة السلطة الى الحين الذي أُممتْ

فيه سنة ١٩٦٠ مثل سائر المشاريع الكبرى. وحتى بعد ذلك، ظلت الصحف المصرية تُقرأ في كل أنحاء العالم العربي لأنها كانت تعبّر عن نظرة حكام مصر الى العالم؛ مقالات حسنين هيكل، رئيس تحرير الاهرام، كانت عبارة عن أحداث سياسية هامة. في معظم البلدان الأخرى ايضاً كانت الصحف تخضع لمراقبة صارمة فيما يتعلّق بالأخبار والآراء، ولكن كان هناك البعض ممّا تنشر فيها الأخبار بِحريّة، وتعبّر فيها الآراء من جميع الأنواع. الصحافة الأكثر حريّة كانت في بيروت: جمهورها المثقف كان واسعاً ومتنوّعاً، حاصراً في صفوفه لبنانيين وغير لبنانيين، والتوازن الدقيق للقوى السياسية جعل من قيام حكومة قوية بطّاشة امراً مستحيلاً. صحف بيروت ومجلّاتها، مثل الصادرة في القاهرة، كانت تُقرأ خارج حدود البلاد الى مسافات بعيدة.

XXIII/13 كما كانت القاهرة وبيروت ايضاً المراكز الرئيسية لنشر الكتب للبلاد العربية، وفي المدينتين ازدادت العناوين الصادرة وعدد النسخ المطبوعة الى درجة كبيرة لإشباع نهم جمهور متزايد من الطلاب ومن القراء عامة. في أواخر الستينات، كان يُنشر اكثر من ٣٠٠٠ كتاب في مصر سنوياً. كانت هناك كتب من كل الأنواع: كتب مدرسية لكل المستويات، مؤلّفات عن العلوم الشعبية (المفرغة في صيغة يفهمها الناس) والأدب الشعبي، وبداية أدب خاص للأولاد (الفكرة عن عالم الطفل التي صيغت في أوروبا في القرن التاسع عشر أخذت تصير شاملة)، بالاضافة الى الأدب الصرف.

XXIII/14 وكانت لا ريب اهم الكتب مغزى تلك التي يستكشف فيها الكُتّاب العرب علائقهم بمجتمعهم وبماضيهم. فقد أصبح هناك تقليد راسخ يتعلّق بابحاث تاريخية في بعض الجامعات، تونس والقاهرة والجامعة الاميركية في بيروت، وصدرت بعض التفسيرات المبتكرة للتاريخ العربي والاسلامي، مثل كتاب عبد العزيز الدوري (المولود عام ١٩١٩)، «بحث في نشأة علم التاريخ عند العرب»، وكتاب عبد الله العروي (مولود ١٩٣٣) Histoire du Maghreb «تاريخ المغرب»، محاولة لاستعادة تفسير تاريخه من الكتّاب الفرنسيين الذين فشلوا في فهم جوهره بحسب رأيه: «بإمكاننا تمييز فترة طويلة يمكن

خلالها رؤية المغرب بمثابة موضوع صِرْفٍ ليس بالامكان النظر إليه إلا عبر عيني فاتحيه الغرباء. . . تاريخ هذه الحقبة في هذه الحال ليس سوى تاريخ غرباء على ارض افريقية. . . فالآلية الاجتماعية للمغرب توقّفت عن العمل في المغرب في عدة مناسبات. الافراد والجماعات كثيرا ما عقدوا صلحا منفردا مع القدر. ما الذي باستطاعتنا ان نفعله كي نحول دون حدوث ذلك ثانية، وقد اتاح لنا الآن نهاية الاستعمار فرصة البدء مجدداً؟. . . ما يريد كلُّ منا معرفته اليوم هو كيف نخرج من ذواتنا، كيف نهرب من جبالنا وكثبان رملنا، وكيف نحدد ذاتنا بحسب ذاتنا وليس بحسب آخرين، وكيف نتوقف عن البقاء منفيين روحا»[١].

وظلّت الرواية والقصة القصيرة الاشكال الرئيسة التي يسبر فيها الكتّاب XXIII/15
العرب علائقهم بمجتمعهم. بالاضافة الى الرواية التي تعبّر عن مواضيع قومية، وعن المأزق الذي يجد فيه العربي المثقّف نفسه بين الثقافة الموروثة وثقافة أوروبا، برز الآن نوع آخر من الرواية يركز على التحليل الاجتماعي والنقد الذي يتضمّنه. وكما في السابق، ظهر اهم نتاج هذا الادب في مصر. في سلسلة من الروايات عن الحياة في المدينة (مجراها القاهرة)، كُتبت في الأربعينات والخمسينات، صوّر نجيب محفوظ (ولد عام ١٩١١) حياة أهل الطبقة المتوسطة الدنيا في مصر، بقلقهم وإرتباكاتهم في عالم يزداد غرابة لهم؛ ومُنح جائزة نوبل للأدب عام ١٩٨٨. عبد الرحمن الشرقاوي (ولد عام ١٩٢٠) وصف حياة فقراء الأرياف في روايته «الأرض». مؤلفات كهذه ساعدت، على الأقلّ ضمنيّاً، على تفسير تنفير المجتمع من حكّامه، كذلك تنفير الفرد من المجتمع. وكان هناك ظاهرة جديدة ببروز عدد من الكاتبات الروائيات، ممّن عالجت مؤلّفاتهنّ جهود النساء للتوصّل الى حريّة أكبر في الحياة؛ عنوان باكورة روايات ليلى بعلبكي «أنا أحيا» كان رمزاً لطموحهنّ. وكانت تُلتمس عند بعض الروائيين بوادر نوع من ثورة جديدة: ضد الحاضر، باسم ماضٍ «أصيل» قبل أن بدأت تطلّ تمزّقات الحياة العصرية. وهؤلاء الذين كتبوا في هذا النمط نظروا إلى الدين بمنظار جديد: الإسلام الذي أظهروه لم يكن اسلام دعاة العصرنة، ولا إسلام العهد الأول الصافي في

حقيقته او كما تصوّروه، بل الإسلام كما تطوّر فعلياً، أي اسلام المزارات وتكريم الاولياء، والممارسات الصوفية في القرية.

XXIII/16 في مصر، وإلى درجة أقلّ في بلدان اخرى، عُبّر عن هذه المواضيع بواسطة وسيلة جديدة نسبياً، هي التمثيليات (الدراما). فالروايات التمثيلية أصبحت شكلاً جديداً من أشكال التسلية: السينما عوّدت الناظرين على رؤية توتّرات العلائق البشرية (والراديو على سماعها)، معبَّر عنها بالكلمات والاشارات، كما أنها وفّرت رعاية لكتّاب التمثيليات. والتمثيليات الشعرية المكتوبة بلغة كلاسيكية رفيعة والتي أعّدت لكي تُقرأ أكثر منها لتُمثَّل، كان ما زال لها أقلامها، مثل توفيق الحكيم (١٨٩٩ ـ ١٩٨٧)، ولكن ظهرت إلى جانبها تمثيليات عن المجتمع الحديث، التي وُضعت لكي تُمثَّل، والتي كانت تُعرض في مسارح صغيرة في القاهرة وفي غيرها من المدن. وكانت هذه الروايات تُكتب أكثر وأكثر باللهجة العامية، أو ما يقاربها، والأسباب فسّرها أحد علماء الأدب. اللغة الفصحى الكلاسيكية تلائم الخطابة الثابتة في مكانها، ولا تلائم الحركة على المسرح؛ إنها لغة علنية ليس من السهل أن تصبح صوت مزاج فردي؛ إنها تجريدية، دون صلة ببيئة معيّنة. أمّا اللغة العامية، من ناحيتها، فرُبَّما يُعوزها الرنين الذي قد يسمو بها الى اعلى مستوى «درامي» أو مأساوي.

XXIII/17 وظهر أيضاً في أشعار هذه الفترة شيء من الاستياء من جمود اللغة الكلاسيكية وطبيعتها اللاشخصية واشكال التعبير بها. وظهرت منذ أواخر الأربعينات ثورة شعرية، على الأخص بين الشعراء الأصغر عمراً في لبنان وسوريا وفلسطين والعراق، والذين كانوا يعيشون في معظمهم في بغداد وبيروت، حيث كانت تُنشر مجلة «شعر» الناطقة باسمهم. وقد حاولوا ادخال تغييرات متعدّدة. فجاء تغيير في الغرض من القصيدة وفي محتواها. وكان عاطفيو الجيل السابق (الرومانطيقيون) قد حاولوا استبدال الشعر المنمّق الذي يتناول الأحداث العامة بشعر يعبّر عن العاطفة الخاصة، ونظروا الى العالم الطبيعي كاشارة خارجية لتلك العاطفة. والآن حاول الشعراء الجدد التملّص من «ذاتية» الرومانطيقيين، بينما احتفظوا بشيء ممّا تعلّموه منهم. الشعر

يجب أن يعبّر عن حقيقة الاشياء، ولكن الحقيقة لا تُدرك بالعقل وحده؛ يجب أن تُفهم بكامل شخصية الشاعر، بمخيّلته كما بذهنه. واختلف الشعراء بتركيزهم، كل واحد بمنحاه، على المظاهر المختلفة للحقيقة المتعدّدة الجوانب. بعضهم كان معنياً بهويّته في عصر اشتدّ فيه القلق؛ غيرهم، باعتقادهم ان على الكاتب ان يكون ملتزما، وهو اعتقاد نقلوه عن المجادلات الادبية الفرنسية التي دارت في الخمسينات، كانوا مهتمين بموضوع الأمة العربية ومواطن ضعفها. من الضروري خلق أمة عربية جديدة، وفرد عربي جديد، وعلى الشاعر أن يكون «خالقاً لعالم جديد». عرّف أحد روّاد هذه المجموعة، الشاعر السوري أحمد سعيد (ولد عام ١٩٢٩) الذي يكتب تحت اسم «أدونيس»، «الشعر الحديث بأنه رؤيا. والرؤيا بطبيعتها قفزة خارج المفاهيم القائمة. هي، إذن، تغيير في نظام الاشياء».[٢]

XXIII/18 وفي شعر بدر شاكر السياب (١٩٢٦ ـ ١٩٦٤) تصبح القرية العراقية التي نشأ فيها رمزاً للحياة ـ ليس فقط الحياة الفردية، ولكن حياة الشعب العربي ـ المحصور بشوارع المدينة، السجن المجرد للروح البشرية:

«دروب تقــول الاسـاطيــر عنهـا
علــى مــوقـدٍ نــام: مـا عـاد منهـا
ولا عــاد مــن ضفّــة المـوت سـارٍ،
فمـن يفجّـر المـاء منهـا عيـونـا لتُبنـى قـرانـا عليهـا؟
وجيكور من غلّق الدور فيها ـ وجاء إبنها يطرق الباب دونه؟
ومن حوّل الدرب عنها... فمن حيث دار اشرأبّتْ إليه المدينة؟
جيكـــــور خضـــــراء
مـــــسّ الاصيـــــل
ذرى النخـــــل فيهـــــا
بشمـــــس حـــــزينـــــة
ودربـي إليهـا كـومـض البـروق
بدا واختفى ثم عاد الضياء فأذكاه حتى أنارالمدينة»[٣].

كان العالم الجديد يحتاج الى لغة جديدة، وحاول هؤلاء الشعراء
XXIII/19 التخلّص من الأساليب المألوفة عن كيفية كتابة الشعر. الوحدة الأساسية في لغة الشعر يجب ألاّ تكون في البيت المؤلف من عدد معين من التفاعيل، ولكن في التفعيلة الواحدة؛ النظام المألوف للقوافي ـ والقافية نفسها ـ يمكن الاستغناء عنه؛ وتركيب الكلام في البيت بطريقة صارمة مشدودة يمكن ان يعوض عنه بتركيب اقل تكبيلا. الكلمات أو الصور التي أفرغها التكرار من معناها يجب أن تُستبدَل بسواها وابتكار نظام جديد من الرموز. فجاء بعضها شخصياً خاصاً، والبعض الآخر كان مستوحى من مخزون رموز الشعر الفرنسي أو الانكليزي الحديث.

إحدى العلامات المميّزة لهذه الجماعة كانت مدى تأثير الشعر
XXIII/20 الأوروبي على ذكائهم الشعري وحساسيتهم. فقد حاولوا توسيع الوعي الشعري للقارىء العربي ليشمل التراث الثقافي للعالم بأجمعه: صور عن الخصب مأخوذة من شعر إليوت «الأرض المقفرة» The Waste Land، وموت تموز (أدونيس) وانبعاثه، المأخوذ من الأساطير الكلاسيكية ولكن مع صبغة محلّية بسبب علاقته بالريف السوري (اقتباس اسم «أدونيس» لأحمد سعيد كان له مغزاه).

وظهر في المغرب الكبير في هذه الفترة جماعة من الكتاب ينشرون
XXIII/21 روايات وتمثيليات وأشعار بالفرنسية، ولكن معبّرين عن حساسية وطرق تفكير معيّنة. في الجزائر، كُتّاب من «جيل ١٩٥٢» أمثال «كاتب ياسين» (١٩٢٩ ـ ٨٩) «ومولود فرعون» (١٩١٣ ـ ٦٢) و «مولود مامري» (١٩١٧ ـ ٨٨) استخدموا اتقانهم التام للفرنسية لاستكشاف مشاكل التحرير الشخصي والهوّية الوطنية. كونهم كتبوا بالفرنسية لا يعني أنهم اقُتلِعوا من جذورهم؛ فقد كان ذلك نتيجة ثقافتهم ومركز مجتمعاتهم؛ بعض الجزائريين كانوا من البربر من قبيلية، وكانوا يرتاحون إلى الفرنسية أكثر من العربية. بعضهم اشترك في النضال الوطني وجميعهم تأثروا به؛ اكثرهم شهرة في فرنسا، «كاتب ياسين»، طلّق الكتابة بالفرنسية بعد ١٩٧٠ وكرّس نفسه لابتكار روايات تمثيلية بالعربية العامية.

الحركات الاسلامية

XXIII/22 كُتب الشعر الجديد لكي يُقرأ ويكون موضوع تأمّل، وكان مختلفاً بطرق كثيرة عن الشعر المكتوب ليُلقى امام جمهور حافل في المهرجانات الشعرية التي كانت احدى سمات هذه الفترة المميّزة. وكان يقرأه أقلّية ممّن كانوا يستطيعون فهم تلميحاته، إلا أنه كان يعبّر عن قلقٍ عام، استياء العرب من أنفسهم ومن عالمهم.

XXIII/23 في طبقات أوسع من السكان، كان يُعبَّر عن هذه المشاعر والرغبة في التغيير بكلمات وصور مرتبطة بالاسلام، بشكل أو بآخر من أشكاله الكثيرة. محاولة «اهل العصرنة» لاعادة صياغة الإسلام بطرق تجعل منه جواباً قابلاً للتطبيق على متطلّبات الحياة العصرية ربما ظلت، من صيغ الاسلام، الصيغة الأكثر انتشاراً بين النخبة المثقّفة التي قادت الحركات القومية وسيطرت الآن على الحكومات. وقد عُبّر عنها بطريقة أقل صرامة عقلانياً لأجل جمهور أوسع على يد كتّاب شعبيين يقرأهم الكثيرون: مثلاً، الكاتب المصري خالد محمد خالد (ولد ١٩٢٠) الذي تضمنت صيغته رفضاً للدين الذي كان يُدرّس في الأزهر. فقد أكّد أن إسلام «رجال الدين» كما سمّاه، هو إسلام الرجعية، يهاجم حرّية العقل البشري، ويساند مصالح المتنفّذين والاغنياء، ويبّرر الفقر. الدين الحقيقي عقلاني، انساني، ديموقراطي ومكرّس للتطور الاقتصادي؛ الحكومة الشرعية ليست دينية، بل هي حكومة قائمة على الوحدة الوطنية وتسعى الى الإخاء والعدالة. وبدأ بعض كبار كتاب هذا العصر بالكتابة باصطلاحات اسلامية أكثر صراحة، وهنا ايضاً كان التركيز الرئيسي على العدالة الاجتماعية؛ بالنسبة الى طه حسين كان الخليفة عمر المصلح الاجتماعي الذي تشابه افكاره أفكار العصر الحديث.

XXIII/24 مع أصوات كهذه اختلطت أخرى تنادي بأن العدالة الاجتماعية لا يمكن تحقيقها إلا بحكومة تتّخذ من الاسلام أساساً لسياستها وقوانينها. بعد الحرب أصبحت حركة الإخوان المسلمين عنصراً سياسياً ذا اهمية كبيرة في

مصر، وكبير الشأن أيضاً في سوريا وبعض البلدان الأخرى. وفي السنوات بين ١٩٤٥ و ١٩٥٢، سنوات تفتت النظام السياسي المصري، بدت تعاليم الإخوان المسلمين كأنها مبدأ للعمل السياسي الموحّد الذي يمكن فيه متابعة النضال ضد البريطانيين وضد الفساد باتحاد وثقة. وبعد استيلاء الضباط على السلطة سنة ١٩٥٢، بدا كأن الإخوان، الذين كان لهم اتصالات وثيقة ببعض الضباط، يوفّرون هدفاً يمكن توجيه سياسات الحكومة الجديدة نحوه. وكانوا المؤسسة السياسية الوحيدة التي استُثْنِيتْ في البدء من مرسوم حلّ الاحزاب السياسية. غير أنه سرعان ما تحولّت العلائق الى عداء، وبعد محاولة اغتيال عبد الناصر سنة ١٩٥٤ أُعدم بعض قادة الإخوان؛ بعد ذلك أصبحت أكثر الطرق فعالية للمقاومة السرّية واستمرت في توفير النمط البديل لمجتمع عادل.

وكان المؤسس، حسن البنا، قد اغتيل في سنوات الاضطراب بعد الحرب، ولكنّ كتاباً آخرين متصلين بالحركة اخذوا الآن يعبّرون عن مجتمع عادل ذي خصائص اسلامية حصرية: مصطفى السباعي في سوريا وسيد قطب (١٩٠٦ ـ ٦٦) في مصر. في كتاب مشهور، «العدالة الاجتماعية في الإسلام»، تقدم سيّد قطب بتفسير قويّ عن التعليم الاجتماعي للإسلام. موقفه أنّ للمسلمين ليس هناك من فاصل بين الايمان والحياة، وهذا ما يميّزهم عن المسيحيين. جميع الأعمال البشرية يمكن أن تُعتبر أعمال عبادة، والقرآن والحديث وفّرا المبادىء التي يجب أن تقوم عليها الأعمال. الإنسان حرّ فقط إذا أُطلق من جميع القوى ما عدا قوة الخالق: من قوة رجال الدين، والخوف، وسيطرة القيم الاجتماعية، والشهوات والرغبات البشرية. XXIII/25

وقال إن بين المبادىء المستمدّة من القرآن كان مبدأ المسؤولية المتبادلة للأفراد في المجتمع. ومع أن الكائنات البشرية اصلاً متساوون في نظر الله، فعليهم واجبات مختلفة تطابق مراكزهم المختلفة في المجتمع. الرجال والنساء متساوون روحياً ولكنهم يختلفون في الوظائف والواجبات. الحُكّام أيضاً لهم مسؤولياتهم الخاصة: الحفاظ على القانون، الذي يتوجب تطبيقه بصرامة للحفاظ على الحقوق والأرواح؛ ومسؤولياتهم تدعيم XXIII/26

الأخلاقيات ومساندة مجتمع عادل. ويشتمل هذا الحفاظ على حق التملّك، ولكن التأكّد من أنه يُستعمل لصالح المجتمع: الثروة يجب الا تُستخدم للترف أو الربا أو بطرق غير نزيهة؛ بل يجب أن تَدفع الثروة ضرائب لصالح المجتمع؛ ضروريات الحياة المجتمعية يجب ألا تكون في أيدي أفراد، بل ملكاً للجميع. وطالما يدعم الحُكّام تركيب مجتمع عادل فيجب إطاعتهم، ولكن عندما يكفّون عن ذلك فواجب الطاعة يزول. العصر الذهبي للعدالة الإسلامية كان العصر الأول؛ بعد ذلك جلب حكّامٌ لم يوافق عليهم الشعب كوارث متتالية على المجتمع الإسلامي. والمجتمع الإسلامي الصحيح لا يمكن استرجاعه إلا عبر تكوين عقلية جديدة عن طريق التربية الصحيحة.

XXIII/27 في مصر وغيرها من البلدان، كان قادة حركات كهذه على العموم ذوي مستوى عالٍ نسبياً من الثقافة والمكانة في المجتمع، ولكن اتباعهم كانوا في معظمهم من الطبقات الدنيا، ممن حصلّوا ثقافة إلى حد ما، عبر اللغة العربية، لا الانكليزية أو الفرنسية، والذين كانوا يحتلّون مراكز متوسّطة في مجتمع المدينة ولكنهم كانوا خارج المراتب العليا. بالنسبة إليهم، كانت حركات من هذا النوع تتيح أساساً اخلاقياً ممكناً للعيش في العالم الحديث. فقد كانت توفّر نظام مبادىء وثيقة الصلة بكل المشاكل الاجتماعية، في متناول يد كل الرجال والنساء، مميّزة عن إسلام الأولياء والمزارات المتّصل بطبيعته بمكان معيّن وجماعة محدودة. لذلك كانت ملائمة لمجتمع امتد العمل السياسي والاجتماعي فيه إلى كل الأمّة الوطنية، ويمكن الأمل بأنه قد يتعدّى حدود الوطن ويشمل العالم الاسلامي بأجمعه.

XXIII/28 وكانت ما زالت هناك طبقات كثيفة من المجتمع لم تكن قد انجرّت إلى الحياة الجديدة على مقياس واسع؛ للقرويين ولطبقة العمال الجدد المهاجرين من الأرياف، ظل لقبر الولي مكانته كتجسيد يذكّرهم ويُطَمِئنهم ان للحياة معنى؛ للمهاجرين من الأرياف الى المدن، أماكن الحج العظيمة - مولاي ادريس في فاس، السيدة زينب في القاهرة، وابن عربي في دمشق - كانت علامات مألوفة في عالم غريب. حارس المزار ربما فقد شيئاً من

وظائفه الاجتماعية للطبيب أو للدركي أو لموظّف الحكومة، ولكنه ظل قادراً على التوسّط بفاعلية في المشاكل اليومية، لمن حلّت بهم مصائب، أو للنساء العاقرات، أو من تعرّضوا لسرقة أو لحقد الجيران. كان بالامكان لطريقة نابعة من ذكرى أحد الأولياء لم يمضِ مدة طويلة على وفاته أن توسّع سيطرتها باستخدام اساليب حديثة في التنظيم بين فرجات الطبقة الوسطى في المدينة.

الفصل الرابع والعشرون

ذروة العروبة
(الخمسينات والستينات)

القومية الشعبية

XXIV/1 وظلّ هناك في تركيبة الافكار التي كوّنت القومية الشعبية في تلك الفترة عنصر اسلامي له أهميّته، وامتدّت هذه القومية أبعد من النخبة المثقّفة إلى الطبقة الأوسع المؤلفة من هؤلاء الذين دفعهم التعليم ووسائل الإعلام الى نوع من المساهمة السياسية، وكان معظمهم من سكان المدن. إلا أنه سواء كان إسلام «العصرانيين» أو إسلام «الإخوان»، فقد ظل العنصر الاسلامي على العموم ثانوياً في النظام. العناصر الأساسية التي رسمت لون القومية الشعبية جاءت من مصادر أخرى. فتلك كانت الفترة التي أصبحت فيها فكرة «العالم الثالث» هامة: أي فكرة جبهة مشتركة للبلدان قيد التطوّر، التي كانت تخضع سابقاً للامبراطوريات الاستعمارية، والتي حفظت انفسها من الالتزام لأي من الكتلتين، "الغربية" أو «الشرقية» الشيوعية، واستطاعت ممارسة نوع من النفوذ الجماعي عن طريق العمل معاً، على الأخص بفضل تشكيلها لأكثرية في الجمعية العامة للأمم المتحدة. والعنصر الثاني كان فكرة الوحدة العربية: أنَّ الدول العربية الحديثة الاستقلال لها ما يكفي من العناصر المشتركة، من ثقافة واختبارات تاريخية ومصالح ما يمكّنها أن تؤلف وحدة وثيقة الواحدة مع الأخرى، ووحدة كهذه لا تعطيها قوة جماعية أكبر فحسب بل تحقّق تلك «الوحدة المعنوية» بين الشعب والحكومة بحيث تصبح الحكومة شرعية ومستقرّة.

XXIV/2 إلى هذه العناصر أُضيف الآن عنصر آخر جديد ـ عنصر الاشتراكية: بكلام آخر، فكرة سيطرة الحكومة على الموارد لصالح المجتمع، وملكية الدولة وإدارة الانتاج (الاقتصاد الموجّه)، والتوزيع العادل للدخل من خلال الضرائب وتوفير الخدمات الاجتماعية. وتزايدُ قوة هذه الفكرة كان إلى حدّ

ما انعكاساً لما كان يحدث في أمكنة أخرى من العالم: قوة الأحزاب الاشتراكية والشيوعية في أوروبا الغربية، والنفوذ المتعاظم في العالم للاتحاد السوفياتي وحلفائه، ومجيء الحزب الشيوعي الى السلطة في الصين، ومزج الأفكار القومية والاشتراكية في برامج بعض الأحزاب التي استولت على الحكم في بلدان آسيا الحديثة الاستقلال. وتوضّحت على الأخص في الأفكار الماركسية التي وُضعت بالعربية بشكل منسّق. مرّة أخرى، كانت مصر مركز هذا النشاط. وبدأ المؤرّخون يفسرّون تاريخ مصر بتعابير ماركسية، بحيث أن ما بدا كحركات قومية أصبح الآن يُعتبر بمثابة تحرّكات لطبقات معيّنة تناضل من أجل مصالحها. ونُشِر نقد للثقافة المصرية من زاوية اشتراكية كتبه محمود أمين العالم وعبد العظيم أنيس. فقد أعلنا أن الثقافة يجب أن تعكس كلّية طبيعة المجتمع ووضعه، والأدب يجب أن يحاول اظهار علاقة الفرد باختبار مجتمعه. الأدب الذي يهرب من ذلك الاختبار فارغ؛ وهكذا فالكتابات التي عكست القومية البورجوازية هي الآن خالية من أي معنى. الكتابة الجديدة يجب أن يُحكم عليها ما إذا كانت تعبّر بطريقة وافية بالمرام عن الصراع مع «اخطبوط الامبريالية»، الذي يكوّن الواقع الاساسي لحياة مصر، وما إذا كانت تعكس حياة الطبقة العاملة. وعند النظر إليها بهذا المنظار، فإن مسألة أشكال التعبير تصبح ذات أهمية. فالهوة بين التعبير والمحتوى، كما يدّعون، دليل على الهروب من الحقيقة؛ نجيب محفوظ الذي كتب عن الحياة الشعبية مع تحاشي استعمال اللغة العامية، بدا لهم وكأنّه في معزل عن الحياة الحقيقية.

والطرق التي اندمجت فيها هذه العناصر في الحركات القومية اختلفت XXIV/3
من بلد الى آخر. في المغرب الكبير، ادّت ظروف النضال ضد الحكم الفرنسي الى خلق حركات قومية ذات دعم شعبي واسع وتنظيم أفضل من الحركات التي قامت ابعد إلى الشرق. وبما أن الفرنسيين كانوا هناك ليس كحكومة غريبة فحسب بل كمجموعة ذات حُظوة من المقيمين المسيطرين على الموارد المنتجة، فالطريقة الوحيدة لمقاومتهم كانت عن طريق القيام بثورة شعبية، حسنة التنظيم تمتد ابعد من المدن، إلى الأرياف. في تونس

كان الاستقلال قد تحقّق والحكومة الجديدة تحت سيطرة ائتلاف من نقابات العمال والحزب النيو ـ دستوري يقوده نخبة مثقفة جذورها في معظم الأحوال في القرى والمدن الصغيرة من «الساحل» ولها فروع في كل أنحاء البلاد. كذلك الأمر في الجزائر: المنظمّة التي اطلقت الثورة ضد الفرنسيين وحكمهم سنة ١٩٥٤، جبهة التحرير الوطني FLN، بقيادة رجال من أصل وضيع ولكن ذوي تدريب عسكري، اجتذبت تدريجياً تحت وطأة الحرب دعماً واسعاً من كل طبقات المجتمع. وعندما تحوّلت من قوة ثورية إلى حكومة، كانت قيادتها مكوّنة من قواد عسكريين تاريخيين للثورة ومن تكنوقراطيين ذوي الثقافة الرفيعة، الذين لا يمكن لأية حكومة عصرية أن تستمر بدونهم، واستمدت قوتها من شبكة منتشرة في كل أنحاء البلاد من فروع الحزب التي يلعب فيها صغار التجار وأصحاب الأراضي والمعلمون دوراً. في المغرب، كان ائتلاف مماثل للمصالح ـ بين الملك وحزب الاستقلال ونقابات العمال ـ قد حقق الاستقلال، ولكنه لم يبرهن عن نفسه أنه ثابت ومتحّد كما في بلدان المغرب الكبير الأخرى. فقد كان باستطاعة الملك أن يدعي بأنه التجسيد الاصيل للمجتمع القومي كما فعل ضد حزب الاستقلال، واستطاع كذلك أن يفرض سيطرته على الجيش الجديد. حزب الاستقلال، الذي فقد الدعم الشعبي المتأتّي عن القدرة على الادعاء بأنه يمثّل الارادة الوطنية، مال الى الانقسام الى فئات على أساس الطبقات؛ ومنه نشأت حركة جديدة، الاتحاد الوطني للقوى الشعبية، على رأسه قادة من الأرياف والجبال، يدّعون بأنهم ينطقون بمصالح الطبقة العاملة في المدن.

XXIV/4 في معظم بلدان الشرق الأوسط تحقق الاستقلال عن طريق المناورة السياسية، داخلياً وخارجياً، وبالمفاوضات التي كانت سلمية على العموم بالرغم من فترات من الشغب الشعبي. في البدء كان النفوذ في البلدان المستقلة حديثاً بيد العائلات الحاكمة أو النخبة المثقّفة الذين كان لهم المركز الاجتماعي والمهارة السياسية التي كانت ضرورية خلال فترة انتقال السلطة. الا ان جماعات كهذه لم يكن لديها، على العموم، المهارة والجاذبية التي

تستطيع أن تستقطب الدعم الشعبي في الظروف الجديدة من الاستقلال، أو ان تنشىء دولة في المعنى الكامل. فهي لم تكن تتكلم اللغة نفسها التي يتكلمها من هي تدّعي تمثيلهم، ومصالحها كانت بالحفاظ على الوضع الاجتماعي الحالي وطريقة توزيع الثروة بدلاً من تغييرات باتجاه عدالة اجتماعية اكبر. في هذه البلدان كانت الحركات السياسية تتفتّت بعد الاستقلال، وتصبح الطريق مفتوحة أمام حركات ونظريات جديدة تمتزج فيها عناصر من القومية والدين والعدالة الاجتماعية بطريقة أكثر جاذبية. الإخوان المسلمون كانوا حركة كهذه، على الأخص في مصر والسودان وسوريا. كذلك بدأت مجموعات شيوعية واشتراكية تلعب دوراً هاماً في مقاومة الحكم الاستعماري في آخر مراحله والحكومات الجديدة التي حلّت محلّه.

في مصر انقسمت الحركة الشيوعية الى جماعات صغيرة استطاعت بالرغم من ذلك أن تلعب دوراً في أوقات معينة من الازمات. حدث ذلك XXIV/5
بالأخص خلال المواجهة مع البريطانيين في السنين التي تلت انتهاء الحرب: لجنة العمال والطلّاب التي يسيطر عليها الشيوعيون اعطت القيادة والتوجيه الى القوى الشعبية التي كانت قد ثارت. في العراق، لعب الشيوعيون دوراً مماثلاً في الحركة التي اجبرت الحكومة على الانسحاب من معاهدة الدفاع التي وقّعتها مع بريطانيا عام ١٩٤٨. كانت المعاهدة قد حازت على موافقة معظم القادة السياسيين المُثبتين، وقدّمت للعراق بعض الفوائد، عن طريق تزويد الجيش باسلحة وامكانية توفير الدعم البريطاني في النزاع الذي كان قد بدأ حينذاك في فلسطين، ولكن ظهر كأن المعاهدة تتضمّن وجود رابطة مستديمة بين العراق وبريطانيا، وبالتالي تعني بالنهاية خضوع العراق للمصالح البريطانية على المدى الطويل. وأصبحت المعارضة لهذه الاتفاقية المحور الذي يلتئم حوله عدد من المصالح المختلفة: مصالح الفلاحين الذين نفروا من شيوخهم ممّن اصبحوا اصحاب املاك؛ ومصالح طبقة العمال في المدن الذين يواجهون غلاء اسعار الاغذية؛ والطلاب؛ والقادة الوطنيين من انتماءات اخرى. وفي هذا الوضع، لعب الحزب الشيوعي دوراً

هاماً في توفير رابطة بين مختلف الفئات. في السودان ايضاً، كانت المجموعة الحاكمة التي ورثت الوضع البريطاني مرتبطة بحزبين، كل واحد منهما مشارك بقيادة دينية تقليدية، واللذين كانا مماثلين في التركيبة الاجتماعية، مع انهما كانا مختلفين بالمقدار الذي يود كل منهما ربط السودان بمصر؛ وكان هناك دور شعبي لا يستطيعان القيام به، والذي حاول الحزب الشيوعي المكون بمعظمه من طلاّب درسوا في مصر، أن يمثّله.

XXIV/6 في وجه هذا التجزّؤ للقوى السياسية، جرت عدة محاولات لتشكيل حركات من نوع جديد تستطيع أن تضم كل العناصر الهامة. وكانت هناك حركتان هامتان في الخمسينات والستينات، الواحدة كانت حزب البعث، الذي نشأ وتطور في سوريا. كان هذا الحزب يشكل تحدّياً لسيطرة عدد قليل من كبار العائلات المدينية والأحزاب وتكتّلات الزعماء الدائرين في فلكهم على السياسة السورية. وكان اغراء هذا الحزب في الدرجة الأولى للطبقة المثقفة الجديدة التي كَوَّنَهَا التنامي السريع للتعليم، والذين جاؤوا في معظمهم من الطبقات الأقل سيطرة في المجتمع، والى درجة كبيرة من مجتمعات خارج الاكثرية المسلمة السنية: علويين، دروز ومسيحيين. وكان منشأها من مناظرات عقلانية حول الهوية الوطنية السورية وعلائقها مع غيرها من المجتمعات الناطقة بالعربية: جدل كان أكثر إلحاحاً في سوريا منه في سواها، لأن الحدود التي رسمتها فرنسا وبريطانيا لصالحهما كانت تتطابق مع التقسيمات الطبيعية والتاريخية حتى اقل في سوريا منها في معظم بلدان الشرق الاوسط.

XXIV/7 والجواب الذي أعطاه الواضع الاساسي لنظرية حزب البعث، ميشال عفلق (١٩١٠ ـ ٨٩)، وهو مسيحي من دمشق، صيغ بعبارات عربية لا مواربة فيها. هناك أمة عربية واحدة، لها الحق بأن تعيش في دولة واحدة مستقلّة، كوَّنتها تجربة تاريخية عظيمة، رسالة النبي محمد (ص) التي حملت الإسلام والمجتمع الذي يجسّده. وهذه التجربة لم تكن ملكاً للعرب المسلمين فقط، بل العرب الذين اتخذوها لانفسهم واعتبروها الأساس لادّعائهم بأنهم ذوو رسالة في العالم، ولهم الحق بالاستقلال والوحدة.

وباستطاعتهم تحقيق هدفهم فقط عن طريق تحوّل مزدوج: أولاً للعقل والروح ـ اقتباس فكرة الأمّة العربية من خلال التفهّم والمحبة ـ وبعد ذلك تَحَوُّل النظام السياسي والاجتماعي.

XXIV/8 في هذا النظام من الافكار كان عامل الاصلاح الاجتماعي والاشتراكية أقلّ أهمية في بادىء الأمر، ولكن في أواسط الخمسينات التحم حزب البعث بحزب آخر ينادي بالاشتراكية بصراحة أكبر. وبشكله الجديد هذا أخذ نفوذه ينتشر في سوريا وفي البلدان المجاورة، لبنان والأردن والعراق وفي بلدان شبه جزيرة العرب. وامتدّت جاذبيته أبعد من الطلاب والمثقّفين الذين كانت تقلقهم مسائل الهوّية؛ وقوي بشكل خاص بين جيل من ضباط الجيش المغموري الأصل من الأقاليم، والطبقة العاملة في المدينة من المهاجرين من الأرياف. وفي الخمسينات حدثت تناوبات في الحكم في سوريا بين العسكريين وبين الحكومة البرلمانية؛ وفي وضع كهذا من تجزّؤ السلطة، استطاع حزب ذو سياسة واضحة وشعارات تستهوي الشعب أن يلعب دوراً يفوق عدد اعضائه، وكان «البعث» ذا أهمية في الحركة التي أدّت الى تكوين الجمهورية العربية المتحدة عام ١٩٥٨ ثم إلى انقسامها عام ١٩٦١. كذلك في العراق كان له تأثيره بعد ثورة ١٩٥٨.

XXIV/9 كان البعث عقيدة أصبحت قوة سياسية، ولكن الحركة الأخرى الهامة في هذا العهد كان النظام الذي طوّر بالتدريج سلسلة من الافكار التي بموجبها حلل شرعيته. الضباط المصريون الذين استولوا على السلطة عام ١٩٥٢، والذين برز بينهم عبد الناصر قائداً دون منازع، كان لديهم برنامج عمل محدود في بادىء الأمر، ولا عقيدة مشتركة أكثر من استهوائهم للعامة بأنهم يعتبرون المصالح الوطنية، فوق مصالح الأحزاب والفئات، وشعورهم بالتضامن مع جماعات الفلاحين الذين انبثق معظمهم، وليس جميعهم، منهم. إلا انهم، بمرور الزمن، اكتسبوا ايديولوجية مميّزة كانت على العموم مندمجة في شخصية عبد الناصر. في هذه الأيديولوجية الناصرية، وُجد عدد من العناصر كان لها القدرة في ذلك الحين على تحريك الرأي العام. لغة الاسلام كانت اللغة الطبيعية التي استعملها الزعماء في نداءاتهم الى

الجماهير. كانوا على العموم ينادون بصيغة اصلاحية من الاسلام لا تعارض بل تصادق على أشكال العلمنة والتغيّر نحو العصرنة التي كانوا يدخلونها الى البلاد. ووُضع الأزهر تحت مراقبة السلطة بطريقة أكثر صراحة في هذه الفترة.

XXIV/10 إلا أنه، بوجه عام، كان التركيز على دافع الاسلام أقلّ مما كان على القومية والوحدة العربية. فالقومية العربية كانت قد قُبلت من حكومات مصر السابقة بمثابة احدى دعائم السياسة الخارجية، ولكن التطوّر التاريخي المنفصل لمصر والحضارة المميّزة التي نشأت في وادي النيل تركت مصر متباعدة نوعاً في المشاعر عن جيرانها. إلا أن نظام عبد الناصر بدأ الآن يفكّر بمصر كجزء من العالم العربي، وقائده الطبيعي. واعتقدوا أن قيادته يجب أن تُستخدم باتجاه ثورة اجتماعية: ملكية الدولة أو السيطرة على وسائل الانتاج، واعادة توزيع الدخل، كانت جوهرية لأجل زيادة الطاقة القومية إلى أقصى حدّ ولتوليد دعم شعبي عارم للنظام.

XXIV/11 وتبرّر برنامج الاصلاح الاجتماعي بمفهوم فكرة «اشتراكية عربية» خاصّة، يقع في منتصف الطريق بين الماركسية، القائلة بتصارع الطبقات، والرأسمالية، التي تعني أفضلية المصالح الشخصية وهيمنة الطبقات التي تمتلك وسائل الانتاج. في «الاشتراكية العربية»، كان الاعتقاد ان المجتمع بكامله يلتف حول حكومة تلاحق مصالح الجميع. وقد وُضعت هذه الفكرة في «الميثاق الوطني» الذي صدر عام ١٩٦٢: «فالثورة هي الوسيلة الوحيدة التي تستطيع بها الامة العربية ان تخلص نفسها من الاغلال التي كبلتها ومن الرواسب التي اثقلت كاهلها... والثورة هي الوسيلة الوحيدة لمغالبة التخلف الذي ارغمت عليه الامة العربية كنتيجة طبيعية للقهر والاستغلال... والثورة بعد ذلك هي الوسيلة الوحيدة لمقابلة التحدي الكبير الذي ينتظر الامة العربية وغيرها من الامم التي لم تستكمل نموها. ذلك التحدي الذي تسببه الاكتشافات العلمية الهائلة التي تساعد على مضاعفة الفوارق ما بين التقدم والتخلف... إن عهودا طويلة من العذاب والآمل بلورت في نهاية المطاف اهداف النضال العربي ظاهرة واضحة صادقة في تعبيرها عن الضمير

الوطني للامة وهي. . الحرية. . والاشتراكية. . والوحدة. . . لقد أصبحت الحرية الآن تعني حرية الوطن. وحرية المواطن. وأصبحت الاشتراكية وسيلة وغاية. هي الكفاية والعدل الطبيعي لامة واحدة مزقها اعداؤها ضد ارادتها وضد مصالحها. وأصبح طريق الوحدة هو الدعوة الجماهيرية لعودة الامر والعمل السلمي من اجل تقريب يوم هذه الوحدة»[1]. أُعلن أن الديموقراطية السياسية مستحيلة بدون الديموقراطية الاجتماعية، ويعني هذا ضمنياً الملكية العامة للمواصلات وغيرها من الخدمات العامة، والمصارف وشركات التأمين، والصناعات الخفيفة والثقيلة، وأهم من كل ذلك، التجارة الخارجية. يجب أن تتوفر المساواة في الفُرص، والعناية الصحية والتعليم للجميع، رجالاً ونساء بطريقة متوازية؛ يجب تشجيع التخطيط العائلي. الانقسامات بين الطبقات يجب أن تُحَلّ ضمن الوحدة القومية، كذلك الانقسامات بين الدول العربية: مصر يجب أن تدعو الى الوحدة العربية دون ان تقبل بالحجة القائلة ان هذا قد يشكّل تدخّلاً في شؤون البلدان الأخرى. وفي السنوات القليلة التالية نُفِّذَ الاصلاح الاجتماعي بكل عزيمة: تحديد ساعات العمل، ووضع حد أدنى للأجور، ونشر الخدمات الصحية العامة، وتوزيع نسبة من أرباح الصناعة بالتأمين والانعاش الاجتماعي. وأمكن تحقيق هذه التدابير بفضل النمو السريع لمصر في أوائل الستينات. إلا أنه بحلول ١٩٦٤ كان النموّ قد توّقف ولم يعد الاستهلاك الخاص بالنسبة إلى الفرد متصاعداً.

حتى في أوجِهِ، لم يستطع نظام عبد الناصر أن يوجّه مجاري جميع
XXIV/12 قوى الشعب المصري السياسية. الحركة السياسية الجماهيرية الكبرى فيها، الاتحاد الاشتراكي العربي، كان قناة تُعمّم بواسطتها نوايا الحكومة على الشعب بدلاً من واسطة يمكن التعبير بها عن اماني الجمهور واقتراحاته وشكاويه. واتهم الإخوان المسلمون النظام باستعمال لغة الإسلام لتمويه سياسة علمانية في أساسها؛ الماركسيون انتقدوا «الاشتراكية العربية» بأنها تختلف عن الاشتراكية «العلمية» القائمة على الاعتراف باختلاف الطبقات ونزاعاتها.

XXIV/13 إلا أن في البلدان العربية الاخرى لقيت «الناصرية» قبولاً واسعاً عاماً ومستمراً. شخصية عبد الناصر ونجاحات نظامه ـ النصر السياسي في قناة السويس عام ١٩٥٦، وبناء السدّ العالي، وتدابير الاصلاح الاجتماعي ـ والوعد بقيادة قوّية للدفاع عن القضية الفلسطينية: كل هذه بدت وكأنّها تتيح الأمل بعالم مختلف، بأمّة عربية تتجدّد بثورة اجتماعية حقيقية وتحتل مكانتها الحقّة في العالم. آمال كهذه شجعّها استخدام ماهر للصحف والاذاعة، التي وجّهت هذه النداءات إلى «الشعب العربي» من فوق رؤوس حكوماته. وهذه النداءات عمّقت الخلافات بين الحكومات العربية، ولكن الناصرية ظلت الرمز الفعّال للوحدة والثورة، وتجسّدت في حركات سياسية واسعة النطاق، مثل حركة القوميين العرب التي تأسّست في بيروت ونالت شعبية بين اللاجئين الفلسطينيين.

سطوة الناصرية

XXIV/14 ظلت القومية العربية فكرة مهيمنة على الحياة العامة في البلاد العربية في الستينات، خاصة بشكلها الاشتراكي والمحايد، وعبد الناصر قائدها ورمزها.

XXIV/15 وبنيل الجزائر استقلالها سنة ١٩٦٢، انتهى تقريباً عهد الامبراطوريات الاوروبية، ولكن ظلت هناك بعض المناطق في الشرق الأوسط حيث بقي النفوذ البريطاني، مجسّداً باشكال حكومية ومرتكزاً في النهاية على امكانية استعمال القوة المسلّحة. في عدن والمحميات حولها، أصبحت المصالح البريطانية أكثر اهمية في الخمسينات. مصفاة عدن كانت هامة، كذلك القاعدة البحرية، بسبب الخوف من أن يتمكن الاتحاد السوفياتي من تثبيت سيطرته في القرن الافريقي على الضفة الأخرى من البحر الاحمر. والحماية غير الشديدة على البلدان المحيطة بها اخذت تتحول الى نظام من المراقبة والسيطرة أكثر تشدّداً ومنهجية.

XXIV/16 تَحَرُّك الوعي السياسي في عدن، بتشجيع من بروز «الناصرية» وبعض

التغيرات التي كانت قيد الاجراء في عدن، أرغمت البريطانيين على توسيع درجة المساهمة المحلية في الحكومة. وأُنشِئت جمعية تشريعية في عدن، ونُظِّمت الدول المحمية حولها في اتحاد فدرالي دُمجت فيه عدن نفسها. إلا أن الامتيازات المحدودة جلبت مطالب جديدة من الطبقة المثقفة الصغيرة العدد ومن العمال في عدن، ومن هؤلاء الذين يعارضون سيطرة الحُكّام في الاتحاد، بتشجيع من مصر. ونشبت الاضطرابات، وفي عام ١٩٦٦ قررت الحكومة البريطانية الانسحاب. في هذا الوقت كانت المعارضة قد انقسمت الى فريقين، وعندما جرى الانسحاب عام ١٩٦٧ تمكنت جماعة مدينية ذات اتجاه ماركسي من الاستيلاء على الحكم.

XXIV/17 في الخليج، لم يكن الضغط المحلي هو الذي أدّى الى الانسحاب البريطاني بقدر ما كان التغير في مفهوم مركز بريطانيا في العالم. في عام ١٩٦١ مُنحت الكويت استقلالاً تاماً: فقد تمكّنت طبقة حاكمة من العائلات التجّار المتّجمعة حول عائلة حاكمة من تكوين حكومة ومجتمع من نوع جديد من خلال استثمار نفطها. وإلى ابعد من ذلك في الخليج، أدّى استعراض للموارد والستراتيجية البريطانية سنة ١٩٦٨ إلى قرار الحكومة البريطانية بسحب قواتها العسكرية وبالتالي سيطرتها السياسية من كل منطقة المحيط الهندي عام ١٩٧١. كان هذا القرار مخالفاً لمصلحة بريطانيا المحلية. اكتشاف النفط في مناطق مختلفة من الخليج، واستثماره على نطاق واسع في أبو ظبي اضفى أهمية جديدة على منطقة كانت فقيرة جدّاً وأدّى الى امتداد السيطرة البريطانية نوعاً ما من مرافىء الشاطىء الصغيرة الى الداخل، حيث أصبح تعيين الحدود الدقيقة الآن من الأهمية بمكان. ومن خلال النفوذ البريطاني، تشكّل اتحاد فدرالي طليق نوعاً، الامارات العربية المتحدة، لكي يحل محلّ الدور الموحّد الذي كان البريطانيون قد مارسوه. وكان هذا الاتحاد مكوّناً من سبع دول صغيرة (أبو ظبي، دبي، الشارقة، وأربع أخرى)، ولكن لا البحرين ولا قطر انضّما إليه. وكان استقلال البحرين مهدّداً خلال فترة من الزمن من ادعاءات ايرانية بالسيادة عليها على أساس براهين تاريخية، إلا أن هذه الادعاءات سُحبت عام ١٩٧٠.

XXIV/18 بعد ذلك، ظلّ الجزء الوحيد من شبه الجزيرة حيث استمر الوجود البريطاني في منطقة لم يظهر فيها وجود رسمي من قبل. حاكم عمان كان لمدة طويلة تحت السيطرة الفعلية لعدد قليل من الموظفين البريطانيين. ونادراً ما كان يمتد حكمه إلى الداخل، حيث كانت السلطة الفعلية بيد إمام مذهب «الإباضية». إلا أن في الخمسينات أدّت امكانية ايجاد نفط في الداخل الى توسيع سلطة السلطان، بمساندة البريطانيين. وهذا أدّى بدوره إلى قيام ثورة محلّية، تساندها السعودية، التي كان لها مطالبها الاقليمية؛ وراء هذا النزاع كان تضارب مصالح شركات الزيت البريطانية والاميركية. وقُمعت الثورة، بمساعدة بريطانية، وزالت «الإمامة» من الوجود، ولكن في عام ١٩٦٥ اندلعت ثورة أكبر في القطاع الغربي من البلاد، في ظُفار. واستمرت هذه حتى السبعينات، بدعم خارجي مرة أخرى. ولم يكن السلطان مستعدّاً لتقديم أية تنازلات في اتجاه التغيير، وفي عام ١٩٧٠ خُلع بتحريض من بريطانيا وحلّ ابنه محلّه.

XXIV/19 بحلول الستينات، الاهتمام الرئيسي للمعنيين بما بدا أنه بروز أمة عربية لم يعد منصبّاً على بقايا الحكم الاستعماري بل على نوعين آخرين من النزاع: النزاع بين «القوّتين العُظمَيَين»؛ والنزاع بين دول تحكمها جماعات ملتزمة بتغيّر سريع أو ثورة على غرار الناصرية، والدول التي تحكمها سلالات أو جماعات أكثر حذراً فيما يتعلّق بالتغيرات السياسية والاجتماعية، وأكثر عداء لانتشار النفوذ الناصري. في سوريا، استولى حزب البعث على السلطة عام ١٩٦٣: أوّلاً على يد القادة المدنيين، ثم من ضباط الجيش المنتمين إلى الحزب. في العراق، قُلبت عام ١٩٦٣ حكومة الضباط التي شكّلتها الثورة عام ١٩٥٨ بحكومة أكثر ميلاً إلى البعث وإلى الناصرية؛ ولكن مباحثات الوحدة بين العراق وسوريا ومصر ابرزت الفروقات في المصالح والأفكار بين الثلاثة. وفي السودان، وقع انقلاب عسكري عام ١٩٥٨، واتّبعت الحكومة التي تشكّلت عنه سياسة حياد وتطوير اقتصادي، إلى حين أُعيدت حكومة برلمانية سنة ١٩٦٤ نتيجة ضغط الجماهير. في الجزائر، أول حكومة قامت بعد الاستقلال، وعلى رأسها أحمد بن بلّا، حلّ محلّها سنة

١٩٦٥ حكومة أكثر التزاماً بالاشتراكية والحياد، وعلى رأسها هواري بومدين. إلا أن من الناحية الأخرى ظل هناك ممالك في المغرب وليبيا والأردن والسعودية، وتونس ظلت في موقف غير واضح، يحكمها بورقيبة بصفته قائد الحزب الوطني الكبير الشعبية، الملتزم اجراء اصلاحات عميقة ولكنه معادٍ لانتشار النفوذ المصري وللكثير من الافكار الرائجة عن القومية العربية.

XXIV/20 والشعور بأمّة قيد التكوين تَدَعَّمَ في هذه الفترة بالثراء الجديد والتغييرات الاخرى التي احدثتها استثمارات النفط. فالثروة النفطية في الدول العربية وغيرها من بلدان الشرق الأوسط أصبحت الآن ذات أهمية حقيقية في الاقتصاد العالمي، وكان لهذا وقع عميق على مجتمعات البلدان المنتجة للنفط. وفي منتصف الستينات كان دخل حكومات البلدان الخمسة الأكبر في انتاج النفط ـ العراق، الكويت، السعودية، ليبيا والجزائر ـ حوالى ملياري دولار اميركي في السنة. وكانت هذه المداخيل تستخدم ـ بمسؤولية أكبر في العراق والكويت وليبيا والجزائر، وأقلّ في السعودية إلى الوقت الذي أطاحت ثورة عائلية الملك سعود، الابن الأكبر لعبد العزيز، الذي كان قد تسلّم الملك بعد وفاة ابيه، وحلّ محله اخوه فيصل (١٩٦٤ ـ ٧٥) ـ لإقامة البنية التحتية لمجتمعات حديثة، ولتعميم الخدمات الاجتماعية، كذلك لانشاء بنيات أكثر اتقاناً للادارة والدفاع وقوات الأمن التي كانت قائمة عليها.

XXIV/21 كل هذه التطورات كانت قد بدأت تغيّر مكانة الجزيرة العربية في العالم العربي، بطريقتين. من ناحية، استطاع حكام السعودية وبلدان الخليج من استخدام ثرواتهم لاكتساب مكانة أكثر نفوذاً في الشؤون العربية؛ وفي هذه الفترة بدأوا يقدّمون مساعدات على نطاق واسع إلى الدول الأكثر فقراً. من ناحية أخرى، بدأت مجتمعاتهم المتطورة بسرعة تجتذب اعداداً كبيرة من المهاجرين من البلدان العربية الأخرى. ولكن هذا لم يكن يصدق على العراق والجزائر، الدولتين اللتين يقطنهما عدد كبير من السكان وبامكانهما استخدام عمّالهما المهرة والمتعلمين، ولكن في السعودية والكويت والبلدان الأخرى

من الخليج، كما في ليبيا، كان عدد السكان أقلّ مما هم يحتاجونه لتطوير مواردهم، والطبقة المتعلّمة كانت ما زالت أقلّ ايضاً. كان المهاجرون في معظمهم من الفلسطينيين والسوريين واللبنانيين؛ باستثناء هجرتهم الى ليبيا، كان عدد المهاجرين من مصر أقلّ لأن الحاجة إلى الاحتفاظ بجيش عامل ونمو اقتصاد تسيطر عليه الحكومة جعل الحكومة المصرية غير راغبة في السماح بهجرة على نطاق واسع. وفي بداية السبعينات ربما كان هناك حوالى نصف مليون مهاجر. معظمهم كانوا عمّالاً مثقفين أو مدرّبين، وجلبوا معهم إلى بلدان اغترابهم افكاراً كانت شائعة في البلدان التي جاؤوا منها: افكاراً عن الثورة الناصرية أو القومية البعثية، وحنين الفلسطينيين الدائم إلى استعادة وطنهم. أفكارهم وتطلّعاتهم بدت كأنها تدعم مصلحة مصر عبد الناصر في استخدام ثراء الدول النفطية كأداة لتكوين كتلة قوية من البلدان العربية تحت القيادة المصرية.

أزمة ١٩٦٧

XXIV/22 حتى في أوائل الستّينات كانت هناك دلائل على أن ادعاءات الناصرية وطموحاتها تتعدى طاقتها. فانحلال الوحدة بين مصر وسورية سنة ١٩٦١، وفشل المحادثات التي تلت عن الوحدة، كشفت حدود زعامة عبد الناصر والمصالح المشتركة للدول العربية. والأكثر مغزى من ذلك كان احداث اليمن. ففي عام ١٩٦٢ توفي الإمام «الزيدي»، حاكم البلاد، وكاد خليفته يُخلع عن العرش فوراً إثر حركة تحالَفَ فيها أفراد من الأحرار المثقّفين الذين كانوا بالمنفى مع ضباط في الجيش النظامي الجديد، مع بعض الدعم القبلي المحدود. واصبحت الإمامة القديمة جمهورية اليمن العربية (والآن غالباً ما تسمّى اليمن الشمالية لتمييزها عن الدولة التي أُنشِئَت بعد الانسحاب البريطاني من اليمن والمحمية حولها، والمعروفة رسمياً باسم الجمهورية الشعبية الديموقراطية لليمن، ولكنها غالباً ما تكنّى باسم اليمن الجنوبية). المجموعة التي استولت على السلطة استنجدت فوراً بمصر وأُرسلت وحدات من الجيش المصري. إلا أنه حتى مع هذا الدعم، فمهمة حكم بلد كان تحت

سيطرة مباشرة، ولكنه ظلّ متماسكاً بفضل دهاء الإمامة، ومتانة اتصالاتها، هذه المهمة كانت أصعب مما تستطيع الحكومة الجديدة القيام به. فاندلعت الثورات في أجزاء من الأرياف، التي كانت ما زالت تعترف بسلطة الإمام، أو كانت معارضة لنوع السيطرة التي كانت الحكومة الجديدة تحاول أن تفرضها. ولقي هؤلاء الدعم من السعودية، وتبع ذلك عدة سنوات من الحرب الأهلية كانت خلالها النزاعات بين المجموعات المحلية وبين مصر والملكيات العربية التقليدية متشابكة. ولم يستطع أي من الفريقين اخضاع الآخر؛ هؤلاء الذين ساندهم المصريون استطاعوا أن يسيطروا على المدن الرئيسة فقط والطرقات بينها، ولكن ليس على القسم الأكبر من البلاد، وبقي جيش مصري كبير معسكِراً هناك، يقاتل في ظروف غير مألوفة.

XXIV/23 وانكشفت محدودية قوة المصريين والعرب بطريقة حاسمة أكثر في أزمة أكبر حدثت عام ١٩٦٧، وضعت مصر ودول عربية أخرى في مواجهة مشؤومة مباشرة مع اسرائيل. فقد كان من المحتّم على ديناميكية السياسة الناصرية أن تدفع عبد الناصر إلى مركز القائد البطل للعرب في المشكلة التي كانت لمعظمهم المشكلة الأهم: علائقهم مع اسرائيل. بعد أن توجّهت نحو الموضوع بالتأني والحذر، بدأت حكومة مصر العسكرية بتثبيت مركزها القيادي عام ١٩٥٥. وجاءت حوادث ١٩٥٦ والسنين التي تلتها لتجعل من عبد الناصر الرمز المجسّد للقومية العربية، ولكن وراء ذلك كانت هناك سياسة مصرية معينة: جعل مصر قائدة كتلة موحّدة الى درجة لا يمكن للعالم الخارجي أن يتعامل معها إلا من خلال الاتفاق مع القاهرة. مهمة العمل بمثابة قائد وناطق باسم القضية الفلسطينية كان لها مخاطرها البديهية، وحتى عام ١٩٦٤ قامت مصر بهذه المهمة بكل دراية؛ في تلك السنة رفضت أن تنجرّ الى مواجهة مع اسرائيل بشأن خطط اسرائيلية لاستخدام مياه الأردن للريّ. إلا أن من ذلك الوقت بدأ عبد الناصر يتعرّض لضغوطات من جهات متعدّدة. الأنظمة «المحافظة»، التي كان في نزاع معها في هذا الوقت بسبب الحرب الأهلية في اليمن، أكّدت أن حذره واحتراسه دليلان على عدم إيمانه بالقضية التي يدّعي مناصرتها. وفي سوريا، كانت السلطة قد وقعت في أيدي

مجموعة من البعثيين تؤمن بأنه لا حلّ للمشكلة الفلسطينية إلا من خلال ثورة اجتماعية ومواجهة مباشرة مع اسرائيل، وبالتالي تكوين أمة عربية جديدة.

XXIV/24 في هذا التشابك من العلائق العربية الداخلية حيكت الآن جديلة جديدة. منذ ١٩٤٨ لم يكن باستطاعة الفلسطينيين انفسهم لعب دور مستقل في المحادثات عن مصيرهم الخاص بهم: فقيادتهم كانت قد انهارت، وتوزّعوا بين عدد من الدول، والذين خسروا منازلهم وعملهم اضطروا الى بناء حياة جديدة لانفسهم. وكانوا قد استطاعوا أن يلعبوا دوراً فقط تحت سيطرة الدول العربية ورقابتها وبإذنٍ منها. وفي عام ١٩٦٤ قامت الجامعة العربية بتشكيل كيان منفصل لهم، منظمة التحرير الفلسطينية، ولكنها كانت تحت السيطرة المصرية والقوات المسلّحة التابعة لها كانت جزءاً من جيوش مصر وسوريا والأردن والعراق. وفي هذا الوقت نشأ جيل جديد من الفلسطينيين، في المنفى ولكن بذكريات عن فلسطين، وتثقّف في القاهرة وبيروت منفتحاً على مجاري الفكر هناك. وبالتدريج في أواخر الخمسينات بدأت حركات سياسية فلسطينية مميزة من نوعين بالبروز: «فتح»، الملتزمة بأن تظل مستقلة تماماً عن الأنظمة العربية التي كانت مصالحها غير مصالح الفلسطينيين، وملتزمة ايضاً بالمواجهة العسكرية المباشرة مع اسرائيل؛ وعدد آخر من الحركات الأصغر حجماً التي انبثقت عن الجماعات الموالية للناصرية في بيروت ثم اتجهت تدريجياً نحو التحليل الماركسي للمجتمع وللعمل الاجتماعي، والاعتقاد بأن الطريق الى استعادة فلسطين يمرّ عبر ثورة جوهرية في البلدان العربية.

XXIV/25 بحلول العام ١٩٦٥ بدأت جماعات كهؤلاء القيام بعمليات مباشرة داخل اسرائيل، وبدأ الاسرائيليون بالرد ليس ضد البعث السوري الذي كان يساند الفلسطينيين، ولكن ضد الأردن. هذه الأعمال الاسرائيلية لم تكن فقط جواباً على ما يفعله الفلسطينيون، ولكنها كانت نابعة من ديناميكية السياسة الاسرائيلية. فسكان اسرائيل استمروا في الازدياد، على الأخص من الهجرة؛ كان عددهم عام ١٩٦٧ حوالى ٢,٣ مليون، يشكل العرب ١٣ بالمئة منهم

تقريباً. كانت قوتها الاقتصادية قد ازدادت بمساعدات من الولايات المتحدة وتبرّعات من اليهود في العالم الخارجي وتعويضات من المانيا الغربية. وكانت أيضاً تبني وتقوّي طاقات وخبرة قوّاتها المسلّحة، بالأخص طيرانها الحربي. وكانت اسرائيل تعرف بأنها أقوى من جيرانها العرب عسكرياً وسياسياً؛ وفي مواجهة تهديدات من هؤلاء الجيران، أفضل سبيل لها كان إظهار قوّتها. فهذا قد يؤدي إلى اتفاق أكثر ثباتاً مما استطاعت تحقيقه؛ ولكن وراء ذلك كان هناك الأمل بأن تستولي على ما تبقّى من فلسطين وتُنهي الحرب التي لم تنتهِ عام ١٩٤٨.

جميع هذه الخطوط تلاقت في نقطة واحدة عام ١٩٦٧. فبمواجهة
XXIV/26 اعمال اسرائيل الانتقامية ضد دول عربية أخرى، وبأخبار (ربما اشاعات لم يكن لها اساس) عن هجوم اسرائيلي وشيك على سوريا، طلب عبد الناصر من الأمم المتحدة أن تسحب قواتها التي كانت متمركزة على الحدود مع اسرائيل منذ حرب السويس عام ١٩٥٦، وعندما تم ذلك اغلق مضائق العقبة في وجه الملاحة الاسرائيلية. ربما خال له أنه لن يخسر شيئاً بهذا العمل: امّا أن تتدخّل الولايات المتحدة في آخر لحظة للتفاوض على حل سياسي، وهذا يكون نصراً له، أو إذا وقعت الحرب، فقواته المسلحة والمجهزة والمدرّبة من الاتحاد السوفياتي، قوّية يمكنها أن تفوز. وربما صحّت حساباته لو كان للولايات المتحدة سيطرة كاملة على سياسة اسرائيل، إذ كانت هناك حركة داخل الحكومة الاميركية لحلّ المشكلة سلمياً. ولكن العلائق بين القوى العظمى والدول الدائرة في فلكها لا تكون أبداً بسيطة سهلة. فالاسرائيليون لم يكونوا على استعداد لاعطاء مصر نصراً سياسياً لا يتطابق مع توازن القوة بينهما، وهم أيضاً شعروا أنهم لا يخسرون شيئاً؛ فقد كانوا يعتقدون بأن قواتهم المسلحة أقوى، وفي حال حدوث نكسة غير متوقّعة فكانوا متأكدين من مساندة الولايات المتحدة. وبازدياد التوتر، عقدت الأردن وسوريا اتفاقات عسكرية مع مصر. في ٥ حزيران هاجمت اسرائيل مصر ودمّرت سلاحها الجويّ؛ وفي الأيام القليلة التي تلت من القتال احتل الاسرائيليون سيناء حتى قناة السويس والقدس والجزء الفلسطيني من الأردن واجزاء من

جنوبي سوريا (الجولان ومرتفعاتها)، قبل أن يُنهي القتال اتفاق بوقف اطلاق النار تحت رعاية الأمم المتحدة.

XXIV/27 وكانت الحرب هذه نقطة تحوّل من عدّة أوجه. احتلال الاسرائيليين للقدس، وكون الأماكن المقدسة الاسلامية والمسيحية أصبحت تحت السيطرة اليهودية أضاف بعداً جديداً للصراع. فالحرب غيّرت ميزان القوى في الشرق الأوسط. وكان من الواضح أن اسرائيل اقوى عسكرياً من أيّة مجموعة من الدول العربية، وهذا غيّر علاقة كل واحدة منها مع العالم الخارجي. ما كان يُعتبر، بحق أو غير حق، تهديداً لوجود اسرائيل أثار العطف في أوروبا وأميركا حيث كانت ذكريات مصير اليهود خلال الحرب العالمية الثانية ما زالت حيّة؛ والنصر الاسرائيلي الخاطف ايضاً جعل من اسرائيل جذابة أكثر كحليف في عيني الاميركيين. بالنسبة للدول العربية، وبالأخص لمصر، ما حدث شكّل اندحاراً من كل النواحي بيّن مدى ضعف قدراتهم العسكرية والسياسية؛ للاتحاد السوفياتي كانت أيضاً نوعاً من الهزيمة، ولكنها هزيمة جعلت الروس أكثر تصميماً على منع حلفائها العرب من التعرض لهزيمة أخرى من الضخامة ذاتها. وعلى مستوى عميق جدّاً، تركت هذه الحرب بصمتها على كل فرد في العالم ينتمي إلى اليهود أو للعرب، وما كان نزاعاً محلّياً اصبح نزاعاً عالمياً.

XXIV/28 والنتيجة الأهم على المدى الطويل كانت احتلال اسرائيل لما تبقى من فلسطين: القدس وغزّة والقطاع الغربي من الأردن (المسمّى عادة الضفة الغربية). وأصبح عدد أكبر من الفلسطينيين لاجئين، كما زاد عدد الذين وقعوا تحت الحكم الاسرائيلي. وزاد هذا في الاحساس بالهوية الفلسطينية، واليقين بينهم بأنهم بالنتيجة لا يمكنهم الاعتماد سوى على أنفسهم؛ كما أن ذلك أثار مشكلة للاسرائيليين وللدول العربية وللقوى العظمى. هل يجب أن تظلّ اسرائيل محتلة ما انتزعته، أو أن تبادل الأرض بنوع من الحلّ السلمي مع الدول العربية؟ هل يجب ان يُعطى الفلسطينيون كياناً مستقلاً؟ كيف تستطيع القوى الكبرى أن تحقق حلاً لا يؤدي إلى حرب أخرى قد ينجرّون إليها؟

من الممكن أن مبادرةً ما من قِبَل المنتصرين ربما فتحت الطريق إلى الإجابة عن بعض هذه الأسئلة؛ ولكن المبادرة لم تصدر، ربما لأنه استلزم بعض الوقت للاسرائيليين كي يهضموا نتائج نصر مفاجىء وكامل كهذا، XXIV/29 وترسّخ كل فريق في مركزه الجديد. الفلسطينيون، الذين وجدوا أنفسهم موحّدين في معظمهم تحت الحكم الاسرائيلي، طلبوا حق الوجود الوطني المستقل. وبدأ الاسرائيليون بادارة الأراضي المحتلة فعلياً كجزء من اسرائيل. ومجلس الأمن في الأمم المتحدة نجح أخيراً في نوفمبر في الاتفاق على القرار ٢٤٢، الذي بموجبه سيكون هناك سلام ضمن حدود آمنة معترف بها، وتنسحب بموجبه اسرائيل من أراضٍ احتلّتها وتجرى ترتيبات للاجئين. إلا أنه كان هناك عدم اتفاق على الطريقة التي يجب تفسير ذلك القرار بها: إذا كان يتوجّب على اسرائيل الانسحاب من كل الأراضي أو بعضها؛ وما إذا كان يجب اعتبار الفلسطينيين دولة أو مجموعة لاجئين. واتّخذ رؤساء الدول العربية قراراتهم الخاصة بهم في مؤتمر عقد في الخرطوم في سبتمبر ١٩٦٧: لا اعتراف بالفتوحات الاسرائيلية، ولا مفاوضات. إلا أنه هنا أيضاً كان بالامكان ايجاد تفسيرات مختلفة: لمصر والأردن على الأقل، ظلّ هناك باب مفتوح لحلّ بالمفاوضات.

الفصل الخامس والعشرون

الوحدة العربية والشقاق العربي (منذ ١٩٦٧)

أزمة ١٩٧٣

عاش عبد الناصر ثلاث سنوات بعد هزيمته. مكانته في العالم تزعزعت بعنف بسبب تلك الهزيمة؛ علائقه مع الولايات المتحدة وبريطانيا افسدتها اتهاماته لهما بانهما ساعدا اسرائيل عسكرياً خلال الحرب، وإلحاح الولايات المتحدة على أن انسحاب اسرائيل من الأراضي المحتلة يتم فقط مقابل السلام. وضعف مركزه بالنسبة الى سائر الحكام العرب إذ توضّح مدى محدودية قوّته. وكانت احدى النتائج المباشرة لحرب ١٩٦٧ أنه بدلاً من الاستمرار في الخسارة في اليمن، توصّل إلى اتفاق مع السعودية سحب بموجبه جميع قواته من اليمن. XXV/1

إلا أن داخل مصر ظل مركزه قوياً. ففي نهاية ذلك الأسبوع المشؤوم في حزيران ١٩٦٧ أعلن استقالته، ولكن هذا أثار احتجاجات واسعة في مصر وفي بعض البلدان العربية الأخرى، ربما بفضل تدبير حاذق، أو ربما بسبب شعور بأن استقالته هي هزيمة وإذلال أكبر. وظلّت سلطته على عواطف الجماهير في البلدان العربية الأخرى قوية. بسبب شخصيته ومكانته هو وكذلك بسبب مكانة مصر المعترف بها، كان عبد الناصر الوسيط الذي لا غنى عنه بين الفلسطينيين وبين البلدان التي يعيشون فيها. في السنوات بعد ١٩٦٧، تَزَايُد الشعور الوطني الفلسطيني وتَنَامِي قوة فتح، التي كانت تسيطر على منظمة التحرير الفلسطينية منذ ١٩٦٩، أدّى إلى عدّة عمليات فدائية ضد اسرائيل، وإلى ردّات فعل انتقامية من اسرائيل ضد الأراضي التي يتمتع فيها الفلسطينيون بحرية العمل. وفي عام ١٩٦٩، مكّن التدخّل المصري من توقيع اتفاقية بين الحكومة اللبنانية ومنظمة التحرير الفلسطينية، وُضعت بموجبها الخطوط التي يمكن لمنظمة التحرير التصرف ضمنها بحرية في جنوبي لبنان. وفي السنة التالية، ١٩٧٠ نشب قتال ضارٍ في الأردن بين XXV/2

الجيش وفصائل الفلسطينيين، والتي بدا وكأنها على أهبة الإمساك بالسلطة في البلاد. واستطاعت الحكومة الأردنية فرض سيطرتها ووضع حدّ لحرية العمل للمجموعات الفلسطينية، ومرّة أخرى كان توسّط عبد الناصر هو الذي أدّى إلى السلام بينهما.

XXV/3 بعد ذلك مباشرة توفي عبد الناصر فجأة. والمظاهر غير العادية في جنازته، بملايين الأفراد الباكين في الشوارع، كانت دون ريب ذات مغزى؛ وعلى الأقل في تلك الفترة، كان من الصعب تخيّل مصر أو العالم العربي بدونه. وكانت وفاته نهاية عهد أمل لعالم عربي موحّد ومتجدّد.

XXV/4 وخلف عبد الناصر زميل رافقه منذ أمد طويل، أنور السادات (١٩١٨ ـ ٨١). وبدا في الأول أن مصر ستواصل مسيرتها كالسابق. في البلدان العربية الأخرى ايضاً، جلبت التغييرات سنة ١٩٦٩ و ١٩٧٠ إلى الحكم افراداً ظهروا كأنهم سيتّبعون سياسة مشابهة نوعاً للناصرية أو على الأقل متناسقة معها. صحيح أنه في المغرب وتونس لم يكن قد حدث تغيير جذري في هذا الوقت؛ الملك الحسن ومن حوله، وبورقيبة وحزب النيو ـ دستور، بقيا في السلطة. في الجزائر ايضاً كان التغيير في المجموعة الحاكمة قد حدث قبل ذلك ببضع سنوات. أبعد إلى الشرق، استمّر حكم الملك فيصل في السعودية والملك حسين في الأردن واستمرّت سلالات الدول الخليجية. إلا أن في ليبيا، التركيبة المألوفة من ضباط الجيش والمثقفين الراديكاليين قلبوا الملكية عام ١٩٦٩؛ وبعد فترة، برز في المجموعة الحاكمة الجديدة شخصية أحد الضباط المسيطرة، معمّر القذافي. وفي السودان، قامت مجموعة مماثلة من الضباط تحت قيادة جعفر النميري بقلب النظام الدستوري سنة ١٩٦٩. في سورية، نظام حزب البعث الذي كان متورّطاً تورّطاً عميقاً بهزيمة ١٩٦٧، حلّ محله مجموعة من الضباط سنة ١٩٧٠ بقيادة حافظ الأسد، الذي كان ينتمي إلى البعث ايضاً ولكن أكثر حذراً بسياسته. في العراق ايضاً انتهت فترة من الحكم المقلقل تحت تحالف بين ضباط من الجيش ومدنيين عندما قامت مجموعة متجانسة ذات صلة بالبعث ووضعت اليد على السلطة سنة ١٩٦٨؛ وبالتدريج برز صدّام حسين

كالشخص الأقوى فيها. في اليمن الجنوبي أيضاً كانت سنة ١٩٦٩ حاسمة. فتحالف القوى الذي كان قد استولى على السلطة بمجيء الاستقلال حل محلّه مجموعة أخرى ماركسية. إلا أن في اليمن الشمالي، لم تسجّل هذه السنين أي تغيير حاسم: نهاية الحرب الأهلية جلبت الى الحكم تحالفاً من القوى من الجانبيَن، اللذين ظلّت علاقتهما الواحد بالآخر تحتاج إلى تحديد. وظل الأمر كذلك إلى العام ١٩٧٤ عندما تم اقامة نظام أكثر استقراراً، بدعم من الجيش وبعض زعماء القبائل المتنفذين.

XXV/5 في عام ١٩٧٣ وقعت احداث لا تقلّ خطورة عن أحداث ١٩٦٧، والتي بدت كأنها تسجّل مرحلة جديدة على طريق الوحدة العربية وإعادة تأكيد الاستقلال في وجه الدول الكبرى. مرة أخرى كانت هناك مجابهة مع اسرائيل. فحتى ما قبل وفاة عبد الناصر، كانت الرغبة في التعويض عن هزيمة ١٩٦٧ قد تجلّت في حرب استنزاف على طول شاطىء قناة السويس وفي إعادة تسليح الجيشين السوري والمصري من قِبَل الاتحاد السوفياتي. وفي اوائل السبعينات احدث الحاكم الجديد لمصر، السادات، تغييراً في السياسة عندما طلب انسحاب المستشارين والتقنيين الروس، ولكن الجيش ظلّ جيشاً درّبه الروس وسلّحوه، وفي اكتوبر عام ١٩٧٣ شنَّ هجوماً مفاجئاً على القوات الاسرائيلية على الشاطىء الشرقي من قناة السويس؛ في الوقت ذاته، وبموجب اتفاق مسبق، هاجم الجيش السوري الاسرائيليين في الجولان.

XXV/6 في الهجمة الاولى للقتال، نجح الجيش المصري بقطع القناة وانشاء رأس جسر يمكن العبور منه، واحتل السوريون جزءاً من الجولان؛ الأسلحة التي أمدّهم بها الروس مكنّتهم من تحييد سلاح الجوّ الاسرائيلي، الذي كان قد ربح معركة ١٩٦٧. إلا أنه في الأيام القليلة التي تلت، انقلب الوضع العسكري: قطعت القوات الاسرائيلية القناة وأقامت رأس جسر لها على الضفة الغربية، ودفعت السوريين رجوعاً باتجاه دمشق. وعدا عن مهارتهم الشخصية، فنجاح الاسرائيلين يعود جزئياً إلى المعدّات التي ارسلها لهم الاميركيون على الفور، كما يعود الى الفروقات في السياسة بين مصر وسوريا

التي سرعان ما تكشّفت. واظهرت الحملات العسكرية مرة أخرى التفوّق الاسرائيلي، ولكن الحرب لم تبدُ انها هزيمة لا في نظر العرب ولا نظر العالم. فالهجمات برهنت عن تخطيط مدروس وتصميم جدّي؛ واستمالت ليس فقط تعاطف الدول العربية الأخرى بل المساعدة المالية والعسكرية؛ وانتهت في وقف للنار فرضته القوى العظمى التي بيّنت بأنه، كما أن الولايات المتحدة لا تسمح لاسرائيل بأن تنهزم، كذلك لا هي ولا الاتحاد السوفياتي يسمحان لمصر بأن تنهزم، وكلاهما لم يكونا راغبين بترك الحرب تتصاعد بطريقة قد تجرّهما إلى المشاركة فيها.

وكان جزء من السبب في تدخّل الدول العظمى استعمال العرب لما بدا
XXV/7 أنه اقوى سلاح لديهم ـ القدرة على فرض حظر على تصدير النفط. للمرة الأولى وربما للأخيرة، استُعمل هذا السلاح بنجاح. فقد قرّرت الدول المصدرة للنفط أن تخفض انتاجها للنفط طالما ظلّت اسرائيل في الأراضي العربية المحتلّة، وفرضت السعودية حظراً كاملاً على تصدير النفط الى الولايات المتحدة وهولندا، التي اعتُبرت بأنها أكثر الدول الأوروبية عطفاً على اسرائيل، وكانت أيضاً مركزاً لسوق النفط الحرّة.

وكانت تأثيرات هذه القرارات أكبر لأنها صادفت إلى حدّ ما تغييراً
XXV/8 كانت الدول المصدرة للنفط تسعى إليه منذ بعض الوقت. فالطلب على نفط بلدان الشرق الأوسط كان في ازدياد، كما أن احتياجات الدول الصناعية تطوّرت اسرع من الانتاج، وكانت منظمة البلدان المصدرة للنفط (أوپيك) أكثر قوة وتصميماً على زيادة حصّتها من الأرباح، التي كانت تشكّل نسبة أقل في السعر مما كان المبلغ الذي تتقاضاه البلدان المستهلكة والمستوردة للنفط من الضرائب. وفي آخر العام ١٩٧٣ قررت الاوپيك زيادة اسعار بيع النفط بحوالى ٣٠٠ بالمئة؛ وكانت ايران والبلدان العربية المحرّك الاساسي في هذا القرار. (إلا أن الزيادة في السعر التي كان يدفعها المستهلك كانت أقلّ لأن الضرائب وغيرها من الأكلاف لم ترتفع بهذا المقدار).

هيمنة النفوذ الاميركي

XXV/9 إلا أنه خلال سنوات قليلة أصبح من الواضح أن ما بدا كأنه إعلان للاستقلال السياسي والاقتصادي كان في الواقع الخطوة الأولى باتجاه اعتماد أكثر تبعية للولايات المتحدة. وكما كان الحال في كل عمل قام به العرب خلال السنوات العشرين الماضية، كانت مصر صاحبة المبادرة. فبالنسبة الى السادات، لم يكن القصد من حرب ١٩٧٣ احراز النصر العسكري، بل لتوجيه صدمة الى القوى العظمى بحيث يأخذون المبادرة في مفاوضات لايجاد حلّ ما للمشاكل بين اسرائيل والعرب يحول دون أزمات أكبر ومواجهات خطرة. وهذا ما حدث فعلاً، ولكن بطريقة زادت من نفوذ واحدة من القوى العظمى ومساهمتها، وهي الولايات المتحدة الاميركية. وكانت الولايات المتحدة قد تدخّلت بشكل حاسم في الحرب، أوّلاً لتزوّد اسرائيل بالأسلحة كي تحول دون اندحارها، وبعد ذلك لتُحدث توازناً في القوى مؤدياً إلى تسوية. في السنتَين التاليَتين أدّت الوساطة الاميركية إلى اتفاق اسرائيلي - سوري انسحبت بموجبه اسرائيل من بعض الأراضي السورية التي كانت قد احتلّتها في ١٩٦٧ و ١٩٧٣، واتفاقَين مماثلين بين اسرائيل ومصر. وجرت محاولة وجيزة فاشلة لجمع القوى العظمى واسرائيل والدول العربية في مؤتمر عام برعاية الأمم المتحدة، ولكن الخط الأساسي للسياسة الاميركية كان اقصاء روسيا بقدر ما أمكن عن الشرق الأوسط، ودعم اسرائيل سياسياً وعسكرياً، وايصالها إلى اتفاق مع الدول العربية، بحيث تنسحب من أراضٍ محتلة مقابل السلام، ولكن مُبْقِيَةً منظّمة التحرير الفلسطينية خارج المحادثات، إرضاء لرغبات اسرائيل، على الأقل طالما لم تعترف المنظمة باسرائيل.

XXV/10 هذه السياسة تغيّرت لفترة قصيرة عام ١٩٧٧، عندما حاول رئيس اميركي جديد، جيمي كارتر، صياغة معالجة مشتركة للمشكلة تقوم بها الولايات المتحدة والاتحاد السوفياتي لايجاد طريقة يمكن بواسطتها للفلسطينيين أن يدخلوا عملية المفاوضات. إلا أن هذه الجهود انتهت إلى لا

شيء لسببين: المعارضة الاسرائيلية، التي تفاقمت عندما وصلت إلى الحكم في اسرائيل حكومة اكثر تشدّداً، وعلى رأسها مناحيم بيغن رئيساً للوزراء؛ وقرار السادات المفاجىء في نوفمبر ١٩٧٧، بأن يذهب إلى القدس ليعرض على اسرائيل باباً للسلام بالمفاوضات المباشرة.

XXV/11 كان من الواضح أنه كانت في نية السادات محاولة وضع حد لسلسلة من الحروب التي لن يستطيع العرب ربحها، حسب اعتقاده، ولكن كانت هناك أبعاد أوسع: مفاوضات مباشرة، ترعاها الولايات المتحدة، تُقصي الاتحاد السوفياتي كعامل في الشرق الأوسط؛ وعندما يتم السلام مع اسرائيل، قد تصبح مصر حليفاً أكثر أهمية للولايات المتحدة، مع كل ما يستتبع ذلك من دعم اقتصادي وموقف اميركي اكثر تعاطفاً مع مطالب الفلسطينيين العرب. وفي ذهن الحكومة الاسرائيلية في ذلك الوقت، كان الهدف مختلفاً: التوصل إلى سلام مع مصر، عدوّتهم المهولة، ولو على حساب الانسحاب من سيناء، وبالتالي اطلاق يدهم في الهدف الأساسي لسياستهم ـ زرع مستوطنين يهود في أراضي الضفة الغربية المحتلّة وضمّها تدريجاً، والقدرة على التصرّف بفاعلية مع أية معارضة من سوريا أو من منظمة التحرير الفلسطينية. ولهذا السبب، في المفاوضات التي تلت رحلة السادات، كان السؤال الرئيسي الصلة التي ستنشأ بين سلام اسرائيلي ـ مصري ومستقبل الوضع في الضفة الغربية. وعندما أمكن الوصول إلى سلام أخيراً، بوساطة اميركية، سنة ١٩٧٨ (اتفاقية كامپ داڤيد) كان من الجليّ في هذا الموضوع الجوهري أن الرأي الاسرائيلي تغلّب على رأي مصر، وإلى حدّ ما على رأي الولايات المتحدة. بحسب الاتفاقية، كان هناك سلام رسمي بين مصر واسرائيل، وسيكون هناك نوع من الاستقلال الذاتي، سوف يُحدّد لاحقاً، للضفة الغربية وغزة، يؤدي بعد خمس سنوات إلى محادثات عن أوضاعهما النهائية؛ ولكن لم يكن هناك صلة رسمية بين الاثنين. وفي محادثات تالية عن الاستقلال الذاتي سرعان ما تبيّن أن أفكار اسرائيل تختلف تماماً عن أفكار مصر والولايات المتحدة، ورفضت اسرائيل تعليق سياستها باقامة المستوطنات في الأراضي المحتلة.

XXV/12 واغتيل الرئيس السادات عام ١٩٨١ على يد اعضاء مجموعة كانت تقاوم سياسته وأرادت أن تعيد الأساس الاسلامي للمجتمع المصري، ولكن الخط العريض لسياسته ظل مستمراً بمجيء خليفته، حسني مبارك. وفي خلال السنوات القليلة التالية، اصبحت العلائق بين مصر والولايات المتحدة اكثر توثّقاً، وحصلت مصر على مبالغ كبيرة من المساعدات المالية والعسكرية. إلا أن الاتفاق مع اسرائيل رُفِض ليس فقط من الفلسطينيين بل أيضاً من معظم الدول العربية، بدرجات متفاوتة من الإدانة، وطُردت مصر رسمياً من جامعة الدول العربية التي نقلت مقرها الرئيسي من القاهرة إلى تونس. ومع ذلك، فالفوائد التي تُجنى من انحياز اكثر وثوقاً مع سياسة الولايات المتحدة كانت وفيرة وبديهية إلى درجة أن عدداً من البلدان العربية الأخرى مالت أيضاً إلى ذلك الاتجاه: المغرب، تونس والأردن وبالأخص البلدان المنتجة للنفط في شبه الجزيرة العربية، لأنّه سرعان ما تبيّن، بعد بلوغهم أوج نفوذهم عام ١٩٧٣، أن الثراء الناتج عن النفط قد يولّد ضعفاً بدلاً من القوة.

XXV/13 بالمقارنة مع كل المقاييس السابقة، كان ذلك الثراء ضخماً جداً بالفعل. بين ١٩٧٣ و١٩٧٨، زاد الدخل السنوي من النفط في البلدان العربية الرئيسية المنتجة للنفط إلى درجة هائلة: في السعودية من ٤,٣٥ مليارات الى ٣٦ ملياراً؛ في الكويت من ١,٧ إلى ٩,٢ مليارات؛ في العراق من ١,٨ إلى ٢٣,٦ ملياراً؛ في ليبيا من ٢,٢ إلى ٨,٨ مليارات. هناك بلدان أخرى أيضاً زاد انتاجها زيادة هائلة، بالأخص قطر وأبو ظبي ودبي. وسيطرة الدولة على مواردها توسّعت أيضاً. وبحلول العام ١٩٨٠ كانت جميع البلدان الرئيسة المنتجة للنفط قد أمّمت انتاج النفط أو أخذت حصة رئيسية في الشركات العاملة فيه، مع أن الشركات الكبرى المتعدّدة الجنسيات ظل لها مكانتها القوية في النقل والبيع. وأدّت الزيادة في الثراء إلى تزايد الاعتماد على البلدان الصناعية. فالبلدان المنتجة كانت تحتاج إلى تسويق نفطها، والبلدان الصناعية كانت زبائنها الرئيسيين. وخلال السبعينات وصل تفوّق الطلب على العرض (الانتاج) الى نهايته، بسبب ركود اقتصادي،

ومحاولات للتوفير في استهلاك النفط، وازدياد الانتاج من بلدان لم تكن اعضاء في الأوپك؛ فضعفت قدرة الاوپك على المفاوضات والضغط وتضعضعت وحدة اعضائها، ولم يكن بالامكان الحفاظ على مستوى مرتفع ومنتظم للأسعار. البلدان التي كانت مداخيلها أضخم مما تستطيع انفاقه على التطوير، بسبب محدودية السكان والمواد الأولية، كانت مضطرة الى توظيف فائض أموالها في مكان ما، ولجأت لذلك في معظم الاحوال الى البلدان الصناعية. كما كان عليها التوجّه أيضاً إلى تلك البلدان لشراء البضائع والسلع الضرورية، كذلك للخبرة التقنية التي كانت تحتاجها للتطور الاقتصادي ولبناء قوّاتها المسلحة.

XXV/14 كما كان للاعتماد المتزايد مظهر آخر. فاستعمال الدول العربية لسلاح الحظر سنة ١٩٧٣ بيّن بجلاء للدول الصناعية مدى اعتمادها على نفط الشرق الأوسط، وكانت هناك دلائل بمرور الزمن أن الولايات المتحدة قد تتدخّل بالقوة إذا انقطعت موارد النفط مرة أخرى، إما بسبب ثورات في البلدان المنتجة، أو ـ كما رآها الاميركيون ـ بسبب خطر امتداد النفوذ السوفياتي إلى بلدان الخليج. إلا أن التدخل يكون السهم الأخير، وكانت الولايات المتحدة تعتمد عموماً على حلفائها الرئيسيين في منطقة الخليج، العربية السعودية وايران. ولكن الموقف تغيّر في أواخر السبعينات. الاحتلال الروسي لافغانستان سنة ١٩٧٩ أثار مخاوف، لها مبرر أو بلا مبرّر، بأن الاتحاد السوفياتي ينوي توسيع سيطرته أبعد في عالم المحيط الهندي. فالثورة الايرانية عام ١٩٧٨ ـ ٧٩ أطاحت بالشاه، أقوى حليف للولايات المتحدة، واستبدلت حكومته بحكومة ملتزمة تحويل إيران إلى دولة اسلامية حقيقية، كخطوة أولى لتغيير مماثل في البلدان الاسلامية الاخرى؛ وكان هناك خطر بأن تمتد الثورة غرباً إلى البلدان المجاورة، مما يعطّل النظام السياسي في بلدان الخليج وعلائقها مع الولايات المتحدة. هذه الاعتبارات أدّت إلى وضع خطط اميركية للدفاع عن الخليج إذا دعت الحاجة، بالاتفاق مع تلك الدول الشرق أوسطية التي كانت مستعدّة للتعاون. إلا أن معظم بلدان الخليج حاولت أن تبقى على مسافة من تحالف اميركي كامل، وفي عام

١٩٨١ شكلّت السعودية والدول الأصغر «مجلس التعاون الخليجي» الخاص بها.

XXV/15 وكان الانفتاح على الغرب أكثر من مجرد تغيير في السياسة الخارجية أو العسكرية؛ كان أيضاً تغيّراً في المواقف والسياسات لمعظم البلدان العربية بالنسبة الى الاقتصاد. لقد كان تغيّراً عُرف في مصر باسم «الانفتاح» (سياسة الباب المفتوح)، تبعاً لقانون نُشر في ١٩٧٤. وكان لتلك السياسة عدة أسباب: قوّة الولايات المتحدة، كما تبين في حرب ١٩٧٣ ونتائجها؛ الحاجة إلى قروض أجنبية وتوظيفات لتطوير الموارد واكتساب قوة؛ ربما ايضاً ادراك متزايد لمحدودية سيطرة الدولة على الاقتصاد؛ والضغوط من المصالح الخاصة.

XXV/16 وكان الانفتاح مكوّناً من عمليتين، معنيّتين احداها بالأخرى. من جهة كان هناك تحوّل في التوازن بين القطاعين، العام والخاص من الاقتصاد. باستثناء لبنان، الذي لم يكن فيه قطاع عام تقريباً، حتى البلدان الأكثر إلتزاماً بالمبادرات والمشاريع الخاصة ظلّ لها بعض القطاعات تحت سيطرة عامة، إذ لم يكن هناك امكانية تطور سريع إلا من خلال توظيف وادارة الدولة؛ في السعودية، مثلاً، أُمّمِتَ صناعة النفط وكانت أكبر المشاريع الصناعية الجديدة ملكاً للدولة. إلا أن في معظم البلدان، أعطيت المشاريع الخاصة مجالاً أوسع، في الزراعة والصناعة والتجارة. وأكثر ما ظهر ذلك في مصر، حيث شهدت السبعينات تغيّراً سريعاً بعيد المدى من اشتراكية الستينات. في تونس، تعثرت محاولة سيطرة الدولة على الصادرات والواردات وعلى الانتاج الصناعي والتوزيع الداخلي، فوُضع حدّ لها عام ١٩٦٩. في العراق وسوريا ايضاً، بالرغم من المبادىء الاشتراكية لحزب البعث، حدث تغيّر مماثل.

XXV/17 ثانياً، الانفتاح كان معناه انفتاحاً أمام التوظيفات والمشاريع الخارجية، بالأخص الغربية. بالرغم من تكدّس رأس المال من انتاج النفط، كانت موارد رأس المال لمعظم البلدان العربية غير وافية لتطوير سريع على نطاق واسع والذي كانت معظم الحكومات ملتزمة به، لذلك كان هناك تشجيع

لاستجلاب استثمارات وتوظيفات من الولايات المتحدة وأوروبا، ومن هيئات دولية، عن طريق مَنْح ضمانات وامتيازات ضرائبية، كما خُفِضّت القيود على الاستيراد. إلاّ أن النتائج لم تكن على العموم ما كان مأمولاً. لم يُجتذب الكثير من رأس المال الخارجي إلى البلدان التي كانت أنظمتها في معظم الأحيان غير مستقرة وفرص الربح مشكوكاً فيها. الجزء الأكبر من المساعدات جاء من حكومات أو وكالات دولية، واستُخدم لابتياع اسلحة أو للبنية التحتية أو لمشاريع باهظة الثمن، ومُبَالَغ في طموحاتها. ومُنحت بعض المساعدات المشروطة بصراحة أو ضمنياً؛ الضغط الذي مارسه صندوق النقد الدولي على مصر لتخفيض عجزها أدى الى محاولة رفع ثمن الأغذية، مما أثار اضطرابات خطيرة عام ١٩٧٧. بالاضافة إلى ذلك، كان تخفيض القيود على الاستيرادات يعني أن الصناعات الصغيرة المحلّية سوف تواجه منافسة من الصناعات الراسخة الأسس في امريكا وأوروبا الغربية واليابان، على الأقل في تلك القطاعات من الانتاج التي تحتاج إلى درجة عالية من المهارة الفنية والاختبارات. وكانت النتيجة ابقاء بلدان العالم العربي، مثل معظم بلدان العالم الثالث، في وضع ينتجون فيه بضائعهم الاستهلاكية لأنفسهم ولكنهم يستمرّون في استيراد السلع ذات التقنية العالية.

الاتّكال المتبادل للدول العربية

XXV/18 وفاة عبد الناصر وأحداث السبعينات اضعفت ما كان توهماً بأنه «استقلال»، أو «وحدة»، ولكن من بعض النواحي توثّقت الصلات بين الدول العربية المختلفة في هذه الفترة. كان هناك مؤسسات تبادلٍ عربية أكثر من أي وقت مضى، وبعضها كان فاعلاً. جامعة الدول العربية خسرت الكثير مما كان لها من نفوذ محدود عندما طُردت مصر، ولكن زادت عضويتها: موريتانيا في أفريقيا الغربية، وجيبوتي والصومال في أفريقيا الشرقية قُبلوا كأعضاء بالرغم من أن أيّاً منها لم يكن يُعتبر عربياً في الماضي، وقبولها كان دليلاً على غموض التعبير «عربي». في الأمم المتحدة وغيرها من الهيئات الدولية، كثيراً ما نجح اعضاء الجامعة العربية في اتباع سياسة مشتركة، على

الأخص عندما كان الموضوع يتعلّق بمشكلة فلسطين.

XXV/19 الاختلافات في المصلحة بين الدول ذات الموارد النفطية وتلك التي ليس لديها موارد كهذه خَفَّت بتكوين مؤسسات اقتصادية يمكن عبرها منح أو إقراض جزءٍ من ثراء الدول الأكثر غِنَى إلى الدول الفقيرة. بعض هذه المؤسسات كانت فوق ـ قومية: الصندوق الخاص الذي أسّسته «الأوپيك»، وذاك الذي أنشأته منظمة الدول العربية المصدرة للنفط، والصندوق العربي للتنمية الاقتصادية والاجتماعية. كما أُنشئت مؤسسات أخرى من قبل بلدان منفردة كالكويت والسعودية وأبو ظبي. وفي آخر السبعينات كان حجم المساعدات ضخماً جداً. في عام ١٩٧٩ منحت الدول المنتجة للنفط حوالى ملياري دولار للدول المتطورة الأخرى من خلال قناوات متعددة، بما يعادل ٢,٩ بالمئة من دخلها القومي الاجمالي.

XXV/20 وثمة انواع اخرى من الروابط كانت اكثر اهمية من ذلك، لأنها كانت صلات بين افراد من البشر كما كانت بين المجتمعات التي كانوا ينتمون إليها. فقد كانت هناك ثقافة مشتركة قيد التكوين. الانتشار السريع للتعليم الذي كان قد بدأ عندما نالت البلدان استقلالها استمر بسرعة متزايدة، في كل البلدان بدرجات متفاوتة. وفي العام ١٩٨٠، نسبة الاولاد بعمر الدارسة الابتدائية الذين كانوا في المدارس كان ٨٨ بالمئة في مصر، و ٥٧ بالمئة في السعودية؛ نسبة الفتيات كان ٩٠ بالمئة في العراق و ٣١ بالمئة في السعودية. نسبة المتعلمين في مصر كانت ٥٦,٨ بالمئة للرجال و ٢٩ بالمئة للنساء. في مصر وتونس كان حوالى ثلث طلاب الجامعات من الاناث، وفي الكويت اكثر من ٥٠ بالمئة. حتى في السعودية كانت النسبة الربع تقريباً. المدارس والجامعات كانت من نوعيات مختلفة؛ الحاجة إلى تعليم اكبر عدد ممكن باسرع وقت كان معناه أن الصفوف كانت كبيرة والمعلمين غير مدربين بكفاءة كافية والبنايات غير ملائمة. والعنصر المشترك بين معظم المدارس كان التركيز على تعليم العربية، وتعليم سائر المواد بواسطة اللغة العربية. لمعظم الذين تخرّجوا من المدارس، ولخريجي الجامعات الجديدة، كانت العربية

اللغة الوحيدة التي يتقنونها وينظرون من خلالها إلى العالم. ذلك نمّى الوعي بثقافة مشتركة يساهم بها كل من يتكلم العربية.

XXV/21 هذه الثقافة العربية وهذا الوعي اصبحا الآن منتشرين عبر اداة اتصال جديدة. الراديو ودور السينما والصحف استمرّت في أهميتها، ولكن إلى ذلك التأثير أُضيف تأثير التلفزيون. الستينات كانت العقد الذي انشأت فيه الدول العربية محطات للتلفزيون، وأصبح جهاز التلفزيون جزءاً من البيت لا يقل اهمية عن الطبّاخ أو البرّاد، عند كل الطبقات ما عدا عند الفقراء المُدقعين وسكان القرى التي لم تصلها الكهرباء بعد. وفي عام ١٩٧٣ قُدّر عدد الاجهزة التلفزيونية في مصر بـ ٥٠٠,٠٠٠، وبعدد مماثل في العراق و ٣٠٠,٠٠٠ في السعودية. وما كان يُبثّ كان يشمل الاخبار، مقدّمة بطريقة بحيث تُكسب الدعم لسياسة الحكومة، وبرامج دينية في معظم البلدان بدرجات متفاوتة، وأفلاماً أو مسلسلات مستوردة من أوروبا أو أمريكا، كذلك تمثيليات وبرامج موسيقية منتجة في مصر ولبنان؛ التمثيليات كانت تنقل الأفكار والصور وتلك الغرسات الرقيقة، النكات، عبر حدود الدول العربية.

XXV/22 وثمة صلة اخرى بين البُلدان العربية أصبحت أكثر توثّقاً في تلك السنوات العشر، ألا وهي تلك التي خلقتها تنقّلات الأفراد. ففي هذه الفترة أصبح النقل الجوي في نطاق امكانية طبقة واسعة من السكان. فبُنيت المطارات، وأصبح لدى معظم البلدان خطوطها الجوية الوطنية، ووصلت الطرق الجوية العواصم العربية الواحدة بالأخرى. وزاد السفر برّاً أيضاً بتحسين الطرق وبازدياد عدد السيارات والباصات التي أصبحت أكثر شيوعاً: الصحراء الكبرى والصحراء السورية والعربية قُطعت بطرق جيدة حسنة الصيانة. وبالرغم من النزاعات السياسية التي قد تُغلق الحدود وتؤخر المسافرين أو البضائع، فقد كانت هذه الطرق تنقل اعداداً متزايدة من السياح ورجال الاعمال؛ والجهود التي بذلتها جامعة الدول العربية وغيرها من الهيئات لتمتين الصلات التجارية بين البلدان العربية أصابت قسطاً من

النجاح، مع أن التبادل التجاري العربي كان يمثّل اقل من ١٠ بالمئة من التجارة الخارجية العربية عام ١٩٨٠.

إلا أن الحركة الأهم في الطرق الجوية والبرية لم تكن حركة بضائع
XXV/23 وسلع بل حركة هجرة من البلدان الاشدّ فقراً الى تلك التي أغناها النفط. حركة الهجرة كانت قد بدأت في الخمسينات، ولكن في أواخر الستينات والسبعينات أصبح التدفّق اعظم بسبب نوعين مختلفين من العناصر. من ناحية، الازدياد الضخم في الأرباح من النفط وإقامة مشاريع طموحة من التطور زاد من الطلب على العمال في الدول المنتجة للنفط، كما زاد عدد هذه الدول؛ باستثناء الجزائر والعراق، لم يكن لدى أيّ منها العمّال الذين تحتاجهم، على كل المستويات، لتطوير مواردها الخاصة. من ناحية اخرى، الضغط السّكاني في البلدان الأكثر فقراً أصبح أكبر وامكانيات الهجرة أكثر جاذبية. وكان هذا يصدق عن مصر بالأخص بعد ١٩٦٧؛ كان النمو الاقتصادي ضئيلاً، وشجّعت الحكومة على الهجرة في فترة الانفتاح. وما كان في معظمه حركة انتقال شباب متعلمين اصبح الآن هجرة جماعية لعمال من جميع مستويات المهارة، ليس فقط للعمل في الوظائف الحكومية أو المهن، بل كعمال بناء أو كخدم في المنازل. على العموم كانت هجرة رجال عازبين أو منفردين أو، بصورة متزايدة، نساءٍ تركن عائلاتهنَّ في مصر؛ ولكن الفلسطينيين، الذين كانوا قد خسروا أرضهم ومنازلهم، فقد كانوا يهاجرون عائلاتٍ ليستقروا بشكل دائم في بلدان الهجرة.

تقديرات مجموع عدد المهاجرين من العمال لا يمكن أن تكون دقيقة،
XXV/24 ولكن في نهاية السبعينات ربما كان هناك حوالى ٣ ملايين مهاجر عربي، ربما حوالى نصفهم في السعودية، واعداد كبيرة ايضاً في الكويت وبلدان الخليج الأخرى وليبيا. والمجموعة الأكبر، ربما ثلث العدد بكامله، جاؤوا من مصر، وعدد مماثل من اليمنَين؛ حوالى نصف مليون كانوا اردنيين أو فلسطينيين (ويشمل ذلك عائلات العمال) وأقلّ من ذلك جاؤوا من سوريا ولبنان والسودان وتونس والمغرب. وكانت هناك هجرة أيضاً بين بعض

البلدان الاكثر فقراً: إذ انتقل الاردنيون الى الخليج، حلّ مصريون محلّهم في بعض نواحي الاقتصاد الاردني.

لا شك أن المعرفة المتزايدة للشعوب والعادات واللهجات التي سبّبتها هذه الهجرة الواسعة النطاق عمّقت الشعور بوجود عالم عربي واحد يستطيع ضمنه العرب أن يتنقّلوا بحرّية نسبية ويفهم واحدهم الآخر. إلا أنها لم تزد بالضرورة الرغبة في وحدة أشدّ وثوقاً؛ فقد كان هناك شعور بالفوارق ايضاً، والمهاجرون كانوا يشعرون بكونهم منعزلين عن المجتمعات المحلية التي انتقلوا إليها. XXV/25

الشقاق العربي

بالرغم من تقوية روابط كهذه، ففي الفلك السياسي كان الاتجاه الرئيسي في السبعينات نحو الاختلاف، والعداء حتى، بدلاً من وحدة أكبر. ومع أن شخصية عبد الناصر كانت قد أثارت العداوات وأدّت إلى انقسامات بين الدول العربية ونزاعات بين الحكومات والشعوب، إلا أنها ولّدت أيضاً نوعاً من التضامن، وشعوراً بأن هناك شيئاً ما كأمّة عربية قيد التكوين. ففي السنوات القليلة الأولى بعد وفاته استمر شيء من هذا النوع، وآخر مظهر له كان في حرب ١٩٧٣ عندما بدا وكأن هناك جبهة من دول عربية بغض النظر عن طبيعة أنظمتهما. إلا أن الجبهة المشتركة انفرطت على الفور تقريباً؛ ومع أن محاولات الوحدة بين دولتين عربيّتين أو أكثر كانت ما زالت تُبحث من وقت إلى آخر وتُعلن، فالانطباع العام الذي اعطته الدول العربية لشعوبها والعالم بنهاية السبعينات كان انطباع ضعف وشقاق. XXV/26

وظهر الضعف باجلى مظاهر في ما يتعلق بالمشكلة التي كان كل العرب يعتبرونها مشتركة بينهم: مشكلة اسرائيل ومصير الفلسطينيين. في أواخر السبعينات، كانت الأوضاع في المناطق التي احتلّتها اسرائيل خلال حرب ١٩٦٧ آخذة في التغيّر بسرعة. سياسة الاستيطان الاسرائيلي التي بدأت فوراً بعد حرب ١٩٦٧ لأسباب بعضها استراتيجي، اخذت مغزى جديداً بمجيء XXV/27

حكومة اكثر تصلّباً من الناحية القومية على رأس الحكم في إسرائيل بقيادة مناحيم بيغن؛ فبدأ التوطين على مقياس واسع بالاستيلاء على الأراضي والماء من السكان العرب، بالهدف النهائي وهو ضم المنطقة الى اسرائيل؛ القسم العربي من القدس ومرتفعات الجولان المنتزعة من سوريا ضُمّت في الواقع رسمياً. بوجه تدابير كهذه بدا العرب والفلسطينيون عاجزين عن القيام بأي عمل. استطاعت منظمة التحرير الفلسطينية ورئيسها، ياسر عرفات، النطق باسم الفلسطينيين في المناطق المحتلّة وحصلوا على الدعم الدولي، ولكن دون ان يؤثّر ذلك في الوضع بأية طريقة ملموسة. ولم يكن بين الأساليب المتاحة أمام الدول العربية، نظرياً، أي درب يؤدي إلى أية نتيجة. فالمقاومة الفعلية ضد اسرائيل كانت مستحيلة نظراً لتفوق القوة المسلّحة الاسرائيلية، ولاختلاف مصالح الدول العربية، التي لم تكن على استعداد لتعريضها إلى الخطر. الطريق الذي اختارته مصر تحت السادات كانت نتيجته انسحاباً اسرائيلياً من سيناء، ولكن سرعان ما تبيّن أن مصر لم تنل نفوذاً كافياً على اسرائيل لتقنعها بتغيير سياستها، أو على الولايات المتحدة لاقناعها بأن تقاوم السياسة الاسرائيلية بأكثر من شكل رسمي.

XXV/28 الضعف عسكرياً، ونموّ مصالح منفصلة والتبعية الاقتصادية، أدّت جميعها إلى تفتيت ما كان قد بدا من جبهة مشتركة حتى حرب ١٩٧٣. والخط البديهي الذي انقسمت عنده كان الخط الذي كان يفصل بين الدول التي كان ميلها النهائي نحو الولايات المتحدة والتسوية السياسية مع اسرائيل وإلى اقتصاد رأسمالي حرّ، وبين الذين ظلوا متمسّكين بسياسة الحياد. المعسكر الثاني يُعتبَر عادة أنه يشمل الجزائر، ليبيا، سورية، العراق واليمن الجنوبي، إضافة الى منظمة التحرير الفلسطينية، التي كانت الدول العربية تعتبر رسمياً أن لها صفة حكومة منفردة.

XXV/29 إلا أنه في الواقع لم تكن الخطوط محددة بهذا الوضوح، والتحالفات بين الدول المنفردة قد تقطع عبرها. ضمن كل معسكر، لم تكن العلائق بالضرورة وثيقة أو سهلة. بين الدولة «الميّالة إلى الغرب»، سبّبت السياسة

المستقلّة التي انتهجتها مصر تجاه اسرائيل تردّداً وارتباكاً، وقامت جميع الدول العربية تقريباً بقطع العلائق رسمياً معها، مع أنهم لم يقطعوا سيل تحويلات المهاجرين الى ذويهم في مصر. في المعسكر الثاني، كانت هناك علائق متغيّرة مع الدولة العظمى الأخرى؛ سورية والعراق واليمن الجنوبي نالت مساعدات عسكرية واقتصادية من الاتحاد السوفياتي. كما كانت هناك خصومة عميقة بين جناحي البعث السوري والعراقي، سببه التنافس على قيادة ما بدا لفترة ما أنه حزب قومي منتشر، كذلك بسبب اختلاف المصالح بين بلدين لهما حدود مشتركة ويتقاسمان مياه نهر الفرات. كما كان هناك بالاضافة إلى ذلك خلافات لا تنتهي مع ليبيا، التي كان يظهر رئيسها المسيطر، القذّافي، أحياناً وكأنه يحاول ارتداء عباءة عبد الناصر، دون أية أساسات للقوّة باستثناء ما يمكن أن يوفّره المال.

XXV/30 في هذه الفترة حدثت ثلاثة نزاعات مسلّحة أثّرت تأثيراً خطيراً على العلائق بين الدول العربية. أول نزاع جرى في الغرب الأقصى للعالم العربي. وكان النزاع يدور حول «الصحراء الغربية»، قطاع قليل السكان في الامتداد الغربي بين الصحراء الكبرى والمحيط الاطلسي جنوبي المغرب. كانت هذه البقعة تحت الاحتلال والحكم الاسباني منذ أواخر القرن التاسع عشر، ولم تكن لها أهمية كبيرة لا من الناحية الاستراتيجية ولا الاقتصادية إلى حين اكتشاف مقادير هامة من الفوسفات في الستينات، التي كانت تستخرجها شركة اسبانية. في السبعينات بدأ المغرب يطالب بهذه المنطقة لأن سيطرة السلطان في الماضي كانت تصل إلى هناك. ولكن اسبانيا عارضت هذا المطلب، وعارضته ايضاً موريتانيا، البلد الواقع الى الجنوب مباشرة، والذي كان تحت الحكم الفرنسي منذ أوائل سنيّ القرن العشرين، واستقل عام ١٩٦٠، وطالب هو ذاته بجزء على الأقل من ذلك القطاع. وبعد سجال دبلوماسي بين اسبانيا والمغرب وموريتانيا توصلوا إلى اتفاق سنة ١٩٧٥، تنسحب بموجبه اسبانيا من القطاع ويتقاسمه البلدان الآخران. إلا أن هذا لم يُنهِ الأزمة؛ ففي هذه الفترة كان سكان القطاع قد نظّموا حركتهم

السياسية الخاصة بهم، وبعد اتفاقية ١٩٧٥ برزت بينهم الحركة المسمّاة «بوليساريو» (كلمة اختصار مؤلفة من أول حروف الحركة) خصماً مقاوماً لمطالب المغرب وموريتانيا وطالبت بالاستقلال. وتخلّت موريتانيا عن مطالبها سنة ١٩٧٩، ولكن المغرب استمر متورّطاً في نزاع طويل الأمد مع البوليساريو، التي حصلت على دعم الجزائر، البلد الذي يشارك القطاع في حدود بينهما ولا يرغب في رؤية سيطرة المغرب تمتد. وهكذا بدأ نزاع استمر بشكل أو بآخر على سنوات، وعقّد العلائق ليس فقط بين المغرب والجزائر بل أيضاً ضمن المنظمات التي ينتمي إليها كلاهما: الجامعة العربية، ومنظمة الوحدة الافريقية.

XXV/31 وثمة نزاع آخر تفجّر في لبنان في الوقت ذاته تقريباً، وانجرّت اليه، بطريقة أو بأخرى، القوى السياسية الاساسية في الشرق الأوسط: البلدان العربية، منظمة التحرير الفلسطينية، اسرائيل، أوروبا الغربية والدول العظمى. أساسه كان بسبب تغييرات معيّنة في المجتمع اللبناني أدّت إلى وضع نظامه السياسي على المحك. فعندما نال لبنان استقلاله في الأربعينات، كان يضم ثلاث مناطق يقطنها انواع مختلفة من السكان ولها تقاليد مختلفة في انظمة الحكم: منطقة جبل لبنان، سكانها مسيحيون موارنة في معظمهم في الشمال ومزيج مختلط من الدروز والمسيحيين في الجنوب، والمدن الساحلية سكانها خليط من المسيحيين والمسلمين، وارجاء ريفية الى الشرق والجنوب من جبل لبنان حيث كان معظم السكان من المسلمين الشيعة. المنطقة الأولى، أي جبل لبنان، كان لها تاريخ طويل من الادارة المنفصلة تحت حكم أسيادها، وبعد ذلك كمنطقة ذات امتياز من الدولة العثمانية؛ المنطقتان الثانية والثالثة كانتا جزءاً متمّماً من السلطنة العثمانية، وأُدمجا في لبنان من قِبَل حكومة الانتداب الفرنسية. وكان للدولة الجديدة دستورها الديموقراطي، وعندما غادر الفرنسيون البلاد جرى اتفاق بين زعماء الموارنة والمسلمين السنّة بأن رئيس الجمهورية سوف يكون مارونياً، ورئيس الوزراء سنّياً، وتتوزّع سائر وظائف الحكومة والادارة بين مختلف الطوائف الدينية، ولكن بطريقة بحيث تظل السلطة الفعلية في أيدٍ مسيحية.

XXV/32 بين ١٩٤٥ و ١٩٥٨ نجح النظام في الحفاظ على توازن وعلى درجة من التعاون بين زعماء مختلف الطوائف، ولكن بعد مرور جيل بدأت اسس النظام تضعف. فقد حدث تغيير سكّاني: عدد السكان المسلمين زاد بنسبة أسرع من المسيحيين، وفي السبعينات كان من المسلّم به أن الطوائف الثلاث التي تعد مسلمة (السنّة والشيعة والدروز) اصبحتْ أكثر عدداً من الطوائف المسيحية، وأصبح بعض زعمائها أقل استعداداً لقبول الوضع ببقاء الرئاسة والسيطرة في النهاية بيد المسيحيين. علاوة على ذلك، أدّت التغيّرات الاقتصادية السريعة في البلاد وفي الشرق الأوسط الى نموّ بيروت إلى مدينة كبيرة يعيش فيها نصف سكان البلاد، وأكثر من نصفهم يعمل فيها. فلبنان أضحى عبارة عن مدينة ـ دولة موسّعة؛ وكان بحاجة إلى سيطرة حكومة قويّة فعّالة. واتّسعت الهوة بين الاغنياء والفقراء، وكان معظم الفقراء من المسلمين السنة أو الشيعة، محتاجين إلى إعادة توزيع الثروة عن طريق الضرائب والخدمات الاجتماعية. وحكومة قائمة على اتفاق هش بين الزعماء لم تكن قادرة على القيام بما هو مطلوب، إذ إنها ما كانت لتعيش إلا إذا امتنعت عن اتّباع أي سياسة قد تمسّ مصالح الاقوياء.

XXV/33 في عام ١٩٥٨ اختلّ التوازن، واندلعت حرب أهلية دامت عدة أشهر وانتهت باعادة التوازن تحت شعار «لا غالب ولا مغلوب». إلا أن الظروف التحتية التي أدّت الى اختلال التوازن ظلت موجودة، وبعد حوالى خمس عشرة سنة اضيف اليها عامل آخر ـ الدور الأكبر حجماً الذي لعبه لبنان في المواجهة بين الفلسطينيين واسرائيل. فبعد ضرب قدرة «فتح» وغيرها من المنظّمات الفلسطينية المحاربة في الأردن عام ١٩٧٠، ركّز الفلسطينيون جهودهم في جنوبي لبنان، حيث الحدود مع اسرائيل كانت الوحيدة التي يمكنهم عبرها أن يأملوا بالقيام بأي عمل بشيء من الحرية، وبدعم من مجموعات اللاجئين الفلسطينيين الوفيرة العدد هناك. وأثار هذا مخاوف العناصر الهامة بين المسيحيين، بالأخصّ حزبهم السياسي الأفضل تنظيماً، الكتائب: لأن النشاطات الفلسطينية في الجنوب اخذت تؤدّي إلى ردّ اسرائيلي عنيف، مما قد يتهدّد استقلال البلاد، ولأن وجود الفلسطينيين وفّر

دعماً لتلك المجموعات، المسلمة والدرزية في معظمها، التي كانت تريد تغيير النظام الذي يوفّر للمسيحيين سلطة أكبر.

XXV/34 في عام ١٩٧٥ جرت مواجهة خطرة بين القوى، وتلقى كل المتخاصمين أسلحة وتشجيعاً من الخارج: الكتائب وحلفائهم من اسرائيل، والفلسطينيين وحلفائهم من سورية. ونشب قتال جدّي في ربيع تلك السنة، واستمر بحظوظ متفاوتة الى أواخر ١٩٧٦، عندما اتُفِقَ على هدنة مستقرة إلى حدّ ما. وكانت سورية المحرّض الرئيسي على هذا، والتي كانت قد غيّرت موقفها اثناء القتال. فقد ساندت الفلسطينيين وحلفاءهم في البدء، ولكنها عادت وتقرّبت من الكتائب وحلفائهم لمّا بدا أنهم تعرّضوا الى خطر الاندحار: فمصلحتها كانت تقضي بالحفاظ على توازن في القوى يكبح الفلسطينيين ويجعل من الصعب عليهم متابعة سياسة في جنوبي لبنان قد تجرّ سورية إلى حرب مع اسرائيل. وللحفاظ على هذه المصالح، أرسلت قوات مسلّحة إلى لبنان، بنوع من الموافقة من الدول العربية الأخرى والولايات المتحدة، وظلوا هناك حتى بعد نهاية الاقتتال. وتلت ذلك خمس سنوات من الهدنة المزعزعة. مجموعات مارونية حكمت الشمال، والجيش السوري كان في شرقي البلاد، ومنظّمة التحرير الفلسطينية كانت مسيطرة في الجنوب. بيروت انقسمت إلى شطرين، الشرقي منها تحت سيطرة الكتائب، والقسم الغربي يسيطر عليه الفلسطينيون وحلفاؤهم. أمّا سلطة الحكومة فكانت قد زالت من الوجود إلى حدّ ما. وقوة منظمة التحرير غير المقيدة في الجنوب وضعتها في نزاعات متقطعة مع اسرائيل، التي قامت باجتياح الجنوب عام ١٩٧٨؛ وأُوقف الاجتياح بفعل الضغوط الدولية، ولكنه خلف وراءه حكومة محلية تحت السيطرة الاسرائيلية في بقعة منطقة على الحدود. الاجتياح والوضع المتوتّر في الجنوب دفع السّكان الشيعة إلى انشاء قوتهم الخاصة بهم السياسية والعسكرية، «أمل».

XXV/35 في عام ١٩٨٢ اكتسبت الأوضاع حجماً أكثر خطورة. فحكومة اسرائيل الوطنية التي أمّنت حدودها الجنوبية بمعاهدة الصلح مع مصر، حاولت الآن فرض حلّها هي لمشلكة الفلسطينيين. وتضمّن ذلك محاولة

تدمير القدرة العسكرية والسياسية لمنظّمة التحرير في لبنان، وإقامة نظام حكم ودّي هناك، ومن ثم، بعد التخلّص من المقاومة الفلسطينية، التفرّغ لمتابعة سياسة التوطين وضم فلسطين المحتلّة. بناءً عليه، وبقبول من الولايات المتحدة، اجتاحت اسرائيل لبنان في حزيران ١٩٨٢. وبلغ الاجتياح ذروته في حصار طويل للجزء الغربي من بيروت، حيث معظم السكان من المسلمين وتسيطر عليهم منظمة التحرير. وانتهى الحصار باتفاقية تمت المفاوضات بشأنها بوساطة الحكومة الاميركية، ويُخلي الفلسطينيون بموجبها بيروت الغربية مع ضمانات لسلامة المدنيين الفلسطينيين قدمتها الحكومتان اللبنانية والاميركية. في الوقت ذاته أدّى انتخاب رئاسي إلى وصول الرئيس العسكري لحزب الكتائب، بشير الجميل، إلى رئاسة الجمهورية؛ ولكنه اغتيل بعد ذلك بقليل ثم انتُخب أخوه أمين بعده. واغتنمت اسرائيل فرصة الاغتيال لتحتل بيروت الغربية، ومكّن هذا الأمر الميليشيا التابعة للرئيس المغتال من القيام بمذبحة للفلسطينيين على مقياس واسع في معسكري صبرا وشاتيلا للاجئين.

XXV/36 انسحاب منظمة التحرير، الذي وضع حدّاً للاقتتال لفترة، دفع النزاع الى مرحلة أكثر خطراً. فالهوة بين الفرقاء المحليين اتّسعت. الحكومة الجديدة، تحت سيطرة الكتائب وبدعم من اسرائيل، حاولت فرض حلولها: الإمساك بأزمّة الحكم، وعقد اتفاقية مع اسرائيل تسحب بموجبها اسرائيل قوّاتها لقاء سيطرة سياسية واستراتيجية على البلاد. ولكن هذا أثار معارضة قوية من الطوائف الأخرى، الدرزية والشيعية، بدعم من سورية. وبالرغم من أن الاجتياح كان قد كشف عن عجز سورية أو غيرها من الدول العربية عن القيام بأي عمل منسّق أو فعّال، فقد بقيت جيوش سورية في أنحاء من البلاد، وظل التأثير السوري قوياً على معارضي الحكومة. وكان باستطاعة سورية وحلفائها أن تتلقّى بعض الدعم من الاتحاد السوفياتي، بينما كانت الولايات المتحدة قادرة لتقديم المساندة العسكرية والدبلوماسية للكتائب والاسرائيليين الذين يساندونهم. وكانت قوة دولية فيها عنصر أميركي قوي قد أُرسلت إلى لبنان كأحد الشروط التي انسحبت بموجبها منظمة التحرير

الفلسطينية. ثم انسحبت تلك القوة بسرعة، ولكنها عادت بعد مجزرة صبرا وشاتيلا. ومنذ ذلك الوقت، وسّعت العناصر الاميركية في القوة المتعددة الجنسيات وظائفها بالتدريج، من الدفاع عن السكان المدنيين إلى المساندة الفعلية للحكومة اللبنانية وسَعَت لاتفاقية لبنانية ـ اسرائيلية التي ساعدت على التفاوض عليها عام ١٩٨٣. وفي أواخر اشهر تلك السنة كانت متورّطة في عمليات عسكرية لدعم الحكومة المحلية، ولكن بعد هجمات على افراد البحرية الاميركية (المارينز) وتحت ضغط الرأي العام الاميركي، سحبت قواتها. بدون دعم أميركي أو اسرائيلي فاعل، وبمواجهة مقاومة شديدة من الدروز والشيعة وسورية، ألغت الحكومة اللبنانية الاتفاقية مع اسرائيل. وكان من نتائج هذه الحوادث ظهور «أمل» ومجموعات شيعية اخرى بمثابة عوامل رئيسية في السياسة اللبنانية. وفي عام ١٩٨٤ سيطرت امل فعلياً على بيروت الغربية؛ وتحت ضغط المقاومة إلى حدّ ما انسحبت قوات اسرائيل من كل لبنان ما عدا بقعة على طول الحدود الجنوبية.

ونشب نزاع ثالث في تلك الأعوام بين دولة عربية وأخرى غير عربية، XXV/37
وكاد ينذر بجرّ دول عربية أخرى فيه؛ تلك كانت الحرب بين العراق وايران التي بدأت عام ١٩٨٠. فقد كانت بينهما مسائل حدود معلّقة، وكانت قد حُلَّت لصالح ايران عام ١٩٧٥، عندما كان الشاه في ذروة قوّته في العالم. الثورة الايرانية، وفترة الفوضى والتضعضع التي تبعتها، اتاحت الفرصة للعراق لتقويم التوازن. إلا أنه كان هناك امر أكثر أهمية في الميدان. فالنظام الايراني الجديد وجد حظوة لدى المسلمين في كل مكان لاعادة نفوذ الاسلام في المجتمع، وبدا ذا جاذبية خاصة للأكثرية الشيعية في العراق؛ ووجد النظام العراقي نفسه بمواجهة تحدٍّ مزدوج، بصفته حكومة ذات نظام مدني علماني قومي وبصفته حكومة يسيطر عليها مسلمون سنّيون. وفي عام ١٩٨٠ اجتاح الجيش العراقي ايران. إلا أنه بعد نجاحاته الاولى لم يتمكّن من احتلال أي جزء من البلاد لمدة طويلة، واستطاعت ايران بعد وقت من القيام بهجوم مضاد واجتياح العراق. ولكن الحرب لم تسبب انشقاقاً في المجتمع العراقي، إذ ظلّ الشيعة في العراق هادئين، ولكنها سببت انشقاقاً في العالم

العربي إلى حدّ ما. سورية ساندت ايران، بسبب خصومتها مع العراق، ولكن معظم البلدان العربية الأخرى قدّمت الدعم العسكري والمالي للعراق، لأن نصراً ايرانياً قد يقلب الانظمة السياسية في الخليج ويمكن أيضاً أن يؤثّر على الأمن والنظام في المجتمع في بلدان يكون فيها الشعور الاسلامي، وبالأخص الشيعي، قويّاً.

XXV/38 وأخيراً وُضع حدّ للقتال بوقف للنار فاوضت عليه الامم المتحدة عام ١٩٨٨. لم يربح أي من الفريقين ارضاً ما، وكانت خسارة كليهما باهظة بالأرواح والموارد الاقتصادية. إلاّ أن كلاّ منهما استطاع انقاذ شيء إلى حدّ ما: كلا النظامين ظلا صامدين تحت وطأة الحرب، والثورة الايرانية لم تمتد إلى العراق أو إلى الخليج.

XXV/39 فتحت نهاية الحرب بين العراق وايران امكانية تغيير في العلائق بين الدول العربية. وبدا من المحتمل أن العراق، بطاقاته الطليقة وبجيش مجرّب في الحرب، يمكن أن يلعب دوراً أكثر فاعلية في مجالات اخرى: في الخليج، وفي السياسات العامة للعالم العربي. علائقه مع مصر والأردن كانت قد تقوّت بالعون الذي قدّماه له خلال الحرب؛ علائقه مع سورية كانت سيّئة لأن سورية ساعدت إيران، وكمناوىء لسورية قد يتدخّل العراق بشكل اكثر فاعلية في شؤون لبنان المتشابكة.

XXV/40 وانتقلت المشكلة الفلسطينية أيضاً إلى مرحلة جديدة سنة ١٩٨٨. ففي آخر السنة التي سبقت، ثار سكان القطاعات تحت الحكم الاسرائيلي، الضفة الغربية وغزة، في حركة مقاومة شاملة تقريباً، مسالمة أحياناً وعنيفة في أوقات أخرى، مع انها كانت تتحاشى استعمال الاسلحة النارية؛ وكان لقيادتها المحلية روابط مع منظمة التحرير الفلسطينية ومع منظمّات اخرى. هذه الحركة، الانتفاضة، استمرت خلال ١٩٨٨، مغيّرة علاقة الفلسطينيين واحدهم بالآخر وبالعالم خارج الأراضي المحتلّة. وكشفت عن وجود شعب فلسطيني موحّد، واعادت تثبيت الانقسام بين الأراضي تحت الاحتلال الاسرائيلي وبين اسرائيل ذاتها. وعجزت الحكومة الاسرائيلية عن قمع

الحركة، وصارت في موقف دفاعي ضدّ الانتقادات الخارجية، وبمواجهة شعبها المنقسم انقساماً عميقاً. وعندما وجد الملك حسين نفسه غير قادر على السيطرة على الانتفاضة ولا على النطق باسم الفلسطينيين، انسحب من المساهمة الفعلية في البحث عن تسوية. وكانت منظّمة التحرير الفلسطينية في وضع يُمكِّنُها من ملء الفراغ، ولكن طبيعتها هي كانت قد تغيّرت. فقد كان عليها أن تأخذ بالاعتبار رأي من هم في الأراضي المحتلة، ورغبتهم في إنهاء الاحتلال. واجتمع المجلس الوطني الفلسطيني، الهيئة الممثلة للفلسطينيين، في الجزائر وأصدرت بياناً تعلن فيه استعدادها لقبول الكيان الاسرائيلي وللتفاوض بشأن تسوية نهائية مع اسرائيل. وكانت هذه التطورات تجري ضمن إطار جديد: نوع من اعادة توكيد الوحدة العربية في ما يتعلّق بالمشكلة، وعودة مصر كمساهم فعّال في الشؤون العربية، وتغيّر في العلائق بين الولايات المتحدة والاتحاد السوفياتي. أعلنت الولايات المتحدة للمرة الأولى عن استعدادها للتحدّث مباشرة مع منظمة التحرير الفلسطينية، وأخذ الاتحاد السوفياتي يتدخل بطريقة أكثر فاعلية في شؤون الشرق الأوسط.

الفصل السادس والعشرون

اضطراب النفوس (منذ ١٩٦٧)

الانقسامات العرقية والدينية

بيّنت النزاعات في العراق ولبنان كم من السهل للعداوات بين الدول
XXVI/1 أن تتشابك مع عداوات العناصر غير المتجانسة داخل دولة ما. في هذه الفترة، بعض الخلافات الداخلية الموجودة في كل الدول، أصبحت ذات أهمية أكبر. في العراق كان هناك تضادّ العرب والأكراد. الأقلية الكردية في شمالي شرقي البلاد ظلّت مهملة لمدة طويلة، بعيدة عن التغيرات الاقتصادية والاجتماعية التي كانت تُجرى في معظمها في المناطق الأقرب من المدن الكبيرة. بصفتهم يقطنون في وديان الجبال العالية، أو أفراد قبائل متنقّلة مع مواشيها، لم يكونوا راضين بتحكمّ البيروقراطية وموظفي المدن بهم؛ كما كانوا متحمّسين لفكرة الاستقلال الكردي وهي فكرة كانت في الأفق منذ أواخر العهد العثماني. ومن أيام الانتداب البريطاني حدثت ثورات كردية متقاطعة، وأصبحت أكثر إصراراً وأفضل تنظيماً ولاقت دعماً من الدول المناهضة للعراق، منذ ثورة ١٩٥٨. فلاقت الثورة دعماً من إيران على مدى عدة سنين، ولكن هذا الدعم توقف عندما توصّل البَلَدان إلى اتفاق عام ١٩٧٥. وانتهت الثورة بعد ذلك، واتخذت الحكومة بعض التدابير لمنح المناطق الكردية ادارة خاصة وبرنامجاً للتطوير الاقتصادي، ولكن الوضع ظل مضطرباً، وعادت الثورة الى الاشتعال في أواخر الثمانينات خلال الحرب بين العراق وايران.

وكان الوضع مماثلاً في الجزائر من ناحية الاحتمالات. فجزء من
XXVI/2 سكان المناطق الجبلية في الأطلس في المغرب والقبيلية في الجزائر كانوا من البربر، يتكلمون لهجات لغة تختلف عن العربية ومعها تراث عريق من التنظيم والقيادة المحلية. خلال حكم الفرنسيين، ظلت الحكومة محافظة

على الفرق بينهم وبين السكان الناطقين بالعربية، لأسباب سياسية من جهة، وكذلك بسبب ميل طبيعي من الموظفين المحلّيين إلى الحفاظ على الطبيعة الخاصة لكل مجتمع يحكمونه. وعندما وصلت حكومات وطنية الى الحكم بعد الاستقلال، كانت سياستهم بسط سيادة الدولة المركزية، وكذلك نفوذ الثقافة العربية. في المغرب، قُوِّيت هذه السياسة بعاملين، التراث الطويل من سيادة السلطان القوية، وهيبة الثقافة العربية في المدن الكبرى؛ «البربرية» لم تكن لغة مكتوبة للثقافة العالية، وعندما كان القرويّون يقتربون من مجال إشعاع الحياة المدينية كانوا يصبحون من الناطقين بالعربية. إلا أن الوضع في الجزائر كان مختلفاً: تراث الحضارة العربية كان أضعف، لأنه لم تكن هناك مدن عظيمة ولا مدارس كبرى، وتراث الحضارة الفرنسية كان أقوى وظهر كأنه يتيح رؤيا بديلة للمستقبل. كما أن سلطة الحكومة لم تكن مرسّخة كثيراً؛ ادعاؤها بالشرعية كان قائماً على قيادتها في النضال من أجل الاستقلال، وفي ذلك النضال لعب البربر من القبيلية دوراً كاملاً.

كانت الفوارق الاثنيّة العرقية اذن تعطي عمقاً جديداً لاختلافات المصالح، كذلك الفوارق في الدين. وقد بيّن مَثَلُ لبنان كيف يمكن للنزاع XXVI/3
على السلطة أن يعبّر عن نفسه بلغة الدين بكل سهولة. وكان الوضع مماثلاً في السودان. لم يكن سكان الجزء الجنوبي من البلاد عرباً ولا مسلمين؛ بعضهم كان مسيحياً، تنصّر على أيدي المبشّرين أيام الحكم البريطاني. وكانوا ما زالوا يذكرون الزمن الذي كانوا فيه معرّضين لغزوات من الشمال بقصد اخذهم عبيداً أرقّاء، وبعد الاستقلال عندما أصبح الحكم في أيدي مجموعة حاكمة مكوّنة في معظمها من عرب ومسلمين اخذوا يتخوّفون من المستقبل: فقد تحاول الحكومة الجديدة أن تبسط الاسلام والثقافة العربية باتجاه الجنوب، ولا بد أن تكون أكثر مراعاة لمصالح المناطق القريبة من العاصمة من تلك البعيدة. وفور نيل الاستقلال تقريباً اندلعت ثورة في الجنوب، واستمرت حتى عام ١٩٧٢، عندما انتهت باتفاقية تمنح الجنوب درجة كبيرة من الاستقلال. إلا أن التوتّر والشكوك المتبادلة ظلّت موجودة، وبرزت في أوائل الثمانينات عندما بدأت الحكومة باتّباع سياسة اسلامية اكثر

صراحة: واستمرت الثورة ضد الحكم من الخرطوم على أشدّها خلال الثمانينات، ولم تستطع الحكومة قمعها ولا التوصل إلى تفاهم معها.

XXVI/4 وفي البلدان حيث يوجد سكان كثيرو العدد من الشيعة كان الوضع شديد الخطورة والتعقيد: العراق، الكويت، البحرين، السعودية، سورية ولبنان. فقد كان من المحتمل أن تُثير الثورة الايرانية شعوراً أقوى بالانتماء الشيعي، وقد يؤدي ذلك إلى مضامين سياسية في البلدان حيث الحكم في أيدي السنّيين. إلا أنه من ناحية اخرى، الشعور بالقومية المشتركة أو بالمصلحة الاقتصادية المشتركة قد يعمل في الاتجاه المعاكس. في سورية كانت الوضعية مختلفة، على الأقل وقتياً. كان النظام البعثي الحاكم منذ الستينات تحت سيطرة مجموعة من الضباط والسياسيين منذ ١٩٧٠، وعلى رأسهم الأسد، ومعظمهم ينتمون إلى الطائفة العلوية، وهي فرع منشق عن الشيعية؛ لذلك فمعارضة الحكومة كان يتّخذ شكل تأكيد قوي للاسلام السني من قِبل الاخوان المسلمين أو مجموعات مشابهة.

الاغنياء والفقراء

XXVI/5 وثمة هوة كانت تزيد اتساعاً في معظم البلدان العربية ـ الهوة بين الاغنياء والفقراء. كانت طبعاً موجودة دائماً، إلا أنها اتخذت معنى مختلفاً في عصر سمته التغيير الاقتصادي السريع فكانت هذه فترة نموّ اكثر منه فترة تغيير اساسي في البُنَى. على العموم بسبب الزيادة في الأرباح من النفط، كان معدّل النمو مرتفعاً ليس في البلدان المنتجة للنفط فحسب بل في الأخرى ايضاً، التي كانت تستفيد من القروض والهبات، والتوظيفات والتحويلات من العمال المهاجرين. فالمعدّل السنوي في السبيعنات بلغ ١٠ بالمئة في الإمارات العربية المتحدة والسعودية، و ٩ بالمئة في سورية، و ٧ بالمئة في العراق والجزائر، و ٥ بالمئة في مصر. إلا أن النموّ لم يُصب كل قطاعات الاقتصاد بالتساوي. فجزء كبير من الزيادة في واردات الحكومة كان يُنفق للحصول على اسلحة (في معظمه من الولايات المتحدة وأوروبا) وعلى بسط آلية الادارة؛ القطاع الذي نما بأكبر سرعة في الاقتصاد كان قطاع الخدمات،

بالأخص دوائر الحكومة؛ في عام ١٩٧٦ بلغ عدد الموظفين المدنيين الحكوميين ١٣ بالمئة من سكان مصر العاملين. والحقل الآخر الهام في مجال التوسّع كان الصناعات الاستهلاكية: المنسوجات، تصنيع الأغذية، السلع الاستهلاكية والبناء. وقد شجع هذا التوسّع تطوّران في هذه الفترة: تخفيف القيود في معظم البلدان على المبادرات والمشاريع الخاصة، مما أدّى إلى تكاثر الشركات الصغيرة، والزيادة الضخمة في حجم التحويلات المالية من المهاجرين. في عام ١٩٧٩ كان مجموع هذه التحويلات حوالى ٥ مليارات دولار في السنة؛ وكانت تشجعّها الحكومات لأنها كانت تخفّف من مشكلة ميزان المدفوعات، وكانت تُستعمل في معظمها لشراء العقارات والسلع الدائمة الاستعمال.

XXVI/6 بوجه عام، لم يكن هناك من داعٍ للمستثمر الخاص بتوظيف ماله في الصناعة الثقيلة، حيث رأس المال المتوجب توظيفه كبير، وخطر الخسارة كبير أيضاً، كما أن التوظيف الخارجي في هذا القطاع كان محدوداً أيضاً. لم يكن من صناعات ثقيلة جديدة تقريباً إلا تلك التي كانت الحكومات تختار أن توظف فيها اموالها، إذا كان لديها الموارد اللازمة. فقد جرّب عدد من البلدان المنتجة للنفط تطوير الصناعات البترو ـ كيميائية، كذلك الفولاذ والألمنيوم؛ وكانت هذه التطويرات بوجه عام على مقياس أكبر مما تسوّغه امكانات السوق. والمشاريع الصناعية الأكثر طموحاً كانت في السعودية حيث أُقيم مصنعان ضخمان، الواحد على البحر الأحمر والآخر على الخليج، وفي الجزائر ايضاً. فخلال حكم بومدين كانت سياسة الحكومة الجزائرية تخصيص الجزء الأكبر من دخلها للصناعات الثقيلة كالفولاذ، ولصناعات تستلزم تقنية عالية، بأمل جعل البلاد مستقلة عن البلدان الصناعية القوية، وبعد ذلك، في طور لاحق، استعمال التكنولوجيا الجديدة ونتاج الصناعة الثقيلة لتطوير الزراعة وانتاج السلع الاستهلاكية. إلا أنه بعد وفاة بومدين عام ١٩٧٩، تغيّرت هذه السياسة، وجرى تركيز أكبر على الزراعة وعلى الخدمات الاجتماعية.

XXVI/7 في كل مكان تقريباً كانت الزراعة القطاع الأكثر اهمالاً. الشواذ الأهم

عن هذا كانت سورية، التي كرّست أكثر من نصف توظيفها للزراعة، على الأخص لتنفيذ سدّ الطبقة على الفرات، الذي بوشر العمل به عام ١٩٦٨ بمساعدة الاتحاد السوفياتي، وفي أواخر السبعينات كان يُنتج طاقة كهربائية، كما يتيح توسيع شبكات الريّ في وادي الفرات. وكان من نتيجة هذا الاهمال العام للزراعة أن الانتاج الزراعي لم يزد في معظم البلدان، لا بل نقص في بعضها، مع أن جزءاً كبيراً من السكان في كل بلد كان يعيش في القرى. في السعودية، ٥٨ بالمئة من السكان العاملين اقتصادياً كانوا يعيشون في الأرياف، ولكنهم كانوا ينتجون ١٠ بالمئة فقط من الانتاج المحلّي الاجمالي. ولكن الظروف كانت استثنائية هنا، بسبب الأهمية الطاغية لانتاج النفط، ولكن في مصر لم تكن النسَب مختلفة جداً: ٥٢ بالمئة كانوا يعيشون في الأرياف وينتجون ٢٨ بالمئة من الدخل المحلّي الاجمالي. وفي أواخر السبعينات كانت نسبة عالية من الأغذية المستهلكة في البلدان العربية مُستوردة.

XXVI/8 ولم يرفع النموّ الاقتصادي مستوى المعيشة بالقدر الذي كان مُنتظراً، أوّلاً لأن الزيادة بالسكان كانت أسرع من أي وقت مضى، ولأن الأنظمة السياسية والاجتماعية في معظم البلدان العربية لم تكن تتيح توزيعاً أكثر عدالة لعائدات الانتاج. وإذا اخذنا الدول العربية ككلّ، فمجموع السكان، الذي كان حوالى ٥٥ ـ ٦٠ مليوناً في ١٩٣٠ وزاد ليصبح حوالى ٩٠ مليوناً في ١٩٦٠، بلغ قرابة ١٧٩ مليوناً عام ١٩٧٩. معدّل النمو الطبيعي في معظم البلدان كان بين ٢ و ٣ بالمئة. والسبب في ذلك لم يكن مبدئياً زيادة في الولادات؛ بل أن معدّل الولادات كان في تدنّ بانتشار اساليب تحديد النسل، ولأن ظروف المعيشة في المدن دفعت الشبان الى التزوّج متأخرين. السبب الرئيسي كان الزيادة في متوسّط العمر المتوقع وخاصّة انخفاض معدّل وفيات الأطفال.

XXVI/9 وكما في السابق، ضخّم النمو السكّاني المدن، لأن النمو الطبيعي لعدد سكانها اصبح أكبر من ذي قبل، بتحسن الظروف الصحية، وأيضاً

بسبب الهجرة من الأرياف. وفي أواسط السبعينات كان حوالى نصف سكان معظم البلدان العربية يعيش في مدن: أكثر من ٥٠ بالمئة في الكويت والسعودية ولبنان والاردن والجزائر، وما بين ٤٠ و ٥٠ بالمئة في مصر وتونس وليبيا وسورية. وحدثت هذه الزيادة في المدن الصغيرة مثل الكبيرة، ولكنها كانت الأكثر وضوحاً في العواصم الرئيسية وفي المراكز التجارية والصناعية الكبيرة. وفي أواسط السبعينات كانت هناك ثماني مدن عربية يزيد سكانها عن المليون: في القاهرة، كان هناك ٦,٤ مليون نسمة وفي بغداد ٣,٨ مليون.

XXVI/10 طبيعة النمو الاقتصادي، والتحضّر السريع أدّيا إلى استقطاب للمجتمع أكبر وأكثر بداهة مما كان عليه في السابق. والمستفيدون من هذا النمو كانوا في الدرجة الأولى اعضاء الطبقة الحاكمة، وضباط الجيش وكبار موظفي الدولة، والتقنيّون، ورجال الأعمال العاملون بالبناء والاستيراد والتصدير، أو أهل الصناعة الاستهلاكية أو أصحاب العلاقة مع المشاريع المتعددة الجنسيّات. كما جنى بعض الأرباح العمال الصناعيون الماهرون، بالأخص حيث كانت الظروف السياسية تتيح لهم تنظيم انفسهم بطريقة فعّالة. واستفادت الاقسام الأخرى من السكان إلى درجة أقل، أو لم يستفيدوا مطلقاً. في المدن، كانت هناك مجموعات من صغار الموظفين، والتجار والذين يقدّمون الخدمات إلى الأغنياء، وحولهم كانت هناك ايضاً مجموعات اكبر من السكان العاملين في «القطاع غير الرسمي»، مثل الباعة المتجولين أو العمال الطارئين، أو العاطلين عن العمل. في الأرياف، كان باستطاعة مالكي الأراضي المتوسطين، أو الكبار في البلدان التي لم تُدخِل الاصلاح الزراعي، أن يستثمروا أراضيهم بشكل مُربح بسبب تمكنّهم من الحصول على قروض، ولكن الفلاحين الأفقر حالاً، ممن يملكون قطعة أرض صغيرة أو لا شيء، فقد كان املهم ضئيلاً جدّاً بتحسين اوضاعهم. والعمال المهاجرون الى البلدان المنتجة للنفط كانوا يكسبون أكثر مما يأملون كسبه في بلادهم، ولكن لم تكن لهم أية ضمانات ولا امكانية بتحسين وضعهم عن طريق عمل مشترك منسّق. فقد كانوا معرّضين للطرد من وظائفهم حسب ارادة صاحب

العمل، وكان هناك كثيرون غيرهم مستعدين للحلول محلهم. وفي أواخر السبعينات اصبحوا ايضاً في وضع أكثر حراجة، إذ إن الكثيرين منهم لم يعودوا يجيئون من بلدان عربية بل كانوا يُجلبون لاوقات محدّدة وبحسب اتفاقيات خاصة من الشرق الأبعد، من جنوبي آسيا، تايلاند وماليزيا والفيليبيين أو كوريا.

XXVI/11 بتأثير أفكار سائدة في العالم الخارجي، بدأت بعض الحكومات الآن بتشكيل خدمات اجتماعية كان من نتائجها اعادة توزيع الدخل الى حدّ ما: بيوت شعبية، خدمات صحية وتربوية، وانظمة للضمان الاجتماعي. لم يكن باستطاعة كل السكان الاستفادة من هذه الخدمات، حتى في أغنى البلدان. في الكويت، كان لجميع الكويتيين الحق بالافادة منها، ولكن غير الكويتيين كان لهم أقلّ بكثير؛ في السعودية، كان للمدن الكبيرة «مدنها الصفيح» ايضاً حولها، والقرى لم تكن في بحبوحة. وكان الوضع صعباً جداً في المدن الكبيرة التي كانت قد نمت بسرعة بسبب الهجرة والزيادة الطبيعية. وإذا كانت تُزال أحياء «الصفيح»، فالأبنية السكنية الرخيصة التي حلّت محلّها لم تكن بالضرورة افضل منها، إذ كان ينقصها تسهيلات مادّية والشعور بالمجتمع الذي ربما كان في «مدينة الصفيح». ووسائل النقل العام كانت مختلّة ناقصة في كل مكان تقريباً، وكان هناك فرق واضح بين الذين يمتلكون وسيلة نقل خاصة والذين ليس لديهم ايّاً منها. وفي معظم المدن، كانت شبكات المياه والمجاري قد خُطِّطت لمجتمعات أصغر، ولم تكن بالتالي قادرة على تلبية احتياجات عدد أكبر من السكان؛ في القاهرة انهار نظام تصريف المياه كلياً تقريباً. في الكويت والسعودية، حُلَّت مشكلة التزويد بالماء عن طريق تحلية مياه البحر، وهي طريقة فعّالة ولكنها غالية الثمن.

النساء في المجتمع

XXVI/12 وكانت هذه ايضاً فترة أصبح فيها نوع آخر من العلاقة ضمن المجتمع مشكلة صريحة. الدور المتغيّر للمرأة، وتغييرات في بنية العائلة، طرحت اسئلة لا للرجال الذين يريدون انشاء مجتمع قومي مُعافى فحسب، بل أيضاً

للنساء الواعيات لمكانتهنَّ كنساء.

XXVI/13 خلال الاجيال التي سبقت، حدثت تغييرات مختلفة كان من المحتّم أن تؤثر على وضعية المرأة في المجتمع. إحدى هذه التغييرات كان انتشار العلم: في كل البلدان، حتى في المجتمعات الأكثر محافظة في شبه الجزيرة العربية، صارت الفتيات تذهب إلى المدارس. على المستوى الابتدائي، في بعض البلدان كان هناك فتيات بعدد الفتيان في المدارس؛ في المستويات الأعلى، كانت النسبة تتزايد بسرعة. درجة معرفة القراءة والكتابة بين النساء كانت ايضاً في ارتفاع، مع أنها ظلت ادنى مما هي بين الرجال؛ في بعض البلدان كانت كل الاناث تقريباً من الجيل الأكثر حداثة يحسنَّ القراءة. ولهذا السبب الى حدّ ما، ولأسباب أخرى أيضاً، اتّسع مجال العمل للنساء. في الأرياف، عندما كان الرجال يهاجرون الى المدن أو إلى البلدان المنتجة للنفط، غالباً ما كانت النساء تُعنى بالأرض والمواشي في غياب رجال العائلة. في المدينة، كانت المعامل الحديثة تستخدم النساء، ولكن العمل هنا كان قليلاً؛ فقد كانت تستخدم النساء عندما يكون هناك نقص في العمال الذكور، وفي زمن الكساد أو الفائض في الاستخدام كنَّ أوّل من استَغْنَتْ المعامل عنهنَّ. وكان من المحتمل أكثر للنساء غير الماهرات أن يجدن اعمالاً كخادمات في المنازل؛ اولئك كنَّ على العموم صبايا غير متزوجات قادمات من القرى. النساء المتعلمات كنَّ يعملن باعداد متزايدة في الدوائر الحكومية، بالأخص في الوظائف الكتابية، كما كان يتزايد عدد النساء صاحبات المهن من محاميات وطبيبات وعاملات اجتماعيات. وفي بعض البلدان كان هناك عدد صغير، ولكنه متزايد، من النساء في وظائف من المستوى الأعلى من المسؤولية في الحكومة؛ ويصحّ هذا على تونس واليمن الجنوبية والعراق، اذ كانت هذه البلاد تبذل جهوداً مدروسة لتتحرّر من الماضي وتنشىء مجتمعاً عصرياً. إلا أنه بالرغم من هذه التغييرات، نسبة صغيرة فقط من النساء كانت تُستخدم خارج المنزل، وعلى كل المستويات تقريباً كان هناك افضلية للرجال.

XXVI/14 كان للظروف المعيشية في المدن، والعمل خارج المنزل، بعض التأثير

على الحياة العائلية وعلى مركز النساء فيها. في القرية، كانت هجرة الرجل تعني مسؤولية أكبر للمرأة في العائلة، فتضطر إلى اتخاذ قرارات كانت تترك في الماضي للرجال. في المدينة، لم يكن للعائلة بمتفرعاتها الحقيقة نفسها كما في القرية؛ فالمرأة قد لا تعيش (كما في القرية) في مجتمع واسع من الشقيقات أو الأقارب وتحت سيطرة حماتها؛ فالرجل والمرأة يجدان نفسيهما في احتكاك مباشر واحدهما بالآخر؛ والاولاد قد لا يُدرّبَون على الحياة ضمن العائلة الواسعة، وقد يؤثّر الشارع والمدرسة في نشأتهم بقدر ما يساهم المنزل والعائلة. وأدّى مجرى الأفكار والخدمات الصحية إلى انتشار وسائل منع الحمل؛ فمالت العائلات في المدينة، بسبب الضرورة الاقتصادية والامكانات الجديدة، ان تكون أصغر من العائلات في القرى. وبفضل التعليم والتوظيف، اصبحت الفتيات يتزوّجنَ في سن متأخرة أو في العشرينات بدلاً من منتصف سنيّ المراهقة. في الشارع وفي أماكن العمل، أخذت العزلة تزول. لم يعد النقاب أقل شيوعاً فحسب، ولكن الاشكال الأخرى من العزل بين الرجال والنساء أخذت تختفي أيضاً. في السعودية جرت محاولة للحؤول دون ذلك: فقد كان النقاب ما زال يوضع في الشوارع، والتعليم منفصلاً تماماً، وحُدّد مجال منفصل لعمل النساء - بامكانهنَّ العمل كمعلّمات أو في عيادات النساء، ولكن ليس في مكاتب الحكومة أو الأمكنة الأخرى التي قد تجعلهنَّ يختلطنَ بالرجال.

XXVI/15 إلا أن هذه التغييرات كانت تحدث ضمن إطار قانوني وأخلاقي ظل غير قابل للتحوير، والذي دعم سيطرة الرجل. حدثت بالفعل بعض التغييرات في الطرق التي فُسّرت بها قوانين الاحوال الشخصية الاسلامية. بين البلدان العربية، تفردت تونس بالغاء تعدّد الزوجات، ولكن تعدد الزوجات أصبح أكثر ندرة في الأماكن الأخرى. في بعض البلدان، في تونس والعراق مثلاً، كان قد أصبح من الأسهل للنساء طلب حل الزواج، ولكن في سائر البلدان الأخرى ظلّ حق الزوج قائماً بطلاق امرأته دون الافصاح عن الأسباب ودون أية معاملة قانونية؛ ولم يُمّس ايضاً حق الزوج، بعد الطلاق، بالوصاية على أولاده بعد عمر معين. وكان العمر الأدنى للزواج قد رُفع في

بعض البلدان. وفي بعضها، أُعيد تفسير قوانين الإرث، ولكن لم يكن هناك قوانين علمانية مدنية في أي منها بشأن الإرث. كما أن أياً من البلدان العربية لم يضع قوانين مدنية للأحوال الشخصية بدلاً من تلك المستمدة من الشريعة، كما حدث في تركيا.

XXVI/16 حتى عندما كانت تتغيّر القوانين، لم تكن العادات الاجتماعية بالضرورة تتغيّر معها. لم يكن بالامكان تطبيق القوانين الجديدة دائماً، بالأخص عندما كانت تتعارض مع عادات اجتماعية متأصلة تؤكد على سيطرة الرجل وتحافظ عليها. فالافكار التي تشدد ان الفتاة يجب أن تتزوج باكراً، وان يكون الزواج مرتّباً من قِبَل العائلة، وانه من السهل طلاق الزوجة، كانت افكاراً عميقة التجذّر حتى لدى النساء انفسهنَّ؛ الأم والحماة كنَّ في معظم الأحيان ركيزات هذا النظام. وظلَّ عدد كبير من النساء يقبلنَ هذا النظام من ناحية المبدأ، ولكنهنَّ كن يحاولنَ الحصول على مركز أفضل ضمنه عن طرق المناورة الذكية مع الرجال. موقفهنَّ عبّرت عنه الكاتبة المصرية أَلِيفة رِفْعَت، في تصويرها للنساء المسلمات اللواتي كانت حياتهنَّ ما زالت تنظّم أوقاتها نداءات المؤذن داعية اياها الى الصلاة خمس مرات كل يوم: «رفعت يدها تقبلها ظهرا لبطن امتنانا لكرم الله. كانت تشعر بالندم أنها لا تستطيع الشكر لبارئها إلا عن طريق مثل هذه الحركات، والنطق ببعض التسابيح القصيرة. ففي خلال حياة أحمد زوجها كانت تقف وراءه حين يصلي، تتبع حركاته في الركوع والسجود وتستمع لتلاوته في خشوع، وهي تدرك ان من وقف خلف الامام وتبع حركاته تعتبر صلاته مقبولة... وهكذا بعد موته توقفت عن إقامة الصلاة»(١).

XXVI/17 إلا أنه كان هناك اعداد متزايدة من النساء اللواتي لم يعدنَ يقبلنَ النظام وأخذنَ يطالبنَ بحقّهنَّ في تحديد هوّيتهنَّ وادخال تغييرات في وضعهنَّ الاجتماعي تعكس التحديد الجديد. ولم يكنَّ قد وصلنَ إلى مراكز السلطة؛ النساء في الوزراة أو في مجلس النواب لم يكنَّ أكثر من رمز للتغيير. كانت آراؤهنَّ تُعكَس من خلال المنظمات النسائية وفي الصحف. وعدا عن النساء كاتبات الروايات، كان هناك عدد من الكاتبات الجدليات المشهورات ذوات

المؤلّفات الواسعة الانتشار في بلدان العالم الخارجي بفضل ترجمات لكتبهنَّ وفي البلدان العربية أيضاً. في المغرب تكلّمت فاطمة المرنيسي في كتابها «أبعد من الحجاب» عن رأيها بأن عدم المساواة بين الاناث والذكور تقوم على نظرة اسلامية معيّنة (أو على الاقل تسوّغها) الى كون المرأة قوّة خطرة يجب احتواؤها، واضافت أن هذه النظرة لا تتطابق مع احتياجات أمة مستقلة في العالم الحديث.

ومن الصحيح أنه كانت هناك ظاهرة في أواخر السبعينات وأوائل XXVI/18 الثمانينات تبدو وكأنها تشير إلى اتجاه معاكس. ففي الشوارع وامكنة العمل، بالأخص في المدارس والجامعات، أخذ يزداد عدد الصبايا اللواتي يغطّين شعرهنَّ، إن لم يكن وجههنَّ، ويتجنَّبنَ الاختلاط الاجتماعي والمهني مع الرجال. ولكن ما كان يظهر أنه تناقض كان في الواقع تأكيداً لهويتهنَّ الخاصة أكثر مما هو لسيطرة الذكور. واللواتي أخترن هذا الطريق لم يجئنَ من عائلات كان فيها الانفصال سارياً، بل فعلنَ ذلك طوعياً باختيارهنَّ، عن اقتناع بنظرة معيّنة الى ما يجب أن يكون عليه المجتمع الاسلامي، وهي نظرة متأثّرة إلى حدّ ما بالثورة الايرانية. إلا أنه مهما كانت الدوافع لموقف كهذا، فلسوف يقوّي على المدى الطويل، النظرة التقليدية عن مركز المرأة في المجتمع.

تراث وتجديده

احداث ١٩٦٧ وعمليات التغيير التي تبعتها كثّفت ذلك الاضطراب XXVI/19 والتشويش في الأنفس، وذلك الشعور بعالم ضلْ طريقه، والذي كان قد عُبِّر عنه بأشعار الخمسينات والستّينات. هزيمة ١٩٦٧ اعتُبرت من الكثيرين ليس فقط كنكسة عسكرية بل أيضاً كنوع من الإدانة المعنوية. إذا كان العرب قد انهزموا بهذه السرعة انهزاماً تاماً علنياً، أفلا يكون ذلك اشارة لوجود اهتراء في مجتمعاتهم وفي الانظمة الاخلاقية التي يعبرون عنها؟ لقد انقضى زمن البطولة والنضال لاجل الاستقلال؛ لم يعد ذلك النضال قادراً على توحيد البلدان العربية، أو الشعوب في أي منها، ولم يعد بالامكان إلصاق الفشل

والعيوب، كما في الماضي، على قوة الاجنبي وتدخّله.

بين أهل التفكير المثقّفين من رجال ونساء كان هناك وعي للتغييرات XXVI/20
العميقة والمتسارعة في مجتمعاتهم، وعن الطرق التي كانت اوضاعهم تتأثّر بها. ازدياد عدد السكان، نموّ المدن، وانتشار التعليم الشعبي ووسائل الاعلام اخذت تجلب صوتاً جديداً الى مناقشات الشؤون العامة، صوتاً يعبّر عن قناعاته وظلاماته وآماله، بلغة تقليدية. وهذا بدوره أخذ يثير الوعي بين المثقّفين بوجود هوّة بينهم وبين الجماهير، وبالتالي يسبّب مشكلة في الاتصال: كيف يمكن للنخبة المثقّفة أن تخاطب الجماهير أو أن تنطق باسمها؟ ووراء ذلك كانت مشكلة اخرى، مشكلة الهوّية: ما هو الرابط المعنوي بينهم، الذي يمكنهم بواسطته الادعاء بأنهم مجتمع ومجموعة سياسية؟

عُبّر عن مشكلة الهوّية، الى درجة كبيرة، على أساس العلاقة بين تراث XXVI/21
الماضي واحتياجات الحاضر. هل يجدر بالعرب اتّباع طريق خُطَّ لهم من الخارج، أم هل باستطاعتهم أن يجدوا في عقائدهم الموروثة وحضارتهم تلك القيم التي تعطيهم توجيهاً في العالم الحديث؟ سؤال كهذا أوضح العلاقة الوثيقة بين مشكلة الهوّية ومشكلة الاستقلال. إذا كانت القيم التي يتوجب بها للمجتمع أن يعيش قد جُلبت من الخارج، ألا يعني ذلك ضمنياً اعتماداً مستمراً على العالم الخارجي، وبالأخص اوروبا الغربية وامريكا الشمالية؟ وهذا الاعتماد الثقافي ألا يجلب معه الاعتماد الاقتصادي والسياسي ايضاً؟ هذه النقطة أوضحت بقوة في كتاب الاقتصادي المصري جلال أمين (ولد عام ١٩٣٥)، «محنة الاقتصاد والثقافة في مصر» وهو كتاب حاول متابعة الروابط بين الانفتاح وازمة الثقافة. فالمصريون والشعوب العربية الأخرى، باعتقاده، قد فقدوا ثقتهم بانفسهم. الانفتاح، وبالفعل مجموعة الاحداث بكاملها منذ ثورة ١٩٥٢ المصرية قامت على أساس غير متين: القيم المزيّفة لمجتمع استهلاكي في الحياة الاقتصادية، سيطرة نخبة حاكمة بدلاً من اخلاص وطني صادق. المصريون يستوردون ما يُقنعهم الأجانب بأنه من الضروري ان يحصلوا عليه وأدّى هذا إلى اعتماد مستمر.

لتكون حياتهم السياسية والاقتصادية سليمة معافاة، يجب أن تُستمد من قيمهم الاخلاقية الخاصة، والتي لا يمكن أن يكون لها أساس إلا في الدين.

XXVI/22 وبطريقة مشابهة أيضاً، كتب كاتب مصري آخر، حسن حنفي، عن العلاقة بين التراث والحاجة الى التجديد. العرب، مثل الكائنات البشرية الأخرى، كانوا منهمكين في ثورة اقتصادية لم يكن بالامكان تحقيقها إلا إذا كانت هناك «ثورة بشرية». وهذا لم يكن يعني التخلّي عن تراث الماضي، الذي لم يكن العرب مسؤولين عنه أكثر مما هم عن «الشعب والأرض والثروة»، بل بالأحرى يجب إعادة تفسيرها بالتطابق مع «احتياجات العصر»، وتحويلها الى ايديولوجية قد تؤدي إلى قيام حركة سياسية. الانقياد الاعمى للتقاليد والتجديد الاعمى كلاهما غير ملائم، الأول لأن لا جواب لديه عن مشاكل الحاضر، والآخر لأنَّ ليس باستطاعته تحريك الجماهير، إذ إنه مصاغ بلغة غريبة عمّا يفهمونه. المطلوب هو اصلاح الفكر الديني بشكل ان يعطي الجماهير تحديداً جديداً لأنفسهم، وحزب ثوروي يكوّن ثقافة وطنية وبالتالي يغيّر أساليب السلوك الجماعي.

XXVI/23 كان الكثير من الفكر العربي المعاصر يدور حول تبايـن الماضي والحاضر، وقام بعض الكتاب بمحاولات جريئة لحلّها. الجواب الذي اعطاه الفيلسوف السوري صادق جلال العظم (مولود ١٩٣٤) نبع من رفض تام للفكر الديني. فقال أنه زائف من ذاته وغير متطابق مع الفكر العلمي الصحيح في نظرته الى المعرفة وطريقتها في الوصول الى الحقيقة. وليس هناك من طريقة للتسوية بينهما.

XXVI/24 قليلون الكتاب الآخرون الذين تبنّوا هذا الموقف، ولكن الأكثر انتشاراً كان الاتجاه الى تذويب مجموعة من العقائد الدينية في هيكل من الثقافة الموروثة، وهكذا يحوّلونها الى موضوع مفتوح للمعالجة النقدية. بالنسبة إلى التونسي هشام جعيط (مولود ١٩٣٥)، لا يمكن للهوّية القومية أن تُحدّد بمفهوم ثقافة دينية. يجب في الواقع أن يحافظ عليها؛ النظرة الى الحياة

البشرية كما عبّر عنها النبي محمد (ص)، والمحبة والاخلاص اللذان اجتمعا حوله على ممر القرون يجب أن يُعزّزا، وكلاهما يجب أن تحميهما الدولة. ولكن المؤسسات الاجتماعية والقوانين يجب أن تكون منفصلة تماماً عن الدين، وقائمة على مبادىء «انسانية»؛ يجب أن يكون المواطن الفرد حرّاً بالتخلي عن الدين الذي ورثه اذا رغب في ذلك. «هكذا نقترح العلمانية بصورة من الصور، علمانية غير معادية للاسلام بحيث لا تستمد دافعها من شعور لا إسلامي. ذلك اننا حافظنا على جوهر العقيدة ذاته في هذا المسلك الحائر. . . فذلك يعني انها حنان عميق لا يُجْتث، نحو هذا الدين الذي انار طفولتنا. وكان أول دليل لنا على الخير واكتشاف المطلق. . . لكن هذه العلمانية لها حدود حيث نعترف بالعلاقة الجوهرية بين الدولة وبعض عناصر السلوك الاخلاقي والاجتماعي وبنية الشخصية الجماعية والعقيدة الاسلامية. ونحن نؤيد بقاء هذه العقيدة ونؤيد اصلاحها. لا يجب ان يتم الاصلاح على حساب الدين، بل يقع في نفس الوقت بواسطة الدين وفي الدين ومستقلاً عنه»(٢).

XXVI/25 أما برأي الكاتب المغربي عبد الله العروي، من الجوهري اعادة تحديد الماضي والحاضر. ما نحتاجه هو فهم تاريخي حقيقي، «لنستملك ماضينا» من خلال ادراك السببية، والكيفية التي تطوّرت ونمت بها الأشياء واحدها من الآخر. وأبعد من ذلك، «فالتأرّيخانية» الحقيقية الأصيلة هي ضرورة: بكلام آخر، الاستعداد لتجاوز الماضي والسموّ فوقه، وأخذ ما يلزم منه عن طريق «النقد الجذري للثقافة واللغة والتراث»، واستعماله لخلق مستقبل جديد. وعملية النقد هذه، المؤدية الى الادراك الحاسم لا تستطيع بذاتها توفير توجيه الى المستقبل. إنها بحاجة إلى ارشاد من الفكر الحيّ المعاصر، بالأخص من الماركسية اذا فُهمت على وجهها الصحيح؛ بالمعنى الذي تحمله الماركسية أن للتاريخ اتجاهاً وانه ينتقل على مراحل نحو هدف، فباستطاعتها أن تُعطي الافكار الثاقبة التي يمكن للماضي أن يُدمَج عبرها في نظام جديد من الفكر والعمل(٣).

على الطرف الآخر من السلسلة كان هؤلاء الذين يعتقدون بأن التراث الإسلامي بذاته يمكن أن يوفّر الاساس لحياة في الحاضر، وأنه الوحيد الذي يمكنه ذلك لانه مستمّد من كلمة الله. وكان هذا هو الموقف المعبَّر عنه بلغة تتفاقم حدّتها من قِبَل بعض المتعاطفين مع الاخوان المسلمين في مصر وغيرها. وفي حركات كهذه حدث نوع من الاستقطاب في الستينات؛ بعض القادة والأعضاء كانوا مستعدين للتوصل الى تسوية مع ارباب السلطة والقبول بالأنظمة الموجودة، على الأقل في الوقت الراهن، بأمل أن ذلك سوف يعطيهم قدرة التأثير على السياسة. إلا أن غيرهم كانوا يتحرّكون في الاتجاه المضادّ: رفضٌ كامل لجميع انواع المجتمع باستثناء المجتمع الاسلامي الصرف. وفي مؤلّف نُشِرَ قبل ذلك، عام ١٩٦٤، «معالم في الطريق»، كان سيّد قطب قد حدّد المجتمع الاسلامي الصحيح بلغة لا تقبل المساومة. انه مجتمع يرضخ لسلطة الله؛ أي، الذي يعتبر القرآن مصدر كل ارشاد للحياة البشرية، لأنه وحده يستطيع أن يُنتج نظام اخلاق وقوانين تنسجم مع طبيعة الحقيقة. كل المجتمعات الأخرى كانت مجتمعات «جاهلية» (جاهلة للحقائق الدينية)، مهما كانت مبادؤها: أكانت شيوعية، رأسمالية، قومية، مبنية على اديان أخرى، مزيفة، أو ادّعت بأنها مسلمة لكنها لا تطيع الشريعة: «إن قيادة الرجل الغربي للبشرية قد أوشكت على الزوال، لا لأن الحضارة الغربية قد أفلست ماديا او ضعفت من ناحية القوة الاقتصادية والعسكرية.. ولكن لان النظام الغربي قد انتهى دوره لانه لم يعد يملك رصيدا من «القيم» يسمح له بالقيادة... لقد أدت النهضة العلمية دورها... ووصلت الى ذروتها خلال القرنين الثامن عشر والتاسع عشر ولم تعد تملك رصيدا جديدا... ولقد جاء دور الاسلام»[٤]. XXVI/26

واعلن سيّد قطب أن الطريق لانشاء مجتمع مسلم حقيقي تبدأ بالقناعة الفردية التي تتحوّل الى صورة حسنة في القلب وتتجسّد في برنامج عمل. الذين يقبلون هذا البرنامج يؤلفون طليعة مقاتلين مكرّسين، يستخدمون كل الأساليب، بما في ذلك الجهاد، الذي لا يجوز المباشرة فيه إلا بعد أن يحقق XXVI/27

المقاتلون نقاوةً داخلية، وبعدها، يتابعون الجهاد ليس للدفاع فحسب، بل إذا لزم الأمر، لتدمير كل عبادة لآلهة مزيّفة وإزالة كل العراقيل التي تحول دون اعتناق الناس للإسلام. ويجب أن يهدف النضال إلى تكوين مجتمع مسلم شامل لا يكون فيه أية تفرقة في العرق، وتعمّ العالم أجمع. عصر الغرب قد انتهى: لم يستطع أن يوفّر القيم الضرورية لمساندة المدنية المادية الجديدة. وحده الاسلام يوفّر الأمل للعالم.

XXVI/28 مضامين تعاليم كهذه، عندما أُخذت جدّياً، كان لها مرامٍ بعيدة. فقد أدّت بتلك الفئة من الإخوان المسلمين المساندين لسيّد قطب إلى معارضة نظام عبد الناصر؛ فاوقف قطب نفسه، وحوكم وأُعدم سنة ١٩٦٦. وفي العقد الذي تلا، ظهرت جماعات من الإخوان اتّبعت تعاليمه حرفياً، القائلة بأن المرحلة باتجاه تكوين مجتمع اسلامي هي في الانسحاب من المجتمع «الجاهلي»، والعيش بموجب الشريعة، وتطهير القلب، وتكوين نواة المقاتلين المكرّسين. واستعدّت هذه المجموعات للعنف والاستشهاد؛ وتوضّح هذا عندما قام بعض اعضاء جماعتهم باغتيال السادات عام ١٩٨١، وعندما حاول الإخوان المسلمون قلب نظام حافظ الأسد في سوريا في السنة التالية.

XXVI/29 وفي أواسط هذه السلسلة كان هناك الذين استمروا مؤمنين بأن الاسلام هو أكثر من ثقافة: إنه كلام الله المُنزَل، ولكن يجب أن يُفهم فهماً صحيحاً، والاخلاقية الاجتماعية والقوانين المستمدة منه يمكن اقتباسها لجعلها الأساس الخُلُقي لمجتمع حديث. وكان هناك العديد من أشكال هذا الموقف الاصلاحي. المحافظون من المدرسة الوهابية، في السعودية وغيرها، كانوا يعتقدون بأن أنظمة القوانين الموجودة يمكن تغييرها تدريجياً وبعناية إلى نظام ملائم لاحتياجات الحياة العصرية؛ بعضهم كان يعتقد بأن القرآن فقط مقدّس، وبالإمكان استخدامه بحرّية كأساس لنظام جديد؛ والبعض الآخر كان يعتقد بأن التفسير الصحيح للقرآن هو تفسير الصوفيين، وان التعبّد الباطني الخاص يتلاءم مع تنظيم المجتمع على أُسُس دنيوية الى حدّ ما.

وجرت بعض المحاولات لاظهار كيف يمكن للنظام الاخلاقي XXVI/30
والقانوني الجديد أن يُستنتَج من القرآن والحديث بطريقة مسؤولة ولكن جريئة. في السودان، أكدّ صادق المهدي (مولود عام ١٩٣٦) وابن حفيد القائد الديني الذي عاش في القرن التاسع عشر، وهو أيضاً زعيم سياسي بارز، انه من الضروري أن يكون هناك نمط جديد من الفكر الديني يستمد من القرآن والحديث شريعة تتطابق مع احتياجات العالم العصري. والمحاولة الأكثر منطقية لبسط مبادىء تشريع جديد ربما جاءت من أبعد من العالم العربي، من العالِم والباحث الباكستاني فضل الرحمن (١٩١٩ ـ ٨٨). ففي محاولة لايجاد ترياق ضد «الهلع الروحي» الذي يعاني منه المسلمون في الوقت الحاضر، اقترح اسلوب تفسيرات قرآنية ادّعى بأنها تنطبق على روح الإسلام ولكنها تُعنى بمتطلّبات الحياة العصرية. القرآن هو «الجواب الرباني، عبر عقل النبي، للوضع الخلقي الاجتماعي لجزيرة العرب كما كانت أيام النبي (ص)». ولتطبيق تعاليمه على الوضع الخلقي والاجتماعي لعصر مختلف، من الضروري أن يستخرج من ذلك «الجواب الرّباني» المبدأ العام الذي يتضمّنه. وبالامكان تحقيق ذلك بدراسة الظروف الخاصة التي أُنزل فيها «الجواب»، وذلك على ضوء تفهّم القرآن كوحدة. وعندما يتم استخراج المبدأ العام، يجب أن يُستعمل بفهم واضح ودقيق مماثل للوضعية المعيّنة المطلوب ارشاد لها. وعليه، فالتفسير الصحيح للقرآن هو تفسير تاريخي، يتنقّل بدقّة من الحاضر إلى الماضي ويعود الى الحاضر، وهذا يتطلّب نوعاً جديداً من التعليم الديني[٥].

استقرار الأنظمة

من راقب البلدان العربية في الثمانينات وجد مجتمعات بينها روابط XXVI/31
ثقافية قوية، ولكن بالرغم من قوتها، التي ربما تتزايد، لم تتوصّل هذه المجتمعات الى وحدة سياسية؛ مجتمعات حيث الثراء المتزايد، المتفاوت التوزيع، أسفر عن انواع من النمو الاقتصادي، لكنه اسفر أيضاً عن هوّة أكثر اتساعاً بين الذين افادوا منه إلى أقصى حدّ وبين الذين لم يفيدوا، من المدن

المزدحمة والأرياف؛ وحيث أصبحت بعض من النساء أكثر وعياً لمركزهنّ الخاضع في العالم الخاص والعام؛ وحيث جماهير أهل المدن اخذوا يشكّون في عدالة النظام الاجتماعي وشرعية الحكومات من أعماق ثقافتهم الموروثة، والنخبة المثقّفة بدأت تُظهر اضطراباً عظيماً في الأنفس.

XXVI/32 إلا أن المراقب ربما يلحظ أيضاً امراً آخر قد يثير دهشته في هذه الظروف كلها: الاستقرار الظاهر للأنظمة السياسية. بالرغم من أن البلدان العربية غالباً ما اعتُبرت غير مستقرّة سياسياً، فلم يكن هناك في الواقع سوى تغييرات طفيفة في الطبيعة العامة للأنظمة أو في اتجاه السياسة منذ نهاية الستينات، مع أنه كان هناك تغيير في الأشخاص. في السعودية ودول الخليج والأردن وتونس والمغرب، لم يحدث أي تغيير جوهري لجيل أو أكثر. في الجزائر، حدث التغيير الحقيقي سنة ١٩٦٥؛ في ليبيا والسودان واليمن الجنوبي والعراق، المجموعة التي بقيت في الحكم في الثمانينات كانت قد تسلّمت مقاليد السلطة سنة ١٩٦٩، وفي سوريا سنة ١٩٧٠؛ في مصر أيضاً، التغيير من عبد الناصر إلى السادات سنة ١٩٧٠، الذي قد بدا في أول الأمر بمثابة تغيّر أشخاص ضمن مجموعة حاكمة مستمرة، ما لبث أن أشار إلى تغيير في الإتجاه. في ثلاثة بلدان فقط شهدت السبعينات اضطرابات؛ اليمن الجنوبي، حيث حدثت نزاعات ضمن الحزب الحاكم؛ اليمن الشمالي، حيث جرى تغيير للنظام غير حاسم سنة ١٩٧٤؛ وفي لبنان، الذي ظلّ في حالة حرب أهلية واضطرابات منذ ١٩٧٥ وما بعد.

XXVI/33 التناقض الظاهر في وجود أنظمة ثابتة ومستمرّة في مجتمعات تعاني من تشوّش وانقسام عميق جدير بالتأمل، مع أنه قد يبدو في النهاية أنّه ليس تناقضاً. وإذا اقتبسنا فكرة من ابن خلدون، فبالامكان القول إن استقرار نظامٍ سياسي يتوقّف على تشكيلة من ثلاثة عوامل. يكون الحكم مستقراً عندما تتمكّن مجموعة حاكمة متجانسة أن تربط مصالحها بمصالح عناصر قوية في المجتمع، وعندما يُعبَّر عن تحالف المصالح هذا بفكرة سياسية تجعل سلطة الحاكمين شرعية في أعين المجتمع، أو على الأقل في أعين قسم أكبر منه.

بالامكان تفسير تجانس واستمرارية الانظمة بطرق بديهية. فقد أصبح
XXVI/34 للحكومات الآن وسائل للمراقبة والقمع تحت تصرّفها ما لم يكن موجوداً في السابق: دوائر للاستعلامات والأمن، جيوش، وفي بعض الأمكنة جنود مرتزقة، جُنّدوا من الخارج. فإذا ارادت الحكومات، وإذا لم تتحطم وسائل القمع في أيديهم، فبامكانهم تحطيم أية حركة ثورية، مهما كان الثمن؛ والكابح الوحيد هو أن الوسائل لم تكن دائماً مطاوعة، وقد تقلب على الحكام أو تخلّ، كما حدث في ايران في وجه الثورة العارمة للشعب سنة ١٩٧٩ ـ ٨٠. وكان للحكومات ايضاً سيطرة مباشرة على كل المجتمع كما لم يكن لأية حكومة في الماضي. المُصلحون العثمانيون أوّلاً ثم الحكام الاوروبيون المستعمرون نشروا سطوة الحكومة الى أبعد من المدن والاراضي الداخلية التي تعتمد عليها، إلى أقصى بقاع الريف والأودية الجبلية والسهوب. وكانت السلطة في الماضي تُمارس في هذه المناطق النائية عن طريق المناورات السياسية مع القوى الوسيطة وزعماء المناطق الجبلية وشيوخ القبائل أو مع المتحدّرين من الاسياد والاولياء؛ أما الآن فقد أصبحت تمارس بالادارة المباشرة التي بَسَطتْ يد الحكومة لتطال كل قرية وكل منزل أو خيمة؛ وحيث وصلت الحكومة لم يعد يقتصر اهتمامها، كما في الماضي، بالدفاع عن المدن والطرق والحدود وجباية الضرائب، ولكن بجميع المهام التي تقوم بها الحكومات الحديثة: التجنيد الإلزامي، التعليم، الصحة، المنافع العامة والقطاع الاقتصادي العام.

إلا أنه أبعد من هذه الأسباب البديهية لقوة الحكومات كان هناك
XXVI/35 اسباب أخرى. فالمجموعات الحاكمة كانت قد نجحت في تشكيل وتدعيم «عصبية» خاصة بها، أو «تضامن» موجّه نحو الامساك بالسلطة الحفاظ عليها. في بعض البلدان ـ الجزائر، تونس، العراق ـ كان هذا تضامن حزب. في غيرها كان تضامن مجموعة من أهل السياسة تربطهم صلات أقيمت في بداية حياتهم، تقوّيها تجربة مشتركة، كما هو الحال مع العسكريين السياسيين في مصر وسوريا. في بلدان اخرى كان تضامن عائلة حاكمة

والمتّصلين بها اتصالاً وثيقاً، تجمعهم روابط الدم بالاضافة الى المصالح المشتركة. هذه الأنواع العديدة من المجموعات لم تكن تختلف كثيراً الواحدة عن الأخرى كما قد يبدو. في جميعها كانت روابط المصالح مدعومة بروابط الجوار، أو القربى أو التزاوج؛ تقاليد المجتمع الشرق أوسطي أو المغربي كانت ان أنواع العلائق المختلفة تكون أقوى إذا عُبّر عنها من خلال القربى.

XXVI/36 فوق ذلك، أصبح الآن لدى المجموعات الحاكمة أجهزة حكومية اضخم وأكثر تعقيداً من الماضي. فقد أصبح عدد ضخم من الرجال والنساء مرتبطاً بها أو معتمداً عليها، ولهذا السبب اصبحت مستعدة (على الاقل نوعا ما) أن تساعد على ابقائها على سطوتها. في الأيام الماضية كانت بنية الحكومة بسيطة محدودة. حتى أواخر القرن التاسع عشر ظل سلطان المغرب ملكاً متجوّلاً، يجبي الضرائب ويظهر نفوذه من خلال رحلاته عبر اراضيه، بصحبة جيش خاص وبضع عشرات من الكتبة وأمناء السرّ. حتى في الأمبراطورية العثمانية، التي ربما كانت اكبر حكومة دواوينية (بيروقراطية) عرفها الشرق الأوسط، كان عدد الموظّفين صغيراً نسبياً؛ ففي بداية القرن التاسع عشر كان هناك حوالى ٢٠٠٠ موظف مدني في الادارة المركزية، ولكن بنهاية القرن زاد العدد ليصبح حوالى ٣٥,٠٠٠. في بدء الثمانينات، كان عدد موظفي الدولة في مصر يبلغ ضعفي عدد عمّال الصناعة، والنسبة هذه كانت مماثلة في البلدان الأخرى. هذا العدد الضخم من الموظفين كان موزّعاً على عدد من البُنْيات المختلفة التي تدير القطاعات المتعدّدة في المجتمع: الجيش، الشرطة، الاستخبارات والأمن، منظّمات التخطيط، دوائر الريّ، والمالية والصناعة والزراعة والخدمات الاجتماعية.

XXVI/37 وكانت الشؤون الشخصية متداخلة في الحفاظ على الأنظمة؛ ليس تلك المتعلّقة بالحكام فحسب، بل ضباط الجيش أيضاً، وكبار الموظفين، ومدراء المشاريع في القطاع العام، والتقنيون على المستوى الرفيع الذي لا يمكن لحكومة عصرية أن تستمر بدونهم. سياسات معظم الأنظمة كانت

تراعي خواطر جماعات أخرى من المجتمع ايضاً: الذين يسيطرون على قطاعات خاصّة معيّنة من الاقتصاد، والمصانع ذات الملكية الخاصة، تجارة التصدير والاستيراد، المرتبطة في معظم الأحيان مع الشركات الكبرى المتعددة الجنسيات، التي اتخذت طابعاً اكثر أهمية في فترة «الانفتاح». وبالامكان الاضافة الى هؤلاء، بدرجة أقلّ، العمال المهرة في المصانع الكبيرة، من الذين تمكنوا في بعض البلدان من تنظيم انفسهم بفاعلية في اتحادات للعمال، وأصبحوا بوضع يمكّنهم من التفاوض للحصول على شروط عمل أفضل ومرتّبات أكبر، مع أنهم لم يكونوا قادرين على استعمال نفوذهم الجماعي للتأثير على السياسة العامة للحكومة.

XXVI/38 وكانت قد برزت خلال العقدين الاخيرين طبقة اجتماعية جديدة من الذين أثَروا من خلال هجرتهم إلى البلدان المنتجة للنفط. من الملايين الثلاثة أو أكثر الذين هاجروا من مصر والأردن واليمنَين وغيرها إلى ليبيا والسعودية وبلذان الخليج، معظهم ذهب إلى هذه البلاد دون نية الاستيطان فيها. لذلك فمصلحتهم تقضي بوجود حكومة مستقرّة تتيح لهم التنقّل ذهاباً واياباً بسهولة، وليُرجِعوا إلى بلادهم ما حصّلوه واقتصدوه وتوظيفه فيها، بشراء الأراضي في معظم الأحيان، والعقارات والسلع الدائمة الاستعمال، والبقاء آمنين على ما يملكون.

XXVI/39 لذلك كان ضباط الجيش وكبار موظفي الحكومة والتجار الدوليون والصناعيون وطبقة الملاّكين الجديدة يريدون انظمة مستقرّة إلى حد معقول وقادرة على الحفاظ على الأمن، وعلى علاقة طيّبة واحدها مع الأخر (برغم الخلافات السياسية) ليتاح التنقّل الحرّ للعمال وللأموال، انظمة تمارس اقتصاداً مختلطاً يميل إلى تحبيذ القطاع الخاص ويسمح باستيراد السلع الاستهلاكية. وفي أواخر السبعينات كانت معظم الأنظمة على هذا النمط؛ اليمن الجنوبي باقتصاده الموجّه بصرامة كان الشواذ، والجزائر ايضاً الى حدّ ما، مع أنه هناك أيضاً كان التركيز قد تغيّر بعد وفاة بومدين.

XXVI/40 كانت هناك اجزاء من المجتمع كانت مصالحها لا تُراعى الى الحدّ ذاته

في سياسات الحكومة، ولكنّهم لم يكونوا بوضع يمكنّهم من القيام بأيّ ضغط حيال ذلك. كبار ملاّكي الأراضي ممن كانت لهم قواعد في المدينة، والذين باستطاعتهم الحصول على قروض، كانوا قادرين على تحصيل الأرباح من الزراعة، ولكن صغار الملاكين والمحاصصين والفلاحين الذين لا يملكون أية أراضٍ كانوا في مركز ضعيف. وكانوا يشكّلون نسبة أقلّ من قبل بين السكّان بسبب الهجرة الى المدن، ولكنها ظلت نسبة ضخمة؛ فقد كانوا ينتجون القسم الأدنى من الانتاج المحلي الاجمالي في كل بلد، ولم يعودوا قادرين على انتاج الاغذية التي يحتاجها سكان المدن، التي كانت تعتمد على استيراد الأغذية؛ وكانت برامج التوظيف في معظم الانظمة تهملهم. على العموم، كانوا بوضع محزن، ولكن كان من الصعب تعبئة الفلاحين لعمل فعّال.

XXVI/41 في المدن كانت هناك طبقات واسعة من العمال نصف المهرة أو غير المهرة: موظفي الحكومة من الدرجات المتدنّية، عمال المصانع العاديين غير المهرة، العاملين في قطاع الخدمات، كذلك العاملين في القسم «غير الرسمي» من الاقتصاد كتجّار متجوّلين أو عمال فَرَطيين (عمل غير مستمرّ)، بالاضافة الى العاطلين عن العمل. مركز هؤلاء كان ضعيفاً من الأساس: منهمكين في النضال اليومي للبقاء، متنافسين واحدهم مع الآخر، إذ إن العرض كان يفوق الطلب بدرجة كبيرة، ومنقسمين الى جماعات صغيرة ـ المنتمين الى العائلة الكبيرة، والقادمين من المنطقة نفسها أو من الجماعة الدينية أو العرقية نفسها ـ كي يَأْمنوا من الضياع في المدينة الكبيرة، المجهولة، غير الودّية. كانوا يهبّون متّحدين بعمل فعّال في ظروف خاصة فقط: إذا اصاب نظام الحكم ما يعطّله أو اذا اضطرب الأمن، او إذا كان هناك مسألة تمسّ احتياجاتهم المباشرة أو ولاءهم العميق، كما حدث من الشغب بسبب الغذاء في مصر عام ١٩٧٧ أو الثورة الايرانية ١٩٧٩ ـ ٨٠.

XXVI/42 وأحد الدلائل على المركز المسيطر للحكومات في المجتمعات العربية كان قدرتها على اقتباس الافكار التي تستطيع أن تحرّك العقول والمخيّلات،

وتستخرج منها امتلاكها السلطة الشرعية. في هذا الوقت كان على أية حكومة عربية تريد البقاء أن تبرر شرعيتها بموجب مفاهيم ثلاثة ـ القومية، والعدالة الاجتماعية والاسلام.

أوّل تعبير فعال برز بينها كان القومية. كانت بعض الأنظمة الموجودة
XXVI/43 في بداية الثمانينات قد وصلت الى الحكم خلال النضال لأجل الاستقلال، أو كانت تقول أنها خليفة هؤلاء الذين ناضلوا؛ هذا النوع من تثبيت الشرعية كان قوّياً على الأخص في المغرب الكبير، حيث كان النضال مريراً وذكرياته ما زالت عالقة في الأذهان. وجميع الأنظمة تقريباً استخدمت ايضاً تعبيراً آخراً من اللغة القومية، ألا وهو الوحدة العربية؛ فكانوا يدينون لها بنوع من الولاء الرسمي، ويتكلّمون عن الاستقلال كأنه الخطوة الاولى باتجاه وحدة أكثر وثوقاً، إذا لم نقل الوحدة الكاملة؛ وبالارتباط مع فكرة الوحدة كان هناك نوع من العمل المنسّق لدعم الفلسطينيين. وفي السنين الأخيرة حدث امتداد لفكرة القومية؛ فالأنظمة ادّعت بانها شرعية بمفهوم التطوّر الاقتصادي، أو الاستخدام الكامل للمصادر القومية، البشرية والطبيعية، للوصول الى أهداف مشتركة.

التعبير الثاني، العدالة الاجتماعية، عمّ استعماله سياسياً في
XXVI/44 الخمسينات والستّينات، في عهد الثورة الجزائرية وانتشار الناصرية، بفكرتها عن اشتراكية عربية معيّنة معبّر عنها في ميثاق ١٩٦٢. تعابير مثل الاشتراكية والعدالة الاجتماعية كانت تُستخدم بمعنى محدّد؛ فقد كانت تشير إلى اصلاح نظام الملكية الزراعية، ونشر الخدمات الاجتماعية والتعليم الشامل، للبنات كما للفتيان، ولكن قليلة كانت البلدان التي جرت فيها محاولات منظّمة لاعادة توزيع الثروة عن طريق جباية ضرائب مرتفعة.

وآخر التعابير التي اصبحت قوية كان الإسلام. من ناحية، لم يكن
XXVI/45 ذلك جديداً، بالطبع. فالشعور بالمصير المشترك كان دائماً موجوداً بين الذين ورثوا الدين الإسلامي ـ العقيدة التي أغنتها ذكريات تاريخية، بأن القرآن والحديث والشريعة يمكن أن توفر المبادىء التي يجب أن تُنظّمَ

بموجبها حياة تقوى وصلاح مشتركة. إلا أنه في الثمانينات اصبحت اللغة الاسلامية أكثر بروزاً في المحادثات والخطب مما كانت عليه قبل ذلك بعقد أو عقدين. والسبب في ذلك يعود إلى تآلف من نوعين من العوامل. من ناحية، كان هناك التوسّع العريض والسريع للساحة السياسية والمداخلات، بسبب نمو السكان والمدن، وانتشار وسائل الاعلام الشعبي. فالمهاجرون من الأرياف الى المدن جلبوا معهم ثقافتهم ولغتهم السياسية. حدث «تمدين» للمهاجرين، ولكن في الوقت ذاته كان هناك «تريف» للمدن. فعندما انقطعوا عن روابط القربى والجوار التي كانت حياتهم قائمة عليها في القرى، اصبحوا يعيشون في مجتمع علاماته الخارجية غريبة بالنسبة إليهم؛ الشعور بالتغيير والغربة يمكن أن يوازنه الشعور بالانتماء إلى المجتمع الاسلامي الشامل، الذي يتضمّن قيماً اخلاقية معيّنة، وهذا وفّر لهم لغة يستطيع بها التعبير عن ظلاماتهم وتطلّعاتهم. وكان على هؤلاء الذين يريدون إثارتهم إلى العمل أن يستخدموا اللغة نفسها. فالإسلام يستطيع أن يوفّر لغة فعّالة للمعارضة: لمعارضة القوة والنفوذ الغربيّين، وكل الذين يمكن اتهامهم بأنهم خاضعون لهم؛ ولمعارضة الحكومات التي تُعتبر فاسدة وعاجزة، واداة للمصالح الخاصة، أو الخالية من الأخلاق؛ ولمعارضة أي مجتمع يبدو أنه فقد وحدته مع المبادىء والاتجاهات الخلقية.

وكانت عوامل من هذا النوع هي التي انتجت حركات مثل الإخوان XXVI/46
المسلمين، التي كان قوّادها من أهل الثقافة والقدرة على النطق والتوضيح، ولكنها استهوت الذين كانوا محرومين من النفوذ والبحبوحة من بين المجتمعات الجديدة؛ وإلى حد ما للدفاع عن انفسها ضد هؤلاء أو لاستهواء جماعات أكثر من شعوبها بدأت معظم الأنظمة تستخدم لغة الدين أكثر من ذي قبل. صحيح أن بعض الأنظمة استخدمت لغة الإسلام تلقائياً باستمرار، على الأخص العربية السعودية، التي كانت قد تكوّنت من حركة لاعادة توكيد سيطرة ارادة الله في المجتمعات البشرية. إلا أن سواهم بدا وكأنه مدفوع الى ذلك. حتى الأكثر دنيوية بين المجموعات الحاكمة، مثلاً أهل الحكم في سورية والعراق والجزائر، أخذوا باستعمالها بطريقة أو بأخرى، مقنعة إلى

حد ما. فقد يثيرون مواضيع تاريخية، عن العرب ناقلي الإسلام؛ حكام العراق، في صراعهم مع ايران، لجأوا إلى اثارة ذكرى معركة القادسية، عندما دحر العرب آخر ملوك الساسانيين وادخلوا الإسلام إلى إيران. وفي معظم البلدان المختلطة السكّان، نصّ الدستور بأن الرئيس يجب أن يكون مسلماً، وبهذه الطريقة ربطوا الدين الإسلامي بالسلطة الشرعية. وفي أنظمة القوانين قد يكون هناك اسناد إلى القرآن أو الشريعة كأساس للتشريع. معظم الحكومات التي سلكت هذا الطريق كانت تفسّر الشريعة بأسلوب عصري نوعاً ما، لتبرير التجديدات التي لم يكن منها مناص للمجتمعات التي تعيش في العالم الحديث؛ حتى في السعودية، استُشهد بمبادىء الحنبلية لتبرير القوانين والتشريعات الجديدة التي تطلّبها النظام الاقتصادي الجديد. إلا أن بعض الأنظمة لجأت إلى نوع من التطبيق الرمزي لحرفية الشريعة: في السعودية والكويت، حُرّم بيع الكحول؛ في السودان، أُعيد في السنين الأخيرة لعهد النُميري إحياء الفقرة القائلة بقطع يد السارق المثابر. وفي بعض البلدان كانت الحكومات تشجّع الصيام في شهر رمضان، وهو أمر كان آخذاً في الانتشار تلقائياً؛ وكانت الحكومة التونسية قد قامت بمحاولة لثني الناس عن الصيام لأنه يتضارب مع الجهود التي يحتاجها التطوّر الاقتصادي، إلا أن هذه المحاولة لقيت معارضة عارمة.

هشاشة الأنظمة

XXVI/47 جماعات حاكمة متجانسة، وطبقات اجتماعية مسيطرة وأفكار قوية: تركيبة من هذه العوامل الثلاثة قد تساعد على شرح سبب استقرار الأنظمة خلال السبعينات، ولكن إذا تفحّصناها بدّقة، فثلاثتها قد تبدو ايضاً بأنها مصادر ضعف.

XXVI/48 كانت الجماعات الحاكمة عرضة ليس فقط للمنافسات الشخصية التي كان من المحتم ان تنبع من طموحات متضاربة أو اختلافات على السياسة، بل أيضاً للانقسامات البنيوية التي بدأت تظهر إذ نمت الآلة الحكومية بالحجم وتعقّدت. فقد أصبحت مختلف دوائر الحكومة مراكز نفوذ منفصلة ـ

الحزب، الجيش، جهاز المخابرات ـ وذوو الطموح من المجموعة الحاكمة يستطيعون أن يحاولوا السيطرة على احدى هذه الدوائر. وكان هذا السياق معرّضاً للحدوث في جميع الأنظمة المعقدة للحكومات، ولكن في بعضها ظلّ «محتوى» ضمن إطار مؤسّسات ثابتة مستقرة وعادات سياسية عميقة الجذور. ولكن عندما لا يكون «مُحتوى»، فقد يؤدي إلى تشكيل زُمَر سياسية وإلى صراع على السلطة السياسية حيث يحاول زعيم زمرة أو جماعة أن يُقصي منافسيه ويمهّد الطريق ليتوصل إلى أعلى المراكز. صراع كهذا يمكن أن يُحصَر ضمن حدود فقط من خلال ممارسة فنون المناورة السياسية من قبل رئيس الحكومة.

XXVI/49 والصلة بين النظام والمجموعات المسيطرة قد تكون ايضاً هشّة. وقد يلاحظ المرء نمطاً تكرّر في تاريخ الشرق الأوسط. فالطبقات التي كانت مسيطرة على بنية الثراء والنفوذ الاجتماعي في المدن كانت تريد السلام والأمن وحرية النشاط الاقتصادي، وكانت تدعم النظام طالما كان يبدو أنه يوفّر لهم ما يريدون؛ ولكنهم لم يكونوا يحركون ساكناً لنجدته، ويقبلون بخليفته اذا تبيّن أنه على الأرجح سيتّبع سياسة مماثلة. في أواسط الثمانينات ظهر وضع بعض الأنظمة متقلقلاً. فاسعار النفط بلغت ذروتها سنة ١٩٨١؛ بعد ذلك تدهورت بسرعة بسبب فائض في الانتاج ودراية أكبر في استخدام الطاقة في البلدان الصناعية وفشل الأوپيك في الحفاظ على جبهة موحّدة في الأسعار وفي حجم الانتاج. وكان لانخفاض الدخل من النفط، مع تأثير الحرب بين ايران والعراق، وقعٌ على كل الدول العربية، الغنية منها والفقيرة.

XXVI/50 وإذا كان الدعم الذي قدّمته أجزاء قوية من المجتمع الى الحكومات سلبياً، فالسبب في ذلك يعود الى حدّ ما الى كونها لم تشترك فعلياً في اتخاذ القرارات. ففي معظم الأنظمة كان يُتخذ القرار على مستوى رفيع من قِبَل مجموعة صغيرة، والنتائج لم تكن تذاع على العموم؛ والحكام، إذ كانوا يثبّتون أقدامهم في الحكم كانوا يصبحون عادة أكثر كُتماناً وانطواءاً على

أنفسهم ـ تحرسهم قوى الأمن الخاصة بهم ومحاطون بالمقربين وبموظفين يتحكّمون بطرق الوصول إليهم ـ ولا يظهرون إلا نادراً لاعطاء توضيح رسمي وتبرير اعمالهم أمام جمهور خاضع مستكين. إلا أن تحت هذا السبب للتباعد بين الحكومة والمجتمع سبباً آخر: ضعف الايمان الذي يربط واحدهم بالآخر.

وعندما تقتبس الحكومة افكاراً سياسية معينة، تصبح هذه الافكار في XXVI/51 خطر فقدان معناها، أو تغدو شعارات مبتذلة بالترديد، ولا يعود بامكانها استقطاب أفكار أخرى حولها لتجعل منها مجموعة متألقة قوية، وتجنِّد الطاقات الاجتماعية للعمل، أو تحويل القوة إلى سلطة شرعية. والظاهر أن فكرة القومية كان هذا مصيرها. إنها موجودة دائماً كردّة فعل فورية وطبيعية لأي تهديد من الخارج؛ وقد ظهر ذلك جليّاً خلال الحرب بين العراق وإيران، عندما قامت تلك الفئات من سكّان العراق التي كان من المنتظر أن تكون معادية للحكومة بتقديم الدعم لها. إلا أنه كان من المشكوك فيه إذا كان بامكانها أن تُستعمل كقوة تعبئة للعمل الفعّال، أو كنقطة مركزية يدور حولها نظام من الأفكار يمكن بواسطته تنظيم الحياة في المجتمع. «العروبة»، فكرة أمّة عربية موحّدة، يكن أن تُستخدم إذا حدثت ازمة جديدة في العلائق بين اسرائيل وجيرانها من الدول العربية؛ استكانة الدول العربية خلال الاجتياح الاسرائيلي يمكن أن تُعزى إلى تعقيد الوضع اللبناني، وليس بالضرورة دلالة على ما سيحدث لو كانت اسرائيل في حرب مع جيران آخرين. إلا أنه، على العموم، مهمة العروبة الرئيسية كانت بمثابة سلاح في النزاعات بين الدول العربية وذريعة لتدخّل دولة في شؤون الدول الأخرى؛ مَثَل عبد الناصر، في نداءاته فوق رؤوس الحكام العرب إلى الشعوب العربية، لم يكن قد نُسِيَ بعد. من ناحية اخرى، تقوية الروابط الانسانية بين الشعوب العربية، بفضل الثقافة والهجرة ووسائل الاعلام، يمكن أن يكون لها تأثير على المدى الطويل.

XXVI/52 أمّا بشأن الأفكار الرئيسية الأخرى، افكار العدالة الاجتماعية

والإسلام، فالنقيض يمكن أن يقال عنها: ليس بأنها فقدت معناها، بل بالعكس، فلكثرة ما لها من معنى ولفرط ما لها من قوة كدافع للعمل، يصعب على اي نظام استخدامها على المدى الطويل. فجذورها في التاريخ وفي الضمير أعمق من أن تُجعل ادوات طيّعة في يد الحكومة.

XXVI/53 والحكومات التي ناشدت أفكاراً عميقة التجذّر وقويّة كهذه كانت تعرّض نفسها للخطر. فقد كانت تجد نفسها منزلقة في متاهات السلطة والتسويات، وإذا هي استخدمت كلاماً له هذه الجاذبية القوية، فبامكان اخصامها أن يفعلوا ذلك أيضاً، ليبيّنوا الهوّة بين ما تقوله الحكومة وما تفعله. وكان باستطاعتهم استعمال تعابير مثل الاستبداد والنفاق بقوة مميتة، وهي التي رنّت عبر التاريخ الاسلامي بكامله. اغتيال السادات سنة ١٩٨١، وذلك الحدث سنة ١٩٧٩ في السعودية عندما قامت مجموعة من المسلمين «المتشدّدين» باحتلال المسجد الكبير في مكة، كانت دلائل على قوّة حركات معارضة كهذه، بالأخص عندما كانت تضم المناداة بالعدالة الاجتماعية إلى الإسلام.

XXVI/54 لذلك، حتى الأنظمة الأكثر استقراراً والأطول استمراراً قد يتبيّن أنها هشّة. طبعاً يكون هناك بعض التحولات في النفوذ ضمن المجموعات الحاكمة، بسبب الوفاة أو الثورات ضمن القصر؛ سنة ١٩٥٨، خُلِع النميري، حاكم السودان، بانقلاب عسكري ترافق مع شغب واضطرابات واسعة؛ وعام ١٩٨٨، انتهت سيطرة بورقيبة الطويلة على الحياة السياسية في تونس عندما أُزيل عن السلطة وحلّ محلّه ضابط في الجيش، زين العابدين بن علي. أحداث كهذه قد تؤدي إلى تغييرات في اتجاه السياسة، كما حدث عندما خلف السادات عبد الناصر؛ ولكن هل كان من المحتمل أن تحدث تغييرات اكثر عنفاً وجذرية إلى حد أكبر؟

XXVI/55 في بعض البلدان كان هناك امكانية اعادة بعض المؤسسات الرسمية والأطول ديمومة، والتي وسّعت مجال المساهمة في اتخاذ القرارات. وكانت هناك رغبة عامة في هذا الاتجاه في أوساط الطبقات المثقّفة، وحتى بعض

الأنظمة ذاتها قد تقرر أن ذلك في صالحها؛ فبدون مقدار ما من المساهمة، ليس بالامكان تحقيق تطوير فعلي اجتماعي واقتصادي، والاستقرار الحقيقي مستحيل بدون مؤسّسات، أي بكلام آخر، التقاليد المعروفة والمسلّم بها عن الأسلوب الذي بواسطته يتمّ تسلّم السلطة، واستعمالها، وانتقالها.

XXVI/56 ما إذا كان هذا التغيير سيتمّ فعلاً يتوقف على مستوى الثقافة، على حجم الطبقة المتوسّطة وقوّتها، وثقة النظام. ولم يكن من المحتمل أن يتم في معظم البلدان العربية، ولكن كانت هناك اشارات انه يحدث في بعضٍ منها. في الكويت، أُعيد البرلمان عام ١٩٨١ بعد غياب دام عدة سنوات، وبرهن عن ذاته بأن له آراء مستقلّة، والقدرة على اقناع الحكومة بأن تتنبّه لتلك الآراء؛ ولكنه حُلَّ عام ١٩٨٦. في الأردن، جرت محاولة سنة ١٩٨٤ لاحياء البرلمان الذي كان معطّلاً لبعض الوقت. في لبنان، بالرغم من الحرب الأهلية، الفكرة بأن البرلمان هو المكان حيث، في النهاية يمكن للخلافات ان تُسوّى، وان الحكم الدستوري هو أساس الشرعية، كانت ما زالت حية.

XXVI/57 البلد الذي بدا أن الحكم الدستوري محتمل أن يُعاد فيه كان مصر، حيث كانت الطبقة المثقّفة واسعة وعلى مستوى من الإدراك السياسي أرفع من مستوى معظم البلدان العربية. وكان فيها وحدة اجتماعية وثقافية، وتذكار حي للفترة الدستورية التي دامت ثلاثين سنة وكانت فترة أمكن فيها، ضمن حدود معيّنة، التعبير عن الرأي بحرّية؛ وقد أُحيِيَ تذكار تلك الفترة في السنوات الأخيرة بالمقارنة والتغاير مع فقدان الحرية السياسية في عهدَي عبد الناصر والسادات. وبدأ تغيير حَذِر في عهد حسني مبارك، خليفة السادات. وجرت انتخابات المجلس سنة ١٩٨٤؛ ووُضِعت قواعد النظام الانتخابي بشكل ضمن غالبية كبيرة للحكومة، ولكن الانتخاب جرى في جوّ حرّ نسبياً من الجدل والمناقشات، وبعض اعضاء الحزب المعارض، المنبثق عن الوفد، انتُخِبوا. وربما كان هذا دليلاً على أن مصر تتحرّك الى وضع مشابه لتركيا أو لبلدان اميركا اللاتينية، حيث تتعاقب فترات من الحكم البرلماني

والديكتاتورية العسكرية، وحيث تُعاد الحياة الدستورية دائماً وتظل مهدّدة على الدوام.

XXVI/58 وإذا حدثت تغييرات اكثر تطرّفاً، فقد بدا من المحتمل خلال الثمانينات انها ستحدث باسم فكرة اسلامية عن عدل الله في العالم أكثر منها باسم مثالية دنيوية صرف. فلم يكن هناك فكرة واحدة فقط عن الإسلام، بل المجال بكامله منها. كلمة «الاسلام» لم تكن ذات معنى واحد، بسيط، بل كانت ما يصنعه المسلمون منها. للفلاحين «التقليديين»، قد تعني كل ما يفكرون به ويعملونه. للمسلمين الأكثر اهتماماً وتأمّلاً، كانت توفّر لهم مقياساً بواسطته يحاولون تكييف حياتهم، وبها يمكن أن يُحكم على أعمالهم، ولكن كان هناك أكثر من مقياس. التعبير «الأصولية»، الذي أصبح شائعاً، كان له عدة معانٍ. فقد يشير إلى الفكرة القائلة ان على المسلمين أن يحاولوا العودة إلى تعاليم النبي والصحابة الأُوَل وممارستهم، أو إلى الفكرة المشددة ان القرآن وحده يوفّر القياس للحياة البشرية؛ وقد تكون هذه فكرة ثورية إذا قال المسلمون ـ كما يبدو ان القائد الليبي معمر القذافي قد ادّعى ـ بأن لهم الحق بتفسير القرآن بحرّية. كما أن هذه الكلمة قد تُستعمل لموقف من الأفضل وصفه بأنه «محافظ»: موقف هؤلاء الذين يودون أن يقبلوا ما ورثوه من الماضي ويحافظوا عليه، التراث الإسلامي بكامله كما تطوّر في الواقع، وتغييره فقط بطريقة حذرة مسؤولة. وهذا كان موقف النظام السعودي وانصاره، وموقف نظام الثورة الايرانية، مع أن التراث المتراكم الذي كانا يقبلان به كان يختلف الواحد عن الآخر اختلافاً كبيراً.

XXVI/59 كانت الظروف في البلدان العربية المختلفة متغايرة إلى درجة كبيرة. قد يكون لحركة اسلامية في بلد ما معنى يختلف عما قد يكون عليه في بلد آخر. مثلاً، الإخوان المسلمون في سورية لم يكن لهم الدور ذاته كالإخوان في مصر؛ فهم، إلى درجة كبيرة، عملوا بمثابة وسيط للمعارضة بين سكّان المدن السنّيين ضد سيطرة نظام يُنظر اليه كمنتمٍ إلى الطائفة العلوية. ومثل ذلك، كون الثورة الايرانية اتخذت شكلاً معيّناً لم يكن يعني أنها ستتّخذ

الشكل نفسه في بلدان أخرى. إلى حدّ ما، على الأقل، كان من المستطاع تفسير الثورة بموجب عوامل تختص بايران: كانت طبقات اجتماعية قويّة متجاوبة بشكل خاص مع نداءات صيغت بلغة دينية، ووُجدت قيادة دينية كانت قادرة أن تعمل كنقطة تجمّع لكل حركات المعارضة؛ وكانت مستقلة نسبياً عن الحكومة، محترمة على العموم لتقواها وعلمها، وكانت على الدوام تتصرف كناطق باسم الوعي الجماعي.

XXVI/60 هذا الوضع لم يكن موجوداً في البلدان العربية. في العراق، حيث الشيعة غالبية، لم يكن لعلمائهم العلاقة الحميمة ذاتها مع أهل المدن ولا التأثير ذاته على الحكومة كما في إيران. علماء السنّة كان مركزهم أقلّ استقلالاً. فخلال الحكم العثماني كانوا قد أصبحوا موظّفي دولة، قريبين من الحكومة ومعرّضين للشبهة بسبب علائقهم معها؛ بحسب التقاليد والمصالح كانوا مرتبطتين بالطبقة البورجوازية العليا في المدن الكبيرة. لذلك فقيادة الحركات الاسلامية كانت في معظمها في أيدي أناس عاديين مدنيين، من النخبة المثقفة الحديثة من المهتدين. حركات كهذه لم يكن لها الحرمة التي يُسبغها قادة من ذوي التقى الموروث والعلم؛ فقد كانت احزاباً سياسية يتنافس الواحد منها مع الآخرين. ولم يكن لها على العموم سياسات اجتماعية أو اقتصادية واضحة. لكن من المحتمل أن تشكّل قوة معارضة ذات اهمية، ولكنها لم تكن في وضع يمكنّها من تأليف حكومات.

XXVI/61 مَن راقب البلدان العربية، أو العديد من البلدان الاسلامية الاخرى في أواسط الثمانينات، ربما توصّل إلى الاستنتاج بأن مساراً مشابهاً للمسار الايراني قد يكون طريق المستقبل، ولكن هذا الاستنتاج قد يكون متسرّعاً، حتى بالنسبة الى ايران ذاتها. من ناحية، كان حكم رجال الدين اعادة تثبيت التقاليد الموروثة، إلا أنه من ناحية اخرى سار ضد التقاليد. الحكمة المتوارثة لعلماء الدين كانت تحثهم ان لا يرتبطوا بصلات وثيقة مع حكومات هذا العالم؛ يجب أن يتركوا مسافة معنوية بينهم وبينها، مع الحفاظ على التواصل مع الحكام للتأثير عليهم: من الخطر ربط المصالح السرمدية

للاسلام بمصير حاكم عابر في هذا العالم؛ وهذا الموقف انعكس في نوع من الشك لدى الجمهور برجال الدين الذين يتولّون دوراً كبيراً في شؤون العالم؛ فهم معرّضون مثل سواهم الى خطر الفساد الذي تجلبه السلطة والثراء، وربما لا يكونون حكّاماً جيدين.

وقد يحدث أيضاً، في مرحلة ما من مراحل التطور القومي، ان XXVI/62
تضمحلّ جاذبية الافكار الدينية ـ على الأقل الأفكار التي كرسها تراكم
التقاليد والأعراف ـ ولا يعود لها الجاذب الذي يتحلّى به نظام آخر من
الأفكار: مزيج من الاخلاقية الاجتماعية والقانون وهي عناصر دنيوية في
الأساس، ولكن قد يكون لها نوع من العلاقة بالمبادىء العامة للعدالة
الاجتماعية التي يتضمّنها القرآن.

الخرائط

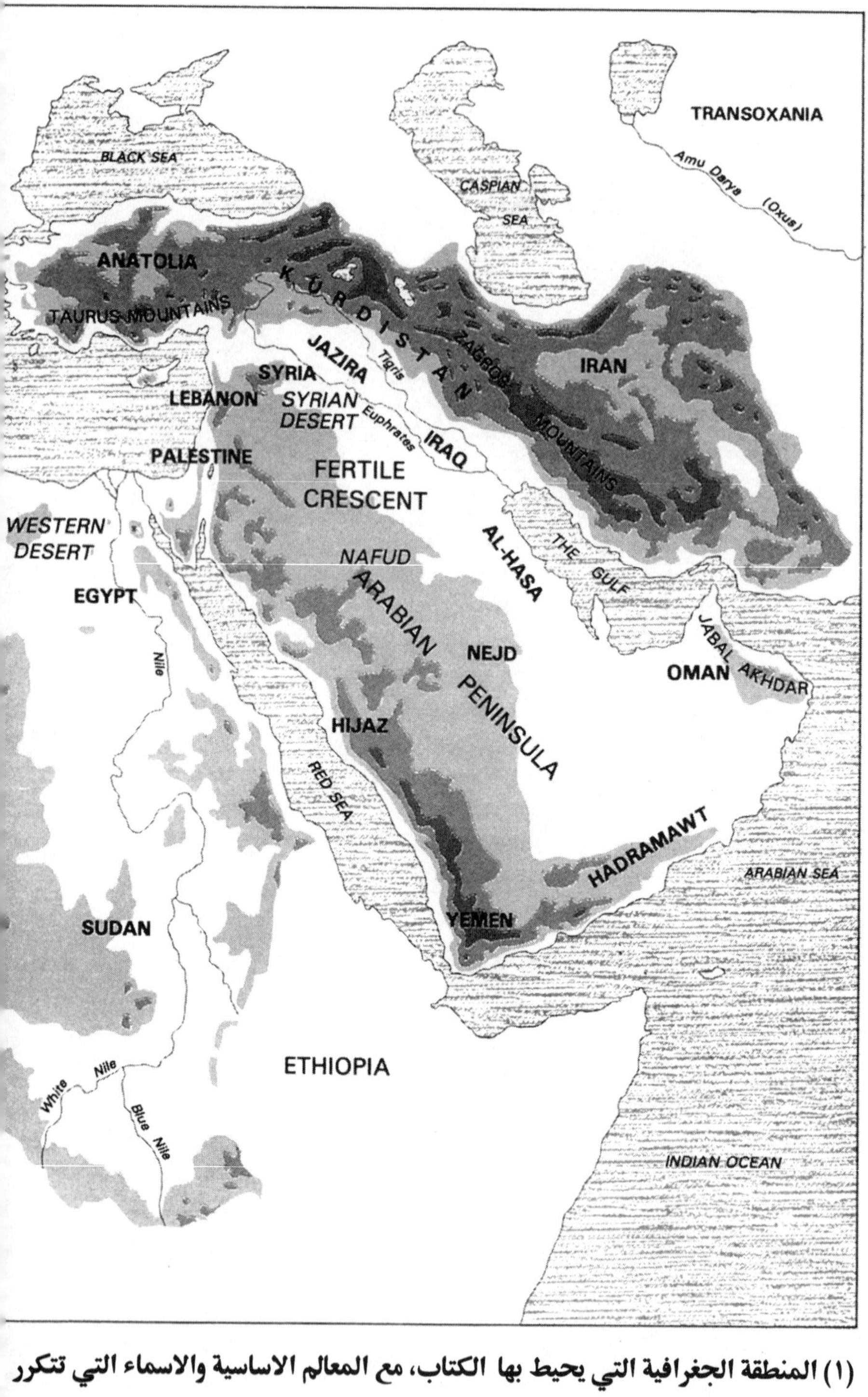

(١) المنطقة الجغرافية التي يحيط بها الكتاب، مع المعالم الاساسية والاسماء التي تتكرر

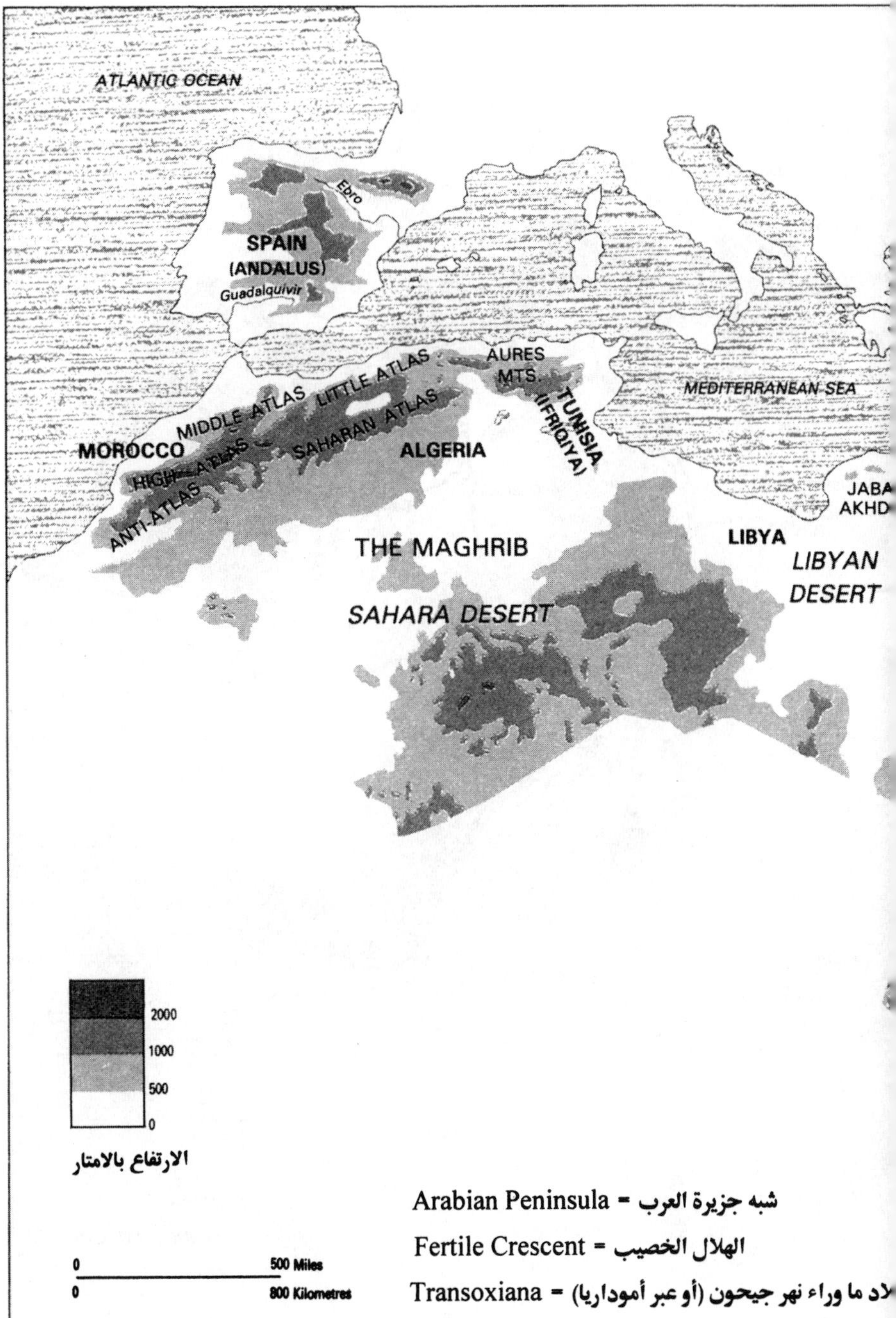

Arabian Peninsula = شبه جزيرة العرب

Fertile Crescent = الهلال الخصيب

Transoxiana = لاد ما وراء نهر جيحون (أو عبر أموداريا)

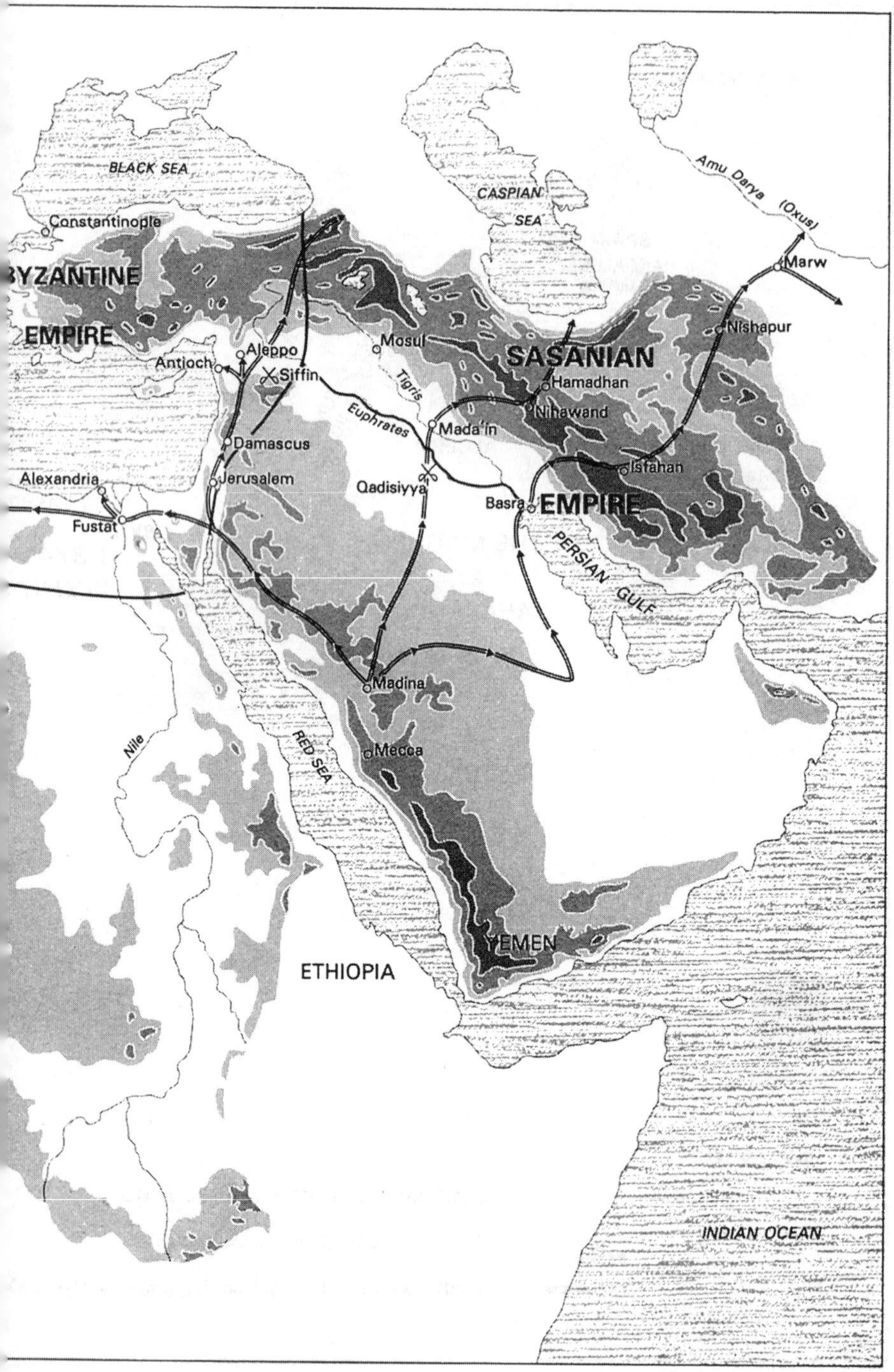

(٢) الفتوحات الاسلامية والامبراطوريتان البيزنطية والساسانية

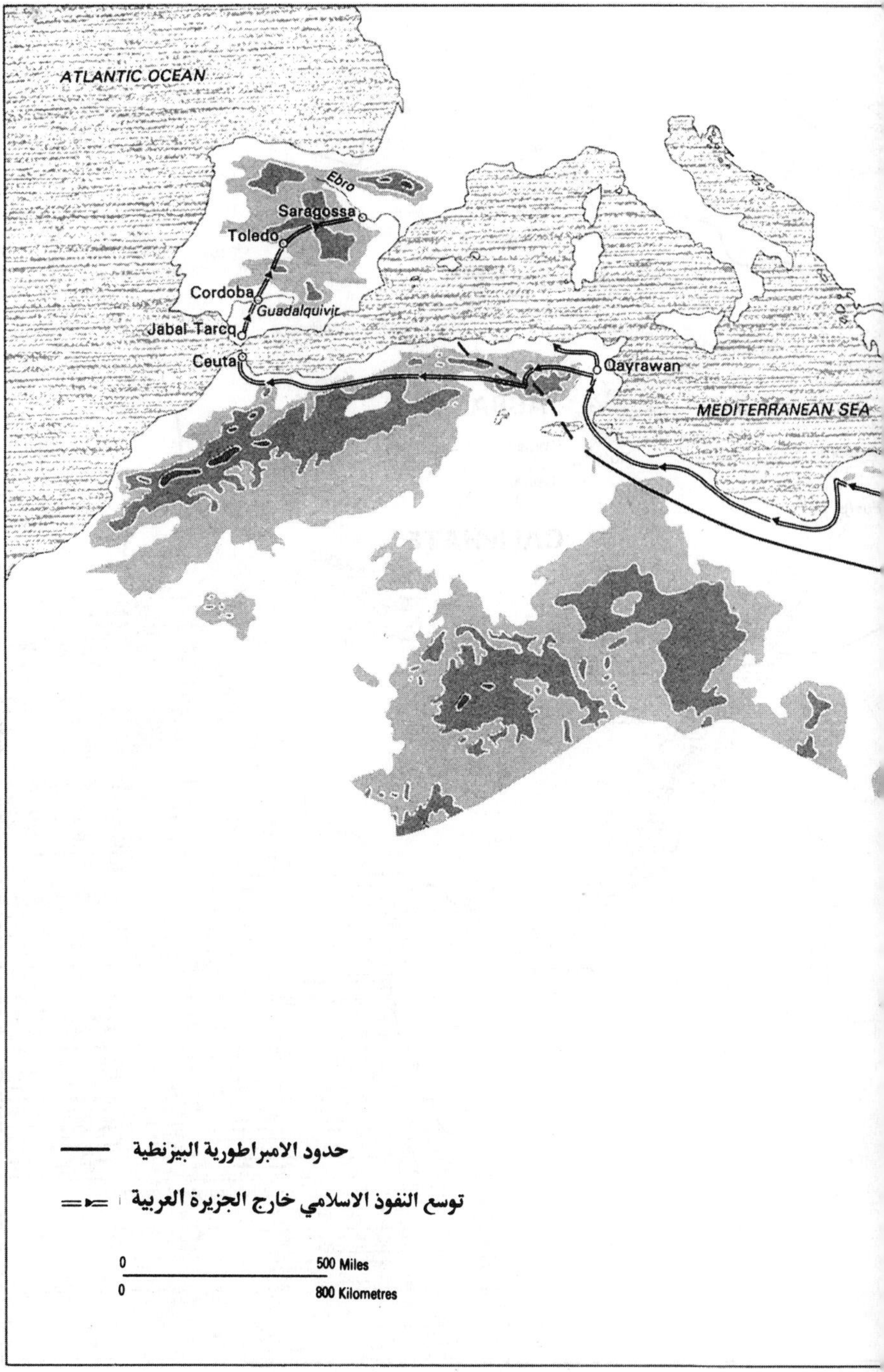
ATLANTIC OCEAN
Ebro
Saragossa
Toledo
Cordoba
Guadalquivir
Jabal Tarcq
Ceuta
Qayrawan
MEDITERRANEAN SEA
حدود الامبراطورية البيزنطية
توسع النفوذ الاسلامي خارج الجزيرة العربية
0 500 Miles
0 800 Kilometres

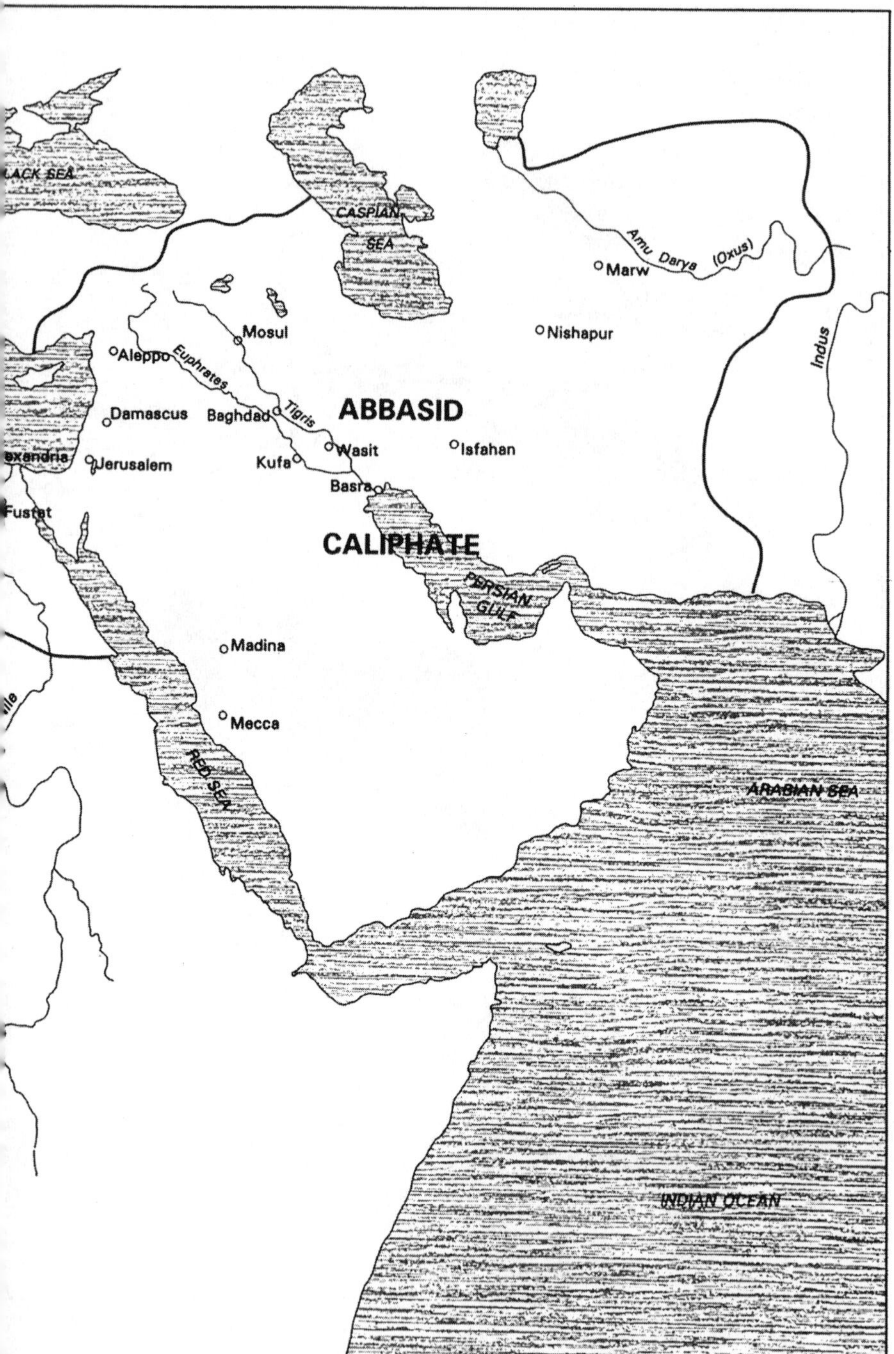

(٣) الخلافة العباسية في مطلع القرن التاسع

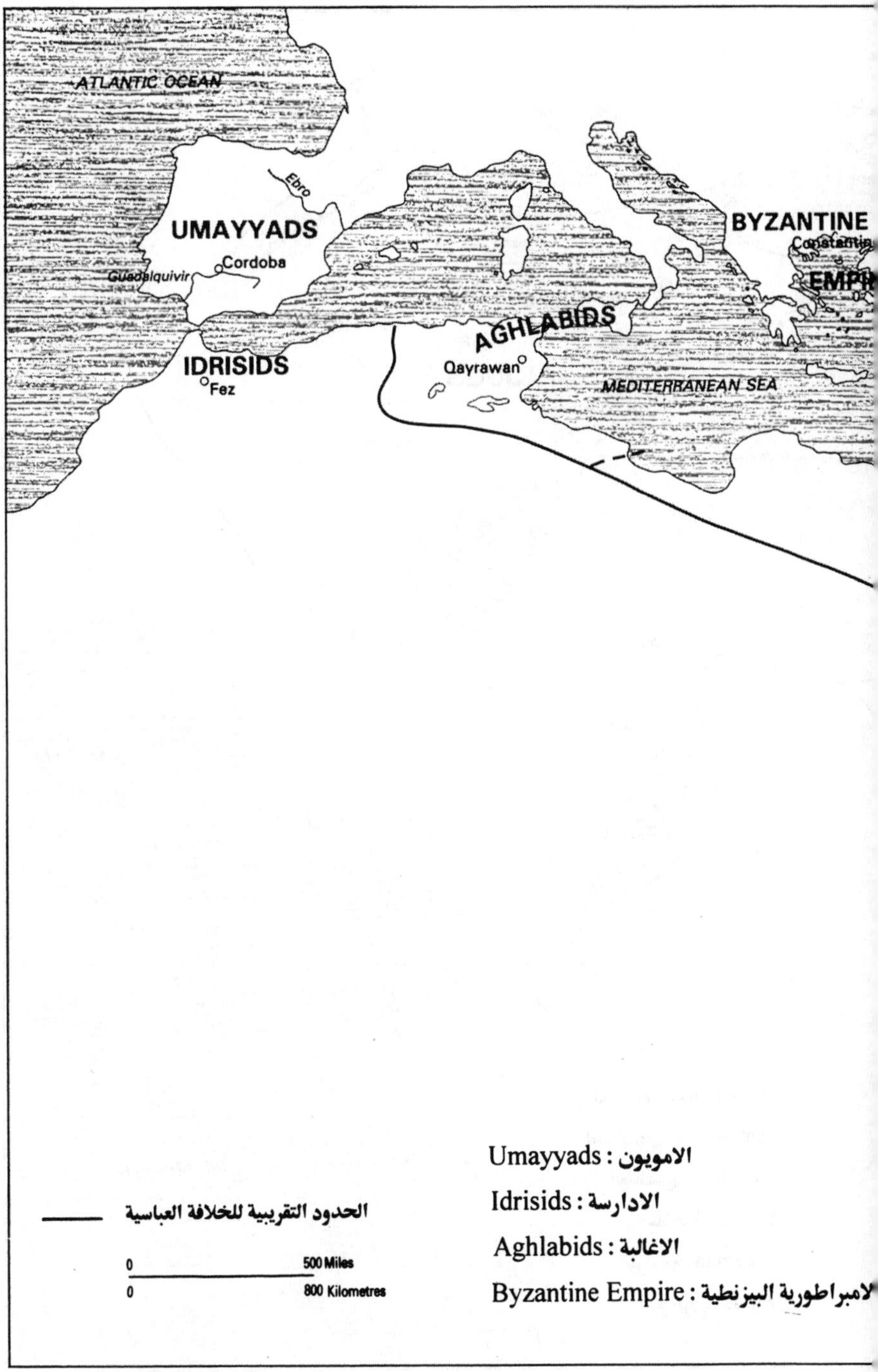
ATLANTIC OCEAN
Ebro
UMAYYADS
Cordoba
Guadalquivir
IDRISIDS
Fez
AGHLABIDS
Qayrawan
MEDITERRANEAN SEA
BYZANTINE
Constantin
EMPI
الحدود التقريبية للخلافة العباسية
0 500 Miles
0 800 Kilometres
Umayyads : الامويون
Idrisids : الادارسة
Aghlabids : الاغالبة
Byzantine Empire : الامبراطورية البيزنطية

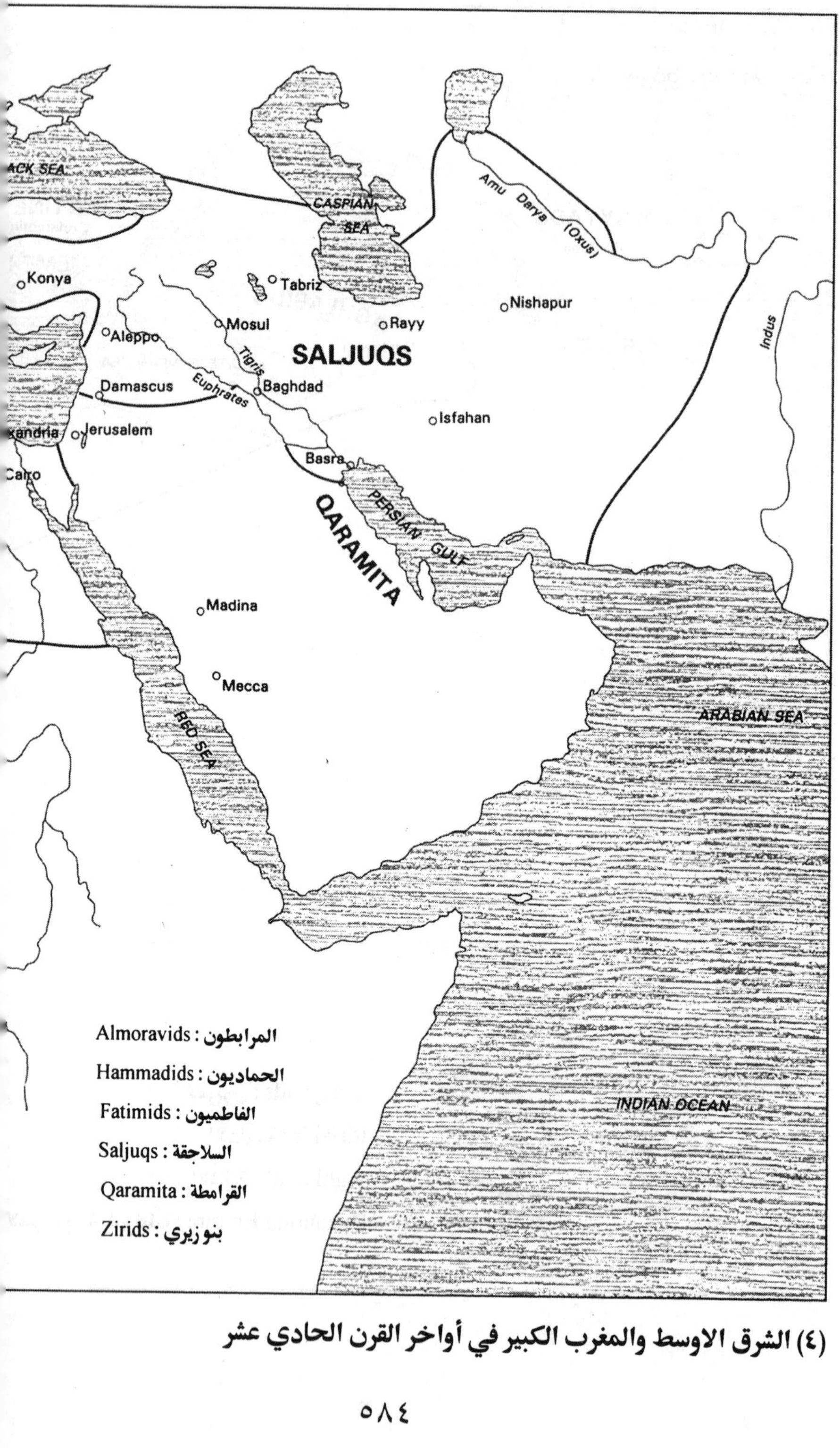

(٤) الشرق الاوسط والمغرب الكبير في أواخر القرن الحادي عشر

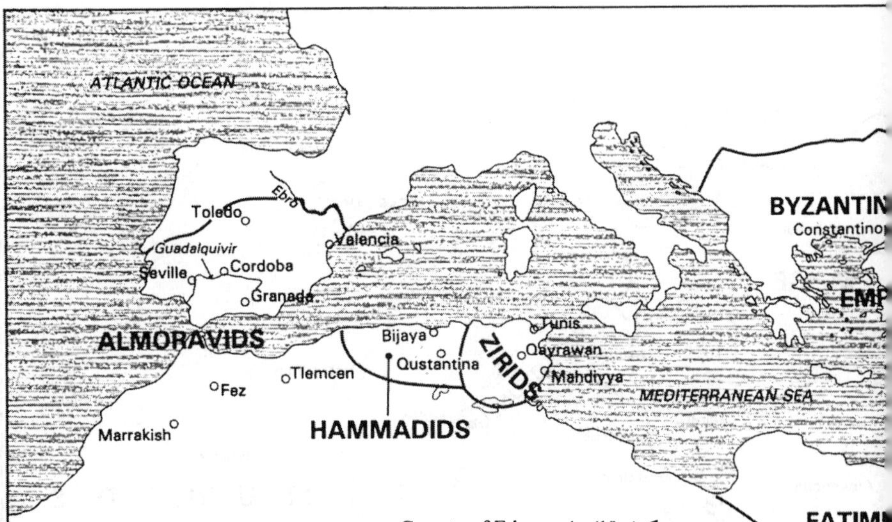

County of Edessa : كونتية الرها

Principality of Antioch : إمارة انطاكية

0 500 Miles
0 800 Kilometres

County of Tripoli : كونتية طرابلس

Kingdom of Jerusalem : مملكة القدس

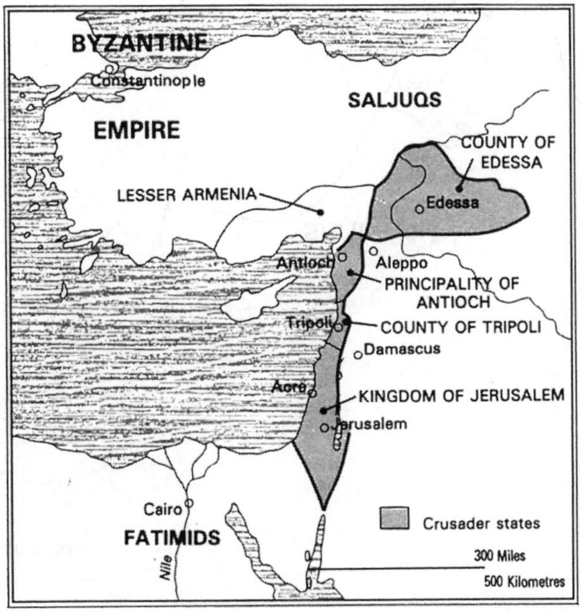

الامارات الصليبية

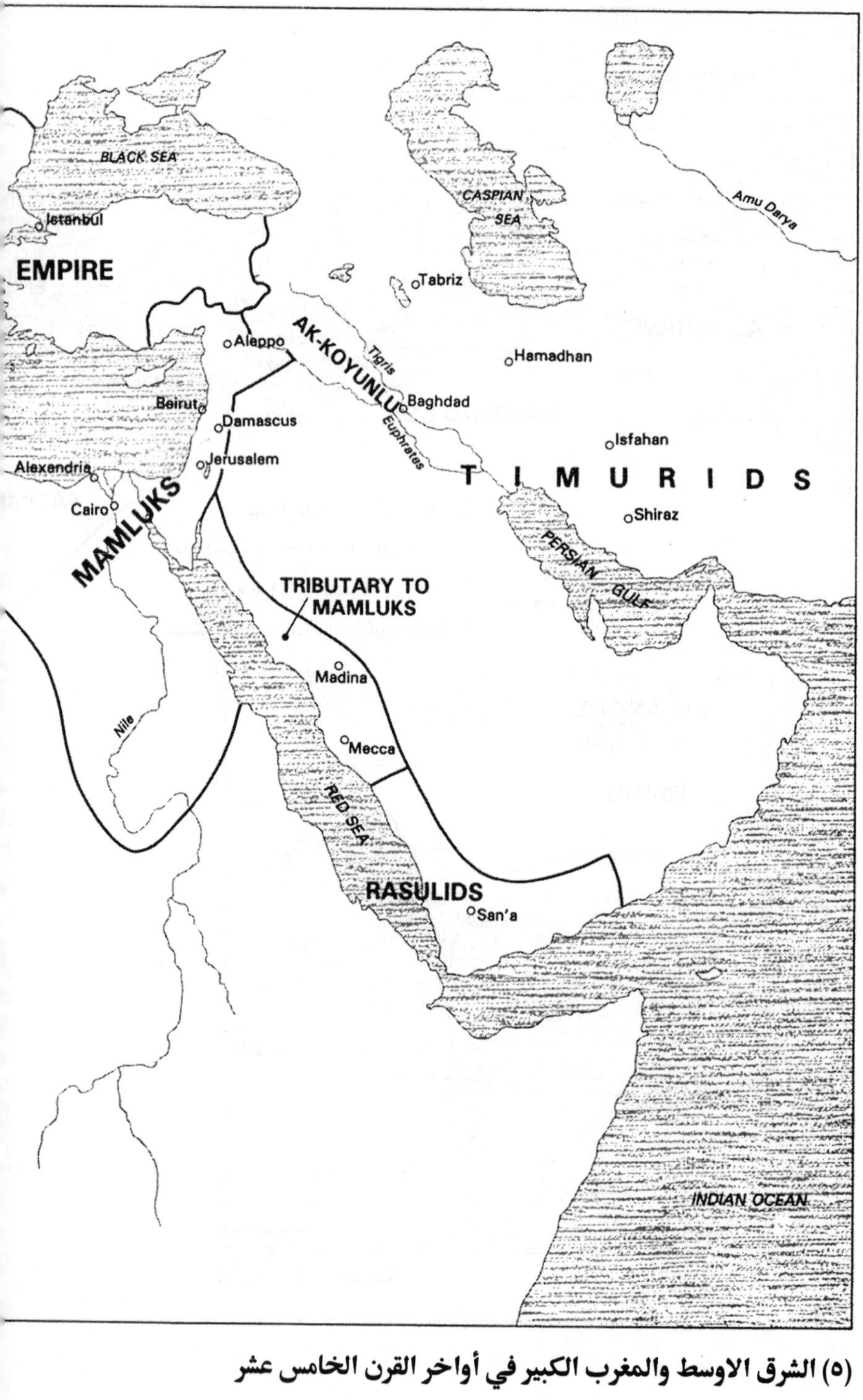

(٥) الشرق الاوسط والمغرب الكبير في أواخر القرن الخامس عشر

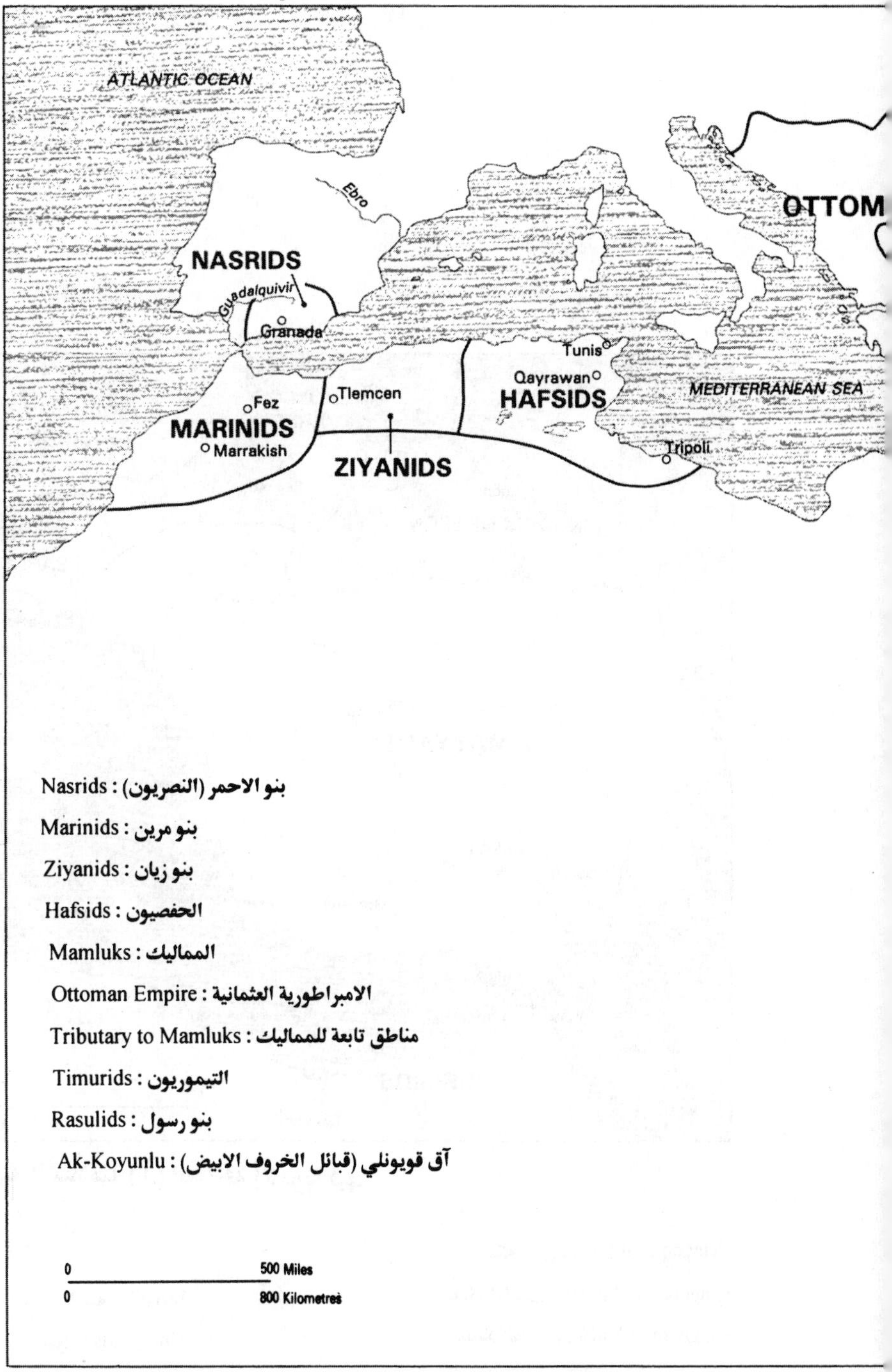
ATLANTIC OCEAN
Ebro
NASRIDS
Guadalquivir
Granada
OTTOM
Tunis
Qayrawan
HAFSIDS
MEDITERRANEAN SEA
Tlemcen
Fez
MARINIDS
Marrakish
ZIYANIDS
Tripoli
Nasrids : بنو الاحمر (النصريون)
Marinids : بنو مرين
Ziyanids : بنو زيان
Hafsids : الحفصيون
Mamluks : المماليك
Ottoman Empire : الامبراطورية العثمانية
Tributary to Mamluks : مناطق تابعة للمماليك
Timurids : التيموريون
Rasulids : بنو رسول
Ak-Koyunlu : آق قويونلي (قبائل الخروف الابيض)
0 500 Miles
0 800 Kilometres

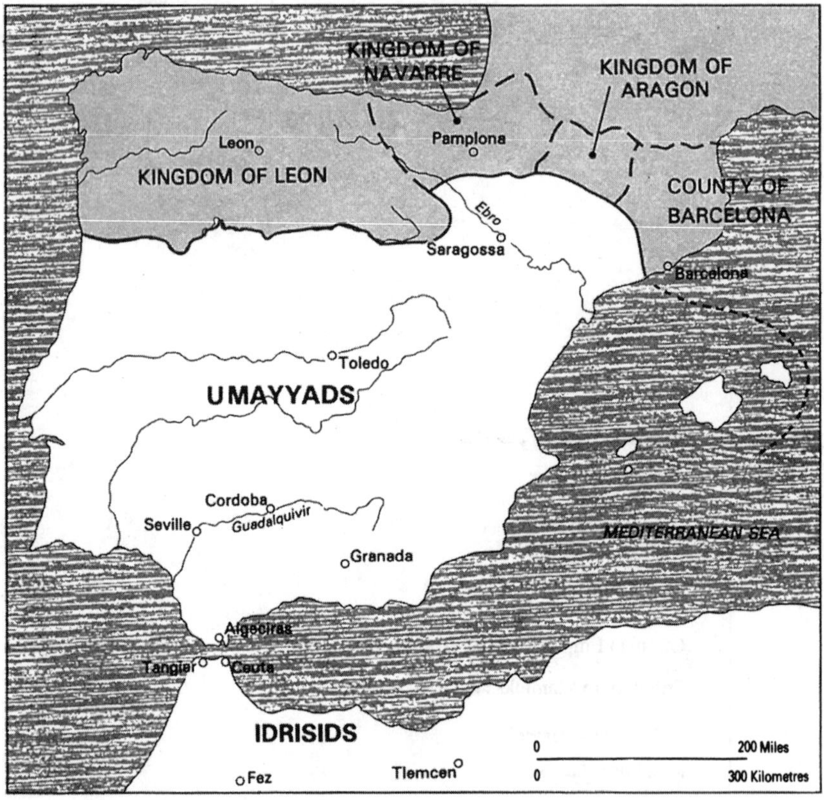

(٦) اسبانية الاسلامية (أ) الخلافة الاموية فيها

Kingdom of Leon : مملكة ليون

Kingdom of Aragon : مملكة أراغون

Kingdom of Navarre : مملكة نفارا

County of Barcelona : كونتية برشلونة (قطلونية)

Idrisids : الادارسة

Umayyads : امويون

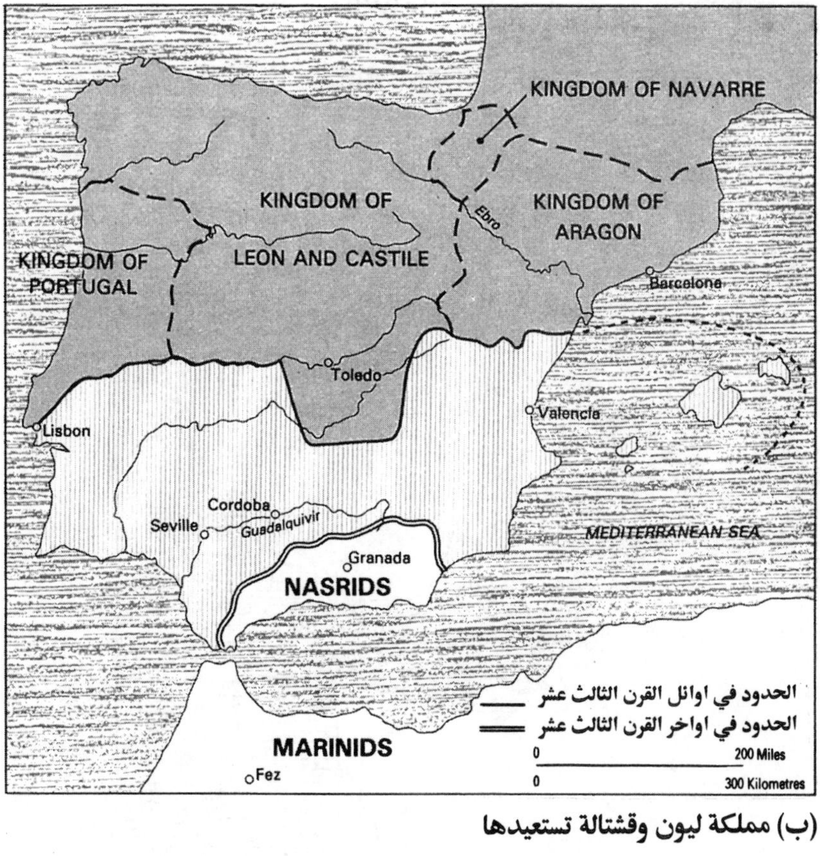

(ب) مملكة ليون وقشتالة تستعيدها

Kingdom of Portugal : مملكة البرتغال	Marinids : المرينيون
Kingdom of Leon and Castile : مملكة ليون وقشتالة	Nasrids : بنو الاحمر
Kingdom of Aragon : مملكة أراغون	Kingdom of Navarre : مملكة نفارا

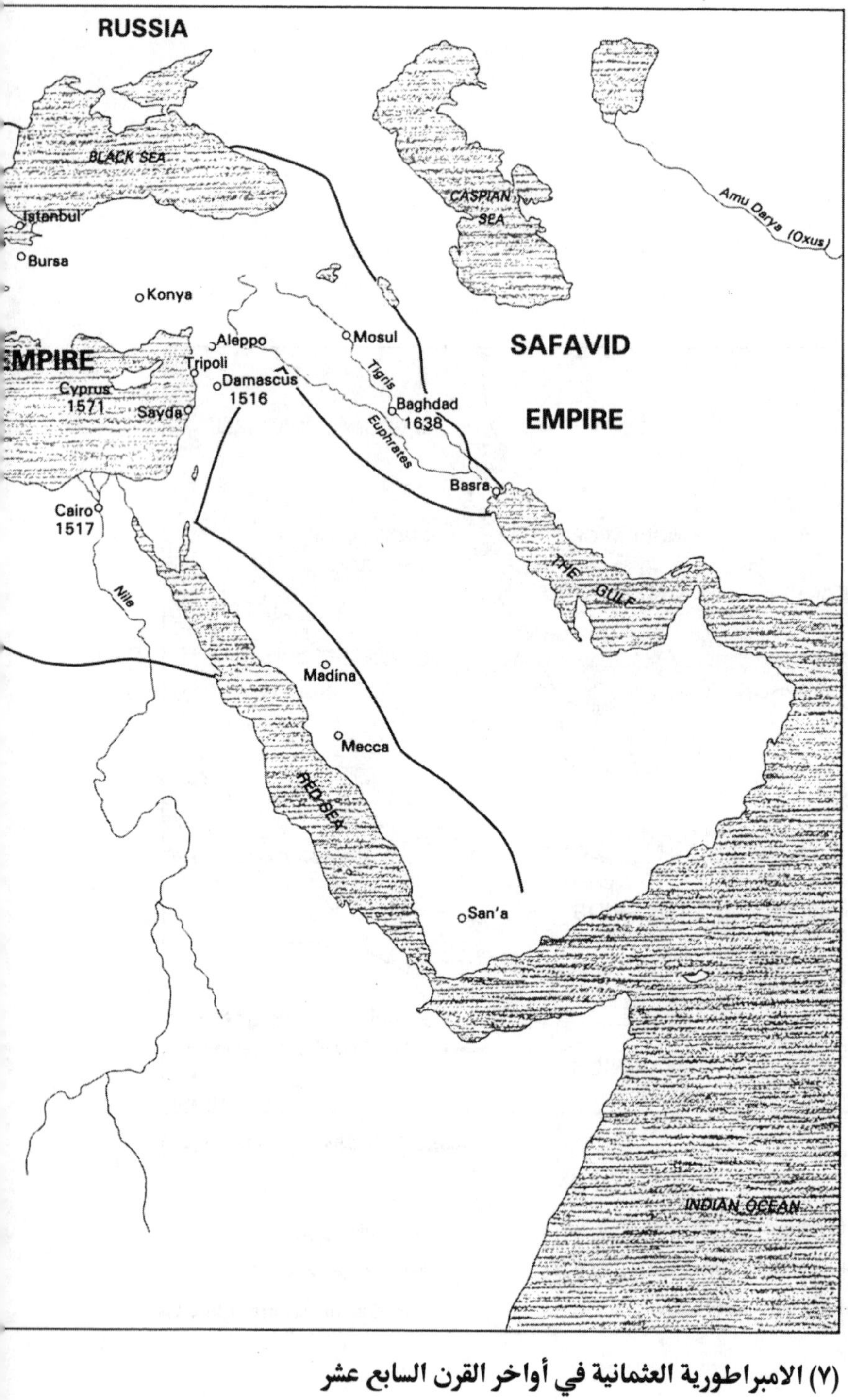

(٧) الامبراطورية العثمانية في أواخر القرن السابع عشر

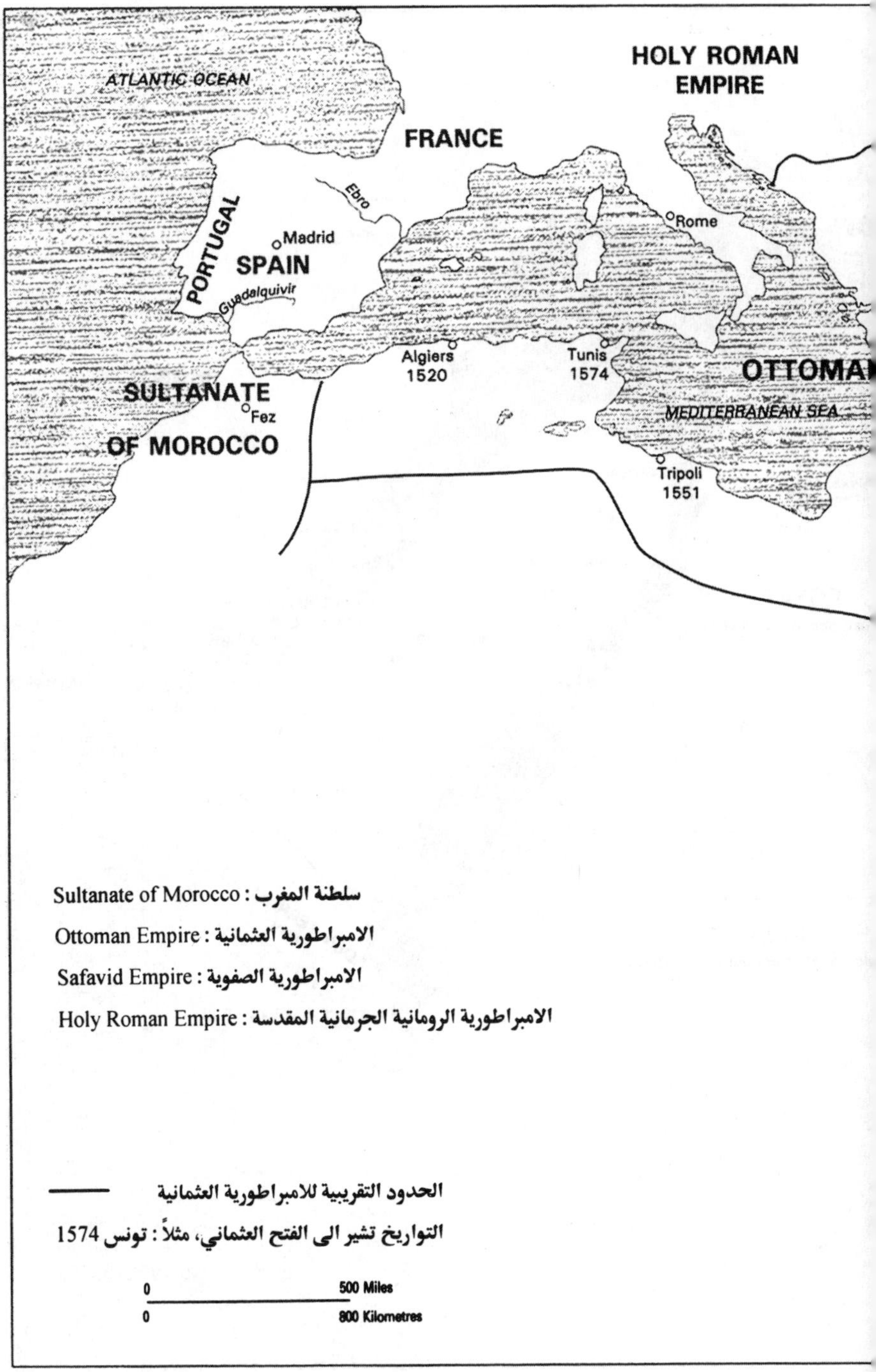
ATLANTIC OCEAN
HOLY ROMAN EMPIRE
FRANCE
Ebro
PORTUGAL
Madrid
SPAIN
Guadalquivir
Rome
Algiers 1520
Tunis 1574
OTTOMA
SULTANATE OF MOROCCO
Fez
MEDITERRANEAN SEA
Tripoli 1551
Sultanate of Morocco : سلطنة المغرب
Ottoman Empire : الامبراطورية العثمانية
Safavid Empire : الامبراطورية الصفوية
Holy Roman Empire : الامبراطورية الرومانية الجرمانية المقدسة
الحدود التقريبية للامبراطورية العثمانية
التواريخ تشير الى الفتح العثماني، مثلاً : تونس 1574
0 500 Miles
0 800 Kilometres

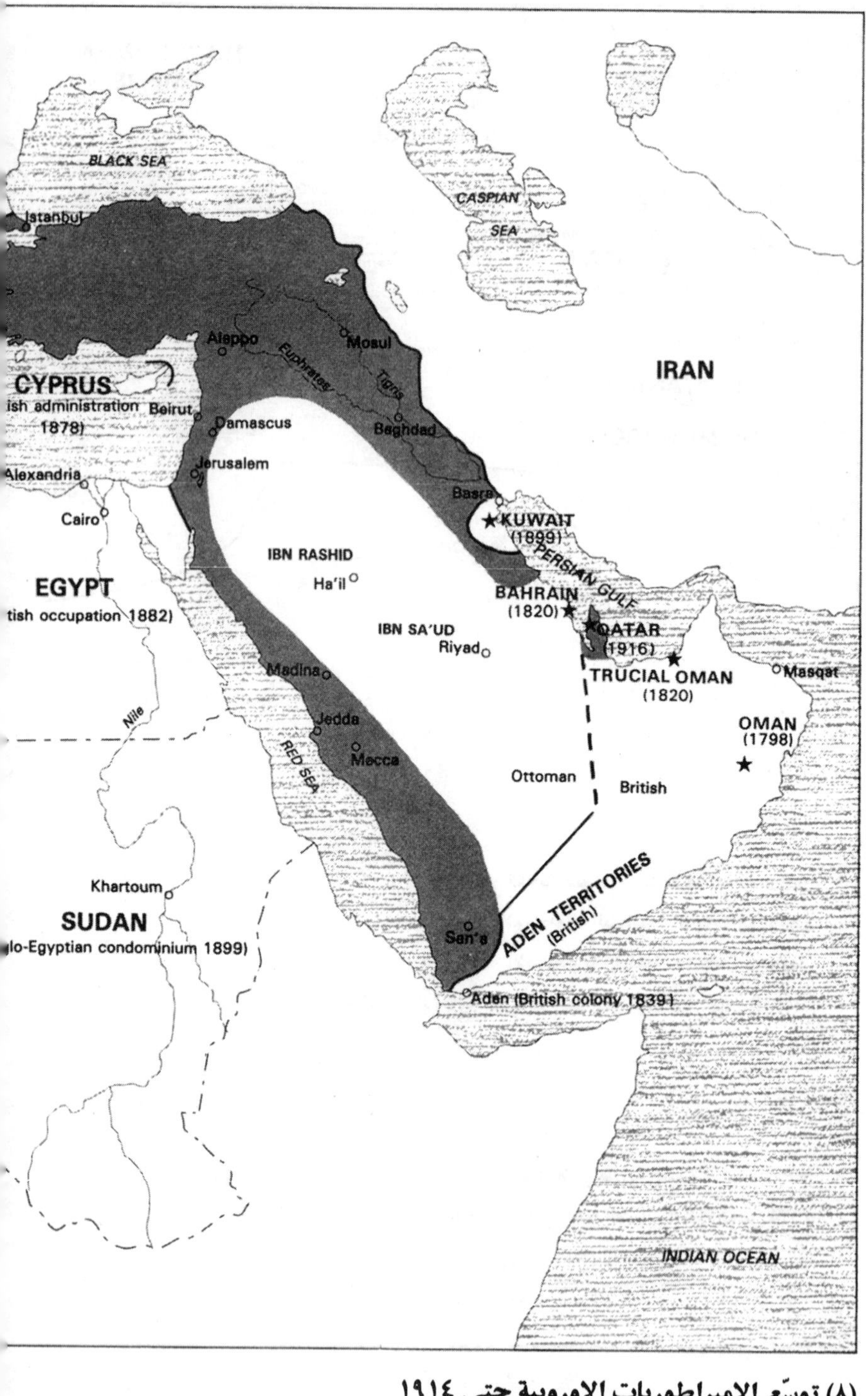

(٨) توسّع الامبراطوريات الاوروبية حتى ١٩١٤

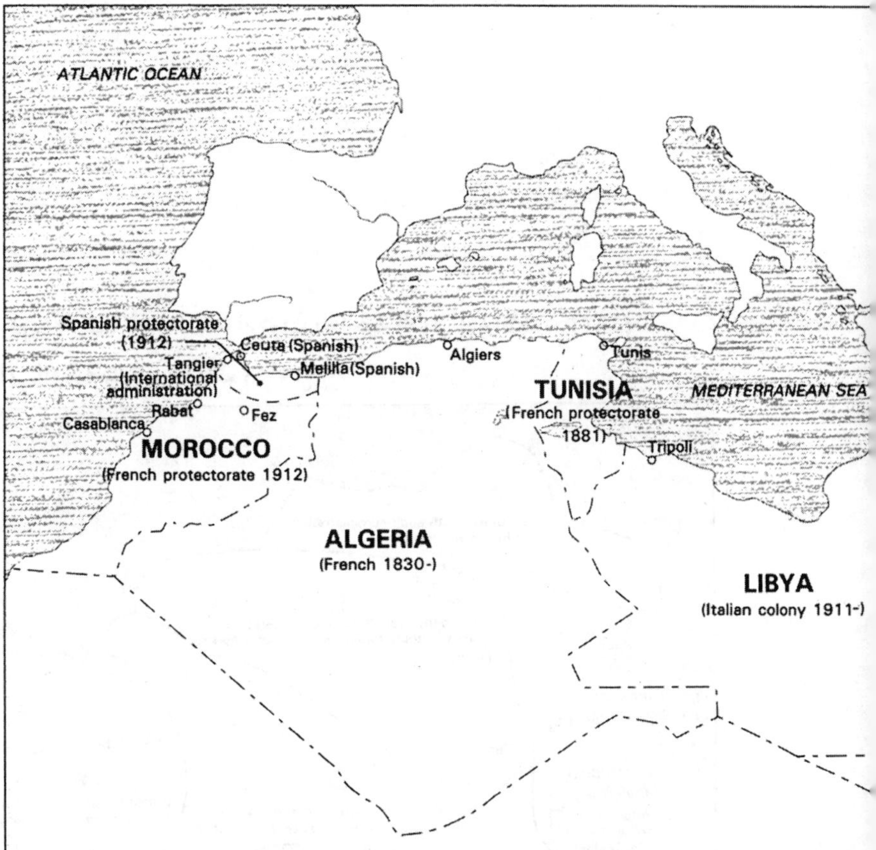
ATLANTIC OCEAN
Spanish protectorate (1912)
Ceuta (Spanish)
Tangier (International administration)
Melilla (Spanish)
Rabat
Fez
Casablanca
MOROCCO
(French protectorate 1912)
Algiers
Tunis
TUNISIA
(French protectorate 1881)
Tripoli
MEDITERRANEAN SEA
ALGERIA
(French 1830-)
LIBYA
(Italian colony 1911-)
معاهدة بريطانية عثمانية معدّلة حول مناطق النفوذ ١٩١٤
معاهدة بريطانية عثمانية غير معدّلة حول مناطق النفوذ ١٩١٣
الامبراطورية العثمانية قبل الحرب العالمية الاولى
دول الخليج التي لها اتفاقية خاصة مع بريطانيا (وتاريخ اول اتفاق)
0
500 Miles
0
800 Kilometres

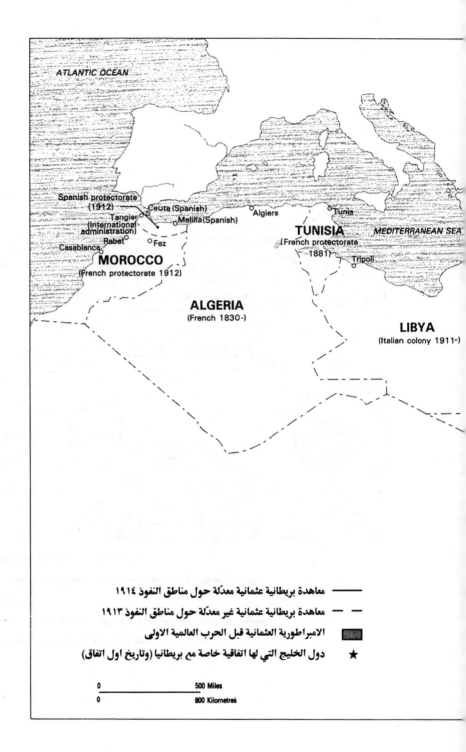

(٩) الوضع في الشرق الاوسط بعد الحرب العالمية الاولى (١٩١٨ - ١٩٢٣)

(أ) إتفاقية سايكس - بيكو (١٩١٦)

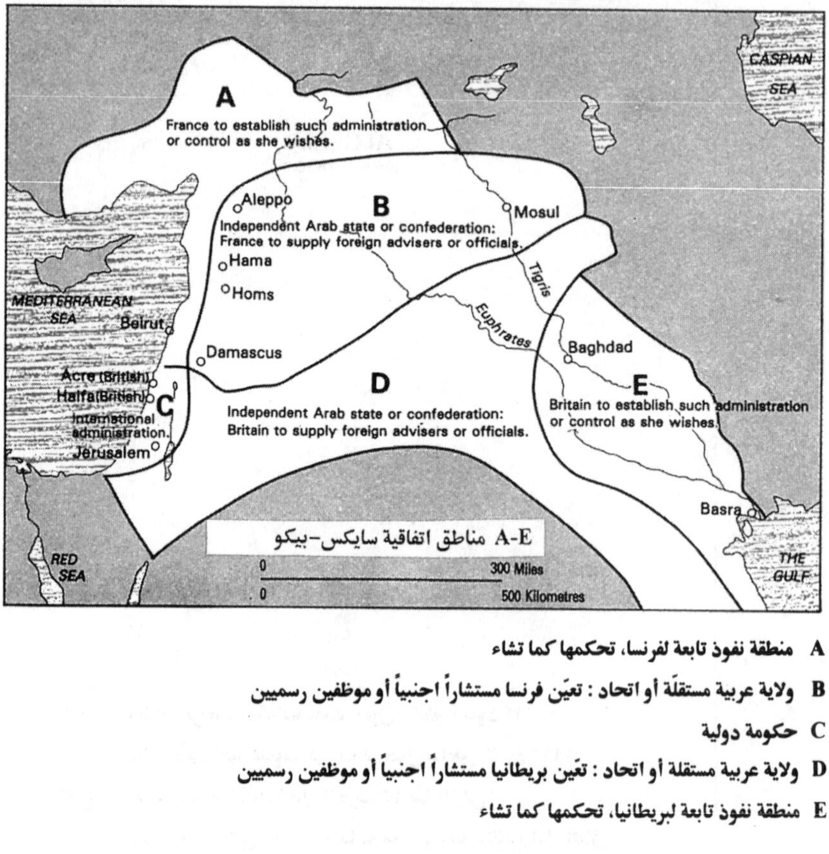

A منطقة نفوذ تابعة لفرنسا، تحكمها كما تشاء

B ولاية عربية مستقلّة أو اتحاد : تعيّن فرنسا مستشاراً اجنبياً أو موظفين رسميين

C حكومة دولية

D ولاية عربية مستقلة أو اتحاد : تعيّن بريطانيا مستشاراً اجنبياً أو موظفين رسميين

E منطقة نفوذ تابعة لبريطانيا، تحكمها كما تشاء

(ب) فترة الانتداب

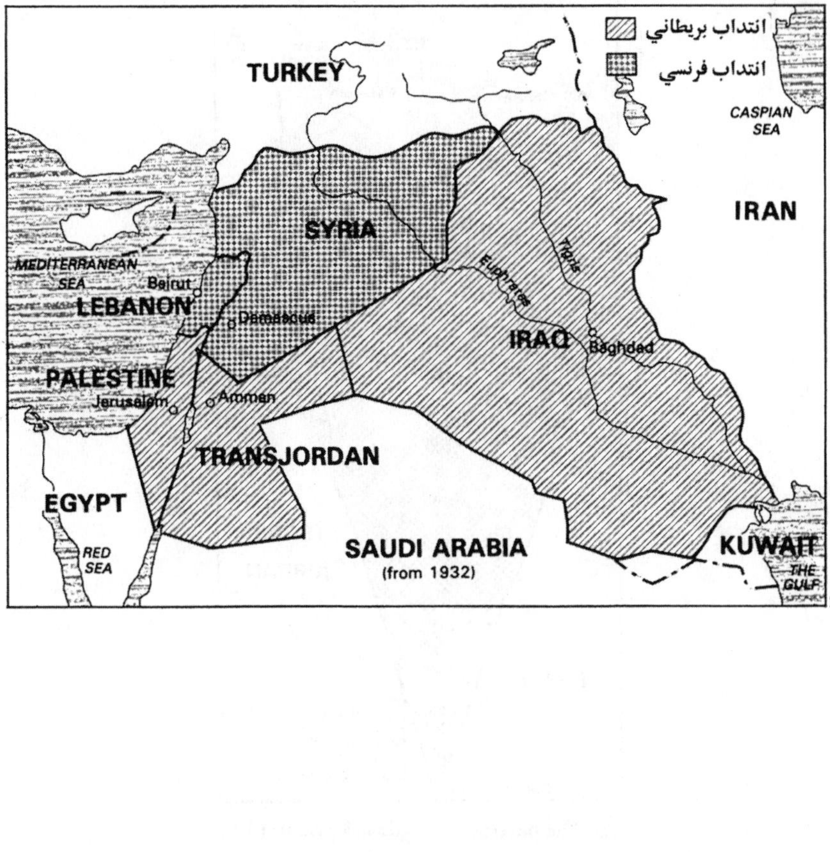

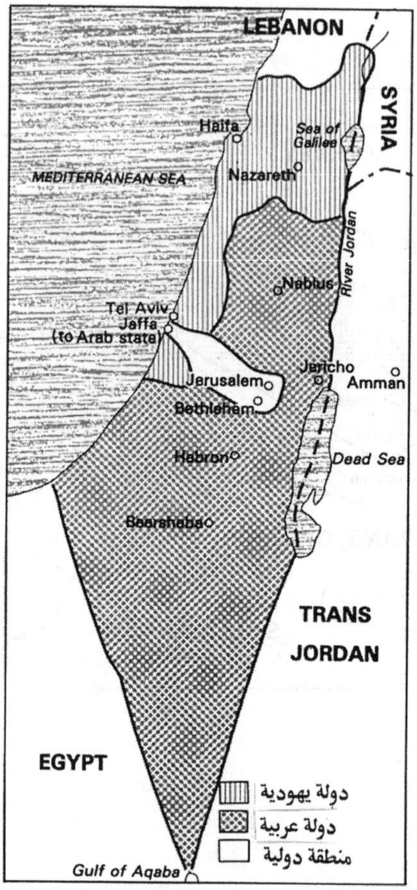

(١٠) تقسيم فلسطين 10 The partition

(أ) خطة التقسيم التي وضعتها اللجنة الملكية البريطانية، ١٩٣٧

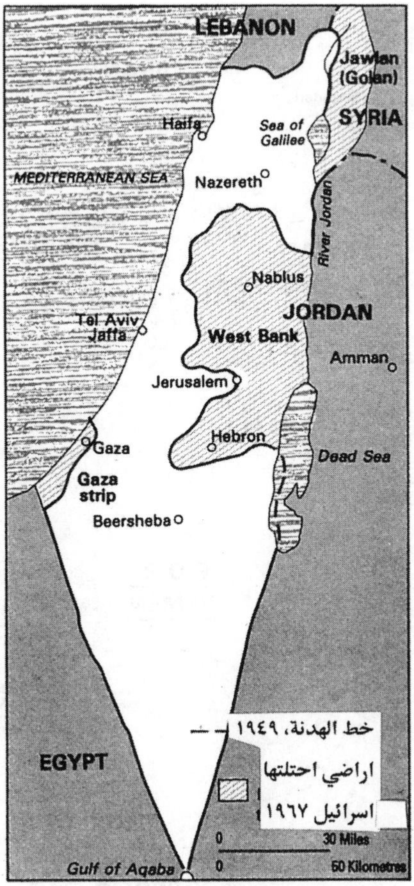

(ب) حدود الهدنة (وقف اطلاق النار، ١٩٤٩)، والاحتلال الاسرائيلي، ١٩٦٧

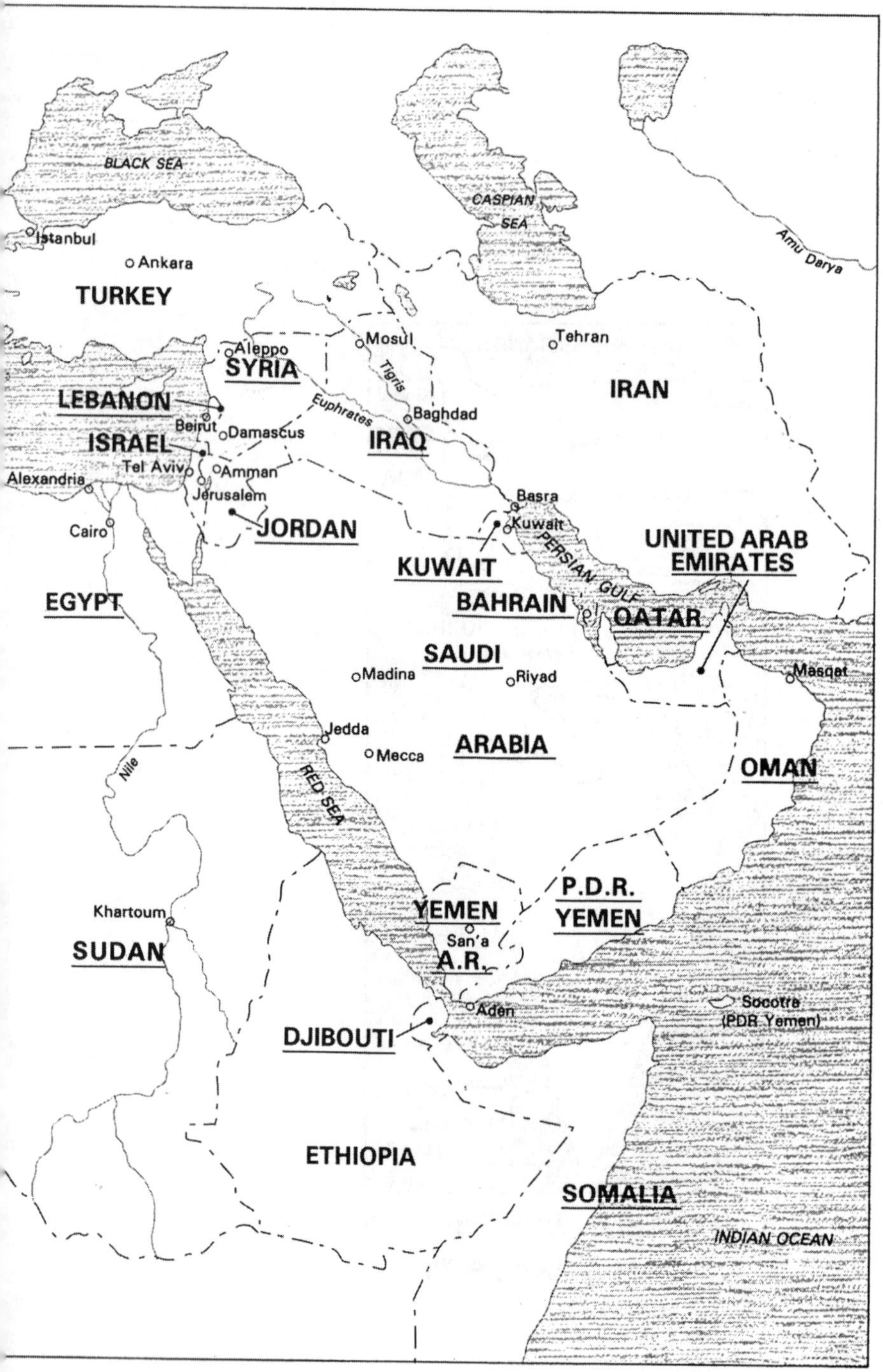

(١١) الشرق الاوسط والمغرب الكبير في ١٩٨٨

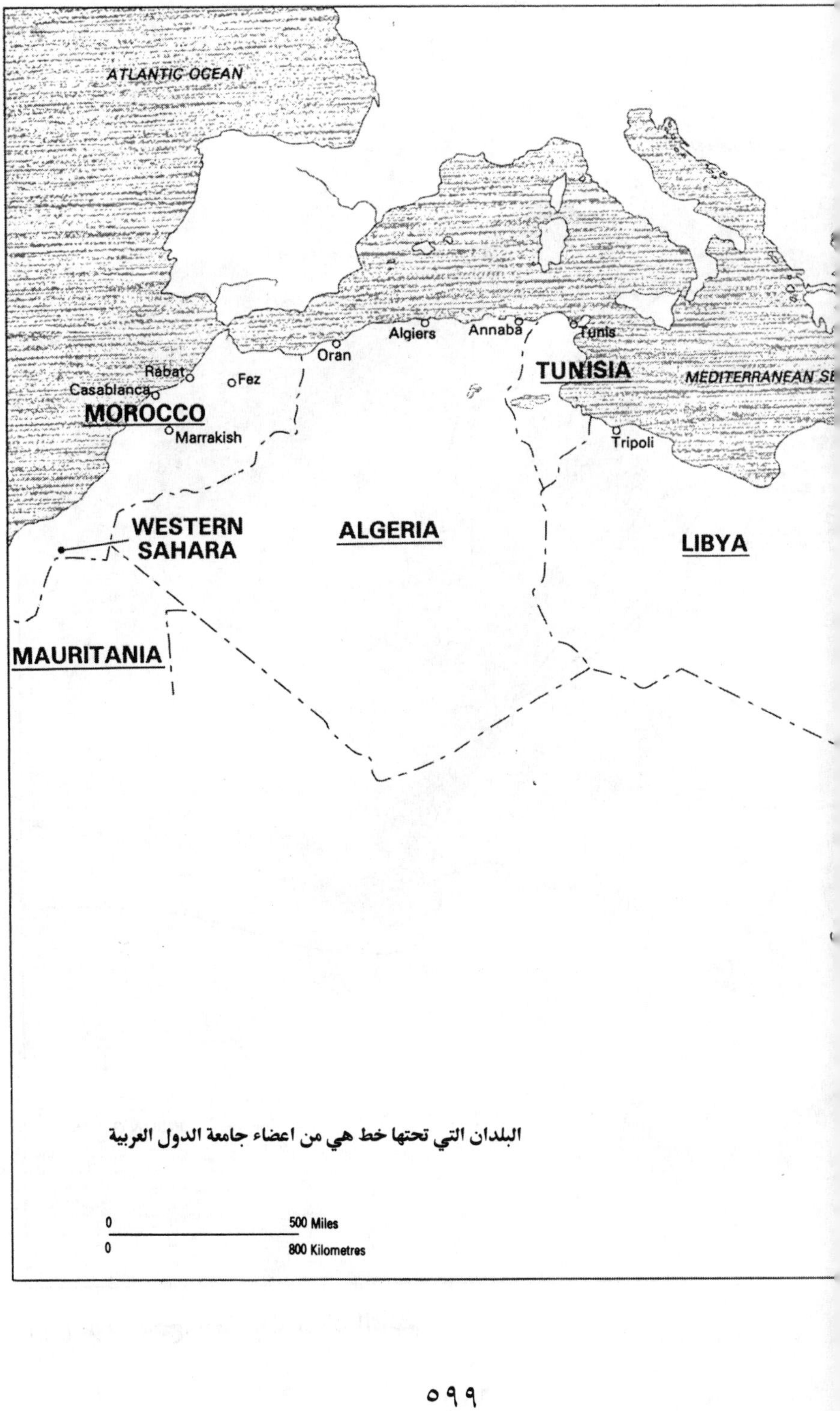
ATLANTIC OCEAN
MOROCCO
Rabat
Casablanca
Fez
Marrakish
Oran
Algiers
Annaba
Tunis
TUNISIA
Tripoli
MEDITERRANEAN SE
WESTERN
SAHARA
ALGERIA
LIBYA
MAURITANIA
البلدان التي تحتها خط هي من اعضاء جامعة الدول العربية
0
500 Miles
0
800 Kilometres

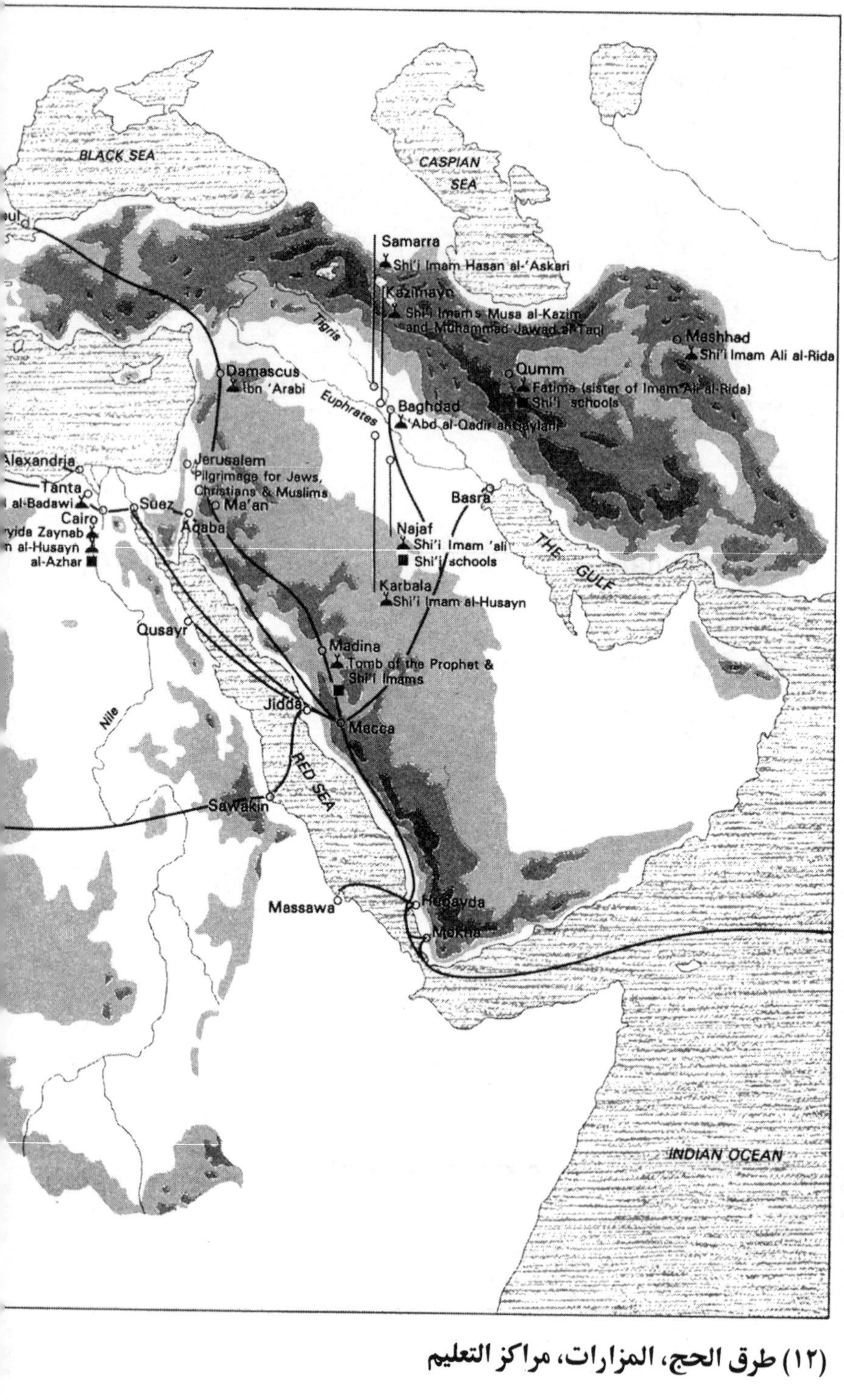

(١٢) طرق الحج، المزارات، مراكز التعليم

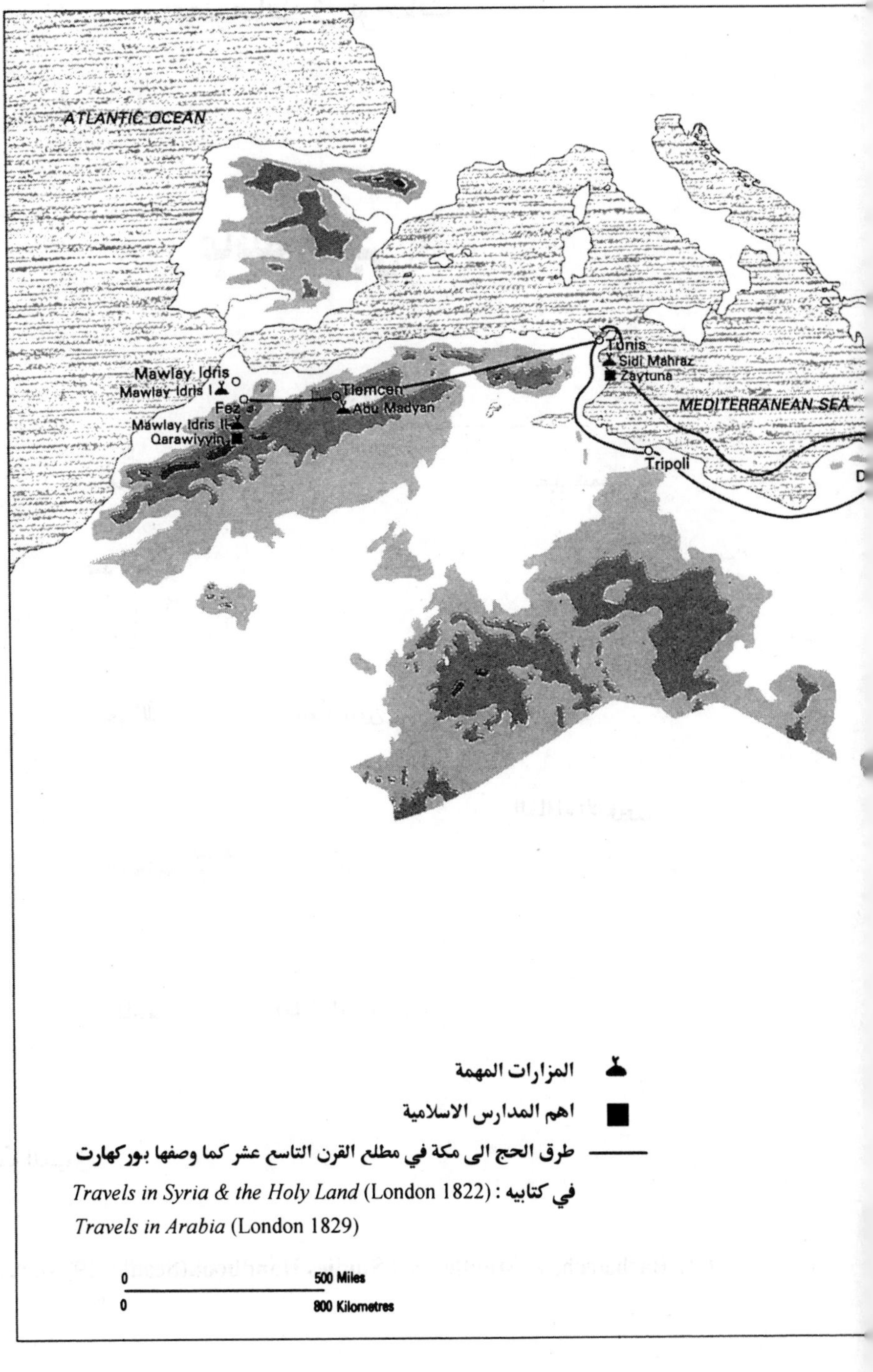

ATLANTIC OCEAN

Tunis
▲ Sidi Mahraz
■ Zaytuna
MEDITERRANEAN SEA

Mawlay Idris
Mawlay Idris I ▲
Tlemcen
Fez
▲ Abu Madyan
Mawlay Idris II ■
Qarawiyyin ■

Tripoli

▲ المزارات المهمة

■ اهم المدارس الاسلامية

—— طرق الحج الى مكة في مطلع القرن التاسع عشر كما وصفها بوركهارت

في كتابيه : *Travels in Syria & the Holy Land* (London 1822)

Travels in Arabia (London 1829)

0	500 Miles
0	800 Kilometres

عائلة النبي ﷺ

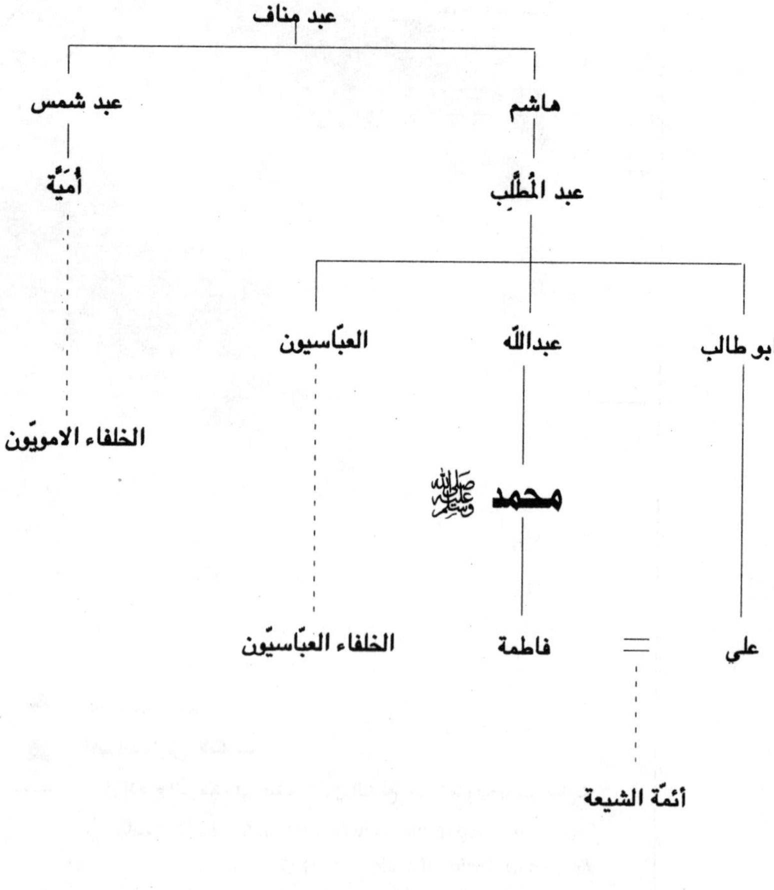

J. L. Bacharach, **A Middle East Studies Handbook**(Seattle, 1984), p.17

أئمة الشيعة :
الإثناعشرية والإسماعلية

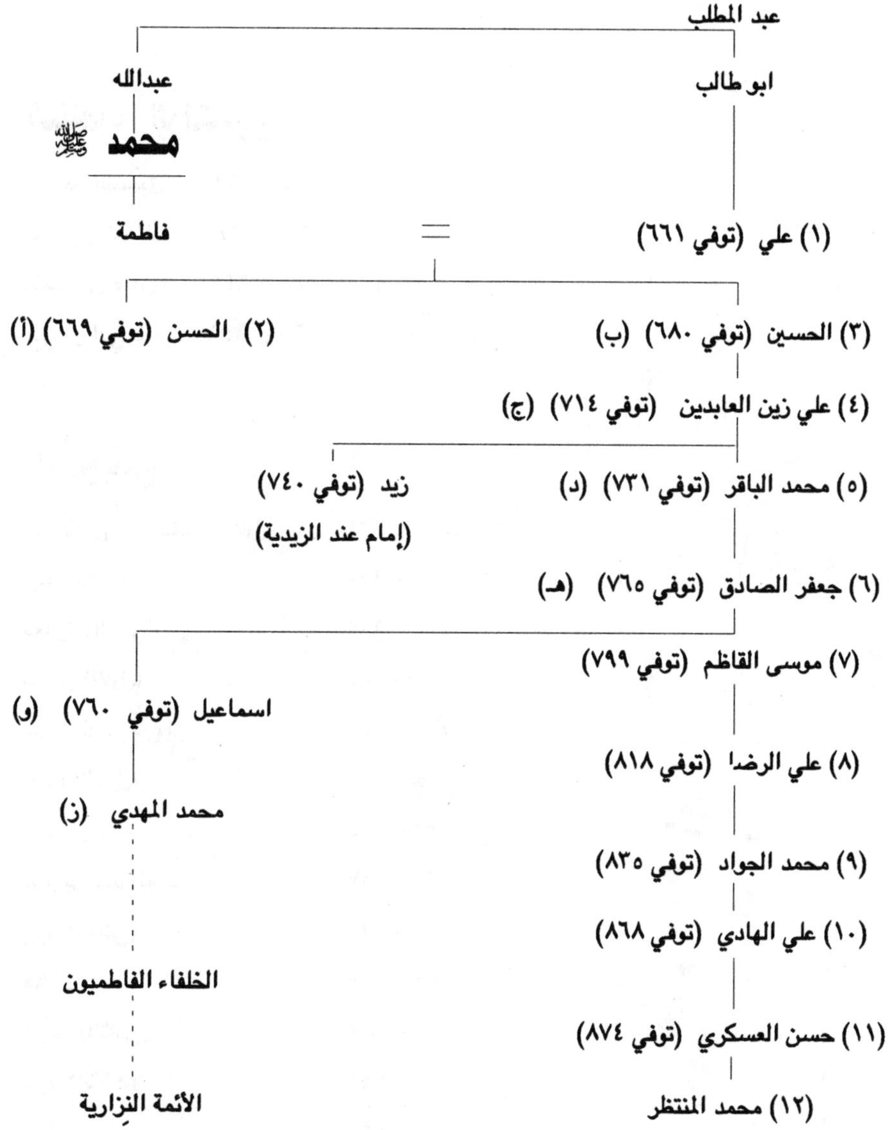

لقد أشرنا الى أئمة الإثني عشرية بالأرقام، وبأحرف الابجدية الى أئمة الإسماعيلية (مثلاً محمد الباقر (د)، اي انه الإمام الرابع عند الاسماعيلية).

الخلفاء

الخلفاء الراشدون

ابو بكر الصدّيق	٦٣٢ - ٤
عمر ابن الخطّاب	٦٣٤ - ٤٤
عثمان بن عفّان	٦٤٤ - ٥٦
علي بن ابي طالب	٦٥٦ - ٦١

الأمويّون

معاوية بن ابي سفيان (الاول)	٦٦١ - ٨٠
يزيد (الاول)	٦٨٠ - ٣
معاوية (الثاني)	٦٨٣ - ٤
مروان (الاول)	٦٨٤- ٥
عبد الملك بن مروان	٦٨٥ - ٧٠٥
الوليد (الاول)	٧٠٥ - ١٥
سليمان	٧١٥ - ١٧
عمر بن عبد العزيز	٧١٧ - ٢٠
يزيد (الثاني)	٧٢٠ - ٤
هشام	٧٢٤ - ٤٣
الوليد (الثاني)	٧٤٣ - ٤
يزيد (الثالث)	٧٤٤
ابراهيم	٧٤٤
مروان (الثاني)	٧٤٤ - ٥٠

العباسيّون

ابو العبّاس السفّاح	٧٤٩ – ٥٤
المنصور	٧٥٤ – ٧٥
المهدي	٧٧٥ – ٨٥
الهادي	٧٨٣ – ٦
هارون الرشيد	٧٨٦ – ٨٠٩
الأمين	٨٠٩ – ١٣
المأمون	٨١٣ – ٣٣
المعتصم	٨٣٣ – ٤٢
الواثق	٨٤٢ – ٧
المتوكل	٨٤٧ – ٦١
المنتصر	٨٦١ – ٢
المستعين	٨٦٢ – ٦
المعتزّ	٨٦٦ – ٩
المهتدي	٨٦٩ – ٧٠
المعتمد	٨٧٠ – ٩٢
المعتضد	٨٩٢ – ٩٠٢
المكتفي	٩٠٢ – ٨
المقتدر	٩٠٨ – ٣٢
القاهر	٩٣٢ – ٤
الراضي	٩٣٤ – ٩٤٠
المتّقي	٩٤٠ – ٤
المستكفي	٩٤٤ – ٦
المطيع	٩٤٦ – ٧٤
الطائع	٩٧٤ – ٩١
القادر	٩٩١ – ١٠٣١
القائم	١٠٣١ – ٧٥
المقتدي	١٠٧٥ – ٩٤
المستظهر	١٠٩٤ – ١١١٨
المسترشد	١١١٨ – ٣٥
الراشد	١١٣٥ – ٦
المقتفي	١١٣٦ – ٦٠
المستنجد	١١٦٠ – ٧٠
المستضيء	١١٧٠ – ٨٠
الناصر	١١٨٠ – ١٢٢٥
الظاهر	١٢٢٥ – ٦
المستنصر	١٢٢٦ – ٤٢
المستعصم	١٢٤٢ – ٥٨

أخذنا هذا الثبت، مع بعض التعديل، من

C. E. Bosworth, **The Islamic Dynasties** (Edinburgh, 1967).

السلالات المهمّة

الادارسة ٧٨٩ – ٩٢٦. في المغرب.

الاغلبيون ٨٠٠ – ٩٠٩. في تونس، الجزائر الشرقية، صقلية.

الالخانيون ١٢٥٦ – ١٣٣٦. في ايران والعراق.

الامويون ٦٦١ – ٧٥٠. خلفاء، طالبوا بالسلطة الكونية؛ عاصمتهم دمشق.

الامويون في اسبانيا ٧٥٦ – ١٠٣١. طالبوا بالخلافة.

الايوبيون ١١٦٩ – ١٢٦٠. في مصر وسوريا وغربي الجزيرة العربية.

بنو نصر ١٢٣٠ – ١٤٩٢. في جنوبي اسبانيا.

البويهيون ٩٣٢ – ١٠٦٢. في ايران والعراق

التيموريون ١٣٧٠ – ١٥٠٦. آسيا الوسطى وايران.

الحفصيون (بنو حفص) ١٢٢٨ – ١٥٧٤. في تونس وشرقي الجزائر.

الرَّسّيون. القرن التاسع الى القرن الثالث عشر، ثم من أواخر القرن السادس عشر الى ١٩٦٢. أئمة الزيدية في اليمن.

الرستميون ٧٧٩ – ٩٠٩. في غربي الجزائر.

الرسوليون ١٢٢٩ – ١٤٥٤. في اليمن.

السامانيون ٨١٩ – ١٠٠٥. في شمالي شرقي ايران وآسيا الوسطى.

السعديون ١٥١١– ١٦٢٨. في المغرب.

السعوديون ١٧٤٦ حتى اليوم. في الجزيرة العربية.

السلاجقة ١٠٣٨ – ١١٩٤. في ايران والعراق.

سلاجقة الروم ١٠٧٧ – ١٣٠٧. في تركيا الوسطى والشرقية.

الصفاريون (الدولة الصفاريّة). من ٨٦٧ الى آخر القرن الثامن. في ايران الشرقية.

الصفويون ١٥٠١–١٧٣٢. في ايران.

الطولونيون ٨٦٨ – ٩٠٥. في مصر وسوريا.

العبّاسيّون ٧٤٩ – ١٢٥٨. خلفاء، طالبوا بالسلطة الكونية؛ عاصمتهم بغداد.

العثمانيون ١٢٨١ - ١٩٢٢. تركيا، سوريا، العراق، مصر، قبرص، تونس، الجزائر، غربي الجزيرة العربية.

العلويون في المغرب من ١٦٣١ حتى اليوم.

الفاطميون ٩٠٩ - ١١٧١. في المغرب ومصر وسوريا. طالبوا بالخلافة.

محمد علي وسلالته في مصر ١٨٠٥ -١٩٥٣.

المرابطون ١٠٥٦ - ١١٤٦. في المغرب واسبانيا.

المرينيون ١١٩٦ - ١٤٦٤. في المغرب.

المُغُل ١٥٢٦ - ١٨٥٨. في الهند.

ملوك الطوائف، القرن الحادي عشر، في اسبانيا.

المماليك ١٢٥٠ - ١٥١٧. في مصر وسوريا.

الموحدون ١١٣٠ - ١٢٦٩. في المغرب واسبانيا.

الهاشميون في الاردن: ١٩٢٣ حتى اليوم.

الهاشميون في العراق: ١٩٢١ -٥٨.

تنبيه: ان بعض التواريخ تقريبية اذ انه من الصعب احيانا التأكد من تاريخ ابتداء سلالة ومن أفول نفوذها. وتدل اسماء البلدان الى مراكز النفوذ الاساسية للسلالات؛ وبإستثناء ما يتعلق بالسلالات الحديثة، فقد استعملت اسماء البلدان للدلالة الى مناطق جغرافية بمفهومها الواسع.

لقد اعتمدنا في تحضير هذه اللوائح على:

T. Mostyn (ed.), **The Cambridge Encyclopedia of the Middle East and North Africa**(Cambridge, 1988), p.59.

العائلات المالكة
في القرنين التاسع عشر والعشرين

سلاطنة العثمانيين

سليم (الثالث)	١٧٨٩ - ١٨٠٧
مصطفى (الرابع)	١٨٠٧- ٨
محمود (الثاني)	١٨٠٨ - ١٨٣٩
عبد المجيد (الاول)	١٨٣٩ - ٦١
عبد العزيز	١٨٦١ - ٧٦
مراد (الخامس)	١٨٧٦
عبد الحميد (الثاني)	١٨٧٦ - ١٩٠٩
محمد (الخامس) رشاد	١٩٠٩- ١٩١٨
محمد (السادس) وحيد الدين	١٩١٨- ١٩٢٢
عبد المجيد (الثاني)	١٩٢٢ - ٤ وقد أثبت كخليفة ولكن ليس كسلطان

ملوك العربية السعودية

عبد العزيز	١٩٢٦ - ٥٣
سعود	١٩٥٣ - ٦٤
فيصل	١٩٦٤ -٧٥
خالد	١٩٧٥ - ٨٢
فهد	١٩٨٢ -

سلالة محمد علي في مصر

محمد علي، «والي» مصر	١٨٠٥ – ٤٨
ابراهيم، «والي»	١٨٤٨
عباس (الاول)، «والي»	١٨٤٨ – ٥٤
سعيد، «والي»	١٨٥٤– ٦٣
اسماعيل، «خديوي»	١٨٦٣ – ٧٩
توفيق، «خديوي»	١٨٧٩ – ٩٢
عباس (الثاني) حلمي، «خديوي»	١٨٩٢ – ١٩١٤
حسين كامل، «سلطان»	١٩١٤ – ١٧
فؤاد (الاول)، «سلطان»، ثم «ملك»	١٩١٧ – ٣٦
فاروق، «ملك»	١٩٣٦ – ٥٢
فؤاد (الثاني)، «ملك»	١٩٥٢ – ٣

العلويون في المغرب

سليمان، «سلطان»	١٧٩٦ – ١٨٢٢
عبد الرحمن، «سلطان»	١٨٢٢ – ٥٩
محمد، «سلطان»	١٨٥٩ – ٧٣
حسن (الاول)، «سلطان»	١٨٧٣ – ٩٤
عبد العزيز، «سلطان»	١٨٩٤ – ١٩٠٨
عبد الحفيظ، «سلطان»	١٩٠٨ – ١٢
يوسف، «سلطان»	١٩١٢ – ٢٧
محمد (الخامس)، «سلطان»، ثم «ملك»	١٩٢٧ – ٦١
حسن (الثاني)، «ملك»	١٩٦١ –

الهاشميون

الحسين، ملك الحجاز (١٩١٦ - ٢٤)

- علي، ملك الحجاز
  (١٩٢٤ - ٥)
  - عبد الاله
    وصيّ العراق
    (١٩٣٩ - ٥٣)
- عبدالله
  امير شرق الاردن (١٩٢٣ - ٤٦)
  ملك الاردن (١٩٤٦ - ٥١)
  - طلال
    ملك.الاردن (١٩٥١ - ٢)
    - حسين
      ملك الاردن (١٩٥٢ -)
- فيصل الاول
  ملك العراق
  (١٩٢١ - ٣٣)
  - غازي
    ملك العراق
    (١٩٣٣-٩)
    - فيصل الثاني
      ملك العراق (١٩٣٩- ٥٨)

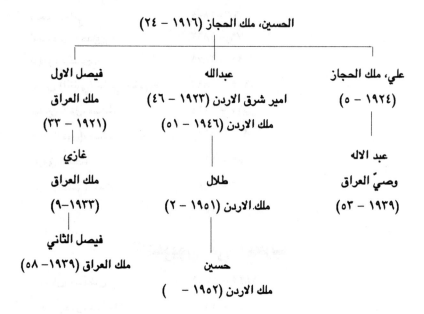

الهوامش

تمهيد

١) عبد الرحمن ابن خلدون، **المقدمة** (القاهرة، لا تاريخ)، ص ٣٣.
٢) **المقدمة**، ص ١٦٣.
٣) ابن خلدون، **التعريف بابن خلدون ورحلته غرباً وشرقاً**، تحقيق محمد بن تاويت الطنجي (القاهرة، ١٩٥١)، ص ٢٤٦.

الفصل الاول: سلطة جديدة في عالم قديم

١) R. B. Serjeant "Haram and hawta : the sacred enclave in Arabia" in A. R. Badawi (ed.), **Mélanges Taha Hussein** (Cairo, 1962), pp.41-58.
٢) فؤاد أ. البستاني وغيره، **المجاني الحديثة**، ج١ (بيروت، ١٩٤٦)، ص ١٠٣.
٣) المصدر نفسه، ص ١١٢ – ١١٣.
٤) المصدر نفسه، ص ٨٨.
٥) كل الحواشي التي تتعلق بسيرة الرسول مأخوذة من ابن هشام، **السيرة النبوية**، جزءان (القاهرة، ١٩٥٥).
٦) **القرآن**، سورة العلق (٩٦) : ١ – ٨.

الفصل الثاني: تكوين دولة عظمى

١) O. Grabar, **The Formation of Islamic Art** (New Haven, 1973), pp. 45 - 74.
٢) محمد ابن جرير الطبري، **تاريخ**، تحقيق محمد ابراهيم، ج٧ (القاهر، ١٩٦٦)، ص ٤٢٦ – ٤٢٨.
٣) المرجع نفسه، ص٦١٦.
٤) الخطيب البغدادي، **تاريخ بغداد او مدينة السلام**، ج١ (القاهرة،١٩٣١)، ص ١٠٣ – ١٠٤.

الفصل الثالث: تكوين مجتمع

١) R. W. Bulliet, **Conversion to Islam in the Medieval Period** (Cambridge, Mass., 1979).
٢) ابو الطيّب المتنبي، **ديوان**، تحقيق أ. العزّام (القاهرة، ١٩٤٤)، ص ٣٦٤.
٣) المرجع نفسه، ص ٣٣٢ ، ٣٣٤.
٤) الجاحظ، "النُّبل والتنبُّل وذمّ الكبر" في C. Pellat, "Une Risala de Gahiz sur le snobisme et l'orgueil", **Arabica**, vol.14 (1967), pp. 279 , 275.
٥) محمد ابو ريحان البيروني، **تحقيق ما للهند** (حيدر آباد، الدَّكَن، ١٩٥٨)، ص ٥.
٦) المرجع نفسه، ص ٨٥.
٧) المرجع نفسه، ص ٧٦.

٨) البيروني، **كتاب الصيدنة في الطبّ**، تحقيق محمد سعيد ورانا الهي (كراتشي، ١٩٧٣)، ص ١٢.
٩) U. Haarmann, "Regional Sentiment in Medieval Islamic Egypt", **Bulletin of the School of Oriental and African Studies**, vol. 43 (1980), pp. 55-66; Haarmann, "Die Sphinx: systematische Volkreligiositaet in spaetmittelaltischen Aegypten", **Saeculum**, vol. 29 (1978), pp. 367 - 84.

الفصل الرابع: قيام بُنى الإسلام

١) P. Crone & M. Hinds, **God's Caliph** (Cambridge, 1986).
٢) **القرآن**، ٨ : ٢٠.
٣) الشافعي، **الرسالة**، تحقيق أ. شاكر (القاهرة، ١٩٤٠).
٤) **القرآن**، ١٣ : ٣٧ ، ٢٦ : ١٩٥.
٥) **القرآن**، ٧ : ١٧٢.
٦) احمد بن عبدالله الاصبهاني، **حلية الأولياء**، ج٢ (القاهرة، ١٩٣٣)، ص ١٣٢، ١٤٠.
٧) محمد بن علي الترمذي، **كتاب ختم الأولياء**، تحقيق يحيى (بيروت، ١٩٦٥)، ص ١٣ – ٣٢.
٨) الاصبهاني، **حلية الأولياء**، ج١٠ (القاهرة، ١٩٣٨)، ص ٧٩.
٩) يعقوب ابن اسحق الكندي، "في الفلسفة الاولى" في **رسائل الكندي الفلسفية**، تحقيق محمد عبد الهادي ابو ريدة (القاهرة، ١٩٥٠)، ص ١٠٣.
١٠) ابن أبي أُصَيْبِعَة، **عيون الانباء في طبقات الاطباء** (بيروت، ١٩٧٩)، ج١، ص ٤٣.
١١) A.I. Sabra, "The Scientific Enterprise" in B. Lewis (ed.), **The World of Islam** (London, 1976), p.182.

الفصل السادس: الأرياف

١) R.M. Adams, **Land Behind Bagdad** (Chicago, 1965).
٢) M. Brett, "Ibn Khaldun and the Arabisation of North Africa", **Maghreb Review**, vol. 4, i (1979), pp. 9 - 16; and "The Fatimid Revolution (861 - 973) and its Aftermath in Africa" in J.D.Fage (ed.) **Cambridge History of Africa**, vol. 2 (Cambridge, 1978), pp. 631-6.
٣) L. Abul-Lughod, **Veiled Sentiments** (Berkeley, 1986), p. 147.

الفصل السابع: حياة المدن

١) ابن الحاج، **المدخل**، (القاهرة، ١٩٢٩)، ج١، ص ٢٤٥ – ٦.
٢) **القرآن**، ٤٠ : ٤٠ : ١٦ : ٩٧.
٣) R. Le Tourneau, **Fès avant le protectorat** (Casablanca, 1949), pp. 565-6.
٤) محمد ابن عبدالله ابن بطوطة، **تحفة النظّار في غرائب الامصار** (رحلة)، تحقيق طلال حرب (بيروت، ١٩٨٧).

الفصل الثامن: المدن وحكامها

١) I. M. Lapidus, **Muslim Cities in the Later Middle Ages** (Cambridge, Mass., 1967), pp. 199-206.

٢) M. H. Burgoyne & D. S. Richards, **Mamluk Jerusalem** (London, 1987), p. 69.

٣) عبد الوهّاب الشعراني، **لطائف المنن والاخلاق** (القاهرة، ١٩٧٢)، ص٦٣.

٤) **القرآن**، ٤ : ٥٩.

٥) A. K. S. Lambton, **State and Government in Medieval Islam** (Oxford,1981), p.45.

٦) الغزالي، **التبر المسبوك في نصيحة الملوك**، تحقيق محمد احمد دمج (بيروت، ١٩٨٧)، ص ٢٢٣.

٧) نظام الملك، **سير الملوك**، تحقيق محمد هيوبرت دارك (طهران، ١٩٧٥)، ص ١١.

٨) المرجع نفسه، ص ١١.

الفصل التاسع: طرق الاسلام

١) **القرآن**، ٣ : ١١٠.

٢) ابن هشام، **السيرة النبويه**، ج٢، ص ٢٥١ - ٢٥٢.

٣) G. E. von Grunebaum, **Muhammadan Festivals** (N.Y., 1951), p. 28.

٤) ابن بطوطة، **تحفة النظّار في غرائب الامصار**، ص ١٥٣.

٥) **القرآن**، ٣ : ٩٧.

٦) **القرآن**، ٩ : ١٢٣.

٧) C. Padwick, **Muslim Devotions** (London, 1961), p. 252.

٨) **القرآن**، ١٢ : ١٠١.

الفصل العاشر: ثقافة العلماء

١) ابن ابي زيد القيرواني، **الرسالة**، الطبعة الثالثة (الجزائر، ١٩٤٩)، ص٣٠٢.

٢) A. L.Udovitch, **Partnership and Profit in Medieval Islam** (Princeton, 1970).

٣) A. Layish & A. Schmueli, "Custom and Shari'a in the Beduin family according to legal documents from the Judean desert", **Bulletin of the School of Oriental and African Studies**, vol. 42 (1979), pp. 29-45.

٤) Burgoyne, **Mamluk Jerusalem**, pp. 71-2.

٥) ابن ابي أُصَيْبِعَة، **عيون الانباء في طبقات الاطباء**، ج٣، ص ٣٤٢ - ٤.

٦) الغزالي، **المنقذ من الضلال**، تحقيق جميل صليبا وكامل عيّاد، الطبعة الثالثة (دمشق، ١٩٣٩) ص ١٢٧.

٧) الغزالي، **فيصل التفرقة بين الاسلام والزندقة**، تحقيق سليمان دنيا (القاهرة، ١٩٦١)، ص ٢٠٢.

٨) الغزالي، **إحياء علوم الدين**، ج٣ (القاهرة، ١٩١٦)، ص ٥٨.

٩) الغزالي، **المنقذ من الضلال**، ص ١٣٢.

١٠) الغزالي، **إحياء علوم الدين**، ج٣، ص ٢٠.

الفصل الحادي عشر: طرق الفكر المتشعبة

١) ابن سينا، النص العربي محقق ومترجم في
W. E. Gohlman, **The Life of Ibn Sina** (Albany, N.Y., 1974), p.6.

٢) **القرآن**، ٢٤ : ٣٥- ٩.

٣) **القرآن**، ٧ : ١٨٥.

٤) ابن رشد، **فصل المقال وتقرير ما بين الشريعة والحكمة من الإتصال**، تحقيق جورج فضلو الحوراني (ليدن، ١٩٥٩)، ص ١٣ (قسم ٧).

٥) ابن رشد، **فصل المقال**، ص ٣٦ - ٣٧ (قسم ١٧).

٦) محي الدين بن عربي، **شجرة الكون**، تحقيق رياض العبداله (بيروت، ١٩٨٤)، ص ٤٥.
اشكر ج. بالدك وت. غاندجي لهذا المرجع.

٧) O. Yahia, **Histoire et classification de l'oeuvre d'Ibn 'Arabi** (Damas, 1964), vol. I, p. 113 - 35.

٨) ابن تيمية، **مجموعة الرسائل الكبرى** (القاهرة، ١٣٢٣هـ/١٩٠٥)، ج١، ص ٣٠٧ - ٣٠٩.

٩) O. Yahia, vol. I, p.19.

الفصل الثاني عشر: ثقافة القصور وثقافة الشعب

١) ابن زيدون، **ديوان**، تحقيق كرم البستاني (بيروت، ١٩٥١)، ص ٢٩ - ٣٣.

٢) المرجع نفسه، ص ٤٨ - ٤٩.

٣) ابن طفيل، **حي بن يقظان**، تحقيق جميل صليبا وكامل عيّاد، الطبعة الخامسة (دمشق، ١٩٤٠)، ص ١ ١٩ - ٢.

٤) ابو الفرج الاصفهاني، **كتاب الاغاني**، الطبعة السادسة (بيروت، ١٩٨٣) ج٦، ص ٢٩٤ - ٨.

٥) الغزالي، **إحياء علوم الدين**، ج٢، ص ٢٤٥.

٦) المرجع نفسه، ص ٢٥٣.

٧) المرجع نفسه، ص ٢٥٦.

٨) ابن خلدون، **المقدمة**، ص ٢٨.

٩) ابن خلدون، **المقدمة**، ص ٤٩٤.

الفصل الثالث عشر: الامبراطورية العثمانية

١) ابن خلدون، **المقدمة**، ص ١٨٣.

٢) **المقدمة**، ص ١٤٨.

٣) ذكر في T. W. Arnold, **The Caliphate**, new ed. (London, 1965), p.203.

٤) C. M. Doughty, **Travels in Arabia Deserta**, new ed. (London, 1921), pp. 6-8.

الفصل الرابع عشر: المجتمعات العثمانية

١) الشيخ ابو العباس احمد بن خالد الناصري (السلوي)، **كتاب الإستقصا لأخبار دول المغرب الأقصى**، تحقيق جعفر الناصري ومحمد الناصري (الدار البيضاء، ١٩٥٦)، ج٧، ص ٨٢ - ٨٦.

٢) المرجع نفسه، (الدار البيضاء، ١٩٥٥)، ج٤، ص ١٦٣ - ١٦٤.

الفصل الخامس عشر: تغير إتزان القوى في القرن الثامن عشر

١) مذكور في W. L. Wright, **Ottoman Statecraft** (Princeton, 1935), pp. 117-18.

٢) يذكر ذلك عبد الرحمن الجبرتي، **عجائب الآثار في التراجم والأخبار** (القاهرة،١٩٦٥)، ج٤، ص ٢١٤. أشكر الدكتور كارل بربير الذي لفت انتباهي الى هذه الرسالة.

الفصل السادس عشر: النفوذ الاوروبي وحكومات الاصلاح (١٨٠٠ - ١٨٦٠)

١) الجبرتي، **عجائب الآثار**، ج٤، ص ٢٨٥.

٢) المرجع نفسه، ص. ٣٤٨.

٣) H. Inalcik & J. C. Hurewitz (ed.) **The Middle East & North Africa in World Politics** (New Haven, 1975), vol.. I, pp. 269-71.

الفصل السابع عشر: الامبراطوريات الاوروبية والنخبة المسيطرة

١) H. H. Jessup, **Fifty Three Years in Syria**, vol. 2 (N.Y., 1910), pp. 786-7.

٢) عن J. Cambon وهو مذكور في :
C. R. Ageron, **Les Algériens musulmans et la France** (1871-1919), (Paris, 1968), p.478.

الفصل الثامن عشر: ثقافة الامبريالية والإصلاح

١) J. W. van Goethe, "Aus dem Nachlass", **Westoestliche Divan**.

٢) R. Kipling, "A Ballad of East and West".

٣) رفاعة رافع الطهطاوي، **تخليص الابريز الى تخليص باريز**، في كتاب : **أصول الفكر العربي الحديث عند الطهطاوي**، تحقيق محمود فهمي حجازي (القاهرة، ١٩٧٤)، ص ٢٠٨ - ٢١٣.

٤) خير الدين التونسي، **أقوم المسالك في معرفة أحوال الممالك** (تونس، ١٨٦٧ - ٨) ص ٥.

٥) رشيد رضا، **تاريخ الاستاذ الإمام محمد عبده**، ج١ (القاهرة، ١٩٣١) ص ١١.

٦) طه حسين، **الأيام**، ج٣، ط١٩ (القاهرة، ١٩٧٢)، ص ٣ - ٤.

الفصل التاسع عشر: ذروة القوة الأوروبية (١٩١٤ - ١٩٣٩)

١) T. E. Lawrence, **Seven Pillars of Wisdom**, new ed. (London, 1940), p.56.

٢) المرجع نفسه، ص٢٣.

٣) J. Berque, **Le Maghreb entre deux guerres** (Paris, 1962), p.60.

الفصل العشرون: أساليب الحياة والفكر المتغيّرة

١) ابو القاسم الشابّي، **الخيال الشعري عند العرب** (تونس، ١٩٦١)، ص ١٢١.

٢) طه حسين، **فصول في الادب والنقد** (القاهرة، ١٩٤٥)، ص ١٠٧ - ٩.

٣) أحمد شوقي، **الشوقيات**، ج١ (القاهرة، ١٩٥٠)، ص ١٦٣ - ١٧٠.
٤) عنبره سلام الخالدي، **جولة في الذكريات بين لبنان وفلسطين** (بيروت،١٩٧٨).
٥) علي عبد الرّازق، **الإسلام وأصول الحكم**، ط٢ (القاهرة، ١٩٢٥)، ص ١٠٣.
٦) حسن البنّا، **مجموعة رسائل الإمام الشهيد حسن البنّا** (بيروت، لا تاريخ)، ص ٢٣١.

الفصل الحادي والعشرون: نهاية الامبراطوريات

١) G. Tillion, **Les Ennemis complémentaires** (Paris, 1960), p.8.

الفصل الثالث والعشرون: الثقافة القومية

١) A. Laroui, **L'Histoire du Maghreb : un essai de synthèse** (Paris, 1970), pp.15, 353 - 4.

٢) أدونيس (علي أحمد سعيد)، "شعر" ، صيف ١٩٥٩، رقم١١، ص ٧٩.
٣) بدر شاكر السيّاب، **أنشودة المطر** (بيروت، ١٩٦٠)، ص ١٠٣ - ٧.

الفصل الرابع والعشرون: ذروة العروبة

١) **مشروع الميثاق** (القاهرة، ١٩٦٢)، ص ١٣ - ١٥.

الفصل السادس والعشرون: إضطراب النفوس

١) من رواية عربية بقلم أليفة رفعت، **منظر بعيد لمنارة**، غير منشورة إلا بترجمتها الانكليزية:
Distant View of a Minaret, trans. D. Johnson-Davies (London, Quartet 1983), p.109.
٢) Hichem Djait, **La Personnalité et le devenir arabo-islamiques** (Paris, 1974), p. 140.
هشام جعيط، **الشخصية العربية الاسلامية والمصير العربي**، نقله الى العربية المنجي الصيادي (بيروت، دار الطليعة، (ط١، ١٩٨٤ / ط٢، ١٩٩٠).
٣) A. Laroui, **La Crise des intellectuels arabes** (Paris, 1974)
عبدالله العروي، **العرب والفكر التاريخي** ، المترجم غير مذكور، (بيروت، دار الحقيقة، ط٣، ١٩٧٩).
L'Idéologie arabe contemporaine (Paris, 1977).
عبدالله العروي، **الايديولوجية العربية المعاصرة**، نقله الى العربية محمد عيتاني(بيروت، دار الحقيقة، ط٣، ١٩٧٩).
٤) سيد قطب، **معالم في الطريق** (القاهرة، ١٩٦٤)، ص ٤ - ٥.
٥) F. Rahman, **Islam and Modernity** (Chicago, 1982).

ثبت ببليوغرافي

لا يمكن لهذا الثبت ان يكون نهائياً أو قطعياً ولم أحاول فيه ضَمّ كل الكتب والمقالات التي راجعتُها، ولا يتضمّن كل العناوين التي يجب ان يعرفها دارس مهتم بموضوع معيّن... كل ما آمله هنا هو اعطاء ارشادات ومراجع تمكّن القارئ من توسيع قراءاته وتتيح له خطوطاً أخرى لمعالجة موضوع هذا الكتاب. اكثر العناوين المدرجة هي باللغة الانكليزية ولكن هناك مراجع بالفرنسية، بالالمانية، بالايطالية أو التركية. تركنا هذه المراجع بالحرف اللاتيني بينما نذكر النصوص العربية الاساسية بالحرف العربي.

يأتي الثبت بحسب اقسام كتابنا هذا وفصوله، كما تتنظّم العناوين، ضمن كل فصل، تبعاً لترتيب المواضيع المختلفة التي تُعالج فيه. أردنا بهذا الثبت ان يكون تراكمياً، أي انه يمكن للعناوين التي تتعلق بموضوع ما ان تكون ذات اهمية بالنسبة لموضوع آخر يدخل لاحقاً وقد يكون في تكرارها إطالة غير ضرورية للثبت.

لم اذكر من التفاصيل المتعلقة بالكتب المدرجة إلا ما يمكّن القارئ من العثور عليها في قائمة محفوظات المكتبات العامة أو الجامعية. لذا ذكرت العنوان الثانوي لكتابٍ ما في حال يُبرز ذلك موضوع الكتاب اكثر من العنوان الاساسي.

المراجع العامة

موسوعات، فهارس...

The Encyclopaedia of Islam, 2nd edn (Leiden, in progress: 7 vols, published 1960-96).

J. D. Pearson & others (eds.), *Index Islamicus 1906-1955* and regular supplements (Cambridge, 1958-).

W. H. Belan, *Index Islamicus 1665-1905* (Millersville, Pennsylvania, 1988).

D. Grimwood-Jones *et al., An Islamic Bibliography* (Hassocks, Sussex, 1977).

C. Cahen, *Introduction à l'histoire du monde musulman médiéval* (Paris, 1982).

J. Bacharach, *A Middle East Studies Handbook,* revised edn (Cambridge, 1984).

C. E. Bosworth, *The Islamic Dynasties* (Edinburgh, 1967).

G. S. P. Freeman-Grenville, *The Muslim and Christian Calendars* (London, 1967).

الجغرافية

R. Roolvink, *Historical Atlas of the Muslim Peoples* (Amsterdam, 1957).

F. Robinson, *Atlas of the Islamic World since 1500* (Oxford, 1982).

P. Birot and J. Dresch, *La Méditerranée et le Moyen-Orient* (Paris, 1956).

J. Despois, *L'Afrique du nord* (Paris, 1964).

نظرات تاريخية شاملة

M. G. S. Hodgson, *The Venture of Islam,* 3 vols. (Chicago, 1974).

I. M. Lapidus, *A History of Muslim Societies* (Cambridge, 1988).

U. Haarmann (ed.), *Geschichte der arabischen Welt* (Munich, 1987).
J. M. Abun-Nasr, *A History of the Maghrib in the Islamic Period* (Cambridge, 1987).

الاسلام

H. A. R. Gibb, *Islam,* 2nd edn (Oxford, 1969).
F. Rahman, *Islam,* 2nd edn (Chicago, 1979).
M. Ruthven, *Islam in the World* (Harmondsworth, Middlesex, 1984).
J. A. Williams (ed.), *Themes of Islamic Civilization* (Berkeley, 1971).

الحضارة والثقافة

J. Schacht and C. E. Bosworth (eds.), *The Legacy of Islam,* 2nd edn (Oxford, 1974).
B. Lewis (ed.), *The World of Islam* (London, 1976).
H. A. R. Gibb, *Studies on the Civilization of Islam* (London, 1962).
T. Khalidi, *Classical Arab Islam* (Princeton, 1985).
H. A. R. Gibb, *Arabic Literature,* 2nd edn (Oxford, 1963).
G. Brockelmann, *Geschichte der arabischen Literatur,* 2 vols. & 3 supplements (Leiden, 1938-49).
F. Sezgin, *Geschichte des arabischen Schrifttums* (Leiden, in progress: 9 vols. published 1967-84).
R. Ettinghausen & O. Grabar, *The Art and Architecture of Islam* (London, 1987).
D. Eickelman, *The Middle East: an anthropological approach* (Englewood Cliffs, N.J., 1981).
A. L. Udovitch (ed.), *The Islamic Middle East 700-1900: studies in economic and social history* (Princeton, 1981).

الدوريات (تدل التواريخ الى أول إصدار)

Arabica (Leiden, 1954).
Bulletin of the School of Oriental and African Studies (London, 1917).
Der Islam (Berlin, 1910).
International Journal of Middle East Studies (Cambridge, 1970).
Journal of the Economic and Social History of the Orient (Leiden, 1957).
Middle East Journal (Washington, 1947).
Middle Eastern Studies (London, 1964).
Oriente Moderno (Rome, 1921).
Revue des Etudes Islamiques (Paris, 1927).
Studia Islamica (Paris, 1953).

تمهيد

مقدمة ابن خلدون (بولاق، ١٨٥٧؛ اعادة طبع في القاهرة وبيروت).
ابن خلدون، **كتاب العبر وديوان المبتدأ والخبر**، ٧ اجزاء (بولاق، ١٨٦٧-٨)؛ اعيد طبعه تحت عنوان **تاريخ العلامة ابن خلدون**، ٧ اجزاء (بيروت، ١٩٥٦-٦١).
سيرة ابن خلدون الذاتية تحقيق محمد بن تاويت الطنجي، **التعريف بابن خلدون ورحلته غرباً وشرقاً**.

دراسات عن ابن خلدون

Bibliography in A. al-Azmeh, *Ibn Khaldun in Modern Scholarship* (London, 1981), pp. 231-318.
A. al-Azmeh, I*bn Khaldun: an essay in reinterpretation* (London, 1982).
M. Mahdi, *Ibn Khaldun's Philosophy of History* (London, 1957).
م. الجابري، **العصبية والدولة** (الدار البيضاء، ١٩٧١).

الجزء الاول – تكوين عالم (من القرن السابع الى العاشر)

الحوليات

البلاذري، **انساب الاشراف**، طبعة القدس، الجزء ٤ (A)، ٤ (B)، ٥ (القدس، ١٩٣٦–)؛ الجزء ٣ و ٤ (i) تحقيق عبد العزيز الدوري (فيسبادن، ١٩٧٨–).
البلاذري، **فتوح البلدان**، تحقيق صلاح الدين المنجّد، ٣ اجزاء (القاهرة، ١٩٥٦–٧).
المسعودي، **مروج الذهب**، تحقيق شارل پلا، ٧ اجزاء (بيروت، ١٩٦٦–١٩٧٩).
الطبري، **تاريخ**، تحقيق محمد ابراهيم، ١٠ اجزاء (القاهرة، ١٩٦٠–٩).

النقوش

M. van Berchem *et al.*, *Matériaux pour un corpus inscriptionum arabicorum,* Part I (Egypt), Part 2 (Syria), Part 3 (Asia Minor) (Paris, 1903-54), Part 4i (Arabia) (Cairo, 1985).
E. Combe *et al.*, *Répertoire chronologique d'épigraphie arabe* (Cairo, in progress: 17 vols.published 1931-82).

النقود

M. Broome, *Handbook of Islamic Coins* (London, 1985).

نظرات تاريخية شاملة

H. Kennedy, *The Prophet and the Age of the Caliphates* (London, 1986).
C. Cahen, *L'islam des origines au début de l'empire ottoman* (Paris, 1970).
D. & J. Sourdel, *La civilisation de l'islam classique* (Paris, 1968).
C. A Julien, *Histoire de l'Afrique du nord,* Vol. 2, revised edn R. Le Tourneau (Paris, 1956).
E. Lévi-Provençal, *Histoire de l'Espagne musulmane,* revised edn, 3 vols. (Paris, 1950-3).
W. M. Watt & P. Cachia, *A History of Islamic Spain* (Edinburgh, 1965).
M. Amari, *Storia dei Musulmani di Sicilia,* revised edn C. Nallino, 3 vols. (Catania, 1933-9).

الفصل ١ – سلطة جديدة في عالم قديم

الشرق الاوسط قبل الاسلام

P. Brown, *The World of Late Antiquity* (London, 1971).

P. Brown, 'The rise and function of the holy man in late antiquity', *Journal of Roman Studies,* Vol. 61 (1971), pp. 80-101.
J. Herrin, *The Making of Christendom* (Oxford, 1987).
J. M. Cook, *The Persian Empire* (London, 1983).
R. C. Zaehner, *The Dawn and Twilight of Zoroastrianism* (London, 1961).
I. Shahid, 'Pre-islamic Arabia' in P.M. Holt and others (eds.), *The Cambridge History of Islam,* Vol. I (Cambridge, 1970), pp. 3-29.
I. Shahid, *Rome and the Arabs* (Washington, 1984).
I. Shahid, *Byzantium and the Arabs in the Fourth Century* (Washington, 1984).
I. Shahid, *Byzantium and the Arabs in the Fifth Century* (Washington, 1989).
J. Ryckmans, *L'institution monarchique en Arabie méridionale avant l'islam* (Louvain, 1951).
G. Ryckmans, 'Les religions arabes preislamiques', *Le Muséon,* Vol, 26 (1951), pp. 6-61.
H. Pirenne, *Mahomet et Charlemagne* (Paris, 1937).
D. Whitehouse & R. Hodges, *Mohammed, Charlemagne and the Origins of Europe* (London, 1983).

الشعر الجاهلي

المعلقات السبع، شرح الزوزني (بيروت، ١٩٨٦).
R. Blachère, *Histoire de la littérature arabe,* 3 vols. (Paris, 1952-66).
A. Beeston *et al.* (eds.), *Arabic Literature to the End of the Umayyad Period* (Cambridge, 1983).
M. Zwettler, *The Oral Tradition of Classical Arabic Poetry* (Columbus, Ohio, 1975).
طه حسين، **في الأدب الجاهلي** (القاهرة، ١٩٢٧).
علي احمد سعيد (أدونيس)، **ديوان الشعر العربي**، ٣ أجزاء (بيروت، ١٩٦٤-٨).

النبي محمد

ابن هشام، **السيرة النبوية**، جزءان (القاهرة، ١٩٥٥).
W. M. Watt, *Muhammad at Mecca* (Oxford, 1953).
W. M. Watt, *Muhammad at Medina* (Oxford, 1956).
M. Rodinson, *Mahomet,* 2nd edn (Paris, 1968); English trans. *Mohammed* (London, 1971).
M. Cook, *Muhammad* (Oxford, 1983).
Muhammad ibn 'Umar al-Waqidi, *Kitab al-maghazi,* ed. J. M. B. Jones, 3 vols. (London, 1955).
A. Caetani, *Annali dell'Islam,* 10 vols. (Milan, 1905-26).
M. J. Kister, *Studies in Jahiliyya and Early Islam* (London, 1980).
P. Crone, *Meccan Trade and the Rise of Islam* (Princeton, 1987).
R. B. Serjeant, '*Haram and hawta*: the sacred enclave in Arabia' in A. R. Badawi (ed.), *Mélanges Taha Hussein* (Cairo, 1962), pp. 41-58.
S. P. Brock, 'Syriac views of emergent Islam' in G. H. A. Juynboll (ed.), *Studies on the First Century of Islamic Society* (Carbondale, Illinois, 1982), pp. 9-21.

تفسير القرآن

عبدالله بن عمر البيضاوي، **أنوار التنزيل**، جزءان (القاهرة، ١٩١٢).

الطبري، **جامع البيان عن تأويل آي القرآن**، تحقيق شاكر وشاكر، ١٦ جزء (القاهرة، ١٩٥٥-٦٩).

W. M. Watt (ed.), *Bell's Introduction to the Qur'an* (Edinburgh, 1970).

T. Izutsu, *Ethico-religious Concepts in the Qur'an* (Montreal, 1966).

F. Rahman, *Major Themes of the Qur'an* (Minneapolis, 1980).

J. Wansbrough, *Quranic Studies* (Oxford, 1977).

J. Wansbrough, *The Sectarian Milieu* (Oxford, 1978).

الفصل ٢ – تكوين دولة عظمى

فترة الخلفاء الراشدين والامويين

J. Wellhausen, *Das arabische Reich und sein Sturz* (Berlin, 1902); English trans. *The Arab Kingdom and Its Fall* (Calcutta, 1927).

F. M. Donner, *The Early Islamic Conquests* (Princeton, 1981).

G. H. A Juynboll (ed.), *Studies on the First Century of Islamic Society* (Carbondale, Illinois, 1982).

H. Lammens, Études sur le siècle des Omayyades (Beirut, 1975).

G. R. Hawting, *The First Dynasty of Islam: the Umayyad Caliphate A. D. 661-750* (London, 1986).

P. Crone, *Slaves on Horses* (Cambridge, 1980).

T. Nagel, *Rechtleitung und Califat* (Bonn, 1975).

العباسيون

M. A. Shaban, *The Abbasid Revolution* (Cambridge, 1970).

H. Kennedy, *The Early Abbasid Caliphate* (London, 1981).

J. Lassner, *The Shaping of Abbasid Rule* (Princeton, 1980).

D. Sourdel, *Le vizirat 'abbaside de 749 à 936,* 2 vols. (Damascus, 1959-60).

الفصل ٣ – تكوين مجتمع

نهاية الوحدة السياسية

H. Busse, *Chalif und Grosskönig: die Buyiden in Iraq 945-1055* (Beirut, 1969).

W. Madelung, 'The assumption of the title Shahanshah by the Buyids and "the reign of Daylam" ', *Journal of Near Eastern Studies,* Vol. 28 (1969), pp. 84-108, 168-83.

G. Hanotaux (ed.), *Histoire de la nation égyptienne,* Vol. 4: G. Wiet, *L'Egypte arabe* (Paris, 1937).

M. Canard, *Histoire de la dynastie des Hamdanides* (Paris, 1963).

M. Talbi, *L'emirat aghlabide 184-296/800-909* (Paris, 1960).

التغييرات الاقتصادية والاجتماعية

M. Morony, *Iraq after the Muslim Conquest* (Princeton, 1984).

H. Djait, *Al-Kufa: naissance de la ville islamique* (Paris, 1986).
J. Lassner, *The Topography of Baghdad in the Early Middle Ages* (Detroit, 1970).
العلي، **التنظيمات الاجتماعية والاقتصادية في البصرة** (بغداد، ١٩٥٣).
الدوري، **تاريخ العراق الاقتصادي في القرن الرابع** (بغداد، ١٩٤٥).
يعقوب بن ابراهيم ابو يوسف، **كتاب الخراج** (القاهرة، ١٩٣٣).
M. A. Cook, 'Economic developments' in J. Shacht and C. E. Bosworth (eds.), *The Legacy of Islam,* 2nd edn (Oxford, 1974), pp. 210-43.
A. M. Watson, *Agricultural Innovation in the Early Islamic World* (Cambridge, 1983).
R. W. Bulliet, *Conversion to Islam in the Medieval Period* (Cambridge, Massachusetts, 1979).
R. W. Bulliet, *The Camel and the Wheel* (Cambridge, Massachusetts, 1975).

العمارة

O. Grabar, *The Formation of Islamic Art* (New Haven, 1973).
K. A. C. Creswell, *Early Muslim Architecture,* Vol, I, 2nd edn (Oxford, 1969), Vol. 2 (Oxford, 1940).
R. W. Hamilton, *Khirbat al-Mafjar* (Oxford, 1959).
O. Grabar *et al., City in the Desert:Qasr al-Hayr East,* 2 vols. (Cambridge, Massachusetts, 1978).

الجغرافية

A. Miquel, *La géographie humaine du monde musulman jusqu'au milieu du IIe siècle,* 2nd edn, 3 vols. (Paris, 1973-80).
المسعودي، **كتاب التنبيه والإشراف**، تحقيق دي خويه (بيروت، ١٩٦٥).
ابن حَوْقَل، **صورة الارض** (بيروت، ١٩٧٩).

التاريخ

الدوري، **بحث في نشأة علم التاريخ عند العرب** (بيروت، ١٩٦٠).
T. Khalidi, *Islamic Historiography: the histories of Mas'udi* (Albany, New York, 1975).
F. Rosenthal, *A History of Muslim Historiography* (Leiden, 1952).
محمد ابو ريحان البيروني، **تحقيق ما للهند** (حيدر آباد، ١٩٥٨).

الأدب

J. Pedersen, *The Arabic Book* (Princeton, 1984).
A. Hamori, *On the Art of Medieval Arabic Literature* (Princeton, 1974).
احسان عباس، **فن الشعر** (بيروت، ١٩٥٩).
J. E. Bencheikh, *Poétique arabe: essai sur les voies d'une création* (Paris, 1975).
ابو الطّيّب المتنبي، **ديوان** (بيروت، ١٩٥٨).
طه حسين، **مع المتنبي** (القاهرة، ١٩٦٢).

R. Blachère, *Un poète arabe du 4e siècle de l'Hegire: Abou-t-Tayyib al-Mutanabbi* (Paris, 1935).
C. Pellat, *Le milieu basrien et la formation de Gahiz* (Paris, 1953).

تكوين الهوية

U. Haarmann, 'Regional sentiment in medieval Islamic Egypt', *Bulletin of the School of Oriental and African Studies,* Vol. 43 (1980), pp. 55-66.

الدوري، **التكوين التاريخي للأمة العربية** (بيروت، ١٩٨٤).

الفصل ٤ – قيام بنى الاسلام

الخلافة والامامة

T. W. Arnold, *The Caliphate,* 2nd edn (London, 1965).
W. Madelung, 'Imama', *Encyclopaedia of Islam,* 2nd edn, Vol,. 3, pp. 1163-9.
A. K. S. Lambton, *State and Government in Medieval Islam* (London, 1965).
T. Nagel, *Staat und Glaubensgemeinschaft in Islam,* 2 vols. (Zurich, 1981).
P. Crone & M. Hinds, *God's Caliph* (Cambridge, 1986).
J. C. Wilkinson, *The Imamate Tradition of Oman* (Cambridge, 1987).

المسائل الدينية

I. Goldziher, *Vorlesungen über den Islam* (Heidelberg, 1910); English trans. A. & R. Hamori, *Introduction to Islamic Theology and Law* (Princeton, 1981).
H. Laoust, *Les schismes dans l'islam* (Paris, 1965).
W. M. Watt, *The Formative Period of Islamic Thought* (Edinburgh, 1973).
A. J. Wensinck, *The Muslim Creed* (Cambridge, 1982).
J. Van Ess, *Anfänge Muslimische Theologie* (Wiesbaden, 1977).
M. A. Cook, *Early Muslim Dogma* (Cambridge, 1981).
L. Gardet & M. M. Anawati, *Introduction à la théologie musulmane,* 2nd edn (Paris, 1970).
W. Madelung, *Religious Schools and Sects in Medieval Islam* (London, 1985).
R. J. McCarthy, *The Theology of Al-Ash'ari* (Beirut, 1953).
G. Makdisi, 'Ash'ari and the Ash'arites in Islamic religious thought', *Studia Islamica,* Vol. 17 (1962), pp. 37-80; Vol. 18 (1963), pp. 19-39.

الشيعة والاسماعيلية

M. Momen, *An Introduction to Shi'i Islam* (New Haven, 1985).
S. M. Stern, *Studies in Early Isma'ilism* (Leiden, 1983).
W. Madelung, *Der Imam al-Qasim ibn Ibrahim und die Glaubenslehre der Zaiditen* (Berlin, 1971).
W. Madelung, 'Isma'iliyya', *Encyclopaedia of Islam,* 2nd edn, Vol. 4, pp. 198-206.

الحديث

محمد بن اسماعيل البخاري، **الجامع الصحيح**، ٣ اجزاء (القاهرة، ١٩٣٠).

I. Goldziher, *Muhammedanische Studien,* Vol. 2 (Halle, 1890); English trans. ed. S. M. Stern, *Muslim Studies,* Vol. 2 (London, 1971).
G. H. A. Juynboll, *Muslim Tradition* (Cambridge, 1983).
W. A. Graham, *Divine Word and Prophetic Word in Early Islam* (The Hague, 1977).

الفقه والقانون

J. Schacht, *The Origins of Muhammadan Jurisprudence* (Oxford, 1950).
J. Schacht, *An Introduction to Islamic Law* (Oxford, 1964).
P. Crone, *Roman, Provincial and Islamic Law* (Cambridge, 1987).
N. J. Coulson, *A History of Islamic Law* (Edinburgh, 1964).
E. Tyan, *Histoire de l'organisation judiciaire en pays d'islam,* 2 vols. (Paris, 1938-43).
محمد بن ادريس الشافعي، **الرسالة**، تحقيق شاكر (القاهرة، ١٩٣٨).

التصوّف

M. Molé, *Les mystiques musulmans* (Paris, 1965).
J. Baldick, *Mystical Islam* (London, 1989).
A. M. Schimmel, *Mystical Dimensions of Islam* (Chapel Hill, North Carolina, 1975).
R. A. Nicholson, *The Mystics of Islam* (London, 1914).
R. A. Nicholson, *Studies in Islamic Mysticism* (Cambridge, 1921).
M. Smith, *Readings from the Mystics of Islam* (London, 1950).
L. Gardet & G. C. Anawati, *Mystique musulmane* (Paris, 1961).
J. van Ess, *Die Gedankenwelt des Harit al-Muhasibi* (Bonn, 1961).
حارث بن اسد المُحاسبي، **كتاب النفوس** (بيروت، ١٩٨٤).
محمد بن علي التِّرمِذي، **كتاب ختم الأولياء**، تحقيق يحيى (بيروت، ١٩٦٥).
احمد بن عبدالله الإصبهاني، **حلية الاولياء**، ١٠ أجزاء (القاهرة، ١٩٣٢–٨).
L. Massignon, *Essai sur les origines du lexique technique de la mystique musulmane* (Paris, 1922).
L. Massignon, *La passion de Husayn ibn Mansour Hallaj, martyr mystique de l'islàm,* 2nd edn, 4 vols. (Paris, 1975).

الفلسفة

F. Rosenthal, *Das Fortleben der Antike in Islam* (Zurich, 1965).
R. Walzer, *Greek into Arabic* (Oxford, 1962).
M. Fakhry, *A History of Islamic Philosophy,* 2nd edn (London, 1983).
G. F. Hourani, *Reason and Tradition in Islamic Ethics* (Cambridge, 1985).

الجزء الثاني – المجتمعات العربية

الحوليات

عز الدين علي بن الاثير، **الكامل في التاريخ**، ١٢ جزء (القاهرة، ١٨٨٤–٥).
المقريزي، **كتاب السلوك لمعرفة دول الملوك**، ٨ اقسام (القاهرة، ١٩٣٤–٧٢).

محمد لسان الدين الخطيب، **كتاب اعمال الاعلام**: الجزء ٣، **تاريخ المغرب العربي في العصر الوسيط** (الدار البيضاء، ١٩٦٤).

رحالة وجغرافيون

ابن بطوطة، **تحفة النظار في غرائب الامصار وعجائب الاسفار**، تحقيق ت. حرب، **رحلة ابن بطوطة** (بيروت، ١٩٨٧).

ياقوت الحموي، **معجم البلدان**، ١٠ أجزاء (القاهرة، ١٩٠٦-٧).

A. Epaulard, *Jean Leon, l'Africain, Description de l'Afrique,* 2 vols. (Paris, 1956).

وثائق

S. M. Stern (ed.), *Fatimid Decrees* (London, 1964).

S. M. Stern (ed.), *Documents from Islamic Chanceries* (Oxford, 1965).

D. Little, *A Catalogue of the Islamic Documents from al-Haram al-Sarif in Jerusalem* (Beirut, 1984).

نظرة شاملة

G. E. von Grunebaum, *Medieval Islam* (Chicago, 1953).

الفصل ٦ - الارياف

الانتاج الزراعي والري

R. M. Adams, *Land Behind Baghdad* (Chicago, 1965).

J. C. Wilkinson, *Water and Tribal Settlement in South-East Arabia* (Oxford, 1977).

J. Weulersse, *Paysans de Syrie et du proche-orient* (Paris, 1946).

H. M. Rabie, *The Financial System of Egypt A. H. 564-741/1169-1341* (London, 1972).

T. F. Glick, *Irrigation and Society in Medieval Valencia* (Cambridge, 1970).

M. Mundy, 'The Family, Inheritance and Islam' in A. al-Azmeh (ed.), *Islamic Law: Social and Historical Contexts* (London, 1988).

القبائل والسلطة

R. Montagne, *La civilisation du désert* (Paris, 1947).

C. Cahen, 'Nomades et sédentaires dans le monde musulman du moyen âge' in Cahen, *Les peuples musulmans dans l'histoire médiévale* (Damascus, 1947), pp. 423-37.

P. Dresch, *Tribes, Government and History in Yemen* (Oxford, 1989).

J. Berque, *Structures sociales du Haut Atlas,* 2nd edn (Paris, 1978).

E. E. Evans-Pritchard, *The Sanusi of Cyrenaica* (Oxford, 1949).

A. Musil, *The Manners and Customs of the Rwala Bedouins* (New York, 1928).

W. Lancaster, *The Rwala Bedouin Today* (Cambridge, 1981).

J. Pitt-Rivers (ed.), *Mediterranean Countrymen* (Paris, 1963).

J. G. Peristiany (ed.), *Honour and Shame* (London, 1965).

L. Abu Lughod, *Veiled Sentiments* (Berkeley, 1986).

الفصل ٧ – حياة المدن

المدن عامة

A. H. Hourani and S. M. Stern (eds.), *The Islamic City* (Oxford, 1970).
Γ. M. Lapidus, *Muslim Cities in the Later Middle Ages* (Cambridge, Massachusetts, 1967).

حجم المدن

A. Raymond, 'La population du Caire de Maqrizi à la description de l'Egypte', *Bulletin d'Études Orientales*, Vol. 28 (1975), pp. 201-15.
J. C. Russell, *Medieval Regions and their Cities* (Bloomington, Indiana, 1972).
M. Dols, *The Black Death in the Middle East* (Princeton, 1977).

نمو المدن وأشكالها

J. Abu Lughod, *Cairo: 1001 years of the City Victorious* (Princeton, 1971).
J. M. Rogers, 'al-Kahira', *Encyclopaedia of Islam*, 2nd edn, Vol IV, pp. 424-41.
J. Sauvaget, 'Esquisse d'une histoire de la ville de Damas', *Revue des Études Islamiques*, Vol. 8 (1934), pp. 421-80.
J. Sauvaget, *Alep* (Paris, 1941).
H. Gaube & E. Wirth, *Aleppo: historische und geographische Beitrage* (Wiesbaden, 1984).
M. Burgoyne & D. S. Richards, *Mamluk Jerusalem: an architectural study* (London, 1987).
G. Makdisi, 'The topography of eleventh century Baghdad', *Arabica*, Vol. 6 (1959), pp. 178-97, 281-309.
J. C. Garcin, *Un centre musulman de la Haute-Egypte médiévale: Qus* (Cairo, 1976).
R. B. Serjeant & R. Lewcock (eds.), *San'a, an Arabian Islamic City* (London, 1983.
R. Le Tourneau, *Fez in the Age of the Marinids* (Norman, Oklahoma, 1961).
R. Le Tourneau, *Fès avant le protectorat* (Casablanca, 1949).

حياة مدينة عظمى: القاهرة

Ahmad Ibn 'Ali al-Maqrizi, *al-Mawa'iz wa'l-i'tibar fi dhikr al-khitat wa'l-akhbar*, ed G. Wiet, 5 vols. (Cairo, 1911); index: A. A. Haridi, *Index analytique des ouvrages d'Ibn Duqmaq et de Maqrizi sur le Caire*, 3 vols. (Cairo, 1983-4).
S. D. Goitein, *A Mediterranean Society*, 5 vols. (Berkeley, 1967-88).
E. W. Lane, *The Manners and Customs of the Modern Egyptians* (London, 1836 and reprints).

التجارة والأسواق

G. Wiet & A. Raymond, *Les marchés du Caire* (Cairo, 1979).
E. Wirth, 'Zum Probleme des Bazars', *Der Islam*, Vol. 51 (1974), pp. 203-60; Vol. 52 (1975), pp. 6-46.
S. Y. Habib, *Handelsgeschichte Ägyptens im Spätmittelalten 1171-1517* (Wiesbaden, 1965).
R. Lopez, H. Miskimin & A. L. Udovitch, 'England to Egypt: long-term trends and long-distance trade' in M. A. Cook (ed.), *Studies in the Economic History of the Middle East* (London, 1970), pp. 93-128.

A. L. Udovitch, *Partnership and Profit in Medieval Islam* (Princeton, 1970).
M. Rodinson, *Islam et capitalisme* (Paris, 1966).

عناصر السكان

B. Musallam, *Sex and Society in Islam* (Cambridge, 1983).
B. Lewis, *The Jews of Islam* (London, 1984).
R. Brunschvig, "Abd', *Encyclopaedia of Islam,* 2nd edn, Vol. I, pp. 24-40.
G. Rotter, *Die Stellung des Negers in der islamisch-arabischen Gesellschaft bis zum 16ten Jahrhundert* (Bonn, 1967).

الحياة في المنازل

J. C. Garcin *et al., Palais et maisons du Caire: l'époque mamelouk (13e-16e siècle)* (Paris, 1982).
D. Waines, 'Cuisine' in T. Mostyn & A. Hourani (eds.), *The Cambridge Encyclopedia of the Middle East and North Africa* (Cambridge, 1988), pp. 240-3.

الفصل ٨ – المدن وحكامها

الجيوش

V. J. Parry and M. E. Yapp (eds.), *War, Technology and Society in the Middle East* (London, 1975).
D. Ayalon, *Gunpowder and Firearms in the Mamluk Kingdom* (London, 1956).
D. Ayalon, *The Mamluk Military Society* (London, 1979).

الولاء

R. Mottahedeh, *Loyalty and Leadership in an Early Islamic Society* (Princeton, 1980).
C. Cahen, 'Mouvements populaires et autonomisme urbain dans l'Asie musulmane du moyen âge', *Arabica*: Vol. 5 (1958), pp. 255-50, Vol. 6 (1959), pp. 25-56, 233-65.

الادارة

C. F. Petry, *The Civilian Élite of Cairo in the Later Middle Ages* (Princeton, 1981).
J. P. Nielsen, *Secular Justice in an Islamic State: mazalim under the Bahri Mamlukes* (Leiden, 1985).
R. Brunschvig, 'Urbanisme médiéval et droit musulman', *Revue des Études Islamiques* (1947), pp. 127-55.
B. Johansen, *'Amwal zahira wa amwal batina:* town and countryside as reflected in the tax-system of the Hanafite School' in W. al-Qadi (ed.), *Studia Arabica et Islamica* (Beirut, 1981), pp. 247-63.
B. Johansen, 'The all-embracing town and its mosques', *Revue de l'Occident Musulman et de la Méditerranée,* Vol. 32 (1981), pp. 139-61.
A. Raymond, 'Espaces publics et espaces privés dans les villes arabes traditionnelles', *Maghreb Mashrek,* No. 123 (1989), pp. 194-201.

السيطرة على الأرض

C. Cahen, 'L'évolution de l'iqta' du 9e au 13e siècle' in Cahen, *Les Peuples musulmans dans l'histoire médiévale* (Damascus, 1977), pp. 231-69.

A. K. S. Lambton, 'The evolution of the iqta' in medieval Iran', *Iran,* Vol. 5 (1967), pp. 41-50.

النظريات السياسية

الماوردي، **الأحكام السلطانية** (القاهرة، ١٨٨١).

Husayn ibn 'Ali, Nizam al-Mulk, *Siyaset-name;* English trans. H. Darke, *The Book of Government, or Rules for Kings,* 2nd edn (London, 1978).

احمد بن تيمية، **السياسة الشرعية في اصلاح الرأي والرعية** (بغداد، لا تاريخ).

محمد الفارابي، **آراء اهل المدينة الفاضلة**، النص العربي والترجمة الانكليزية في R. Walzer, *Al-Farabi on the Perfect State* (Oxford, 1985).

الفصل ٩ – طرق الاسلام

G. E. von Grunebaum, *Muhammadan Festivals* (New York, 1951).

M. Gaudefroy-Demombynes, *Le pélerinage à la Mekke* (Paris, 1923).

J. Jomier, *Le mahmal et la caravane égyptienne des pélerins de la Mecque 13e-20e siècle* (Cairo, 1953).

R. Peters, *Islam and Colonialism: the doctrine of jihad in modern history* (The Hague, 1979), pp. 9-37.

علي بن ابي بكر الهروي، **كتاب الاشارات الى معرفة الزيارات** (دمشق، ١٩٥٧).

أولياء ومتصوفون

J. S. Trimingham, *The Sufi Orders in Islam* (Oxford, 1971).

C. Padwick, *Muslim Devotions* (London, 1961).

J. A. Williams (ed.), *Themes of Islamic Civilization* (Berkeley, 1971), 'The friends of God', pp. 307-70.

I. Goldziher, *Muhammedanische Studien,* Vol. 2 (Halle, 1890), pp. 277-378; English translation S. M. Stern, *Muslim Studies,* Vol. 2 (London, 1971), 'Veneration of saints in Islam', pp. 255-341.

T. Canaan, *Mohammadan Saints and Sanctuaries in Palestine* (London, 1927).

J. S. Macpherson, *The Mawlids of Egypt* (Cairo, 1941).

E. A. Westermarck, *Pagan Survivals in Mohammedan Civilization* (London, 1933).

الفصل ١٠ – ثقافة العلماء

القانون

L. Milliot, *Introduction à l'étude du droit musulman* (Paris, 1953).

عبدالله بن ابي زيد القيرواني، **رسالة**، في L. Bercher,

La Risala ou Epitre sur les éléments du dogme de la loi de l'islam selon le rite malékite (Algiers, 1949).

عبدالله بن احمد بن قُدامة، **كتاب العُمدة في احكام الفقه** (القاهرة، ١٩٣٣).

J. Berque, "Amal", *Encyclopaedia of Islam,* 2nd edn, Vol. I, pp. 427-8.

A. Layish & A. Shmueli, 'Custom and *shari'a* in the Beduin family according to legal documents from the Judaean desert', *Bulletin of the School of Oriental and African Studies,* Vol. 42 (1979), pp. 29-45.

المدارس الاسلامية

G. Makdisi, *The Rise of Colleges: institutions of learning in Islam and the West* (Edinburgh, 1981).

J. Berque, 'Ville et université: aperçu sur l'histoire de l'école de Fès', *Revue Historique du Droit Français et Etranger,* Vol. 27 (1949), pp. 64-117.

كتب التراجم والسير

H. A. R. Gibb, 'Islamic biographical literature' in B. Lewis and P. M. Holt (eds.), *Historians of the Middle East* (London, 1962), pp. 54-8.

احمد بن محمد بن خلكان، **وفياة الاعيان وانباء ابناء الزمان**، تحقيق إحسان عباس، ٨ اجزاء (بيروت، ١٩٦٨-٧٢).

الغزالي

W. M. Watt, *Muslim Intellectual* (Edinburgh, 1963).

محمد الغزالي، **إحياء علوم الدين**، ٤ أجزاء (القاهرة، ١٩١٦).

G. H. Bousquet, *Ihya ouloum ed-din ou vivification des sciences de la foi: analyse et index* (Paris, 1955).

محمد الغزالي، **المنقذ من الضلال**، تحقيق صليبا وعياد. (دمشق، ١٩٣٩).

F. Jabre, *La Notion de la ma'rifa chez Ghazali* (Beirut, 1958).

الفصل ١١ – طرق الفكر المتشعبة

الفلسفة

L. Gardet, *La pensée religieuse d'Avicenne* (Paris, 1955).

W. E. Gohlman (ed. & trans.), *The Life of Ibn Sina* (Albany, New York, 1974).

ابن سينا، **كتاب الاشارات والتنبيهات**، تحقيق دنيا، ٤ اجزاء (القاهرة، ١٩٥٧-٦٠).

A. M. Goichon, *Lexique de la langue philosophique d'Ibn Sina,* (Paris, 1938).

الغزالي، **تهافت الفلاسفة**، تحقيق دنيا (القاهرة، ١٩٦٤).

ابن رشد، **فصل المقال**، تحقيق ج. ف. الحوراني (لايدن، ١٩٥٩).

ابن عربي

ابن عربي، **فصوص الحكم**، تحقيق عفيفي (القاهرة، ١٩٤٦).

A. E. Affifi, *The Mystical Philosophy of Muhyid Din Ibnul Arabi* (Cambridge, 1939).

O. Yahia, *Histoire et classification de l'œuvre d'Ibn 'Arabi*, 2 vols. (Damascus, 1964).

T. Izutsu, *Sufism and Taosim: a comparative study of key philosophical concepts*, revised edn (Berkeley, 1984).

ابن تيمية

H. Laoust, *Essai sur les doctrines sociales et politiques de Taki-d-Din Ahmad b. Taimiya* (Cairo, 1939).

الفكر الشيعي

H. Modarressi Tabataba'i, *An Introduction to Shi'i Law* (London, 1984).

D. M. Donaldson, *The Shi'ite Religion* (London, 1933).

E. Kohlberg, 'From Imamiyya to Ithna'ashariyya', *Bulletin of the School of Oriental and African Studies*, Vol. 39 (1976), pp. 521-34.

الدروز

M. G. S. Hodgson, 'Duruz', *Encyclopaedia of Islam*, 2nd edn, Vol. 2, pp. 631-4.

D. Bryer, 'The origins of the Druze religion', *Der Islam*: Vol. 52 (1975), pp. 47-84, 239-62; Vol. 53 (1976), pp. 5-27.

N. M. Abu Izzeddin, *The Druzes* (Leiden, 1984).

المسيحيون واليهود

A. S. Atiya, *A History of Eastern Christianity* (London, 1968).

G. Graf, *Geschichte der christlichen arabischen Literatur*, 5 vols. (Vatican, 1944-53).

N. Stillman (ed.), *The Jews of Arab Lands* (Philadelphia, 1979).

الطقوس المشتركة

F. W. Hasluck, *Christianity and Islam under the Sultans*, 2 vols. (Oxford, 1929).

N. Slousch, *Travels in North Africa* (Philadelphia, 1927).

الفصل ١٢ – ثقافة القصور وثقافة الشعب

المجتمع الاندلسي وثقافته

E. Lévi-Provençal, *La civilisation arabe en Espagne* (Cairo, 1938).

T. F. Glick, *Islamic and Christian Spain in the Early Middle Ages* (Princeton, 1979).

R. I. Burns, *Islam under the Crusades: colonial survival in the thirteenth-century kingdom of Valencia* (Princeton, 1973).

الفن والهندسة

K. A. C. Creswell, *The Muslim Architecture of Egypt,* 2 vols. (Oxford, 1952-9).
G. Marçais, *L'architecture musulmane de l'occident* (Paris, 1954).
O. Grabar, *The Alhambra* (London, 1975).
R. Ettinghausen, *Arab Painting* (Lausanne, 1962).
O. Grabar, *The Illustrations of the Maqamat* (Chicago, 1984).
A. Lane, *Early Islamic Pottery* (London, 1947).
A. Lane, *Later Islamic Pottery,* 2nd edn (London, 1971).
J. W. Allan, *Islamic Metalwork: the Nuhad es-Said collection* (London, 1982).
J. Lehrman, *Earthly Paradise: garden and courtyard in Islam* (London, 1980).
J. Dickie, 'The Hispano-Arab garden', *Bulletin of the School of Oriental and African Studies,* Vol. 31 (1958), pp. 237-48.

الأدب

إحسان عباس، **تاريخ الأدب الاندلسي**، الطبعة الثانية، جزءان (بيروت ١٩٦٩-٧١).
S. M. Stern, *Hisparo-Arabic Strophiic Poetry* (Oxford, 1974).
أحمد بن عبدالله بن زيدون، **ديوان**، تحقيق كرم البستاني (بيروت، ١٩٥١).
ابن طفيل، **حي بن يقظان**، تحقيق صليبا وعياد، خامس طبعة (دمشق، ١٩٤٠).
D. Goldstein (ed.), *The Jewish Poets of Spain 900-1250* (Harmondsworth, Middlesex, 1971).
M. M. Badawi, 'Medieval Arabic drama: Ibn Daniyal', *Journal of Arabic Literature,* Vol. 13 (1982), pp. 83-107.

الأدب الشعبي والسير الادبية

P. J. Cachia, *Narrative Ballads of Modern Egypt* (Oxford, 1988).
H. T. Norris, *The Adventures of Antar* (Warminster, Wiltshire, 1988).
H. T. Norris, *Saharan Myth and Saga* (Oxford, 1972).
A. Miquel & P. Kemp, *Majnun et Layla: l'amour fou* (Paris, 1984).
M. Mahdi, *Kitab alf layla wa layla* (Leiden, 1984).
D. B. Macdonald, 'The earlier history of the Arabian Nights", *Journal of the Royal Asiatic Society* (1944), pp. 353-97.
P. Heath, 'Romance as genre in *The Thousand and One Nights', Journal of Arabic Literature:* Vol. 18 (1987), pp. 1-21; Vol. 19 (1988), pp. 1-26.

الموسيقى

H.G. Farmer, *A History of Arabian Music* (London, 1929).
ابو الفرج الاصبهاني، ٣٠ جزء **كتاب الاغاني**، (القاهرة، ١٩٦٩-٧٩).
الغزالي، **احياء علوم الدين** (القاهرة، ١٩١٦)، الجزء الثاني، ص ٢٣٦-٦٩ .
O. Wright, 'Music', in J. Schacht & C.E. Bosworth (eds.), *The Legacy of Islam* (Oxford, 1974), pp. 489-505.

O. Wright *et al.*, 'Arabic music' in S. Sadie (ed.), *The New Grove Dictionary of Music and Musicians* (London, 1980), Vol. I, pp. 514-39.

E. Neubauer, 'Islamic religious music' in T*he New Grove Dictionary of Music and Musicians,* Vol. 9, pp. 342-9.

O. Wright, *The Modal System of Arab and Persian Music A.D. 1250-1300* (Oxford, 1978).

العلم والطب

A. I. Sabra, 'The scientific enterprise' in B. Lewis (ed.), *The World of Islam* (London, 1976), pp. 181-200.

A. I. Sabra, 'The exact sciences' in J. R. Hayes (ed.), *The Genius of Arab Civilization* (London, 1976).

J. Vernet, 'Mathematics, astronomy, optics' in J. Schacht & C. E. Bosworth (eds.), *The Legacy of Islam* (Oxford, 1974), pp. 461-89.

M. Ullmann, *Islamic Medicine* (Edinburgh, 1978).

M. Ullmann, *Die Medizin in Islam* (Leiden, 1970).

P. Johnstone, 'Tradition in Arabic Medicine', *Palestine Exploration Quarterly,* Vol. 107 (1975), pp. 23-37.

السحر والمحجوب

L. Thorndike, *A History of Magic and Experimental Science,* Vol. I, Parts 1 and 2 (New York, 1934).

M. Ullmann, *Die Natur und Geheimwissenschaften in Islam* (Leiden, 1972).

G. E. von Grunebaum & R. Caillois (eds.), *The Dream and Human Societies* (Berkeley, 1966).

الجزء الثالث – عهد العثمانيين (من القرن السادس عشر الى الثامن عشر)

كتب عامة في التاريخ

P. Kinross, *The Ottoman Centuries: the rise and fall of the Turkish empire* (London, 1977).

S. J. & E. Shaw, *A History of the Ottoman Empire and Turkey,* 2 vols. (Cambridge, 1976-7).

R. Mantran (ed.), *Histoire de l'empire ottoman* (Paris, 1989).

I. H. Uzunçarsılı, *Osmanlı Tarihi,* Vols. 1-4, new edn (Ankara, 1982-3).

E. Z. Karal, *Osmanlı Tarihi,* Vols. 6-8, new edn (Ankara, 1983).

عبد الكريم رافق، **بلاد الشام ومصر ١٥١٦–١٧٩٨**، ط ٢ (دمشق، ١٩٦٨).

الفصل ١٣ – الامبراطورية العثمانية

بروز القوة العثمانية

P. Wittek, *The Rise of the Ottoman Empire* (London, 1971).

R. P. Lindner, *Nomads and Ottomans in Medieval Anatolia* (Bloomington, Indiana, 1983).

A. Hess, *The Forgotten Frontier: a history of the sixteenth century Ibero-African frontier* (Chicago, 1978).

A. Hess, 'The evolution of the Ottoman seaborne empire in the age of the oceanic discoveries, 1453-1525', *American Historical Review,* Vol. 75 (1970), pp. 1892-1919.

R. H. Savory, *Iran under the Safavids* (London, 1980).
F. Braudel, *La Méditerranée et le monde méditerranéen à l'époque de Philippe II,* 2nd edn, 2 vols. (Paris, 1966).

بنية الحكم

H. Inalcik, *The Ottoman Empire: the classical age, 1300-1600* (London, 1973).
H. Inalcik, *The Ottoman Empire: conquest, organization and economy* (London, 1976).
A. D. Alderson, *The Structure of the Ottoman Dynasty* (Oxford, 1956).
I. H. Uzunçarsılı, *Osmanlı Devletinin Teskilâtından Kapukulu Ocakları,* 2 vols. (Ankara, 1943-4).
I. H. Uzunçarsılı, *Ottoman Devletinin Saray Teskilâtı* (Ankara, 1945).
N. Itzkowitz, *Ottoman Empire and Islamic Tradition* (New York, 1972).
C. Fleischer, *Bureaucrat and Intellectual in the Ottoman Empire* (Princeton, 1986).
M. Kunt, *The Sultan's Servants: the transformation of Ottoman provincial government, 1550-1650* (New York, 1983).
O. G. de Busbecq, *The Turkish Letters of Ogier Ghiselle de Busbecq,* English trans. (Oxford, 1927).
P. Rycaut, *The History of the Present State of the Ottoman Empire,* 4th edn (London, 1675).

امثلة عن وثائق عثمانية

Ö. L. Barkan, *Kanunlar* (Istanbul, 1943).
R. Mantran & J. Sauvaget, *Règlements fiscaux ottomans: les provinces syriennes* (Beirut, 1951).
R. Mantran, Règlements fiscaux: la province de Bassora', *Journal of the Economic and Social History of the Orient,* Vol. 10 (1967), pp. 224-77.
U. Heyd, *Documents on Palestine 1552-1615* (Oxford, 1960).
R. Mantran, *Inventaire des documents d'archive turcs du Dar-el-Bey (Tunis)* (Paris, 1961).
A. Temimi, *Sommaire des registres arabes et turcs d'Alger* (Tunis, 1979).

التنظيم القضائي والديني

I. H. Uzunçarsılı, *Osmanlı Devletinin Ilmiye Teskilâtı* (Ankara, 1965).
U. Heyd, *Studies in Old Ottoman Criminal Law* (Oxford, 1973).
U. Heyd, 'Some aspects of the Ottoman fetva', *Bulletin of the School of Oriental and African* Studies, Vol. 32 (1969), pp. 35-56.
R. C. Repp, *The Mufti of Istanbul* (London, 1986).
R. C. Repp, 'Some observations on the development of the Ottoman learned hierarchy' in N. Keddie (ed.), *Scholars, Saints and Sufıs* (Berkeley, 1972), pp. 17-32.

الحكم في المقاطعات العربية

A. Raymond, 'Les provinces arabes 16e-18e siècle' in R. Mantran (ed.), *Histoire de l'empire ottoman* (Paris, 1989), pp. 341-420.
P. M. Holt, *Egypt and the Fertile Crescent 1516-1922* (London, 1962).
P. M. Holt, *Studies in the History of the Near East* (London, 1973).
S. H. Longrigg, *Four Centuries of Modern Iraq* (Oxford, 1975).
العزاوي، **تاريخ العراق بين احتلالين**، ٥ اجزاء (بغداد، ١٩٣٥-٥٦).
A. Abu-Husayn, *Provincial Leadership in Syria 1575-1650* (Beirut, 1985).
K. S. Salibi, *The Modern History of Lebanon* (London, 1965).

A. Cohen & B. Lewis, *Population and Revenue in the Towns of Palestine in the Sixteenth Century* (Princeton, 1978).

W. D. Hütteroth & K. Abdelfattah, *Historical Geography of Palestine, Transjordan and Southern Syria in the Late 16th Century* (Erlangen, 1972).

الفصل ١٤ - المجتمعات العثمانية

السكان

Ö. L. Barkan, 'Essai sur les données statistiques des registres de recensement dans l'empire ottoman aux 15e et 16e siècles', *Journal of the Economic and Social History of the Orient*, Vol. I (1958), pp. 9-36.

M. A. Cook, *Population Pressure in Rural Anatolia 1415-1600* (London, 1972).

D. Panzac, *La peste dans l'empire ottoman* (Louvain, 1985).

التبادل التجاري

S. Faroqhi, *Town and Townsmen of Ottoman Anatolia: trade, crafts and food-production in an urban setting 1520-1620* (Cambridge, 1984).

S. Faroqhi, *Peasants, Dervishes and Traders in the Ottoman Empire* (London, 1986).

R. Mantran, 'L'empire ottoman et le commerce asiatique aux 16e et 17e siècles' in D. S. Richards (ed.), *Islam and the Trade of Asia* (Oxford, 1970), pp. 169-79.

اسطمبول

H. Inalcık, 'Istanbul', *Encyclopaedia of Islam*, 2nd edn, Vol. 4, pp. 224-48.

R. Mantran, *Istanbul dans la seconde moitié du 17e siècle* (Paris, 1962).

L. Güçer, 'Le commerce intérieur des céréales dans l'empire ottoman pendant la seconde moitié du 16e siècle', *Revue de la Faculté des Sciences Economiques de l'Université d'Istanbul*, Vol. II (1940-50), pp. 163-88.

L. Güçer, 'L'approvisionnement d'Istanbul en céréales vers le milieu du 18e siècle', *ibid.*, pp. 153-62.

المدن العربية

A. Raymond, *The Great Arab Cities in the 16th-18th centuries* (New York, 1984).

A. Raymond, *Les grandes villes arabes à l'époque ottomane* (Paris, 1985).

أ. تميمي (محقق)، **الحياة الاقتصادية للولايات العربية ومصادرها في العهد العثماني**، ٣ اجزاء: الاول والثاني بالعربية، الثالث فرنسي وانكليزي (زغوان، تونس ١٩٨٦).

A. Abdel-Nour, *Introduction à l'histoire urbaine de la Syrie ottomane* (Beirut, 1982).

الابنية

G. Goodwin, *A History of Ottoman Architecture* (London, 1971).

J. Revault, *Palais et demeures de Tunis, 16e et 17e siècles* (Paris, 1967).

B. Maury *et al.*, *Palais et maisons du Caire: époque ottomane, 16e-18e siècle* (Paris, 1967).

الدين والأدب

N. Keddie (ed.), *Scholars, Saints and Sufis* (Berkeley, 1972).
L. W. Thomas, *A Study of Naima* (New York, 1972).
A. Abdesselam, *Les Historiens tunisiens des 17e, 18e et 19e siècles* (Paris, 1973).
J. Berque, *L'intérieur du Maghreb 15e-19e siècles* (Paris, 1978).
J. Berque, *Ulémas, fondateurs, insurgés du Maghreb* (Paris, 1982).
B. Braude & B. Lewis (eds.), *Christians and Jews in the Ottoman Empire*, 2 vols. (New York, 1982).
S. Runciman, *The Great Church in Captivity* (Cambridge, 1968).
G. Scholem, *Sabbatai Sevi: The Mystical Messiah, 1626-1676* (London, 1973).

السودان

P. M. Holt & M. W. Daly, *A History of the Sudan*, 4th edn (London, 1988).

المغرب

احمد الناصري السلوي، **كتاب الاستقصا لاخبار دول المغرب الاقصى**، ٩ أجزاء (الدار البيضاء ١٩٥٤-٦).

H. de Castries, *Les sources inédites de l'histoire du Maroc de 1530 à 1845*, 26 vols. (Paris, 1905-60).
E. Lévi-Provençal, *Les historiens des chorfa* (Paris, 1922).
J. Berque, *Al-Yousi: problèmes de la culture marocaine au 17e siècle* (Paris, 1958).

الفصل ١٥ - ميزان القوى المتغير في القرن الثامن عشر

مقدمة عامة

T. Naff & R. Owen (eds.), *The Islamic World in the 18th Century* (Carbondale, Illinois, 1977).

الحكومة المركزية

I. Moradgea d'Ohsson, *Tableau générale de l'empire ottoman*, 7 vols. (Paris, 1788-1924).
H. A. R. Gibb & H. Bowen, *Islamic Society and the West*, Vol. I, Part i (London, 1950).
N. Itzkowitz, 'Eighteenth century Ottoman realities', *Studia Islamica*, Vol. 16 (1961), pp. 73-94.
R. A. Abou-el-Haj, *The 1703 Rebellion and the Structure of Ottoman Politics* (Istanbul, 1984).
M. Aktepe, *Patrona Isyanı 1730* (Istanbul, 1958).

المقاطعات العربية

P. Kemp, *Territories d'Islam: le monde vu de Mossoul au 18e siècle* (Paris, 1982).
H. L. Bodman, *Political Factors in Aleppo 1760-1826* (Chapel Hill, North Carolina, 1963).
A. Russell, *The Natural History of Aleppo*, 2nd edn, 2 vols. (London, 1794).
J. L. Burckhardt, *Travels in Syria and the Holy Land* (London, 1822).
A. K. Rafeq, *The Province of Damascus 1723-1783* (Beirut, 1966).

K. K. Barbir, *Ottoman Rule in Damascus 1708-1758* (Princeton, 1980).

K. K. Barbir, 'From pasha to efendi: the assimilation of Ottomans into Damascene society 1516-1783', *International Journal of Turkish Studies*, Vol. I (1979-80), pp. 63-83.

A. Cohen, *Palestine in the Eighteenth Century* (Jerusalem, 1973).

A. Raymond, *Artisans et commerçants au Caire au 18e siècle*, 2 vols. (Damascus, 1973-4).

A. Raymond, 'Problèmes urbains et urbanisme au Caire aux 17e et 18e siècles' in A. Raymond *et al.*, *Actes du colloque international sur l'histoire du Caire* (Cairo, 1973), pp. 353-72.

A. Raymond, 'Essai de géographie des quartiers de résidence aristocratique au Caire au 18e siècle', *Journal of the Economic and Social History of the Orient*, Vol. 6 (1963), pp. 58-103.

Description de l'Egypte, 9 vols. text, 14 vols. plates (Paris, 1809-28).

C. F. Volney, *Voyages en Syrie et en Egypte*, 2 vols. (Paris, 1787).

الجبرتي، **عجائب الآثار في التراجم والاخبار**، ٤ أجزاء (بولاق ١٨٧٩-٨٠).

البُدَيْري الحلاق، **حوادث دمشق اليومية** (القاهرة، ١٩٥٩).

الجزيرة العربية

C. Niebuhr, *Reisebeschreibung nach Arabien*, 3 vols. (Copenhagen, 1774-8); English trans. *Travels through Arabia*, 2 vols. (Edinburgh, 1792).

المغرب الكبير

L. Valensi, *Le Maghreb avant la prise d'Alger 1790-1830* (Paris, 1969).

M. H. Chérif, *Pouvoir et société dans la Tunisie de Husain bin 'Ali*, 2 vols. (Tunis, 1984-6).

Muhammad ibn Tayyib al-Qadiri, ed. N. Cigar, *Nashr al-mathani* (London, 1981).

التغيير الاقتصادي

A. Raymond, 'L'impact de la pénétration européenne sur l'économie de l'Egypte au 18e siècle', *Annales Islamologiques* 18 (1982), pp. 217-35.

R. Paris, *Histoire du commerce de Marseille*, Vol. 5: *Le Levant* (Paris, 1957).

R. Davis, *Aleppo and Devonshire Square* (London, 1967).

M. von Oppenheim, *Die Beduinen*, 4 vols. (Leipzig/Wiesbaden, (1939-67).

عبد الرحيم، **الريف المصري في القرن الثامن عشر** (القاهرة، ١٩٧٤).

K. M. Cuno, 'The origins of private ownership of land in Egypt: a reappraisal', *International Journal of Middle East Studies*, Vol. 12 (1980), pp. 245-75.

L. Valensi, *Fellahs tunisiens: l'économie rurale et la vie des campagnes aux 18e et 19e siècles* (Paris, 1977).

العمارة والفن

J. Revault, *Palais et demeures de Tunis: 18e et 19e siècles* (Paris, 1971).

J. Carswell & C. J. F. Dowsett, *Kütahya Tiles and Pottery from the Armenian Cathedral of St* James, Jerusalem, 2 vols. (Oxford, 1972).

J. Carswell, 'From the tulip to the rose' in T. Naff & R. Owen (eds.), *Studies in Eighteenth Century Islamic History* (Carbondale, Illinois, 1977), pp. 325-55.

الدين والادب

H. A. R. Gibb & H. Bowen, *Islamic Society and the West,* Vol. I, Part ii (London, 1957).
J. Heyworth-Dunne, *Introduction to the History of Education in Modern Egypt* (London, 1939).
A. Hourani, 'Aspects of Islamic culture: introduction' in T. Naff & R. Owen (eds.), *Studies in Eighteenth Century Islamic History* (Carbondale, Illinois, 1977), pp. 253-76.
N. Levtzion & J. O. Voll (eds.), *Eighteenth Century Revival and Reform in Islam* (Syracuse, New York, 1987).
J. O. Voll, *Islam: continuity and change in the modern world* (London, 1982).
محمد خليل المُرادي، **سلك الدُّرر في اعيان القرن الثاني عشر**، ٤ أجزاء (بولاق، ١٨٨٣).
M. H. Chérif, 'Hommes de religion et de pouvoir dans la Tunisie de l'époque moderne', *Annales ESC,* Vol. 35 (1980), pp. 580-97.

الوهابية

H. St J. Philby, *Saudi Arabia* (London, 1955).
H. Laoust, *Essai sur les doctrines sociales et politiques de Taki-d-Din b. Taimiya* (Cairo, 1939), pp. 506-40.

الجزء الرابع – عصر الامبراطوريات الاوروبية

«المسألة الشرقية»

M. S. Anderson, *The Eastern Question 1774-1923* (London, 1966).
J. C. Hurewitz (ed.), *The Middle East and North Africa in World Politics,* 2 vols. (New Haven, 1975).
L. C. Brown, *International Politics and the Middle East* (London, 1984).

دراسات عامة

M. E. Yapp, *The Making of the Modern Middle East 1798-1923* (London, 1987).
B. Lewis, *The Emergence of Modern Turkey* (London, 1961).
W. R. Polk & R. L. Chambers (eds.), *Beginnings of Modernization in the Middle East* (Chicago, 1968).
Groupes de Recherches et d'Études sur le Proche-Orient, *L'Egypte au 19e siècle* (Paris, 1982).

التغيير الاقتصادي والاجتماعي

C. Issawi, *An Economic History of the Middle East and North Africa* (New York, 1982).
C. Issawi (ed.), *The Economic History of the Middle East 1800-1914* (Chicago, 1966).
C. Issawi (ed.), *The Fertile Crescent 1800-1914* (New York, 1988).
R. Owen, *The Middle East in the World Economy 1800-1914* (London, 1981).
S. Pamuk, *The Ottoman Empire and World Capitalism 1820-1913* (Cambridge, 1987).
G. Baer, *Studies in the Social History of Modern Egypt* (Chicago, 1969).
أ. بركات، **تطوّر الملكية الزراعية في مصر واثرها على الحركات السياسية ١٨١٣–١٩١٤** (القاهرة، ١٩٧٧).

التغيير الفكري

N. Berkes, *The Development of Secularism in Turkey* (Montreal, 1964).

A. Hourani, *Arabic Thought in the Liberal Age,* revised edn (Cambridge, 1983).

الفصل ١٦ – النفوذ الاوروبي وحكومات الاصلاح (١٨٠٠–١٨٦٠)

التوسع الاوروبي

F. Charles-Roux, *Bonaparte Gouverneur d'Egypte* (Paris, 1936).

H. L. Hoskins, *British Routes to India* (N. Y., 1928).

J. B. Kelly, *Britain and the Persian Gulf 1795-1880* (Oxford, 1968).

C. A. Julien, *Histoire de l'Algérie contemporaine,* Vol. I 1827-71 (Paris, 1964).

R. Danziger, *Abd al-Qadir and the Algerians* (New York, 1977).

التنظيمات والحركات المحلية

Turkish Ministry of Education, *Tanzimat* (Istanbul, 1940).

Cevdet Paşa, *Tezâkir,* 4 vols. (Ankara, 1953-67).

C. V. Findley, *Bureaucratic Reform in the Ottoman Empire* (Princeton, 1980).

U. Heyd, 'The Ottoman 'Ulama and westernization in the time of Selim III and Mahmud II' in Heyd (ed.), *Studies in Islamic History and Civilization* (Jerusalem, 1960), pp. 63-96.

R. Clogg (ed.), *The Movement for Greek Independence 1770-1821* (London, 1976).

L. S. Stavrianos, *The Balkans since 1453* (New York, 1958).

M. Maoz, *Ottoman Reform in Syria and Palestine 1840-1861* (Oxford, 1968).

A. Hourani, 'Ottoman reform and the politics of notables' in Hourani, *The Emergence of the Modern Middle East* (London, 1981), pp. 36-66.

مصر

A. Lutfi al-Sayyid Marsot, *Egypt in the Reign of Muhammad 'Ali* (Cambridge, 1984).

E. R. Toledano, *State and Society in Mid-Nineteenth-Century Egypt* (Cambridge, 1990).

الرافعي، **تاريخ الحركة القومية وتطوّر نظام الحكم في مصر**، ١٤ جزء (القاهرة، ١٩٢٩-٥١).

تونس والمغرب

L. C. Brown, *The Tunisia of Ahmad Bey 1837-1855* (Princeton, 1974).

J. L. Miège, *Le Maroc et l'Europe,* 4 vols. (Paris, 1961-3).

J. L. Miège (ed.), *Documents d'histoire économique et sociale marocaine au 19e siècle* (Paris, 1969).

الفصل ١٧ - الامبراطوريات الاوروبية والنخبة المسيطرة (١٨٦٠-١٩١٤)

«المسألة الشرقية»

W. L. Langer, *The Diplomacy of Imperialism 1890-1902,* 2nd edn (New York, 1951).

E. M. Earle, *Turkey, the Great Powers and the Baghdad Railway* (New York, 1966).

الحكومة العثمانية والمقاطعات

R. H. Davison, *Reform in the Ottoman Empire 1856-1876* (Princeton, 1963).

R. Devereux, *The First Ottoman Constitutional Period* (Baltimore, 1963).

R. Abu Manneh, 'Sultan Abdulhamid II and Shaikh Abulhuda al-Sayyadi', *Middle Eastern Studies* 15 (1979), pp. 131-53.

C. Findley, *Ottoman Civil Officialdom* (Princeton, 1989).

E. E. Ramsaur, *The Young Turks: prelude to the revolution of 1908* (Princeton, 1957).

F. Ahmed, *The Young Turks: the Committee of Union and Progress in Turkish politics 1908-1914* (Oxford, 1969).

W. Ochsenwald, *Religion, Society and the State in Arabia: the Hejaz under Ottoman control 1840-1908* (Columbus, Ohio, 1984).

L. Nalbandian, *The Armenian Revolutionary Movement* (Berkeley, 1963).

بداية الاستيطان الصهيوني

W. Z. Laqueur, *A History of Zionism* (London, 1972).

N. Mandel, *The Arabs and Zionism before World War I* (Berkeley, 1976).

مصر

R. Hunter, *Egypt under the Khedives 1805-1879* (Pittsburgh, 1984).

Nubar Pasha, *Mémoires* (Beirut, 1983).

D. Landes, *Bankers and Pashas* (London, 1958).

J. Marlowe, *The Making of the Suez Canal* (London, 1964).

A. Schölch, *Ägypten den Ägyptern!* (Zurich, 1972); English trans. *Egypt for the Egyptians!: the socio-political crisis in Egypt 1878-1882* (London, 1981).

Lord Cromer, *Modern Egypt,* 2 vols. (London, 1908).

J. Berque, *L'Egypte, impérialisme et révolution* (Paris, 1963).

A. Lutfi al-Sayyid, *Egypt and Cromer* (London, 1968).

T. Mitchell, *Colonising Egypt* (Cambridge, 1988).

السودان

P. M. Holt, *The Mahdist State in the Sudan 1881-1898* (Oxford, 1958).

M. W. Daly, *Empire on the Nile: the Anglo-Egyptian Sudan 1898-1934* (Cambridge, 1986).

أبو بكر (بابكر) بدري، **تاريخ حياتي**، ٣ أجزاء (ام درمان، ١٩٥٩-٦١).

فرنسا والمغرب

J. Ganiage, *Les origines du protectorat français en Tunisie 1861-1881* (Tunis, 1968).

C. R. Ageron, *Histoire de l'Algérie contemporaine,* Vol. 2: 1871-1954 (Paris, 1979).

C. R. Ageron, *Les algériens musulmans et la France 1871-1919* (Paris, 1968).

E. Burke, *Prelude to Protectorate in Morocco* (Chicago, 1976).

D. Rivet, *Lyautey et l'institution du protectorat français au Maroc 1912-1925,* 3 vols. (Paris, 1988).

السكان والتغيير الاقتصادي

A. Jwaideh, 'Midhat Pasha and the land system of lower Iraq' in A. Hourani (ed.), St *Antony's Papers: Middle Eastern Affairs 3* (London, 1963), pp. 106-36.

N. N. Lewis, *Nomads and Settlers in Syria and Jordan 1800-1980* (Cambridge, 1987).

R. Aboujaber, *Pioneers over Jordan* (London, 1989).

A. Schölch, *Palästina im Umbruch 1856-1882* (Stuttgart, 1986).

B. Labaki, *Introduction à l'histoire économique du Liban: soie et commerce extérieur... 1840-1914* (Beirut, 1984).

D. Chevallier, *La société du Mont Liban à l'époque de la révolution industrielle en Europe* (Paris, 1971).

E. J. R. Owen, *Cotton and the Egyptian Economy 1820-1914* (London, 1962).

G. Baer, *Introduction to the History of Landownership in Modern Egypt 1800-1950* (London, 1962).

J. Poncet, *La colonisation et l'agriculture européenne en Tunisie depuis 1881* (Paris, 1962).

X. Yacono, *La colonisation des plaines du Chelif,* 2 vols. (Algiers, 1955-6).

X. Yacono, *'Peut-on évaluer la population de l'Algérie vers 1830?' Revue Africaine,* Vol. 98 (1954), pp. 277-307.

J. Ruedy, *Land Policy in Colonial Algeria* (Berkeley, 1967).

التغيير الاجتماعي

D. Quataert, *Social Disintegration and Popular Resistance in the Ottoman Empire 1881-1908* (New York, 1983).

L. T. Fawaz, *Merchants and Migrants in Nineteenth Century Beirut* (Cambridge, Massachusetts, 1983).

L. Schatkowski Schilcher, *Families in Politics: Damascus factions and estates of the 18th and 19th centuries* (Stuttgart, 1985).

R. Tresse, 'L'évolution du costume syrien depuis un siècle' in Centre d'Études de Politique Étrangère, *Entretiens sur l'évolution des pays de civilisation arabe,* Vol. 2 (Paris, 1938), pp. 87-96.

علي مبارك، **الخطط التوفيقية**، ٤ أجزاء (القاهرة، ١٨٨٧–٩).

J. P. Thieck, 'Le Caire d'après les Khitat de 'Ali pacha Mubarak' in Groupe de Recherches et d'Études sur le Proche-Orient, *L'Egypte au 19e siècle* (Paris, 1982), pp. 101-16.

A. Berque, 'Fragments d'histoire sociale' in Berque , *Écrits sur l'Algérie* (Aix-en-Provence, 1986), pp. 25-124.

K. Brown, *People of Salé: tradition and change in a Moroccan city 1830-1930* (Manchester, 1976).

الفصل ١٨ - ثقافة الامبريالية والاصلاح

الاستشراق

M. Rodinson, *La fascination de l'islam* (Paris, 1980).
E. Said, *Orientalism* (London, 1978).
A. Hourani, *Europe and the Middle East* (London, 1980).
N. Daniel, *Europe, Islam and Empire* (Edinburgh, 1966).

التربية

عبد الكريم، **تاريخ التعليم في مصر**، ٣ أجزاء (القاهرة، ١٩٤٥).

A. L. Tibawi, *British Interests in Palestine 1800-1901* (Oxford, 1961).
A. L. Tibawi, *American Interests in Syria 1800-1901* (Oxford, 1966).
A. L. Tibawi, *Islamic Education: its traditions and modernization into the Arab national systems* (London, 1972).
D. Hopwood, *The Russian Presence in Syria and Palestine 1843-1914* (Oxford, 1969).
H. Charles, *Jésuites missionaires dans la Syrie et le Proche-Orient* (Paris, 1929).
A. Chouraqui, *L'Alliance Israélite Universelle et la renaissance juive contemporaine 1860-1960* (Paris, 1965).

الصحافة

فيليب دي طرزي، **تاريخ الصحافة العربية**، ٤ أجزاء في ٣ مجلدات (بيروت ١٩١٣-١٩٣٣).

عبده، **تاريخ الطباعة والصحافة في مصر** (القاهرة، ١٩٤٩).

N. Farag, 'The Lewis affair and the fortunes of *al-Muqtataf*', *Middle Eastern Studies*, Vol. 8 (1972), pp. 74-83.

الادب

M. M. Badawi, *A Critical Introduction to Modern Arabic Poetry* (Cambridge, 1975).
S. K. Jayyusi, *Trends and Movements in Modern Arabic Poetry*, 2 vols. (Leiden, 1977).
S. K. Jayyusi (ed.), *Modern Arabic Poetry; an anthology* (New York, 1987).

أحمد شوقي، **الشوقيات**، ٤ أجزاء (القاهرة، ١٩٦١).

عرفان شهيد، **العودة الى شوقي** (بيروت، ١٩٨٦).

A. Boudot-Lamotte, *Ahmad Shawqi, l'homme et l'œuvre* (Damas, 1977).
M. M. Badawi, *Early Arabic Drama* (Cambridge, 1988).
M. M. Badawi, *Modern Arabic Drama in Egypt* (Cambridge, 1987).

الاصلاح الاسلامي

C. C. Adams, *Islam and Modernism in Egypt* (London, 1933).
N. Keddie, *Sayyid Jamal al-Din «al-Afghani» (Berkeley, 1972)*.

N. Keddie, *An Islamic Response to Imperialism* (Berkeley, 1968).

محمد عبده، **رسالة التوحيد** (القاهرة عدة طبعات).

محمد رشيد رضا، **تاريخ الأستاذ الامام الشيخ محمد عبده**، ٣ أجزاء (القاهرة، ١٩٠٦-٣١).

J. Jomier, *Le commentaire coranique du Manar* (Paris, 1954).

A. H. Green, *The Tunisian Ulama 1873-1915* (Leiden, 1978).

F. de Jong, *Turuq and Turuq-linked Institutions in Nineteenth Century Egypt* (Leiden, 1978).

B. Abu Manneh, 'The Naqshbandiyya-Mujaddidiyya in the Ottoman lands in the early 19th century', *Die Welt des Islams,* Vol. 22 (1982), pp. 1-36.

O. Depont & X. Coppolani, *Les confrèries religieuses musulmanes* (Algiers, 1897).

C. S. Hurgronje, 'Les confrèries, la Mecque et le pan-islamisme' in Hurgronje, V*erspreide Geschriften,* Vol. 3 (Bonn, 1923), pp. 189-206.

C. S. Hurgronje, *Mekka in the Latter Part of the 19th Century;* English trans. (Leiden, 1931).

J. M. Abun-Nasr, *The Tijaniyya: a Sufi order in the modern world* (Cambridge, 1965).

القومية

S. Mardin, *The Genesis of Young Ottoman Thought* (Princeton, 1964).

S. Mardin, *Jön Türklerin siyasî Fikirleri 1895-1908* (Ankara, 1964).

Z. Gökalp, *Turkish Nationalism and Western Civilization,* ed. an trans. N. Berkes (London, 1959).

W. L. Cleveland, *The Making of an Arab Nationalist: Ottomanism and Arabism in the life and thought of Sati' al-Husri* (Princeton, 1971).

W. L. Cleveland, *Islam against the West: Shakib Arslan and the campaign for Islamic nationalism* (London, 1985).

ساطع الحصري، **البلاد العربية والدولة العثمانية** (بيروت، ١٩٦٠).

G. Antonius, *The Arab Awakening* (London, 1938).

S. Haim (ed.), *Arab Nationalism: an anthology* (Berkeley, 1962).

C. E. Dawn, *From Ottomanism to Arabism* (Urbana, Illinois, 1973).

Z. N. Zeine, *The Emergence of Arab Nationalism* (Beirut, 1966).

P. S. Khoury, *Urban Notables and Arab Nationalism: the politics of Damascus 1860-1920* (Cambridge, 1983).

J. M. Ahmed, *The Intellectual Origins of Egyptian Nationalism* (London, 1960).

I. Gershoni & J. P. Jankowski, *Egypt, Islam and the Arabs: the search for Egyptian nationhood 1900-1930* (New York, 1986).

L. C. Brown, 'Stages in the process of change' in C. A. Micaud (ed.), *Tunisia: the politics of modernization* (London, 1964), pp. 3-66.

A. Laroui, *Les origines sociales et culturelles du nationalisme marocaine 1830-1912* (Paris, 1977).

الفصل ١٩ - ذروة القوة الاوروبية (١٩١٤-١٩٣٩)

الحرب العالمية الاولى واتفاقية السلام

E. Monroe, *Britain's Moment in the Middle East 1914-1956* (London, 1963).

B. C. Busch, *Mudros to Lausanne: Britain's frontier in Asia 1918-1923* (Albany, New York, 1976).

T. E. Lawrence, *Seven Pillars of Wisdom* (London, 1935).

E. Kedourie, *England and the Middle East: the destruction of the Ottoman Empire 1914-1921,* 2nd edn (London, 1987).

M. Vereté, 'The Balfour Declaration and its makers', *Middle Eastern Studies,* Vol. 6 (1970), pp. 48-76.

A. J. Toynbee, *Survey of International Affairs 1925,* Vol. I: *The Islamic World after the Peace Conference* (London, 1927).

C. M. Andrew & A. S. Kanya-Forstner, *France Overseas: the Great War and the climax of French imperial expansion* (London, 1981).

P. Kinross, *Atatürk: the rebirth of a nation* (London, 1964).

A. Kazancigil & E. Özbudun (eds.), *Atatürk, Founder of a Modern State* (London, 1981).

الانتداب والمصالح الغربية

E. Monroe, *The Mediterranean in Politics* (London, 1938).

S. H. Longrigg, *Iraq 1900-1950* (London, 1953).

P. Sluglett, *Britain in Iraq 1914-1932* (London, 1976).

M. Khadduri, *Independent Iraq 1932-1958,* 2nd edn (London, 1960).

P. S. Khoury, *Syria and the French Mandate* (London, 1987).

M. C. Wilson, *King Abdullah, Britain and the Making of Jordan* (Cambridge, 1987).

L. Hirszowicz, *The Third Reich and the Arab East* (London, 1966).

مشكلة فلسطين

W. Z. Laqueur (ed.), *An Israel-Arab Reader* (London, 1969).

J. C. Hurewitz, *The Struggle for Palestine* (New York, 1950).

Palestine Royal Commission, *Report,* Cmd 5479 (London, 1937).

W. Khalidi, *From Haven to Conquest* (Beirut, 1971).

F. R. Nicosia, *The Third Reich and the Palestine Question* (London, 1985).

K. Stein, *The Land Question in Palestine 1917-1936* (Chapel Hill, North Carolina, 1984).

Y. M. Porath, *The Emergence of the Palestinian National Movement 1918-1929* (London, 1974).

Y. M. Porath, *The Palestinian Arab National Movement 1929-1939* (London, 1977).

مصر

A. Lutfi al-Sayyid-Marsot, *Egypt's Liberal Experiment 1922-1936* (Berkeley, 1977).

م. أنيس، **دراسات في ثورة سنة ١٩١٩** (القاهرة، ١٩٦٣).

محمد حسين هيكل، **مذكرات في السياسة المصرية**، ٣ أجزاء (القاهرة، ١٩٥١-٧٨).

M. Deeb, *Party Politics in Egypt: the Wafd and its rivals 1919-1939* (London, 1979).

المغرب الكبير

J. Berque, *Le Maghreb entre deux guerres* (Paris, 1962).

R. Le Tourneau, *Évolution politique de l'Afrique du nord musulmane 1920-1961* (Paris, 1962).

الفاسي، **الحركات الاستقلالية في المغرب العربي** (القاهرة، ١٩٤٨).

التغيير الاقتصادي والاجتماعي

H. Batatu, *The Old Social Classes and the Revolutionary Movements of Iraq* (Princeton, 1978).

C. Issawi, *Egypt, an Economic and Social Analysis* (London, 1947).

R. L. Tignor, *State, Private Enterprise and Economic Change in Egypt 1918-1952* (Princeton, 1984).

عاصم الدسوقي، **كبار ملاّك الاراضي الزراعية ودورهم في المجتمع المصري** (القاهرة، ١٩٧٥).

S. B. Himadeh (ed.), *The Economic Organization of Syria* (Beirut, 1936).

سعيد حماده (محقق)، **النظام الاقتصادي في العراق** (بيروت، ١٩٣٨).

E. Davis, *Challenging Colonialism: Bank Misr and Egyptian Industrialization 1920-1941* (Princeton, 1983).

J. Beinin & Z. Lockman, *Workers on the Nile: nationalism, communism, Islam and the Egyptian working class 1882-1954* (London, 1988).

R. Montagne, *Naissance du prolétariat marocain* (Paris, 1951).

الفصل ٢٠ - اساليب الحياة والفكر المتغيرة (١٩١٤-١٩٣٩)

الحياة المدنية

M. Wahba, 'Cairo memories', *Encounter,* Vol. 62 v (May 1984), pp. 74-9.

A. Adam, *Casablanca,* 2 vols. (Paris, 1968).

J. Abu Lughod, *Rabat: urban apartheid in Morocco* (Princeton, 1980).

R. D. Matthews & M. Akrawi, *Education in Arab Countries of the Near East* (Washington, 1950).

R. F. Woodsmall, *Muslim Women Enter a New World* (London, 1936).

S. Graham-Brown, *Images of Women.... 1860-1950* (London, 1988).

الادب والفن

P. Cachia, *Taha Husain* (London, 1956).

طه حسين، **الأيام**، ٣ أجزاء (القاهرة ١٩٢٩-٧٣).

طه حسين، **مستقبل الثقافة في مصر**، جزءان (القاهرة، ١٩٣٨).

ابو القاسم الشابي، **ديوان** (بيروت ١٩٧١).

G. Sadoul (ed.), *The Cinema in the Arab Countries* (Beirut, 1966).

J. Racy, 'Arabic music and the effects of commercial recording', *The World of Music,* Vol. 20 (1978), pp. 47-55.

J. Racy, 'Music' in T. Mostyn & A. Hourani (eds.), *The Cambridge Encyclopedia of the Middle East and North Africa* (Cambridge, 1988), pp. 244-50.
J. Dickie, 'Modern Islamic Architecture in Alexandria', *Islamic Quarterly,* Vol. 13 (1969), pp. 183-91.

الحركات الاسلامية

H. A. R. Gibb, *Modern Trends in Islam* (Chicago, 1947).
G. Geertz, *Islam Observed* (New Haven, 1968).
R. P. Mitchell, *The Society of the Muslim Brothers* (London, 1969).
علي عبد الرازق، **الاسلام واصول الحكم** (القاهرة، ١٩٢٥).
A. Merad, *Le réformisme musulman en Algérie de 1925 à 1940* (Paris, 1967).
W. Bennabi, *Mémoires d'un témoin du siècle* (Algiers, n.d.).
E. Gellner, 'The unknown Apollo of Biskra: the social base of Algerian puritanism' in Gellner, *Muslim Society* (Cambridge, 1981), pp. 149-73.
K. Brown, 'The impact of the *Dahir Berbère* in Salé' in E. Gellner & C. Micaud (eds.), *Arabs and Berbers* (Paris, 1967), pp. 201-15.

الجزء الخامس – عصر الامم الدول (منذ ١٩٣٩)

المراجع العامة

Europa Publications, *The Middle East and North Africa* (London, annual 1948-).
Centre de Recherches et d'Études sur les Sociétés Méditerranéennes, *Annuaire de l'Afrique du Nord* (Paris, annual 1962-).
T. Mostyn & Hourani (eds.), *The Cambridge Encyclopedia of the Middle East and North Africa* (Cambridge, 1988).
P. Mansfield, *The Middle East: a political and economic survey,* 4th edn (London, 1973).
W. Knapp, *North-west Africa: a political and economic survey,* 3rd edn (Oxford, 1977).

الاحصاءات

United Nations, Department of Economic Affairs, *World Economic Survey* (New York, annual).
United Nations, Statistical Office, *Statistical Year-book* (New York, annual).
United Nations, Food and Agriculture Organization, *Production Year-book* (Rome, annual).
United Nations Educational, Social and Cultural Organization (UNESCO), *Statistical Year-book* (Paris, annual.

بلدان ومناطق

P. Sluglett & D. M. Farouk-Sluglett, *Iraq since 1958* (London, 1987).
P. Marr, *The Modern History of Iraq* (London, 1985).
A. J. Cottrell *et al., The Persian Gulf States* (Baltimore, 1980).
R. S. Zahlan, *The Making of the Modern Gulf States* (London, 1989).
F. Heard-Bey, *From Trucial States to United Arab Emirates* (London, 1982).
A. Raymond (ed.), *La Syrie d'aujourd'hui* (Paris, 1980).
D. Hopwood, *Syria, 1945-1986: politics and society* (London, 1988).

P. Gubser, *Jordan* (London, 1983).
H. Cobban, *The Making of Modern Lebanon* (London, 1985).
N. Lucas, *The Modern History of Israel* (London, 1974).
Groupe de Recherches et d'Études sur le Proche-Orient, *L'Egypte d'aujourd'hui* (Paris, 1977).
D. Hopwood, *Egypt: politics and society 1945-1984*, 2nd edn (London, 1986).
Centre de Recherches et d'Études sur les Sociétés Méditerranéennes, *Introduction à l'Afrique du nord contemporaine* (Paris, 1975).
M. K. & M. J. Deeb, *Libya since the Revolution* (New York, 1982).
J.-C. Vatin, *L'Algérie politique: histoire et société*, 2nd edn (Paris, 1983).

الفصل ٢١ - نهاية الامبراطوريات (١٩٣٩-١٩٦٢)

الحرب العالمية الثانية

I. S. O. Playfair *et al.*, *History of the Second World War: the Mediterranean and the Middle East*, 6 vols. (London, 1954-73).
C. de Gaulle, *Mémoires de guerre*, 3 vols. (Paris, 1954-9).
E. L. Spears, *Fulfilment of a Mission: the Spears Mission in Syria and Lebanon 1941-1944* (London, 1977).
H. Macmillan, *War Diaries: politics and war in the Mediterranean 1943-1945* (London, 1984).
Y. Porath, *In Search of Arab Unity 1930-1945* (London, 1986).
A. M. H. Gomaa, *The Foundation of the League of Arab States* (London, 1977).

بريطانيا والشرق الاوسط

W. R. Louis, *The British Empire in the Middle East 1935-1951* (Oxford, 1984).
W. R. Louis & J. A. Bill (eds.), *Musaddiq, Iranian Nationalism and Oil* (London, 1988).
W. R. Louis & R. Owen (eds.), *Suez 1956: the crisis and its consequences* (Oxford, 1989).

مسألة فلسطين

W. R. Louis & R. W. Stookey (eds.), *The End of the Palestine Mandate* (London, 1986).
M. J. Cohen, *Palestine and the Great Powers* (Princeton, 1982).
B. Morris, *The Birth of the Palestine Refugee Problem 1947-1949* (Cambridge, 1987).
A. Shlaim, *Collusion across the Jordan: King Abdullah, the Zionist movement and the partition of Palestine* (Oxford, 1988).

موسى علمي، **عبرة فلسطين** (بيروت، ١٩٤٩).

فرنسا والمغرب الكبير

C.-A. Julien, *L'Afrique du nord en marche*, 3rd edn (Paris, 1972).
M. Bourguiba, *La Tunisie et la France* (Paris, 1954).
A. Nouschi, *La naissance du nationalisme algérien* (Paris, 1962).
M. Lacheraf, *L'Algérie, nation et société* (Paris, 1965).
A. Horne, *A Savage War of Peace: Algeria 1954-1962* (London, 1977).
J. Daniel, *De Gaulle et l'Algérie* (Paris, 1986).

الفصل ٢٢ - المجتمعات المتغيرة (الاربعينات والخمسينات)

النمو الاقتصادي

Y. Sayigh, *The Arab Economy: past performance and future prospects* (Oxford, 1982).
D. Warriner, *Land Reform and Development in the Middle East* (London, 1957).
Lord Salter, *The Development of Iraq* (London, 1955).
C. Issawi, *Egypt at Mid-century* (London, 1954).
C. Issawi, *Egypt in Revolution* (London, 1963).
R. Mabro, *The Egyptian Economy 1952-1972* (Oxford, 1974).
A. Gaitskell, *Gezira: a study of development in the Sudan* (London, 1959).
S. Amin, *L'économie du Maghreb,* 2 vols. (Paris, 1952).
G. Leduc (ed.), *Industrialisation de l'Afrique du nord* (Paris, 1952).
W. D. Swearingen, *Moroccan Mirages: agricultural dreams and deceptions 1912-1986* (London, 1986).

امتداد المدينة

L. C. Brown (ed.), *From Madina to Metropolis* (Princeton, 1973).
P. Marthelot, 'Le Cairo, nouvelle métropole', *Annales Islamologiques,* Vol. 8 (1969), pp. 189-221.
A. Raymond, 'Le Caire' in Centre de Recherches et d'Études sur le Proche-Orient, *L'Egypte d'aujourd'hui* (Paris, 1977), pp. 213-41.

الهندسة المعمارية

H. Fathy, *Architecture for the Poor: an experiment in rural Egypt* (Chicago, 1973).
S. S. Damluji, 'Islamic architecture in the modern world' in T. Mostyn & A. Hourani (eds.), *The Cambridge Encyclopedia of the Middle East and North Africa* (Cambridge, 1988), pp. 232-6.

الفصل ٢٣ - الثقافة القومية (الاربعينات والخمسينات)

التربية

J. S. Szyliowicz, *Education and Modernization in the Middle East* (Ithaca, New York, 1973).
B. G. Massialas & S. A. Jarrar, *Education in the Arab World* (New York, 1983).
J. Waardenburg, *Les universités dans le monde arabe actuel,* 2 vols. (Paris, 1966).
A. B. Zahlan, *Science and Science Policy in the Arab World* (London, 1980).

التأريخ

A. Laroui, *L'histoire du Maghreb: un essai de synthèse* (Paris, 1970).
قسنطين زريق، **نحن والتاريخ** (بيروت، ١٩٥٩).

الآداب

J. Stetkevych, 'Classical Arabic on stage' in R. C. Ostle (ed.), *Studies in Modern Arabic Literature* (Warminster, Wiltshire, 1975), pp. 152-66.

علي احمد سعيد (أدونيس)، **الآثار الكاملة**، جزءان (بيروت، ١٩٧١).
بدر شاكر السياب، **ديوان**، جزءان (بيروت، ١٩٧١-٤).
D. Johnson-Davies (ed. & trans.), *Arabic Short Stories* (London, 1983).
نجيب محفوظ، **زقاق المدق** (القاهرة، ١٩٤٧).
نجيب محفوظ، **بين القصرين، قصر الشوق، السُكّرية** (الثلاثية؛ القاهرة ١٩٥٦-٧).
عبد الرحمن الشرقاوي، **الأرض** (القاهرة، ١٩٥٤).
ليلى بعلبكي، **انا احيا** (بيروت، ١٩٦٣).
J. Dejeux, *Littérature maghrébine de langue française,* 3rd edn. (Sherbrooke, Quebec, 1980).
J. Dejeux & A. Memmi, *Anthologie des écrivains maghrébins d'expression française,* 2nd edn (Paris, 1965).
K. Yacine, *Nedjma* (Paris, 1956).
M. Feraoun, *Le fils du pauvre* (Paris, 1954).
A. Djebar, *Les alouettes naïves* (Paris, 1967).

الحركات الاسلامية

خالد محمد خالد، **من هنا نبدأ** (القاهرة، ١٩٥٠).
طه حسين، **الفتنة الكبرى**، جزءان (القاهرة، ١٩٤٧-٥٦).
O. Carré & G. Michaud, *Les frères musulmans: Egypte et Syrie 1920-1982* (Paris, 1983).
O. Carré, *Mystique et politique: lecture révolutionnaire du Coran par Sayyid Qutb* (Paris, 1984).
سيد قطب، **العدالة الاجتماعية في الاسلام**، الطبعة الرابعة (القاهرة، ١٩٥٤).
M. Gilsenan, *Saint and Sufi in Modern Egypt* (Oxford, 1973).

الفصل ٢٤ - ذروة العروبة (الخمسينات والستينات)

ناصر والناصرية

P. Mansfield, *Nasser* (London, 1969).
R. Stephens, *Nasser* (London, 1971).
H. Heikal, *The Sphinx and the Commissar: the rise and fall of Soviet influence in the Middle East* (London, 1978).
H. Heikal, *Cutting the Lion's Tail: Suez through Egyptian eyes* (London, 1986).
M. Kerr, *The Arab Cold War 1958-1970,* 3rd edn (London, 1971).
E. O'Ballance, *The War in the Yemen* (London, 1971).
E. O'Ballance, *The Third Arab-Israeli War* (London, 1972).

الافكار السياسية

جمال عبد الناصر، **فلسفة الثورة** (القاهرة، ١٩٥٥).

مصر، دائرة التوثيق، **مشروع الميثاق الوطني** (القاهرة، ١٩٦٢).

S. A. Hanna & G. H. Gardner (eds.), *Arab Socialism: a documentary survey* (London, 1969).
S. Botman, *The Rise of Egyptian Communism* (Syracuse, New York, 1988).
J. F. Devlin, *The Ba'th Party* (Stanford, California, 1966).

ميشال عفلق، **في سبيل البعث** (دمشق، ١٩٥٩).
ميشال عفلق، **معركة المصير الواحد** (بيروت، ١٩٥٨).
العالم و أنيس، **في الثقافة المصرية** (بيروت، ١٩٥٥).
لويس عواد، **ثقافتنا في مفترق الطرق** (بيروت، ١٩٧٤).

A. Laroui, *La crise des intellectuels arabes* (Paris, 1974).
A Laroui, *L'idéologie arabe contemporaine,* revised edn (Paris, 1977).

الفصل ٢٥ - الوحدة العربية والشقاق العربي (منذ ١٩٦٧)

الحرب والسلام مع اسرائيل

E. O'Ballance, *No Victor, No Vanquished: the Yom Kippur war* (London, 1986).
W. B. Quandt, *Decade of Decision: American policy towards the Arab-Israeli conflict 1967-1976* (Berkeley, 1977).
W. B. Quandt, *Camp David: peacemaking and politics* (Washington, 1986).
H. Kissinger, *Years of Upheaval* (London, 1982).
J. Carter, *The Blood of Abraham* (Boston, 1985).

محمود رياض، **مذكرات ١٩٤٨-١٩٧٥** (بيروت، ١٩٨٥).

H. Heikal, *The Road to Ramadan* (London, 1975).
P. Seale, *Asad of Syria: the struggle for the Middle East* (London, 1988).

«الانفتاح»

J. Waterbury, *The Egypt of Nasser and Sadat* (Princeton, 1983).
R. Hinnebusch, *Egyptian Politics under Sadat* (Cambridge, 1985).
Y. Sayigh, *The Economies of the Arab World,* 2 vols. (London, 1975).
J. S. Birks & C. Sinclair, *Arab Manpower: the crisis of development* (London, 1980).
M. Bennoune, *The Making of Contemporary Algeria* (Cambridge, 1988).

محمد حسنين هيكل، **خريف الغضب**، الطبعة الثانية (بيروت، ١٩٨٣).

الفلسطينيون تحت الاحتلال

H. Cobban, *The Palestinian Liberation Organization* (Cambridge, 1984).
M. Benvenisti *et al., The West Bank Handbook* (Jerusalem, 1986).
D. MacDowell, *Palestine and Israel* (London, 1989).

الحرب الاهلية اللبنانية

K. Salibi, *Cross-roads to Civil War* (London, 1976).
K. Salibi, *A House of Many Mansions* (London, 1988).
E. Picard, *Liban: état de discorde* (Paris, 1988).
Z. Schiff & E. Ya'ari, *Israel's Lebanon War* (London, 1985).
R. Khalidi, *Under Siege: P.L.O. decision-making during the 1982 war* (New York, 1986).

الحرب بين العراق وايران

S. Chubin & C. Tripp, *Iran and Iraq at War* (London, 1988).

الفصل ٢٦ – اضطراب النفوس (منذ ١٩٦٧)

التقسيمات الاجتماعية

S. Ibrahim, *The New Arab Social Order: a study of the social impact of oil wealth* (London, 1982).
R. Owen, *Migrant Workers in the Gulf* (London, 1985).
D. MacDowell, *The Kurds* (London, 1985).

الرجال والنساء

E. Fernea (ed.), *Women and the Family in the Middle East* (Austin, Texas, 1985).
L. Beck & N. Keddie (eds.), *Women in the Muslim World* (Cambridge, Massachusetts, 1978).
N. Hijab, *Womanpower: the Arab debate on women at work* (Cambridge, 1988).
F. Mernissi, *Beyond the Veil: male-female dynamics in a modern Muslim society*, revised edn (London, 1985).
N. Abu Zahra, 'Baraka, material power, honour and women in Tunisia', *Revue d'Histoire Maghrébine*, Nos. 10-11 (1978), pp. 5-24.

حركة الافكار

أمين، **محنة الاقتصاد والثقافة في مصر** (القاهرة، ١٩٨٢).
حسن حنفي، **التراث والتجديد** (القاهرة، ١٩٨٠).
صادق جلال العظم، **نقد الفكر الديني** (بيروت ١٩٦٩).
H. Djaït, *La Personnalité et le devenir arabo-islamique* (Paris, 1974).
محمد عابد الجابري، **الخطاب العربي المعاصر** (الدار البيضاء، ١٩٨٢).
محمد عابد الجابري، **تكوين العقل العربي**، الطبعة الثانية (بيروت، ١٩٨٥).
F. Ajami, *The Arab Predicament* (Cambridge, 1981).

الخطاب الاسلامي والتجديد

H. Enayat, *Modern Islamic Political Thought* (London, 1982).

R. Mottahedeh, *The Mantle of the Prophet* (London, 1985).
F. Rahman, *'Islam and Modernity* (Chicago, 1982).
J. Piscatori (ed.), *Islam in the Political Process* (Cambridge, 1981).
J. Piscatori, *Islam in a World of Nation-States* (Cambridge, 1986).
J. R. Cole & N. Keddie (eds.), *Shi'ism and Social Protest* (New Haven, 1986).
G. Kepel, *Le prophète et le Pharaon* (Paris, 1984).
M. Gilsenan, *Recognizing Islam* (London, 1982).
عويس، **رسائل الامام الشافعي** (القاهرة، ١٩٧٨).
سيد قطب، **معالم في الطريق** (القاهرة، ١٩٦٤).

R. Mottahedeh, *The Mantle of the Prophet* (London 1985)
F. Rahman, *Islam and Modernity* (Chicago 1982)
J. Piscatori (ed.), *Islam in the Political Process* (Cambridge 1983)
J. Piscatori, *Islam in a World of Nation-States* (Cambridge 1986)
J. R. Cole & N. Keddie (eds.), *Shi'ism and Social Protest* (New Haven 1986)
G. Kepel, *Le Prophète et le Pharaon* (Paris 1984)
M. Gilsenan, *Recognizing Islam* (London 1982)
[illegible] (١٩٧٨ [illegible])
[illegible] (١٩٧٤ [illegible])

فهرس

ل

محتويات الكتاب